知识产权文集

专利和技术转让卷

张晓都　编

知识产权出版社
全国百佳图书出版单位

图书在版编目（CIP）数据

郑成思知识产权文集.专利和技术转让卷/张晓都编.—北京：知识产权出版社，2017.1

ISBN 978-7-5130-3380-0

Ⅰ.①郑… Ⅱ.①张… Ⅲ.①知识产权法—中国—文集②专利权法—中国—文集③科学技术转让法—中国—文集 Ⅳ.①D923.404-53②D923.424-53③D922.174-53

中国版本图书馆CIP数据核字（2016）第305754号

内容提要

本卷收录了郑成思教授主要著作与论文中关于专利法与技术转让法方面的内容。其中专利法部分包括主要著作中涉及专利法方面的内容及五篇关于专利法的论文；技术转让法部分包括主要著作中涉及技术转让法方面的内容。

责任编辑：龙　文　龚　卫　　　　责任校对：董志英
装帧设计：品　序　　　　　　　　责任出版：刘译文

郑成思知识产权文集
《郑成思知识产权文集》编委会

专利和技术转让卷
Zhuanli he Jishuzhuanrang Juan
张晓都　编

出版发行：知识产权出版社有限责任公司	网　　址：http://www.ipph.cn
社　　址：北京市海淀区西外太平庄55号	邮　　编：100081
责编电话：010-82000860转8123/8120	责编邮箱：longwen@cnipr.com
发行电话：010-82000860转8101/8102	发行传真：010-82000893/82005070/82000270
印　　刷：三河市国英印务有限公司	经　　销：各大网上书店、新华书店及相关专业书店
开　　本：880mm×1230mm　1/32	印　　张：25.625
版　　次：2017年1月第1版	印　　次：2017年1月第1次印刷
字　　数：640千字	定　　价：190.00元

ISBN 978-7-5130-3380-0

《郑成思知识产权文集》编委会

（以姓氏拼音为序）

总顾问

    任建新

顾　问

    曹中强　陈美章　河　山　姜　颖　刘春田　沈仁干　王正发
    吴汉东　许　超　尹新天　张　勤　张玉敏

编委会主任

    李明德

编委会副主任

    陈锦川　程永顺　李顺德　刘东威　罗东川　陶鑫良　王范武
    杨叶璇　张　平　张玉瑞　周　林

执行主编

    黄　晖

执行编委

    管育鹰　刘家瑞　刘丽娟　张晓都　朱谢群

编　委

    董　涛　董炳和　龚　卫　管荣齐　郭振忠　邻中林　姜艳菊
    郎贵梅　李菊丹　李小武　李祖明　林瑞珠　龙　文　马秀荣
    孟祥娟　齐爱民　芮松艳　唐广良　文　学　吴伟光　谢冬伟
    徐家力　薛　虹　姚洪军　尹锋林　周俊强

编辑体例

《郑成思知识产权文集》共分《基本理论卷》(一册)、《版权及邻接权卷》(两册)、《专利和技术转让卷》(一册)、《商标和反不正当竞争卷》(一册)、《国际公约与外国法卷》(两册)以及《治学卷》(一册),总计六卷八册,基本涵盖郑成思教授各个时期的全部重要著作和文章。

为了便于读者阅读,《郑成思知识产权文集》每卷都是在照顾学科划分的基础上,将之前的各部专著和论文适当集中、重新编排而成;除对个别文字错误有校改以及由编者对因时代发展带来的变化加注外,文集全部保持作品原貌(包括原作注释),按照先著作、后论文的顺序并按发表时间排列。

《郑成思知识产权文集》各卷之间除个别文章具有多元性而有同时收录的情况外,尽量避免内容重复;一卷之中,为了体现郑成思教授学术思想的演进,个别内容会有适当重叠;每一部分著作和论文均由编者注明出处。

为方便读者阅读,《郑成思知识产权文集》每卷均由执行编委撰写本卷导读,介绍汇编的思路,并较为详细地梳理郑成思教授在该领域的学术脉络、特点和贡献。

为便于检索,各卷附有各个主题的关键词索引,可以快速查阅郑成思教授的相关论述。

序

郑成思教授逝世于 2006 年 9 月 10 日。那天是中国的教师节。在纪念他逝世一周年的时候，中国社会科学院知识产权中心委托周林教授汇编出版《不偷懒 不灰心——郑成思纪念文集》，该书收录了诸多友人和学生纪念他的文章。在纪念他逝世三周年的时候，中国社会科学院知识产权中心组织召开学术会议，出版了郑成思教授逝世三周年的纪念文集《〈商标法〉修订中的若干问题》，收录论文 25 篇。在纪念他逝世五周年的时候，中国社会科学院知识产权中心再次组织召开学术会议，出版郑成思教授逝世五周年的纪念文集《实施国家知识产权战略若干问题研究》，收录论文 30 篇。

当郑成思教授逝世 10 周年的纪念日来临的时候，他的家人与几位学生商定，汇编出版《郑成思知识产权文集》，以志纪念。顾名思义，称"知识产权"者，应当是只收录知识产权方面的文字，而不收录其他方面的文字。至于称"文集"而非"全集"者，则是因为很难将先生所有的有关知识产权的文字收集齐全。经过几位汇编者的辛勤劳动，终于有了这部六卷八册的《郑成思知识产权文集》。其中《基本理论卷》一册，《版权及邻接权卷》两册，《专利和技术转让卷》一册,《商标和反不正当竞争卷》一册,《国际公约与外国法卷》两册,《治学卷》一册,约 500 万字。再次翻阅那些熟悉的文字,与浮现在字里行间的逝者对话,令人感慨良多。

郑成思教授的文字,反映了他广阔的国际视野。他早年酷爱英文,曾经为相关单位翻译了大量的外文资料,包括有关知识产权的资料。正是在翻译、学习和领悟这些资料的过程中,他逐渐走上了知识产权法学的研究之路。知识产权法学是一门国际性的学问。由于从外文资料入手,他一进入知识产权法学的研究领域,就站在了国际化的制高点上。1982 年,他前往英伦三岛,在伦敦经济学院师从著名知识产权法学家柯尼什教授,系统研习了英美和欧洲大陆的知识产权法学。在随后的学术生涯中,他不仅着力向中国的学术界介绍了一系列知识产权保护的国际条约,而且始终站在国际条约和欧美知识产权法学的高度,积极推进中国知识产权制度的建设。

从某种意义上说,中国的知识产权学术界是幸运的。自 1979 年开始,郑成思教授发表和出版了一系列有关《巴黎公约》《伯尔尼公约》及 TRIPS 协议等国际公约的论著以及有关欧美各国知识产权法律的论著。正是这一系列论著,不仅使得与他同时代的一些学人,而且也使得在他之后的几代学人,很快就站在了全球知识产权法学的高度上,从而免去了许多探索和弯路,有幸不会成为只见树木不见森林的"井底之蛙"。从某种意义上说,中国的知识产权制度建设也是幸运的。当中国的《商标法》《专利法》《著作权法》和《反不正当竞争法》制定之时,包括这些法律修订之时,以郑成思教授为代表的一批学人,参考国际公约和欧美各国的法律制度,为中国相关法律的制定和修改提出了一系列具有建设性的建议。这样,中国的知识产权立法,从一开始就站在了国际化的高度上,并且在短短三十多年的时间里,完成了与国际知识产权制度的接轨。

郑成思教授的文字，体现了他深深的民族情怀。与中国历代的优秀知识产权分子一样，他始终胸怀天下，以自己的学术研究服务于国家和民族的利益。自 1979 年以来，他在着力研究和介绍国外知识产权法学的同时，积极参与了我国《商标法》《专利法》《著作权法》《反不正当竞争法》的制定和修订，参与了上述法律的实施条例和单行条例的制定和修订。在从事学术研究的同时，他还依据国际知识产权制度的最新动向，依据科学技术的最新发展和商业模式的变迁，向国家决策高层提出了一系列调整政策和法律的建议。例如，适时保护植物新品种，积极发展电子商务，重视互联网络安全，编纂中国的知识产权法典，等等。随着研究视角的深入，他并不满足于跟随国外的知识产权法学，而是结合中国和广大发展中国家的需要，积极推动民间文艺、传统知识和遗传资源的保护。他甚至以"源和流"来比喻民间文艺、传统知识和遗传资源与专利、版权的关系，认为在保护"流"的同时，更要注重对于"源"的保护。

或许，最能体现他深深的民族情怀的事情，是他在生命的最后时期，满腔热情地参与了国家知识产权战略的制定。一方面，他是国家知识产权战略制定领导小组的学术顾问，参与了总体方案的设计和每一个重要阶段的工作。另一方面，他又参与了中国社会科学院承担的"改善国家知识产权执法体制"的研究工作，为课题组提出了一系列重要的建议。2006 年 8 月底，在国家知识产权战略制定领导小组向国务院汇报的前夕，他还拖着沉重的病体，逐字审阅了中国社会科学院的汇报提纲。这个提纲所提出的一系列建议，例如知识产权的民事、行政和刑事案件的三审合一，专利复审委员会和商标评审委员会转变为准司法机构，设立知识产权上诉法院等等，最终纳入了 2008 年国务院发布的《国家知识产权战略纲要》之中。仍然是在生命的最后时期，他在 2006 年 5 月 26 日为中共中央政治局的集体学习讲授"国际知识产权保护",针对国际知识产权保护和科学技术发展的新动向,提出了我国制定知识产权战略应当注意的一系列问题。党的十七大提出的建设创新型国家的战略,党的十八大提出的创新驱动发展战略,都显示了他所提出的建议的印迹。

郑成思教授的学术研究成果,属于中华民族伟大复兴的时代。中国自 1978 年推行改革开放的国策,开启了新的历史进程。其中的对外开放,一个很重要的内容就是与国际规则(包括知识产权规则)接轨,对于当时的中国而言,知识产权法学是一个全然陌生的领域。然而,就是在这样一个蛮荒的领域中,郑成思教授辛勤耕耘,一方面将国际上最新的知识产权理论、学说和制度引进中国,另一方面又结合中国知识产权立法、司法的现实需要,撰写了一篇又一篇、一部又一部的学术论著。这些论著的发表和出版,不仅推动了中国知识产权法律制度的建立及其与国际规则的接轨,而且推动了中国知识产权学术研究与国外知识产权学术研究的对话和接轨。特别值得一提的是,郑成思教授不仅将国际上的知识产权理论、学说和制度引入中国,而且还在中国现实需要的沃土之上,创造性地提出了一系列新的理论和学说,例如工业版权和信息产权,反过来贡献给了国际知识产权学术界。

中国的经济社会正处在由传统向现代的转型过程中。随着产业升级和发展模式的转变,"知识产权"四个字已经深入人心,走进了社会的各个层面。人们不再质疑,人的智力活动成果对于社会经济发展发挥着巨大的作用。当我们谈论知识经济的时候,当我们谈论创新型国家建设的时候,当我们谈论创新驱动发展的时候,我们不得不庆幸的是,在以郑成思教授为代表的专家学者的努力之下,我们已经对"知识产权"的许多方面进行了深入而细致的研究,我们已经在 2001 年加入世界贸易组织之前，建立了符合国际规则的现代知识产权制度。加入世界贸易组织之后，面对一系列我国知识产权保护水平过高、保护知识产权就是保护外国人利益的喧嚣，郑成思教授明确指出，在当今的时代，知识产权保护的水平不是一个孤立的问题，而是与国际贸易密切结合的。如果降低知识产权保护的水平，就意味着中国应当退出世界贸易体系，就意味着中国在国际竞争中的自我淘汰。郑成思教授还特别指出，一个高水平的知识产权保护体系，在短期之内可能对我们有所不利，但是从长远来看，一定会有利于我们自身的发展。这真的是具有穿透时空力量的论断。

郑成思教授的文字，充满了智慧和情感。初读他的文字，深为其中的渊博学识所折服。对于那些深奥的理论和抽象的原则，他总是以形象的案例、事例或者比喻加以阐发，不仅深入浅出，而且令人难以忘怀。阅读他的文字，那充满了智慧的珍珠洒落在字里行间，我们不仅可以随时拾取，而且忘却了什么是空洞的说教和枯燥的理论。初读他的文字，也为那处处流淌的真情实感所吸引。在为国家和民族建言的时候，他大声疾呼，充满了赤子之情。在批评那些似是而非的论调时，他疾言厉色，直指要害并阐明正确的观点。在提携同事和后进的时候，他总是鼓励有加，充满了殷切的期望。毫无疑问，那位中气十足的学者，不仅在演讲时让人感受到人格的魅力和学识的冲击力，而且已经将他的人格魅力和学术生命力倾注在了我们眼前的文字之中。阅读他的文字，我们是在与他进行智慧和情感的对话。

郑成思教授离开我们已经 10 年了。遥想当年，那位身形瘦弱的青年伏案疾书，将一份份有关知识产权的外文资料翻译成中文，并最终走上了知识产权法学的研究之路。遥想当年，那位即将走进中年的"老学生"，专心致志地坐在伦敦经济学院的课堂上，汲取国际知识产权学术的丰富营养，以备将来报效祖国之用。遥想当年，那位意气风发的中年学者，出入我国知识产权立法、行政和司法部门，以自己扎实的学术研究成果推动了中国知识产权制度的建设和发展。遥想当年，那位刚刚步入花甲之年的学术泰斗，拖着久病的躯体，参与国家知识产权战略的制定，为中共中央政治局的集体学习讲授知识产权的国际保护，并为此而付出了最后的体力。遥想当年，遥想当年，有太多、太多值得我们回顾的场景。

秋日的夜晚，仰望那浩瀚的星空，我们应当以怎样的情怀，来纪念这位平凡而伟大的学者？

李明德

2016 年 8 月

导　读

张晓都[*]

　　郑成思教授是中国知识产权法学的奠基人，被誉为"中国知识产权第一人"，对包括中国专利法及技术转让法在内的中国知识产权法学事业的发展，作出了基础性的、开拓性的贡献。

　　正如郑成思教授所说，"中国的知识产权法学，总的来讲只是从 1979 年，即中国开始改革开放时，才起步的"。[①]改革开放初期，在中国是否需要制定专利法的争论中，郑成思教授于 1979 年便撰写了论文"试论我国建立专利制度的必要性"，对专利制度的本质与中国建立专利制度的必要性进行了深刻的论述。由于该论文当时太过超前，杂志社"看不懂"而未能刊用，后来发表于《法学研究》1980 年第 6 期。

---

　　[*]　法学博士，1998 年师从郑成思教授，中国社会科学院知识产权研究中心兼职研究员，原上海市高级人民法院知识产权审判庭法官。

　　[①]　郑成思著：《郑成思文选》，法律出版社 2003 年版，第 270 页。

1982 年，郑成思教授翻译出版了 P.D. 罗森堡的《专利法基础》一书，这本译著和他早先发表的关于专利制度的论文，对 1984 年我国第一部专利法立法产生了重要影响。

1985 年，郑成思教授的《知识产权法若干问题》出版，该书是我国知识产权领域的奠基之作。对专利所涉刑事法律责任问题，该书从国际视野的角度，论证了为何专利侵权仅有民事责任而不能有刑事制裁，但假冒专利行为则不同。专利侵权被称为 infringement，而假冒专利行为则被称为 offence。这些区别今天仍是我们区分专利民事责任与行政或者刑事责任的基本出发点。

1986 年，郑成思教授的《知识产权法通论》出版，该书是我国最早的知识产权法教材之一，全面系统地介绍了知识产权法，包括专利法。书中阐述了每个国家专利法建立应遵循的基本原则：第一，它们必须随着科学技术的发展所提出的新问题而变化。第二，它们必须与国际、国内市场的变化相适应，与本国的经济发展水平相适应。第三，它们还必须与本国所参加的有关国际公约或者地区性条约不相冲突。这些原则至今仍应是指导我国专利法修改与完善时须遵循的基本原则。

方法专利侵权举证责任的分配问题，今天仍是人们讨论的热点话题。1984 年《专利法》第 60 条第 2 款中规定，"在发生侵权纠纷的时候，如果发明专利是一项产品的制造方法，制造同样产品的单位或者个人应当提供其产品制造方法的证明"。2008 年 12 月第三次修改后的《专利法》第 61 条第 1 款中规定，"专利侵权纠纷涉及新产品制造方法的发明专利的，制造同样产品的单位或者个人应当提供其产品制造方法不同于专利方法的证明"。2009 年 12 月，《最高人民法院关于审理侵犯专利权纠纷案件应用法律若干问题的解释》第 17 条规定，"产品或者制造产品的技术方案在专利申请日以前为国内外公众所知的，人民法院应当认定该产品不属于《专利法》第 61 条第 1 款规定的新产品"。而早在 1986 年出版的《知识产权法通论》中，郑成思教授已指出，在"方法专利"的侵权诉讼中，"如果找不到别的证据，则可以证明自己的按照专利中的方法所制的产品，在申请专利时以及在整个优先权时间内，属于一种过去从未上过市的新产品。法院就有权推定此后其他人生产的相同产品，均系使用该方法制造的"。

1986 年，郑成思教授还出版有《信息、新型技术与知识产权》，该书中讨论的生物工程与微生物专利及植物新品种的保护问题，仍是今天专利保护重点研究的问题之一（另一重点研究问题为涉及计算机软件的专利保护）。转基因技术日益成熟的今天，动植物及动植物品种的专利保护问题已越来越不仅是理论研究问题，而更是实践中面临的急需解决的现实问题。书中所讨论的植物新品种保护法律制度，于 1997 年在中国成为现实中的法律，即当年颁布了《中华人民共和国植物新品种保护条例》。

1988 年，郑成思教授的《知识产权法》在四川人民出版社出版，相应繁体版《智慧财産權法》于 1991 年在台北水牛出版社出版。书中详述了中国专利法的历史沿革：从"专利"一词在两千多年前《国语》中的出处；1859 年，太平天国领导人之一洪仁玕（Gan）在他著名的《资政新篇》中，首次提出了建立专利制度的建议；到 1944 年，重庆国民党政府颁布了一部专利法。从新中国成立后不久，我国政务院（国务院的前身）于 1950 年颁布了《保障发明权与专利权暂行条例》；到 1984 年 3 月，六届全国人大常委会第四次会议，正式通过了《中华人民共和国专利法》（本书简称《专利法》）。

1988 年的《知识产权法》中介绍已有关于专利的当然许可制度，近 30 年后的今天，正在进行中的《专利法》第四次修改真有希望增加当然许可制度。

2016 年 3 月，《最高人民法院关于审理侵犯专利权纠纷案件应用法律若干问题的解释（二）》发布，其中第 18 条规范了在发明专利申请公布日至授权公告日期间实施该发明如何获得救济。针对该条规定，有人疑问在发明专利申请日至发明专利公布日期间他人实施发明该如何救济。《知识产权法》中早已充分论证，后来获得授权的发明专利权人无权干预他人在发明专利申请日至公告日期间的实施行为，且其无权干预是合理的。

2002 年 7 月 12 日，最高人民法院民事审判第三庭《关于苏州龙宝生物工程实业公司与苏州郎力福公司请求确认不侵犯专利权纠纷案的批复》中首次确认了不侵犯专利权之诉。2009 年 12 月发布的《最高人民法院关于审理侵犯专利权纠纷案件应用法律若干问题的解释》中第 18 条正式以司法解释的形式确认了不侵犯专利权之诉。提起确认不侵犯专利权之诉的前提条件是收到专利权人向其发送的专利权侵权警告函，而专利权人超过必要限度发送的专利权侵权警告函，却又可能引发不正当竞争纠纷，这正是最高人民法院 2016 年 4 月发布的 2015 年中国法院 10 大知识产权案件之首的"确认不侵犯本田汽车外观设计专利权及损害赔偿案"面临的问题。郑成思教授 1995 年出版的《知识产权与国际贸易》中所讨论的"非侵权声明"与"'以侵权诉讼相威胁'的诉讼"，就直接与确认不侵犯专利权之诉及不正当竞争纠纷之诉相对应，且书中对"'以侵权诉讼相威胁'的诉讼"的论述，对恰当区分警告函是正常维权还是不正当竞争，不乏指导意义。

1984 年《专利法》制定时，规定抵触申请不包括自己于申请日之前提交而在申请日之后公开的专利申请案，即"没有同样的发明或者实用新型由他人向专利局提出过申请并且记载在申请日以后公布的专利申请文件中"。2008 年《专利法》第三次修改时，将上述规定修改为"没有任何单位或者个人就同样的发明或者实用新型在申请日以前向国务院专利行政部门提出过申请，并记载在申请日以后公布的专利申请文件或者公告的专利文件中"，也即抵触申请包括自己于申请日之前提交而在申请日之后公开的专利申请案，自己在申请日之前提交且在申请日之后公开的专利申请案同样可以破坏自己专利申请的新颖性。而关于应当在抵触申请规定中删除"他人"理由，郑成思教授初版于1997年的《知识产权法》中已进行了充分的论证。该部《知识产权法》（法律出版社）是司法部法学编辑部"九五"重点规划教材。

改革开放初始，中国需要大量引进先进实用的技术，国际技术转让法成为急需研究的法律问题，郑成思教授结合专利法及商业秘密法（技术秘密法）知识，于1987年撰写出版了《国际技术转让法通论》，系统研究了国际技术转让各方面的法律问题，内容涉及国际技术转让的概念、国际技术转让法的渊源、国际技术转让采用的各种形式、我国技术进出口的有关法律、西欧经济共同体的有关法律、美国的有关法律、日本的有关法律、几个东欧国家的有关法律、发展中国家的有关法律、有关的国际公约与国际惯例等。该书基于国内外法律、国际公约及国际惯例对国际技术转让法作了翔实具体的研究。

在《国际技术转让法通论》出版之前，郑成思教授已在《知识产权法若干问题》《知识产权法通论》等著作中对专利许可证与许可合同、技术转让合同等问题进行了深入具体的研究。在《国际技术转让法通论》出版之后，在《知识产权法》（四川人民出版社）等著作中则对中国技术转让法的具体实践等问题进行了深入研究。

郑成思教授在技术转让法方面的研究成果，对当时的技术转让活动具有重要的指导意义，对今天的技术转让法研究及技术转让实践，同样也具有重要的借鉴意义。

目录

专利法

著 作

论　文

技术转让法

著 作

论　文

专利法

著 作

《知识产权法通论》之专利法 *

第一节　历史与现状；基本概念

一、专利制度的形成和发展

在中世纪的欧洲，很早就存在着由君主赐给工商业者在某些商品上垄断经营的特权。但这毕竟不同于今天讲的"专利"，倒很像我国汉代的盐铁专营，只是汉代那种专营的"利"被国家所"专"，而中世纪的欧洲那种"利"则被工商业者个人所"专"罢了。我国"专利"一词的语源，也取自同样意思。《国语》中讲"荣公好专利"，即指一人把"利"都独占了。① 正是由于这些原因，世界知识产权组织总干事鲍格胥（D.A.Bogsch）曾建议在汉语中也找一个与Patent（英文"专利"一词）相当的、既有"独占"含义又有"公开"含义的词来代替"专利"，以免引起人们对专利制度的误解。好在经过几年的讨论与宣传，我国越来越多的人已经了解了它的超出

---

　　* 编者注：该部分选自 1986 年《知识产权法通论》（法律出版社）第一章第 1~38 页。本书去掉了章次，保留了节次。

　　① 见《国语·周语（上）》"厉王说荣夷公"。

语源的实际含义，所以我们仍旧使用着"专利"这个术语。

1474 年，威尼斯第一次以法律（而不是以君主"钦赐"）的形式给某些机器与技术的发明人授予十年的特权。这就与我们今天讲的专利制度很相近了。

1601 年，英王伊丽莎白一世曾授予发明者某些独占权，但仍是采取"钦赐"形式。她的继位者詹姆斯一世在位时期，议会中新兴的资产阶级代表开始一次又一次尝试以立法来取代由君主赐予特权的传统。这个目的终于在 1624 年英国实施的《垄断法规》（*The Statute of Monopolies*）中实现了（由于它在 1623 年提交英国国会通过并颁布，故许多记载中称为"1623 年《垄断法规》"）。这个法规被认为是世界上第一部现代含义的"专利"法。它宣布了以往君主所授予的发明人的特权一律无效。它规定了发明专利权的主体、客体、可以取得专利的发明主题、取得专利的条件、专利有效期以及在什么情况下专利权将被判为无效，等等。这些规定为后来所有国家的专利立法划出了一个基本范围，其中的许多原则和定义一直沿用至今。例如其中第 6 条规定的专利权人必须是一项发明的"第一个真正发明人"，就是今天的发明优先权和新颖性条件等的雏形。不过这个法规毕竟是较原始、较简单的。

18 世纪初，资产阶级革命之后的英国，着手进一步改善它的专利制度。专利法中开始要求发明人必须充分地陈述其发明内容并予以公布，以此作为取得专利的"对价"（Consideration）。这样，专利制度就以资产阶级的合同形式反映出来了。专利的取得成为一种订立合同的活动：发明人向公众公布他研制出的新产品或新技术，以换取公众在一定时期内承认他对研制成果的专有权。按照法律中的这种要求，"专利说明书"出现了。它的出现标志着具有现代特点的专利制度的最终形成；它对于打破封建社会长期对技术的封锁，对于交流和传播科学情报，是具有革命性的一步。当然，专利制度真正在整个社会上起到鼓励发明的作用，时间还要更迟些，这大约开始于19世纪前期的"工业革命"。从英国的专利申请案的历史记载上可以看到：在18世纪50年代，全国平均每年只提交了10份申请案；而在19世纪40年代，则平均每年提交了458份。①

继英国之后，美国于1790年、法国于1791年、荷兰于1817年、德国于1877年、日本于1885年都先后颁布了自己的专利法。到目前为止，世界上建立起专利制度的国家和地区已经有150多个。②

每个国家所建立起的专利制度，并不是一成不变的。第一，它们必须随着科学技术的发展所提出的新问题而变化。例如，在20世纪，任何国家的专利法中都不可能提出"对利用原子能的发明、对计算机程序等是否授予专利"的问题，而这类问题现在却是许多国家都必须回答的了。第二，它们必须与国际、国内市场的变化相适应，与本国的经济发展水平相适应。第三，它们还必须与本国所参加的有关国际公约或者地区性条约不相冲突。所有这些，决定了大多数国家的专利法总处在不断变化之中。与商标法或版权法相比，专利法的修订要更频繁些。

近年来出现的"欧洲经济共同体专利制度"，不仅使专利这种知识产权的"地域性"被突破，而且使过去分专利制度为五大类的传统分类法失去了意义。20世纪70年代之前，西方法学家们的论著中常常把世界上的专利制度分为：以英国为代表的传统专利制，以法国为代表的"不审查制"或"注册制"，以联邦德国为代表的"严格审查制"，以美国为代表的以发明在先（而不是申请在先）确

① 统计数字引自鲍伊姆著：《英国专利制度》，1967年伦敦版，第22~34页。
② 参见《人民日报》1983年9月7日第5版文章"专利制度与我国科学技术的发展"。

定专利优先权的制度，以苏联为代表的发明者证书与专利并行的"双轨"制度。① 为了与欧洲经济共同体的专利制度相一致，英国于1977 年、法国于 1978 年、联邦德国于 1981 年都修订了各自的专利法，使这三个"代表"基本上失去了代表性。

1978 年生效的《专利合作条约》，同样对 30 多个国家的专利法中的申请程序发生了较大影响。条约的成员国起码要在国内立法中补充"以一次手续在两个以上国家提交申请"的规定。

二、专利与其他一些相似概念的区别

有些概念与专利很相近；还有一些虽然与专利截然不同，但人们的误解也往往把它们联系到相近或相同的程度。分析专利与这些概念的区别，能使我们对专利本身的认识更清楚。

1. 专利与发明

能够申请到专利的，首先必须是一项发明。但专利法中所讲的发明，与人们通常说的发明，不一定是完全相同的。专利法中的发明指的是发明人研究出的、能够在实际应用中解决技术领域的某种问题的方法或设计。《人民日报》1983 年 1 月 18 日报道："严瑞芳发明了一种橡胶加工新方法"，这里所说的就是专利法含义中的发明。而当我们说"史丰收发明了快速运算法"时，我们指的就不是专利法含义中的发明了。同样，如果有人说："门捷列夫发明元素周期表"，他所指的更不是专利法含义中的发明。上面第一个例子中的"发明"，确实是指解决"技术领域"问题的方法；第二例则是解决"数学领域"问题的，它一般都被排除在专利发明之外；第三例从严格意义上讲，是"发现"，而不是"发明"。

---

① 参见彼得·罗森堡著：《专利法基础》，1975 年纽约版，第 17 章。

即使是专利法含义中的发明，也不一定都能取得专利。

能取得专利的发明必须是新颖的、先进的、实用的。在不同国家，除这三点共同要求外，还各有一些不同要求。例如，许多国家都规定：凡是违反社会公德的发明，均不能获得专利。有些国家规定：食品发明，药物发明，或对人体施行的治疗方法的发明，不能获得专利。多数国家都规定：利用原子能的发明，直接涉及国防领域的某些发明，均不能获得专利。

发明一般都体现在有形物上。即使是一项制作方法的发明，在大多数情况下也表现为制造某种原有产品的新方法，或制造某种新产品的方法；而专利则只表现为对某种无形权利的专有。取得专利的发明人对于发明所赖于体现的有形物并不享有任何专有权，而仅仅有权许可或禁止制造和销售这种有形物的活动。例如，爱迪生发明了电话并取得了专利，但他在整个专利有效期内并没有对世界上存在着的电话机享有支配权，他仅有权许可某些厂商按他的发明设计去制造它们并从中取得专利"使用费"，他还有权禁止任何人不经过他的允许就去制造它们。

2. 专利与科学理论

科学理论首先与发明不属于同一个范畴，这决定了它绝不可能获得专利。科学理论是解释自然现象与自然规律的，它要解决的问题是：事物"为什么"以一定的形式存在或运动。发明则是运用自然规律的，它要解决的问题是事物"怎样"以一定形式存在或运动。发明往往会走在科学理论之前。例如，我国古代发明火药的时候，是完全不了解有关物质的分子式及其氧化过程的理论的。但科学理论有助于更多的人在更自觉的基础上从事发明。正因为如此，一方面，在申请专利时，并不要求发明人陈述他所搞出的发明是以什么科学理论为依据的；另一方面，一切科学理论本身都不能获得专利。

如果给"门捷列夫元素周期表"授予专利，或给爱因斯坦的"相对论"授予专利，禁止别人去使用它们，那就会阻碍科学技术的发展，在实践中也行不通。

有的同志认为，"科学发现"可以在美国获得专利，这是一种误解。上面讲的科学理论，就是对科学发现的描述，这二者都不可能获得专利。美国专利法中的"发现"一词，是指发现原有技术的新使用法，而不是指科学发现。①

3. 专利与技术改进、合理化建议

我国国务院 1982 年 3 月发布的《合理化建议和技术改进奖励条例》中，提出技术改进与合理化建议包括五项内容：（1）工业产品、建筑结构的改进和质量的提高，生物品种的改良和发展，以及发展新产品；（2）工艺方法，试验、检验方法，栽培技术、植物保护技术，养殖技术，安全技术，医疗、卫生、劳动保护技术及物资储藏、养护、运输技术等的改进；（3）工具、设备、仪器、装置的改进；（4）更有效地利用原料、材料、燃料、动力、设备及自然条件的技术措施；（5）设计、统计、计算技术及其他技术的改进。②

可以看出，这里的大部分内容是通过改进经营管理，乃至改进统计、计算方法等来实现的，它们本来就不属于专利法含义中的发明，更谈不上取得专利了。有些内容可以通过采用别的企业或单位已经搞出的"对口发明"来实现，"采用"他人的发明，当然不属于发明了。只是设备、工具的改进，工艺方法的改进，确实可以通过发明去实现。不过这种"发明"，往往过多地依赖了原有发明，所以拿它去申请专利，有可能（但不一定）会被判为"缺乏新颖性"。

---

① 参见世界知识产权组织出版的《工业产权法律与条约集》，1983 年英文版，第 5 卷中的《美国专利法》第 101 条。

② 见《人民日报》1982 年 4 月 13 日第 1 版。

合理化建议一般只要求在本企业有新颖性就够了，不会像专利一样要求那么广的新颖性。上面提到的对工业产品等的改良，在有些国家可能获得"小专利"。重大的革新，则有可能成为独立的、能够申请专利的发明。

这样看来，专利与技术改进及合理化建议，总的讲并不相同，但后者的个别内容有可能构成前者的一部分。

4. 专利与秘密

社会上对专利存在的最大误解，莫过于认为专利是使技术处于秘密状态，被垄断、封锁起来。事实上，现代专利得以产生的前提，恰恰就是把有关的发明公之于众，而且大多数国家的专利法还进一步规定：这种公开必须是"足够明确的"，使同一领域的技术人员能按照它去实施的。世界上第一部专利法叫作《垄断法规》，并不是指法律允许将发明的技术内容垄断起来，而是指垄断对发明加以利用的权利。把发明作为秘密对外封锁，就决然得不到专利。

三、获得专利权的必要条件——"三性"

1. 新颖性

有条件获得专利的发明，不仅应当是独创的，而且应当是首创的。它不能是已经存在着的"现有技术"（The State of the Art）中的组成部分。"现有技术"（有时也被称为"已有技术"或"原有技术"）是一个用来衡量发明是否具有新颖性（Novelty）的客观参照物。

"现有技术"指那些已经被（或已经能够被）人们所得到的技术。一般说，它包含下面 5 种情况：（1）已经在有形物（包括文字出版物，打字稿，录音录像制品，微缩胶卷，计算机软件上的孔洞卡片，计算机磁带及终端荧光屏）上面公布出来的技术；（2）已经被口头公布过的技术；（3）已经在实际中使用的技术；（4）已经陈列或展出的技术；（5）潜在的"现有技术"。这最后一种指那些已经提交的、但尚未公布的专利申请案。它可以用来否定在后申请案中的"发明"的新颖性，因为相同发明的一个申请案即使比另一个申请案仅仅早一天提交，也肯定能够被作为参照物来排斥另一个申请案取得专利。

上述五项内容中的前四项，都有可能是某个发明人自己的同一项发明内容。就是说，发明人可能自己否定自己的发明的新颖性。例如，发明人在申请专利之前，自己在学术会上讲解了关于自己的发明，或是自己把发明应用于生产。在各国专利局的记载中，自己否定自己发明新颖性的实例是并不少见的。不过这种自己否定自己的情况有三个例外：一是某些国际公约中规定，在官方认可的国际展览会上展出自己的新产品，则在一年之内不构成自己否定自己的"现有技术"。二是有些国家的法律规定，在申请专利前一年之内，其发明被别人以非法手段获得（如盗窃）后公布或实施，不构成"现有技术"。三是如果发明人仅仅为进一步改良自己的发明而在实验室或者在其他实验过程中实施它，也不构成"现有技术"。

关于上述第五项内容包括些什么，不同国家的专利法有不同规定。总的讲有两类规定：一类是"在先申请案全部内容制"的规定。根据这种制度，在先提交的、尚未公布的申请案中所包括的一切内容，都构成潜在的"现有技术"，都可以当作参照物来否定在它之后提交的申请。另一类是"在先请求制"的规定。按照这种制度，只有在先申请案中的"专利请求"部分（即关于专利权项的陈述）包括的内容，才构成潜在的"现有技术"。

不同国家的专利法对新颖性的要求也不一样。有些要求世界范围的新颖性，即世界上任何国家的"现有技术"都可以用来否定本国专利申请案的新颖性。有的则仅仅要求与本国的、一定时期内的"现有技术"相对照具有新颖性。前一种经常被称为绝对新颖性（Absolute novelty）或全面新颖性（Universal novelty），后一种则被称为相对新颖性（Relative novelty）或局部新颖性（Local novelty）。近年来，许多国家仿效美国专利法中要求的新颖性，即在世界范围未以文字公开过、在本国未通过使用而公开的发明，视为具备了新颖性。① 这种新颖性一般也被称为绝对新颖性。② 但也有人为将它与上文所谓的全面绝对的新颖性相区别，而称之为"混合新颖性"。③ 我国专利法中所要求的即是这种新颖性。④ 这种新颖性不过问一项发明在国外是否使用过，只要它未在文字出版物上发表过，就可以申请专利。

"现有技术"中的"现有"这个时间概念，是从某项发明开始被申请专利的那一天往前算的，凡在那一天之前已经有的技术，均为"现有技术"。所以，专利的首次申请日（即按专利法规定的申请所必备的一切文件送达专利局的那一天；对邮寄的文件来讲，即邮出时的邮戳上标示的日期）在专利法学中被称为"关键日"（Critical Date）。在关键日之后出现的一切技术，都不可能再被用来否定发明的新颖性了。因此，关键日之后，申请人也就可以公布、甚至利用自己的发明了。在后面讲专利转让时，我们还将看到：专利申请案也可以转让；对其中包含的技术，也可以向第三者发放使用许可证，不过这一般要等到专利局对申请案实行"早期公开"之后。

2. 先进性

"先进性"（Inventiveness）在不同的国家的专利法中往往用不同的术语来表达。《欧洲专利公约》的成员国大都使用"创造性"或"进步性"（Inventive step），美国使用"非显而易见性"（Unobviousness），

---

① 美国 1980 年专利法第 102 条。

② 参见彼得·罗森堡著：《专利法基础》，1982 年纽约版，第 7 章。

③ 参见世界知识产权组织《专利示范法》，1981 年版，第 114 条的评论。

④ 见《中华人民共和国专利法》第 22 条。

苏联则使用"本质性区别"。这些不同的术语都是一个意思：能够获得专利的发明与现有技术相比，不仅要更新颖，而且要更先进；它不能够仅仅是从现有技术中简单地演绎出来的，而必须与现有技术存在着本质上的不同；它对一个在相同技术领域具有一般技术水平的人来讲，必须不是一望而知的，亦即不是显而易见的。

如果说测定新颖性的参照物是现有技术，那么测定先进性的参照物就是现有技术加上"相同技术领域中具有一般技术水平的人"。不同技术水平的国家，这个"人"的水平肯定也会不同。但有一点是共同的：不能以相同技术领域的专家来作为标准，因为有时这种专家认为显而易见的发明，在实际上却是了不起的创新，是可以获得专利的。

在专利申请的审查中，先进性是"三性"中最难掌握的，原因是很难确定什么是"具有一般技术水平的人"。所以，大多数国家的专利法对于先进性只作了简单抽象的规定。而具体如何衡量，就留给专利局的审查实践或法院的司法实践去解决。有时，一项发明是否具有先进性很难确定，专利局或法院还会参考一些其他辅助因素，例如：该发明的应用效果与现有技术的效果相比，有没有明显的优点；工商企业或市场是否十分需要它；从长远看，社会是否需要它，乃至是否已有人想方设法仿制根据它所生产的产品，等等。这些参考因素本身虽不是先进性的标准，但往往可以从另一个角度证明一项发明具有先进性。比如与现有技术没什么本质差别的、不先进的技术所生产的产品，就不会有人打算仿制它。

3. 实用性

有些国家的专利法，把实用性（utility）表述为"工业实用性"。即使如此，一项发明无论能够应用在工业上，还是农业上、林业上、渔业上乃至商业、服务业上，都肯定会符合这项要求。不实用的发明不可能获得专利，最明显的例子之一就是"永动机"。实用而违反社会公德的发明，一般也不能获得专利，即使在许多资本主义国家，也不授予应用于赌博游戏的发明以专利。实用性是比较好理解、好掌握的，无需讲得太多。

四、"公共秩序"与法律对发明专利的要求

在大多数国家的专利法中，都规定凡违反"公共秩序"[①] 的发明，不授予专利。"公共秩序"在不同国家、不同时期会有不同含义。社会主义国家一般不使用这个词，而用"社会公德及公共利益"。

世界上有为数不多的国家规定凡违反国家法律的发明，不授予专利。[②] 有些国家相反地规定了虽然违法但不违反"公共秩序"的发明可以获得专利。例如英国1977年专利法第1条，在规定了违反"公共秩序"的发明不能授予专利之后补充道："如果某项发明的利用系联合王国现行法律所禁止，则不能仅仅以此为据宣布其违反公共秩序"。在《保护工业产权巴黎公约》（以下简称《巴黎公约》）第4条之四中也规定：不能因为一个国家的法律禁止或限制某种专利产品的销售，而拒绝给相应的发明授予专利。

所谓违反"公共秩序"的发明，在大多数国家中都包括了与该国的社会公德相冲突的发明。例如吸毒用具的发明，在几乎一切国家都不可能获得专利。但违反社会公德的，并不一定都为法律所

---

① 公共秩序，即英文中的Public Policy，与其相应的法文是ordre public。把这个词组译为"公共秩序"或"公共政策"都可以。但英文中的Public order与Public Policy的含义却不同，它指一般的社会秩序。所以，可以用法文ordre public代替英文的Public Policy，却不能用英文的Public order代替Public Policy。英文中的Public Policy从1853年的英国上议院（即最高法院）判例"艾杰顿诉布朗诺"（Egerton V.Brownlow）开始使用。

② 参见印度1970年专利法第3条（b）款，墨西哥1975年发明与商标法第10条第10款，巴西1971年《工业产权法》第9条（10）款。

禁止的；在一个国家被法律禁止，在其他国家、甚至多数国家，未必被法律禁止。例如，在一些国家里，私人使用或携带、贩卖枪支是违法的，但在美国、瑞士等国家则是合法的。又如，在社会主义国家里，私人乃至一般的机关团体经营无线电通信都是违法的，而在多数资本主义国家则是合法的。所以，在那些视从事某种活动为非法的国家，不一定禁止发明人就枪支制造技术或无线电技术等领域的发明取得专利。因为，他们在本国取得专利，有助于确立在其他国家申请专利的优先权，而在其他国家就这些（在本国使用起来则违法的）发明申请到专利，对本国占领国际市场与取得经济收入也不无益处。再有，即使在本国，"私人使用"某些发明，即构成违法，也还可以把使用权许可给国家的特定部门，这对国家也没有坏处。

从上面的论述可以看到：获得专利权的人，有时仅仅有权许可或禁止别人实施他的发明，自己却不一定有权去实施。它不像商标权，获得注册的目的主要是自己去使用。所以法学家们常常说：专利权是一种"否定的权利"或"排它的权利"；它没有肯定权利人自己的实施权。有些专利法规定专利权人必须实施有关发明，也是作为他的义务而不是权利去规定的。许可他人实施自己的专利发明，是利用专利权的一种方式，这倒可以说是专利权人的权利。

五、专利申请案

取得专利的第一步是向有关部门提交专利申请案，这种部门也就是政府设立的专利局或专利商标局、工业产权局、国家发明与发现委员会等等。专利申请案既是技术性很强的文件，又是法律性很强的文件。它要说明一项发明的具体技术内容，还要说明申请人所请求得到的专利的权项范围。申请案本身的书写很重要，本来可以取得专利的发明内容，可能因为申请案中的失误而被驳回，或者缩小了本来可以受到保护的范围。申请案的提交也很重要，一般是越早越好。早提交申请案有三个好处：第一，绝大多数建立了专利制度的国家，在两个人就一项发明分别独立地提交专利申请时，都只接受先提交的申请。第二，前面提到过，有些国家实行"在先申请案全部内容"制度，它构成"现有技术"的威胁较大，而尽早提交申请，可减少遇上这种威胁的机会，并且还可以增强在相同技术领域里的竞争。第三，申请日被确定后，申请人就可以尽早放手利用或公开其技术，而不必担心在专利审查中自己否定自己了。

在一份专利申请案中，一般要包含6项内容：（1）申请书；（2）说明书；（3）专利请求；（4）附图；（5）摘要；（6）优先权请求。其中（4）不一定是所有申请案都必须具备的，（6）则不是专利法的强制性要求，缺少它有时并不影响专利的批准，但可能使申请人在其他场合受损失。下面对它们分别作一些介绍。

1. 申请书

申请书的作用是向专利局直接提出就某一项发明取得专利的请求。它一般放在整个申请案的最前面。大多数国家的专利授予机关都备有固定的表格。申请书中要写明如下内容：授予专利的申请；发明的名称；申请人的姓名及身份（如果是在外国通过代理人申请，则代之以代理人的姓名、身份）；申请人签字。在申请人的姓名及身份一项中，一般都要求写明有关人的姓名或法人的公司名称、地址、国籍，还要保证自己确实是该发明的所有人。对于申请人必须是发明的所有人这一点，在许多国家的专利法中都摆在比较突出的位置。例如，美国专利法要求申请人写出誓词保证自己是所有人；英国专利法规定申请人要出具证件证明自己是所有人。作假誓或提供假证明，往往要受刑事处罚。如果申请人并不同时是发明人，则要求证明他与发明人之间有雇佣关系或转让关系，并出具雇佣合同或转让合同副本。在这种情况下，还会要求在申请书中另外写明发明人的姓名、地址，以便专利局把申请人对发明所有权的陈述文件复印后送达发明人（如果发明人不止一个，则须送达每一个人），避免有人假冒或强占他人的发明去申请专利。有些国家的法律还规定：仅仅发明人本人有权申请专利。

2. 说明书

说明书是申请案的主要和关键的组成部分。在形式上审查一份申请案是否合格时，往往看说明书是否已经把发明内容陈述得足够完全、足够明确，是否同一领域的技术人员能按说明书去实施发明。还有少数国家在专利法或判例法中，进一步要求申请人必须在说明书中把申请时已研制出的最佳实施方案写明，否则也不合乎形式审查的规定。例如，美国巡回法院与专利上诉法院在20世纪70年代的一些判例中，已开始以"未陈述最佳实施方案"为由，判某些已颁发的专利无效，美国于1980年修订专利法时，又明文规定了这项要求。[1]世界知识产权组织1979年为发展中国家起草的《专利示范法》中，也把提供"最佳方案"作为对说明书的一项专门要求。[2]

3. 专利请求

专利请求，也就是我国《专利法》第26条中所说的"权利要求"。它的作用是向第三者申明将来的权利人将享有的权利范围，它与专利说明书是密切联系在一起的。大多数国家的专利法对专利请求都有两方面的要求：一方面，它必须简要、明确，使公众及司法机关

---

[1] 参见美国1980年专利法第112条及1982年专利法实施细则第1~71条。
[2] 参见世界知识产权组织《专利示范法》，1981年版，第123条第3款。

都能根据它判断出一项专利的受保护内容。另一方面，它还必须能够通过专利说明书与申请案中的附图来加以解释，而不能在请求中开列说明书及附图中找不到的东西。如果某个人在说明书中陈述的是某种化合物的合成方法，在专利请求中却对制作这种合成物的机器要求享有专有权，那就属于越出了他所应当请求的范围。许多国家的专利法还补充规定：专利请求本身必须是一个独立的部分；虽然它必须能够被说明书及附图解释明白，却不允许申请人仅仅在请求中写"参看说明书某某部分"。

专利请求是申请案的最重要的法律组成部分。日后衡量第三者涉及该发明的活动是否构成对专利权的侵犯，主要以专利请求中开列的权项为准。

不同国家对专利请求也存在一些不同的规定。例如，英美法系国家的专利法要求对请求保护的权利划一个明确的范围，这被称为"周界请求"制（Peripheral Claiming）。而大陆法系国家以及东欧国家，则实行"发明概念请求"制（Inventive Concept Claiming），即只要总的讲明自己的发明与原有发明的本质区别在何处就行了。值得注意的是：上述两种要求往往在日后的侵权中反映出与人们按常识所预想的情况正相反的结果。在司法实践中，经常见到：专利请求的权项写得越细，范围划得越明，越容易引出有利于被告的结果，即容易在侵权诉讼中被判为不属于侵权；而在专利请求中只写了一个总的概念，一个大的轮廓，倒使得很多"边缘"侵权行为最终被判为侵权了。还有少数国家，主要是一些拉丁美洲国家，并不对专利请求的内容作任何具体要求，甚至不要求写出专利请求来。在这些国家，一般是由法院在侵权诉讼或冲突诉讼中，以专利说明书为依据来判定专利权人的权项有哪些。就是说，专有权不是由申请人事先请求的，而是由法院依法事后划定的。

4. 附图

附图有时起着很重要的作用。有些专利申请案好像不十分需要附图，于是申请人在提交时未附上它，但在审查中专利局却认为非要不可。在这种情况下，虽然不一定影响申请人获得专利，但肯定要影响申请人的优先权申请日期的确立。因为，需要附图的申请案，只有在提交了附图时，才能承认其申请日。因迟交附图而推迟了法律认可的申请日，是不值得的。所以在一般情况下，申请人都应当在首次提交申请案时一并提交附图。附图的作用是使说明书更完整和明确，这是无须多说的。

5. 摘要

摘要的作用有两个：一是使人一望而知发明的主题是什么，便于专利局分类审查。二是在大多数国家里，专利一旦批准了，摘要将公布在专利公报上，以便使其他人迅速了解到与自己业务有关的或自己有兴趣的新技术，好决定是否索取完整的专利说明书。简言之，一是便于审查，二是便于技术交流。

摘要必须以尽量简要的文字或图表归纳出说明书、专利请求及附图的提要，尤其是发明的最突出的特点。

6. 优先权请求

优先权请求不一定是一项专利申请案的必备内容。没有参加《巴黎公约》的国家的国民提交申请时，完全没必要写这种请求。参加了这个公约的国家的国民，也经常是在本国提交过第一次申请之后，又在公约的其他成员国继续就同一发明申请专利时，才将优先权请求附在申请案中。当然，如果第一次申请就是按《专利合作条约》提出的"国际申请"，则必须把优先权请求作为申请案的一部分写入。这里有一个问题应引起注意：迄今为止我国介绍专利申请程序的大多数文章都没有指出一个重要事实，即第一次提交申请的日期，虽然一般都被视为法定的"优先权日"，但申请人继续在别的国家申请专利时，别的国家的专利局并不主动把原申请日当作实际申请日。如果申请人在继续申请中未提出优先权请求，那么这些"别的国家"的专利局就会以该国实际收到申请的时间为申请日，这样申请人确立初步权利的日期就在该国被大大推迟了，这很可能影响在该国取得专利。

因此，优先权请求必须包括下列内容：①第一次申请案的提交日期——这是最重要的；②第一次申请案的编号；③第一次申请案的专利分类的类别；④第一次申请案所提交的国家（或国际组织）的名称。

提出优先权请求时的申请案，可能有两种与第一次申请案不同的特殊情况。第一，可能申请人在首次申请后的 12 个月内对自己的发明有了新的改良，所以向别的国家继续申请时，请求保护的权项扩大了。对于这种情况，国际上的惯例是：申请人仅仅有权在原有请求的范围之内，要求和享有优先权。那么，如果出现了更复杂的情况怎么办呢？例如，申请人在某国第一次申请时，划出了一个专利请求权项范围，第二次在另一个国家申请时，就同一项发明又划了另一个专利请求权项范围，那么，在第三个国家第三次申请时，他有权在哪一个"原有请求"范围内享有优先权呢？答案是：他可以就两种不同的原有请求，要求第三份申请案享有两个不同的优先权日。第二，多数国家的专利法都允许把专利申请案作为一种产权来转让，所以同一项发明的第一次申请的申请人如果随后转让了他的申请案，后来的申请人就将是另一个人了。这个换了的人是否有权在后来的申请中，请求享有原申请人的优先权日呢？大多数国家专利法中的回答是：只要转让活动是合法的，受让人就有权请求享有原优先权日。

六、取得专利的程序

在各种知识产权中，专利的取得过程是最复杂的，这不仅表现在申请案的准备上，而且表现在申请后的审批程序上。

各国都要求提交申请时要缴纳申请费。有的申请费是一次缴清，有的则分摊在申请后、批准前的各个阶段里。多数国家准许在申请后、批准前对申请案作一些修改，但修改不能超出说明书所陈述的范围；准许在批准之前把原申请案分为数案（即从原发明申请一项专利改为申请多项各自独立的专利），而且只要分开后未超出原说明书的范围，每个申请案都可以享有原申请案的优先权日；还准许在批准专利前的任何时间撤回申请。

从提出专利申请到批准专利或驳回申请案，大致经过下列程序。

1. 形式审查

在真正的形式审查开始前，一般国家的专利局首先要看申请案中应具备的文件是否齐全。如有欠缺，则限期要申请人补充。逾期不补，视为撤回；按期增补，则申请日（优先权起算日）为补齐之日。

形式审查程序一般不由专利局主动开始，而要由申请人在一定时间内再提交一份形式审查请求及缴一笔审查费之后，方才进行。如果申请人没有提交这份请求或没有缴费，那么虽然申请程序就此中止了，但申请人当初提交申请案的行为也不是毫无意义的，它起码起到了使申请人获得优先权日的作用，为他日后在其他国家继续申请创造了条件。

形式审查即审查申请案的各项内容是否符合专利法的要求。如果只是一般地不合要求，还可以通知申请人限期修改。有的部分（如摘要）甚至可以由专利局代笔修改，但申请人须补缴手续费。如果申请人未按期修改或未补缴手续费，专利局将驳回申请案。如果形式审查通过，就开始进行新颖性检索。

2. 新颖性检索

看一项发明是否与"现有技术"重复，是新颖性检索的任务。有些国家的专利法中，把这道程序叫作看发明是否被现有技术"占先"（Anticipate）。专利局的检索机关备有它所能收集到的全部技术资料。检索是一项极烦琐的工作。在"审查制"国家，检索结束时，往往对一项发明是否被现有技术占先不下最后结论，而是把检索报告及与该发明有关的相似技术摘录出来，一并交实质审查时参考（但在实行"部分审查制"的国家，审查程序就到此为止了，专利局将把检索报告公布出来，征求异议，然后确定批准或驳回）。

3. 早期公布

从 20 世纪 70 年代起，许多国家的专利法以及《欧洲专利公约》《专利合作条约》等公约，都开始实行早期公布的制度。这种制度就是：不等到批准专利之后，而是在实质审查开始之前，就把整个申请案及同申请案中的发明有关的现有技术一起公布。早期公布的优点有两个：一是使公众能够尽早地获得有关的最新技术知识，有利于促进科学技术发展；二是公布后取得公众的"公开审查"，使得有些不具备"三性"的发明，也许不用由专利机关再进行实质审查，就被第三方提出的意见所否定了，这将大大减轻专利局的工作量。这种制度的主要缺点是：万一申请案通不过以后的实质审查，申请人不仅得不到专利权，就连想退一步靠保密来维护实际上的独占权也不可能了，因为发明内容已被公开。

实行早期公开制的国家，在公开一份申请案时，总要把专利局所承认的"法定公开日"刊登在专利公报上。因为，在这个日子之后，一切未经许可而使用申请人的发明的行为，都会被判为侵权。这个日期对申请人、专利行政机关及专利司法机关都是十分重要的。

4. 实质审查

多数国家的专利局也不主动开始实质审查程序，而要申请人在"早期公布"程序后一定期限内（一般是从申请之日起 3 年之内），再提交一份实质审查请求和缴一笔审查费，方才开始。这里讲的"一定期限"，在不同国家不尽相同，有的会相差数年，详细情况将在第六章讲到英国、德国、日本等国申请专利的程序时介绍。

实质审查的目的主要是确定：（1）申请案中的发明是否属于法律规定的、可以获得专利的那些发明主题之一；（2）该发明是否具有"三性"（新颖性的有无，一般到此时方下结论）；（3）说明书是否足够完整和清楚，专利请求的范围是否划得恰当；（4）一份申请案是否仅仅包括一项发明（可以由同一个发明概念来概括的一组发明，也作为一项发明看待）。除了（1）（2）两项外，其他几项如果不合要求，都可以由专利局通知申请人限期修改；到期未修改的，则导致申请案被驳回。

5. 批准专利

实质审查通过后，将给申请人颁发专利证，同时还要做下列工作：（1）将该专利记录在册；（2）在官方公报上公布授予专利的决定；（3）公布专利说明书摘要；（4）将全部专利资料送交专利局的情报服务中心，以供别人索取及与其他国家交换。对于被批准的申请案，一般程序就到此为止了。只是有一些国家规定了又一个期限：从数月到 5 年不等的期间内，任何第三者仍可以根据合法理由，请求专利局宣告专利无效。对于被驳回的申请案来讲，此外还可能有第六道程序。这种程序有时也会发生在审查过程之中。

6. 不服上诉

大多数国家的专利法都规定：如果申请人认为专利局给他的申

请案所确定的申请日过迟，或对经形式审查或实质审查驳回申请案不服，都可以向专利局内的申诉部门申诉或向法院起诉，要求重新确定或重新审查。

上面讲的程序是就大多数国家的情况而言，许多国家的程序都具有自己的特点，不能一一叙述和全部概括进来。但有两种特殊的制度，与上述制度完全不同，有必要讲一讲。

在美国、加拿大与菲律宾，当两个以上的发明人分别就同一项发明申请专利时，或不同专利权人发生权利冲突时，专利局或法院将判定其中最先搞出发明的那个人享有排斥其他人的优先权。但是，按照《巴黎公约》的规定，成员国必须承认其他成员国申请人在其他成员国第一次申请专利的日子为优先权日，而不是承认第一次搞出发明的日子或以这个日子作为任何优先权的标准。为与国际公约相一致，上述三个国家在对待外国国民向自己国家提出申请时，仍必须以申请日而不是以发明日来确定优先权。同样，由于除这三国之外，所有国家都是以申请日定优先权，所以三国国民在本国首次申请专利之后再向其他国家申请时，其他国家也仅仅承认他们在其本国的申请日（而不是发明日）。这样一来，在美国、加拿大、菲律宾三国，"优先权"一词就具有了两种不同含义：一是在本国确定本国国民的专利权时，采取谁先搞出发明谁占有优先权的原则；二是在对待外国国民的申请案（以及本国国民在外的申请案）时，以第一次申请日为优先权日。

在一些拉丁美洲国家及一些非洲国家，专利申请只要符合法定的格式，专利局就给予登记并颁发专利证，是一种"有求必应"的制度。至于颁发的专利是否会同别人的已有权利相冲突，乃至是否具有"三性"等等，统统留给法院在诉讼中去解决。如果专利证颁发之后不发生诉讼的问题，就永远不会有谁去审查它，因此可能有根本不合格的专利一直存在下去。这种制度有三个明显的缺点：第一，它所颁发的专利，总的讲水平是低的；也反映不出科学技术的发展水平。第二，它不可能向公众提供任何有价值的技术情报。第三，它不可能为专利持有人提供任何可靠的保护。所以，这种被称为"注册专利制"的制度①，正在被淘汰。

七、专利权保护期；专利年费

专利权保护期比商标权或版权的保护期都要短，这主要是考虑到科学技术的发展速度比较快。实际上，许多专利在保护期届满之前，就已经失去了利用价值，不再能使专利权人取得收益，只剩下向专利局缴纳年费的支出了。

专利保护期在不同国家从 10 年到 20 年不等，计算的方法也不一样。大多数国家是从专利申请案提交专利局之日起算；少数国家（主要是美国及一些拉丁美洲国家）则从专利证颁发之日起算；还有少数国家从公布专利申请案之日起算。大多数国家所规定的是一次保护期，届满后不再延长。但也有一些国家把保护期分为两段：第一次保护期和续展保护期。这是沿用第一部专利法——《英国垄断法规》中的规定。但一般只能续展一次；前后两段保护期相加，也不会超过 20 年。

专利与商标或版权的又一个不同之处是：商标只在续展注册时需要缴手续费，版权在大多数国家不用缴任何手续费或维持费；但专利权人在保护期内想要维持专利有效，就必须每年向专利局缴一笔维持费，称为专利年费。不缴纳专利年费，专利局就认为有关的权利人不打算继续维持他的专有权，于是将宣布该专利失效。专利

---

① 即 Registed Patent System。参见《卡塔赫那协定》第 85 号决议第 14~26 条；《班吉协定》附件 1 第 17 条。秘鲁、哥伦比亚、厄瓜多尔、阿根廷及绝大多数法语非洲国家，目前还实行这种制度。

年费的数额不是每年都一样，而是逐年递增的。例如按照英国 1981 年的规定，专利年费在第一年缴 78 英镑，到第二十年就要缴 190 英镑。年费递增的依据是：第一，如果专利权人愿意在长时间里维持其专利有效，说明他从专利的利用（自己实施，或发放许可证）中取得了收益，所以他应当能够承担逐年增加的维持费。第二，如果专利权人未能从专利利用中取得收益，或入不敷出，自然就不愿承担越来越高的年费，于是会自动放弃专利权。所以说，这种递增收取年费的方式，有助于鼓励人们想方设法实施专利，也有助于自然淘汰实用价值不大的专利。有的国家（主要是发展中国家）还规定：如果发明专利能够在本国实施，就可以减收或免收年费。这是对实施专利的更进一步的鼓励①。

专利年费的数额一般都不规定在专利法本文中，有的国家规定在"实施细则"里，还有的国家规定在专利局出版的"专利申请指南"或类似的文件中。

八、专利权的灭失

专利权可能通过三种途径灭失（Expiring）：专利保护期届满；专利权人放弃权利；专利颁发后被专利局或法院宣布无效。

保护期届满，则专利权自然灭失，这是无须多讲的。

专利权人自己打算放弃权利，可以向专利局呈交书面的"放弃权利声明"。如果他不打算放弃全部专利权，可以在这种声明中指出放弃原"专利请求"中的哪些权项，也称"部分放弃权利声明"。此外，停缴专利年费，也可以被认为是自己放弃了权利。

由专利局或法院判决专利无效，大都是在颁发专利证之后第三

---

① 参见世界知识产权组织出版的《工业产权法律与条约集》，1983 年英文版，第 5 卷中的《泰国专利法》第 45 条；该书第 2 卷中的菲律宾 1980 年第 30~80 号法令第 5 条。

方提出的"无效诉讼"成立的情况下发生的，也可能在专利权人自己提出复审请求的情况下发生。专利局不会主动否定一项经它批准的专利；法院一般也不主动对一项专利进行审查。多数国家的专利法规定：有权对专利提出无效诉讼的人，必须是与有关的发明有利害关系的人，例如他本应享有对该发明的所有权，或他认为他本来享有该项专利申请的优先权，等等。作出这种对诉讼人的限制规定的理由是：如果任何人都有权诉讼，那么专利权人的竞争者可能以"无效诉讼"相威胁，迫使专利权人在生产或销售上作出让步，那就等于为"不公平竞争"创造了条件。有些国家在作出这种限制的同时又在法律中规定：政府有关部门作为公众的代表，也可以被认为是"利害关系人"而有权起诉。

专利可能在三种情况下被宣布无效：一是某项专利本来就不应当批准。例如，在无效诉讼中重新确认该专利的主题不在法律规定的可受保护范围之内，或发现专利请求权项与说明书有冲突，或首次发现了原来就已存在的、可否定该专利的"现有技术"，或判定该专利违反"公共秩序"，等等。二是某项专利本来不应属于获得了专利的人。三是专利权人长期不实施专利发明，也不许可别人实施，则作为一种最高的惩罚手段，可以宣布其无效。对于前面两种情况来讲，专利都将被宣布"自始无效"，也就是说，判决是有追溯力的。

有时，一项专利并不是全部无效，而仅仅是部分无效。例如，专利说明书对某一部分技术内容披露得不够充分，但对另外的部分则披露得足够充分，同时后面这部分在专利请求中也作了恰当的陈述。那么，在法院判决前一部分无效时，还可能宣布后一部分依旧有效。专利中仅有部分发明内容是非法占有他人的，也可能被判为部分无效、部分有效。

九、发明人与专利权人；专利保护的主体

"发明人"只可能是一种人，即搞出发明来的那个或那些人。而"专利权人"却可能有以下五种：发明人本人；发明人的雇主或发明人的工作单位；发明权转让中的受让人（包括法人）；专利权转让中的受让人（包括法人）；以国家形式出现的法人。但无论是谁享有专利权，发明人都有权在专利证上注明自己的名字。许多国家把这种"署名权"看作是发明人享有的、不可剥夺的、不可转让的"精神权利"。大多数国家的专利法以及《巴黎公约》，都承认这种权利。

1. 专利权归发明人所有

一项专利是由发明人自己申请和获准时存在着两种情况：一种是该发明是一个人单独搞出来的，另一种是发明由两个以上的人共同搞出来的。后一种情况中的发明人通常被叫作"共同发明人"，而后一种发明则叫"共同发明"；对于以这种发明为基础而取得的专利权来说，这些人叫作"共同专利权人"。"共同专利权人"不能用来指可分为数案的专利中分别占有各个申请案的人，而是指一项不可分的专利的共同享有人。这种共同所有的特点是：每个专利权人可以转让自己所享有的份额，但无权自行转让全部专利；每个专利权人无权自行签发许可证；每个专利权人有权自行实施整个专利。

2. 专利权归发明人的工作单位或雇主所有

在现代社会，人们在技术贸易的活动中很少遇见某某个人的专利权，倒是经常遇上某公司、某企业或某研究所的专利权。这是因为现代的技术发明的创造往往离不开发明人的工作单位所提供的人力、物力和财力条件，还因为发明人自己往往也负担不了从请专利代理人到申请专利及维持专利有效的巨大的、长期的开支。多数国家的专利法规定：雇员或工作人员在进行日常工作中以他完成的职

务发明为基础所取得的专利，其专利权归雇主或单位所有。雇员或工作人员可以得到一定报酬（或叫作奖金）。许多国家规定的这种报酬不是以发明人的发明水平高低为依据，而是以该发明相应的专利在利用（转让、许可等等）中取得的使用费或在实施中取得的实际收益为依据。一项水平虽高，但仅仅在将来有用的"远景发明"，或一项虽有价值但缺乏市场上的竞争力的发明，都很难收取可观的使用费，所以（尤其在资本主义国家）发明人取得的报酬也不会很多。

在有些国家的专利法中对雇员或工作人员的发明专利还有补充规定：如果雇员在工作时间及工作条件之外搞出了发明，则专利权归发明人自己。比较难解决的问题是：雇员在工作时间之外，部分利用了雇主或单位的条件（如资料）而搞出的非本职发明，专利权应归谁？一般国家的专利法中并未回答这个问题，它往往留给法院去依不同情况酌处。

在二人或二人以上协同完成一项"共同发明"的情况下，将共同申请和享有一项专利，但共同发明人未必都属于同一个公司或企业。所以，雇主或单位有时也会作为共同专利权人而享有部分权利。那么希望利用这项专利技术的人，就不仅要取得一个公司的许可，而且必须取得所有的有关人（包括法人）的共同许可了。

3. 专利权归发明权的受让人所有

在未申请专利之前，发明人即把发明转让掉，这也可以在两种情况下发生。第一，发明人把尚未申请专利的发明作为一种秘密的所有权转移给别人。在遗嘱继承中就有这种情况。第二，法定转让。多数英联邦国家的雇佣劳动法或雇佣合同法一般都规定：只要雇员与雇主签订了劳动合同，如果没有另外的协议，则在履行合同中雇员的全部发明，均视为已经合法地归雇主所有。这种转让与上面的转让所不同的是：上面所讲的是雇员的发明要由自己申请到专利之后，才依法（或依合同）归雇主所有；此处所讲的则是在申请专利之前，发明的所有权就已经依法属于雇主了。在下文的介绍中我们会看到，像美国这样的国家只允许第 2 中所说的转让方式。

4. 专利权归专利的受让人所有

专利权产生之后，它也可以归贸易转让活动中的受让人所有，就是通常说的"买专利"。当然这种情况是不经常发生的，这在本章第三节中还将作详细介绍。

5. 专利权归国家所有

在苏联、保加利亚、朝鲜等一些实行"发明者证书"制度的国家，如果一项发明具备了获得专利的条件，发明人既可以申请专利，也可以不申请专利而申请"发明者证书"。在取得证书的同时，发明人取得一笔奖金，发明的专利权就归国家所有了。此后，专利技术的实施或专利权的利用（如转让、许可等等），都由国家统一经营，发明人不享有任何经济上的专有权。

我国 1984 年《专利法》第 6 条中，虽然规定全民所有制企业的专利权仅仅归这些企业"持有"而不是"所有"，但在同一条中又明确了"专利权的所有人和持有人统称专利权人"。而且，在"推广"持有人的专利时，实施人也要向持有人付酬。这表明我国的专利制度与苏联那样的只规定专利权归国家所有的制度是不同的。

十、专利代理人

从理论上讲，发明人（或发明的其他所有人）均有权自己直接向专利局提出专利申请，有权自己处置一切有关专利的事宜。但由于准备专利说明书、专利请求等工作技术性和法律性很强，申请之后的审批程序中又还有许多再一次请求的问题，对驳回不服还可能有上诉的问题，对批准的专利也有个如何对付侵权人的问题。这些往往不是发明人能处理得了的。所以在一般情况下，发明人都要寻找专利代理人代理履行从申请专利到取得权利的一切手续，以及寻找代理人代理取得专利后权利的利用及保护。

在大多数国家里，并非任何人均能充当专利代理人。虽然专利代理人并不一定必须是律师，但一般也必须具备3个条件：（1）掌握至少一门自然科学专业知识，有些国家规定其学历中必须有"工科大学毕业"一项；（2）通过了政府有关部门的专利审查员资格考试，或有一定年限的专利审查员的实际工作经历；（3）在政府有关部门作为"专利代理人"而进行过登记。一般地讲，已经取得专利律师资格的人，可以充当专利代理人。此外，多数国家规定只有本国国民有权登记为专利代理人。在对于专利代理人资格有专门规定的国家，如果不够资格而任意充当代理人，可能受到刑事处罚。①

第二节　侵权行为与法律制裁；权利的限制

一、专利权人的权利与义务

1.权利

在多数国家的专利法中，不仅规定了专利权人的权利，而且规定了专利申请人的权利，因为许多国家的专利保护期是从提交申请案的那一天起算的。但从严格意义上讲，在正式批准专利之前，并不存在专利权人，所以有必要加上"申请人"的权利。即使从批准专利起计算保护期的国家，也不会允许第三者自由利用已经申请了

---

① 参见印度1970年专利法第123条、第125~132条，英国1977年专利法第114~115条。

专利的发明。在这个意义上，申请人享有的权利与专利权人是相同的。这里讲的权利包含下面一些内容：（1）禁止其他人未经许可而在保护专利的国家内实施权利人的发明。"实施"的含义很广，它包括制造、进口、销售、使用有关产品；为销售或使用之目的储存有关产品；对于"方法专利"或"工艺流程专利"来说，"实施"还包括按照该流程施工或生产，按照该方法去制作，等等。（2）权利人自己通过转让所有权、发放使用许可证等方式，利用自己的专利权，以收取使用费。（3）专利权人在专利产品上或包装上标明专利标记或（和）专利号。（4）发表声明放弃专利所有权。（5）通过立遗嘱转移专利所有权。

2. 义务

专利权与版权的一个不同之处是：版权是自然产生的，一般不需要申请和维护，所以关于权利人的义务似乎只有"不得毫无理由地禁止别人利用版权"一条。而专利权人的义务就比较多了，这些义务包括：（1）充分披露发明的内容；（2）在一定期限内必须在国内实施或准许他人实施（有些西方发达国家未规定这项义务，例如美国[①]）；（3）按时缴纳专利年费。不履行义务的后果一般是不批准专利申请或使已批准的专利失效。但不履行上述第二项义务时，一般是先由国家机关颁发强制许可证，在这项措施未能奏效时，才宣布有关专利无效。

因为未履行上面几项或其中一项义务而使专利失效，一般都不可能再恢复。不过近年来新颁布的一些专利法中，有一条例外。即

---

① 如果遍查美国专利法及实施细则和涉及专利的法院判例，就可以发现美国的专利制度并不要求专利权人实施专利发明。更有甚者，美国1931年与1948年的两个重要判例还表明：在美国，即使把自己的发明专利垄断起来不许外人实施，这种行为本身也并不违法，参见《美国专利季刊》，1931年第163页及1948年第287页、第365页。

在因未按时缴纳年费而使专利失效的情况下，如果原专利权人能够在一定时期内（如 2 年或 5 年内）拿出证据，表明自己未缴年费是出于自己无法控制的原因（即"不可抗力"），则他在缴纳了一定手续费及追加费后，还有可能恢复自己原有的专利权。例如非洲知识产权组织 1977 年缔结的《班吉协定》的专利附件中，就是这样规定的。

二、侵权行为

专利的地域性与独占性，决定了一切可称为"侵权"的行为必须具有两个条件。第一，只有在一项专利的有效地域内发生的行为，才可能构成对该专利的侵犯。一个设在英国的企业，绝不可能侵犯任何美国专利，即使这个企业是某个美国公司的子公司，情况也是如此。美国专利的技术内容要想在英国受保护，它的权利人就必须就同一项技术申请并获得英国专利。不过，人们常常把专利的"国籍"与专利权人的国籍相混淆。所以在这里要特别提请注意：专利的"国籍"与侵权行为发生地的那个国家必须是一致的，而与其他因素是不相干的。第二，只有未经许可的行为，才可能构成侵权。凡经过专利权人同意的一切行为，都不可能是侵权行为。这第二个条件看起来是不言而喻的，但在许多国家的司法实践中却常常碰到麻烦："经过专利权人同意"的含义究竟是什么呢？有时答案是明白的，例如持有专利权人签发的许可证，自然是经过同意了。但如果某个第三者长期无偿地利用了一项专利，专利权人却一直没有出面制止，这算不算一种暗示的"同意"呢？在一般情况下，应当把它视为"同意"。但也要作具体分析，例如专利权人因受到威胁或受到其他阻碍而未能制止无偿利用的行为，那就不能看作是"同意"了。

侵犯专利权一般都是与一定的有形产品联系在一起的。对于"产品专利""物质合成专利""机器专利"等等，未经许可而制作它们，即构成侵权。对于"方法专利"来说，未经许可而按照该方法去生产产品，即构成侵权。但判定两种方法是否相同，往往是困难的。所以许多国家的专利法都规定：如果某专利发明系制造一种产品的方法，那么任何同样的产品，除有反证外，均推定为依照该项方法所制造。

侵权行为可能发生在产品开始制造之前，也可能发生在制造过程中，还可能发生在制成之后。

在制作之前发生的侵权行为包括：向非法利用专利的人提供设备或其他条件；唆使或引诱其他人非法利用他人专利，等等。许多国家的专利法中把这种侵权称为共同侵权（Contributory Infringement，或 Joint Infringement），有这种行为的人则称共同侵权人。不过，这种行为的后果必须导致在一国地域内侵犯了该国专利，才构成共同侵权。例如，一个美国人在美国为一个在英国的厂商提供了侵犯英国专利所需的设备，那么在英国的这个厂商就侵犯了英国专利，而该美国人却不侵犯任何人的专利，即不属于共同侵权人。同时，许多国家的专利法还规定：在一般情况下，不知侵权人之行为目的而向他提供了侵权活动所需的条件，也不构成共同侵权（除非提供人意在唆使对方从事侵权活动）。这样规定的目的是防止把"共同侵权"的面扯得过宽，以致惩罚了一些无辜的人。

在制作过程中的侵权，即指未经许可而复制他人的专利品或使用他人的专利方法制造自己的产品。这是比较容易理解的，也是专利侵权的一般含义。

制成之后的侵权，包括将侵权产品出口、销售、使用、库存，以及提供给他人出口、销售、使用或库存的行为。这种侵权所涉及的面很广，而且常常是连锁性的。例如，一个厂商把侵权产品（比如一台机器）提供给分销人去销售，分销人把它卖给某用户，用户又使用它去生产其他产品。这里，从出厂到最后使用的整个过程中被牵涉的人（厂商、分销人、用户）均被认为是侵权人。不过要注意一点：构成侵权的"使用"，必须是生产、经营性质的使用，而不是个人的生活性使用。如果某手表厂非法利用了他人的石英技术专利制造产品出售，那么成千上万个买了这种手表的消费者当然不是侵权人，一来他们是无辜的，二来专利权人不可能对成千上万的人提起侵权诉讼。同样需要注意的是：制成后的侵权的整个"链锁"是可能断而复续的。我们仍以制表为例来说明。表厂制表的行为及出售行为均系侵权，卖到私人消费者手里，私人的使用则不再构成侵权，但如果某个消费者又把这种表提供给另一个厂商作仿制的样品，那就又重新构成侵权了。同样，如果原表厂制成表后未在本国出售，而是出口到另一个国家，专利权人并未就石英技术在该国获得专利，那么在该国分销这种表又不属于侵权了。而如果外国分销人或其他买到表的人把表销回其生产国，那么侵权的"链锁"就又接上了。

三、侵权诉讼与司法救济

1. 起诉人

有权对侵权起诉的人，从理论上讲首先是专利权人。对一切未经许可而利用其专利的行为起诉，正是专利权人行使其独占权的主要内容之一。但是，侵权诉讼的前提是发现侵权行为，能够发现侵权行为的人，却并不一定是（或经常不是）专利权人本人。这是因为，专利权人自己实施专利或销售专利品、从而取得收益的情况，并不普遍。他往往是把专利使用权许可给别人，而自己收取使用费。

所以专利的被许可人倒是最容易发现、也最注意侵权行为的。被许可人又总是侵权活动的首当其冲的受害人——侵权活动并不一定妨碍专利权人收取使用费，但肯定会妨碍被许可人从利用专利过程中获得更多利润。如果侵权人是被许可人在同一生产或经销范围内的竞争者，被许可人受的损失就会更严重。因为同样使用着一项专利技术，侵权人不需要为它付出任何报酬，被许可人则必须支付专利使用费，因此后者的产品的成本会高于前者，前者在市场上将具有更强的竞争力。

正因为如此，大多数国家的专利法都规定：除专利权人之外，其他一些利害关系人也有权提起侵权诉讼，这主要指独占许可证的被许可人。普通许可证的被许可人也可以按许可证合同中授予他的诉讼权起诉；但如果合同中未授予他这项权利，在发现侵权活动时，他只有权要求专利权人去起诉。在后一种情况下存在一种可能：专利权人认为打官司花的钱比侵权引起的实际损失还要多，并不愿意起诉。对此，一些国家的专利法又规定：如果专利权人收悉被许可人的起诉要求后，在一定时期内未起诉，则被许可人即有权自行起诉了。在被许可人起诉时，专利权人可以作为诉讼参加人而不作为主诉人出庭。也有的国家规定专利权人不起诉时，也要分担被许可人的诉讼费。还有的国家强制性地规定专利权人必须作为主诉人起诉。如果他接到被许可人的要求而不起诉，那么如果被许可人自行起诉获胜，他必须减收许可证合同中原定的使用费；如果败诉，他也无权对被许可人实行任何制裁。

2. 可诉讼的侵权行为

对绝大多数正在进行的侵权活动，都可以诉讼。

对已经结束或已经进行了很久的侵权活动，一般可以诉讼，但有个时间界限，即通常所说的"专利诉讼时效"。各个国家对这段时间的规定从两年到六年不等，个别国家规定得更长一些。诉讼时效不是从侵权结束时计算，而是从专利权人或其他有诉讼权的利害关系人得知该行为之日起计算。由于有诉讼时效的限制，有可能侵权人的活动延续了七八年一直未停止，而权利人却无权对他起诉了。把诉讼时效作这样的规定有两方面的理由：一是避免使司法机关陷入难以结案的诉案中。要确认或否定过去的行为是否属于侵权，则时间相距越久，困难越大。审理过时太久的案子必然妨碍法院的正常工作。二是专利权人在数年之中如果没有起诉，一般可以推定他对侵权行为已经默认，或可以推定这种行为不属于侵权，而是得到了他的"暗示许可证"。在司法实践中，有的国家允许特殊情况下在过了诉讼时效后起诉。例如，美国专利法虽然一直规定 6 年的诉讼时效，但 1974 年及 1977 年两个联邦地区法院的判例表明：当专利权人证明自己延误起诉有正当理由时，法院仍旧受理了他们的诉讼，并对被告下达禁令和判其赔偿损失。①

在侵权活动开始之前，如果专利权人有证据证明某行为很快就会构成对自己专利的侵犯，或该行为的正常延续必然构成侵权行为，也可以起诉。在一些国家的专利法中，把这类可诉讼的行为叫作"即发侵权"（Imminent Infringement）。

3. 原告的诉讼证据

在对侵权行为起诉时，原告必须拿出证据证明被告确实未经许可而利用了他的有关专利技术；这种利用方式确实涉及了专利申请案中"专利请求"所开列的权项。例如，原告可以拿出被告在市场上经销的商品，向法院说明自己的专利请求中至少有一项内容体现在这个商品中了。在"产品专利"的侵权诉讼中，证据比较容易找。

---

① 参见《美国专利季刊》，1974 年第 57 页，1977 年第 103 页。

在"方法专利"的侵权诉讼中，如果找不到别的证据，则可以证明自己的按照专利中的方法所制的产品，在申请专利时以及在整个优先权时间内，属于一种过去从未上过市的新产品。法院就有权推定此后其他人生产的相同产品，均系使用该方法制造的。

原告向法院出示了证据并不等于诉讼的定局。法院可能还要请技术专家来鉴定侵权因素是否能确立。法院可能要听取专利局的意见，或要求专利局的专利审查员参加鉴定。

4. 司法救济

专利侵权诉讼中的原告，在法院作出判决前，有权请求对被告的活动下达临时性禁令。因为有时一个案子要很长时间才能结案，侵权活动的继续可能给原告造成难以弥补的损失。在原告胜诉之后，则法院将向被告下达永久性禁令，即令其永远不得重复被判为侵权的活动。这种禁令，等于肯定了原告的独占权，并使原告的权利地位恢复原有状态。在判决中还会判被告对原告的经济损失给予赔偿。赔偿额的计算在不同国家有几种不同方式：一种是按原告受到的实际损失计算，一种是按被告的侵权所得计算，还有一种是按照在正常情况下使用人应当支付多少使用费来计算。在许多国家，专利法中并未规定采取哪种方法，而是由法院按不同情况酌定。

在许多国家，对侵犯一般财产权的司法救济，均适用于侵犯知识产权的情况。就专利侵权而言，除了上面讲的之外，也还有其他一些司法救济措施。例如，勒令交出（或交还）侵权物品与专利有关的技术文件和资料，扣押侵权物品，销毁侵权物品，销毁制作侵权物品的工具，命令被告承担原告的诉讼费用，中止被告非法颁发的从属许可证的效力，等等。

最后对"禁令"再作一些解释。禁令的本来名称应当是"强制执行令"，因为它不仅有制止某人继续从事某种活动的意思，同时有强迫某人必须做某些事的意思，它是处理民事案件时由法院下达的一种命令。强制执行令有两种：一种是法院向民事诉讼中的当事人下达的，这在英文中叫 Injunction；另一种是上级法院向下级法院下达的，即 Mandamus。目前的英汉辞典把二者一律译为"禁令"。这就没有分清对当事人和对法院两种不同的命令的区别，而且仅仅译出了"禁"的一面，未译出强制"行"的一面。不过，在涉及专利的民事诉讼案中，几乎一切强制执行令都起"禁"的作用，即禁止侵权行为继续。所以，以"禁令"代"强制执行令"的译法，在这里还是可行的。

四、被告在侵权诉讼中的辩护方式

专利权人（或其他利害关系人）提起侵权诉讼后，被告（应诉人）认为自己并未侵权，将通过两种方式为自己辩护。

1. 反诉

被告可能对原告提起"无效诉讼"，承认自己的产品或方法确实是原告的专利中包含的内容，但同时证明该专利本身是无效的，因此自己的行为不构成侵权。证明一项专利无效，可以有许多种证据。例如，有关发明不具备"三性"或不具备"三性"中的一种，或不符合其他对专利的要求，本来就不应获得专利；专利权人未按期缴纳年费；专利保护期已过，等等。大多数国家的法律都规定：在获得专利之后，在任何情况下专利权人都没有义务证明自己的专利的效力。只是反诉人在无效诉讼中有责任证明其无效，然后由法院最后判断它的效力。

此外，被告还可能反诉原告的专利是本应授予被告的，或证明自己实际上掌握着专利权，原告的一切有关行为才属于侵权。这样，侵权诉讼就变为通常讲的"权利冲突诉讼"了。

2. 证明自己并未使用原告专利或系经许可而使用

被告也可以对原告的指控或法院的推定提出反证。例如，证明自己的生产流程与原告的流程的差异，或证明自己的产品与原告的产品形相似而质相远。这一般都是纯技术性的。但被告的自我辩护中起码可能有两种是纯法律性的：一是上面讲过的，证明自己的行为取得了原告的"暗示许可"；二是下面将要讲到的，证明自己的行为属于对专利技术的"合理使用"。

在这里也有一个要注意区别的问题。在一些国家的专利法中，列有关于"非侵权声明"（Declaration of Noninfringement）的条款。有人曾把它误译为："被告辩白自己并未侵权的申明。"这种理解是望文生义的。这个条款的来源是这样：在工商业活动中，往往发生如下情况：某企业主从事的生产或贸易活动，与某项他人的专利所涉及的领域联系很密切，所以有可能发生侵权，但该企业主自己并不能拿准是否确实会造成侵权。为了能够继续从事合法的经营活动，他可以请求法院（在有些国家请求专利局）确认一下他的行为并非侵权。法院（或专利局）如果经审查鉴定，认为不属于侵权，就会应他的请求发出"非侵权声明"，阻止其他人再对他的行为起诉。如果鉴定实属侵权或将属侵权，就会禁止他继续从事该活动。同时，这些国家的专利法还规定：如果已经有专利权人或利害关系人提出了侵权诉讼，那么要判断该企业是否侵权，就将依照原告提出的证据去审理，被告则不复有权请求法院发"非侵权声明"。不过，如果被告在诉讼中抗辩取胜，或反诉取胜，则仍可以请求法院发出"非侵权声明"。

五、专利法中的刑事处罚

侵权，指的是侵犯了专利权人的专有权，而专有权是一种民事权利。侵犯民事权利一般只通过民事诉讼、民事赔偿等途径去解决。

但对于特殊的、极严重的侵权行为，也不排除使用刑事处罚。

在大多数国家的知识产权法中，都不乏以刑事制裁处理侵犯版权或侵犯商标权的实例。但却只有为数不多的国家对于侵犯专利适用刑事制裁。

英美法系大多数国家的专利法，对专利侵权不实行刑事制裁。之所以如此，是基于这样一种理论：版权与商标权是昭示于众的，侵犯这两种权利，不仅损害了权利人的利益，而且在许多情况下同时欺骗了公众；而欺骗公众的行为则不是任何民事赔偿能解决的，只有通过行政的及刑事的方法处理。侵犯专利权则不同。从直接章义上讲，它不会起到欺骗公众的作用，而仅仅是损害了权利人的利益，所以并未触犯刑律。英美法系专利法学者们的著作中，常可以看到"Infringement of patent ought not to constitute acriminal offence per se"，就是这个意思。也许有人会问：如果某人搞出了发明，另一人却利用职权或用欺骗手段冒名去申请了专利，或如果某人的产品并非专利产品，却标出"专利产品"的字样，难道也不构成欺骗公众吗？不错，这些行为确实是欺骗公众的，因而（即使在英美法系国家）也可能构成刑事犯罪，但它们却并不属于侵权。就拿非法侵夺他人发明的行为来讲，行为发生时，专利权并未产生，故谈不上侵犯专利权。受损害一方可以依自己的其他民事权利，或依刑法提起诉讼，但却不可以依自己尚不存在的专利权去诉讼。非专利产品而冒充专利产品，也往往并没有涉及任何具体的第三者的专利权，而只是冒用了专利局的名义。即使假冒者明确标出自己的产品即是某某第三者的专利产品，这些国家也认为这属于"冒牌"行为，认为他所侵犯的是第三者的商标权，所以仍不属于专利侵权范围。就是说，即使在依刑事法律制裁这类行为时，也并没有把它们看作是"侵权"行为。

在大多数对专利侵权不实行刑事制裁的国家，专利法中几乎都有对于涉及专利的其他一些违法行为给予刑事制裁的规定。但它与

"侵权"是明显地被区分开的。虽然侵权也是一种违法，但它同触犯刑律的违法是有本质区别的。在英文中，"侵权"使用 Infringement 这个词，专利上的"违法"使用 Offence 这个词。下面几种不属于"侵权"的违法行为，是要负刑事责任的：

（1）以欺骗手段在专利局登记。这包括并非原始专利权人而登记为专利权人，并非专利权受让人而登记为受让人，并非专利许可证的被许可人而登记为被许可人，等等。

（2）为赢利目的而将非专利产品假冒为专利产品。但如果某人的产品曾经是专利产品，后来因保护期届满或在无效诉讼中被宣布失效，则在一段合理时期内该产品上仍带"专利产品"字样，不按假冒论处。

（3）为赢利目的而将未申请专利的产品假冒为已申请专利。但如果某人确曾就其产品申请过专利，但后来中途撤回或被专利局驳回，则在一定时期内该产品上仍旧带有原先标示的"已申请专利"字样，不以假冒论处。

（4）以任何形式冒用专利局名义进行营业活动。

（5）非官方认可的专利代理人代理专利事务。

（6）以国家规定不得向外国申请专利的项目向外国申请专利。

对于这些违法行为，依情节轻重而可能处以罚金或监禁。如果实施上述行为的是某法人团体，那么刑事责任将落在其中的直接责任者或负主要责任的经理头上。这些刑罚条文，在有的国家列在专利法中，有的国家则列在刑法中（但专利法中一般会有"参照刑法某条"字样）。①

---

① 上述英美法系国家对违法的刑事制裁规定及违法与侵权在专利法中的区分，均可见于世界知识产权组织出版的《工业产权法律与条约集》，1983 年版，第 5 卷中的《英国专利法》第 109~112 条，《美国专利法》第 292 条；该书第 3 卷中的《印度专利法》第 118~124 条。

从这些项目中，可以看到没有任何一项是直接侵犯某个特定的权利人的。

专利"侵权"与涉及专利的"违法"之间，还有一个重要区别：对于侵权行为，在多数国家里只有专利权人或独占被许可人是利害关系人，有权起诉；而对于专利上的违法行为，任何人都有权起诉，因为它损害公众利益，所以公众成了利害关系人。在侵权诉讼中，法院判决被告付出的赔偿金，将全数交原告。而违法诉讼中的罚金，则一般只交国家，也有的专利法（如美国专利法）规定一半交国家，一半给原告。

有一些大陆法系国家的专利法中，则将许多在专利方面"违法"的行为视为侵权，并对其中严重的，给予刑事制裁。例如《瑞典专利法》第 57 条规定："任何人侵犯他人专利权，如系有意，则处以罚金或六个月以下拘役。"联邦德国 1981 年专利法第 142 条，《日本特许法》第 196 条，《瑞士专利法》第 81 条，等等，也都有类似规定。不过，即使这些国家，在应用刑法时，也是非常慎重的，应用范围也很有限。其原因也在于专利侵权与商标、版权等侵权的社会效果不同。例如在《瑞典专利法》中有一条规定："只有专利侵权行为影响到公众利益、并且有受侵害人提出请求，才可以由检察官提出刑事控告。"在《日本特许法》"刑事罚则"的九条中，仅仅有一条是关于专利侵权的（而其他都是前面讲过的专利违法）。《联邦德国专利法》虽规定了对侵权的刑罚，但据世界知识产权组织副总干事方那（K.Pfanner，联邦德国专利法学家）说，联邦德国法院在判决中从未使用过这些规定；它们仅仅是作为对侵权人的威胁而存在于专利法中。而且，联邦德国已有人提出在法律条文中应删除这种"备而不用"的条文。

欧洲经济共同体是一个兼有英美法系与大陆法系两种国家参加

的组织,《共同体专利公约》生效后,也未必使用刑罚于专利侵权,原因是该公约授权联邦德国的联邦法院受理在其他成员国发生的某些侵权案,并未授予它跨越国界实行刑事司法管辖的权力。

在一些东欧国家,也未规定对专利侵权适用刑法。例如《罗马尼亚发明与革新法》,仅仅规定了对假冒发明与革新作者,未经批准而在外国申请专利等,才处以刑罚。

六、对于"以侵权诉讼相威胁"的诉讼

这里讲的对诉讼行为的诉讼,与前面讲过的反诉不是一回事,而是一种制裁不公平竞争活动的措施。

在有些实行专利制度的国家,每年申请和批准的专利都很多,所以从事生产或贸易活动的人对于自己是否会侵犯或是否已经侵犯了别人的专利权,往往不十分清楚。于是在竞争者之间就存在着一种现象:一方为了牵制或破坏另一方的经营活动,利用其对专利的法律常识缺乏(例如不知外国专利在本国无效,不知专利有一定保护期,等等),声称对方的产品中含有自己的专利,威胁要对其提起侵权诉讼。而当另一方中止了经营活动,或不敢继续积极开展活动,并蒙受了损失之后,却发现威胁者并不占有任何有效专利,或虽占有专利,但并未受到侵犯。在这种情况下,被威胁的一方有权对威胁者起诉,要求赔偿损失。

在一方确实享有一项专利的情况下,"以侵权诉讼相威胁"又可能同"侵权警告"相混淆。专利权人在认为某人的行为继续下去必然会侵犯自己的专利时,在未起诉前是有权通知对方加以注意的。这就是"侵权警告"。究竟是"威胁"还是"警告",主要可以从两点来区别:(1)威胁者可能占有、也可能不占有专利,警告者一定占有专利;(2)威胁者事后肯定不会提起侵权诉讼,警告者在警告

未奏效时将真正起诉。所以，有些国家在司法实践中，把事后是否真正提起了侵权诉讼，作为分辨一个人是威胁者还是警告者的标志。有些国家的专利法中，不是笼统地讲"以侵权诉讼相威胁"，而是讲"无根据地以侵权诉讼相威胁"，这样从字面上就可以看出它与"警告"的区别了。

七、权利的限制

不占有某项专利的人，在有些情况下利用它，可以看作是合理的，并不构成侵权。这也就是对专利权人的专有权的一种限制。在知识产权的各个领域中，这种对专有权的限制最完全、最系统地体现在版权法上，而且各国的规定也比较统一。在专利法中的权利限制规定，各国就不是很一致的了。在有些国家的专利法条文中，甚至没有"权利的限制"一项，而是由司法机关审理具体案件时去酌定。但不论在法律条文还是司法实践中，多数国家对专利权的限制，大致总会有下面几项内容。

（1）在非商业性的科学研究中、教学中，或个人有限的对专利的利用，不构成侵权。这条原则是一切国家都适用的，它与版权法中的"合理使用"非常相似。规定出上述合理使用的范围，目的是促进科学技术的发展。按照这个原则，以原有专利资料为基础，研制新的发明，就不会受到专利权人的干涉了，而科技史上有不少影响巨大的发明，正是在原有技术的基础上进一步研究的成果。但是为商业目的而研究，为培训企业中的技术人员掌握和实施专利中的技术而进行教学，就不在合理使用之列了。

（2）专利权"穷竭"（Exhaustion）原则。这也是大多数国家都承认的，但并不一定反映在专利法条文中。专利权"穷竭"表现在两方面。

第一，专利产品销售权的穷竭。它指的是：任何专利产品如果经专利权人或他所授权的其他人（如各种许可证持有人）的同意，在一国市场上经销了，那么此后该产品在该国怎样分销、怎样转买转卖等等，专利权人就无权过问；从事分销的活动，绝不会构成侵权行为。这项原则的目的在于保证商品在一国地域内自由流通，防止专利权人滥用权利进行垄断。不过，除了在《欧洲专利公约》的成员国及非洲知识产权组织的成员国之间，这条原则一般不适用于跨国的经营。例如，经甲国专利权人同意将产品销到乙国市场后，专利权人仍旧有权控制产品的分销，例如他可以禁止把产品返销回原产地来。

第二，产品使用权的穷竭。经专利权人同意而投放市场的产品在销售之后，该权利人无权控制对产品的使用方式（例如把作为起重车出售的专利产品当载重车使用）。当然这里指使用产品本身，如果按该产品复制或仿制新产品，权利人就有权干涉了。

（3）在临时进入或通过一国领土（包括领海、领空）的交通工具上，如果附带未经许可而根据该国专利技术所制的物品，而该物品是交通工具上缺之不可的，则不构成侵权。当然，如果不是作为交通工具的部件，而是在该工具运载的货物中出现了非法的专利品，那肯定是要构成侵权的。

（4）强制许可与国家征用。如果一项专利在一定时期内（不同国家规定从两年到五年不等）未在某国实施或未充分实施，那么任何能证明自己有条件实施的第三方，都可以向专利局申请实施该专利的许可证。专利局在颁发这种许可证时，就不再征求专利权人的意见了，所以它称为"强制许可证"。不过，专利权人仍有权要求实施者按标准向他支付使用费。

如果一项后申请的专利，在实施其中包含的技术时有可能侵犯在其之前先申请的另一项专利，而后一专利在应用效果上又大大优于前者，确有充分实施必要，那么后一个专利权人如果得不到前一个专利权人的许可证，也可以向专利局申请强制许可证。这种强制许可证对于支持和鼓励人们应用先进技术，有很重要的作用。

有些国家的专利法还规定：政府主管部门从国家利益出发，根据国防、公共卫生、公共福利或国民经济发展的迫切需要，可以用国家的名义征用任何专利。这样的征用，可能是由国家实施，也可能由国家所指定的第三方实施。在这种情况下，专利权人也无权表示不同意，但可以收取一定的费用。

（5）专利保护期开始之前，已经在使用相同发明的人继续使用的权利。在先申请者获得优先权的制度下，可能会有一些先搞出了发明但因延误了申请而未取得专利的人；还可能有人搞出发明后虽然一直在使用，但并未打算申请专利。多数国家的法律规定：在专利保护期内，专利权人行使自己的专有权时，不应妨碍这些人的在先使用权。不过，这种先使用人的权利仅仅限于继续使用。他们无权转让其技术，或向别人发放利用该技术的许可证，否则就将构成侵犯专利权了。在先使用人只有在转让整个企业时，把使用权作为企业财产的一个不可分割的部分一并转让，才是合法的。

（6）其他对专利权的限制。除在专利法中作出规定外，还有一些不言而喻的对专利权的限制，或一些在实践中形成了惯例的限制。例如：仅仅为买卖双方沟通联系，那么虽然买卖双方做的是侵权物品的生意，中间人的行为不一定构成"共同侵权"；仅仅作了专利商品的广告但没有实际销售它，在有些国家尚不构成侵权（但在有的国家则已经构成）；签订一项旨在制造侵权产品的合同，但尚未实际履行，则尚不构成侵权；仅仅陈列或展出了侵权产品而无其他行为，则尚不构成专利侵权；在贸易活动中卖方仅仅交给了买方侵权产品的一个组成部分（而不是完整的产品），则尚不构成侵权；任何修复原专利产品的行为，均不构成侵权；单纯的经营管理活动（只要不是直接生产或销售侵权物品）均不构成侵权；虽未经许可而销售了专利产品，但买主仅仅是专利权人本人，则不构成侵权；专利权人的代理人或代理机构在他们自己的职权范围内，授权第三者从事的任何与专利有关的活动（无论是生产还是销售），均不构成侵权。

八、专利无效对原有侵权诉讼判决的影响

在冲突诉讼与无效诉讼中，如果法院判某项专利无效，即是"自始无效"。那么，这种判决的追溯力对于原来的侵权诉讼的判决有什么影响呢？在一项专利尚未被判为无效之前，任何未经许可对它的利用均属于侵权。侵权诉讼中的被告如果败诉，往往要对当时的权利人赔偿，还有可能因法院的禁令而中止了自己的某些营业活动。如果在该专利被判无效后，这些原来在侵权诉讼中被视为"侵权"的人请求追回赔偿费，或反过来要求原专利权人赔偿自己因中止营业而造成的损失，问题就复杂了。在一般国家的司法实践中以及某些成文法律中规定：如果原先对侵权的判决是最终判决，并且在专利被判无效之前，判决已经生效，则专利无效的判决不影响原判决。[①]

第三节　专利权的利用

一、转让

1. 专利权在转让中的性质

西方国家的财产法在许多情况下都把知识产权与动产同样看

---

① 参见《共同体专利公约》第 35 条（2）款。

待，只不过是在诉讼中才能显示其存在的动产而已。知识产权及债权、合同权、股份权等等，在英文中统称为"Choses in Action"，就是这个道理。对专利在贸易活动中作为转让标的物的性质，许多国家更是作出了较明确的规定。例如，《英国专利法》第30条规定："专利及专利申请案，除去其无体财产性质之外，即属于动产"；"其所附权利均可转让或抵押"。《美国专利法》第261条也规定："专利权赋有个人财产（动产）性质。"

但在大多数国家的专利法中，转让专利权并不是利用专利权的主要方式，倒是财产权转移的一种方式；"转让"专利的使用权，即发放许可证，才是利用专利权的主要方式。

2. 专利权转让的几种情况

专利权的转让，可能在四种情况下发生。

（1）雇员或工作人员在雇佣合同或劳动合同中，同意凡自己为完成本职工作而搞出的发明，其专利均归雇主或单位所有。这是一种"事先转让"，即专利尚不存在时已声明其所有权转让了。

（2）西方某些大公司或垄断集团为防止某些新产品冲击自己控制的市场，使自己的原有技术设备被过早更替，于是全部买下新产品的专利。这种买专利的目的并不是实施它，而是阻止它的实施。

（3）专利作为遗产的一个构成部分，通过遗嘱或法定继承程序转让。

（4）按照原专利许可证的"反馈"条款，原被许可人将其搞出的发明所得的专利转让原许可人；或根据某些专利实施的垄断（Patent Pool）合同，在大公司或大公司与研究单位之间互相转让专利。至于通过互相许可而达到专利垄断，在本节将讲到。互相许可的方式虽然并不像互相转让那样交出了所有权，但达到的垄断专利实施的效果则是一样的，故也被称为Patent Pool。

从上述四种方式中可以看出，只有其中的（4）才属于我们通常说的"利用专利权"而并非单纯的产权转移，而这种方式又恰好是大多数国家的专利法所禁止的（但美国除外）。

3. 专利法对转让的要求

世界知识产权组织在制定"示范法"时，把专利权"只能全部转让而不能部分转让"作为对各国专利立法的一项普遍指导原则。[①] 而且，该文件对于不能部分转让作了具体的解释。

第一，这里的转让指的是所有权的转让（Assignment），而不是包括使用权转移或所有权转让的笼统"转让"（Transfer）。

第二，不能够把一项专利权的有效地域划分为不同的区，而把专利权转让给不同的人。

第三，不能够把一项专利所包含的各项权利（如制造权、销售权、进口权等等）分别转让给不同人，而只能一并转让给同一个人。

第四，不能把专利证书中的几个权项（如果含有两个以上权项的话）分开来转让给不同的人，而只能一并转让给同一个人。

按照世界知识产权组织的意见，只有在一种情况下，专利权可以部分转让，这就是"共同专利"的共有人之一，可以转让他自己所享有的那一部分权利。但这种人转让时，也只能转让自己的全部享有份额，而不能把份额分开来分别转让。

不过，如果我们观察一下各国的专利制度，就会发现，只有上述第四点所讲的部分转让的情况，才是各国专利法所不允许的。而其他几种情况的部分转让，则有一些国家在判例法或成文专利法中都允许进行。例如，美国从1891年的一则判例[②]开始，直至现

---

① 参见世界知识产权组织的《专利示范法》，1981年版第140条的评论。
② 即"瓦特曼诉麦克肯斯案"，见《美国判例集》1891年第252页。

行专利法第 261 条，均许可分为不同部分而分别转让一项美国专利。当然，在同一个判例中，又明确宣布：除此之外，如果以任何方式"部分转让"专利权，则仅被视为变相发放许可证，不以转让对待。现行《法国专利法》第 43 条明确规定：专利权"可以全部、也可以部分"转让。法国全国发明专利顾问协会主席诺尼专门对此作了解释："例如发明是涉及汽车和船舶发动机的一种装置，专利所有人可以转让有关汽车上使用的那部分专利权而保留了有关船舶使用的那部分专利权。①"此外，在现行《瑞士专利法》中，也有类似的、允许部分转让的规定。② 可见世界知识产权组织所建议的（"示范法"只起建议作用，无约束力）原则并不是具有十分普遍的意义的。③

从多数国家的专利法中，确实看不到有允许"部分转让"专利权的规定。这点与版权是不一样的。版权一般都允许部分转让，有些大陆法系国家（如法国、德国）倒是规定了版权不允许全部转让。

在大多数国家，对专利权转让的手续都有具体要求，不符合这些要求，转让活动就无效。除法定的转让行为之外，一般凡转让专利权而不采取书面合同形式或没有合同双方的签字，均属于无效。许多国家的专利法还规定：一项专利转让后，受让一方或双方必须在专利局登记。有些国家规定：未登记的转让活动无效；还有些国家规定：未登记的转让对第三方无效，转让合同（或转让的遗嘱文

---

① 参见《法国专利工作介绍》，专利文献出版社 1980 年版，"专利独占权的范围"一章。

② 参见瑞士 1976 年发明专利法第 33 条（1）款。

③ 上述美、法、瑞士三国的判例与法律中，使用的术语也不尽相同。美国一例中使用的是 Assignment，显然指所有权的转让。法国专利法中用的是 Transfert，相当于英文中的 Transfer，说明其中还包括使用权转移的问题（法文中与 Assignment 相应的是 Cession），瑞士专利法中则使用的是 Assignment。特此说明。

件，等等）仅仅对当事人双方有效。[①] 在实际贸易中有时发生这样的事：专利权人与某人签订转让合同之后，又将专利权再度转让给第二个受让人乃至更多的其他受让人。前面的受让人未登记，后面的受让人却登记了，在这种情况下，如果第一个受让人发现受骗而起诉，法院会制裁转让人（因为按法律规定，他只能转让给一人），也会要求他赔偿第一个受让人原付的受让费用，但却会把专利权判给后面的、登过记的受让人。这就表明：未登记的转让合同虽然可以作为制裁受约人的依据，却不能使第三方的利益受到损害。[②]

如果专利权人在发放过许可证之后转让了专利所有权，他也不能使第三方利益受损害，必须在转让合同中声明：转让行为不影响原有许可证的效力。

二、专利许可证

在贸易活动中最常用的专利利用方式，是发放许可证，即专利权人许可其他人实施其专利（及专利所附带的 Know-How，以及使用与专利产品有关的商标等等）。许可证通常都是以合同来表示的。关于对许可证的要求，许多国家的专利法中仅有原则规定，而细节则见诸合同法。

除强制许可证外，专利许可证主要有下列几种。

1. 一般许可证（Licence）

如果许可证合同中没有特别指出它是独占的或其他特有性质的，则均应被看作是一般许可证。专利权人在向某一方发出一般许

---

① 绝大多数国家的专利法正文中或专利法实施细则中，都有对书面形式、签字、登记等要求的规定。如丹麦 1978 年《联合专利法》第 44 条，法国 1978 年专利法第 46 条。

② 参见《美国专利季刊》，1976 年第 190 页，艾克米厄诉专利局长一案（Meickmeger V.Commissioner）。

可证之后，仍旧有权在同一地域内就同一项专利向其他人发放许可证，同时也仍旧有权自己实施（如果发明的性质决定它可以由私人实施）或销售专利产品。而被许可人除按许可证生产和销售产品之外，不享有其他权利；在一般情况下，连提出侵权诉讼的权利也没有。正因为专利权人保留了较多权利，被许可人得到较少的权利，所以这种许可证的使用费都比较低。

一般许可证并不一定在整个专利保护期都有效；被许可人也并不一定有权在整个专利有效地域内利用该专利；而且，被许可人不一定取得了专利权中所包括的生产及销售等全部权利——专利不可以部分转让，但可以部分许可。所有这些，都会依合同条款的不同规定而不同。

2. 独占许可证（Exclusive Licence）

这是授权范围比上一种大得多的许可证。

专利权人发出独占许可证之后，不仅没有权利再向第三方发任何其他许可证，而且连自己也无权在该许可证包括的范围内（许可证有效期内、许可证所划地域内及许可证所列的权利内容所涉及的领域内）实施或以其他方式利用有关专利了。反过来，被许可人倒有权在许可证规定的范围内，排斥包括专利权人的一切人利用有关专利。在发现侵权活动时，被许可人也有权自行起诉。在一般情况下，被许可人还有权向其他人再发放"从属许可证"。但如果独占许可合同中否定了这种权利，则不在此列。独占许可证本身并不暗示被许可人有权发从属许可证，而要有条款授予被许可人这种权利；但独占被许可人如果提出订立这类条款，一般不能被拒绝。

从独占许可证的被许可人享有这么广的权利来看，它很有些像专利权的转让。确实，已经有一些国家在贸易活动中把独占许可证视为专利权的转让。"欧洲经济共同体法院"（即所谓"欧洲法院"）

在 1982 年 6 月 6 日的一则有名的判决中，进一步把独占许可证分为"绝对独占"与"相对独占"两类，而把第一类完全与专利权转让画了等号。[①]

由于授予的权利很广，所以独占许可证的使用费就比一般许可证要高得多。只有当被许可一方从生产竞争与市场效果上考虑，认为自己确有必要在某个地域内独占有关技术，才会要求得到这种许可；如果在一国地域内根本没有生产同一产品的竞争者，或竞争者的实力远远不可能通过采用相同技术而超过被许可人，或者（在计划经济国家）被许可人能够通过国家干预而抑制其他竞争者的竞争力，那就没有必要签订独占许可合同。同样，专利权人也只有认为在某一地域内把自己的全部（或绝大部分）权利统统授给别人后不会使自己陷于被动，才肯发放这种许可证。

3. 部分独占许可证（Partially Exclusive Licence）

如果许可证合同中不是规定被许可人在某个国家全部地域内而仅仅在其中的一个或几个地区内享有独占权；或不是在整个专利保护期内，而仅仅在其中某个阶段享有独占权；或并非独占了全部权利，而仅仅独占了部分权利，如销售权或出口权，那么这样的独占许可证，就叫作部分独占许可证。

4. 独家许可证（Sole Licence）

这种许可证几乎全部与独占许可证相同。而且，Sole 和 Exclusive 在许多英汉词典中译法也相同。这就使不少人弄不清它们

---

① 参见《欧洲知识产权》月刊（英文、牛津版）1984 年第 4 期第 104~110 页。其中绝对独占与相对独占的主要区别是：前一种许可证的持有人不仅有权干涉原专利权人继续行使专利权，而且有权干涉任何第三方的、有可能与他发生竞争的活动；后一种许可证则只对许可人与被许可人有效力，它的"独占"性不能表现在对第三方的行为的控制上。

这里所说的"有名的判决"名为"玉米种判决"（Maize Seed judgement），载《欧洲共同体判例报告集》1982 年第 2015 页。

之间究竟还有什么区别。独家许可证同独占许可证的关键性区别在于：独家许可证的被许可人仅享有排斥除许可人之外的一切人的权利，就是说，许可人仍保留着自己实施专利的权利。如果一项专利是法律不允许私人实施的，则专利权人向国家或向有关政府部门就只可能发放独占许可证，而不能发放独家许可证。

5. 从属许可证（Sub-Licence）

即独占许可证或独家许可证的被许可人再向其他人发放的许可证，前面已讲过了。

6. 交叉许可证（Cross-Licence）

这种许可证也可以叫作"相互许可证"。而有些介绍国际上的专利许可证的书中，把它译为"交换许可证"，解释为"双方以价值相当的技术互惠交换"，则是不确切的，起码是不全面的。

交叉许可证一般在三种情况下使用。

（1）由于现代技术是错综复杂的，往往会出现这样的局面：乙项技术中包含着甲项技术的某种潜在成分，而甲项技术的作用要得到充分发挥，又必须同时实施乙项技术；但这两项技术却分别由甲、乙两方独立占有着。乙方要实施自己的专利就可能侵犯甲方专利权；甲方要使自己的专利在实施中取得更大经济效益，又可能侵犯乙方专利权。为了彼此都得到好处而不是陷入僵局，甲、乙双方往往达成协议，都许可对方利用自己的专利。这种"协议"，也就是交叉许可证。

（2）在技术贸易中，有的许可证合同规定：如果被许可人将来（在合同有效期内）以许可人的技术为基础搞出了革新发明并取得新的专利，则必须首先把新专利的使用权许可给原许可人；而原许可人在发放许可证后，如果自己改革了有关技术，则也必须把它继续许可给原被许可人使用。这样的合同条款，称为"反馈条款"，日后按该条款而产生的互相许可实施新技术的许可证，叫作交叉许可证。

（3）大企业之间订立技术协作协议，规定各自搞出的发明（无论取得了专利还是作为 Know-How 保密）都应许可对方使用，这也是一种交叉许可。此外，在西方，有些大企业为了合伙垄断市场，也可能通过交叉许可证方式达到对专利实施的垄断。即双方（或几方）之间，只能彼此许可在这一伙的圈子中实施各自搞出的发明，而不能允许外界实施，以这种方式达到专利垄断。许多国家的反垄断法和一些地区性经济合作条约中，都宣布许可证在这种意义上的使用是非法的、无效的。

至于专利许可证所采用的形式，有些国家规定必须是书面的，必须有双方签字。但许多国家则仅仅规定了专利权转让的形式，却未规定许可证必备的形式。只是在一般的贸易活动中，不论法律是否专门要求，双方为了保险，都倾向于签订书面许可证合同。不规定许可证必须用书面形式，可能出于一些专门考虑。例如，前面讲过专利权人若长期不阻止某种侵权行为，就可以推定他向侵权人发出了"暗示许可证"。这种许可证不仅没有书面形式，连口头形式也没有，但法院却承认它的效力。不过这只是许可证的一种极特殊的形式。

三、专利申请被驳回或专利被判无效时，对许可证的影响

如果专利申请人或专利权人发出许可证之后，申请案最终被专利局驳回，或已批准的专利在冲突诉讼或无效诉讼中最终被判为无效，那么被许可一方就有权停止继续支付使用费，这是国际上的惯例。有些国家的专利法还进一步规定：如果直至专利申请被驳回或专利被判无效之日，被许可人尚未从利用许可证中的技术上获得任何收益，那就不仅有权停付使用费，还有权追回已付的使用费。

在许可证中，有时包括不止一项技术，而且可能既有正在申请

专利的项目；又有已经获得了专利的项目。如果其中只有一部分被驳回或被宣布无效，则被许可人仅仅有权停付这一部分的使用费。为了应付这种情况发生，在多项技术内容的许可证中，应尽量把使用费分类开列，而不宜采取一揽子账目的形式。

在这里要注意的是：正如上面一开始强调的，所谓申请被驳回，必须是"最终驳回"；专利被判无效，也必须是终审判决。如果专利申请人或专利权人还有上诉的余地，被许可人就没有权利停付使用费或追回使用费。同时，这里讲的"无效"也不包括专利权人自动放弃权利或专利保护期届满之后的无效。因为，判决无效一般都是"自始无效"，就是说，该项专利本来就不应被批准。而放弃权利及保护期届满之前，专利则在此之前一直是有效的，所以绝不发生被许可人追回使用费的权利问题。当然，如果被许可人因专利权人放弃权利而受到经济上的损失，可以向法院起诉请求赔偿。但赔偿与追回使用费，在性质上是完全不同的。

四、共同专利与从属专利对许可证的影响

共同专利的情况比较特殊，前文已有所介绍。

两个以上的人共同占有一项专利时，每个人都有权转让自己的份额；如果专利可以由个人实施，则每个人也有权自己实施整个专利技术；在发现侵权时，每个人也有权自行起诉。但如果要放弃权利或缔结许可证合同，就必须取得一致意见了，谁也无权自己行事。因为在后面这两种情况下，任何一个人的独立行动，都可能影响其他共有人的利益。

可见，共同专利的许可证，必须是共同所有人共同对外签发的。共同专利的主体是复杂的。可能是不同的几个企业共有一项专利，也可能是不同的自然人共有一项专利，还可能是某个企业和不属于

该企业的自然人（即独立发明人）共有一项专利。即使某些很大的企业，也会与某些独立发明人共享一项专利。所以，在签订许可证合同时，被许可人必须弄清其中的专利是许可人专有的还是他与别人共有的；如果是共有的，许可人是否持有与其他共有人的协议书或其他人委托他签发许可证的授权书。

从属专利在贸易实践中是大量存在着的。注意不要把它与从属许可证联系在一起，这二者没有任何必然联系。从属专利在英文中是：Subservient Patent。这种专利具有两个特点：（1）它是在发展了原有专利的基础上搞出的新发明所取得的专利；（2）它的实施必定要以使用原专利为前提。在技术史上，大多数发明都离不开原有发明打下的基础，但那些研制出来之后能独立实施的，并不算从属专利。所谓"从属"，主要反映在上面第二个特点之中，即不能离开其基础而实施。从属专利所离不开的原专利，叫"前提专利"或"基础专利"（Basic Patent）。

在许可证贸易中，如果发放从属专利的许可人兼有它的前提专利，一般不会发生太难解决的问题。但事实上他往往只占有从属专利。所以，被许可人必须弄清许可证中包含的专利是不是从属专利；如果是，许可人是否兼有前提专利；如果不兼有，则许可人是否已经得到了前提专利的权利人授予的许可证，以及是否获得了就该前提专利发放从属许可证的授权；如果没有这种授权，那么被许可人就仅仅得到了一张无法单独实施或无法充分实施的许可证。在被许可人不清楚自己是否能进一步从其他人那里获得前提专利以及它的使用费是否合理的情况下，这项从属专利的许可证使用费无论定得怎样低，也还是以缓签合同为宜。发展中国家（包括我国）在过去的技术贸易中确有这种情况发生：在技术转让合同的履行中，一再冒出事先未讲清的、不属于技术出口一方的"前提专利"，结果进口方不得不一再同新的专利所有人打交道，使自己的总开支一再加码，最后弄得自己欲罢不能。

五、国外申请专利

专利的地域性决定了它仅仅在一国有效。发明人在本国获得专利，只可能在本国发放各种专利许可证。如果他以同一项发明在几个国家都申请了专利，那么专利的可利用范围就比原来扩大了几倍，专利使用费的收入就会大大增加。此外，在其他国家申请专利，还可以更有效地保护专利权人的利益。一项发明技术如果被国外的其他人抢先申请了专利，反过来可以禁止发明人本人的产品进入该国市场；一项专利技术如果在国外进入"公有领域"，则会大大加强国外竞争者的竞争力——他们既可以自由利用有关发明，又没有为搞出该发明投放任何资金，其产品成本自然会低于发明人的成本。所以，在有可能利用自己的发明技术的那些国家里申请专利，不仅是有益的，而且是必要的。美国作家约瑟弗森曾经在他写的传记《爱迪生》（M.Josephson：Edison，［McGraw-Hill Book Co.1959］第391页）中举过一个例子：爱迪生发明电影之后，就曾因为延误了在欧洲国家申请专利，结果丧失了他在英国和欧洲大陆的市场。

目前，大多数建立起专利制度的国家都参加了《巴黎公约》，近年又出现了《专利合作条约》等新公约，它们都为发明人在外国申请专利创造了便利条件。

不过，大多数国家对于本国国民在外国申请专利都规定了一些限制条件。即使在许多资本主义国家，未经本国专利局批准，也不允许将其国内完成的发明到国外申请专利。有可能影响本国国防、安全或其他公共利益的发明，也不会准许在国外申请专利。许多国家还规定：搞出发明之后必须首先在本国申请专利；即使在特殊情况下先在外国申请了专利，也必须在一定时间（如半年）内在本国也申请，等等。①

六、专利作为抵押时的利用

在一些国家（主要是西方国家）的专利法中，规定了一般的专利或专利申请案（除两个以上的人共同所有的"共有专利"外）均可以像人寿保险单、公司股份等其他无形财产权一样，作为借贷时的抵押品来使用。这是专利权的利用中的一种特殊方式。这些国家在专利法中往往把专利权的转让与抵押同列在一个条款中，对抵押的形式要求也同转让一样，即必须采取书画形式，必须有当事人双方的签字。如果原专利权人一旦还不起贷款，专利所有权即告正式转移，这种转移也要在专利局登记并公告。

这种利用方式与前面讲过的几种相比，无重要意义，故仅在最后作一下介绍。

第四节　我国的专利法

一、我国过去的发明保护制度及其缺点

对于我国在 1949 年之后至 1984 年之前是否建立过专利制度，存在着两种不同看法。认为建立过的理由是：1950 年，政务院曾颁布过《保障发明权与专利权暂行条例》。它对取得专利的条件、专利权人的权利范围等规定，与世界上大多数国家都相同；对于保护期、

---

① 参见美国 1980 年专利法第 181~188 条，英国 1977 年专利法第 23 条。

侵权责任等也作了明确规定。而且，按照这个条例也确曾批准过四项"专利权"与六项"发明权"。例如，在20世纪40年代已闻名中外的"侯德榜制碱法"，就曾在50年代按该条例获得"发明权"。不过这个条例毕竟实施时间太短、影响太小。所以多数人同意后一种看法，即没有建立过专利制度。

真正在我国对技术发明实行了普遍保护，而且实施时间较长的，是5个发明奖励条例。这就是1954年政务院公布的《有关生产的发明、技术改进及合理化建议的奖励暂行条例》，1963年国务院发布的《发明奖励条例》与《技术改进奖励条例》，1978年底国务院重新修订发布的《发明奖励条例》及1982年3月的《合理化建议和技术改进奖励条例》。这5个条例有如下共同点：（1）对能够获得奖励的发明提出的要求，与多数国家对专利的要求相同，即必须具备新颖性、先进性和实用性；（2）都贯彻以精神鼓励为主、物质鼓励为辅的原则；（3）第一个发明条例未讲受奖后的发明属于谁的问题；后两个发明条例则明确规定"发明属于国家所有"，"全国各单位（包括集体所有制单位）都可利用它所必需的发明"。第一个共同点是无可非议的；第二个共同点是我国一定历史条件下不能不如此的；从第三个共同点中，则可以看到我国发明保护制度存在的显著缺点。

发明归国家所有，任何单位都可以无偿利用，这是鼓励在技术领域吃大锅饭。这样的制度，不利于促进技术的发展。某些企业可以永远不搞发明，而靠其他企业搞出的先进技术过日子。在党的十一届三中全会之后，企业自主权进一步扩大，问题就提出来了：企业自主权是否不仅应包括对有形财产权的控制，而且应包括对工业产权的控制？过去在技术领域吃大锅饭的弊端越来越被人们看清。因此，越来越多的人感到在新时期里，只有《发明奖励条例》已经很不适应了。

再有，原条例中既然规定"发明归国家所有"，那么，国家又怎样去行使归它的这项财产权呢？没有任何回答。因此，对这种归国家所有的东西，不会存在"侵权"问题。于是，受奖之后的发明，就形同进入了公有领域，亦即处于不受任何保护的状态了。[①]

曾有些西方法学家评论说：中国的发明奖励条例，是沿用了苏联对发明的保护方式。我们有的同志也赞同这种评论。但事实上这种评论并不确切。我们过去对发明的保护与苏联有个关键性区别：虽然苏联的"发明者证书"制度，也是在发明人获取奖金之后，发明的所有权即归国家所有，其国内的"社会主义组织"也可以自由使用，但苏联的有关条例明确规定了任何个人为商业目的使用该发明，任何外国企业在苏联国内使用该发明，都必须取得苏联有关国家主管部门的许可。就是说：发明人得到物质奖励后，发明的专有权归国家了。这项权利并未进入公有领域，国家还可以通过发放许可证取得收益。而在我国则不然，发明归国家之后，再没有具体规定去保护它了，于是它成了包括非本国公民或企业等在内的、人人可得而用之的公共财产。这样一来，技术领域的"大锅饭"适用范围更广了，使外国对同样的技术有兴趣的人或企业也有可能在我国国内随意利用。在闭关锁国时代，也许这个缺点还不突出。一旦实行了经济开放，它就非加以改变不可了。

在我国建立专利制度的问题，1979 年被提了出来。经过几年的讨论，以及在人员、机构等方面的准备，我国的《专利法》终于在1984 年 3 月 12 日通过并公布了。

---

① "公有领域"即英文中的 Public Domain，它是与"专有领域"（Exclusive Domain）相对应的。任何知识产权如果过了保护期、被判无效等等，都可能从专有领域进入公有领域。原先靠保密而维持着实际上的专有状态的发明，一旦公布而又未取得专利，也会进入公有领域。

二、我国专利法的主要内容

我国制定《专利法》总的目的，是保护和鼓励发明创造，推广应用它们，促进科学技术与经济的发展，以适应四个现代化建设的需要。

我国接受和审查专利申请案的工作，由中国专利局承担。中国专利局总部设在北京，另外在上海等地还设有代办机构。

对于我国专利申请人的资格，没有作什么特殊限制。由于我国专利法的主要目的之一，也在于有利引进外国先进技术，所以我们鼓励外国人将其发明送到我国申请专利；但同时规定了外国人必须通过中国代理人代理申请（世界上大多数国家都这样要求）。此外，在外国申请人资格上，我们还在《专利法》第 18 条中规定：在我国没有经常居所或营业所的外国人、外国企业或其他外国组织在我国申请专利的，应依照其所属国同我国签订的协议或共同参加的国际条约，或依照互惠的原则，享有按照我国《专利法》申请专利的资格。这一条与《日本特许法》第 25 条相似，而世界上大多数国家在申请人资格上并不要求互惠。我国《专利法》第 29 条规定了按互惠原则给予外国申请人以国际上通行的"优先权"。在我国参加了《巴黎公约》之后，这里的"互惠"原则对大多数国家就将变为"国民待遇"原则。事实上，为了有利于引进先进技术，在我国尚未参加《巴黎公约》之前，我国专利局就已宣布将按该公约的原则承认外国申请人的优先权。①

对于我国公民或单位将其在国内完成的发明拿到国外去申请专利的情况，我国《专利法》第 20 条作了原则规定。同时，中国国际

---

① 见《人民日报》1984 年 8 月 25 日新华社转发的中国专利局公告。

贸易促进会还根据这一条制定出代理中国企业、其他各种组织和个人向国外申请专利的暂行办法。按照规定，向外国申请专利的，均应首先向中国专利局申请专利，然后经中国专利局及国务院科技主管部门批准，才能向国外申请。这是在《专利法》第 20 条及实施细则的相应条款中规定的。除在国外设立了分支机构、因而可以自行办理申请的单位外，均应委托中国国际贸易促进会专利代理部代为办理。贸促会专利代理部将根据规定及申请人的请求，代申请人转交申请手续费（以及获得专利后的专利年费），根据有关国家的要求将说明书译成外文，将有关申请案的公开、异议、驳回、批准等事项及时转告申请人，等等。

我国《专利法》第 9 条规定了"先申请者获优先权"的原则。

我国《专利法》第 34 条及第 35 条体现了对发明专利申请的全面审查制。当然，全面审查制还可以大体分为三种：（1）以美国为代表的"不公开审查"制。这种制度的优点是一旦申请案被驳回，申请人的发明仍处于保密状态，故仍可以退一步受到普通法保护；缺点是专利局的负担过重。（2）由荷兰首先开始实行的，目前联邦德国、日本等国也已实行的"延迟审查"制（自申请之日起 5 年至 7 年，经申请人请求，或第三方要求，方开始实质审查）。这种制度的优点是减轻了专利局的负担；缺点是拖长了申请案的审批周期。（3）目前多数国家实行的"早期公开、请求审查"制，亦即本章第一节中详细介绍的制度。这种制度的优点是借助于第三方的意见与异议减少了专利局的工作量；缺点是一旦申请案被驳回，发明即进入了公有领域，申请人很难退一步借助于其他法律对自己的发明进行任何保护。我国采取的是最后一种制度。我国《专利法》第 13 条表明：在申请案被专利局公布后，申请人就有权向其发明的使用人收取使用费了。但要注意，由于我国的专利保护期是从申请之日起算的，所以申请人自其法定申请日被确立起，就开始享有某些权利，例如，他就可以开始公开使用其发明，甚至销售产品了（在《专利法》第22条中指出：只有在申请日确定之前公开使用发明，才会构成申请专利的障碍）。

我国专利法同其他许多国家的专利法一样，从专利局将一份申请案的实质审查结果公告出来到专利保护期届满为止，为第三方提供了两次提出异议的机会，只不过第一次是采取异议方式（见第41条），第二次则是在专利证颁发后采取无效诉讼的方式（见第48条）。事实上，对于第三方提出异议的时间，是不存在任何限制的。第41条中关于"自公告之日起三个月"的时间限制，实质上并不是限制第三方提出异议的时间（因为任何第三方在整个专利有效期仍有权提出无效诉讼），而是限制专利局颁发专利的时间，避免因无休止地等待第三方的异议而延长了专利的批准周期。

我国专利法规定，在专利证颁发后，请求宣告它无效，只能向专利局的复审委员会提出。我国的人民法院在专利诉讼上将至少受理5种案件：（1）申请人对专利局复审委员会驳回复审请求的最终决定不服，可以依法向人民法院起诉；（2）专利权受到侵犯时，专利权人可依法向人民法院起诉；（3）违反专利法而需要追究刑事责任的，应由人民法院作出判决；（4）对专利复审委员会宣告发明专利权无效或维持发明专利权的决定不服的，可依法向人民法院起诉；（5）专利权人对专利局关于实施强制许可的决定及对有关使用费的裁决不服的，也可依法向法院起诉。至于专利的侵权诉讼由哪一级法院受理的问题，我国颁布的《民事诉讼法（试行）》中只作了一般规定。该法第22条把一切侵权诉讼均列入"地域管辖"范围，规定："因侵权行为提起诉讼，由侵权行为地人民法院管辖"。但由于专利诉讼经常会涉及非常专门的技术问题，所以将来似应考虑把专利侵权作为一种例外，规定只能由某一级以上的法院去受理。

我国《专利法》关于专利权人的权利与义务的各项规定，大致可以归纳为 5 项权利与 2 项义务。权利包括：（1）制造权；（2）使用权；（3）销售权；（4）转让权；（5）标示权。值得注意的是：我国并不保护"进口权"。因此，取得中国专利的权利人，无权阻止第三方向中国进口同样的专利产品①。义务包括：（1）自己实施或许可他人实施发明；（2）缴纳专利年费。对于"实施"，我国《专利法》中专门作了解释：必须是为工商目的，而不是为实验目的或其他目的；必须是在中国，而不是在外国。这是大多数国家都实行的国际惯例。目前，仅仅在个别尚未生效的条约中，承认在外国实施某项专利也算"实施"。

我国专利法还吸收了其他许多国际惯例，尤其是《巴黎公约》中的那些惯例。例如，我国《专利法》第 29 条与该公约第 4 条关于优先权申请日的效力的规定是完全一致的；《专利法》第 24 条第（1）项与该公约第 11 条关于对发明给予必要的临时保护的规定，是完全一致的；《专利法》第 17 条与该公约第 4 条之三中关于保护发明人的精神权利的规定，是完全一致的；《专利法》第 51 条到第 58 条与该公约中关于强制许可证的规定，是基本一致的；《专利法》第 62 条第 4 款与该公约第 5 条之三中对专利权的限制是完全一致的；我国《专利法》将外观设计列入受保护对象，则是与该公约第 5 条之五的要求完全一致的。在制定《专利法》时考虑到与国际惯例尽量一致，有利于我国开展国际技术交往活动，也为我国参加有关的国际公约减少了障碍。

----

① 虽然有些发展中国家保护"进口权"，但同时又用其他方式限制专利权人行使这种权利，以防外国专利权人依仗"进口权"垄断某种商品的销售。关于这一点，可参见非洲知识产权组织的《班吉协定》附件一、第 1 条、第 55 条、第 56 条。

此外，我国《专利法》中虽无明文规定，但我国现有的外国专利文献的归类，已采用了国际专利分类法。在受理专利申请案后，也将继续采用这种分类法。在外观设计专利方面，则将采用《罗迦诺协定》所建立起的国际统一分类法。这些，无疑对吸引外国申请人、引进先进技术都是有利的。

三、我国专利法的特点

我国是建立专利制度较迟的国家，所以我们不存在受传统专利制度中的缺点牵制的问题，而比较容易吸收各国专利制度中先进的内容；我国科学技术还不十分发达，这又要求我们在刚刚开始实行专利保护时，不能把保护水平定得过高、保护范围定得过宽；我国是个社会主义国家，计划经济占主导地位，这又决定了我们在承认个人（或单位）对发明享有专有权的同时，不排除国家的干预。以上这几个方面，正是我国《专利法》所具有的特点。具体讲，它们表现在以下几点。

我国《专利法》首先和最突出的一个特点，就是强调了对国内所作出的发明创造的推广应用，并保证了这种推广能够行得通。

在资本主义国家，保护发明的专有权，是专利法的目的。在我国，《专利法》的目的则是推广国内的先进技术和引进外国先进技术。就《专利法》对内所起的作用来讲，保护不是目的，推广才是目的。所以，《专利法》开宗明义第 1 条就指出：制定它是为了"有利于发明创造的推广应用"。这是在一般国家的专利法中所见不到的。

为了保证国内专利的推广，我国的"专利权人"就依法分成了两类：一类是专利权"持有者"，这是指全民所有制单位获得专利的情况；另一类才是一般国家的专利法中所称的专利权"所有者"，这是指集体所有制单位及个人获得专利的情况，以及外资企业、中外合资企业获得专利的情况。对于持有者的专利，国务院有关部门及省、直辖市、自治区人民政府，都有权根据国家计划决定其在本系统的推广问题。对于所有者中的中国企业和个人的专利，则只有国务院才有权在一定前提下（即该专利对国家利益或公共利益有重大意义）决定其推广问题。[①] 这样，我国的《专利法》就既区别于资本主义国家的专利制，又区别于苏联等国的双轨制了。与资本主义国家相比，我国的专利权具有较大的相对性，专利权人利用独占权控制发明的实施的可能性较小。这有利于保证我国执行"以计划经济为主"的社会主义原则。与苏联的双轨制相比，我国专利持有者的专利，又不是在全国都可以自由利用的，而要在一定系统（国务院各部门）、一定地域（省、直辖市、自治区）内，分别经过批准，由指定单位在支付使用费的情况下，才能够利用。对于非本系统、非本地区的企业，以及本地区、本系统内未被指定为实施单位的企业，则仍要像一般国家利用专利那样，征得专利权人的同意和支付使用费。这又保证了我国"以市场经济为辅"的另一个方面不致被偏废。

由于我国《专利法》把根据主管部门和省、自治区、直辖市人民政府的决定就可以予以推广的专利严格限制在国内企业和个人的范围，所以这一突出的与众不同的特点，不会影响外国人向我国申请专利的积极性。对于外国人，外资企业及中外合资企业所有的专利，只有在其三年内不在中国实施的情况下，才会采取强制许可措施。而这点与大多数国家的专利法并没有显著差别。

我国《专利法》的另一个特点是：把发明专利、实用新型专利及外观设计专利的申请、取得与维护，规定在一部法律中。[②] 世界

---

① 见《中华人民共和国专利法》第 6 条、第 14 条。
② 见《中华人民共和国专利法》第 2 条、第 11 条、第 22 条、第 23 条等条款。

上有些国家把发明专利与外观设计专利的问题订在一部法中（如美国）；也有的国家把发明专利与实用新型专利（或实用证书）的问题订在一部法中（如法国）；但很少有把这三者都订在一起的。对外观设计及实用新型的专门保护，在时间上要比发明专利迟得多。尤其是实用新型，它至今也没有成为多数建立了专利制度的国家的保护对象。我国能把这三种专利放在一起保护，与我国专利立法较晚这个实际情况是分不开的。同时，我们也有可能在以一部法律保护三种专利方面走出一条新路子。

对于不授予专利权的项目，我国《专利法》中划的范围比较宽。《专利法》第25条中不可获专利的诸如食品、饮料和调味品，药品和用化学方法获得的物质，植物品种等等，在不少国家可以获得专利或受到其他单行法的保护。但对于一个新建立专利制度的国家来讲，保护面开始时窄一些是恰当的。这并不妨碍我们在过了一段时期取得了经验之后，再逐步扩大保护面。

对专利给予的权利限制，规定在我国《专利法》第62条中。这些限制包括了大多数国家专利法中的限制；同时也包括并非所有国家都承认的"专有权穷竭"原则，这主要反映在该条第1款。对专利作出这样的限制，将有利于销售、推广和利用新产品。还有一条我国特有的权利限制，它虽未订在第62条，但却贯穿在整个专利法中，这就是上面讲过的，国内搞出的发明所获得的专利要服从国家计划和需要。

在专利申请和审批程序上，如上文中所说，我国尽量保持与多数国家相一致。这样有助于减少对外技术交流方面的障碍。只是在几个细节问题上，我国采用了较少数国家专利制中的做法。例如，第18条中关于外国申请人的资格，我国要求"依照互惠原则"。大多数国家的专利法中没有这项要求；只是日本、法国等几个国家这样要求了。又如，将第41条与第44条结合起来，可以看出我国实行"批准专利前的异议制"。而目前除日本之外的大多数西方国家，都已经从过去的批准前的异议制改为"批准专利后的异议制"。

我国对专利权的保护，与一年半之前颁布的商标法中关于商标权的保护一样，实行了我国民事诉讼程序中一贯的"便民"原则。这体现在《专利法》第60条。对于侵犯专利权的行为，既可以请求专利管理机关进行处理，也可以直接向人民法院起诉。这对于比较迅速地制止侵权行为，有效地维护专利权人的合法权益，无疑是十分有利的。

作为以计划经济为主的社会主义国家，我国的《专利法》在专利权的转让问题上，不能作完全"自由化"的规定。《专利法》第10条虽然规定了专利申请权与专利权均可以转让，但紧跟着就作了一系列限制。全民所有制单位因为仅仅是权利的"持有者"，所以它们转让专利申请权或者专利权时，须经上级主管部门批准。一切中国的单位或个人向外国人转让专利申请权或者专利权的，则须经国务院有关主管部门批准。

此外，在不少细节性的规定上，我国《专利法》都体现了为推广应用而保护发明、为社会主义现代化建设的需要而保护发明的总目的。例如第22条中关于"实用性"的定义，是这样确定的："实用性，指该发明或实用新型能够制造或者使用，并且能够产生积极效果"。这后半句话，是许多国家的专利法中所没有的。有的国家也只是把能否产生积极效果当作专利审查中一个辅助因素，而不规定在"三性"之中。诸如此类的特别规定还有一些，就不一一列举了。

四、我国专利法与现行的《发明奖励条例》的不同之处

这两个法规最基本、也是最明显的一个不同点就是：符合《发明奖励条例》（以下简称条例）的发明，虽然一般并不公布，或仅仅

公布一个题目及简要内容，但它却处于公有领域之中——使用它是无偿的——它原则上归国家所有，但条例中又没有规定它是否属于国家专有，也没有规定国家怎样去行使它的这种所有权。符合专利条件的发明，虽然（除法律规定要保密的之外）一律公开，但它却处于专有领域之中——它归企业、单位或个人所专有，成为一种法定的知识产权，权利人可以从有偿转让中获得经济利益。正是这点基本不同，使专利法克服了条例中原有的缺陷。也正是从这点基本不同引申出这两个法律文件的其他不同点，它们主要包括：

（1）发明人所获得的精神奖励与经济奖励不同。发明人依照条例获得的精神奖励，是以"发明证书"及奖章形式表现的；条例中还规定了实行"以精神鼓励为主的原则"；有关的经济奖励仅仅是一次性的。发明人依照《专利法》获得的精神奖励与经济奖励，都是以专有权的形式表现的，即前面讲到的专利权人的各项权利。职务发明的发明人，在专利归单位之后，他除了获得奖励之外，还将从实施发明取得的经济效益中取得一定报酬。此外，专利权人既有了权利，也就有了义务，如实施、许可他人实施、缴纳专利年费。而发明人依照条例获奖后，并不负有什么特定的义务。

（2）条例与《专利法》中所包括的客体是各不相同的。有些符合条例的发明并不能获得专利；有些可获得专利的发明又并不符合条例的要求。例如，可获得专利的发明，只要求是解决具体技术问题的方案，而不一定是条例中所指的属于重大科学技术新成就的发明。从这个角度看，符合《专利法》的发明，比符合条例的发明要多。但是，条例对发明的技术领域没有作特别的限制，《专利法》却规定了一系列不可以取得专利的主题。从这个角度看，符合《专利法》的发明又比符合条例的发明范围要窄。再如，条例规定：能够获奖的发明，必须是经过实施见到了卓著成效的；《专利法》正好相反，规定凡是在申请专利前已在国内公开实施，则丧失新颖性，从而不能取得专利。

（3）专利发明与获奖发明虽然都要求具备"三性"，但《专利法》中对"三性"下的定义是具体的；条例对"三性"未作任何具体说明。专利发明是否具备"三性"，是通过专利局的审查予以鉴定的；获奖发明是否具备"三性"则是靠讨论评定的。

（4）一项发明依照专利法取得专利后，还有可能因第三方提出的有根据的无效诉讼而被撤销；一项发明依照条例获奖后，则并不存在被撤销的问题（起码从条例的条文中未作出任何撤销获奖发明的规定）。

正是由于存在着这些不同之点，《专利法》的出现并不是取代了原有的条例，而是补充了条例中的不足。

1984 年 9 月，国务院发布了《科学技术进步奖励条例》。它除了奖励新科技成果之外，对推广、采用已有的先进科技成果，科学技术管理以及标准、计量、科学技术情报工作等，都实行奖励。它实际上与美国 1980 年技术革新法的奖励对象有某些相似之处。当然，作为社会主义法规，它与后者在本质上是不相同的。

这个条例将是又一个与专利法并存的、促进我国科技发展的法规。

五、我国专利法颁布的意义

《专利法》是继《商标法》之后，在我国知识产权领域颁布的第二部法律。《专利法》的颁布与实施，对内来讲，将鼓励广大科技人员搞发明创造的积极性；同时，把企业的自主权从财权、物权，扩大到了知识产权，这也将有利于发挥企业的主动性。事实上，过去"吃大锅饭"的状况，从 1979 年开始试行扩大企业自主权之后，在许多方面已经有了很大改变。但在技术方面并没有一个统一的规定，所以使一些企业对其他企业实行了某些技术上的封锁，因为担心无偿的技术转让会使自己企业在独立的经济核算中受到不应有的损失。当时就已经有不少受封锁的企业要求实行专利制度，以便有偿地取得自己所急需的技术。① 现在，《专利法》中具体规定了一切使用人（除有关部门和人民政府指定其实施的）都要同专利权所有人签订实施许可合同，交付使用费；又规定了全民所有制企业的专利可由一定上级部门酌定推广应用（但要付酬）。这样一来，搞出发明的企业的经济利益就有了保障，而需要专门技术的企业也不必再担心技术封锁问题了。所以，《专利法》的实施一定会有助于迅速推广和应用我国自己搞出的先进技术发明。对外来讲，颁布了《专利法》，有助于打消一些掌握先进技术的外国企业在与我国企业打交道时，怕专利技术受不到保护的顾虑，有利于引进国际上的先进技术，也有利于发展中外合资企业及外国投资企业。此外，实行专利保护，虽然使我国的有些工业部门不能再像过去一样任意仿制和无偿使用某些国外技术，但事实上有些技术发明成果通过有偿转让，可能倒比自己仿制更节省时间和开支。尤其是目前国际上的多数先进技术在申请专利的同时，都越来越多地采取保留 Know-How 技术的自我保护方式。不与对方签合同，而仅仅以专利资料为根据进行仿制，往往达不到最好（或较好）的经济效果。

随着我国科学技术的发展，我们自己的先进技术的出口也在逐年增加。在《专利法》产生之前，这些出口技术很难受到有效保护。在颁布了《专利法》后，特别是进而参加了《巴黎公约》之后，我国的发明也将在国外受到更有效的保护。在日本、法国等一些国家，

① 参见《北京日报》1980 年 4 月 21 日第 2 版文章"应当尽早制定专利法"。

原先我们只能以对方企业的名义申请自己的发明专利，在我国有了《专利法》之后，也可以改变这种于我们不利的状况。

当然，我们也必须认识到：我国的专利制度毕竟与商标制度不同。对后者我们已有三十多年经验，前者则是刚刚开始搞。我国专利局与司法机关在受理专利申请、专利诉讼等方面，还有待于积累经验；同时，我们的第一部《专利法》也不可能是十全十美的；另外，也可能还需要订立一些其他法规，以使《专利法》行之有效。所以，在高度评价我国专利制度从无到有的重大意义时，也应当肯定，随着专利制度的建立和这方面的实践经验的增多，我国的《专利法》还会不断完善。

《信息、新型技术与知识产权》之专利法[*]

第一章　专利审查制度的统一趋向

现在，多数人已经承认专利制度是广泛调动智能、促进实用技术的发展与应用的制度。世界上已经有 150 多个国家建立了专利制度。全世界每年的专利申请案多达百万份以上，而且这个数字每年都有增加。以日本为例，1981 年特许厅收到申请案 21 万多份，1982 年收到近 24 万份。专利申请案是新技术信息的一项主要来源。如何处理这些申请案，是各国专利局要遇到的第一个问题。各国在处理专利申请案方面的程序本来是差别较大的。但随着新技术革命这样一场国际性的革命的开展，国际技术的交流要求各国不同的程序趋向统一。这种统一也确实发生了，它肯定又将促进新技术革命的开展。

下面对专利审查中四个方面的统一趋向分别加以论述。

一、不审查制向审查制统一

现代专利制度出现后的二三百年中，从申请案提交专利局到授

＊ 编者注：该部分选自《信息、新型技术与知识产权》（中国人民大学出版社 1986 年版）第三章第 17~29 页，第五章第 39~50 页，第七章第 60~64 页，并依序编为第一至第三章。

予专利权之间的程序，一直存在着对申请案的不审查与审查两种制度。直到 20 世纪 70 年代末之前，实行这两种制度的国家，在数量上是大致相等的。

不审查制又称为"专利注册制"。按照这种制度，专利局也并不是完全不审查提交的申请案，而仅仅是不作新颖性检索[①]、不作其他实质性审查。对于申请人的资格、发明所属的技术领域、申请案所用的文字及书写的形式，作一番审查后，专利局一般就会决定准予注册或驳回了。在准予注册的情况下，将向申请人颁发专利证书，并向公众公布申请案。

至于一项被批准注册的专利发明是否具有"三性"（新颖性、技术先进性、实用性），则专利局并不过问。但是，几乎一切国家（包括不审查制国家）的专利法都无例外地规定：只有具备了"三性"的发明，才能够受到专利保护。那么，在不审查制国家，由谁去衡量一项专利发明究竟具备还是不具备"三性"呢？答案是：如果专利被批准后，发生了某种与第三方之间的争端，因而导致专利诉讼，则"三性"将在诉讼中由司法机关予以确认或否认；如果专利被批准后，一直未发生争端（或虽然发生、但未导致诉讼），则该项专利的"三性"问题永远用不着任何部门去审定。因此可以说，在实行专利注册制的国家，一项完全不具备"三性"的专利，也有可能平平安安地度过它的整个保护期，始终作为一项"有效专利"存在着。

过去，法国、西班牙、葡萄牙、比利时、拉丁美洲的大多数国家，都实行不审查制。还有些国家部分实行不审查制。例如过去的瑞士，仅仅对钟表、纺织领域申请专利的发明进行新颖性审查，对其他领

---

① 新颖性检索，也叫作"查新"，即采用计算机或其他工具，对发明专利申请案中的发明所属的技术领域的"现有技术"作全面对照，以确定有无互相重复的情况。如果有重复，则申请中的发明即不具备新颖性。

域则均不审查。我国的香港地区一直实行的一种"专利注册制",则与上述制度不同。在香港要求享有专利的发明,首先要在英国专利局申请专利并经过实质性审查,批准后再拿到香港登记。所以,香港的"注册制"事实上是英国审查制的一种辅助形式,而不是不审查制。

实行不审查制的国家,有些是出于传统原因。例如法国,从资产阶级大革命之后,其专利法理论就认为:政府机关(专利局)无权过问依法产生的专用权是否合乎法律的要求,过问的权力只属于司法机关。另外有些国家实行不审查制,则既有历史原因,也有审查力量不足的原因。例如拉丁美洲国家,过去多系西班牙、葡萄牙殖民地,因而沿用了原宗主国的不审查制;独立后经济、技术不发达,使其审查力量不足,从客观上讲,也难以改变不审查制。

不审查制存在以下缺点:

(1)它极大地加重了法院需要处理的专利诉讼案的数量。

(2)专利权人并不会感到自己的专利发明受到了可靠的保护。因为,未经实质审查的专利始终存在着在诉讼中被法院撤销的可能性。

(3)专利局所公布的专利申请案中包含的技术,从水平上讲是鱼龙混杂的。同一技术领域的人们很难从中获得有价值的技术信息。由于同一原因,不审查制国家的"专利技术",在技术市场上的声誉也受到影响。像购买一般商品一样,人们只愿买"信得过"的技术,不愿买鱼龙混杂的技术。不审查制国家技术市场的成交额因此要受到很大影响。

(4)由于批准专利前对新颖性不作审查,新获专利的技术可能同"现有技术"相重复,甚至与仍旧有效的其他专利相冲突。这不仅在权利人之间产生大量矛盾,而且使专利局的技术文献库成为"重复技术资料"的保存单位,很难为本国科技发展服务。

（5）由于批准专利之前对技术先进性不作审查，新获专利的发明可能是老发明的"花样翻新"。保护这种发明，就为在技术领域"走捷径"的人创造了条件，却不利于鼓励人们开拓新技术，搞真正的发明创造。

（6）由于批准专利前对实用性不作审查，像"永动机"之类的"发明"，也有了获得专利的可能。这对于发展一个国家的工业显然是没有积极作用的。

从上述缺点中不难看到，不审查制与快速发展实用技术的要求不相适应；尤其在市场上技术商品日益取代有形货物的形势下，实行不审查制的国家也感到非改变不可了。据统计，在许多国家里，最新的发明成果只有5%至10%反映在各种科技刊物中，而90%以上都是以专利局的专利文献来反映的。起不到反映最新成果作用的专利局，在新技术革命中就日益失去了它存在的价值。

如果说不审查制在过去许多年里一直与审查制"分庭抗礼"的话，那么它在近年来则成了被淘汰的对象。不审查制的代表之一法国，首先在1968年开始修订专利法，向"部分审查制"迈进，而在其1978年的专利法修订本中，基本完成了这项改革。法国工业产权局局长及其他专利专家们，都认为只有这种对不审查制的改革，才能适应当代工业与技术发展的需要。[①] 部分审查制，就是对于申请案中的发明是否具备新颖性，进行审查。实行这种审查后，减少了日后发生新专利与现有技术或现有专利冲突的机会，至少使专利局公布和储存的技术情报不再是已有资料的重复，因而，使专利制度能够成为产生有价值的最新技术情报的手段。

---

① 参见《法国专利工作介绍》，专利文献出版社，1980年版，第18~19页、第194~195页。

在法国之后，比利时、瑞士均于 20 世纪 70 年代变不审查制为完全审查制（即对新颖性及其他两性均予审查）。西班牙及葡萄牙等国家也于 80 年代初变不审查制为部分审查制。拉丁美洲的大多数原实行不审查制的国家，也先后改为审查制或部分审查制。

发展中国家改为审查制，除为了适应技术发展的要求外，也因技术进步与国际专利合作的开展造成了它们有可能采取这种制度的两个客观条件。即：（1）其本国技术发展了，因而具备了一定审查能力；（2）《专利合作条约》缔结并于 1978 年生效后，使实质性审查工作可以由设在某几个发达国家的"国际检索局"与"国际初审局"去承担。

至于专利的"审查制"，它不存在"不审查制"的那些缺点，合乎技术发展的需要，因此至今尚没有任何实行这种制度的国家回过头去改为不审查制。同时，多数新建立专利制度的国家，也选择了审查制。我国专利法中的有关条文表明，我国采取的专利制也是审查制。

二、审查制中的不同制度向"早期公开"制统一

在对专利申请案进行实质性审查的国家中，又存在不同的审查制。这主要是以美国为代表的"不公开"审查制，与西欧、日本为代表的"早期公开"审查制。

美国式的审查制的主要特点之一，是申请案递交专利局之后，该局即始终为申请案的内容保密，直到最后确定批准专利，才将申请案公布。因此，在递交申请案之后，申请人无须再履行什么请求手续，专利局即主动按部就班进行各项审查。在审查过程中，专利局并不征求公众之中有无异议。只是在 1981 年之后，美国专利法的实施细则才准许有异议的第三方，在专利被批准之后，向专利局提出复审请求。

不公开审查的优点是：第一，专利审查时间一般不至于拖得太久（一般申请案的批准或驳回，三年之内就可见分晓）。第二，也是更重要的，申请人一旦不能获得专利，还有机会把有关发明作为"商业秘密"保留下来，受到普通法的保护。就是说：由于发明在审查期间未曾披露过，发明人即使得不到专利权，也可以凭借继续保密而享受实际上的专有权。

不过，这种制度存在三个重大缺点：

（1）专利局在审查中负担过重。由于审查中不公布申请案，就无从借助公众中的不同意见来加速审查。这是因为，有时靠专利局的审查员寻找用以否定一项申请案的"三性"的材料，犹如大海捞针；而申请案一旦在审查过程中公布，公众中与该项专利申请有利害关系的人如果掌握这类材料，会主动向专利局提供。这就起到"借助公众中的不同意见加速审查"的作用。

（2）在审查完全结束后才公布申请案，就大大推迟了公众可以见到（读到或得到）最新发明成果的日期。而且，凡驳回的申请案中的发明不予公布，又减少了一些发明成果与公众见面的机会。这样，同一技术领域中不同人重复研制同一项发明的可能性就增大了，专利局所起的技术信息库的作用也差一些（至少人为地使新技术"老化"了一定时间）。

（3）在不公开审查制下批准的专利，有效期一般从批准之日算起。在批准专利之前，申请人为保密也不愿实施申请案中的技术。因此，新技术公开应用的日期被相应推迟（随之，申请人靠发放许可证取得经济收益的日期也相应推迟）。

以西欧、日本为代表的早期公开审查制，则不是由专利局主动对申请案进行任何审查。向专利局递交申请案的行为，只能帮助申请人确立自己的"法定申请日"。申请日的确立，有助于阻止其他人就同一项发明再提出专利申请。递交申请案后，申请人还要再提出专门请求，专利局才开始进行形式审查及新颖性检索。这两项工作，专利局一般在 18 个月之内完成。在第 18 个月或 18 个月之后，专利局即主动将检索后的申请案公布。公布申请案，无须申请人提出请求（但提前公布则需要专门请求）。公布申请案的目的：一是使新发明成果早日与公众见面，二是如果公众中存在反对授予专利的意见，就有机会提出。申请案公布后；申请人还要在一定时间内（各国规定从 1 年半到 5 年不等）提出进一步实质审查的请求；这种请求也可以由持有反对意见的第三方提出。然后专利局才进一步审查。通过这种"进一步"审查的才授予专利权。在正式授予专利权之前，一般还会把审查结果与决定再次公告，以给第三方提出异议的机会。

这种审查制一般使审查期限拖得较长。同时，由于很早就公布了申请案，如果最终没有授予专利，则有关发明不可能再凭保密去保持实际上的专有地位了。这可以算是它的缺点。可是，这种审查制具有更为重要的几个优点：

（1）早期公开申请案，公众中的反对意见有机会提出，可以大大减轻专利局在审查方面的负担。

（2）早期公开申请案，有助于新发明成果的早日交流，也有助于避免相同技术领域的重复研究，从而有利于促进技术的发展。

（3）前面讲过的缺点从另一个角度看则不失为一种优点，即申请人在递交申请案后，无须再费心为自己的发明保密，可以在申请日被确立后就放手实施自己的发明。而且，多数实行早期公开制的国家都规定：自申请案公开之日起，申请人即有权对未经许可而实施其发明的人起诉，也即有权对经其许可而实施其发明的人收取使用费。因此，这一类国家的专利有效期或是从申请之日算起，或是从早期公开之日算起，而不会更迟。这就使新技术付诸应用的日期提前了许多。

于是，早期公开制的缺点实际只剩下一条，即审查时间拖得较长。但因这个缺点而有所不利的，仅仅是专利局——专利局积压的待批申请可能会很多。至于申请人，他在批准专利前就享有同样的起诉权及发明的利用权，那么批准日期拖长些对他是无关紧要的。公众则更可以从较早公开的技术情报及较早实施的新技术中得益。因此，这种制度非常符合新技术革命的需要，也有利于促进这场革命。

在实行不公开审查制的几个典型国家中，加拿大与菲律宾已经决定改革自己的制度；美国则已开始讨论是否需要改革自己的制度。实行早期公开制的国家，却无一个想要变为不公开制的。新建立专利制度的国家，以及新缔结专利公约的地区，也都无例外地采用了早期公开制。我国《专利法》第 34 条，表明我国即采用了这种制度。

三、新颖性标准的统一

虽然几乎一切建立了专利制度的国家都要求专利发明具备新颖性，但究竟什么是"新颖性"，过去在各国专利法中存在着很大差别。

用来否定一项发明的新颖性的，只能是申请人就该发明申请专利之日前，已经存在着的"现有技术"。"现有技术"由两方面的内容构成：（1）公开的出版物（以及已递交但尚未公布的专利申请案）中披露的技术；（2）虽未见诸出版物，但已公开实施的技术。对于这两点，大多数国家的专利法是没有太大区别的。

但如果再进一步提出问题，差异就出现了。从地域上讲，所谓申请日之前的出版物（及即将公布的其他申请案），是只限于一国范围，还是包括世界范围呢？从时间上讲，这类出版物是追溯到一定期限为止（例如 50 年），还是无限地追溯下去呢？对于后一个问题，虽然从理论上讲，应当追溯到人类文明之始；但在实际上有可能查找的，只是有限期的出版物。因此，有实际意义的差异，主要来自第一个问题。在这个问题上，"新颖性"被分成了两类。

仅仅以本国出版物（及即将公布的其他申请案）中的技术情报作为"现有技术"的那种新颖性，被称为"相对新颖性"或"地区性新颖性"；以世界范围的出版物（及即将公布的其他申请案）为"现有技术"的，被称为"绝对新颖性"或"世界性新颖性"。

在20世纪70年代后半期之前，对专利发明只要求达到"相对新颖性"的国家很多。如联邦德国、英国、澳大利亚、新西兰、比利时等许多发达国家，统统在内。

采用"相对新颖性"标准，必然导致本国某些专利技术与外国已有的技术相重复。这样，本国专利文献库中，尤其是专利局公布的申请案中，不会全部是"新技术"成果，总会掺杂一些在外国已属过时的技术。此外，在国际技术合作中，也容易发生不同专利权人之间就同一项专利的冲突。

因此，20世纪70年代后期，大多数发达国家以及一些发展中国家在修订专利法时，都把"相对新颖性"标准改为"绝对新颖性"标准。西欧国家几乎无一例外地采用了"绝对新颖性"。新建立专利制度的国家，也无例外地采用了它。这样，大多数国家的专利局所公布及储存的专利文献，基本可以说是真正的"最新"发明成果了。

除了出版物之外，前面提到的"公开实施"某种技术的活动，也存在一个以本国还是以世界范围为准的问题。因此，有人认为：只有出版物与实施活动都以世界范围为准去衡量新颖性，才能称为"绝对新颖性"；如果只要求出版物以世界范围为准，对实施活动则仅以本国范围为准，那就只能称为"混合新颖性"标准。不过，要确认发生在本国之外的实施活动是否存在，在实践上经常是很难办到的。所以，这种双重要求的"绝对新颖性"，往往只在理论上才有意义。而且，实施活动的范围问题，对于技术情报的新旧及情报的水平（从而，对于新技术革命与专利制度的关系）来讲，没有什么直接联系。在这里也就不多作论述了。

四、专利检索范围趋向统一

（一）对未公布的申请案的检索，向"全部内容制"统一

前面讲到新颖性标准时，提到过"尚未公布的专利申请案"。由于这部分内容也是"现有技术"的组成成分，所以在检索时也必然被涉及。那么，在判断一项发明是否具有新颖性时，有必要把未公布的其他专利申请案都检索到，还是只检索其中的一部分内容就够了？不同国家在这个问题上，又分为两种制度。

有一些国家的专利法规定：在检索时，只要检索未公布的申请案中的"权项请求"所包含的技术内容，就可以了。这被称为"部分内容"制。另有一些国家则规定：未公布的申请案中所涉及的全部技术内容，都应当检索到。这被称为"全部内容"制。

实行"部分内容"制，虽然检索时可能比较省时、省力，但容易漏掉某些重要的技术内容。因为，多数国家的专利法（或实施细则）都要求申请案中的专利说明书所包含的技术不能比权项请求中包含的少，但并没有相反的要求。就是说：权项请求中包含的技术有可能少于整个申请案的说明书中包含的技术。而且，那些已经公布的申请案，显然都是把全部内容展示给公众的。

所以，采用"全部内容"制，更有利于使已公布的与未公布的专利申请案的检索范围统一起来，有利于使专利发明达到确确实实的"绝对新颖"。在 20 世纪 70 年代末，多数国家修订专利法时，改原来采用"部分内容"制为采用"全部内容"制。例如，《欧洲专利

公约》的 11 个成员国中，原先有一半以上采用"部分内容"制，现在则只剩下瑞士一国。

（二）最低检索资料的统一

前面讲过：即使要求"绝对新颖性"，也不可能在审查申请案时把自古至今的全部出版物都检索一遍。况且，各种出版物中也不可避免有重复的"现有技术"。人们又知道："现有技术"的 90％以上均可以在历次公布的专利文献中找到。所以，许多国家很久以来一直是在专利文献中划一个检索范围，即规定"最低限度"的检索资料应包括哪些专利文献。

1978 年生效的《专利合作条约》，在其实施细则中为指定的"国际检索局"[①] 规定了最低检索资料，即从 1920 年（包括该年）以来，日本、苏联、法国、英国、美国、瑞士、德国（1945 年后仅包括联邦德国）已经公布的全部专利文献。

现在，不仅参加了《专利合作条约》的三十多个国家采用了这项关于"最低检索资料"的规定，其他一些国家（尤其是刚刚建立专利制度的国家）也在按照这个范围收集和准备供检索用的资料。这样一来，多数国家在掌握"新颖性"这个标准时，不仅理论上趋于统一，而且在检索时涉及的实际内容上也趋于统一了。

（三）专利国际分类的出现

新技术发展的步伐使专利申请案每年都有大幅度增加。对已有的和正在增加的大量专利文献如果不作恰当的分类，或如果各国都

---

① 《专利合作条约》所指定的、负责检索"国际专利申请案"的新颖程度的单位。这些单位检索后，将提出检索报告，供有关成员国参考，以避免同一项发明在不同国家提出专利申请而由各国重复检索。目前这种检索局包括：澳大利亚、美国的专利局，日本特许厅，欧洲专利局，苏联国家发明与发现委员会。此外，奥地利与瑞典专利局在特定情况下也可以起国际检索局的作用。

各搞一套分类法，就不仅使各专利局在审查申请案时感到麻烦，也会使相同技术领域的科研人员在寻找技术资料时感到十分困难。在20世纪70年代之前，除西欧少数几个国家之外，各国确实是各搞一套专利分类法的。

国际性的技术革命，要求专利在分类上也"国际化"。1971年，《保护工业产权巴黎公约》的成员国缔结了《专利国际分类协定》，并根据协定建立起一套"专利国际分类法"。这个协定1975年生效，现有近三十个成员国；但实际采用专利国际分类法的国家，已超过70个。凡新建立起专利制度的国家，都无例外地采用了这个分类法。我国专利制度在筹建时，专利局收集专利文献以及准备受理专利申请案，都采用了这个分类法。1985年3月，我国专利局在第七号公告中，明确宣布了"中国专利局决定采用国际专利分类法对发明和实用新型进行分类"。即使近二百年来一直使用自己特有的专利分类法的美国，也准备逐步改用国际分类法。

在专利分类上的统一，对于加强国际技术交流，无疑是大有益处的。

第二章　生物工程与微生物专利及植物新品种的保护

在新技术革命取得重大突破的几个领域中，有人认为生物工程技术是近十几年发展得最快的一个领域。用基因拼接法生产出脱氧核糖核酸，用无性杂交、基因移植等方法培育出新的动、植物品种等技术，都具有重大的意义。生物工程技术的发展与应用，已经在生产新药品、清除环境污染等方面开辟了新的途径，而且将会在人类生活必需品的生产方面，突破农牧业所受到的自然条件的限制。近几年，在一些工业发达国家里，生物技术的应用又向新能源的开发方面发展。使用微生物制酒精、采煤、采油，从海水中回收铀，培养"石油科"植物以提取与石油成分相似的烃类，等等，均已进入研究或实验阶段。

生物工程的迅速发展，在知识产权领域产生了很大影响，使许多国家制定了一系列新法律或通过判例法，扩大了原有的保护范围。同时，相应的新国际公约也随之产生。

生物工程涉及的对象大体可分为动物、微生物与植物三类。到目前为止，几乎还没有任何国家为动物新品种提供专利（或其他知识产权）保护。所以，新技术革命在知识产权领域所提出的问题，主要反映在微生物与植物两类对象上。

一、生物工程与微生物专利

（一）微生物专利保护范围的扩大

微生物的新制法或新的微生物制品，虽然一般均未作为受保护对象写进专利法中，但不少国家的专利管理部门总是把它们解释为可受保护的对象。例如，日本现行的特许法（即专利法）本来是把一切生物发明都排除在保护之外的。但日本特许厅曾经解释说：分子生物学中的制成品的研制方法，可以同新物质的发明方法相类比，而特许法对新物质发明则授予专利。以此类推，新的微生物也可以作为一种新物质发明，享有专利保护。我国专利法的本文中，没有涉及微生物发明，只是讲了动、植物新品种都不可以获得专利。但在我国的《专利法实施细则》第25~26条中，却讲到了微生物发明在申请专利时如何交存样品的问题。这就等于承认我国以专利法保护微生物发明的事实。

还有一些国家，过去仅仅对微生物的新制法给予专利保护，而对微生物本身却不保护。不过，新技术革命近年在生物工程方面的发展，已经打破了这些国家传统的保护方法，使微生物本身也取得了受专利保护的地位。在这方面比较能说明问题的，是美国的一个著名判例。[①]

1978 年，美国关税与专利上诉法院[②]曾受理美国通用电气公司研究人员查克拉巴蒂（Chakrabarty）诉美国专利局的诉讼案。该研究人员使用遗传工程技术，制出了一种叫作"超菌株"的微生物新菌种，并于 1972 年向美国专利局提出三项专利申请：（1）把该微生物应用于分解氢氧化合物的专利权；（2）把该微生物应用于清除海面石油污染的专利权；（3）就该微生物本身取得专利权。美国专利局批准了前两项申请，但驳回了第（3）项申请。驳回的理由是"有活力的生物有机体"不受美国专利法保护。申请人对驳回决定不服，因而起诉。关税与专利上诉法院当时的判决是：人工制造的新菌种，不再是一般的生物有机体，而应归入"制品发明"类或"物质合成发明"类，按照《美国专利法》第 101 条，这两类发明都可以获得专利。专利局对这项判决不服，又诉到美国联邦最高法院。1980 年6 月，美国联邦最高法院作出最后判决：查克拉巴蒂对于自己研制出的具有新颖性的微生物本身，有权获得专利。最高法院认为对这种发明授予专利，有利于推动生物工程技术的发展。这个判决在美国影响很大。同年 7 月，美国专利局正式宣布：从最高法院判决生效之日起，微生物发明在美国属于可申请专利的发明，申请后如果通过审查，即可以获得专利。同年 8 月，美国参加了《（为申请专利的）微生物备案取得国际承认条约》。

当然，美国专利局仍有一些保留意见。例如专利局的一位主审

---

① 下面所引的美国微生物专利判例，载《美国专利季刊》（U.S.P.Q），第 206 卷，第 193页，Diamond v.Chakrabarty。

② 即 CCPA，该院已于 1984 年被撤销，其业务并入美国巡回上诉法院。

官提出：为微生物本身提供专利保护，必然带来新的难题。难题之一就是：微生物是会"自我繁殖"的。如果某人经专利权人许可而"使用"某种微生物，同时并未获得许可"仿制"该微生物，但在使用过程中微生物因自我繁殖而增多（专利品未经许可而"仿制"出来），是否要判使用人"侵犯专利权"呢？[①] 总之，多数人的意见是：微生物受专利保护范围的扩大（从"方法发明"扩大到"制品发明"本身）对发展微生物领域的新技术是有利的。这类问题也会随着新诉讼案的出现而进一步得到解决。

（二）《（为申请专利的）微生物备案取得国际承认条约》

为微生物本身提供专利保护，就随之产生了这类专利说明书应当包含的内容问题。大多数国家的专利法，都要求专利说明书必须对发明作"足够清楚、足够完整"的说明，以使同一技术领域的普通专业人员能够按照说明书去实施有关发明。在一般情况下，靠文字与附图，就能够使说明书足够清楚了。但对于微生物发明来讲，只有文字或附图却说明不了问题，还必须提供活标本。近年许多国家的专利法实施细则中都对微生物专利说明书应附带的活标本作了具体规定。例如《欧洲专利公约》的实施条例规定：微生物专利的申请人必须在提交申请案的同时，呈送微生物活标本备案；在申请案公布之后，备案的活标本必须能够继续存活，并能够被人使用。

微生物既然是有活力的有机物，就不像纸张、文件等一般说明书那么容易保存，而需要一些特殊保存条件。在国际技术交往发达的今天，如果一个申请人在几个或几十个国家以同一项微生物去申请专利，就需要向这些国家分别提交十几份或几十份活标本。这是

---

① 参见［美］彼得·罗森堡（P.Rosenburg）:《专利法基础》(*Patent Law Fundamentals*), 英文版，1983 年版，第 6 ~ 18 页。

专利的国际申请中遇到的第一个麻烦。其次，在向其他国家送交微生物标本时，可能受到有关国家的进口限制；在送出标本时，也可能受到本国出口限制。即使没有这些限制，微生物标本在长途运送中失去活力的可能性也很大。再者，不同国家的专利机关，对提交备案的微生物标本，在质量、形式等方面，也会有不同要求。这些都造成了微生物发明在两个以上国家申请专利时的障碍。

为了解决这些问题，《保护工业产权巴黎公约》的一些成员国于1977年缔结了《（为申请专利的）微生物备案取得国际承认条约》（1980年生效）。这个条约规定成员国之间取消微生物标本的进出口限制，还规定了统一的对标本的要求。这就减少了在不同国家申请微生物专利的障碍。更重要的是，这个条约指定了一批"国际微生物备案机构"，凡在其中任何一个机构备了案，在其他成员国申请微生物专利时就可以不再提供活标本了，从而大大减轻了申请人的负担，促进了国际生物新技术的交流。

到1985年为止，被指定为这种备案机构的有：美国的"农业研究培育收集处""美国标本培育收集处""国际试管培育有限公司"；英国的"藻类与原生物培育中心""英联邦微生物研究所培育收集处""国家工业细菌收集处""国家标本培育收集处""国家酵母收集处"；设在新西兰的联邦德国机构"霉菌培育中心局"；联邦德国的"微生物收集处"；日本的"酵母研究所""氨基酸发酵研究所"；荷兰的"霉菌培育中心"；法国的"国家微生物收集处"等。

生物技术领域的工业产权公约，目前虽然还只有这一个，但这一领域的国际合作正随生物工程的发展而发展着。1984年11月，世界知识产权组织召开了国际首届"生物技术发明及工业产权专家会议"，讨论统一各国的生物技术保护法及进一步开展生物技术国际保护的问题。

二、生物工程与植物新品种的法律保护

生物工程在改良植物品种方面起着巨大的作用。例如，豆类蛋白质含量高，向日葵油脂含量高，美国威斯康星大学将豆类储存蛋白的基因转移到向日葵中，培植出植物新品种"向日豆"，就是以生物工程技术改良作物的很著名的一个例子。对植物新品种给以法律保护，是 20 世纪上半叶就出现了的，但并不普遍。近年，越来越多的国家认识到这种法律保护对促进植物改良的作用，因而纷纷制定了有关法律（或在现有法律中增加了保护植物新品种的内容）。较早开始以专门法律及专利法共同保护植物新品种的美国，在品种改良方面的成果非常显著。据统计，从 1970 年到 1980 年 10 年间，美国大豆的品种从 94 种增加到 244 种（即增加了 160％），小麦品种从 139 种增加到 231 种（即增加了 66％），棉花的品种从 64 种增加到 95 种（即增加了 48.4％）。[1]

现在，大多数国家还只是以专门法（一般叫作"植物新品种保护法"）来保护植物新品种。采用专利法保护的国家并不多；这些为数不多的国家，也只保护很有限的品种。不过，新技术革命的发展正在改变这种状况。联邦德国马克斯 - 普兰克国际专利研究会的施特劳斯博士（Dr.Joseph Straus）预言：遗传工程技术的发展，甚至仅仅其中对脱氧核糖核酸（DNA）及核糖核酸（RNA）的研究工作的发展，很快会使大量在经济领域起重要作用的植物新品种被培育出来，那时多数技术发达国家将不能不对植物新品种给予专利法的保护。[2]

---

① 参见美国农业委员会主席弗利（Foley）1980 年 6 月 20 日提交美国国会的报告（Report No.96—1115, p.4, U.S.GPO［Washington 1980］）。

② 参见《国际工业产权与版权》（IIC），1984 年第 4 期，第 431 页。

（一）专门法对植物新品种的保护

早在 1961 年，一些发达国家就缔结过一个《保护植物新品种国际公约》。当时许多国家并没有制定相应的专门法。随着生物技术的发展，更多的国家制定了这方面的法律，这些法律基本上都是以该公约的原则为指导的。所以，从该公约即可以了解专门法对植物新品种的保护的情况。

这个公约与《保护工业产权巴黎公约》是平起平坐的，可以称得上工业产权领域的另一个基本公约。公约规定了一套与巴黎公约类似的国民待遇原则及优先权原则。公约要求各成员国保护的植物品种，在范围上不受限制；一般植物新品种的保护期不能少于 15 年；藤本植物、果木、造林植物、观赏植物的保护期不得少于 18 年。这种要求不妨碍各国为了鼓励生物工程技术的研究而提供更长的保护期。例如，公约的成员国之一联邦德国，在其 1977 年的植物新品种保护法中，即为一般植物提供 20 年保护期，为藤本等植物提供 25 年保护期。

公约规定享有保护的植物的培植人起码应享有两项专有权：许可或禁止其他人为营利目的生产同一种植物；许可或禁止其他人出售或提供出售同一种植物。正是从这种规定上，人们可以看到培植人所享有的权利与其他知识产权所有人相同，因此属于某种"知识产权"。

公约规定：在各国取得植物新品种的保护，均必须履行一定手续。培植人必须在主管部门（一般是各国农业部下属的"植物品种保护局"）提出专有权申请，经主管部门审查批准，发给"植物新品种证书"，方能享有保护。公约要求各国主管部门在批准授予证书前，进行不得少于以下五方面的审查：（1）确认有关植物是否具有任何现存的植物均不具备的突出特点；（2）确认有关植物在提交申请保护之前是否在国内市场出售过（第三方未经培植人同意而出售，不在此列）；

（3）确认该品种的基本性质是否稳定不变；（4）确认按照该品种培育出的植物是否与该品种同属一类（如果产生出"同源异性体"，则不能获得保护）；（5）确认该植物是否具有自己的名称。

1977年前后，联邦德国、比利时、瑞士、意大利等都按照公约的要求制定了本国的专门法；已有专门法的国家（如美国）则依照公约调整了原有法律。各国专门法除包括上面介绍的该公约的有关内容外，一般都规定了强制许可证的制度，目的是要求获得证书的专有权人推广实施自己搞出的新品种，否则将予以制裁。在美国，即使在专利法中都不要求专利权人必须实施自己的发明，但在保护植物品种专门法中则要求培植人必须推广和培育有关品种。这说明对生物工程付诸应用的重视。

从《保护植物新品种国际公约》以及各国的专门法中，可以看到：植物新品种的专门保护法对受保护对象的要求，与专利法对受保护对象的要求是有所不同的。在专门法中，"新颖性"以另一种方式来表达；"先进性"则被代之以"稳定性"；"实用性"被代之以"同源性"。

到目前为止，西欧及日本、美国、匈牙利、新西兰等国家，都制定了保护植物新品种的专门法。

（二）专利法对植物新品种的保护

以专利法保护植物新品种的国家，在世界上可以列举出美国、联邦德国、日本、法国、荷兰、丹麦等。但这些国家中，真正在专利法中明文规定植物新品种受专利保护的并不多。例如，在联邦德国，只是最高法院解释其专利法时，推定植物新品种可以获得专利。日本也只是从1975年《植物新品种审查标准》中，可以转而推定某些植物受到专利保护。除上述国家外的大多数国家，专利法只保护培育植物新品种的方法，而不保护（也不能推定保护）品种本身。我国《专利法》第25条中的规定，就是一例。随着生物工程的发展，会有更多国家以专利法保护植物新品种本身。我国专利局也曾表明，在将来我国也可能把保护范围延及植物本身。

只有美国专利法中，明确地把植物新品种作为一项保护内容写入，并专门用一章作了较具体的规定。①

按照美国专利法的规定，受专利保护的，只能是在人工栽培状态下生长的植物，同时只能是以无性繁殖技术培养的植物。这样，一方面，在自然状态下生长的植物被排除在外了。如果有人发现了某种其他人从未发现过的野生植物，他是无权获得专利的。另一方面，以有性繁殖法培育的植物也被排除在外了（这部分植物的新品种，只能由美国的《植物品种保护法》去保护）。

在美国，植物专利的申请与审批手续，与其他专利相同。但专利法中对"植物专利"所有人（专利权人）的权利，作了专门说明，即有权禁止其他人不经许可以无性繁殖法"复制"受专利保护的植物，有权禁止其他人出售或使用非法"复制"的该植物。

由于美国专利法不实行强制许可证制度，所以植物专利的权利人，比起取得美国植物新品种证书的权利人，就少受一些限制。就是说，植物专利权所有人即使不应用自己的专利，也不会受到当局颁发强制许可证的制裁。好在受专利保护的植物比起受《植物品种保护法》保护的要少得多，所以无限制许可对美国推广植物新品种影响不大。

（三）双重法律保护问题

我国近年有些出版物在介绍植物新品种的双重法律保护时，没有弄清"双重保护"的真正含义。所以有必要对此作一些说明。

《保护植物新品种国际公约》第 37 条中规定：公约的成员国可

---

① 参见世界知识产权组织出版的《工业产权法律与条约集》，英文版，第 5 卷，2—001，35 U.S.C.Chapter16，1983 年版。

以选择用专利法或用专门法或两种法同时使用，来保护植物新品种；但对于同一个保护对象，则除极少数经过特别许可的国家外，不能用两种法律同时给予保护。

在这条规定里，前一半讲了允许双重保护，后一半又讲不允许双重保护，究竟是什么意思呢？

原来，"双重保护"一词本身，也具有双重含义，其一是对某一类对象用两种法律保护，其二是对某一个对象用两种法律保护（一个客体享有两种专有权）。有关的国际公约及大多数国家，在植物品种保护问题上，只实行第一种含义的双重保护。

在前面两部分谈到的国家里，美国、联邦德国、日本等，都既承认专利法对植物品种的保护，又另立了专门法。但这几个国家对同一个申请保护的对象，都不会同时授予两种专有权。在美国，专利法只保护无性繁殖法培植的品种，而把其他品种留给专门法。除此之外，《美国植物品种保护法》还专门规定：凡取得专利的植物品种，不得再申请植物新品种证书。联邦德国与日本也都有明确规定：专利法仅仅保护政府所颁布的"植物品种明细录"中没有被列入的植物新品种；列入其中的，则只能受专门法保护。

曾有人认为生物工程技术的发展，使法律保护中出现了一些新情况，已打破了同一对象不能同时以两种法律加以保护的惯例。例如，如果有些（依专门法）能够获得植物新品种证书的品种，在培育方法上是十分新颖的，因此按（任何国家的）专利法，又属于可获得"方法发明"专利的对象。那么，培植者既可以就植物本身申请植物新品种证书，又可以就培植方法申请专利。这等于对同一对象实行双重保护。但我认为：实际上，专利法在这种情况下所保护的是无形的"方法"，而专门法保护的则是有形的"植物"，因此仍旧是不同法律保护不同主题，而不是对同一个主题的双重保护。当然，在这种情况下，对于同一个受保护主体（培植者）来讲，他确实享有两种法律授予的两种专有权了。

第三章　实用新型与外观设计领域中的变化

实用新型与外观设计，作为受到知识产权法保护的主题，已经有百年以上的历史。它们的法律地位本来是很明确的。但是，新技术革命的浪潮，把实用新型的本来面目冲击得含混不清了，把外观设计则推到了"边缘保护对象"的地位。这两个知识产权领域中的老对象，成为人们必须重新看待的新的研究课题。

一、实用新型领域的变化

（一）多种实用新型制度及其发展趋势

在新发明创造与日俱增的今天，越来越多的国家感到仅仅为发明提供专利保护已经不够。实用新型的保护制度渐渐受到更多的重视。从保护实用新型的典型国家联邦德国与日本的统计看，每年发明专利的申请案与实用新型专利的申请案，数目几乎是相等的。但是，传统的实用新型保护制度，已使人感到不足以为更广泛的、达不到发明专利的那些创造成果提供保护，于是新的保护类型出现了。它们的出现，使传统的"实用新型"这个概念在一些国家中不复存在。

英国是世界上第一个制定实用新型法的国家（在 1843 年）。但它只实行了 40 年就终止了。德国于 1891 年沿用了英国终止的实用新型制度，并把它发展成为典型的实用新型法。就是说，按照这种法律，只有那些立体的发明物，才可以成为受保护对象。平面物与"方法发明"，统统被排除在外；如果这类发明达不到发明专利所要求的标准，则不再受任何知识产权法的保护。

自从英国终止保护实用新型后，绝大多数英联邦国家也都不保护这项创造性成果。到了1979年，出现了一个例外，澳大利亚修订它的专利法时，增加了保护实用新型的内容。不过讲得确切些，应当说它增加了保护"小专利"的内容。因为，它所增加的保护对象，已远远不限于立体的创造物"新型"，甚至不限于立体及平面的有形创造物，而是包括了一切水平稍低的"小发明"。连无形的方法或工艺流程小发明也统统受到保护了。于是，这种保护在澳大利亚成为与一般发明专利平行的、只是在审查上不如前者严格的"第二保护制度"。这是一种新的"实用新型"制度。

小专利式的实用新型制可以推澳大利亚为代表，但它并非始于澳大利亚。法国1968年专利法，在规定不能取得专利，但可取得"实用证书"保护的那些创造性成果时，也没有指出一定要立体的或有形的，这说明它也是一种小专利式的"实用新型"制度。在现有的、20世纪70年代后期出现的国际公约中，注意到"新型"这个术语对于非立体创造成果的不合理限制，因此同时用了"实用新型"与"实用证书"两个术语。

除此之外，墨西哥1975年的《工业产权法》第二篇，建立起一种"发明证书"制。这种证书与苏联专利双轨制中的发明证书完全是两回事。墨西哥发明证书不是为专利申请人提供的另一种选择，而是对某些被排除在专利保护之外的发明给予"补偿"保护。这一点几乎与"小专利"制度完全相同。但它又不为所有被排除的发明提供补偿，而仅仅保护其中有限的一部分。从墨西哥发明证书保护的对象看，几乎全部是无形的"方法发明"。

这样，所谓"实用新型"保护制度，在今天出现了三种类型：联邦德国式的，只保护立体物的制度；澳大利亚式的，既保护立体物，也保护平面物与"方法发明"的制度；墨西哥式的，只保护"方法发明"

的制度。虽然在许多综述实用新型制的专著中，都把上述不同类型国家列为保护实用新型的国家，但澳大利亚式已突破了传统的"新型"，墨西哥式则已"无型"可言了。

至于发展趋势，则是澳大利亚式的制度比较合理，在鼓励较广泛的创造性成果的研究方面更为有效，因此可能成为越来越多的国家所愿意采用的制度。

（二）跨国实用新型制度的出现

在国际专利合作中出现了跨国专利制度（欧洲专利公约成员国的专利制度），也出现了跨国外观设计制度（比利时、荷兰、卢森堡统一外观设计法）。这些都是在发达国家间出现的。可见，对于比发明专利要求低一些的实用新型专利，在发达国家中还未形成较统一的认识。

1982年2月，法语非洲国家的知识产权组织在中非的班吉（Banqui）于70年代末缔结的《班吉协定》生效。协定的附件（二）规定：任何实用新型专利的申请人，只要向非洲知识产权组织的雅温得总部提交申请案，在案中指明自己要求在哪几个成员国享有专利，那么申请案一旦批准，该申请人就可以获得在这些国家同时有效的一份实用新型证书。从这点可以看出，附件（二）建立起了跨国实用新型制度。当然，由于经济、技术还不够发达，真正在这个地区申请实用新型专利的并不多。但《班吉协定》附件（二）确实在实用新型保护的国际合作方面迈出了第一步。

二、成为"边缘保护"对象的外观设计

在现代，任何企业要使自己的产品进入国际市场，除采用新技术、提高产品质量与降低成本之外，还要靠产品的外观设计。这里所说的产品，当然不是指初级产品，而是指高级产品（即知识密集型或技术密集型产品）。在市场上，工业品的购买者第一眼能够看到

的，只是产品的外观，至于价格及质量，都要在后来才能知道。所以，新颖的、富于美感的外观设计，往往是新产品打开销路的重要条件，有时甚至可以说是主要条件。

正因为如此，大多数国家都为外观设计提供了法律保护。而各国所采用的法律，又是各式各样的，知识产权领域的一切法律几乎都用上了。一些过去没有专门法的国家，开始制定专门法，同时又保留了原有的靠其他知识产权法给予的保护；一些原先就有专门法的国家，有的又制定出协调版权法与专门法的第三种法，从而使外观设计受到极特殊的保护。例如在英国，为保护外观设计而产生出"特别工业版权"。在法国、比利时、荷兰、卢森堡，外观设计可以首先受到专门法保护；在专门法提供的保护期结束后，再受版权法保护。因为专门法提供的专有权范围较广，而版权法提供的保护期较长。这样外观设计就享受到两种法律的优惠。在美国、中国以及其他一些国家，外观设计是专利法的保护对象。以不公平竞争法保护外观设计，在今天也已成为多数发达国家的通例。依靠商标法，通过保护某种产品的销售方式而达到保护它的外观设计的目的，这种间接的保护方式，更是大多数国家都在使用的。

到目前为止，可以说外观设计应当用什么法律来保护是个未决的问题。最近，西欧国家准备加速知识产权法的统一化运动，以便适应该地区经济、技术交流的需要，但在外观设计保护方面遇到了较多的困难。联邦德国律师克吕格（C.Krüger）为外观设计在当前的状况所下的结论是：它属于一种介乎工业产权法与版权法之间的受保护对象。[1]

---

① 参见［德］克吕格：《处在工业产权与版权之间的外观设计》，载《国际工业产权与版权》（IIC），1984年第2期。

《知识产权法》之专利法 *

第一节　我国专利保护的历史

一、1949 年前的专利保护

国际上一般承认英国 1623 年的《垄断法规》是近代专利保护制度的起点。在我国，"专利"一词虽然可以追溯到两千多年前的《国语》，但法律含义上的专利保护，只是一百多年前才被提到日程上的。因此，有人认为：四大发明产生于我国古代，却未在我国（而是在西方）得到发展，也许应当部分归咎于我国历史上长期对发明创造未进行必要的保护。

1859 年，太平天国领导人之一洪仁玕（Gan）在他著名的《资政新篇》中，首次提出了建立专利制度的建议。他认为：对发明实行专利保护，是赶上西方发达国家的必备条件。他甚至提出了在同一专利制度下分别保护发明专利与"小专利"（或"实用新型"）的设想，提议在专利保护期上有所区别，"器小者赏五年，大者赏十年，

---

* 编者注：本部分选自《知识产权法》（四川人民出版社 1988 年版）第二章第 23~85 页。本书去掉了章次，保留了节次。

益民多者年数加多"。今天法国、澳大利亚等国家；实际上实行的正是这种大、小专利并行的制度。由于太平天国在 1864 年失败，洪仁玕的建议没有能真正实现。

1881 年，我国早期民族资产阶级的代表人物郑观应，曾经就上海机器织布局采用的机器织布技术，向清朝皇帝申请专利。1882 年，光绪皇帝批准了该局可享有 10 年专利。这是较有影响的我国历史上的"钦赐"专利，它已经比西欧国家的类似进程迟了 300 多年。

1898 年，在有名的"戊戌变法"中，光绪帝签发了《振兴工艺给奖章程》，这是我国历史上的第一部专利法，但它并未付诸实施。

1912 年，辛亥革命后的民国政府颁布过一项《奖励工艺品暂行章程》，这是我国历史上实际付诸施行的第一部专利法。据统计，1930 年之前，曾依照这项章程批准过 135 件专利。这部专利法的保护范围非常有限。从名称上即可看出，它只保护称得上发明的（或改进的）工艺品（制品），也就是说不保护制造方法。该章程规定的保护期为 5 年。食品、药品均被排除在保护之外。该章程还规定：受到奖励后一年内未实施有关发明，或实施中无故中止一年，均导致专有权灭失。这与今天的"强制许可制"是很近似的。

1912 年的章程由当时民国政府的工商部颁布。1923 年，民国政府农商部修订了该章程，增加了对制造方法的保护。

1944 年，重庆庆的国民党政府颁布了一部《专利法》，这是我国历史上第一部真正称为"专利法"的法规。不过，依照这部法规所批准的专利并没有几件。1959 年，台湾地区修订并重新颁布了该"法"，它至今在我国台湾地区实施。

二、1949 年至 1979 年的专利保护

新中国成立后不久，我国政务院（国务院的前身）于 1950 年

颁布了《保障发明权与专利权暂行条例》。同年，又由政务院财政经济委员会颁发了该条例的施行细则及《发明审查委员会规程》。这是新中国成立初期曾试行过的专利保护制度。这些条例、细则及规程实际施行到 1957 年，在 1963 年被正式废止。

1950 年的暂行条例将发明奖励分为"发明权"与"专利权"两类。获得发明权的人，除了他的发明的实施及处理权属于国家外，可享有这样一些权利：（1）根据国家规定的奖励办法，领受奖金、奖章、奖状、勋章或荣誉学位；（2）可以将发明权作为遗产，该遗产继承人可领取奖金；（3）根据发明人的要求，经"中央技术管理局"批准之后，可以在发明物上注明本人姓名或其他特殊名称。获得专利权的人享有这样一些权利：（1）可以在自己的企业中应用有关发明；（2）可以将专利权转让或许可给其他个人或单位使用，收取使用费；（3）可以制止他人未经许可采用有关的专利发明；（4）可以将专利权作为遗产；（5）如在专利利有效期内未曾转让过专利权，可以申请将专利权改为发明权。

暂行条例规定，对于下列情况，仅仅可授予发明权，不能授予专利权：（1）有关国防机密、军事技术或军事制造业的发明；（2）关系人民群众福利，有必要迅速推广的发明（如医药品、农牧业产品等）；（3）发明人在国家工矿企业、科技研究单位或其他机关工作、并在其本职范围内完成的发明；（4）发明人受国家机关、企业、社会团体委托并领取报酬所完成的发明。

暂行条例中特别规定了：居住在中国的外国人，也可以依照该条例申请发明权或专利权。

在施行细则中，具体规定了审查标准、审查程序、异议程序，等等。规定了专利权人如果对原发明另有改进，可以申请"追加专利"。并规定专利权人的义务是必须实施有关发明，必须在专利产品上标明专利标记，等等。施行细则还规定：在新中国成立之前，按国民党政府的"专利法"取得专利、尚未期满者，应当在1951年4月9日前重新申请审核；经审核合格的，可被视为未满期的专利权，并发给专利证书。

从1953到1957年（即《保障发明权与专利权暂行条例》及其细则实际施行的时期），我国先后共批准了6项发明权与4项专利权，即：

第一号发明权侯氏制碱法（发明人侯德榜，1951年5月申请，1953年4月批准，有效期5年）。

第二号发明权水煤气之转化触媒剂（申请人北京永利化学公司总管理处，1951年6月申请，1953年4月批准，有效期5年）。

第三号发明权棉花水分电测器（发明人天津贺德彦、刘振起，1951年12月申请，1953年5月批准，有效期5年）。

第四号发明权压差式火灾警报器（发明人上海王中惠，1953年6月申请，1956年6月批准，有效期3年）。

第五号发明权简易制造纯氩气方法（发明人上海郭星孙，1955年10月申请，1956年8月批准，有效期3年）。

第六号发明权简易水分测定器（发明人江苏王之玮，1956年9月申请，1957年7月批准，有效期3年）。

第一号专利权软硬性透明胶膜网线版（发明人上海胡振燮，1950年10月申请，1953年4月批，有效期5年）。

第二号专利权国产软木（发明人上海强英才等5人，1951年2月申请，1953年4月批准，有效期3年）。

第三号专利权地形测绘器（发明人江西黄如瑾，1951年10月申请，1953年4月批准，有效期5年）。

第四号专利权在合成氨制造过程中用含氨亚铜盐溶液吸除转化气中一氧化碳气等方法（申请人北京永利化学工业公司总管理处，

1951 年 7 月申请，1953 年 4 月批准，有效期 5 年）。

根据上述历史记录，严格地讲，新中国成立后的第一份专利申请，不是 1985 年 4 月提交的，而是 1950 年 10 月提交的；第一项专利权，也不是 1985 年 12 月批准的，而是 1953 年 4 月批准的。当然，1950 年的暂行条例，还不能算是比较完善的专利保护制度，而且试行的时间又太短。1963 年，随着《发明奖励条例》的颁布，《保障发明权与专利权暂行条例》即被废止。其后不久，就是"十年动乱"时期，连"发明奖励"制度也实际上被废除了。

三、1979 年后专利立法的准备

早在 1978 年末，国家科委主持进行了一系列调查研究，提出了在我国建立专利制度的问题。1979 年 3 月，"中华人民共和国专利法起草小组"正式成立。同年，我国颁布的《中外合资企业法》第一次把"工业产权"作为一种无形财产权；我国与美国签订的《中美高能物理协定》及《中美贸易协定》，也明确承担了保护包括专利权在内的知识产权的义务。可以说，对外开放政策加速了我国专利立法的进程。1979 年底，第一分专利法草案产生了。

1980 年 1 月，国务院批准了国家科委《关于我国建立专利制度的请示报告》，成立了中国专利局。在此后的一段时间里，我国国内关于是否需要建立专利制度，曾有比较激烈的争论，专利法起草工作一度进展缓慢。不过，充分的讨论向人们展示建立专利制度的必要性，倒使后来的起草工作建立在更扎实、更广泛的基础上。越来越多的人逐步认识到：实行专利保护对于我国社会主义现代化建设利大于弊。1982 年 9 月，国务院常务会议听取了中国专利局的汇报，作出了"从全局和发展的观点看，我国应该建立专利制度"的决定。

1984 年 3 月，六届全国人大常委会第四次会议，正式通过了

《中华人民共和国专利法》，第二年，国务院又制定和颁布了该法的实施细则。

第二节　1984 年专利法及其实施细则

一、我国专利法的主要内容及特点

1984 年的《中华人民共和国专利法》以及 1985 年的《中华人民共和国专利法实施细则》，是构成我国专利保护制度的主要法规，在一般情况下提起"我国专利法"，即指这两个法律文件。我国是个社会主义国家，专利法中必然要体现社会主义原则；我国又是个发展中国家，专利法必须有利于引进先进技术，促进国民经济的发展；我国是建立专利保护制度较迟的国家，这又使我们有可能参考大多数国家已有的专利法，取人所长，避人所短。这些因素，就使得我国专利法具有一些独有的特点，从中反映出我国专利制度的优越性。下面，将在全面介绍我国专利法内容的同时，涉及这些特点。

1. 我国专利法把"推广应用"作为专利保护的主要目的之一

我国《专利法》第 1 条即指出："为了保护发明创造专利权，鼓励发明创造，有利于发明创造的推广应用，促进科学技术的发展，适应社会主义现代化的需要，特制定本法。"世界上大多数国家的专利法都侧重于强调保护专利权人的无形财产权，并以此作为专利立法的目的。我国专利法则是把保护专利权作为一种手段，来达到"推广应用""适应社会主义现代化建设"等目的。过去许多专利法学家，专利法学著作都无例外地认为："推广"与"专利"是不能相容的。我国专利法却使这二者相害了。这不能不说是专利立法中的一个大胆创举。我国专利法把推广先进技术作为目的之一，就划清了专利保护与技术封锁的界线，有助于消除国内多年对建立专利制度存在的疑虑。

2. 我国专利保护下的三种专利权人

我国专利法必须有利于贯彻对外开放的政策，有利于引进先进技术，这就还需要消除国外的先进技术所有人对我国专利法上述特点（即以"推广先进技术"为目的的特点）可能产生的顾虑，使之敢于并乐于到我国来申请专利。为此，我国《专利法》在第6条中，特别把专利权人分成三种：（1）专利"持有人"。我国的国营企业获得专利后，即属于这一类。国营企业持有的专利技术，可以在国内、在较宽的条件下被推广。（2）中国的专利所有人。我国的个人或集体企业获得专利后，即属于这一类。归他们所有的专利技术，可以在国内、在较有限的条件下被推广。（3）涉外专利所有人。外国自然人、外资企业或中外合资企业在我国获得专利后，即属于这一类。归他们所有的专利，未经他们许可，不能被推广。由于法律中有了这样明确具体的界限，中外发明人都可以了解到我国"推广"原则的适用范围，这有利于消除外国企业或个人的顾虑，特别是对于我们的企业"一家引进，百家共享"的顾虑。

3. 我国特有的"国家计划许可制"

虽然"推广"的原则适用于国内的专利持有人及专利所有人，但为了避免过去在科技领域"吃大锅饭"的做法，专利法并没有不加约束地实行先进技术的推广，而是采用了一套全新的"国家计划许可制"。这主要规定在《专利法》第14条中，即国务院有关主管部门和省、自治区、直辖市人民政府根据国家计划，有权决定本系统内或者所管辖的全民所有制单位持有的重要发明创造专利允许指定的单位实施，由实施单位按照国家规定向持有专利的单位支付费用。同时，集体所有制单位或个人的专利，对国家利益或公共利益具有重大意义，需要推广应用的，由国务院主管部门报国务院批准后，也参照对全民所有制单位的规定办理。

按照这一条，上海某市属企业（国营企业）所持有的专利，山西省无权决定予以"推广"；航天部某部属企业所持有的专利，电子工业部也无权决定推广。这与苏联的"发明证书"制度是完全不同的。按照苏联的制度，发明人获取发明证书后，发明的专利权即转归国家所有；国内不分地区，不分系统，只要是国营企业，都可以使用。我国的"国家计划许可制"，则从根本上排除了利用专利制度重新"吃大锅饭"的可能性。这样，既避免了专利的实施权被少数企业垄断，又有效地保护了专利权人的经济利益。

此外，《专利法》在第11条中还明确规定：专利权被授予之后，除"国家计划许可制"的适用范围之外，任何单位或者个人未经专利权人许可，都不得实施其专利，即不得为生产经营目的而制造、使用或者销售其专利产品，或者使用其专利方法。应当注意的是：《专利法》第13条还补充规定：虽然专利权人的全部法定权利是自专利被授予之后才有效，但就发明专利来讲，申请案公布后，申请人即可以要求实施其发明的单位或个人支付适当费用。在《专利法实施细则》第77条中，还具体规定了如何行使权利，以取得这项（批准专利之前的）使用费。

4. 我国的一部专利法对三种专利的保护

我国《专利法》在第2条中指明：我国专利法所保护的，是发明专利、实用新型专利与外观设计专利。在今天，世界上只有巴西和一部分非洲国家以一部专利法保护上述三种专利。而把三种专利区分得最为清楚的，要算是我国专利法了。这个问题，将在本节之二中详细论述。

5. 我国专利法不授予专权利人以"进口权"

我国《专利法》第11条中开列的专利权范围，没有包括进口权。

这就暗示：专利权人对于专利产品的进口，是无权控制的。在今天，许多在不同国家都可能找到市场的新发明，往往不仅仅在一个国家申请和获得专利，而是在几个、甚至几十个国家都申请及获得专利。这样，同一个人（或企业）就同一项发明，可能申请到了不同国家的专利，这在国际专利保护中被称为"平行专利"。由于"平行专利"的存在，许多国外的专利权人，尤其是发达国家的专利权人，希望能得到"进口权"，即有权同意或禁止相同专利产品从另一国向本国进口。

在发展中国家，是否授予专利权人以"进口权"，一直是个有争论的问题。在许多国家就同一发明享有专利的人，大多数是发达国家的先进技术所有人。他们在许多国家申请专利的目的，一是在这些国家发放许可证，收取使用费，二是享有实施该项技术的控制权，以利于对该国市场的占有。同一个专利权人在发达国家发出许可证时，被许可人一般是生产能力较强的人。这些被许可人如果不受控制地把专利产品向发展中国家出口，就有可能妨碍专利权人在其取得专利的发展中国家实施有关专利技术。因此专利权人希望自己有权制止（至少是限制）这类进口。但发展中国家出于担心外国专利权人垄断本国市场，有时不愿授予他们"进口权"。有些发展中国家虽然授予专利权人以"进口权"，却又同时使用"国家征用"等更严厉的措施限制这种权利的行使。我国专利法中既无"进口权"的规定，也无"国家征用"或类似的规定。

6. 我国专利法目前保护面比较窄

我国的专利制度刚刚建立，不可能像一些实行专利制度已有一百或几百年历史的发达国家那样，把保护面铺得很宽。《专利法》第 25 条规定对于一些项目不授予专利，这就是：（1）科学发现；（2）智力活动的规则和方法；（3）疾病的诊断和治疗方法；（4）食品、饮料和调味品;(5)药品和用化学方法获得的物质;(6)动物和植物品种;(7)用原子核变换方法获得的物质 [但(4)至(6)项中的生产方法,可以获得专利]。上面第(1)(2)(7)项,是一切建立了专利制度的国家都不授予专利的;上述第(3)项,美国、瑞士等一些国家授予专利;上述第(6)项,则不仅已有许多国家授予了专利(或"类专利"),而且还专门为保护植物新品种缔结了国际公约。第(4)(5)两项,在过去许多不给予专利保护的国家,目前已开始提供保护。此外,我国专利法中虽然未明确排除对电子计算机软件的保护,但在实际审查中不授予离开硬件的软件以专利。最后,微生物发明显然不包含在动、植物发明中。因为,按照专利法实施细则和其他有关文件,我国对微生物发明是授予专利的。

由于用化学方法获得的物质涉及面广,影响也大;饮食产品、医药产品关系到公共利益和人民的生活、身体健康,所以我国对这类发明的专利保护特别慎重。目前,我国化工、轻工、医药工业在技术水平上与发达国家相比,差距还比较大,我们在实行专利保护之初,也缺乏经验,故保护面窄一些是必要的。这并不妨碍我国在今后逐步扩大保护面。我国专利局已经宣布,下列产品发明不包含在"药品和用化学方法获得的物质"中,因而可以获得专利:(1)混合物或组合物发明(如洗涤剂);(2)农药组合物发明(如杀虫剂);(3)不属于药品,但与医药及诊断有关的产品的发明(如药物牙膏);(4)化学领域中的仪器或设备的发明。

7. 我国专利法实行较短的专利保护期

我国《专利法》第45条规定:发明专利的期限为15年,实用新型和外观设计的期限为5年,但可以续展3年。多数发展中国家的专利保护期都较短,有些甚至比我国还短。例如,墨西哥的发明专利保护期只有10年。大多数发达国家的发明专利保护期则比较长,一般在 20 年左右。但事实上，在这些国家中，也并非每个专利权人都真正享有这么长期限的保护。据统计，发达国家半数左右的专利权人，都未到保护期届满就停止缴纳专利年费，从而自动放弃了专利权。较短的发明专利保护期，有利于某些技术的全面推广，这符合发展中国家的经济、技术状况，也符合我国专利法的总目的。

8. 我国专利法实行较先进的审查程序

我国《专利法》第四章（第 34~44 条）规定我国在审查发明专利申请案时，采用"早期公开、请求审查"制度，这在目前是较先进的。

世界上不同国家的专利审查制度可以分为实质审查制（通常所说的"审查制"）、部分审查制和不审查制（通常所说的"注册专利制"）三大类。实质审查制的优点是所授予的专利的技术内容有质量保证。因为按照这种制度，专利局对于一项专利申请案中的发明是否具备新颖性、技术先进性和实用性，要进行较严格的审查。部分审查制则是法国、西班牙等一些过去实行不审查制的国家转为审查制的一种过渡形式。按照这种制度，专利局仅仅对专利申请案中的发明是否具有新颖性进行严格审查。这种制度的优点是专利批准的期限比实质审查制短一些，有利于减少申请案的积压，缺点则是所批准的专利的技术内容在质量上没有实质审查制那么可靠。至于不审查制，则是一种正被淘汰的制度。这种制度下的专利局对于申请案不作任何实质性的审查；一项专利发明是否具有新颖性、技术先进性或实用性，都要等日后发生专利纠纷（专利侵权或专利权归属问题上的纠纷）时，由法院确定。这种制度下批准的专利，完全没有质量保证，目前只有少数国家才实行它。我国实行的，则是实质审查制。

实质审查制又分三种类型：一是不公开审查制；二是早期公开、请求审查制；三是早期公开、延迟审查制。第一种制度的典型是美国。美国在批准一项专利之前，申请案中的内容始终只有申请人及专利局知道。如果申请案被驳回，专利局仍有责任为申请人保密；如果授予专利权，申请案才公布于众。这种制度的优点是：一旦申请人得不到专利保护，还有可能退一步靠保密享有实际上的"专有权"，还可以将其发明作为 Know-How 许可证发放，以收取使用费。这种制度的缺点是：有关的技术信息公布得太迟（或根本未曾公布），不利于促进科学的发展及实用技术的研究，不利于避免同一技术领域的重复开发。

"早期公开、请求审查"制则是被越来越多的国家所采用的。拿我国专利制度来讲，专利局收到发明专利申请后，经初步审查认为符合专利法的要求，就在申请日之后的 18 个月内予以公布（专利局也可以根据申请人的请求，在更早的时候公布）；然后，在申请日之后的 3 年内，专利局将根据申请人随时提出的请求，对其申请进行实质审查（如果 3 年之内申请人未曾请求审查，则认为申请案被自动撤回）。按照这种制度，申请案很快被公众所了解，一方面有助于相同技术领域的人尽快取得有关信息，避免重复开发，另一方面申请人也可以自公布之日收取有关技术的使用费，行使自己的部分权利。这对社会、对发明人本人都是有益的。

第三种制度（延迟审查制）与第二种基本相同，只是请求审查的期限不是自申请日起 3 年，而是 7 年。这种制度更有效地保证了专利的质量，但也有造成申请案大量积压的弊病。目前只有联邦德国、日本、荷兰等少数国家实行。

9. 便利的专利诉讼程序

根据专利法，我国专利局内设有专利复审委员会。申请人对专利局驳回申请的决定不服，可以在收到通知之日起 3 个月内，向复审委员会请求复审；发明专利申请人如果对该委员会的复审决定仍不服，还可以在收到复审决定的通知后 3 个月内，向人民法院起诉。

对于侵犯专利权的情况，专利权人既可以向人民法院起诉，也可以向专利管理机关请求处理。专利管理机关是我国各部门、各地区（即国务院有关主管部门和各省、自治区、直辖市、开放城市及经济特区）设立的管理机关。这种机关可以处理专利侵权纠纷，可以责令侵权人停止侵权行为，赔偿损失。这样广泛地设立专利管理机关，该机关在处理侵权方面又具有这样大的权限，在其他国家的专利制度下是见不到的。这对于在我国取得专利权的人维护自己的合法权益，是十分便利的。

二、我国专利法中三种专利的区别

我国专利法所称的发明，是指对产品、方法或者对其改进所提出的新的技术方案；所称的实用新型是指对产品的形状、构造或者其结合所提出的适于实用的新的技术方案；所称的外观设计是指对产品的形状、图案、色彩或者其结合所作出的富有美感并适于工业上应用的新设计。这是我国专利法所保护的三种发明创造成果的总的区别。具体地讲，从我国专利法的实体条文及程序条文两个方面，三种专利还有下面一些区别。

（一）在实体条文方面

1.“国家计划许可制”适用范围的区别

从《专利法》第 11 条中可以看出：“国家计划许可制”仅仅适用于发明专利与实用新型专利，不适用于外观设计专利。也就是说：即使是中国专利所有人或专利持有人的外观设计专利，未经权利人许可，也不得被推广。

2.在“三性”要求上的区别

根据《专利法》第 22 条、第 23 条，授予专利权的发明与实用新型，应当具备新颖性、创造性（即技术先进性）和实用性。而授予专利权的外观设计，则仅仅具备新颖性就够了。对于发明与实用新型，"新颖性"是指在申请日以前没有同样的发明或者实用新型在国内外出版物上公开发表过、在国内使用过或者以其他方式为公众所知，也没有同样的发明或者实用新型由他人向专利局提出过申请并且记载在申请日以后公布的专利申请文件中。而对于外观设计来讲，"新颖性"仅仅指有关设计同申请日以前在国内外出版物上公开发表过或者国内公开使用过的外观设计不相同或者不近似。上述对发明与实用新型的新颖性要求，一般被叫作"混合新颖性"，而对外观设计的新颖性要求则可以叫作"狭义混合新颖性"。

3. 专利保护期上的区别

对于发明专利，保护期是 15 年；对于实用新型专利与外观设计专利，保护期是 5 年，可以续展 3 年。

4. 在强制许可上的区别

虽然《专利法》在第 51 条中，把"在中国制造其专利产品、使用其专利方法"作为三种专利的权利人必须履行的义务，但强制许可制度却仅仅适用于发明专利与实用新型专利，不适用于外观设计专利。在《专利法》第 52 条、第 53 条及《专利法实施细则》第 68 条中，都只规定了对发明专利与实用新型专利申请强制许可证的程序及实质条件。

5. 专利权的保护依据上的区别

按照《专利法》第 59 条，发明专利权或实用新型专利权的保护范围，以申请案中的"权利要求书"的内容为准，说明书及附图可以用来解释权利要求。外观设计专利权的保护范围，以表示在申请案的图片或者照片中的该外观设计专利产品为准。

6. 在职务发明待遇上的区别

按照《专利法实施细则》第 71 条、第 72 条的规定，专利权被授予某个单位后，持有该专利权的单位应向发明人或设计人颁发奖金。一项发明专利的奖金不能低于 200 元；一项实用新型专利或者外观设计专利的奖金则不能低于 50 元。持有专利权的单位在专利有效期内如实施有关专利，每年应从实施发明或实用新型所得利润（纳税后）提取 0.5%~2% 作为报酬发给发明人；应从实施外观设计所得利润（纳税后）提取 0.05%~0.2% 作为报酬发给设计人。

（二）在程序条文方面

1. 对提交不同专利申请案的不同要求

根据《专利法》第 26 条、第 27 条及《专利法实施细则》第二章，申请发明专利或实用新型专利，应当提交请求书、说明书、说明书摘要及权利要求书等文件；说明书应当对发明或实用新型作出清楚、完整的说明，以所属技术领域的技术人员能够实现为准。而申请外观设计专利，则只要提交请求书及有关图片或照片就可以。

此外，一件发明或实用新型专利的申请，只能限于一项发明或一项实用新型(但属于一个总的发明构思的两项以上发明或实用新型，可以作为一件申请提出)。一件外观设计专利申请，一般也只能限于一种产品所使用的一项外观设计。不过，用于同一类别并成套出售或成套使用的产品的两项以上外观设计，却可以作为一件申请提出。

2. 优先权适用时间的区别

根据《保护工业产权巴黎公约》，我国《专利法》在第 29 条规定：外国申请人就同一发明或者实用新型在外国第一次提出专利申请之日起 12 个月内，或者就同一外观设计在外国第一次提出专利申请之日起 6 个月内，又在中国提出申请，可依照其所属国同中国签订的协议或者共同参加的国际条约，或依照互惠原则，享有优先权。

3. 审查与复审程序的区别

我国专利法规定仅仅对发明专利申请案实行实质性审查，而对实用新型或外观设计专利申请案则只实行形式审查。从这个角度来看，可以认为我国的专利制度仅仅对发明专利是审查制，而对实用新型与外观设计专利，则是注册制。这分别表现在《专利法》第34~39条、第40条，以及《专利法实施细则》第51~52条，第54~55条中。

在复审方面，发明专利申请人如果不服专利局复审委员会的决定，可以向人民法院起诉；而对于实用新型或外观设计专利的申请人复审委员会的决定是终局决定，不能再向人民法院起诉。在宣告一项已批准的专利无效时，程序上也有同样别差：发明专利权人如果对复审委员会的宣告无效决定不服，可以向人民法院起诉；复审委员会对实用新型专利或外观设计专利所宣告的无效，则是终局决定。

三、我国专利制度与国外几种专利典型的比较

我国的发明专利审批制度与《欧洲专利公约》等西欧地区性公约所建立的"欧洲专利制"有近似之处。我国的实用新型专利审批制度与联邦德国对实用新型的保护有某些近似之处；我国专利法中保护外观设计的规定，又与美国专利法中保护外观设计的规定有某些近似之处。不过，如果仔细地研究起来，我国对三种专利的保护又与上述三个国家和地区有许多重大差别。在与这些典型进行比较的过程中，可以进一步了解我国的专利制度。

（一）与《欧洲专利公约》相比较

从实行"早期公开、请求审查"这一点来讲，我国对发明专利的审批制度与《欧洲专利公约》所建立的审批制度属于同一类型。但在具体规定上，这两种制度又有下列区别。

1. 关于申请人资格的差别

我国《专利法》第18条定：在中国没有经常居所或营业所的

外国人、外国企业或者外国其他组织在中国申请专利的，依照所属国同中国签订的协议或者共同参加的国际条约或者依照互惠原则，适用中国专利法。这就是说：在我国加入巴黎公约之后，那些未参加巴黎公约的国家（如印度、新加坡、马来西亚）的个人或企业，又在中国无居所，无营业所，打算在我国申请专利，就可能遇到困难。

而《欧洲专利公约》对于申请人的资格，并没有作地域上的限制。例如我国在制定专利法之前，当然不可能与西欧国家在专利申请问题上"互惠"，但当时我国的企业或个人却可以申请欧洲专利。事实上，早在我国颁布专利法之前，我国浙江大学路甬祥发明的"先导型流量调节装置"，北京空气动力研究所姜瀛洲发明的"三通半球阀"等都已申请了欧洲专利。

2. 新颖性要求的差别

前面讲过，我国专利法要求申请专利的发明（及实用新型）具有"混合新颖性"，即在国内外出版物上未出现过，在国内未公开使用过（也未以其他方式公开过）。而《欧洲专利公约》则要求申请专利的发明具有"绝对新颖性"，即在世界任何地方的出版物上均未出现过，也未以任何其他形式在世界任何地方公开过。这就是说，在新颖性的要求上，《欧洲专利公约》更严一些。

3. 受专利保护的发明范围的差别

从法律条文上看，我国专利法并没有绝对排除对计算机软件的保护。当然，在专利局的实践中，我国专利局与欧洲专利局对软件发明的态度是大致相同的（即离开硬件的软件不能单独取得专利）。从条文和实践上看，我国专利法不授予食品、饮料和调味品、药品和用化学方法获得的物质以专利。《欧洲专利公约》则不排除上述发明获得专利的可能性。从这一点看，《欧洲专利公约》的专利授予面比我国专利法要稍宽一些。

4."早期公布"的时间及内容上的差别

我国《专利法》规定的"早期公布"日期，是"自申请日起18个月内"。这样，"18个月"就成为一个不得超过的限期。而《欧洲专利公约》则规定该日期是"自申请日起18个月过后，尽快公布"，这就为申请案的积压留下了余地。从我国专利法及专利局的实践来看，申请案虽然在18个月内公布了，但公布时专利局并未对有关申请案中的发明进行检索（或叫查新），即未对其是否与"已有技术"相重复进行审查。而《欧洲专利公约》的规定及欧洲专利局的实践则不同。在其公布专利申请案时，已经进行了检索，有时检索报告还与申请案一并公布。这对于希望获得技术信息的人来讲，显得更有益。

5.异议程序的差别

我国专利法虽对三种专利在审查程序上分别作了不同规定，但三者的异议程序则是相同的，即在对发明专利申请案进行实质审查认为合格后，对实用新型或外观设计专利申请案初步审查认为合格后，即由专利局公告；自公告之日起3个月内，任何人都可以依照专利法提出异议；如专利局认为异议成立，则驳回申请案。《欧洲专利公约》在批准专利之前不实行异议程序，而在批准之后9个月内，允许人们对已批准的专利提出异议；如欧洲专利局认为异议成立，再去撤销已批准的专利。

6.保护期上的差别

我国发明专利的保护期为15年，《欧洲专利公约》规定的保护期则是20年，都从申请日开始计算。

（二）与联邦德国的实用新型制度相比较

对实用新型的保护在世界上主要有三种类型。一种是以联邦德国为典型的"不审查制"，即如同我国一样，不对有关申请案进行实质性审查。另一种是以日本为典型的"实质审查制"，在授予实用新型专利（在日本，联邦德国，实用新型的保护形式是"实用新型证书"，并不使用"实用新型专利"这个概念）之前，要对申请案进行如同发明专利申请案一样的严格审查。再有一种是以法国为典型的"实用证书"制，它所保护的不限于有形立体物的创造成果，对实用技术、工艺、方法等，达不到发明专利高度的，也给予保护。我国的保护方式，显然与联邦德国属于同一类型。但我国与联邦德国在具体规定上，也存在一些重要差别。

1. 申请形式的差别

有许多发明成果可以从生产方法和产品形状（或构造）两个角度申请专利保护。这就产生了就同一项发明既申请发明专利，又申请实用新型专利的可能性。

我国专利法或其他任何有关正式文件中，都没有明文规定是否可以这样申请实用新型专利。因此，在刚刚开始接受专利申请时，发明专利申请案与实用新型专利申请案都是分别递交的，并没有就同一发明申请两种专利的情况。但1985年下半年，有的发明专利申请人提出了这个问题。对此中国专利局副局长沈尧曾在1986年第8期《中国专利》上作了如下答复：

根据《专利法》第22条，同一申请人的在先申请不影响其在后申请的新颖性。因此，实用新型和发明这两种专利申请可以在同一发明上共存。就是说，同一发明可能得到双重保护。按我国专利制度，发明专利申请从公开到获得批准这段过渡时期内，申请人只能得到临时保护；如果同时又申请实用新型专利，则可以在几个月内很快得到保护。

虽然从《专利法》第22条中能否作出上述结论还有待研究。但至少可以知道：我国专利局已在实践中允许就同一发明申请两种专利了。

在联邦德国的《实用新型法》中，明文规定了申请实用新型证书可通过两种途径：既可单独申请实用新型证书，也可申请"专利附加实用新型证书"。第二种申请的目的，也在于提前对同一发明实行保护。

2. 保护期的差别

我国实用新型专利的保护期是 5 年，可以续展 3 年。联邦德国实用新型证书的有效期是 3 年，可以续展 3 年。

3. 受保护客体范围的差别

我国《专利法》或《专利法实施细则》均没有具体规定哪些发明物可以称为"实用新型"。只是从专利局审查部的实践中，可以略知一二。例如，专利局审查部曾宣布：电路本身不能取得实用新型专利，只有把电路同设备结合在一起，才可能取得这种专利。今后，我国专利局将系统总结这方面的审查实践，公布出相应的法规性文件。

联邦德国专利局很早就已明文规定某些发明物虽然属于有"型"立体物，但不能取得实用新型证书，这主要有：不可移动的物体（如建筑物）、图表、颗粒状物体（如矿砂）、一切未形成最终产品的半成品、电路、药品、奢侈品（如珠宝玉饰）、动植物等等。1986 年，联邦德国对其实用新型法作了部分修订后，又扩大了可申请范围。电路等原不能获得实用新型证书的创造成果，也列入了受保护范围。

4. 审查与撤销程序的差别

我国与联邦德国专利局均不对实用新型的新颖性、创造性及实用性进行审查，而我国专利法及联邦德国实用新型法又都要求受保护的实用新型必须具备这"三性"。那么，由谁来审查一项实用新型专利申请或一项已经被授予专利（或证书）的实用新型是否真的具备了"三性"呢？

根据我国专利法，实用新型专利申请被公告后，任何人如果认为它不具备"三性"（或不具备其中之一性），均可以向专利局提出异议，并由专利局复审委员会作出终局决定。对于已授予专利的实用新型，如有人认为它不合专利法要求，也可以请求专利局复审委员会宣布其无效。复审委员会的决定也是终局的。就是说，审查或撤销实用新型保护的权限仅在专利局。

在联邦德国，只有在对实用新型证书发生争议，或实用新型证书持有人对第三者提起侵权诉讼，问题交到法院，才会由法院对实用新型是否具有"三性"进行审查，也才会由法院决定是维持还是撤销有关的实用新型证书。这项权力不再是专利局的。

（三）与美国专利法中对外观设计的保护相比较

我国与美国都把外观设计放在专利法保护范围内，而不像英国及一些英联邦国家把它放在版权法保护之下，也不像苏联等国另立一部单行的外观设计法。这使人感到中美两国的外观设计保护似乎属于同一类型。但细分析起来，二者却有着根本的不同。

1. 授予外观设计专利之前的审查方式不同

前面讲过，我国实行的是外观设计注册制，即不对外观设计专利申请案进行实质性审查。而美国专利法却规定：对外观设计专利申请案，要进行同发明专利申请案一样的审查。因此，在美国取得外观设计专利，可能比在我国要困难一些。

2. 新颖性要求不同

我国对外观设计所具备的新颖性要求，比起对发明专利的要求要低得多。而美国对外观设计的新颖性要求则与对发明专利的要求一样。

3. 创造性要求不同

我国专利法只要求外观设计专利须具备新颖性；此外在《专利法实施细则》中补充要求它具有美感和适于在工业上应用。

在美国专利法中，"创造性"的概念表达为"非显而易见性"，就是说，可获得专利的发明，必须有一定的难度，在同一技术领域的一般技术人员眼中不能是显而易见的。在专利法中对发明专利的这项要求，毫无改变地适用于外观设计专利。

4. 保护期不同

我国外观设计专利保护期为 5 年，可以续展 3 年。美国专利法中的外观设计保护期却非常特殊：分为 3 年半、7 年及 14 年三种保护期，由申请人在申请案中自己选择；选择较长保护期就要缴纳更高的申请费用。

第三节　其他有关法规

一、专利局公告

早在我国专利法生效之前，中国专利局即发布了几份公告，对专利法的实施细则作进一步的解释。目前，专利局已发布了十几份公告，涉及优先权问题、专利管理机关的设置及职能、专利收费标准、与专利有关的法院审判工作（系转发最高法院文件）、专利局分局及代办处的设置、我国采用的专利分类方法、微生物专利申请时的代理保藏机构的设置、专利文献服务网的设置、专利代理规定及代理机构的设置等等。现将其中一部分介绍如下。

1. 专利管理机关的设置及其职能

中国专利局在 1984 年 8 月的第二号公告中，详细规定了专利管理机关的设置及职能，后又在 1986 年 4 月发出了《专利管理机关调处专利纠纷暂行办法》。

按照专利局的公告及国家经委、国家科委、劳动人事部、专利局联合发出的《关于在全国设置专利工作机构的通知》，各省、自治区、直辖市均设置了专利管理处，专利工作量较重的地方（如北京、上海等）则设立了专利管理局；各工业部、局及经济特区、开放城市均设立了专利管理处。到 1986 年年底，全国已设立了 94 个专利管理局（处）。专利管理处、局的主要职责是：（1）制订本地区、本部门专利工作的规划和计划；（2）组织协调本地区、本部门的专利工作并进行业务指导；（3）处理本地区、本部门的专利纠纷；（4）管理本地区、本部门的许可证贸易和技术引进中有关专利的工作；（5）组织专利工作的宣传教育和干部培训；（6）领导本地区、本部门的专利服务机构。

专利管理处、局调处专利纠纷的范围是：（1）在专利权授予后，有关发明专利申请公布后，（或实用新型、外观设计专利申请公告后）至专利权正式授予前，在收取使用费上的纠纷；（2）有关发明人或设计人与其所属单位对某项发明是否属于"职务发明"的争议；（3）对于"职务发明"是否应去申请专利的争议；（4）关于谁享有专利申请权的争议；（5）涉及专利许可证合同的纠纷；（6）部分专利侵权纠纷。如果专利侵权纠纷属于跨地区、跨部门的，而被侵权人又要求专利管理部门，处理（而未向法院起诉），则应当由发生侵权行为地区的专利管理机关或侵权单位上级主管部门的专利管理机关处理。专利管理机关处理专利纠纷时的收费标准，不应超过其所在地人民法院受理同类案件标准的 60%。

2. 人民法院对专利纠纷案件及专利犯罪案件的审判工作

专利局在第五号公告中，转发了最高人民法院关于开展专利审判工作的规定。

人民法院经济审判庭的收案范围包括：（1）关于是否应当授予发明专利权的纠纷案件；（2）关于宣告授予的发明专利权无效或者维持发明专利权的纠纷案件；（3）关于实施强制许可的纠纷案件；

（4）关于实施强制许可使用费的纠纷案件；（5）关于专利申请公布后至专利权授予前使用发明、实用新型、外观设计的费用的纠纷案件；（6）关于专利侵权的纠纷案件（包括假冒他人专利、尚未构成犯罪的案件）；（7）关于转让专利权或专利申请权的合同纠纷案件。

上述案件中（1）至（4）类，只能由北京市中级人民法院作为第一审法院，北京市高级人民法院作为第二审法院。上述（5）至（7）类案件，分别由各省、自治区、直辖市人民政府所在地的中级人民法院和各经济特区的中级人民法院作为第一审法院，各省、自治区、直辖市高级人民法院作为第二审法院。此外，各省、自治区的高级人民法院还可以根据实际需要（经最高人民法院同意后），指定本省、自治区内的开放城市或设有专利管理机关的较大城市的中级人民法院，作为审理管辖区内上述（5）至（7）类案件的第一审法院。

前面提到过，对于一项实用新型专利或外观设计专利是否应当被撤销，终局决定权不在法院，而在专利局复审委员会。那么，如果在法院受理专利侵权过程中，被告反诉专利权无效，这时法院应如何处理呢？按照最高人民法院的规定，这时受理专利侵权诉讼的人民法院应当根据我国《民事诉讼法（试行）》第118条第（4）项中的规定，中止诉讼，等到专利局对有关专利有效还是无效作出决定后，再恢复专利侵权诉讼。

人民法院刑事审判庭将审判下列构或犯罪的行为：（1）假冒他人专利，情节严重的；（2）违反《专利法》第20条，擅自向外国申请专利，泄露国家机密，情节严重的；（3）专利局工作人员及有关国家工作人员徇私舞弊，情节严重，构成犯罪的。

3. 专利代理

专利利局第十号公告，转发了国务院批准的《专利代理暂行规定》，并相应组织成立"专利代理人考核委员会"。

根据该暂行规定，我国的专利代理机构分为三类：（1）国务院指定的专利代理机构（如中国国际贸易促进委员会专利代理部）；（2）国务院有关主管部门和省、自治区、直辖市、开放城市、经济特区人民政府专利管理机关批准成立的专利代理机构（如航天工业部专利代理事务所、北京市专利事务所、大连市专利事务所）；（3）经省、自治区、直辖市、开放城市和经济特区人民政府专利管理机关同意，可以办理专利代理事务的律师事务所（如中国法律事务中心、北京市专利律师事务所）。到1987年初，上述第（1）种代理机构已有4个，第（2）（3）两种已有155个。

专利代理机构可以承办下列事务：（1）为专利事务提供咨询；（2）撰写专利申请文件、办理申请专利的有关事务；（3）请求实质审查、请求复审的有关事务；（4）提出异议、请求宣告专利无效的有关事务；（5）专利权转让、专利许可的有关事务；（6）其他有关专利事务（如承办缴纳专利年费、监督侵权行为、检索，等等）。在专利代理机构工作的专利代理人，可以接受聘请，担任专利顾问。

专利代理机构应当具有《中华人民共和国民法通则》中规定的法人资格，依法核准登记。中国专利局及设在上海等地的专利分局与专利代办处、法院、专利管理机关等单位均不得兼作专利代理工作；专利管理机关的负责人不得兼任专利代理机构的负责人。

各专利代理机构可以根据情况，自己规定收费标准，但要上报批准它成立的机关审核。专利代理机构未能履行职责、给委托人造成损害的，应承担民事责任。

专利代理人分为专职与兼职两种。兼职代理人只能在一个专利代理机构工作，同时兼其他工作，不得兼两个或两个以上专利代理机构的代理人。中国专利局及分局、专利局派出的专利代办处、专利代理机关的工作人员、法院等执法机关的工作人员，均不得兼专利代理人。

4. 我国采用的专利分类

专利局第七号公告规定我国专利局采用《专利国际分类协定》所建立的"国际分类法"对发明和实用新型进行分类，把所有技术分为 8 个大类，59 000 个细目。我国现在并未参加《专利国际分类协定》。这个协定目前只有 27 个成员国，但已有 70 多个国家采用了国际分类法。

第七号公告还列出了我国外观设计所采用的分类表。从该表可以看出，我国实际采用的是《工业品外观设计国际分类协定》（也称"洛迦诺协定"）所建立的国际分类法，即分为 32 个大类和 210 个小类。

5. 用于专利申请的微生物保藏办法

当前，生物工程中的微生物发明，在各国的专利申请中占有越来越高的比例。我国专利法的实施细则对申请微生物专利的程序作了一些专门规定。由于微生物与一般发明不同，有个妥善保存、使之能够成活的问题；而保存它们又需要一定的设备、环境和技术条件。为此，中国专利局在第八号公告中委托了两个单位负责这种保存工作，即北京中关村的"中国微生物菌种保藏管理委员会普通微生物中心"和武汉大学的"中国典型培养物中心"。这两个中心又分别制定了"用于专利程序的微生物保藏办法"。前一个中心保藏的范围是：除动物病原以外的各种细菌、放线菌、酵母菌、丝状真菌、存在于上述宿主细胞内的质粒以及单细胞藻株。后一个中心保藏的范围是：各种细菌、放线菌、酵母菌、丝状真菌、高等真菌、细胞系、病毒、存在于宿主细胞内的质粒以及单细胞藻株。凡在我国境内没有经常居所或营业所的外国人，都须通过国务院指定的专利代理机构办理保藏手续。

6. 专利分局及代办处的职能

我国幅员辽阔，为了更便利专利申请人和专利局的工作，除设在北京的专利局之外，我国还设了国防专利分局、上海专利分局等分局，并设立了南京代办处、成都代办处、沈阳代办处、长沙代办处与济南代办处。根据专利局第十五号公告，自 1986 年 8 月起，上海专利分局有权对上海市申请人提交的实用新型专利申请进行初审并作出结论。各专利分局及各代办处均可以受理专利申请。

7. 专利许可合同的备案方式

我国《专利法》第 13 条规定：专利权人应当将其与他人签订的实施专利许可合同，在合同生效后 3 个月内向专利局备案。为此，专利局在第十二号公告中要求：（1）中国专利权人与他人签订的实施专利许可合同，应在合同生效后 3 个月内，由专利权人向其所在地区或所属部门的专利管理机关提交实施专利许可合同备案表及合同副本各一式两份，由专利管理机关提交一分给中国专利局备案。（2）外国专利权人与他人签订的实施许可合同，应在合同生效后 3 个月内，由专利权人委托涉外专利代理机构向中国专利局提交实施专利许可合同备案表和合同副本备案。

二、专利局及专利局参加发布的其他文件

除专利局公告之外，专利局（或连同其他国家机关一道）还发布了一些文件，以保证专利法的实施。其中几个主要文件是：

1. "个人申请专利费用减缓办法"

我国《专利法实施细则》第 90 条规定：个人申请专利和办理其他手续，缴纳各种费用有困难的，可向专利局提出减、缓请求。为此，专利局在专利法生效前两个月，制定了"个人申请专利费用减缓办法"。主要内容是：（1）个人申请专利，如确有困难无力缴纳申请

费、发明专利申请审查费、复审费、发明专利申请维持费及批准专利后 3 年之内的年费，可以向专利局提出费用减缓请求书，但其他费用均必须按规定缴纳。（2）可减缓的费用比例最高不超过 80%。（3）申请减缓者，应在提交减缓请求时即交足费用的 20%，并应如实陈述本人工资及工资外收入情况。（4）申请人或专利权人在其发明创造取得经济收入后，应补缴原先减缓的费用。（5）专利局认为不符合减缓条件的，可以驳回请求。

2. 与专利申请有关的微生物入境规定

1985 年 9 月，专利局与卫生部、农牧渔业部一道，制定了《关于用于专利程序的微生物菌（毒）种、培养物入境检疫暂行规定》。其主要内容是：（1）外国人为申请微生物专利将携进中国的微生物，必须分别由卫生部、农牧渔业部（或两部一道）审批。（2）微生物进口时，要求包装绝对安全，不得造成污染。（3）涉外专利代理机构在代办审批手续时，须提供有关微生物的名称、来源、数量、用途、对人和动植物是否有害等简要资料。（4）审批单位同意后，有关国境卫生检疫机关如发现微生物与证件不符，或包装不合要求，将予以退回或销毁；符合要求的，将予放行。

3. 我国学者在外完成的发明如何申请专利

我国《专利法》第 20 条规定：中国单位或个人将其在国内完成的发明创造向国外申请专利的，应当首先向中国专利局申请，并经国务院有关主管部门同意后，委托国务院指定的专利代理机构办理。那么，我国的访问学者、进修生、留学生等，如果在国外完成了发明创造，应当怎样申请专利呢？为了维护我国的权益，避免耽误我国学者在外申请专利的时机，我国专利局、外交部、国家科委于 1986 年 2 月制定了《关于我国学者在国外完成的发明创造申请专利的规定》。其主要内容有：（1）这类在外完成的发明创造，申请专利事宜由我国驻外使馆科技处负责；国内归口单位仍是专利局。（2）如在外发明属于职务发明，经报使馆科技处核实后，可按所在国的法律规定，由我国学者在外工作所在单位申请专利；如果不是明显属于职务发明，则力争我方申请权或共同申请权。（3）若属于非职务发明，应报使馆科技处酌定其经济意义等情况，准其在国外直接申请专利，然后再根据情况办理国内申请或向第三国申请；申请所需的外汇一般在国外自行解决，确有困难的可以和国内派出部门联系或向中国专利局申请专利基金。（4）在国外取得的专利权，应根据我国专利法，确定其归属。（5）中外科技合作项目的中方人员在国外作出的发明，除另有协议外，申请专利的权利属于中方人员的国内派出单位；可以根据情况，报使馆科技处，准其直接在国外申请专利或先在国内申请专利。

4. 有关专利复审委员会的规定及其他文件

1985 年 7 月，经专利局批准，专利局复审委员会制定并下发了4 个试行文件，即《中国专利局复审委员会章程》《专利复审委员会复审规程》《专利复审委员会无效宣告规程》《关于复审和无效宣告程序口头审理的规定》。此外，专利局还在积极准备和制定《专利审查基准》，特成熟后正式公布。这些，都将构成我国专利制度的重要组成部分。

第四节　我国专利法领域的特殊问题

一、专利的有限性问题

专利是一种独占效，在某种意义上，也可以说是垄断权。专利权人有权禁止其他人未经许可而制造使用或者销售他的专利产品，有权对未经许可的活动起诉和要求赔偿。但这仅仅是事情的一面。在任何国家，专利法所赋予专利权人的独占权又是相对的、有限的，而不是绝对的、无限的，这是事情的另一面。

各国专利法都对专利权进行了一定限制；我国专利法除一般限制外，还有一些特殊限制。下面将分别讲一讲这两方面的限制。

（一）一般限制

1."公约限制"

这种限制指的是《保护工业产权巴黎公约》第 5 条之 2 规定的，临时进入其他国家领土（包括领水、领空）的交通工具上，如果为交通工具的运转而使用了该国的专利产品或专利技术，不必经专利权人许可，不必交"使用费"，也不能以"侵权"论。这条对专利权的限制，在国际贸易中有很重要的意义，它将为我国的外运公司、航空公司等单位在跨国运输活动中提供重要的免责依据。但要注意两点：一是在有关交通工具上使用的他国专利，必须是该交通工具的组成部分，而不能是它装载的货物；二是临时通过的国家必须是巴黎公约成员国。否则，这条专利限制就不适用了。

2. 专利的地域限制

专利最大的有限性，可以说表现在它的地域性上。在中国申请和获得的专利，仅仅在中国有效；在其他国家也是一样。这是无需多说的。

3. 专利在保护期上受到的限制

在任何国家，专利权人都不可能就某项发明无休止地享有独占权。专利法一般都明文规定了专利保护的有效期。而且，许多专利权人并不打算在整个有效期内维持其专利；也有的专利权人因忽视了应缴的专利年费。这些都可能使法定的专利保护期缩短。了解这一条专利限制的重要性在于：应避免为已经过期或虽未过期但已失效的专利交纳"使用费"。

4."专利权穷竭"原则

在一部分建立了专利制度的国家（包括我国），实行一条被称为"专利权穷竭"的原则。即只要经专利权人许可，将他（或他的被许可人）制造的专利产品投入到商业流通领域，这些产品的"再销售"以及如何使用它们，均不再受专利权人的控制。就是说：专利权人对它们所享有的独占权已告穷竭。这条对专利的限制是完全合理的。否则，专利权人将无限制地控制着已经出售的产品，必定会妨碍其他人的生产与消费活动。但对这条原则应注意以下四点：（1）并非一切国家都承认这条原则（例如英国即宣布在《共同体专利公约》生效前，它不承认这条原则）。所以，在与有关国家进行商品或技术贸易而打算援引这一原则之前，应了解一下该国专利法中的有关规定。（2）在承认这一原则的国家，专利产品进入流通领域后，专利权人享有的"制造权"并没有穷竭。如果购买了某一专利产品的人照产品进行仿制，仍旧会构成侵权。（3）"专利权穷竭"原则也有地域性。同一专利权人就同一发明在两个以上国家取得专利后，他在甲国允许其专利产品进入流通，并不会导致他在乙国享有的专利权穷竭。（4）"专利权穷竭"原则不适用于颁发了强制许可证的情况。按照强制许可证而投入市场的专利产品，对它的使用与再销售，在一定程度上仍受专利权人的控制。

5."在先使用人"对专利的限制

多数国家都认为：专利制度只应奖励发明人，而不应损害其他人。因此，专利的独占权不应妨碍在专利权人获专利之前已经使用着相同技术的其他人。许多国家的专利法中，均有专门条文限制专利权人对"在先使用人"行使权利。不过在实践中，专利权人与在先使用人发生冲突的情况并不多。如果"在先使用人"原先就公开使用着某种技术，有关"专利权人"就不可能获得专利，因为该技术已丧失了新颖性；如果"在先使用"始终秘密地使用有关技术，冲突也无从发生。真正产生冲突，一般是"在先使用人"原先秘密使用有关技术，在别人申请专利后，他又转入了公开使用。对此，多数国家的专利法规定："在先使用人"仍有权在原来范围内继续使用，不受专利权人独占权的影响；但他无权转让他的"在先使用权"。

6. 非商业性使用对专利的限制

专利的独占性不能影响其他人以非商业性方式使用有关技术，这在我国和多数其他国家专利法中都有明文规定。在那些为医药产品提供专利保护的国家，专利法往往也规定：如果医生为临床治疗目的而临时制造或使用某些专利药品，不必取得专利权人的许可和支付使用费。

7. 强制许可证、"当然许可证"及国家征用制对专利的限制

强制许可证是采取行政措施限制专利权人滥用独占权的一种形式。从严格意义上讲，它不属于对专利的正常限制。只有专利权人在规定期限中未曾实施（或未充分实施）其专利技术，专利局才强制性地许可其他人来实施。

"当然许可证"是专利权人自愿使自己的独占权受到限制的一种形式。我国专利法未采用这种形式。有些国家的专利法规定：专利权人可自愿通过专利局发表声明，指出凡愿意实施其专利的人，均可自由实施，不需取得许可（但要支付使用费）。对作出这种声明的人，专利局将减免其专利年费，这就是"当然许可证"。

国家征用指的是以国家需要的名义剥夺专利权人的独占权，当前多数国家不提倡这种制度。

（二）我国专利法对专利权的特殊限制

1."国家计划许可制"的限制

前面已介绍过，我国专利法规定国家有关部门及地方政府，为国家计划的需要，有权在本系统、本地区推广中国专利权人的某些重要专利发明。在这种情况下，不需要得到专利权人的许可（但要支付使用费），这无疑是对专利的一种限制。应当注意的是：在前面讲过的对专利权的"一般限制"的情况下，专利权人的独占权对绝大多数人都失去了约束力；而在"国家计划许可制"的限制下，专利权人的独占权仅仅对有关国家机关（或地方政府）所指定的实施者才失去约束力。即使按"国家计划许可制"被推广了专利的我国专利权人，对于指定实施之外的一切企业或个人，仍旧可以行使自己的独占权，即有权自行发放其他许可证和收取使用费，有权对未经指定和未经许可而实施的人起诉、要求赔偿。

2.对专利权转让的限制

转让权并不是专利权人所特有的，而是任何财产权的所有人在一般情况下都能享有的。在多数国家，专利权人转让自己的专利权，除了必须在专利局登记之外，同货物所有人出售货物没有太大区别，不受什么特别限制。由于我国专利权人中的"持有人"（即全民所有制单位专利权人）并不是严格意义上的专利所有者，它们在转让专利权时，就须经上级主管部门批准了。这里讲到"转让"，仅包含专利作为财产权的转让，不包含专利使用权的转让。对于使用权的转让（亦即发专利许可证），我国专利法没有作特殊限制。

3.在专利权内容上的限制

前面提到过，我国专利法不给专利权人以"进口权"，这可以看作是从专利内容上对权利的一种限制。

4. "不知者不为罪"

我国《专利法》第 62 条第 2 款是这样规定的：使用或者销售不知道是未经专利权人许可而制造并售出的专利产品，不视为侵犯专利权。就是说，对于从事上述活动的人，专利权人不能起诉或取得赔偿。谈到这项"权利限制"，应作下面三点补充说明：（1）从事上述活动的人，经专利权人警告或他人指明，由"不知"变为"知之"后，应停止有关活动。（2）从事该活动的人应能出示"不知"的证据。（3）多数外国的专利法只规定了"明知而为之"者应负的责任；至于"不知而为之"是否构成侵权，则要根据情况而定。我国《专利法》第 62 条第 2 款不能在国外去套用，不能推断其他国家也都有这样一项对专利的限制。

二、从专利申请日到早期公开日之间的保护问题

大多数采用实质审查制（或部分审查制）的国家，都规定专利申请案的早期公开日（一般即从申请日起到第 18 个月结束）为"关键日"之一。因为，从这一天起，申请人就有权对未经许可而使用其有关发明的人提起侵权诉讼或要求某支付使用费了。例如，《法国专利法》第 55 条、《英国专利法》第 69 条（1）款、《日本特许法》第 65 条之 3，都是这样规定的。我国《专利法实施细则》第 77 条，也是这样规定的。

我国专利法实施后，一些地方技术市场的统计表明：在已经付诸实施的专利申请案中，绝大多数是尚未经专利局公布的。例如，据湖南省专利管理局 1986 年初统计，该省已实施的 124 个专利申请案中，只有 8 个已被公布。因此，许多未公开专利申请案的申请人，开始查找专利法及其实施细则，想找到能够对他们的申请案在公布之前提供必要保护的条款。结果他们惊奇地发规：如果某第三

方在申请日之前已开始使用有关技术发明，他们虽可以被当作"在先使用人"受到保护，但其活动范围尚被《专利法》第 62 条第 3 款限制在一定范围内；如果有人在他人申请专利后（到公布申请案前）使用有关技术发明，反倒不受任何条款的限制了！这岂不是显得太不合理？于是有人提议修改《专利法实施细则》第 77 条，认为该条会影响未公布的申请案的实施，不利于发明成果的应用。他们认为：对申请案的临时保护不应从"早期公开"的日子开始，而应当从申请日开始。

但如果我们作一些分析，就可以看到：我国《专利法实施细则》第 77 条的规定是合理的。

在申请日后和专利局公布它之前，第三者使用专利申请人的发明，无非有下列四种情况：第一，该第三者非法窃取了尚未公布的申请案的内容；第二，该第三者从与申请人签订了许可合同的另一方获得了尚未公布的申请案内容；第三，该第三者本人即与申请人签订了许可合同；第四，该第三者对申请人（或其被许可人）已经提供市场的产品进行了仿制。第一种情况属于刑法管辖的范围，专利申请人可以从"刑事附加民事诉讼"中取得赔偿。第二种情况属于合同法管辖范围，专利申请人可以通过合同，从自己的被许可人那里取得间接赔偿。第三种情况属于正常的技术转让。问题主要集中在第四种情况。

对于某些制造起来较容易的发明产品，在 18 个月内或更短时间内被专利申请人制造出来，并提供市场，不是不可能的；在这段时间内又被别人仿制，仿制品也进入市场，也不是办不到的。但是，如果仿制者想在这段时间补偿自己的全部投资，并取得额外利润，则不太可能。因此，仿制者实际上冒着很大的风险：一方面，专利申请人在其申请案被批准后，可能允许仿制者继续使用其专利。在这种情况不，即等于补发了"许可证"。但应当知道，专利权人在计算"适当使用费"时，不会不考虑到仿制者原先得到的好处。另一方面，专利权人也可能行使专利权，要求仿制者停产，同时要求其追交申请案公开后、专利批准前的使用费。这样一来，仿制者或将受到巨大损失。他的生产线可能全部报废，他可能连成本都收不回来。而专利权人对于申请日之前的"在先使用人"，财无权令其停产。可见，仿制者与"在先使用人"的法律地位完全不同。仅从这点区别即可看出，《专利法》第 62 条第 3 款与《专利法实施细则》第 77 条是互相支持的，是合理的。

有意从事仿制活动的人，他们在申请日到公开日之间的短暂时期似乎是安全的。但如果他们进一步想想上述后果，一般不会再去冒风险。专利申请人虽然在申请案未得到批准前似乎对仿制人无能为力，但他日后的专利权有着实际上的追溯力。就是说，他虽不能宣布仿制者前一段的活动为非法，但却可以使仿制者前功尽弃。

此外还应注意到，即使是"在先使用人"，也不可能不合理地妨碍专利权人的利益。《专利法》第 62 条规定："在先使用人"只能在原有范围内"继续制造或使用"。从理论上讲，"在先使用人"在申请日之前也不可能从事过销售活动。因为，任何销售活动都会使有关发明被公开，从而丧失新颖性，任何人也不能再拿它去申请专利了。当然，如果"在先使用人"真的拿出了自己于申请日前销售过有关产品的证据，该专利权人的"专利"就会在无效诉讼中被撤销。这又是另一个问题了。

前面我之所以举英、法、日三国专利法为例，原因是这三国专利法关于专利有效期的算法各有特点。日本特许法中关于批准专利前临时保护的规定与我国《专利法实施细则》第 77 条基本相同，但日本专利有效期却是从申请案公开之日算起（我国从申请日算起）。

英国专利有效期的算法很特别，从时间上讲，它自申请日算起；从效力上讲，它又从专利批准之日算起（见《英国专利法》第 25 条（1）款）。法国专利有效期的算法则与我国完全相同。可见，不论各国有关申请日与专利有效期是如何规定的，对于申请案被公开之前使用了相同发明的活动，均不视为侵权活动。

最后，各国关于专利申请案公开之前，能否把申请案中的发明付诸实施，尤其是能否把它作为发放许可证的标的物，也各有不同的规定。例如，《巴西技术转让法》规定：只有在专利申请案的公开日之后，才能许可他人实施该申请案中的发明。欧洲经济共同体的《专利许可证条例》则允许在申请案公开之前就发放实施许可证。

三、计算机软件、计算机汉字输入技术与植物新品种的保护问题

单独的计算机软件不受专利保护，这在大多数国家已成定论；我国专利局目前的看法也是如此。但是，随着软件技术的发展和版权法保护软件的缺陷日益突出，将来转过头来考虑以专利法保护软件，并不是没有可能的。好在我国专利法条文中没有表示绝对不保护软件，这比《欧洲专利公约》及其他一些国家专利法中明确地拒绝给软件以保护要主动一些。

1985 年，在承认软件可受专利保护的美国，一位律师曾提出计算机硬件与软件之间在将来很难有一多截然分明的界线。因此，软件在其他国家也不可能长久地被排除在专利法保护之外（见《数据处理与法》斯威特–麦克斯威尔出版社 1985 年英文版，第 221~242 页）。事实证明了他的预见不是没有道理。今天，许多软件公司为避免他人复制自己的软件，都尽可能地将软件"固化"在"半软件"

（也称"固件"）中。在一些不给软件以专利保护的国家，却给固件以这种保护。现在又有人（不是法学领域，而是计算机技术领域的人）预言：不久的将来，可能被复制的重要软件，都将被"固化"，或更进一步，将软件的功能直接体现到计算机电路中，从而取得专利保护。

另一方面，软件本身（即不加固化时）是否就真的属于"智力活动规则"而不应受专利保护，至今仍是个有争论的问题。

早在 1984 年前（即我国专利法颁布前），我国北京的李金凯、河南的主永民等人，都分别以自己独特的"汉字编码法"在英、美等国申请了专利。李金凯在 1985 年即已获得英国专利；王永民的申请案于 1987 年也在美国经审查后获得了美国专利。不过，李金凯的英国专利并不直接保护该汉字编码法本身，而是通过有关的输入键盘加以保护。王永民的专利申请，最初在美国也遇到同样的问题：美国专利局认为编码法的"字根表"不属于可受保护主题。不过，修改后的权项要求却仍是针对"编码法"提出的，如果它最终被授予了专利，则对我国专利局的审查实践产生一定影响。因为，在我国，是否对输入计算机的汉字编码法给予专利保护，现在仍是个讨论中的问题。

汉字输入编码法与智力活动的规则和方法有近似的地方，却又不完全相同；从某些角度看，它与可取得专利的方法之间，也有相似之处。美国专利法中，并没有明文排除对智力活动的规则和方法的保护；我国与大多数国家的专利法却明文排除了。有的同志认为：由于中国人对汉字的分析与理解，与外国人相比占很大优势；而我国又有广大的、应用汉字编码法的市场。因此，从国家利益出发，也应当给汉字编码法以专利保护。

不过，我认为：如果某种汉字编码法与制造相应输入设备的方法没有直接关系，它又不是必须通过一定的特有设备（如键盘）来体现，而我们真的给这种"方法"以专利保护，则"专利权人"很难掌握谁侵犯了他的专有权。因为，这种离开制造，离开具体设备的纯输入法缺乏知识产权应有的"可复制性"。而且，法律如果真的保护了某种智力活动的方法，就会把本来应属于公有领域的东西划入专有领域。

最后，对植物新品种的保护，在我国基本还是个空白。世界上有些国家的专利法本身就保护植物新品种；有些国家的专利法虽不保护它们，但另有专门的"植物新品种保护法"。我国则二者皆无。而我国培植植物的历史已有几千年。在今天，这个领域也总不断有新的培植物出现。我国杂交水稻的新品种已经被亚洲、美洲、大洋洲许多国家所引进。近年来我国科研部门在培育植物新品种方面又不断有新的突破。仅仅在 1996 年 12 月一个月里，《人民日报》就报道过两则这种消息：陕西省农垦科教中心农艺师李殿荣培育出世界上第一个杂交油菜新品种；上海复旦大学助教朱培坤杂交成功带有大蒜味的青菜叶片。

在植物新品种的保护上，如果长期处于空白，对促进我国这一领域的科研工作是不利的。我们应当考虑对植物新品种（而不仅仅是培育方法）给以专利保护，或另立专门的法律加以保护。

第五节　专利的国际保护

一、各国专利法的涉外部分

从 20 世纪末开始，几乎所有建立了专利保护制度的国家，其专利法已经都既是国内法，又是涉外法。这是与日益发展的国际技

术交往分不开的。由于专利具有地域性，一个国家的企业或个人向
另一个国家转让专利技术的前提，是在另一个国家申请专利。甲国
不会承认乙国所批准的专利为"专利"。一项技术如果仅仅在乙国申
请了专利而未在甲国申请，那么乙国一旦公开了有关申请案，该技
术在甲国就被视为"进入公有领域"了。

为了鼓励外国人把他们的新发明拿到本国来申请专利，以利先
进技术的引进，多数国家在专利法中对外国人申请专利的权利都未
作专门限制。例如法语非洲国家的专利法中明确规定：外国人申请
专利的权利与本国国民相同。

另有少数发达国家和发展中国家，则对外国人的申请权利作了
少许限制，但并不妨碍在本国有长期居所或营业所的外国人申请专
利。而且，这些国家一旦参加了《保护工业产权巴黎公约》，这种
"少许限制"也基本上失去了意义。

专利法作为涉外法，在不同国家的形式是不相同的。有些国家
只是在本国专利法中规定一些涉外条款，我国就是这样。还有些国
家醒目地把国内法与国际保护的关系，作为一个单独部分定在专利
法中。例如，英国专利法第一部分即称为"国内法"，第二部分则称
为"关于国际公约的条款"。还有一些国家，在专利法之外，制定了
一些具有涉外内容的单行法。例如，奥地利在专利法之外，就另有
一部《关于实施〈专利合作条约〉与〈欧洲专利公约〉法》。法国也
是如此。

二、《保护工业产权巴黎公约》及其对专利保护的要求

1.公约内容综述

《保护工业产权巴黎公约》（一般简称为"巴黎公约"）缔结于
1883年，到1987年1月为止已有97个国家参加。我国于1985年

3月正式成为该公约的成员国。①

巴黎公约中规定了"国民待遇"与"国际优先权"两条主要原则和其他一系列对成员国国内立法的最低要求。它保证了一个成员国的国民可以在所有其他成员国内享有某些统一的、最低限度的权利。同时，它还为一个成员国的国民在其他成员国申请工业产权（不仅仅是专利）提供了方便，有助于国际商品贸易与技术贸易的开展。这种统一的保护，阻止了一个成员国未经许可的仿制品向另一成员国出口。不过应当注意：巴黎公约起不到跨国实体法的作用。它既不能批准任何具有跨国效力的工业产权，也不能保护任何跨国工业产权。巴黎公约也不起"示范法"的作用。它是以保持各成员国国内工业产权法的独立和有效为基础的，因此才保证了参加国的广泛性。

巴黎公约自缔结以来共修订过六次。1967年最后一次修订时形成的"斯德哥尔摩文本"是大多数成员国所批准的文本。1967年后参加该公约的国家，均只能批准这一种文本。

2. 巴黎公约的"国民待遇"原则

在巴黎公约中，"国民待遇"包括两方面的含义：一是在工业产权的保护方面，各成员国必须在法律上给予其他成员国的国民以本国国民能够享有的同样待遇。二是即使对于非公约成员国的国民，只要他在某一个成员国内有住所，或有实际从事工商业活动的营业所，也可享有同该成员国国民相同的待遇。对于公约成员国国民，则不能要求他们必须在成员国内有住所或营业所。例如，一个住在印度（非巴黎公约成员国）的我国国民，1985年3月以后在申请和维持专利权方面，均应在巴黎公约各成员国享有"国民待遇"。

---

① 我国参加巴黎公约时，按照该公约第28条（2）款的要求，对第28条（1）款作出了保留声明，即：如果我国在对巴黎公约的解释或适用问题上与其他国家发生争议，我国将不按国际法院规约将争议提交国际法院解决。

所谓"国民"，既包括自然人，也包括法人。作为自然人的国民，如果有双重或多重国籍，则只要其中一国是巴黎公约成员国，该人就符合享受"国民待遇"的条件。所谓"住所"或"营业所"，必须是真实的，而不是虚设的。如果仅在某成员国设了一个企业"信箱"，则不能算作有住所或营业所。

巴黎公约规定："国民待遇"原则适用于各成员国依照自己的国内法律给予本国国民的各种待遇。这里讲的"国内法律"，不仅包括成文的法典、单行法，而且包括法院判例，还包括工业产权管理部门在行政管理上的惯例。此外，如果某成员国还参加了其他国际公约，则其他国际公约的基本原则也将构成巴黎公约所指的"国内法律"的内容。

各成员国在执行"国民待遇"原则时，可以作某些保留。例如，各成员国有关司法及行政程序、司法管辖、有关文件送达地址、代理人资格等方面的法律，都可以声明保留，不给外国人以"国民待遇"。例如，我国《民事诉讼法（试行）》规定：我国国民进行民事诉讼，可以自己出庭起诉、应诉，也可以委托代理人，还可以委托律师；外国人则必须委托中国律师。在专利代理人的条件上，也只有中国人有资格做这种代理人。这在多数国家也是同样的。就是说，"国民待遇"原则不可能适用在一切问题上。

3. 巴黎公约的"国际优先权"原则

"优先权"前面加"国际"这一定语，是因为许多国家还另有"国内优先权"的规定；"国际优先权"前又要注明是"巴黎公约的"，原因是其他某些公约也有自己的"国际优先权"原则（例如《保护植物新品种国际公约》）。

巴黎公约规定：如果某个可以享受"国民待遇"的人，以一项发明首先在任何一个成员国提出了专利申请，或以一项商标提出了注册申请，自该申请提出之日起一定时期内（对发明专利或实用新型专利是 12 个月，对外观设计专利或商标是 6 个月），如果他在其他成员国也提出了同样的申请，则这些成员国都必须承认该申请在第一个成员国递交的日期为本国的申请日。这就是"国际优先权"。这条原则的作用，主要是使发明人（或商标所有人）在第一次提出申请之后，有充裕的时间考虑自己还需要在哪些成员国再提申请，并有时间选择在其他国家的法律代理人，办理必要的手续。他不必担心在这段时间里有其他人抢先申请,因为他的第一次申请日是"优先"的。

应当注意：巴黎公约的"国际优先权"原则不是对一切工业产权都适用。它不适用于服务商标的注册,不适用于商号（厂商名称）、商誉、产地名称，等等。此外，这种优先权的起始日，必须是在已成为巴黎公约成员国的国家中第一次提交有关申请，才能予以确立。如果某成员国目前虽参加了巴黎公约，但在原先将申请案提交该国时，它尚未参加，那么相应的申请人就不能享有国际优先权。反过来也是一样。如果某个申请人在某公约成员国提交申请时，另一个国家尚未参加巴黎公约，则后一个国家日后虽参加了公约，该申请人一般也不能在这后一国享有优先权。不过，如果这一后参加公约的国家以法律形式表示愿意授予该申请人优先权，则另当别论。例如，我国尚未参加巴黎公约时，曾于 1984 年 8 月以"专利局公告"的形式声明：关于申请专利的优先权期限，无论是发明还是实用新型、外观设计，一律从 1984 年 10 月 1 日算起。即外国申请人于 1984 年 10 月 1 日以后第一次在外国提出专利申请的，可以在向中国申请专利时，依法要求享有优先权。

4. 临时性保护与宽限期

对于在官方认可的国际展览会上公开了的发明或展出的商品上的商标，巴黎公约给予临时性保护，使有关发明在 12 个月内不丧失新颖性并享有国际优先权（对商标来说则在 6 个月内享有优先权）。

对于各国规定的因迟误了专利年费的缴纳或商标续展等，巴黎公约也要求给予一定的宽限期，方能宣布有关的工业产权失效。

5.巴黎公约中的"专利独立性"原则

巴黎公约规定：成员国范围内凡享有国民待遇的人，就一项发明在两个以上成员国取得的专利，应当是彼此独立、互不影响的。这包括下列三方面的含义：（1）一个成员国（即使是专利申请人所在国）批准了一项专利，并不能决定其他成员国是否对同一发明的专利申请案也给予批准。（2）一个成员国（即使是专利申请人所在国）驳回了一份专利申请，并不妨碍其他成员国批准同一发明的专利申请。（3）一个成员国撤销了一项专利或宣布它无效，并不影响其他成员国就同一发明批准的专利继续有效。

规定专利的独立性原则，首先是因为不同国家的专利制度各有差别。例如，有的国家专利保护期只有 10 年，有的则有 20 年。不能因为同一发明的专利在前一国家保护期届满，就使它在后一国家正在继续着的保护期缩短 10 年。即使在专利制度相同的情况下，专利权人在不同国家维持专利的情况也会不同。例如，各国都要求专利权人缴纳专利年费。某人在甲、乙两国都获得了专利，而他仅仅忽略了在甲国缴年费，因而专利被撤销，显然不能因此把他在乙国获得的专利也撤销。

6.发明人的署名权问题

巴黎公约规定：发明人有权要求在专利证书上注明发明人的姓名。这是为了保护发明人的"精神权利"。在各国批准的发明专利中，很大一部分"专利权人"并不是"发明人"本人，职务发明申请了专利后尤其如此。所以，证明谁是发明人，就更有意义了。我国《专利法》第 17 条与巴黎公约的这一规定是相符的。除此之外，还另有一个专利权人在产品上注明专利号或"专利产品"字样的问题，它与发明人的署名权是不相干的，应把二者区分清楚。

7. 对驳回专利申请和撤销专利的三项限制

各国可以自己规定在何种情况下将不批准专利申请或宣布已批准的专利无效。不过巴黎公约则要求这类规定应遵守下列三项限制：（1）如果某成员国的法律禁止或限制销售某些商品，则该国不得以此为理由驳回就生产这类商品的发明所提出的专利申请，或宣布已批准的这类专利无效。（2）经专利权人同意把专利产品从巴黎公约的一个成员国输入另一个成员国，不应成为另一个成员国宣布该专利无效的理由。（3）因某项专利未实施（或未充分实施）而准备宣布它无效，必须首先颁发强制许可证；在强制许可2年之后仍不能达到充分实施目的，才可以宣布它无效。要颁发强制许可证，也必须是专利权人连续3年不实施（或不充分实施）其专利发明；同时，强制许可证的被许可人仍须向专利权人交付使用费；强制许可证不能是独占性的。

8. 专利权的"公约限制"

这在前面第四节之一中已讲过。

三、其他有关的世界性公约

按照巴黎公约的原则，在国际上还缔结了一些关于专利保护的公约，这主要有：

1.《专利合作条约》

《专利合作条约》于1970年缔结，到1987年1月为止已有40个成员国。缔结这一条约的目的，在于减少专利申请人及各国专利局的重复劳动，简化以同一发明在不同国家申请专利的手续，减少申请费用。该条约还起到加快国际科技情报交流的作用。

参加《专利合作条约》的国家不一定要接受该条约的全部规定。这个条约的第二章是"选择性"的，不实行实质性审查的国家可以不批准接受第二章。参加这个条约的国家，必须首先是巴黎公约的成员国。

《专利合作条约》的最大优点是：原先必须在各国分别、重复履行的多次申请程序和初审程序，有可能简化为一次完成。按照这个条约，成员国的国民或居民可以提交专利的"国际申请案"，具体程序是：（1）将条约所规定的必备申请文件呈交"国际申请案接收局"。条约的每个成员国专利局或地区跨国专利组织的管理机关，均是这种接收局。（2）国际接收局收到申请案后，先进行形式审查（等于我国专利法中的"初审"）。（3）对于符合形式要求的申请案，由接收局复制两份。一份送交"国际专利申请案登记局"（即世界知识产权组织在日内瓦的国际局），以备登记和作为"国际公布"之用；另一份转交某一"国际申请案检索局"（目前，澳大利亚、美国和日本的专利局，欧洲专利局，苏联国家发明与发现委员会均为国际检索局）。为便于检索，向相应检索局递交的复制件，应当使用英文、俄文、法文、德文、西班牙文或日文中的任何一种。（4）国际检索局对照"现有技术"资料，衡量申请案中的发明是否具有"新颖性"，即进行检索。（5）国际检索局把检索结果写成"检索报告"，再复制两份。一份送达申请人，另一份送世界知识产权组织国际局。该国际局将把原已登记的国际申请案与后收到的检索报告一并复制若干份，分别转交申请人在案中指出希望在那里获得专利的国家（即"指定国"）。（6）由各指定国的专利局分别按照本国专利法的要求，参考检索报告，自己决定对有关申请案是否授予专利。

2.《专利国际分类协定》

为了逐步统一世界各国对发明专利及实用新型专利的分类法，

便于国际上技术资料的储存和检索，巴黎公约成员国在 1971 年缔结了《专利国际分类协定》，到 1987 年 1 月为止已有 27 个国家参加这一协定。

前文已提到过依照这个协定建立起的国际分类法。这里要补充的是：各国原先使用的传统专利分类法有两种：一种是按照有关发明所适用的工业领域分类；另一种是以发明本身所具有的功能分类。专利的国际分类法主要采用第二种方法。

《专利合作条约》的实施细则规定了一个"最低限度检索文件"的范围，即英国、法国、德国（及 1945 年后的联邦德国）、美国、日本、苏联、瑞士自 1920 年以来的全部专利文献。目前，世界知识产权组织及国际专利文献中心已把这个范围的文件按照国际分类法储入计算机，以备检索用。

3.《微生物备案取得国际承认条约》

大多数国家的专利法，都要求专利申请人的说明书对其发明作出足够清楚、完整的说明，使得同一技术领域的专业人员能够实施。在一般情况下，"说明"是靠文字与附图实现的。但对于微生物发明来讲，文字是不够的，附图也不能说明问题，必须有活的微生物样品，才能达到使说明书清楚与完整的要求。活的微生物不像纸张文件那样易于保存；向其他国家提交微生物时，会有卫生检疫及验关的麻烦；在向一切远距离专利局提交微生物时，路途上能否保证微生物存活，也是个大问题；不同国家的专利法，还可能对提交微生物的程序有不同规定。为解决这些问题，世界知识产权组织的一些成员国，1977 年缔结了《微生物备案取得国际承认条约》。到 1987 年 1 月为止已有 19 个国家参加这一条约。

根据这个条约，已经建立起一批得到世界知识产权组织国际局承认的"国际微生物备案机构"。条约的成员国必须承认：经任何一个这种机构批准备了案（即保存在该机构中）的微生物，在各成员国均有效，不能要求申请人另外再提交。目前，诸如匈牙利的"国家农业与工业微生物收集处"、美国的"国际试管培育有限公司"、英国的"国家工业细菌收集处"、联邦德国的"微生物收集处"、荷兰的"霉菌培育中心"、法国的"国家微生物收集处"、日本的"酵母研究所"等，都被世界知识产权组织承认为"国际微生物备案机构"。

4.《工业品外观设计国际备案协定》

早在 1925 年，一些巴黎公约的成员国就提议在工业品外观设计的保护上实行国际合作，以减少在两个以上国家申请外观设计保护时的重复手续，从而缔结了《工业品外观设计国际备案协定》。到1987 年 1 月为止已有 20 个国家参加了这一协定。

1979 年该协定的成员国签署了一份"日内瓦议定书"，把成员国分为只批准了协定本身和批准了协定及议定书两类。对于第一类国家，申请和获得外观设计备案的程序是：申请人直接向世界知识产权组织国际局提交申请案；如被接受，则获得备案的外观设计在第一类国家中普遍受保护，保护期 15 年（初期 5 年、续展期 10 年），在批准国际备案时，可以不公布申请案，但在续展期内必须公布。对于第二类国家，程序是：申请人既可以直接向世界知识产权组织提交申请案，也可以通过本国主管部门转交；如被接受，则获得备案的外观设计在第二类国家受到保护，保护期不少于 15 年（可续展一次，展期不少于 5 年）；在批准国际备案时，即由世界知识产权组织国际局公布申请案。

5.《工业品外观设计国际分类协定》

前面已提到过，这个协定又叫作"洛迦诺协定"，于 1968 年缔结。到 1987 年 1 月为止，已有 15 个国家参加。

6.《保护植物新品种国际公约》

这是与专利国际保护有关的公约中，唯一不受巴黎公约原则约束的。它于 1961 年缔结，到 1987 年 1 月为止，已有 17 个国家参加。

这个公约有自己的一套与巴黎公约"平起平坐"的原则。在保护形式方面，该公约允许成员国自由选择用专利法还是用"植物新品种保护法"（即专门的单行法）保护植物新品种。但对于同一个植物品种，只能适用一种保护法，不能采用"双重保护"。

在"国民待遇"问题上，这个公约采取国民待遇与互惠兼而有之的原则。它规定：任何在公约成员国有居所或实际营业所的自然人或法人，以及任何不居住在成员国的成员国国民，均享有国民待遇。但是，任何成员国都有权按照互惠原则，限制其他成员国国民（或非成员国国民而住在本国的居民）在本国所享受的权利（不过不得完全取消他们的权利）。

公约并没有限制受保护的植物品种的范围，但不同种类的植物品种在保护期上可以有所不同。一般植物品种的保护期不得少于 15 年；藤本植物、果树、造林植物、观赏植物的保护期不得少于 18 年。

受保护的植物品种的培植人的专有权包括为商业目的培育该种植物、出售或提供出售该种植物。这是公约所要求的专有权最低标准。各成员国还可以授予培植人以更多的专有权。

公约规定：取得植物新品种保护，须先在成员国主管部门申请，经审查批准。各成员国可依照本国法律对申请文件、具体审批程序作出规定，但审查项目不得少于下列五项：（1）确认有关植物品种是否具有现存的任何植物都不具备的突出特点；（2）确认有关植物品种在申请日之前是否在国内外市场上公开出售过（但第三方未经培植人同意而出售，不算在内）；（3）确认该品种的基本性质是否稳定不变；（4）确认按照该品种培育出的植物是否与该品种同属一类

（如果培育出"同源异性体"，则不能受到保护）；（5）确认该植物是否具有自己的专门名称。公约规定：申请人在任何一个成员国第一次提出植物新品种保护的申请后，即在其他成员国可享有 12 个月的优先权。应注意不要把这种"国际优先权"与巴黎公约的"国际优先权"相混淆。《保护植物新品种国际公约》的优先权仅仅在 17 个国家中有效；巴黎公约的优先权则在 97 个国家中有效。

四、跨国专利法

20 世纪 70 年代后，专利的国际保护中出现了一种新形式——跨国专利法。从 1623 年英国的《垄断法规》开始，专利权与其他知识产权一直保持着严格的地域性，并以此为其显著特征。跨国专利法及其他跨国工业产权法的产生，则使地域性特征被消除了。

跨国专利法目前已出现在西欧和法语非洲国家。

1. 非洲知识产权组织（《班吉协定》中的跨国专利法）

1977 年，法语非洲国家在中非首都班吉缔结了《关于修订"建立非洲——马尔加什工业产权局协定"及建立非洲知识产权组织协定》，简称《班吉协定》。到 1987 年 1 月为止，已有 13 个法语非洲国家参加了这一协定。

《班吉协定》有 9 个附件，其中的附件一、二、四相当于跨国专利法、跨国实用新型法与跨国外观设计法。

这三部跨国法所实行的是注册专利制，亦即不审查制。一份申请案在非洲知识产权的雅温得总部获得批准后，即在十几个法语非洲国家都有效，并靠《班吉协定》中的有关实体条文去维护这种权利。《班吉协定》赋予雅温得总部以专利（及其他跨国知识产权）行政管理权及部分司法审判权。另外，《班吉协定》还规定：任何一个成员国依照该协定附件对有关跨国专利所作出的司法判决，对其他成员国均有约束力。

《班吉协定》特别强调专利发明的实施。它规定的专利保护期为 10 年，可续展两次，每次 5 年；是否能够续展，要看有关专利在初期及第一次展期内是否实施而定。得到两次续展的专利，实际享有 20 年保护期。任何专利要转让，都必须在雅温得总部登记。专利权的撤销分为两种：如因未交年费而撤销，由雅温得总部直接办理并公布；如在"无效诉讼"中被撤销，则由各成员国的法院去判决，但必须通知雅温得总部。

《班吉协定》要求它的成员国都必须参加《巴黎公约》和《专利合作条约》。在《专利合作条约》的成员国内享受国民待遇的申请人，都可以通过该约的国际申请案接收局申请法语非洲国家的跨国专利。凡是在非洲知识产权组织成员国内有居所或营业所的申请人，如申请跨国专利，既可以直接向雅温得总部申请，也可以通过本国主管机关提交申请；如果依照《专利合作条约》提交国际申请案，则必须直接向雅温得总部提交。如果申请人在非洲知识产权组织成员国没有住所或营业所，又并非通过《专利合作条约》将法语非洲国家视为指定国，只是直接想获得在这一区域的专利保护，那就必须在成员国中指定自己的代理人，由代理人将申请案直接提交雅温得总部。

2. 欧洲专利制度与欧洲跨国公约

现称为"欧洲专利制度"的，是以西欧经济共同体国家为主，在欧洲地区形成的一种跨国专利制度。构成这一制度的主要有三个公约，即《统一发明专利实体法公约》（以下简称《斯特拉斯堡公约》），《欧洲专利权授予公约》（以下简称《欧洲专利公约》），《共同市场欧洲专利公约》（以下简称《共同体专利公约》）。其中只有前两个公约已经生效，而又以第二个公约最能反映出跨国专利法的性质。《欧洲专利公约》于1973年缔结。到1987年1月为止，已有13个成员国。

按照这个公约，在慕尼黑、海牙等地建立了一套受理跨国专利申请案、审查申请案和颁发跨国专利证书的机构。但这些机构均不像非洲知识产权组织的雅温得总部。它们的职能到批准跨国专利即基本止步了，并不负责维护或撤销专利。在一项"欧洲专利"被批准后，有9个月时间给第三方提出异议；如果异议成立，此时撤销专利的责任仍在欧洲专利局。如果没有异议或异议不成立，批准后的欧洲专利就将由《欧洲专利公约》的有关成员国依自己的法律去维持或撤销了。正因为如此，这个公约才被称为"专利颁发公约"。

提交给欧洲专利局的"欧洲专利申请案"，必须用英文、法文或德文书写。在申请案中，必须指明申请人希望在公约的哪些成员国受到专利保护，被指明的国家也称为"指定国"。《欧洲专利公约》并不主动为申请人提供在所有成员国都有效的跨国专利。因为这样也许反而违背了申请人的意愿（那会使专利权人每年花费过多的年费）。不过，一般在一个申请案中选择欧洲专利的指定国，也不应少于3个。否则，申请人所花的申请、审查请求等费用将与分别申请各国的国内专利（非跨国性质的专利）大致相当。

欧洲专利局将在收到申请案后18个月公布申请案，公布后有6个月时间由第三方提出反对意见；如果反对意见不能成立，而且申请人又提出了实质审查请求，则将开始实质审查。

一项欧洲专利被批准后，将由各指定国依照本国法律去维护。各指定国也有权判决有关专利是否有效，有权宣布某项欧洲专利在本国范围内不再有效。但宣布无效必须符合下列条件之一：（1）有关专利的发明内容不属于可受保护的发明；（2）有关说明书没有对发明作清楚、完整的说明，以至同一领域的技术人员无法实施；

（3）有关专利的原申请案中的权项请求超出了说明书可说明的范围；

（4）获得该专利的人不属于有资格获欧洲专利的人。《欧洲专利公约》还规定：如果一项欧洲专利申请案与一项成员国国内申请案是就同一发明提出的、又是同一天提出的，那么该成员国只能宣布国内专利无效。

与《班吉协定》相同，《欧洲专利公约》也规定了与《专利合作条约》相配合的条款。《欧洲专利公约》的两个以上成员国，在依《专利合作条约》提出的国际申请案中，可以被当作一个指定国来对待。《欧洲专利公约》成员国的国民或参加了《专利合作条约》的其他国家的成员国国民，都可以通过向世界知识产权组织国际局提国际申请案的途径，申请有跨国效力的欧洲专利。

《知识产权与国际贸易》之专利法 [*]

第一章　专利权

第一节　与专利申请案的实施有关的几个问题

　　中国专利法生效之后，专利申请案的数量被公认为在世界各国中名列前茅，而且至今保持稳定。中国专利局的工作效率也是较高的，这表现在第一批申请案的公布时间未超过申请提交后半年；第一批专利的批准时间未超过申请案提交后一年。不过，已批准的专利数量与申请案数量相比，毕竟相差很远（专利法生效后第一年，申请量为 11 938 件，批准量则为 243 件）。这种状况，在大多数国家开始实行实质审查制或开始建立实质审查专利制度时，都同样存在。而处在这种状况下的多数专利申请人，又不愿意等到其申请案被最终批准之后再实施有关发明（或实用新型与外观设计），即不愿

　　＊　编者注：本部分选自《知识产权与国际贸易》（人民出版社 1995 年版）第七章第 158~175 页，第八章第 183~191 页，并依序编为第一章与第二章。

推迟自己取得经济收益的日期。因此，与专利申请案实施有关的问题，也就会比与专利实施有关的问题更多地、更迫切地提了出来。

一、从申请日到早期公开日之间的保护问题

大多数采用实质性审查制的国家的专利法，都规定专利申请案的早期公开日为"关键日"之一。即从这一日起，申请人就有权对未经许可而使用其有关发明创造的第三者提起侵权诉讼，或要求使用者支付合理报酬了。[①] 中国专利法也是这样规定的，这反映在《专利法实施细则》第 77 条中。

而中国一些地方技术市场的统计表明：在已实施的专利申请案中，绝大多数又都是尚未经专利局公布的，即处于"早期公开日"之前的申请案。[②] 因此，许多未公开的申请案的所有人，查找专利法及其实施细则，想要找到能够对他们在申请日被确认后到早期公开前这段时间提供必要保护的条款。结果他们吃惊地发现：如果有第三方在申请日之前已开始使用相同的发明创造，其活动还可能被《专利法》第 62 条第 3 款限制在一定范围内；如果有人在申请日之后至公开日之前使用相同的发明创造，反倒不受任何条款管辖了！这岂不是太不合理？于是，现在出现了要求修改中国《专利法实施细则》第 77 条的呼声，认为该条会影响许多待批专利申请的实施，不利于发明创造成果的尽快推广应用，等等。这种呼声不仅直接通过申请人提到专利局，而且见诸一些刊物，可见是很强烈的。

但我们如果作一些分析，也许可以得出结论：《专利法实施细则》第 77 条规定的原则是合理的。

---

① 见《法国专利法》（1984 年修订本）第 55 条；英国 1977 年《专利法》第 69 条（1）款；日本 1978 年《特许法》第 65 条之三，等等。

② 例如，湖南省专利管理局 1986 年年初统计，该省已实施的 124 个申请案中，只有 8 个是已经被专利局公布的。见《中国专利》1986 年第 3 期，第 5 页。

　　在申请日之后（专利局未予公布之前）第三者使用专利申请人的发明创造的情况无非有四种：（1）该第三者非法窃取了尚未公布的申请案的内容；（2）该第三者从与申请人定有许可合同的另一方获得了尚未公布的内容；（3）该第三者即与申请人定有许可合同的另一方；（4）该第三者对申请人（或其被许可人）已经提供市场的公开产品进行了仿制。第（1）种情况属于刑法管辖的范围，申请人可以从"刑事附加民事诉讼"中取得赔偿。第（2）种情况属于合同法管辖，申请人可以（通过合同）从自己的被许可人那里取得间接赔偿。第（3）种情况属于正常的技术转让，无需讨论。问题主要集中在第（4）种情况。

　　对于有些制作起来较简单的发明产品，尤其对于实用新型或外观设计产品来讲，在 18 个月内，甚至在更短的时间内，被申请人（或经其许可）制造出来并提供市场，并不是什么难事；在这段时间内又被别人仿制，仿制品再提供市场，也不是办不到的。但是，如果仿制者想要在这段时间里补偿自己全部投资（包括建立仿制生产线）并取得额外的利润，则不太可能。因此，仿制者实际上冒着很大的风险：申请人在其专利被批准后，可以允许仿制者继续使用其专利。在这种情况下，即等于补发了许可证。但应明白：专利权人在计算"适当的使用费"时，不会不顾及仿制者原已取得的利润。另一方面，专利权人也可以行使专利权，要求仿制者停产，同时要求追交申请案公开后到专利授予前的使用费。这样一来，仿制者就要受到可观的损失了。他的生产线可能会全部报废，他可能连成本都收不回来。而专利权人对于申请日之前的使用人，则无权令其停产。可见，仿制人与申请日前使用人的法律地位完全不同。仅从这点区别来看，《专利法》第 62 条与《专利法实施细则》第 77 条也是互相支持的，是合理的。

　　有意从事仿制活动的人，他们在申请日到公开日之间这个短暂时期似乎是安全的，但如果他们稍微动动脑筋，想一想专利权人将来会如何行使专利权，一般就不再去冒这种风险。申请人虽然在其申请未被批准之前似乎对上述仿制人无能为力，但其日后的专有权具有"实际上"的追溯力。就是说：他虽不能要求宣布仿制者于申请公开之前的经营活动为非法，但可以使其"前功尽弃"。

此外还应注意到：即使是申请日之前的使用人，也不可能不合理地妨碍专利权人的利益。中国《专利法》第62条规定：这种"在先使用人"只能依法"在原有范围内继续制造或使用"。这等于暗示：不允许他们"继续销售"。而不销售产品的生产活动，是不可能实现任何利润的。法律中的这一暗示，就完全把"在先使用人"排除在专利权人的竞争者之外了。从理论上讲，"在先使用人"在申请日之前不可能开始其销售活动。因为销售活动必然使有关发明创造物被公开，从而丧失了新颖性，不可能再去申请和取得什么专利了。而如果"在先使用人"真能对某一专利举出自己"在先销售"的证据，该专利即会在无效诉讼中被撤销。

前面我之所以列举三个国家的专利法来说明中国与国际上保护专利申请案的做法并无不同①，原因是日本法律中有关条文虽与中国《专利法实施细则》第77条相似，但该国专利有效期自申请案公开日算起。英国专利有效期计算方法很特殊，从时间上讲，它自申请日算起；从效力上讲，它只承认申请案公开之后专利才有效。② 而法国关于专利有效期的规定，则完全与中国一样——自申请日起有效。③ 可见，各国对申请日及专利有效期的关系无论怎样规定，对于申请案被公开之前使用相同发明制造的活动，一般均不视为侵权

---

① 见日本 1978 年《特许法》第 67 条。
② 见英国 1977 年专利法第 25 条（1）款。
③ 见《法国专利法》（1984 年修订本）第 3 条（1）款。

活动。如果一定想要从理论上让专利有效期的计算方法与关于制止侵权的规定完全合拍，那么可能应当修改的，倒是中国《专利法》第 45 条，即有效期应从早期公开日算起。当然，这就真与目前申请人的呼声南辕北辙了。

二、未公开的专利申请许可证的保密条款

由于修改现行专利法的要求并未实现（而且如上所述，这种要求本身未必合理），因此大多数实施或准备实施自己的未公开专利申请的申请人，主要打算依靠许可证合同中的保密条款。在中国技术市场的实践中正是这样的。一些专门刊物也介绍了有关的经验。[①]

从正面讲，把保密条款写入许可证中，也许确实是申请案公开之前唯一靠得住的自我保护措施。但从反面讲，我认为切不可把申请案未公布之前市场上的任何相同产品，都看作是合同另一方失密的结果。换句话说，我认为要求被许可人在专利局公布有关申请案之前始终保密未必是合理的，有时还可能是自相矛盾的。

有些发明创造虽然具有新颖性，但在短时间内由其他独立的第三方再研制出来，也是可能的；如果该第三方自行把产品提供市场，这就与申请人和被许可人都毫无关系。而且，申请案既然未公布，该第三方不知其他人已就这种产品要求专有权，因而也谈不上侵权（补充一句：从这个意义上讲，也不应要求修改《专利法实施细则》第 77 条）。在这种情况下，有关产品（通过第三方的销售活动）已成为尽人皆知的对象，被许可人继续履行保密条款，还有什么意义呢？

更重要的是：任何将保密期定死在公布日的保密条款，无疑都暗示不允许被许可人在申请案公布之前销售产品。原因很简单，产

---

① 见《中国专利》1986 年第 2 期，第 19 页。

品的上市也就是一种公开，即最大的"泄密"。而申请人急于在申请日之后马上实施申请案的目的，难道主要不是取得"使用费"吗？绝大多数许可证的使用费，又都是按产品的"净销售额"为基数计算的。不允许被许可人销售产品，也等于不允许自己在公布日之前取得使用费，因此提前实施的意义被冲淡了很大一部分。

我在这里并不是一概反对专利申请案的尽早实施，而是要说明：如果把许可证中的保密条款强调到不适当的程度，到头来就会发现自己走了一个圈，却并未回到原地，而是被困在圈里面。

三、专利申请案实施许可合同

在多数国家（尤其是发达国家）的专利法中，一般均把专利与专利申请案的转让、许可等活动放在一起作出规定，因为它们都已是具有一定专有性的财产权了。中国专利法中的有关规定，也是一样。而许多国家的大公司在技术转让活动中制备的"格式合同"（或叫标准合同——Standard Contract），则往往把专利许可证与专利申请案许可证看作两种类型的合同。[①] 原因是专利申请案与专利相比，毕竟是一种"未定"的无形产权。合同双方都可能认为自己在担着较大的风险；而申请案最终定局后，一般都必有一方按合同的原有安排会吃亏。因此，这样的合同如果写得不好，日后就会有打不完的（或打不清的）官司。而在中国的技术市场上，在目前，这种合同又占相当大的数量；它的重要性是高于专利许可合同的。

中国内地的专业刊物发表的第一个"专利实施许可合同模式"[②]，实际上包括了申请案的许可。这个模式是个大胆的尝试，并且已引

---

① 参看 L.W. 麦威尔著《知识产权与国际许可贸易的形式及合同》。克拉克·鲍曼出版社1983 年纽约版、第 3 章（L.W.Melville, Forms and Agreements on Intellectual Property and International Licensing, Clark Boardmany Company Ltd.New York 1983）

② 见《中国专利》1986 年第 4 期，第 29~30 页。

起广泛的讨论，说明它受到国内专利及申请案转让活动双方的重视。但其中关系申请案未获批准时处理方法的规定，似乎又有些过于强调了专利申请人一方的利益。其中提供的选择之一是"减少被许可人支付的使用费"。这在国际惯例中，可能被视为"限制性贸易条款"。因为一般说来，如果申请案被驳回，或如果已批准的专利被宣布无效，或保护期已过，总之，一项原有的无形产权被依法宣布为灭失，原被许可人即不再负有支付使用费的义务。任何人都无须为进入公有领域的东西付什么费。中国1985年《技术引进合同管理条例》第9条第（9）项也包含了同样的原则。就是说，中国在技术引进中，也宣布这种"选择"是非法的。当然，从这个合同模式的条款看，它可能仅仅是为国内的许可证交易活动准备的（因为其中谈到了该合同适用《经济合同法》，这部法律并不涉外）。而国内的现有法规，无论《专利法》《经济合同法》《国务院关于技术转让的暂行规定》、还是其他法规，尚无相应的规定。如果按该模式提供的上述选择去签订许可证，就可能使日后产生的合同纠纷更难解决。

上面这三个问题有什么内在联系呢？它们反映出在专利申请案起着重要作用的今天，一些人对专利申请人应有的权利认识还不太清，或把这种权利强调到不适当的程度。

正如在专利制度既已建立起来后，应较多地注意研究对专利的限制，不要让人感到动辄会犯侵权之禁，在专利申请的实施已广泛开展起来的今天，似乎也应注意研究申请人专有权利的有限性。

第二节　专利申请过程中的"关键日"与权利的作用

在我国的专利法颁布之前，国内已有一些单位和个人在国外提出了专利申请。一项专利从申请到批准，一般都要拖较长时间，在实行"延迟审查制"的国家，就会拖得更长。可是，又只有较少的国家从专利证书颁发之日起计算专利保护期，多数国家都是从法定申请日或申请案的"早期公开"日起算的。如果某申请人的专利申请在某国用了8年时间才获批准，而该国专利有效期是从申请之日算起15年，那么，专利权人岂不是只在不到一半的有效期内实际享受了自己发明中的利益吗？这看上去似乎不太合理。但实际上，如果专利权人真的只是在正式获得专利证之后才着手去利用他的权利，那他实际上是没有合理地理解有关法律。

专利权人可以加以利用的权利，在大多数国家里并不始于专利证颁发之日，而是远在这个时间之前。专利有效期之所以在不同国家会出现前面提到的三种不同计算方法，是因为在从申请专利到批准专利的过程中，存在着三个"关键日"：法定申请日，早期公开日，专利证颁发日。

一、法定申请日

有人在谈起"申请日"时，常把它与提交申请案之日等同起来，这是不全面的。提交申请案之日对于权利的产生来说，在多数场合是无关紧要的。凡是参加《保护工业产权巴黎公约》的国家，其国民只要在一个成员国提交过专利申请，则在12个月内就同一发明向其他几十个成员国提交的申请，都可享有原申请日。此外，有的国家（如联邦德国），如果发明人原先曾就某一发明在本国申请过专利，而在一定时间内他又改进了原发明，希望再提交另一份申请案，以便多请求一些权项或扩大一些受保护范围，那么，他可以要求把原申请案的提交日作为后一申请案的申请日。在上述这些后来的申请场合，申请日与申请案实际提交日并不相同，它们被提前了。"法定申请日"则是个比较确切的概念，它既包括第一份申请案的实际提交日，又包括在后的申请案（一般不止一份，即不止在一个国家提出）依法享有的优先权日。

在法定申请日确立后，申请人起码就能够享有三种权利了。第一，实施权。如果一项发明的个人实施不为法律所禁止（诸如邮电通讯、枪械制法等发明，在多数国家不允许个人实施），那么法定申请日一经确立，申请人就可以开始实施自己的发明，甚至出售所生产的产品了。因为大多数国家对发明的新颖性所下的定义都是："申请日前"未在国内（或国外）公开使用。这就是说：在"申请日后"即使公开使用，也不会自己否定了自己发明的新颖性。第二，优先权。一项申请案即使后来连形式审查都未通过，申请人原先做的一切工作也不都是徒劳的。因为，只要法定申请日被确立，申请人（必须是《巴黎公约》成员国国民）即可以在其他国家、在12个月内享有这个日子产生的优先权。由于不同国家的专利实体法很不相同，所以即使申请案在申请人的本国不获批准，却仍有可能在不止一个其他国家被批准。这样一来，这个日子对于肯定要被驳回的那份申请是意义不大了，但对于阻止其他相同发明的所有人申请专利却大有意义，它构成了在12个月内对于除申请人之外的任何人的发明的"占先技术"。这是一种不容忽视的特权。第三，转让权。申请日确立后，对申请案的所有权，就可以作为一种财产权转让了，当然，实践当中转让申请案的事例并不多，不过它毕竟已经是申请人可以行使的权利。

二、早期公开日

凡实行"早期公开制"（其中也包括法国式的部分审查制及联邦德国、日本的延迟审查制）的国家，都规定了要把这个日期在官方公报中或以其他方式加以确认，这个日子被看得十分重要。它一般发生在法定申请日（在有些国家规定为实际提交申请之日）后第18个月。即使在专利局不主动检索、不主动开始实质审查的制度下，早期公开申请案也是由专利局主动进行的。申请案一经公开，就产生了两方面的效果：一方面，一切未经申请人许可而使用申请案中发明的行为，就要被视为侵权；另一方面，申请人可以发放其申请案的许可证，许可他人使用有关发明，并收取使用费。

在申请案的利用问题上，大多数国家都把它与专利权的利用同等对待。在早期公开后，可以以申请案发放许可证，可以转让，可以把它当作资产去投资，在有些国家还可以把它当作保证品、抵押品而用于抵押，总之，可以对申请案实行与专利一样的全面利用。

申请案与专利一样，在贸易活动中最常见的利用方式是发许可证。申请案许可证合同的条款，与专利许可证基本相同，只是有两点要注意：一是在合同序言中要写明的不是专利号，而是申请号；二是许可人应坚持订立"效力不担保条款"——他不可能预知申请案最终将被驳回还是获得批准，这种不担保条款的作用在于一旦申请案被驳回，被许可人将无权追回已交付的使用费，而仅仅有权不再继续支付这种费用而已。

在侵权诉讼问题上，许多国家的专利法或判例中都规定：即使一项申请案最终被驳回，或正式批准的专利在日后的无效诉讼中被判"自始无效"，发生在早期公开之后的、不经允许而利用了申请案中的有关发明的行为，仍旧属于侵权行为；在申请案被驳回或专利被判无效之前对侵权人的判决不得翻案，原侵权人不得追回已交付的赔偿金。

三、专利证颁发日

对于许多国家的专利申请人来讲，这个日子的重要性并不高于早期公开日。专利证的颁发虽然使申请案中的初期专有权转变为完整的专有权，但它实质上又不过是对早已被申请人利用着的权利给以行政上的最后确认；专利有效期也在颁发专利证之日前早就开始了，因此"颁发日"在权利的利用上并不标志着什么新起点或里程碑。

不过，在以发明在先（而不是申请在先）定优先权的国家，在专利审查中并不公布申请案的国家，专利证的颁发日就成为真正的关键日了。只有在颁发专利证时，申请案才与公众见面，所以只有在此之后才发生专利侵权问题，也才会有许可证的发放问题。以美国为例，在专利正式批准之前，专利局不会主动公开申请案中的内容；即使申请案被驳回，专利局也仍旧有义务为申请人保密。法律规定：专利局工作人员如果泄露了申请案中的发明，则可能负刑事责任。申请案只可能被申请人自己公开，而最常见的公开原因是申请人对专利局的最终驳回决定不服而诉诸法院，由于法院的审理是公开的，申请案也就被众所周知了。所以美国的专利律师往往劝申请人：如果对自己发明的专利性不是有十足的把握，不要到法院去诉讼专利局。原因很清楚：只要发明没有公开，发明人虽然得不到专利保护，却仍旧可以退一步取得普通法的保护，即靠保密维持着实际上的专有权，以及把发明作为一种商业秘密来发放许可证。不过，同样应注意的是，在这些国家，虽然为申请人着想，可以劝说他不要自己去公开申请案，但法律却并没有禁止申请人在申请案待审过程中利用申请案。例如美国的现行专利法规定："专利申请案、专利或任何其中的权益，均可以依法通过书面文件转让"。

至于专利证颁发之日后的权利利用问题，那是人们比较熟悉的，这里就不多讲了。

在我国尚未参加《巴黎公约》之前，专利申请中的第一个关键日对我国的申请人还不是十分重要的（当然，对任何人来讲，都是越早申请越有利）。而第三个关键日又是多数人所熟知的。所以，本文的主要目的在于提醒申请人注意第二个关键日。

第三节　从侯德榜的"专利权"说起

在实行专利制度的国家，尤其是在刚刚建立专利制度的国家，发明人必须经常注意：不要因为自己的行为而否定了自己发明的新颖性，从而失去获得专利的机会。

新颖性是专利所要求的"三性"之一。乍一看，这是个用以衡量发明的非常简单的标准，但细分析起来，它又并不那么简单。有些介绍失实，使一些发明人曾因为并不真正理解它而失去了取得专利的机会。其中之一，就是侯德榜的"专利权"。

"按照我国 1950 年颁布的《保障发明权与专利权暂行条例》，我国批准过侯德榜的制碱法等项专利"——迄今为止，已经有不止十篇文章（或专著）这样向人们介绍。从证实我国确曾有过专利制度的角度看，这样介绍并无不可。但从专利新颖性标准的角度来看，就会使人产生疑问：这项专利可能被批准吗？

众所周知，侯德榜于 1934 年创建我国第一座合成化工厂——永利碱厂。这个厂在 1937 年因日本侵略者的轰炸及日本三菱公司的高压而陷于瘫痪，因而激起了侯德榜重建我国民族化工业的决心。他从 1938 年起，在四川西部研究制碱技术，终于在 1943 年发明和创立了"侯氏制碱法"。这套技术当时就在国内外付诸了工业应用，侯德榜还因此获得了英国皇家学会荣誉会员、美国化工学会荣誉会员等称号。那么，在 8 年之后，他是否还有可能就同一项发明取得专利权呢？

在 20 世纪 50 年代，大多数国家的专利法，只要求获得专利的发明具有"相对新颖性"，即在申请专利之前，未在本国公开过。那么，我国当时是否可能对已经在本国公开过的发明授予专利呢？从理论上和实践上看，都是不可能的。任何人搞出一项发明后，如果要取得专利法的保护，就不能在申请前公开自己的发明，未申请专利而公开了自己的发明，发明就进入了"公有领域"。进入公有领域的东西一般不可以逆转，这是知识产权法的一条基本原则，我国当时也是这样处理的。所以，侯德榜的制碱法不可能于 50 年代再获得专利权了。如果细心些去了解我国新中国成立初期的"专利史"，可以知道当时的条例发布后，曾批准过四项专利权与六项发明权（该条例并不是仅仅为专利权而制定的），侯氏制碱法是属于后者。但本文要提请人们注意的还不是这个问题。

侯氏早在四十年代并没有打算日后取得专利权，所以他公开使用自己的有关技术是有意的。但很多人是无意地公开了自己的技术，致使该技术失去新颖性。例如我国杂交水稻的大部分培育技术在美国申请专利时不能获准专利，（只有其中一小部分获准专利），原因就是我国的报纸杂志在宣传中已经大量地公开了有关技术。

如果仅仅是我国有关单位在本国使用了杂交水稻技术，而没有把技术内容登在出版物上，那么它在美国是可以获得专利的。因为从《美国专利法》第 102 条中，人们不难看出：只有在世界任何地方的出版物上或在美国发生的实施行为，使发明公开了，该发明才丧失新颖性。联合国世界知识产权组织在 1979 年的《专利示范法》中，开始把这种标准称为"混合新颖性"，以示区别于真正的绝对新颖性。

我国 1984 年《专利法》中所要求的，也是混合新颖性。这就是说，今后有些在中国申请不到专利却不妨碍其在美国获得专利。按照《巴黎公约》的"专利独立"原则，中国不授予某项发明以专利的事实，不应妨碍该发明在国外获得专利。

但在西欧国家，任何人在任何地方以任何行为公开了自己的发明，都不可能获得专利。西欧一些国家在早些年签订了一项《统一专利实体法斯特拉斯堡公约》，按照这个公约的要求，成员国必须采用绝对新颖性标准。即凡在世界任何地方的出版物上公开过，或在世界任何地方以行动方式公开过的发明，均丧失新颖性。目前，西欧多数未参加上述公约的国家，也按照（或正在按照）该公约调整本国专利法。在要求绝对新颖性这一点上，西欧各国已基本一致了。

大多数国家衡量新颖性的起算日，都采用法定的申请日，在申请日被承认之后，发明人就可以松一口气了——自己的任何行为，都不再会构成否定自己的发明创造新颖性的因素了。

第四节 专利侵权行为的认定

我国专利法付诸实施之后，专利局及其专利管理机关，各省、直辖市、自治区的中级与高级人民法院的经济审判庭，很快会面临如何认定侵犯专利权的行为、维护专利权人合法权益的问题。我国的专利行政机关与司法机关在这方面的经验，还有待于积累和总结。而那些建立起专利制度已逾百年或近百年的国家，在其成文法中，在其判例中，则已有不少相应的标准、规定、原则与实例。其中有一些，是可供我们参考和借鉴的。同时，对专利法的基本内容理解得比较透彻，也将有助于我们认定侵权行为。

专利侵权一般均依专利申请案中的"权利要求书"去认定，亦即我国《专利法》第59条所陈述的原则。对此，是没有更多好讲的。

专利的地域性与独占性，决定了一切可称为"侵权"的行为，必须具有两个前提。

第一，只有在一项专利的有效地域内发生的行为，才可能构成对该专利的侵犯。一个设在中国的企业，绝不可能在其于中国境内的活动中，侵犯任何美国专利；即使这个企业是某个美国公司的子公司，或某个美国公司与我合资经营的企业。一项美国专利中的技术内容想要在中国受到专利保护，它的权利人就必须以该技术为主题在中国申请专利。在认定侵权与否时，只认专利的"国籍"。这是个基本常识。不过，人们常常把专利的"国籍"与专利权人（包括法人企业）的国籍相混淆，所以这里要特别提请注意：专利的"国籍"与侵权行为发生地的那个国家必须是一致的，而与其他因素均不相干。我国参加了《保护工业产权巴黎公约》这一事实，也改变不了专利的地域性在认定侵权中的作用。任何在我国法院诉某某人或企业侵犯了一项外国专利的诉讼行动，均属于缺乏专利法常识的行动。

第二，由于专利权是被一定的人所专有的，所以只有未经许可的行为，才可能构成侵权。凡经过专利权人同意的行为，都不可能是侵权行为。这第二个前提看起来是不言而喻的，但在许多国家的司法实践中却不止一次遇到过下面的麻烦："经过专利权人同意"的具体含义，究竟是什么呢？有时，答案是明确的，例如持有专利权人签发的许可证，或持有（经专利权人授权的）被许可人签发的从属许可证（也称为分售许可证），那自然是经过同意了。但有时答案就没这么简单。例如，某个第三者长期无偿地使用着别人的一项专利技术，而专利权人却始终未出来制止，那么，我们是否可以把这种沉默看作是一种暗示性的"同意"呢？按照许多国家的判例，确实把它看作暗示"同意"。但也不能排除一些特殊情况，如专利权人因受到威胁或受到其他阻碍而未能制止该无偿使用行为，则不能看作"同意"了。而且，这里讲的"长期"未予制止，在任何国家均不能"长"得超过了法定诉讼时效（我国《专利法》第61条规定为2年），否则无论专利权人是否曾暗示同意，他提起侵权诉讼都将被法院（或专利管理机关）驳回。

认定侵犯专利权的又一个基本常识是：侵权行为一般都与一定的有形产品相联系。就是说，这种行为不是空的，不是不可捉摸的，它必然体现于正在制作的产品、已经上市的产品或正在使用的产品上。在思考中、在研究中、在讨论会上乃至在文章或著作中，采用或引用了其他人的有关专利技术，绝不会构成专利侵权（在建立了版权制度的国家，过量的"引用"有可能构成侵犯版权）。

对于专利产品来讲，凡未经许可而制作它们，即构成侵权。对于专利制法或工艺流程来讲，未经许可而使用该方法生产产品（思考或研究的成果，并不属于这种含义下的"产品"），即构成侵权。不过，在后一种情况下，判断一个人采用的制造方法与其他人的专利方法是否相同，往往是非常困难的。所以，许多国家的专利法都规定：如果某专利发明系制造一种产品的方法，那么任何同样产品的制造者，如果拿不出相反的证明，就将被推定为采用该专利方法进行制造。我国的专利法，也是这样规定的。

专利侵权的行为，可能发生在产品开始制造之前，也可能发生在制造过程中，还可能发生在产品制成之后。

在制造之前发生的侵权行为包括：向非法利用他人专利的人提供设备或其他制造条件，唆使或引诱其他人非法利用他人的专利，等等。许多国家在专利法中，把这种侵权称为"共同侵权"（Contributory Infringement），有这种行为的人被称为"共同侵权人"。不过，这种行为的后果必须导致在一国地域内侵犯该国批准的专利，才构成共同侵权。例如，一个美国人在美国为一个中国企业提供了制造某其他中国企业的中国专利产品所需的设备，则前一个中国企业的活动虽构成侵权，该美国人却未侵犯任何人的专利，因此不属于共同侵权。在这里举"中国专利"为例，只是为了说明问题。实际上我国专利法对于共同侵权并未作明确规定。许多工业发达国家的专利法，在过去对此也未作规定，只是近年在修订专利法时才增添的。例如联邦德国虽已有100多年的专利法历史，只是在其1981年生效的专利法中才增加了这项内容；英国虽在300年前就有了专利法，也直到1977年修订专利法时才增加了这项内容。

许多国家的专利法还规定：在一般情况下，不知侵权人的制造活动意在侵权而向他提供了活动所需的条件，也不构成共同侵权（但要拿得出"不知"的证据）。这样规定的目的是防止把"共同侵权"的面扯得太宽，以致惩罚了一些无辜的人。我国专利法既然未涉及产品制造前的侵权问题，也就没有规定因"不知"而提供有关条件能否被认定为侵权，只是在第62条中规定了因不知而使用和销售，不视为侵权。

在制造过程中的侵权，即指未经许可而仿制他人的专利产品或使用他人的专利方法。这是绝大多数国家专利法中关于"专利侵权"的通常含义。对这种侵权的定义，比较好理解。但对于这种行为的确认，又不那么容易了。如果甲企业完完全全按乙企业的专利产品仿制，那是比较易于确认为侵权的。在英美专利判例里，这类侵权称为"Pith and Marrow Infringement"，直译成汉语就是"丝毫不差的侵权"，或"可丁可卯的侵权"。在实际生活中，尤其在实施了多年专利法的国家中，这种侵权行为并不多见。一般意图仿制他人产品的企业，往往广取不同专利权人的专利中包含的不同内容，把它们结合起来制造自己的产品。在遇到这种情况时，法院或管理机关的主要任务是确认仿制者的产品从本质上看，是他人专利品的复制品，还是综合已有各种技术的新产品。如属于前者，当然就构成侵权了。在 1980 年第 2 期《欧洲知识产权月刊》（EIPR）上，专门就"丝毫不差的侵权"与"本质侵权"进行了讨论，尤其讨论了确认后一种侵权时的技术问题。这说明即使在实行专利保护多年的国家，侵权的认定也是个需要不断总结和研究的问题。

产品制成之后的侵权行为，包括直接销售、使用、库存侵权产品，或提供侵权产品以使他人去销售、使用、库存。这类侵权行为涉及的面就很广了。而且常常是连锁性的。例如，一个厂商把侵权产品（如机器）提供给分销人去销售，分销人把它卖给用户，用户（明知其为侵权产品）又使用它去生产其他产品。在这里，从出厂到最后使用的整个过程中涉及的人（厂商、分销人、用户）都被认为是侵权人了。要注意的是：构成侵权的"使用"，必须是生产、经营性使用，而不是个人生活中的使用（当然更不是为非生产的研究工作而使用）。如果某个手表厂非法采用其他厂的专利制表技术制成手表，然后出售，那么成百上千个购买了这种手表的消费者（使用人）当然不是侵权人，专利权人没有理由（也不可能）对成百上千的消费者提起侵权诉讼。同样要注意的是：制成产品后的侵权行为的整个"链条"有可能断而复续。例如，某厂非法使用他人专利技术制成了手表后，未在本国出售，而是出口到外国，而该外国并未就同一项技术批准过专利，则手表在该外国的销售行为即不构成侵权。而该外国的销售者如果把表返销回它们的生产国，就又将重新构成侵权了。这种断而复续的侵权链条，还是由专利的地域性所决定的。从这里我们也可以看到：侵权认定中的许多问题，始终离不开专利法的最基本的问题。

第五节 专利侵权诉讼的几个特殊问题

一、反诉

在专利侵权诉讼中，被告不一定只是作被动的辩护，他可能反过来对原告提起"无效诉讼"，即承认自己的产品确实包含着原告专利权利中的内容，但同时又指出原告的专利本身是无效专利，因此自己的生产活动并不构成侵权。这是较常见的"反诉"。证明一项专利无效可以有各种不同的证据。最普遍的，是证明原告的有关发明不具备"三性"（新颖性、创造性、实用性）。如果能列举出原告申请专利之日前已公开过的"原有技术"，反诉就极有获胜的可能。除此之外，也可以证明有关发明不属于"可获专利的主题"，证明专利权人是无资格获专利者，证明专利权人未交纳年费，等等。多数国家的专利法，均对判专利无效的依据作了一定限制，并有一些对提起诉讼之人的特别要求。例如西欧《共同体专利公约》（多数西欧国家，不论在不在共同体内，均依照它调整了本国专利法）第57条，规定只有六种情况可作为撤销已颁专利的依据：发明不属于可获专利的主题；专利说明书未对发明作充分、完整的披露；专利保护超出了应保护的范围；专利权人本来无资格获得专利；发现了申请日前的"原有技术"；该专利缺乏创造性或实用性。该公约在第56条中又规定：如果提起"无效诉讼"的人在共同体成员国内无长期居所或营业所，则在起诉时必须交付诉讼保证金。

大多数国家的法律都规定：在获得专利之后，专利权人一般没有义务证明自己的专利是有效专利，只是反诉人在无效诉讼中有责任证明其无效，然后由法院（或专利局）去裁决它是否有效。

在实行专利注册制（亦即"不审查制"）的国家，一切专利的效力，都只在无效诉讼中才可能得到审查。我国虽在总的方面实行审查制，但对于实用新型专利与外观设计专利来讲，如果它们在被批准前的 3 个月异议期内未曾受到争议，则其效力也只有在无效诉讼中才受到审查了。而如果这种无效诉讼是通过侵权诉讼中的反诉体现的，那么它可能发生在法院（我国专利法规定侵权诉讼可选择在法院或专利管理机关进行）。如果它真的发生在法院，反诉中对实用新型专利是否有效的审查，却又只能在专利局进行，而且专利局的裁决是最终裁决（见我国《专利法》第 49 条）。这个矛盾，还有待我国将来的司法实践与专利行政管理实践去解决。

此外，侵权诉讼中的被告还可能反诉原告的专利本来应当授予自己；或证明自己实际上掌握着专利权，原告的生产经营活动才属于侵权。这样一来，侵权诉讼就转为"权利冲突"诉讼了。

二、非侵权声明

非侵权声明是一种特殊规定，在不同国家的专利法中时常可以见到。例如 1981 年修订的匈牙利专利法，1977 年的英国专利法，世界知识产权组织为发展中国家拟的《专利示范法》中，都有这种规定。非侵权声明的英文是 Declaration of Noninfringement。曾有人把它误解为：被告声明自己并没有侵权。这是望文生义的理解。非侵权声明的来源是这样：在工商业活动中，往往有的企业从事的某项生产活动与其他人的专利所涉领域联系很密切，因此有可能发生侵权。不过，该企业主又拿不准自己是否真的从事了侵权活动。为了能够继续从事合法的生产活动，他可以请求法院（或专利局）确认一下他的行动的合法性。如果法院（或专利局）经过调查、审定，认为他的活动不构成侵权，就会应他的请求，发一项"非侵权声明"，阻止其他人（专利权人）再对他提起侵权诉讼。如果经审定认为他的活动确属侵权，则会制止他继续活动（但一般不要求他负民事赔偿责任）。

有些国家的专利法还规定：如果已经有专利权人（或利害关系人）提出了侵权诉讼，那么法院将按原告的证据去审查和判断，此时该企业主不再有权请法院发"非侵权声明"。不过，如果被告在诉讼中获胜，即确认了他的活动不构成侵权，则他仍可要求法院发"非侵权声明"。

可见，"非侵权声明"是法院，而不是当事人发出的。该声明不一定是（而且在多数情况下不是）因对侵权诉讼的审理而发出的。

三、对于"以侵权诉讼相威胁"的诉讼

这句听起来像绕口令的话，不经解释是很难懂的。这种诉讼与前面讲过的"反诉"不同。许多国家的专利法专门规定了这种诉讼的程序，以作为制裁"不公平竞争活动"的措施。

在实行专利制度的国家，尤其是工业发达国家，每年申请和批准的专利都很多。从事生产或经销活动的人，对于自己的活动是否会侵犯（乃至是否已经侵犯了）别人的专利权，往往并不很清楚。于是在竞争者之间，就存在这样一种现象：一方为了牵制或破坏另一方的生产经营活动，谎称另一方的产品中含有自己掌握的专利，威胁说要对另一方提起侵权诉讼。而当另一方因害怕而中断了正常的生产或销售时，或虽未中断，但已不敢再像过去一样积极开展业务时，却发现威胁者并不掌握任何专利，或虽掌握专利，但并没有受到侵犯。很显然，另一方生产活动受到的影响，肯定会导致其经济上的损失。对此，一些国家的专利法（或法院惯例）准许受威胁的人对原威胁者起诉，要求赔偿损失。

在一方确实享有某项（或某些）专利权的情况下，"以侵权诉讼相威胁"往往难以同专利权人发出的"侵权警告"相区别。专利权人在认为某人的某种活动如继续下去必然会侵犯自己的专利权时，在未诉诸法院之前，有权通知对方加以注意，这就是"侵权警告"。究竟是"威胁"还是"警告"，主要可以从两点来区别：第一，威胁者可能享有、也可能不享有专利权；警告者一定享有专利权。第二，威胁者事后肯定不会提起侵权诉讼；警告者则在警告不能奏效时将真正提起诉讼。所以，有的国家在司法实践中，把事后是否真的提起了侵权诉讼，作为区分威胁者与警告者的标志之一。同时，在专利法中，一般也并不笼统地讲"以侵权诉讼相威胁"，而是讲"无根据地以侵权诉讼相威胁"，才构成违法。例如《印度专利法》第106条，《英国专利法》第70条，都是这样规定的。

四、专利无效对原有侵权诉讼判决的影响

一项专利自被批准之后到保护期届满前的这段较长的时期里，有可能在冲突诉讼中，在无效诉讼中，以及因其他理由提出的专利复审中，被法院（在一些国家，只能被专利局）判为无效。被判无效时，又往往是视为"自始无效"。就是说，对专利作出的无效判决，是具有追溯效力的。那么，这种判决的追溯力对于原来的侵权诉讼判决有什么影响呢？在一项专利尚未被判为无效之前，任何未经许可对它的利用，都属于侵权。在侵权诉讼中如果专利权人获胜，往往要判被告对权利人赔偿，或判被告停止自己的活动。如果在该专利被判无效之后，在原来的侵权诉讼中被视为"侵权"的那些人请求追回赔偿费，或要求原专利权人赔偿自己因停止某些活动而造成的损失，那么事情就复杂了。

一些国家（或经济集团）的专利法或专利条约规定：如果法院（或

专利管理机关）原先对侵权的判决是终审判决，并且该判决在专利被判无效之前已经执行，那么对该专利的无效判决不能影响原先就侵权作出的判决。西欧国家的《共同体专利公约》第 35 条，就是这样规定的。

第六节　专利的有限性与国际贸易

专利是一种独占权，在某种意义上，也可说是垄断权。世界上第一部专利法就叫作《垄断法规》。专利权人有权禁止其他人未经许可而制造、使用或销售他的专利产品，有权对未经许可的有关活动起诉和要求赔偿。这是大多数国家依法授予专利权人的权利。但是，这些仅仅是事情的一面。

在任何国家，专利赋予其权利人的独占权又总是相对的、有限的，而不是绝对的、无限的。这是事情的另一面。

几年前，当我国刚刚在准备建立专利制度时，为使人们了解专利的实质及作用，对它的独占性的一面作较多论述是必要的。而现在，我国的专利法已开始实施，人们已经比较重视和了解了专利的独占性，则有必要使人们了解它的有限性了。同时，在国际贸易中，我们已经较多地懂得了专利的独占性在商品销售、技术转让等活动中的作用；为避免引起专利侵权诉讼，多数人也知道要"尊重"这种独占性。在这种情况下，就有必要提醒人们不要自己取消了自己"合理利用"他人的专利的权利，不要感到在他人的专利面前"动辄得咎"。就是说，使人们知道，专利在贸易活动中会受到种种限制。

本书打算分两大部分来谈谈专利的有限性及其与国际贸易的关系，先谈一般情况，再谈我国的一些特殊情况。

一、专利有限性的几个主要方面

1."公约限制"

"公约限制"指的是《保护工业产权巴黎公约》第 5 条之 2 规定的、临时进入其他国家领土（包括领水、领空）的交通工具上，如果为交通工具的运转而使用了该国的专利产品或专利技术，不必经专利权人许可，不必交"使用费"，也不能以"侵权"论处。这条对专利权的限制，在国际贸易中有很重要的意义。它将为我们的外运公司、民航局等单位在跨国运输活动中提供重要的免除民事责任的依据。但要注意两点：一是在有关交通工具上使用的他国专利，必须是该交通工具的组成部分，而不能是它装载的货物；二是临时通过的国家必须是巴黎公约的成员国。否则，这条对专利的限制就不一定适用了。

2.专利地域的有限性

实际上，专利权的最大有限性，体现在它的地域性特点上。但这是基本常识，所以一般国家的专利法不专门写出它来。不过，在国际贸易，尤其是国际技术贸易实践中，人们却很容易忘掉这一点。

专利仅仅在它所依法产生的那个国家才有效。到目前为止，除了在《欧洲专利公约》适用的十几个西欧国家及非洲的《班吉协定》适用的十几个国家外，不存在什么"国际专利"，只存在具体的"美国专利""日本专利"等等。没有专利法，或虽有专利法但其尚未生效的国家，虽然可以进口技术，但却不可以进口专利。

以我国为例，外国先进技术的所有人要想向我国出口专利或把它作为财产权在我国投资，第一步是以他的技术申请中国专利，第二步才可能在我国转让专利权（一般即指签订专利许可证合同）。在一般情况下，外国人在外国取得的专利，在我国并不受法律保护。

他的专利被批准时或批准前，其中的技术内容已经在外国公布，人人可以得到，我们并没有必要为取得这种技术内容而同外国专利权人签什么合同。不过，在三种特殊情况下，我们可能不得不同外国专利权人签订许可证合同，并通过合同保护他在我国并没有效的"专利"。

第一，复杂的技术实施方案中，可能有某个最佳实施方案，它或是在外国申请专利时被保留下来，或是获得专利后才研究出来的。总之，它没有在专利说明书中公开，而是作为秘密技术的 Know-How，掌握在专利权人手里。我们虽然能从公开的说明书中了解对方的专利，但却得不到 Know-How。为了取得最佳实施方案，我们必须去同专利权人谈判。这时他如果把承认他的专利并为专利支付使用费作为提供 Know-How 的条件，我们就只得予以承认了。这种合同，实质是为了 Know-How 而签的，但由于有的人不了解专利的地域性，就把这误解为"进口专利"了。专利的地域性还决定了：凡包含专利的许可证合同，在订立"法律适用条款"时，其中的专利只能适用专利批准国法律，但整个合同则可以适用其他国法律。一部合同适用两种以上法律，往往是专利许可证的独特之处。

第二，虽然我们不需要对方的 Know-How，但在出售产品的初期需要对方的"牌子"，即商标。而他的商标已在我国注册，受到法律保护。在这种情况下，虽然我们能够通过公开的专利说明书取得他的技术，但为了使用商标，也只得同他谈判"专利"许可证合同的问题。

第三，外国技术所有人已经将他的技术在许多国家申请了专利，而我国的企业所生产的有关产品正是要向其中一些国家出口。在这种情况下使用对方的外国专利技术，也必须同他谈判，以取得在这些国家的销售权。否则，我们的产品一旦进入他的专利有效范围，就会被海关扣押或在流通中被没收。

总之，在 1985 年 4 月我国专利法生效之前，外国专利在我国不是处于专有领域中，而是处在公有领域中，外国专利权人不能对它们行使权利。即使在我国专利法生效之后，对于未在我国取得专利的技术，它虽然获得了外国专利，在我国仍旧处于公有领域中。当然，到时如果外国技术所有人确实来申请专利了，我们就要注意不能再把它当作公有领域内的东西。我国颁布专利法的重要作用之一，也正是为先进技术提供保护，以利于引进。到时还要注意的是：并不是要到批准了专利之后才不许可使用有关技术。我国《专利法》第 45 条规定：专利权有效期"自申请日算起"。

专利的地域限制虽然妨碍未实施专利法的国家进口专利技术，但并不妨碍这种国家出口专利技术。出口专利，就是向已经实行专利保护的国家申请专利，并在那里发放专利许可证，收取使用费。这显然与专利权人自己所在的国家有没有专利保护没什么关系。事实上，我国的一些单位和个人，从 1980 年起已经向美国、英国、联邦德国等国家及欧洲专利局申请了许多项专利。其中获得了美国专利的杂交水稻制种技术也早在 1982 年就向外国企业发放了专利许可证。

3. 专利保护期的有限性

专利权人就自己的专利所享有的独占权，并不是没有终结的。我国专利法原定专利保护期为 15 年，修改法律后也不过在 20 年左右。这本来也是专利的基本常识。但一到技术贸易的实践中，又常常被人忘记。另一点不仅容易被忘记，而且容易被忽视的是：很少有专利到了法定保护期才失效的。专利权人的义务之一是交纳专利年费，如果不按时交纳，就以专利权人自动放弃专利论。由于专利年费的数额是在专利保护期内逐年累进的，所以一般越往后，专利权人自动放弃的就越多。国外的大多数专利都是不到 10 年保护期就被权利人放弃了。

无论为取得过期专利的使用权而签合同，还是为即将过期的专利而签合同，都是使技术进口一方吃亏上当的事。目前，几乎所有国家的法律，包括西方国家的"不公平竞争法"都指出：凡专利权人要求接受技术一方为过期（包括放弃的）专利而支付使用费的合同条款，均属无效。所以，即使不慎签订了这样的合同，技术接受一方也有权在专利保护期届满而合同尚在履行时，停止支付专利使用费。在联合国贸易与发展大会上讨论国际技术转让法时，发达国家的 B 集团虽然始终坚持在专利保护期过后，原专利仍应受到"某种程度保护"，但也从没有提出过应当为过期专利支付使用费。

在许多发达国家的反托拉斯法（在联邦德国称"反卡特尔法"）或不公平竞争法中，普遍宣布一种"Tie-up"条款为非法。所谓 Tie-up 条款，就是指超出了专利保护期而继续行使专利权的合同条款。它与"Tie-in"条款（搭买条款）、"Tie-out"条款（搭卖条款）并称为三大"不公平合同条款"。这是我们从事外贸（特别是技术贸易）工作的同志应当知道的。

4. "专利权穷竭"原则

在部分（不是全部）建立了专利制度的国家，实行一条"专利权穷竭"（Exhaustion of Patent）的原则。即只要经专利权人许可，将他（或他的被许可人）制造的专利产品投入商品流通领域，则这些产品的"再销售"、这些产品的使用方式，均不再受专利权人的控制——专利权人对它们的独占权已告"穷竭"。例如：买方买下一台取得专利的载人汽车后，卖方无权禁止他用这种车去载货；买方不准备再使用这台车时，卖方无权禁止他转售给第三方。这种对专利实行的限制是合理的。如果没有这种限制，专利权人将无限地控制着已经出售的产品，必定妨碍他人的生产与消费活动。这条原则在国际贸易中也很重要。不了解这条原则，如果自己作为专利产品的买方，就会在实际已不受专利权人控制时还自愿受人控制；如果作为卖方，则会不合法地去控制别人。

但在实行这条原则时有四点要注意：

第一，并不是所有的国家都承认这一原则。凡承认这一原则的国家，在其专利法的"权利限制"条款中均会有相应规定。所以，在与有关国家进行商品或技术贸易而打算援用这一原则时，应先了解一下该国专利法。

第二，在承认这一原则的国家，专利产品进入流通领域后，专利中的"制造权"并没有穷竭（仅仅是使用权与销售权告穷竭）。如果买方未经许可而照自己买下的产品进行仿制，仍旧构成侵权。

第三，如果专利权人就同一项发明在两个以上的国家取得专利，那么经他许可在甲国投入流通的产品，并不会导致他在乙国的专利权穷竭。"专利权穷竭"的原则也具有地域性。

第四，"专利权穷竭"原则不适用于颁发强制许可证的情况。按照强制许可证而投入市场的专利产品，它的使用与再销售，在一定程度上仍旧可以受专利权人控制。道理很简单：在专利权人自动许可将其产品上市的情况下，专利权人通过"许可"而行使过一次自己的独占权。对于具体产品来说，这次"行使"，就使得该权利人的独占权"用尽"了，不可再用了。而在颁发强制许可证的情况下，专利权人对具体产品还从未行使过自己的独占权，如果把他的权利视为"穷竭"（即"用尽"），显然就不合理了。

5. 在先使用人对专利的限制

专利制度只应奖励发明人，而不应损害公众中的其他人，这是大多数国家专利法所遵行的原则。因此，专利的独占权不应使专利权人禁止在他获得专利前已在使用着相同技术的其他人的活动。

在许多国家的专利法中，都有专门条款来限制专利权人对"在先使用人"行使权利。不过在实践中，专利权人与在先使用人发生冲突的情况并不多。这是因为，如果在先使用人原先就在公开使用某一发明成果，则这个事实就足以使有关专利因丧失新颖性被判为无效；如果在先使用人一直秘密使用着某一发明成果，则永远不会与专利权人冲突。真正产生冲突，一般是在先使用人原先秘密使用着该成果，在专利权人申请专利后则转入公开使用。对此，多数国家的专利法规定在先使用人仍有权在原有范围内继续使用有关成果，不受专利权人独占权的影响。但在先使用人无权转让他的使用权。所以，如果在国际贸易活动中遇到在先使用人，绝对不能贸然同他们谈判许可证协议，他们一般没有这种权利。唯一的例外是：只有在先使用人要转让自己的企业，而他使用的有关发明成果又是企业生产经营活动不可缺少的一部分，他才有权将这种使用权连同企业一道转让。这样的例子虽然很少见，但毕竟是有的，因此有必要在这里提到。

6. 非商业性使用

专利的独占性不能影响其他人以非商业性的方式使用有关专利技术，这在大多数国家的专利法中都有明文规定。在那些为医药产品提供专利保护的国家，专利法一般都规定：如果医生为临床治疗目的而临时制造和制用某些专利药品，也不必取得许可和支付使用费。

这方面的专利有限性与国际贸易关系不大，故不在此多谈。

7. 强制许可证、当然许可证及国家征用

强制许可证是采取行政措施限制专利权人滥用独占权的一种形

式。从严格意义上讲，它不属于对专利的正常限制。只有在专利权人一定时期内未在专利批准国实施或充分实施其专利技术时，专利局才会强制性地许可其他人来实施。强制许可证只是作为对专利权滥用者的一种威胁才有意义。它在国际贸易，尤其在技术贸易中，并没有多大作用。当代的专利许可证中，不附带 Know-How 技术的不多；而强制许可证并不能强迫专利权人提供 Know-How。所以它只在制裁专利权人的角度有作用。从技术需求方取得较好的经济效果的角度看，它的作用就有限了。

"当然许可证"则是专利权人自愿使自己的独占权受到限制的一种形式。有些国家的专利法规定：专利权人可通过专利局发表声明，指出凡希望实施其专利的人，均可以不再经过专门许可而实施（但要支付使用费）。作出这种声明的，专利局可能减免他们的专利年费。这种声明就叫作"当然许可证"。由于我国专利法中没有对当然许可证作出规定，所以了解这种专利权人的自我限制，仅仅在我们的技术出口中有意义。在我国有关单位或个人申请了专利的其他国家中，如果对当然许可证声明的发出实行年费减免，则在专利保护的中、后期（年费额较高时）在主动前来洽谈许可证合同的人较少的情况下，似可以考虑发出有关声明，以求打开技术的销路和减少专利维持费用。

国家征用即以国家需要的名义剥夺专利权人的独占权，这在当前多数国家已不提倡。因为它会妨碍先进技术的进口，并不是一种可取的措施。

除上述 7 点之外，各国在专利管理及专利司法惯例中，也还有一些其他规则，规定某些本来可能构成侵犯专利权的行为，在特定条件下不以侵权论处。这也属于一种对专利的限制。但各国情况各有不同，在这里很难一一列举了。

二、我国专利有限性的几个特殊方面

1.“国家计划许可”制度

为了既有利于推广国内先进技术，又不妨碍引进外国的先进技术，我国专利法实行了一种特有的“国家计划许可”制度。这个制度就是：国务院有关主管部门和省、自治区、直辖市人民政府根据国家计划，有权决定本系统内或者所管辖的全民所有制单位持有的重要发明创造专利，允许指定的单位实施，由实施单位按照国家规定向持有专利权的单位支付使用费。我国的集体所有制单位和个人的专利，对国家利益或者公共利益有重大意义，需要推广应用的，也可以由国务院有关主管部门报国务院批准后，参照上述规定办理。

为了实行“国家计划许可”制及我国的其他特殊限制，我国专利法把专利权人分成了三种：（1）专利持有人，即作为全民所有制的中国企业、单位的专利权人；（2）中国专利所有人，即作为集体所有制的中国企业、单位及作为中国自然人的专利权人；（3）涉外专利所有人，即获得中国专利的中外合资企业、外资企业或外国自然人。

“国家计划许可”制，仅仅适用于上述（1）（2）两种专利权人。因此，外国先进技术的所有人不必担心他们以专利作为在中国合资的股本，或以专利作为投资等等，会被我们“推广”而失去独占性。

我国的专利持有人及所有人，对于国务院及有关主管部，省、自治区、直辖市有关部门来讲，独占权则受到了法定的限制。这种特殊的限制，与第一部分中讲的那些方面的限制的大多数都不同。在第一部分谈到的多数情况下，专利权人的独占权对一切人都失去了约束力；而在我国“国家计划许可”的情况下，专利权人的独占权仅仅对有关国家机关及该机关指定的实施者才失去约束力。即使我国的专利被推广的持有人或所有人，对于国家指定的实施者之外的一切企业或个人，仍旧有权行使自己的独占权，即有权自行去发放许可证和收取使用费，有权对未经许可而实施的人起诉和要求赔偿。

2. 对专利权转让的限制

转让权并不是专利权人特有的，而是一切财产权的所有人（在一般情况下）都享有的权利。在多数国家，专利权人转让自己的专利，如同货物所有人出售货物一样，并不受什么限制。但由于我国专利权人中的"持有人"，亦即作为全民所有制单位的权利人，并不是专利的法定"所有者"，而仅仅是"持有者"。所以，这样的单位在转让专利权时，必须经上级主管部门批准。在国际贸易中，需要对这一点特别注意的是要求取得我国专利的外国企业。他们应当首先了解有关的转让中的专利是否为全民所有制单位所持有，转让活动是否经上级机关批准了。否则，他们有可能得到非法转让的专利。同时，凡是向外国人转让专利权时，又都必须经国务院主管部门批准，这一条适用于一切中国法人或个人的专利权。

这里讲的转让，是指专利作为财产权的转让，而不是使用权的转让（即不是指发放专利许可证）。对于中国专利持有人或所有人发放许可证的权利，我国专利法并没有作任何特殊限制。

3. 不授予"进口权"①

我国专利法对专利权人原不授予"进口权"，这也是一条对专利的限制。是否授予进口权的问题，是发展中国家在专利立法过程中经常提出的。授予进口权对引进先进技术有有利的一面。因为先进技术的所有人一般都既向发达国家申请专利、又向发展中国家申

---

① 1992年修订《专利法》时，已增加了授予"进口权"的规定。但当时该文中所讲的授予不授进口权的依据及国外做法，至今仍有参考作用。——原书注

请专利。在发达国家取得专利许可证的企业，生产能力往往大大高于发展中国家的相应企业。如果专利权人在后一类国家不能享有对专利产品进口的控制权，他在前一类国家的被许可人就可能通过向后一类国家销售产品而使他在后一类国家无利可图。如果考虑到这种后果，技术所有人就会不在后一类国家申请专利。但授予进口权有时会使外国专利权人阻止质高价低的同类产品向发展中国家进口，从而给这些国家的经济造成损失。

但是应当了解到：授予专利权人进口权的国家，往往也不是听任这种进口权由权利人随便行使的。第一，进口权并不授予外观设计专利。第二，在发明专利的进口权方面，又往往采取了别的更加严厉的措施予以限制。例如，非洲知识产权组织的统一专利法在第1条第2款中表示授予专利权人进口权，却又在第55条第1款中规定：如果为了国防、公共卫生、国民经济等重大需要，必须进口某些专利产品时，非洲知识产权组织任何成员国的工业产权部都有权颁发"征用许可证"，以利进口。国家征用，这是使技术所有人感到比没有进口权更严厉的限制。我国并没有采用国家征用制度。因此，权衡起来，仅仅不授予进口权，在我国并不会产生阻碍技术进口的后果。

在发达国家，专利法授予专利权人进口权时，往往也会附加一些限制性规定，以免因专利权人的这项独占权对本国市场产生消极影响。例如，英国1977年《专利法》（1979年修订）第48条中就规定：如果某项专利发明本来能够在英国实施，但由于专利产品的进口使这种实施受到妨碍，则希望实施该发明的人可以申请批准强制许可证；从另一方面讲，如果英国市场上对某种专利产品的需求主要是靠进口来满足的，为改变这种状况，专利局也可以颁发强制许可证，以使本国能大量生产同类产品。

由此可见，不授予专利权人以进口权，虽是我国的一项特殊限制，但与其他国家相比，却并不过分，这是一项合理的限制。

4. "不知者不坐罪"

我国《专利法》第 62 条 2 款规定："使用或者销售不知道是未经专利权人许可而制造并售出的专利产品的"，不视为侵犯专利权。因不知而使用，一般可叫作"善意使用"；明知其为他人专利而使用，可叫作"恶意使用"。多数国家的专利法是将"恶意使用"作为侵权行为之一列入专利法的，却并不讲"善意使用"是否构成侵权，也没有把"善意使用"作为一条对专利的限制。因此，我国专利法中的这条规定，就显得比较特殊了。

我国的这条规定，可以用一句中国法制上传统的老话来复述，即"不知者不坐罪"。而作出这种规定的主要原因，我想是因为我国刚刚开始实行专利保护，在大多数人对专利权人的独占权的实际意义尚无直接体验的情况下，因疏忽而使用或出售了自己不知为专利品的产品，是在所难免的。所以，对这类行为不以侵权论处，在目前是合理的。但我认为在具体掌握这条规定时，起码应有几点补充：第一，行为者在由不知变为知之以后（无论是经专利权人提出警告还是通过其他人的指明），即须立即停止原有活动；第二，如果行为者在不知时靠使用或出售专利品获得不合理的利润，则在知之后应上交国库或作为对专利权人的损失（如果有损失的话）的补偿；第三，行为者必须能出示"不知"的确实凭证。

同时，还应当注意到：许多外国仅仅是肯定了"明知而为之"者的责任，却并没有否定"不知而为之"者的责任。所以，在国外从事可能与专利有关的贸易活动时，切不可以我国《专利法》的第 62 条 2 款的特殊提法套用，而应事先尽可能避免因不知而从事的有关使用与出售活动，否则就有可能被诉为（进而被判为）侵犯专利权。

第二章　专利领域中几个有争议的问题

第一节　从实用新型的类型说起

一、实用新型、小专利、发明证书

"实用新型也叫作小专利"，许多人都这样说，许多文章都这样写，但这毕竟是不确切的。

1843 年，英国颁布了一部《实用设计法》（*Useful Design Act*），这被认为是世界上的第一部实用新型法。从该法的名称，人们已经可以看到它与目前多数实用新型保护法的区别——它不是局限于为立体的有"型"发明提供保护，而是广泛地保护实用"设计"，即包括有"形"而无"型"的平面设计。因此，1883 年英国颁布《专利、外观设计、商标法》后，认为立体物可包括在"专利"项下，平面物可包括在"外观设计"项下，从而废止了世界上第一部实用新型法，后来再也没有重新采用。最近，英国法律委员会还表示：今后仍不准备恢复实用新型保护制度。

德国于 1891 年沿用了英国原先创立的实用新型制度，并进而把它改造和发展成为典型的实用新"型"法，只保护有立体形式的、即有"型"的小发明。这是迄今为止，实用新型制度中较普遍的一种保护类型。

四十多个英联邦国家现在大都效仿英国，未采用实用新型保护方式。只有澳大利亚是个例外。它在 1979 年修订专利法时，增加了这项保护内容。不过要讲得确切些，就应当说它增加了"小专利"

的保护内容，因为它的法律所保护的实用小发明，不限于有型物，也不限于有形物，而且扩大到了"方法发明"，从而成为与一般发明专利平行的、只是在审查要求上不如前者严格的第二保护方式。德国式的典型、传统的实用新型制度被突破了。与现有的联邦德国、日本等国对受保护客体的限制相比，澳大利亚式的小专利可以算作实用新型制度中的第二种类型。

小专利式的实用新型可以推出澳大利亚为代表，但它并非始于1979年。早在这之前，一些国际公约已经开始注意到"新型"概括不了小专利中的"方法发明"，因此寻找其他术语来避免片面性。例如在《专利合作条约》第 2 条第 2 款中，我们可以读到"实用证书"这个术语，它正是避免使用"新型"二字。

在谈实用新型的类型时，把"发明证书"扯出来，可能会使人联想到以苏联为代表的双轨制中的发明人证书。但这里所讲的是另一种完全不同的证书，即《墨西哥工业产权法》第二篇中的发明证书。它不是为专利申请人提供的另一种选择，而是对某些被排除在专利保护之外的发明给予的一种补充保护；申请人获得证书后，专有权也并不归国家，而是自己对其享有 10 年保护。所以它与苏联式的发明人证书是两回事。不过，它既然是专利之外的一种补充，那岂不是很像实用新型的保护目的吗？

这样一来，所谓的实用新型保护制就出现了三种类型：联邦德国式的只保护有"型"体的制度；澳大利亚式的在保护有"型"体、有"形"体外，还加"方法发明"的制度；墨西哥式的只保护某些方法发明的制度。如果说第二种类型就已经突破了传统的实用新型，那么第三类型则越出了传统的实用新型，因为在其中已无"型"可寻了。对小发明提供的保护是仅仅限于有"型"物好，还是扩大到"方法发明"好？这在国际上还没有定论。但可以预见：如果发展趋势是将保护延及一切小发明主题，那么"实用新型"这个词就会逐渐被"小专利""实用专利""实用证书"或类似的术语取而代之。

二、跨国实用新型

在 1982 年之前，如果有人介绍说：世界上只有 13 个国家和地区（联邦德国、巴西、法国、西班牙、意大利、日本、墨西哥、波兰、葡萄牙、澳大利亚、菲律宾、南朝鲜、乌拉圭）采用了实用新型保护制度，那还是基本正确的；今天如果有人再重复这样的介绍，可就不正确了。

1982 年 2 月，法语非洲国家的知识产权组织（OAFI）于 1977 年签署的《班吉协定》，因为已有 8 个国家批准而生效了（这 8 个国家是：象牙海岸、加蓬、喀麦隆、塞内加尔、毛里塔尼亚、尼日尔、多哥、中非）。于是，保护实用新型的国家起码又增加了 8 个。[1]

《班吉协定》包括一个总则和九个附件，附件二就是保护实用新型的规定。其保护方式与西德大致相同。这个协定不像《专利合作条约》，它不是一种统一的专利申请公约；它也不像《欧洲专利公约》，即也非统一的专利颁发公约；它更进了一步，很有些像《共同体专利公约》。但它与《共同体专利公约》又不完全相同，一是后者尚未生效，二是后者并不包含保护实用新型的内容。所以，《班吉协定》建立起了世界上第一个跨国实用新型保护制度。我们不妨把它列为第四种实用新型保护制度。

根据《班吉协定》附件二的规定，任何实用新型的申请人只要直接（或通过 8 个成员国中的任何一个国家的主管机关）向 OAPI 在雅温得的办事处呈交一份申请案，指出自己希望在哪几个国家受

---

[1]　近几年，又有大量国家增设了对实用新型的保护。例如，本书第四编中讲到的安第斯组织成员国，也均在 1992 年增设了这项保护。此外，法语非洲组织，到 1993 年也已增加到 14 个成员国。

到保护，那么申请案一旦被批准，申请人就获得了在这几个国家同时有效的、按《班吉协定》统一规定的实体法去维护的实用新型证书。不仅如此，按照该协定总则第15条，"在任何一个成员国内，依照本协定附件一至附件九所作出的最终司法判决，对其他成员国均有约束力"。即使是已经大大突破了地域性的《共同体专利公约》，在对专利诉讼的司法管辖权所做的规定方面，也没有走得这么远。

前面说过，1982年前讲采用实用新型制度的国家和地区有13个也只是"基本"正确，原因是OAFI中的4个未批准《班吉协定》的国家（即贝宁、刚果、乍得、上沃尔特）也一直依照该组织原先的《利伯维尔协定》保护着实用新型。此外，摩洛哥的丹吉尔市、我国的台湾地区，也一直在它们所处的特殊环境中，依法保护实用新型。

三、联邦德国与日本的实用新型

在传统实用新型一类国家中，人们常常把联邦德国与日本相提并论。不错，日本与联邦德国都是一个法系的国家，日本的民法、民诉法大部分是照德国的法律条文移植的。日本的实用新型制度也正是在1905年承袭了当时德国的实用新型法才建立起来的。但从那之后的几十年里，日本已经把自己的制度发展得同它的起源国很不相同，二者完全不能"同日而语"了。近年来，一些研究这两国实用新型之间差异的文章，注意到了两国保护对象的差别很大（例如在联邦德国不受保护的不可移动物、电气电路等等，在日本均可以受到保护），两国保护方式差别很大（在联邦德国可以就同一发明获得"发明专利附加实用新型证书"，在日本则只能将发明专利转为实用新型证书，而不可能同时获得二者），两国的保护期相差几乎一倍〔联邦德国为6年、日本为10年（自申请之日起算不超过15年）〕，等等。但我认为，从法律意义上最应受到注意的差别却在于：这两个国家的实用新型的法律效力不同。

联邦德国的实用新型证书持有人，仅仅持有实质上相当于旧时法国登记制下的那种专利证。联邦德国实用新型的有效性并没有经过行政机关（专利局）的认可，而有待于在侵权诉讼中由司法机关去予以确认。专利局只为实用新型提供登记保护，而不进行任何实质性审查，甚至连是否具有新颖性都不审查。虽然申请人可以自己出钱搞新颖性检索，但专利局对这种检索报告不做任何担保；这种报告在司法程序中也只能作为参考，而不能成为依据。不过，也正因为批准的程序很简单，联邦德国实用新型证书颁发的周期也就很短。较快地取得了这种证书，有利于用来排斥第三方使用相同的发明。上面讲过，由于在联邦德国可以就同一项发明获得专利附加实用新型，而专利的批准周期则很长（联邦德国系延迟审查制国家），所以尽早获得了实用新型证书，还会有利于同一个申请人用它来保护自己的同一项（尚未取得的）发明专利。从这个角度看，可以把联邦德国式的实用新型看作一种"防护新型"，恰如商标领域中的防护商标一样，它注册的目的主要是为了排斥第三者的使用权，保护自己的已得或将得的权利。

日本的实用新型申请案，要经过与专利申请案同样复杂的审查程序。实用新型证书具有确确实实的、经特许厅认可的法律效力。在发生侵权诉讼时，司法机关的责任不是重新去确认有关新型的效力，而是对被告的有关行为是否侵入了原告证书中划定的权利范围下判断、做判决。当然，在一份实用新型证书被批准后的三年之内，任何人还有权向特许厅提出无效诉讼。但这是类似于专利复审的一种程序，完全不同于联邦德国那种靠法院确认证书的法律效力的程序。

所以，在局限于以"型"为保护对象的这类国家中，保护方式又可以分为登记制与审查制两个小类。虽然在发明专利方面，大多数国家已倾向于淘汰登记制，但在实用新型方面，究竟哪种制度更可取，却还没有定论。

另外，"小专利"类型国家，也会各有自己独到的特点，如澳大利亚与法国，就有许多不同。不过限于篇幅，不能一一述说了。

实用新型的保护制度虽然已有一百多年的历史，但与发明专利比，它还很年轻。到目前为止，保护它的国家还不算多，在《保护工业产权巴黎公约》中，也仅仅作为可保护对象提到它，而并未把它如同外观设计那样列为必须保护的对象。在保护它的国家中，采取什么形式较好，也尚无较一致的意见。简言之，它还要算是一种"走着瞧"的知识产权。因此，它的重要性虽不及发明专利，但它的发展动向倒更值得注意，有关它的已出现的问题，也更值得细心研究。

第二节　国际上外观设计法律保护的现状

用法律保护外观设计的历史，比保护发明专利、版权等一些其他知识产权的历史要短得多。所以，尽管目前大多数国家都用法律保护外观设计，但对一个最基本的概念——外观设计的定义，在各个国家是很不相同的。

英国的外观设计法认为：外观设计是以工业方式应用于物品，使物品具有新形式、新样式、新结构或新装饰的有特点的设计主题；它们必须仅仅是"应用于"某个物品，即装饰或美化的设计，而不是该物品本身。日本的外观设计法所下的定义与英国差不多，但未明确指出受保护主题是否包括被装饰的物品。法国与联邦德国的外观设计法则认为：外观设计指的是应用于工业品上的样式、装饰以及该工业品本身。同时，这后两个国家还明确规定：工业品"本身"，并不包括它的实用功能，实用功能又是排除在外观设计保护范围之外的。而在比利时、卢森堡与荷兰，外观设计法又恰好认为：只有具备实用功能的产品及其所采用的新式样，才能受法律的保护。在大多数国家里，如果某个外观设计仅能通过产品的功能体现出来，则该设计不可能取得外观设计专利；而挪威、澳大利亚等国的有关法律却规定这种设计照样可以取得外观设计专利。在多数国家，凡能受到外观设计专利保护的主题，就一定能够受到版权保护，而意大利等国的有关法律则规定：只有那些从本质上看不可能受到外观设计专利保护的主题，才可以受版权保护。

此外，在法国、西德、卢森堡等国，单行的外观设计法中的保护对象叫作"外观设计"，版权法中则称之为"应用艺术"（以示区别于不付诸工业应用的艺术）。这样看来，"应用艺术"似乎是"外观设计"在版权法中的代名词了。但在另一些国家又并非如此。美国、荷兰等国的版权法宣称它保护"应用艺术及外观设计"，就是说，这两个概念在这些国家不能互相替代。英国、日本等一些国家，版权法中根本没有"应用艺术"的字样，而仅仅使用外观设计这一个概念。

与各国对外观设计的定义相应的，是保护方式上的差异，这个差异也是很大的。《保护工业产权巴黎公约》从1958年的里斯本文本开始，把保护外观设计作为对成员国国内立法的一项最低要求。所以，目前凡参加或准备参加该公约的国家，必须以一定形式保护外观设计。不过，公约对于以何种形式保护，却未做强制性规定。所以成员国可以通过专利法，也可以通过单行的外观设计法，还可以通过版权法，甚至可以通过"不公平竞争法"等法律，去保护外观设计。《保护文学艺术作品伯尔尼公约》也把外观设计列为可受保护的对象，只不过不作为一项最低要求而已。这两个公约可以反映出多数国家以工业产权法及版权法对外观设计施行双重保护的现状。

美国是以专利法保护外观设计较早的一个国家，它的专利保护不排除版权法对外观设计的明文保护。美国在这种双重保护上是比较典型的。美国现行专利法规定外观设计专利必须同样具备对发明专利所要求的那种新颖性与非显而易见性，同时在专门条款中又使用了两个更适合于外观设计的术语，进一步明确了上述"两性"的含义，即"首创性"与"装饰性"。这种规定使人们很容易看出可获专利的外观设计与可获版权的外观设计的实质区别。如果两个人独立地搞出了相似的外观设计，则两个人可以分别获得版权，因为版权只要求"独创性"。但唯有第一个搞出该设计的人有权申请外观设计专利，因为专利要求"首创性"。如果不同人分别搞出一个富于美感的设计与一个平淡无奇的设计，那么二人也均能获得版权；但又唯有前者有可能获得专利，因为唯有他的设计具有"装饰性"。此外，美国专利法中还表明了美国外观设计专利与美国发明专利的两点主要区别：第一，外观设计专利不要求"实用性"（仅适用于美国）。这是关税与专利上诉法院在 1976 年的一个判例中定下的原则，它在专利法修订后仍然适用。第二，外观设计专利保护期较短，而且是可选择的——申请人在提交申请案时，可选择 42 个月、7 年、14 年三种不同的保护期，所选择的保护期越长，交纳的申请费（以及日后应交的专利年费）也就越高。

在世界上，以单行法保护外观设计的国家也不在少数。这种单行法定立较新，又较有突出特点的国家之一，是苏联。虽然苏联早自 1965 年就开始了外观设计保护（苏联于同年参加巴黎公约，必须按公约增加该项保护内容），但原先一直采用"条例"形式，只是到 1981 年底才颁布了第一部《工业品外观设计法》（该法于 1982年 1 月生效）。它对外观设计实行的是与对发明一样的"双轨制"保护，即设计人既可以申请外观设计专利，也可以申请"设计者证书"。苏联的新立法反映出两点发展趋势：一是审查要求更严了，例如原先只要求具有相对新颖性，现在则要求绝对新颖性；二是保护面放宽了，例如原先一切服饰品、针织品、鞋帽等等，均不许申请外观设计证书或专利，而现在则都准许申请。

有的国家在本世纪以来颁布了各种法律，把外观设计的保护弄得十分复杂，这种典型之一就是英国。英国用于保护外观设计的有《外观设计注册法》《外观设计版权法》以及《版权法》。第一部法在《发明与专利》1983 年第 3 期上已有些介绍，后两部法要详细介绍则出了专利领域，故这里只能把这三部法综合起来，将英国的外观设计制度概述为以下几点：第一，一般的外观设计均可以自然受到版权保护，保护期为作者有生之年加死后 50 年。第二，凡享受版权保护的设计一旦被付诸工业应用，则原先享有的那种版权即自然消失，转而受"特别工业版权"的保护，这是一种把工业产权的部分性质与版权的部分性质结合起来的特殊保护，保护期为 15 年；在这 15 年中，作者享有类专利与类版权的双重保护，15 年之后则失去任何保护。第三，按照《外观设计注册法》注过册的设计，则受到外观设计专利与特别工业版权的双重保护（与上面第二种保护相比，实际受到"三重"保护，即专利、类专利、类版权），保护期也是 15 年，15 年后也不再受任何保护。在这里，"付诸工业应用"的标准是：有关设计所装饰的产品已制作出五十件以上，并已投放市场。现在英国自己也意识到它的保护方式过于复杂，它的版权法修改委员会建议将来取消其他保护外观设计的法律，而仅仅靠一部版权法来保护。

法国的外观设计保护方式与英国很近似，只是有三点不同：第一，法国版权法中没有"自然保护"外观设计的专门条文，而要求获得版权保护的设计人必须经法定手续向"全国工业产权局"备案。第二，法国外观设计专利的保护期为 25 年，如果该设计原受到版权保护，则在 25 年之后还可以继续享有版权，直至版权期届满。第三，法国法律改革的趋向与英国相反，它正考虑取消版权法的保护，而仅靠外观设计法来保护。比利时、荷兰、卢森堡的保护方式又与法国很近似，但也有一点不同，即外观设计专利的保护期届满后，权利人必须声明他的设计继续受版权保护；如果未做这种声明，则该设计被视为"进入公有领域"。

还有一些国家，在版权法中明文规定不仅对外观设计，而且对一切"工业品"外观设计予以保护，如南斯拉夫、挪威、澳大利亚、古巴，等等。不过在这里不专门谈版权法问题了。

至于"不公平竞争法"中对外观设计的保护，由于它不像专利法、单行外观设计法或版权法中那样明确，所以不便举某个或某些国家来说明，但可以举个实例。如果某人使用一幅不受版权保护的图画，如敦煌壁画中的"飞天"（其作者已死千年，作品又是公开展出的），作为自己生产地毯的外观设计。该设计因不具备"新颖性"，不能受到专利保护。不过，如果他的地毯因质高价廉而在消费者中驰名，使人们一见到"飞天"，就可能把有关产品同该企业联系起来，那么这时如果有别人也使用同样的设计去造地毯或壁毯，乃至毛巾被之类，都可能在消费者中引起对产品来源的混淆。于是原先的那位外观设计使用人就可以依据"不公平竞争法"起诉，要求法院向后者下禁令，直至要求后者负民事赔偿责任。这与商标侵权的情况很相似。但后者并未直接冒用原使用人的商标，所以该人不能依商标法起诉。值得注意的是，正因为存在这种"相似"，使有的人误认为外观设计也可以通过商标法加以保护。

由于外观设计保护方式在多数国家中差异较大，所以建立区域性的统一外观设计保护制度就很困难。例如欧洲经济共同体已经制定出《共同体专利公约》《共同体统一商标条例》等保护知识产权的跨国法，但在外观设计方面一直未能起草出一个公约或条例。而在这个方面，倒是在知识产权法领域起步较迟的发展中国家的保护方法比较容易统一。1977 年，法语非洲国家的知识产权组织的 12 个国家在班吉协定及其附件中，制定了一些统一条例，将在该组织成员国中颁发跨国外观设计专利（但各国仍将按国内法维护有关权利）。1982 年 12 月，英语非洲国家工业产权组织的 6 个国家在哈拉雷通过的议定书中，也作出了规定。此外，早在 1974 年，拉丁美洲国家哥伦比亚、厄瓜多尔、秘鲁、委内瑞拉及玻利维亚，也在卡塔赫那签署过一项包括统一的外观设计保护条例在内的地区性条约（但不产生跨国外观设计专利）。

我国最近颁布的专利法，已经把外观设计专利作为一项受保护内容做了规定，这将有助于工业企业重视产品的外观设计，使我们的许多产品不仅具有一流的质量，而且具有一流的外观，从而利于在国内及国际市场上的销售。由于我国以版权法保护外观设计的条件尚不存在，所以专利法中包括了这一内容，也将有利于我们考虑在适当时间参加《保护工业产权巴黎公约》的问题。

第三节 美国法律中的发明、发现与技术革新

各国法律中，都会有一些具有本国特点的专门概念，在研究它们时，如果用一般的知识去理解或解释，就往往发生"望文生义"的不良后果。美国的宪法及工业产权法在涉及专利的问题上，就存

在一些这样的概念。其中特别值得一提的，是对"发明""发现"与"技术革新"这些概念的理解。

一、发明

如果从"发明"这个概念本身来看，美国工业产权法中的发明与其他国家并没有什么不同。但是，讲到"可以获得专利的发明"，美国就与大多数国家都有所不同了。

在美国，可以获得专利的发明的范围，比几乎任何国家都广。它包括方法（工艺）发明、机器发明、制品（包括手工制品）发明、物质合成发明、工业品外观新设计、植物新品种。后两类虽不直接称为"发明"，但唯因其"新"，故在实质上也属于"发明"。在方法发明中，包括对人及动物的治疗方法。这项内容在绝大多数国家的专利法中，及现存的所有地区性专利公约中，都是明文被排除在专利保护之外的。只有在美国，它获得了可以申请专利的资格。外国的许多法学家认为，所谓"机器发明、制品发明、物质合成发明"实际上都属于"制品"范畴，而美国却用三个概念表达一个主题。难道不显得有些累赘吗？然而，当我们了解到这三个概念的各自内涵，就会明白为什么这样表达了。

物质合成发明也是被多数国家排除在专利保护之外的。例如，我国《专利法》第25条第5款中"用化学方法获得的物质"，就属于这种。我们把它排除在专利保护之外，是参考了多数国家的有关规定的。美国专利法要强调它为这种主题提供保护，就不能把它与一般"制品"混在一起。不仅如此，按照美国专利诉讼判例中的1868年杰克伯斯诉贝克一案及1913年的里特·康尼公司诉艾肯一案的判决，诸如新的房屋、桥梁等大建筑物，也属于"制品发明"。制品发明，在美国也具有极广的内容。这又是与许多国家的理解很不相同的。至于"机器发明"，它从1863年布尔诉杜依一案的判决开始，就赋予了特殊含义，并非只有自动装置才是机器发明，手工工具（如开罐头的钳子）也属于"机器"发明。这就与我们所理解的"机器"含义很不相同。而在美国专利法中，这一主题的英文原文正是MACHINE，译成中文只能是"机器"。由于美国对申请专利并不要求"互惠"。所以，一些在其他国家申请不到专利的发明，在美国则可以申请。了解美国专利法中这些概念的特别含义，有助于避免因误解而失去了可以申请专利的机会。

植物新品种是美国专利中的一项内容，它也同样被许多国家排除在专利保护之外。可以取得美国专利的植物品种，必须是在"非自然状态"下培育出来的。如果自然界里本来就生长着某种植物，只是过去从未被人发现，而一旦被某人发现了，这个人并没有权利因此获得专利。因为美国专利只授予二种人：发明人（指一般发明创造的研制人）；设计人（指工业品外观设计的发明人）；培育人（指植物品种的发明人），但不授予"发现人"。这在下面还要讲到。美国除了在专利法中保护植物品种外，还另有一部《植物品种保护法》。这部法中也为植物新品种提供某种"类专利"保护，只是它所包括的植物种类与专利法中所保护的有所不同。但有一部分植物种类属于既可以受到专利保护，又可以受到后一个法律的"类专利"保护。不过，同一个申请人就某一个植物品种申请专有权时，只能在两种保护中选择一种，而不可能受到"双重保护"。

二、发现

"发现"这个概念，在美国法律中很容易被弄错，而且在实际中已经被一些人理解错了。美国独立后制定的第一部宪法，肯定了美国要以立法形式保护版权与专利权这两种知识产权，不过却使用了很特别的表达方式。该《宪法》第 1 条第 7 款第（8）项规定："保护作者及发明人对其作品及发现物在一定时间内享有专有权"。在英文里，即"Authors and Inventors on their respetive Writings and Discoveries"。北京大学法律系翻译出版的《宪法资料选编》中，把Discoveries 译为"发明物"，①是采取了"意译"，而避免了直译为"发现物"可能产生的误解。这是完全正确的。遗憾的是，美国专利法中也沿用了宪法中的表达方式，在《专利法》第 100 条中，也使用了"Discoveries"这个概念。我国知识出版社出的《国外专利法介绍》中，则把这个词直译为"发现"。②这样一来，有的同志没有弄清这一概念在美国专利法中的特殊含义，就误认为除了发明之外，"发现"在美国也可以获得专利。实际上，美国专利法的保护面虽比较宽，但还没有宽到这个地步。更糟的是，有些同志还把"发现"这个误译概念前面，想当然地加了"科学"两个字。实际上，美国宪法及专利法正是为了防止进一步的误解，从来没有在保护专有权方面使用"科学发现"这个概念。如果美国真的为科学发现提供专利保护，那最应当申请和获得专利的，恐怕要算是当年在普林斯顿大学工作的爱因斯坦了。设想如果他的"相对论"获得了"专利"，从而禁止人用这种理论去思考、去实践，或要求凡按照这种原理去思考的人都要向爱因斯坦交付"专利使用费"，那该是多么荒谬；在实际中也绝不可能行得通。幸好无论是美国专利局还是爱因斯坦，都没有对美国专利法发生过这种误解。

美国不仅在专利法中没有（也不可能）为科学发现提供保护，而且连像我国那样的《自然科学奖励条例》一类的对科学发现的一

---

① 见北京大学法律系翻译出版的《宪法资料选编》。
② 见知识出版社出版的《国外专利法介绍》。

次性奖励的立法都没有。美国也拒绝参加由东欧国家发起缔结的《科学发现国际承认协定》，即拒绝承认科学发现者的"精神权利"。美国法律认为：对自然界已有的规律或物体的发现（而不是人们自己的创造发明）享有任何权利，都是妨碍科学进步的。

为了防止人们对美国专利法中使用"Discoveries"这一概念产生误解，美国早在 1843 年的克姆伯一案的判例中，就对发明与发现作了明确区分，指出仅有前者才能获得专利。这一判例收入《美国联邦法院判例集》第 7687 号，以使研究和解释美国专利法的人不要对美国专利作出荒谬的解释。此外，美国专利局主审官罗森堡，在他的《美国专利法基础》一书中，专门用了整整一节来解释这个问题，以阻止对此发生误解的外国人拿了"科学发现"成果去美国申请专利。

三、技术革新

1980 年，美国在席卷世界的新技术革命中，颁布了一部《技术革新法》。从英文原文上看，它叫作 *Technology Innovation Act*，直译为"技术革新法"是一点不错的。但它的内容，则与我国的《合理化建议与技术改进条例》中所讲的技术革新，以及我国一般理解的技术革新完全不同。

这部技术革新法，包括两部分基本内容：一是采取法律措施鼓励工业及商业部门使用取得了美国专利的那些新技术，实际是促进美国专利在美国的实施；二是建立一系列机构及实行一系列奖励办法，以促进国内技术、技术人员的交流。政府将为出成果的科研机关和使用成果的企业"搭桥"。总之，整个法律的目的是使美国现有的国内先进技术能够在国内获得充分利用。所以，这部法律虽然与我们一般所理解的"技术革新"很不相同，它的某些具体内容却很值得我们参考。下面就该法律中的几项要点作一些介绍。

按照这部法律，将由美国商业部主持建立"工业技术局"。这个局的任务是：判断新技术的发展及国际技术转让活动对美国的生产、就业、美国企业与外国企业在国际市场上地位的变化等等问题所产生的影响；判断美国的工业结构及企业管理方式、国家的有关政策等等对世界技术发展所产生的影响；判断哪些技术问题可能对美国的国民经济有重大的意义；判断现有的资本、技术的利用方式是否符合美国经济发展的需要；与其他有关政府部门一道，研究对美国的技术革新有决定性作用的问题，并为制定有关政策提供试点。

由商业部与"全国科学基金会"共同资助，建立起若干个与大学及非营利性单位直接联系的"工业技术中心"。这种机构所起的作用是促进实用技术的研究单位通过合同形式与工商企业（即营利性单位）在研究和利用新技术方面挂钩。如果由这种"中心"所主持的技术攻关项目获得了专利权，一般就归有关的"中心"所有。但法律规定它必须向资助它的商业部或"全国科学基金会"（及隶属于该系统的企业）发放各种实施专利的许可证。

在每个国有研究机关内，都将设立"新技术的研究与应用办公室"。这种机构有义务根据有关政府部门提出的专门要求而提供技术协助，还有义务为一切美国企业提供技术情报。此外，在美国商业部内成立一个"联邦技术利用中心"，主管全国范围内的"国有技术"的利用、转让（包括向国外转让）、技术情报的交流等具体工作。

该法律还规定，为鼓励利用新技术将设"国家技术勋章"，由美国总统定期授予在技术革新方面作出了突出贡献的个人或企业。这里讲的"突出贡献"，指的是取得了"改进美国的经济、环境或社会福利状况"的成果。

最后，该法律还规定由商业部与"全国科学基金会"一道，拟定切实可行的促进学术单位与企业的科技人员交流的方案。这里讲的"交流"既包括由国家出钱资助的交流，也包括单位间不通过国家而自己商定的、不由国家出钱的交流。

从以上介绍可以看到：美国法律中的技术革新，并不是指工厂、企业或研究机关中达不到专利发明高度的那种小发明创造或技术改革本身，而是指新技术的应用——既包括专利技术的应用，也包括非专利技术的应用。这是在新技术革命的新形势下提出的新问题。它很类似于我国专利法中关于推广国内专利技术的一些措施。当然，可能不及我国推广技术的措施更为便利和有效。

了解一个国家的法律，尤其是比较专门的领域中的单行法，除了看它的法律名称外，还必须细读法律的具体条文；由于英美法系国家的许多法律条文的解释都与判例有关，所以还有必要查找有关的重大判例。这样，我们在一些具有特殊含义的概念上，就可以尽量避免发生误解，尽量做到理解得——如果要进一步写成文字去介绍的话，则尽量做到解释得比较符合原意。

《知识产权法》之专利法 [*]

第一章　专利制度的起源及发展

第一节　专利与专利保护的历史

在中世纪的欧洲，很早就存在着由君主赐给工商业者在某些商品上垄断经营的特权。但这毕竟不同于今天讲的"专利"，倒很像我国汉代的盐铁专营，只是汉代那种专营的"利"被国家所"专"，而中世纪的欧洲那种"利"则被工商业者个人所"专"罢了。我国"专利"一词的语源，也取自同样意思。《国语》中讲"荣公好专利"，即指一人把"利"都独占了。① 正是由于这些原因，世界知识产权组织总干事鲍格胥（Dr.A.Bogsch）曾建议在汉语中也找一个与 Patent（英文"专利"一词）相当的、既有"独占"含义又有"公开"含义的词来代替"专利"，以免引起人们对专利制度的误解。好在经过专利

---

　* 编者注：本部分选自《知识产权法》（法律出版社 2003 年版）第九章第 205~207 页，第十章第 211~233 页，第十一章第 239~246 页，并依序编为第一至第三章。

　① 参见《国语·周语上》"厉王说荣夷公"。

法颁布前几年的讨论与宣传，我国越来越多的人已经了解了它的超出语源的实际含义，所以我们仍旧使用着"专利"这个术语。

1331 年，英王爱德华三世曾授予佛兰德的工艺师约翰·卡姆比（John Kempe）在缝纫与染织技术方面"独专其利"。该早期"专利"的授予目的，在于避免外国的制造作坊将在英国使用着的先进技术吸引走。① 这就已经不同于我国汉代"盐铁专营"之类的专利，而逐渐接近现代的专利了。

1421 年，在意大利的佛罗伦萨，建筑师布鲁内来西（Brunelleschi）为运输大理石而发明的"带吊机的驳船"，（a barge with hoisting gear）也曾获得类似早期英国的专利。不过这时专利已有了"保护期"（3 年）。②

1474 年，威尼斯颁布了世界上第一部最接近现代专利制度的法律。之所以仍不能把它称为专利（Patent）法，主要因为它的出发点是把工艺师们的技艺当作准技术秘密加以保护③，而 Patent 本身则是"公开"的意思。之所以称它为"准技术秘密"，是因为威尼斯当时的法律要求，获得专利的前提是：第一，在威尼斯实施有关技术；第二，要把该技术教给当地的相同领域的工艺师，而这些工艺师对外则承担保密义务。据说，威尼斯的这一制度对中世纪的欧洲国家吸引技术人才起到了积极作用，故曾被其他一些国家所效仿。④ 例如，英国在 1561 年到 1590 年，即曾依照上述威尼斯法的同样条件，授出了 50 项专利权。

1602 年，在 Darcy 诉 Allin 一案中，英国法院首次以判例形式保护了一项 1598 年被授予的专利权。⑤

---

① 参见马丁著《英国专利制度》（*The English Patent System*），1905 年伦敦英文版，第 11 页。

② 见 A. 顾姆著：《发明专利》（*Patents of Invention*），1946 年英文本第 6 页。

③ 见 G. 蒙第奇著《威尼斯专利 1450—1550》（*Venetian Patent*〔*1450—1550*〕，1948 年英文本。

④ 见 G. 蒙第奇著：《威尼斯专利 1450—1550》（*Venetian Patent*〔*1450—1550*〕，1948 年英文本。

⑤ 见 S. 大卫著：《再论垄断权判例》1932 年英文本。

17 世纪初期，英国女王伊丽莎白一世又曾多次向发明者授予专利权，不过当时的授予仍是采取钦赐形式。她的继位者詹姆斯一世在位时期，议会中新兴的资产阶级代表开始一次又一次尝试以立法来取代由君主赐予特权的传统。这个目的终于在 1624 年英国实施的垄断法规（The Statute of Monopolies）中实现了（由于它在 1623 年提交英国国会通过并颁布，故许多记载中称之为"1623 年垄断法规"）。这个法规被认为是世界上第一部具有现代含义的专利法。它宣布了以往君主所授予的发明人的特权一律无效。它规定了发明专利权的主体、客体，可以取得专利的发明主题，取得专利的条件、专利有效期以及在什么情况下专利权将被判为无效，等等。这些规定为后来所有国家的专利立法划出了一个基本范围，其中的许多原则和定义一直沿用至今。例如其中第 6 条规定的专利权人必须是一项发明的"第一个真正发明人"，就是今天的发明优先权和新颖性条件等的雏形。不过这个法规毕竟是较原始、较简单的。

18 世纪初，资产阶级革命之后的英国，着手进一步改善它的专利制度。专利法中开始要求发明人必须充分地陈述其发明内容并予以公布，以此作为取得专利的"对价"（Consideration）。这样，专利制度就以资产阶级的合同形式反映出来了。专利的取得成为一种订立合同的活动：发明人向公众公布他研制出的新产品或新技术，以换取公众在一定时期内承认他对研制成果的专有权。按照法律中的这种要求，"专利说明书"出现了。它的出现标志着具有现代特点的专利制度的最终形成；它对于打破封建社会长期对技术的封锁，对于交流和传播科学情报，是具有革命性的一步。当然，专利制度真正在整个社会上起到鼓励发明的作用，时间还要更迟些，这大约开始于 19 世纪前期的"工业革命"。从英国的专利申请案的历史记载上可以看到：在 18 世纪 50 年代，全国平均每年只提交了 10 份申请案；而在 19 世纪 40 年代，则平均每年提交了 458 份。[①]

继英国之后，美国于 1790 年、法国于 1791 年、荷兰于 1817 年、德国于 1877 年、日本于 1885 年都先后颁布了自己的专利法。到目前为止，世界上建立起专利制度的国家和地区已经超过 170 个。

每个国家所建立起的专利制度，并不是一成不变的。第一，它们必须随着科学技术的发展所提出的新问题而变化。例如，在 19 世纪，任何国家的专利法中都不可能提出"对利用原子能的发明、对计算机程序等是否授予专利"的问题，而这类问题现在却是许多国家都必须回答的了。第二，它们必须与国际、国内市场的变化相适应，与本国的经济发展水平相适应。第三，它们还必须与本国所参加的有关国际公约或者地区性条约不相冲突。所有这些，决定了大多数国家的专利法总处在不断变化之中。与商标法或版权法相比，专利法的修订要更频繁些。

第二章　专利法的内容

第一节　专利权的主体与客体

一、专利权的主体

专利权的主体与专利申请权的主体不同，这一点必须清楚。在美国，只有发明人本人才可能是专利申请人，而专利权人则大都不是发明人本人。在其他国家，发明人或发明人的单位、发明人的申

---

① 引自鲍伊姆著：《英国专利制度》，1967 年伦敦英文版，第 22~34 页。

请权受让人、发明人单位的申请权受让人，都可能是有权申请专利的人。

谈到专利权的主体，多数国家的情况与我国相同。

专利权的主体是专利权人，这点与商标权主体是相似的。由于我国专利法允许专利权转让，所以专利权人可能是有资格申请并获得专利的人，也可能是专利转让活动中的受让人。但是在 2000 年之前，我国的专利权主体确有一些与众不同的"特色"。

我国在计划经济下专利法的特点及立法目的之一，是推广和应用发明创造。但对于许多外国企业、外国人来讲，获得专利的目的是在一定时间内"独专其利"，这又与"推广"是矛盾的。为实行对外开放，引进先进技术，同时又能推广发明创造，我国专利法对专利权人作了特殊的区分。

依照原专利法，执行本单位任务或者主要是利用本单位的物质条件所完成的职务发明创造，申请专利的权利属于该单位；非职务发明创造，申请专利的权利属于发明人或设计人本人。申请被专利局批准后，全民所有制单位申请的，专利权归该单位"持有"；集体所有制单位或者个人申请的，专利权归该单位或者个人"所有"。

在中国境内的外资企业和中外合资企业的工作人员完成的职务发明创造，申请专利的权利归该企业；非职务发明创造，申请专利的权利归发明人或设计人个人。申请被专利局批准后，专利权归申请的企业或个人"所有"。

2000 年前，专利权人在我国分为 3 种：

（1）作为我国全民所有制单位的"专利持有人"；

（2）作为我国集体所有制单位或我国公民个人的"专利所有人"；

（3）作为外国资本在中国的企业或在中国的中外合资企业，或企业中个人的"专利所有人"，以及作为境外外国企业或个人的"专利所有人"。

按照专利法的规定,"专利持有人"也是专利权的主体之一。在符合一定手续的前提下(例如经上级主管部门批准),也有权处置自己所"持有"的专利权。

在世界贸易组织的《与贸易有关的知识产权协议》中,也使用"持有人"(Holder)一词。它主要是指专利权的被许可人,而不同于我国专利法中的"持有人"。

在理论上,可以认为专利"持有人"的背后,应有一个"国家"作为主体的专利"所有人"。从我国专利法的其他条款中,似乎也可以得出这个结论。例如:持有人如果打算转让自己持有的专利,必须经其上级主管部门批准。就是说,它没有对所持有的专利的完全的"处分权"。

2000年的《专利法修正案》已经取消了这种专利权主体方面的特色。有关主体的规定集中在两条,即:

第六条 执行本单位的任务或者主要是利用本单位的物质技术条件所完成的发明创造为职务发明创造。职务发明创造申请专利的权利属于该单位;申请被批准后,该单位为专利权人。

非职务发明创造,申请专利的权利属于发明人或者设计人;申请被批准后,该发明人或者设计人为专利权人。

利用本单位的物质技术条件所完成的发明创造,单位与发明人或者设计人订有合同,对申请专利的权利和专利权的归属作出约定的,从其约定。

第八条 两个以上单位或者个人合作完成的发明创造、一个单位或者个人接受其他单位或者个人委托所完成的发明创造,除另有协议的以外,申请专利的权利属于完成或者共同完成的单位或者个人;申请被批准后,申请的单位或者个人为专利权人。

正如在知识产权的概念中讲过的,专利权的主体与发明权的主体不应混淆。发明权可以是因依法获国家发明奖而产生,也可以依发明的完成被其他法规所承认而产生,也可以依反不正当竞争法中所说"采取了保密措施"、被实际专有而产生。发明权的原始主体与版权的原始主体相似,是发明人本人。而发明人,依照我国(及大多数国家)专利法与专利局的管理实践,只被承认为自然人。即使是集体完成的发明,具体参加并起关键作用的自然人,才被认为是发明人。在这一点上,我国专利法的理论界还没有发生过太多争论。这是与版权领域不同的。

二、专利权的客体

专利权的客体,由于不同国家有不同的法律规定而各不相同。例如,有些国家可作为专利权客体的,如植物新品种、不够发明专利条件的小方法发明等,而在我国则不能作为专利权客体。在我国,总的说来,专利权的客体包括发明、实用新型与外观设计。

应当注意到:以一部专利法同时保护三种不同的客体,是我国专利法的特点之一。在许多国家,实用新型与外观设计也受到知识产权法的保护,但却不在专利法中;这些客体所享有的权利也不一定是"专利权"。它们可能享有"准专利权",也可能所享有的是版权。还应注意到:我国作为专利权客体的"实用新型",与有些国家所保护的"小发明"或授予的"实用证书"有所不同。实用新型这种客体,只能包含产品发明创造,而不能包含生产方法或工艺流程等发明创造;小发明与实用证书则既能包含产品,又能包含方法。

在了解我国专利权的客体时,有必要全面了解三种不同客体在一部法中有哪些区别。在我国,"发明"是指对产品、方法或者其改进所提出的新技术方案;"实用新型"是指对产品的形状、构造或其结合所提出的适于实用的新技术方案;"外观设计"是指对产品的形状、图案或其结合以及产品的色彩与形状、图案或其结合所提出的适于工业上应用的新设计。

除此之外，对这三种客体的适用条款，在专利法中还表现出下面一些区别。

1. 在"三性"要求上的区别

在授予发明专利时，以及在判定一项实用新型专利是否有效时，将以"三性"为标准，即新颖性、创造性与实用性。而判定一项外观设计专利是否有效，只有"新颖性"一条标准。而且，"新颖性"的含义对不同客体也有所不同。对于发明与实用新型，"新颖性"是指在申请日以前没有同样的发明或者实用新型在国内外出版物上公开发表过、在国内使用过或以其他方式在国内被公众所知，也没有同样的发明或实用新型由他人向专利局提出申请。对于外观设计，"新颖性"仅仅指有关设计同申请日以前在国内外出版物上公开发表或者国内公开使用过的外观设计不相同或不近似。此外，有关"创造性"的标准，对于发明比起对于实用新型要求要高一些。

2. 在专利保护期上的区别

专利法对于发明专利的保护期是 20 年；对于实用新型专利与外观设计专利则是 10 年。

3. 在强制许可方面的区别

我国专利法所规定的强制许可制度，像国家计划许可制度一样，只适用于发明专利与实用新型专利，不适用于外观设计专利。

4. 在专利权保护依据上的区别

发明专利或实用新型专利的受保护范围，要以申请案中的"权利要求书"为准。申请案中的附图及说明书可用来解释权利要求书。外观设计专利的受保护范围，则以表示在申请案中的图片或照片所反映的外观设计专利产品为准。

5. 在职务发明创造报酬上的区别

专利权如果授予某个单位，作为持有人或所有人的单位应依《专利法实施细则》向发明人或设计人颁发奖金。按 1985 年实施细则的规定：一项发明专利的奖金不低于 200 元；一项实用新型或外观设计专利的奖金则不低于 50 元。作为持有人或所有人的单位如果在专利保护期内实施有关专利并有收入，每年应当从实施发明或实用新型所得（税后）利润中提取 0.5％~2％作为报酬发给发明人；应当从实施外观设计所得（税后）利润中提取 0.05％~0.2％作为报酬发给设计人。1992 年与 2001 年修正后的实施细则中，仍存在与上述相应的区别。

6. 对提交不同专利申请案的不同要求

申请发明专利或者实用新型专利，应当提交请求书、说明书、说明书摘要及权利要求书等文件。说明书应当对发明或实用新型作出清楚的、完整的说明，以所属技术领域的一般技术人员能够实施为准。而申请外观设计专利，只要求提交请求书及有关图片或照片。

7. 在优先权适用时间上的区别

对于国际优先权的具体含义，已在有关巴黎公约中详述。这里只简单说明，对三种客体申请案的优先权不同确定方式方面，我国专利法是这样规定的：外国申请人就同一发明或实用新型在外国第一次提出专利申请之日起 12 个月内，或就同一外观设计在外国第一次提出申请之日起 6 个月内，又在我国提出申请的，可以依照其所属国同中国签订的协议或共同参加的国际条约，或依照互惠原则，享有优先权。

8. 在审查程序上的区别

我国专利局仅仅对发明专利申请案实行实质审查，对实用新型申请案除形式审查外，只进行有限"查重"，即审查是否与审查员所掌握的已有申请案重复。这种查重尚不能到达新颖性审查的高度。对外观设计申请案则只进行一般形式审查。

我国专利法明确规定对违反国家法律、社会公德或妨害公共利益的发明创造，均不授予专利权。除此之外，还分别规定了不同类型的、不能获得专利的内容。

我国《专利法》第 25 条规定，不授予专利权的客体包括：

（1）科学发现；

（2）智力活动的规则和方法；

（3）疾病的诊断和治疗方法；

（4）动物和植物品种；

（5）用原子核变换方法获得的物质。

对前款第（4）项所列产品的生产方法，可以依照本法规定授予专利权。

就发明专利而言，可获专利的既可以是技术（如制造方法等），也可以是产品。所以专利法全文中，均有"方法专利"与"产品专利"之分。而就实用新型专利而言，则只授予产品。[1] 绝不会授予制作这种产品的技术。外观设计专利所保护的，甚至可以说是某种"作品"。

有人不了解专利权客体的这种特征，把"技术"说成是"标的"，而把"产品"说成是与之相应的"标的物"。[2] 这对于发明专利中的技术解决方案可能勉强说得通。对于外观设计专利，则不能言之成理了。

正如在知识产权概念中讲过的，在许多情况下（如在"权利质权"中），"标的"是专利权本身，既不是技术，也不是产品。

---

① 见中国专利局的《审查指南》第二章第五节。

② 见《中国法学》1996 年第 3 期，第 97 页。

第二节　专利权的获得

在 1992 年之前，可以说在我国（及有专利制度的国家）获得专利权的唯一途径是，通过向国家专利主管机关提交专利申请案，经审、批之后获得。而 1991 年年底关贸总协定乌拉圭回合出台了"知识产权协议"的邓克尔文本。其中要求过去未给化工、医药产品以"产品专利"的国家，对一部分未申请（也不可能再申请）专利的产品，给予专利主管机关之外的"行政保护"。西方称这种保护为"管道保护"。依 1992 年的《中美知识产权谅解备忘录》，我国于 1993 年开始了这种保护。这种"准专利"或"类专利"的保护，已经作为一种例外存在了。

但绝大多数专利权，仍旧是要通过向专利局申请的途径才能获得。本书也主要讲这种获得专利的程序。

一、专利申请案的提交

专利申请案既是技术性很强的文件，又是法律性很强的文件。它要说明一项发明的具体技术内容，还要说明申请人所请求得到的专利的权项范围。申请案本身的书写很重要，本来可以取得专利的发明内容，可能因为申请案中的失误而被驳回，或者缩小了本来可以受到保护的范围。申请案的提交也很重要，一般是越早越好。早提交申请案有三个好处：第一，绝大多数建立了专利制度的国家，在两个人就一项发明分别独立地提交专利申请时，都只接受先提交的申请。第二，前面提到过，有些国家实行"在先申请案全部内容"制度，它构成"现有技术"的威胁较大，而尽早提交申请，可减少遇上这种威胁的机会，并且还可以增强在相同技术领域里的竞争。第三，申请日被确定后，申请人就可以尽早放手利用或公开其技术，而不必担心在专利审查中自己否定自己了。

在一份专利申请案中，一般要包含6项内容：（1）请求书；（2）说明书；（3）权利要求；（4）附图；（5）摘要；（6）优先权请求。其中（4）不一定是所有申请案都必须具备的；（6）则不是专利法的强制性要求，缺少它有时并不影响专利的批准，但可能使申请人在其他场合受损失。下面对它们分别作一些介绍。

（一）请求书

请求书的作用是向专利局直接提出就某一项发明取得专利的请求。它一般放在整个申请案的最前面。大多数国家的专利授予机关都备有固定的表格。申请书中要写明如下内容：对授予专利的申请；发明的名称；申请人的姓名及身份（如果是在外国通过代理人申请，则代之以代理人的姓名、身份）；申请人签字。在申请人的姓名及身份一项中，一般都要求写明有关人的姓名或法人的公司名称、地址、国籍，还要保证自己确实是该发明的所有人。对于申请人必须是发明的所有人这一点，在许多国家的专利法中都摆在比较突出的位置。例如，美国专利法要求申请人写出誓词保证自己是所有人；英国专利法规定申请人要出具证件证明自己是所有人。作假誓或提供假证明，往往要受刑事处罚。如果申请人并不同时是发明人，则要求证明他与发明人之间有雇佣关系或转让关系，并出具雇佣合同或转让合同副本。在这种情况下，还会要求在申请书中另外写明发明人的姓名、地址，以便专利局把申请人对发明所有权的陈述文件复印后送达发明人（如果发明人不止一个，则须送达每一个人），避免有人假冒或强占他人的发明去申请专利。

我国《专利法》及实施细则，对发明与实用新型，要求在请求书中应写明发明创造的名称，发明人或设计人（自然人）的姓名，申请人作为自然人的姓名或作为法人的名称、地址、国籍、申请文件清单，等等。

对于外观设计，则要求与前两种专利申请有所不同。

（二）说明书

说明书是申请案的主要和关键的组成部分。在形式上审查一份申请案是否合格时，往往看说明书是否已经把发明内容陈述得足够完全、足够明确，是否同一领域的技术人员能按说明书去实施发明。还有少数国家在专利法或判例法中，进一步要求申请人必须在说明书中把申请时已研制出的最佳实施方案写明，否则也不合乎形式审查的规定。例如，美国巡回法院与专利上诉法院在 20 世纪 70 年代的一些判例中，已开始以"未陈述最佳实施方案"为由，判某些已颁发的专利无效；美国于 1980 年修订专利法时，又明文规定了这项要求。[1]"世界知识产权组织"1979 年为发展中国家起草的《专利示范法》中，也把提供"最佳方案"作为对说明书的一项专门要求。[2]

（三）权利要求

我国《专利法》第 26 条中所说的"权利要求书"在许多国家被称为"专利请求"。它的作用是向第三者申明将来的权利人将享有的权利范围，它与专利说明书是密切联系在一起的。大多数国家的专利法对专利请求都有两方面的要求：一方面，它必须简要、明确，使公众及司法机关都能根据它判断出一项专利的受保护内容。另一方面，它还必须能够通过专利说明书与申请案中的附图来加以解释，而不能在请求中开列说明书及附图中找不到的东西。如果某个人在说明书中陈述的是某种化合物的合成方法，在专利请求中却对制作这种合成物的机器要求享有专有权，那就属于越出了他所应当请求

---

① 参见美国 1980 年专利法第 112 条及 1982 年专利法实施细则第 1 条、第 71 条。

② 参见"世界知识产权组织"《专利示范法》1981 年版，第 123 条第 3 款。

的范围。许多国家的专利法还补充规定：专利请求本身必须是一个独立的部分；虽然它必须能够被说明书及附图解释明白，却不允许申请人仅仅在请求中写"参看说明书某某部分"。

专利请求是申请案的最重要的法律组成部分。日后衡量第三者涉及该发明的活动是否构成对专利权的侵犯，主要以专利请求中开列的权项为准。

不同国家对专利请求也存在一些不同的规定。例如，英美法系国家的专利法要求对请求保护的权利划一个明确的范围，这被称为"周界请求"制（Peripheral Claiming）。而大陆法系国家以及东欧国家，则实行"发明概念请求"制（Inventive Concept claiming）。即只是总的讲明自己的发明与原有发明的本质区别在何处就行了。值得注意的是：上述两种要求往往在日后的侵权中反映出与人们按常识所预想的情况正相反的结果。在司法实践中，经常见到：专利请求的权项写得越细，范围划得越明，越容易引出有利于被告的结果，即容易在侵权诉讼中被判为不属于侵权；而在专利请求中只写了一个总的概念，一个大的轮廓，倒使得很多"边缘"侵权行为最终被判为侵权了。还有少数国家，主要是一些拉丁美洲国家，并不对专利请求的内容作任何具体要求，甚至不要求写出专利请求来。在这些国家，一般是由法院在侵权诉讼或权利冲突诉讼中，以专利说明书为依据来判定专利权人的权项有哪些。就是说，专有权不是由申请人事先请求的，而是由法院依法事后划定的。我国法律并未硬性规定必须以"周界请求"式还是以"发明概念请求"式去撰写。

（四）附图

附图有时起着很重要的作用。有些专利申请案好像不十分需要附图，于是申请人在提交时未附上它，但在审查中专利局却认为非要不可。在这种情况下，虽然不一定影响申请人获得权利，但肯定要影响申请人的优先权申请日期的确立。因为，需要附图的申请案，只有在提交了附图时，才能承认其申请日。因迟交附图而推迟了法律认可的申请日，是不值得的。所以在一般情况下，申请人都应当在首次提交申请案时一并提交附图。附图的作用是使说明书更完整和明确。

（五）摘要

摘要的作用有两个：一是使人一望而知发明的主题是什么，便于专利局分类审查；二是在大多数国家里，专利一旦批准了，摘要将公布在专利公报上，以便使其他人迅速了解到与自己业务有关的或自己有兴趣的新技术，好决定是否索取完整的专利说明书。简言之，一是便于审查，二是便于技术交流。

摘要必须以尽量简要的文字或图表归纳出说明书、专利请求及附图的提要，尤其是发明的最突出的特点。

（六）优先权请求

优先权请求不一定是一项专利申请案的必备内容。没有参加《巴黎公约》的国家的国民提交申请时，完全没必要写这种请求。参加了这个公约的国家的国民，也经常是在本国提交过第一次申请之后，又在公约的其他成员国继续就同一发明申请专利时，才将优先权请求附在申请案中。当然，如果第一次申请就是按《专利合作条约》提出的"国际申请"，则必须把优先权请求作为申请案的一部分写入。这里有一个问题应引起注意：迄今为止，我国介绍专利申请程序的大多数文章都没有指出一个重要事实，即第一次提交申请的日期，虽然一般都被视为法定的"优先权日"，但申请人继续在别的国家申请专利时，别的国家的专利局并不主动把原申请日当作实际申请日。如果申请人在继续申请中未提出优先权请求，那么这些"别的国家"的专利局就会以该国实际收到申请的时间为申请日，这样申请人确立初步权利的日期就在该国被大大推迟了，这很可能影响在该国取得专利。

因此，优先权请求必须包括下列内容：（1）第一次申请案的提交日期——这是最主要的；（2）第一次申请案的编号；（3）第一次申请案的专利分类的类别；（4）第一次申请案所提交的国家（或国际组织）的名称。

提出优先权请求时的申请案，可能有两种与第一次申请案不同的特殊情况。第一，可能申请人在首次申请后的 12 个月内对自己的发明有了新的改良，所以向别的国家继续申请时，请求保护的权项扩大了。对于这种情况，国际上的惯例是：申请人仅仅有权在原有请求的范围之内，要求和享有优先权。那么，如果出现了更复杂的情况怎么办呢？例如，申请人在某国第一次申请时，划出了一个专利请求权项范围，第二次在另一个国家申请时，就同一项发明又划了另一个专利请求权项范围，那么，在第三个国家第三次申请时，他有权在哪一个"原有请求"范围内享有优先权呢？答案是：他可以就两种不同的原有请求，要求第三份申请案享有两个不同的优先权日。第二，多数国家的专利法都允许把专利申请案作为一种产权来转让，所以同一项发明的第一次申请的申请人如果随后转让了他的申请案，后来的申请人就将是另一个人了。这个换了的人是否有权在后来的申请中，请求享有原申请人的优先权日呢？大多数国家专利法中的回答是：只要转让活动是合法的，受让人就有权请求享有原优先权日。

二、专利申请案的审批

在我国，发明专利与实用新型及外观设计专利的审批程序是完全不同的，实质性要求也不一样。

所谓实质性要求，主要指的是"三性"要求。

（一）新颖性

根据《专利法》第 22 条、第 23 条，授予专利权的发明与实用新型，应当具备新颖性、创造性（即技术先进性）和实用性。而授予专利权的外观设计，则仅仅具备新颖性就够了。

对于发明与实用新型，"新颖性"是指在申请日以前没有同样的发明或者实用新型在国内外出版物上公开发表过、在国内使用过或者以其他方式为公众所知，也没有同样的发明或者实用新型由他人向专利局提出过申请并且记载在申请日以后公布的专利申请文件中。而对于外观设计来讲，"新颖性"仅仅指有关设计同申请日以前在国内外出版物上公开发表过或者国内公开使用过的外观设计不相同或者不近似。上述对发明与实用新型的新颖性要求，一般被叫作"混合新颖性"，而对外观设计的新颖性要求则可以叫作"狭义混合新颖性"。

有条件获得专利的发明，不仅应当是独创的，而且应当是首创的。它不能是已经存在着的"现有技术"（the State of the Art）中的组成部分。"现有技术"（有时也被称为"已有技术"或"原有技术"）是一个用来衡量发明是否具有新颖性（Novelty）的客观参照物。

"现有技术"指那些已经被（或已经能够被）人们所得到的技术。一般说，它包含下面五种情况：（1）已经在有形物（包括文字出版物，打字稿，录音录像制品，微缩胶卷，计算机软件上的孔洞卡片，计算机磁盘及终端荧光屏）上面公布出来的技术；（2）已经被口头公布过的技术；（3）已经在实际中使用的技术；（4）已经陈列或展出的技术；（5）潜在的"现有技术"。这最后一种指那些已经提交的、但尚未公布的专利申请案。它可以用来否定在后申请案中的"发明"的新颖性，因为相同发明的一个申请案即使比另一个申请案仅仅早一天提交，也肯定能够被作为参照物来排斥另一个申请案取得专利。

上述五项内容中的前四项，都有可能是某个发明人自己的同一项发明内容。就是说，发明人可能自己否定自己的发明的新颖性。例如，发明人在申请专利之前，自己在学术会上讲解了关于自己的发明，或是自己把发明应用于生产。在各国专利局的记载中，自己否定自己发明新颖性的实例是并不少见的。不过这种自己否定自己的情况有三个例外：一是某些国际公约中规定，在官方认可的国际展览会上展出自己的新产品，则在一年之内不构成自己否定自己的"现有技术"。二是有些国家的法律规定，在申请专利前一年之内，其发明被别人以非法手段获得（如盗窃）后公布或实施，不构成"现有技术"。三是如果发明人仅仅为进一步改良自己的发明而在实验室或者在其他实验过程中实施它，也不构成"现有技术"。

关于上述第五项内容包括些什么，不同国家的专利法有不同规定。总的讲有两类规定。一类是"在先申请案全部内容制"的规定。根据这种制度，在先提交的、尚未公布的申请案中所包含的一切内容，都构成潜在的"现有技术"，都可以当作参照物来否定在它之后提交的申请。另一类是"在先请求制"的规定。按照这种制度，只有在先申请案中的"专利请求"部分（即关于权利要求的陈述）包括的内容，才构成潜在的"现有技术"。

不同国家的专利法对新颖性的要求也不一样。有些要求世界范围的新颖性，即世界上任何国家的"现有技术"都可以用来否定本国专利申请案的新颖性。有的则仅仅要求与本国的、一定时期内的"现有技术"相对照具有新颖性。前一种经常被称为绝对新颖性。（Absolute novelty）或全面新颖性（Universal novelty），后一种则被称为相对新颖性（Relative novelty）或局部新颖性（Local novelty）近年来，许多国家仿效美国专利法中要求的新颖性，即在世界范围未以文字公开过、在本国未通过使用而公开的发明，视为具备了新颖性。① 这种新颖性一般也被称为绝对新颖性。② 但也有人为将它与上文所谓的全面绝对的新颖性相区别，而称之为"混合新颖性"。③ 我国专利法中所要求的即是这种新颖性。这种新颖性不过问一项发明在国外是否使用过，只要它未在文字出版物上发表过，就可以申请专利。

现有技术中的"现有"这个时间概念，是从某项发明开始被申请专利的那一天往前算的，凡在那一天之前已经有的技术，均称为现有技术。所以，专利的首次申请日（即按专利法规定的申请所必备的一切文件送达专利局的那一天；对邮寄的文件来讲，即邮出时的邮戳上标示的日期）在专利法学中被称为"关键日"（Critical Date）。在关键日之后出现的一切技术，都不可能再被用来否定发明的新颖性了。因此，关键日之后，申请人也就可以公布、甚至利用自己的发明了。在前面讲专利转让时，我们看到：专利申请案也可以转让；对其中包含的技术，也可以向第三者发行使用许可证，不过这一般要等到专利局对申请案实行"早期公开"之后。

（二）先进性

"先进性"（Inventiveness）在不同的国家的专利法中往往用不同的术语来表达。《欧洲专利公约》的成员国大都使用"创造性"或"进步性"（Inventive step），美国使用"非显而易见性"（Unobviousness），德国则使用"本质性区别"。这些不同的术语都是一个意思：能够获得专利的发明与现有技术相比，不仅要更新颖，而且要更先进；它不能够仅仅是从现有技术中简单地演绎出来的，

---

① 参见美国 1980 年专利法第 102 条。
② 参见彼得·罗森堡著：《专利法基础》，1982 年纽约版，第 7 章。
③ 参见"世界知识产权组织"《专利示范法》1981 年版，第 114 条的评论。

而必须与现有技术存在着本质上的不同；它对一个在相同技术领域具有一般技术水平的人来讲，必须不是一望而知的，亦即不是显而易见的。

如果说测定新颖性的参照物是现有技术，那么测定先进性的参照物就是现有技术加上"相同技术领域中具有一般技术水平的人"。不同技术水平的国家，这个"人"的水平肯定也会不同。但有一点是共同的：不能以相同技术领域的专家来作为标准，因为有时这种专家认为显而易见的发明，在实际上却是了不起的创新，是可以获得专利的。

在专利申请的审查中，先进性是"三性"中最难掌握的，原因是很难确定什么是"具有一般技术水平的人"。所以，大多数国家的专利法对于先进性只作了简单抽象的规定。而具体如何衡量，就留给专利局的审查实践或法院的司法实践去解决。有时，一项发明是否具有先进性很难确定，专利局或法院还会参考一些其他辅助因素。例如：该发明的应用效果与现有技术的效果相比，有没有明显的优点；工商企业或市场是否十分需要它；从长远看，社会是否需要它，乃至是否已有人想方设法仿制根据它所生产的产品，等等。这些参考因素本身虽不是先进性的标准，但往往可以从另一个角度证明一项发明具有先进性。比如与现有技术没什么本质差别的、不先进的技术所生产的产品，就不会有人打算仿制它。

（三）实用性

有些国家的专利法，把实用性（utility）表述为工业实用性。即使如此，一项发明无论能够应用在工业上，还是农业上、林业上、渔业上乃至商业、服务业上，都肯定会符合这项要求。不实用的发明不可能获得专利，最明显的例子之一就是"永动机"。实用而违反社会公德的发明，一般也不能获得专利，即使在许多资本主义国家，也不授予应用于赌博游戏的发明以专利。实用性是比较好理解、好掌握的，无需讲得太多。

第三节　专利权的灭失

专利权可能通过下列几种途径灭失：（1）专利局的撤销程序；（2）专利局复审委员会的无效宣告程序；（3）法院的无效诉讼；（4）漏缴专利年费；（5）权利人宣布弃权；（6）专利权有效期届满。下面我们逐个分析这几种灭失途径。

一、专利局的撤销程序

1992 年前的中国专利法，实行的是与当时日本相似的"专利授权前异议程序"。就是说，当审批程序走到《专利法》第 39 条时，即专利局在实质审查后无理由驳回申请时，不是就此颁发专利证，而是公告"将授予的专利"，看社会上有没有异议。这样，专利局要等 3 个月，看到没有异议（或异议不成立），方才批准专利。

而自 1985 年实施专利法几年的实践表明：在这 3 个月中，几乎没有什么人提异议。申请人与专利局都白等了"异议期"这段时间。于是 1992 年决定改为西欧国家当时（及多数国家现在）实行的批准专利后的异议制，亦即批准专利后有异议者，可请求专利局撤销有关专利。对专利局的撤销或维持决定不服，均可以再向专利复审委员会请求复审。如对复审决定再度不服，则与发明专利有关的权利人或撤销请求人，可到北京市中级人民法院诉专利局复审委员会。而对于实用新型及外观设计专利，复审委员会关于撤销或维持的决定则是终局的，当事人不能再赴法院告诉。

2000 年《专利法》再度修正后，进一步将异议程序合并入撤销程序。而且，对于复审委员会关于撤销或维持的任何决定，不满意者均可请求司法复审。这样就与多数国家的发展趋势更加一致了。

不过，到法院诉专利局的复审委员会，是我国专利法特有的规定。在一大部分由专利行政主管机构或其下设的机构作出行政决定的，不服者一般是去法院诉专利局。在美国，专利局作为代表国家行事的机构，不服者即到法院去诉"美国"。所以，我们经常可以见到美国专利判例中"某某人诉（V.）United States"的案子，实际上是诉专利局。在另一些国家，异议程序在"专利法院"进行。不满专利法院的判决，当事人可向上级法院上诉（而不是起诉）。我国的"专利复审委员会"究竟算法人还是"非法人单位"，还是其他诉讼中的主体，是个民事诉讼法及专利法均未最后解决的问题。

按照专利法的规定，如果在某专利撤销程序中被最终撤销，该专利被视为"自始即不存在"。这与专利到期、未缴纳专利年费或自己宣布弃权等途径灭失的专利权，是不一样的。

二、专利复审委员会与法院的无效程序

2000 年的《专利法修正案》，将这类程序集中在两条中，即：

第四十五条　自国务院专利行政部门公告授予专利权之日起，任何单位或者个人认为该专利权的授予不符合本法有关规定的，可以请求专利复审委员会宣告该专利权无效。

第四十六条　专利复审委员会对宣告专利权无效的请求应当及时审查和作出决定，并通知请求人的专利权人。宣告专利权无效的决定，由国务院专利行政部门登记和公告。

对专利复审委员会宣告专利权无效或者维持专利权的决定不服的，可以自收到通知之日起三个月内向人民法院起诉。人民法院应当通知无效宣告请求程序的对方当事人作为第三人参加诉讼。

如果依照前款规定，专利权人或者专利权转让人不向被许可实施专利人或者专利权受让人返还专利使用费或者专利权转让费，明显违反公平原则，专利权人或者专利权转让人应当向被许可实施专利人或者专利权受让人返还全部或者部分专利使用费或者专利权转让费。

提出撤销一项专利的理由，只能是有关发明创造不符合"三性"（对外观设计来说，只是不符合"狭义新颖性"）。而提出无效的请求理由，则可以是《专利法实施细则》所列的一系列理由（如违反国家法律危害公共利益、没有充分公开有关发明，等等）。

三、漏缴专利年费及声明弃权

专利法规定了作为专利权人的一项义务，应当自被授予专利权的当年开始缴纳年费。如果不交，则专利有效期中止，这当然也就导致专利权灭失。

世界上每年授予的专利，大部分是未实施或不能实施的。这里有经济收入上的考虑，投入上的考虑等多种因素。由于专利年费是逐年递增的，感到维持专利有效"得不偿失"的专利权人，可能有意不交年费而使之失效。这倒比书面声明放弃专利权更省事。但也有确因自己难以避免的客观原因而未能按时缴纳的。按照巴黎公约的"宽限期"规定，在短期内补缴，仍可恢复权利。如果在《专利法实施细则》规定的期限内仍未补缴，则不能再恢复权利。

纵观《专利法》及其实施细则的全文，可以看到不仅在专利权被最终授予后，有个不缴费即灭失的问题。在专利申请提出后，专利被授予之前，已经因申请而产生的"初期权利"（如优先权、请求实质审查权，等等），也均会因为未按照规定缴费而灭失。这是专利申请人及专利权人均应注意的。因专利权人书面声明弃权而使专利权灭失的实例极少。只是从理论上看，专利权属于权利人有权处置的产权，"处置"则包含着弃权。

四、保护期届满

自我国 1992 年依照 TRIPS 协议的要求将发明专利的保护期延长为 20 年，将实用新型与外观设计专利的保护期延长为 10 年之后，我国在一段时期内将存在几种不同的专利保护期。这就是：

（1）1993 年 1 月 1 日（1992 年修订后的专利法实施之日）后提出的发明专利申请所获发明专利——20 年；

（2）1993 年 1 月 1 日前提出的专利申请所获发明专利——15 年；

（3）1993 年 1 月 1 日后提出的实用新型与外观设计专利申请所获专利——10 年；

（4）1993 年 1 月 1 日前提出的实用新型与外观设计专利申请所获专利、又请求了续展的——8 年。

由于法律修订，造成保护期上的复杂性。在专利转让、许可贸易中，在专利评估中，以及在专利执法中，必须考虑保护期是否已届满时，切不可一刀切地认为都以 20 年为期。

第四节　侵权与制裁

专利权主要表现为一种"排他权"。我国专利法目前授予权利人的这种排他权，范围与多数其他国家相似，这就是《专利法》第 11 条所列的：

"发明和实用新型专利权被授予后，除法律另有规定的以外，任何单位或者个人未经专利权人许可，不得为生产经营目的制造、使用、销售及许诺销售其专利产品，或者使用其专利方法以及使用、销售依照该专利方法直接获得的产品。

外观设计专利权被授予后，任何单位或者个人未经专利权人许可，不得为生产经营目的制造、销售其外观设计专利产品。"

专利权被授予后，除法律另有规定的以外，专利权人有权阻止他人未经专利权人许可，为上两款所述用途进口其专利产品或者进口依照其专利方法直接获得的产品。用专利领域的术语来概括，即制造权、使用权、销售权及许诺销售权、进口权。

总的讲，凡是违反了我国《专利法》第11条，即未经权利人许可而实施了上述制造、使用、销售、进口，等等，即构成侵权。但具体讲起来，又不那么简单了。各国对于专利侵权认定及侵权制裁的规定，不尽相同；而我国在侵权认定及制裁上，又有个别规定与多数国家不同。至于侵权的投诉、处理，则我国更有自己的特点。

一、侵权行为

专利侵权一般均依专利申请案中的"权利要求书"去认定，亦即我国《专利法》第59条所陈述的原则。

专利的地域性与独占性，决定了一切可称为"侵权"的行为，必须具有两个前提。

第一，只有在一项专利的有效地域内发生的行为，才可能构成对该专利的侵犯。一个设在中国的企业，绝不可能在其于中国境内的活动中，侵犯任何美国专利；即使这个企业是某个美国公司的子公司，或某个美国公司与我合资经营的企业。一项美国专利中的技术内容想要在中国受到专利保护，它的权利人就必须以该技术为主题在中国申请专利。在认定侵权与否时，只认专利的"国籍"，这是个基本常识。不过，人们常常把专利的"国籍"与专利权人（包括法人——企业）的国籍相混淆，所以这里要特别提请注意：专利的

"国籍"与侵权行为发生地的那个国家必须是一致的,而与其他因素均不相干。我国参加了《保护工业产权巴黎公约》这一事实,也改变不了专利的地域性在认定侵权中的作用。任何在我国法院诉某某人或企业侵犯了一项外国专利的诉讼行动,均属于缺乏专利法常识的行动。

第二,由于专利权是被一定的人所专有的,所以只有未经许可的行为,才可能构成侵权。凡经过专利权人同意的行为,都不可能是侵权行为。这第二个前提看起来是不言而喻的,但在许多国家的司法实践中却不止一次遇到过下面的麻烦:"经过专利权人同意"的具体含义,究竟是什么呢?有时,答案是明确的。例如持有专利权人签发的许可证,或持有(经专利权人授权的)被许可人签发的从属许可证(也称为分售许可证),那自然是经过同意了。但有时答案就没这么简单。例如,某个第三者长期无偿地使用着别人的一项专利技术,而专利权人却始终未出来制止,那么,我们是否可以把这种沉默看作是一种暗示性的"同意"呢?按照一些国家的判例,确实把它看作暗示"同意"。但也不能排除一些特殊情况,如专利权人因受到威胁或受到其他阻碍而未能制止该无偿使用行为,则不能看作"同意"了。而且,这里讲的"长期"未予制止,在任何国家均不能"长"得超过了法定诉讼时效(我国《专利法》第61条规定为2年),否则无论专利权人是否曾暗示同意,他提起侵权诉讼都可能被法院(或专利管理机关)驳回。

认定侵犯专利权的又一个基本常识是:侵权行为一般都与一定的有形产品相联系。就是说,这种行为不是空的,不是不可捉摸的,它必然体现于正在制作的产品、已经上市的产品或正在使用的产品上。在思考中、在研究中、在讨论会上乃至在文章或著作中,采用或引用了其他人的有关专利技术,绝不会构成专利侵权。(在建立了

版权制度的国家，过量的"引用"有可能构成侵犯版权）

对于专利产品来讲，凡未经许可而制作它们，即构成侵权。对于专利制法或工艺流程来讲，未经许可而使用该方法生产产品（思考或研究的成果，并不属于这种含义下的"产品"），即构成侵权。不过，在后一种情况下，判断一个人采用的制造方法与其他人的专利方法是否相同，往往是非常困难的。所以，许多国家的专利法都规定：如果某专利发明系制造一种产品的方法，那么任何同样产品的制造者，如果拿不出相反的证明，就将被推定为采用该专利方法进行制造。我国的专利法，也是这样规定的。

专利侵权的行为，可能发生在产品开始制造之前，也可能发生在制造过程中，还可能发生在产品制成之后。

在制造之前发生的侵权行为包括：向非法利用他人专利的人提供设备或其他制造条件，唆使或引诱其他人非法利用他人的专利，等等。许多国家在专利法中，把这种侵权称为共同侵权（Contributory Infringement），有这种行为的人被称为"共同侵权人"。不过，这种行为的后果必须导致在一国地域内侵犯该国批准的专利，才构成共同侵权。例如，一个美国人在美国为一个中国企业提供了制造某其他中国企业的中国专利产品所需的设备，则前一个中国企业的活动虽构成侵权，该美国人却未侵犯任何人的专利，因此不属于共同侵权。在这里举"中国专利"为例，只是为了说明问题。实际上我国专利法对于共同侵权并未作明确规定。许多工业发达国家的专利法，在过去对此也未作规定，只是近年在修订专利法时才增添的。例如联邦德国虽已有一百多年的专利法历史，只是在其1981年生效的专利法中才增加了这项内容；英国虽在300年前就有了专利法，也直到1977年修订专利法时才增加了这项内容。

许多国家的专利法还规定：在一般情况下，不知侵权人的制造活动意在侵权而向他提供了活动所需的条件，也不构成共同侵权（但要拿得出"不知"的证据）。这样规定的目的是防止把"共同侵权"的面扯得太宽，以致惩罚了一些无辜的人。我国专利法既然未涉及产品制造前的侵权问题，也就没有规定因"不知"而提供有关条件能否被认定为侵权，只是 2000 年之前在第 62 条中规定了因不知而使用和销售，不视为侵权。

2000 年修改之后，在理论及实践上都进了一步。这就是修改后的第 63 条：

"为生产经营目的使用或者销售不知道是未经专利权人许可而制造并售出的专利产品或者依照专利方法直接获得的产品，能证明其产品合法来源的，不承担赔偿责任。"

就是说：对于"不知者"，第一，认定是侵权；第二，但不负赔偿责任。

在制造过程中的侵权，即指未经许可而仿制他人的专利产品或使用他人的专利方法。这是绝大多数国家专利法中关于"专利侵权"的通常含义。对这种侵权的定义，比较好理解。但对于这种行为的确认，又不那么容易了。如果甲企业完完全全按乙企业的专利产品仿制，那是比较易于确认为侵权的。在英美专利判例里，这类侵权称为"Pith and Marrow Infringement"，直译成汉语就是"丝毫不差的侵权"，或"可丁可卯的侵权"。在实际生活中，尤其在实施了多年专利法的国家中，这种侵权行为并不多见。一般意图仿制他人产品的企业，往往广取不同专利权人的专利中包含的不同内容，把它们结合起来制造自己的产品。在遇到这种情况时，法院或管理机关的主要任务是确认仿制者的产品从本质上看，是他人专利品的复制品，还是综合已有各种技术的新产品。如属于前者，当然就构成侵权了。在 1980 年第 2 期《欧洲知识产权月刊》（EIPR）上，专门就

"丝毫不差的侵权"与"本质侵权"进行了讨论，尤其讨论了确认后一种侵权时的技术问题。这说明即使在实行专利保护多年的国家，侵权的认定也是个需要不断总结和研究的问题。

　　产品制成之后的侵权行为，包括直接销售、使用、库存侵权产品，或提供侵权产品以使他人去销售、使用、库存。这类侵权行为涉及的面就很广了。而且常常是连锁性的。例如，一个厂商把侵权产品（如机器）提供给分销人去销售，分销人把它卖给用户，用户（明知其为侵权产品）又使用它去生产其他产品。在这里，从出厂到最后使用的整个过程中涉及的人（厂商、分销人、用户）都被认为是侵权人了。要注意的是：构成侵权的"使用"，必须是生产、经营性使用，而不是个人生活中的使用（当然更不是为非生产的研究工作而使用）。如果某个手表厂非法采用其他厂的专利制表技术制成手表，然后出售，那么成百上千个购买了这种手表的消费者（使用人）当然不是侵权人，专利权人没有理由（也不可能）对成百上千的消费者提起侵权诉讼。同样要注意的是：制成产品后的侵权行为的整个"链条"有可能断而复续。例如，某厂非法使用他人专利技术制成了手表后，未在本国出售，而是出口到外国，而该外国并未就同一项技术批准过专利，则手表在该外国的销售行为即不构成侵权。而该外国的销售者如果把表返销回它们的生产国，就又将重新构成侵权了。这种断而复续的侵权链条，还是由专利的地域性所决定的。从这里我们也可以看到：侵权认定中的许多问题，始终离不开专利法的最基本的问题。

二、专利侵权认定的"模糊区"

　　专利侵权的认定或否定，与商标权、版权相比，客观性及确定性都更强。这主要是因为比商标及版权制度历史更长的专利制度，在其发展过程中，产生出了"权利要求书"（Claim）制度，而这种制度又在较长的发展中，得以不断完善。

17世纪上半叶产生了近代专利制度；100年后产生了"专利说明书"制度；又是100多年后，从法院在处理侵权纠纷时的需求开始，才产生出"权利要求书"制度。[①]

从理论上讲，"权利要求书"由专利权人（尚且是"申请人"时）把自己要求得到保护的发明范围，清清楚楚地划出来，并在公开后的专利文件中昭示公众：切勿未经许可进入这个圈里来。正如在西方国家驾车驰在公路上，会不时见到大路边的岔路上有牌子写着"Private"，以示"公路"与属于私人的地产部分的"私路"的界线。当然，稍有不同的是：在"专利要求书"所划的圈子之外，未必均是"公有领域"的技术。属于他人在先已经专有、目前依旧专有着的技术，也会在这个圈子之外。

专利的"权利要求书"所划的这个圈子本来在理论上应当十分清楚，却从两个方面在实践中变得看上去有些模糊了。一方面，专利权人当初在申请专利时，希望专利审查部门把"权利要求书"的内容解释得越窄越好，以免稍不留意就"宽"到"已有技术"〔已有技术（Existing Art），也可以译为"现有技术"——但在我国专利法中却同时出现这两种不同的译法或用法，来表达同一个意思，这是立法技术上应当避免的〕之中，从而否定了所要求保护之内容的专利性。另一方面，已经成为专利权人之人，在侵权诉讼中，又总希望行政主管机关和（或）法院将"权利要求书"的内容解释得越宽越好，以便把凡是权利人认为是"侵权"的行为，均划入圈内，即

---

① 参见 W.Cornish：《知识产权：专利、商标、版权与有关权》，S & M 出版社牛津 1989 年英文第 2 版，第 78~85 页。

认定为侵权。

为把这个人为"模糊区"尽可能缩小，有些国家从立法上想了一些办法。如美国的"方法加功能权利要求"。美国的判例法又在 1994 年进一步发展和完善了对这种权利要求的应有解释。[①]有些地区性国际公约，也从理论上给以进一步的阐明。如《欧洲专利公约》，专为解释该公约第 69 条（有关"权利要求书"条款）而另行缔结了"议定书"。

在实践中，这个人为的"模糊区"可能被缩得更小。一是由于在许多专利申请中，与"权利要求书"相"配套"，还举出了"实施例"。如果这些"实施例"不曾被专利局的审查员要求修改或删除，则它们就形成"权利要求"这个圈子的实实在在的篱笆墙的一部分。任何人都很难在自己冒冒失失地撞进这堵墙后却推说并未看见它。二是凡出现专利侵权纠纷、又一时难以认定或否定侵权时，多有专利审批程序或（和）异议程序中曾记录下的事实，提供出客观、准确的依据。例如，在申请专利的过程中或异议过程中，为使原先申请的内容不至于全部被驳回或被异议掉，而自愿削减掉的那部分要求内容，在侵权诉讼中自然不应被重新纳入"模糊区"之内。所以，有的法庭在专利侵权纠纷案的审理中，花费相当时间清理原专利审批过程。这确是缩小"模糊区"，以最终达到认定或否定侵权的可取途径。

经过上述理论上与实践上的处理，从法律意义上看，专利侵权认定与否定的"模糊区"，可以被缩得很小，至少与商标或版权的侵权纠纷相比，其"模糊区"相对可以更小些。反过来讲，就是认定或否定的客观性与确定性更强些。

---

① 参见《美国专利季刊》第 29 卷之 2 第 1845 页，Donaldson 一案。

当然，与其他知识产权的侵权纠纷相似，在一大部分专利侵权纠纷中，被指为侵权的一方，往往会反诉对方的专利无效。而在专利的无效诉讼中，较客观、又较容易掌握的，是找对方之专利缺乏"新颖性"的证据。因为，不属于专利可保护的发明创造的范围，在法律中是比较明确的，只在极特殊的情况下会误授专利权。而"技术进步性"标准中，要由行政执法人员或法院先去选择和确认在相关技术领域中一个有中等技术水平的人，还要看看有关技术对他是不是"显而易见"的。于是使得这条试图走向"客观性"终点的道路中，已经布满了主观性的荆棘。"实用性"标准中同样引进了这样一位要由主观去认定的"所属领域的技术人员"。至于"实用性"中的其他因素，就似乎比"技术进步性"更缺少确定性了。

而"新颖性"标准，在各国都有分明的界线。以申请日为关键日，在它之前的出版物或行为，均可起到否定作用。这本应是"板上钉（动词）钉（名词）"般地明白无误的。但各国由于对出版物或（和）行为的解释差异，有时也会出现认定或否定专利效力的"模糊区"。

例如，在我国，同一个申请人在先申请（尚未公布）的内容，是否构成对自己新颖性的否定？《专利法》第 22 条回答：不构成。对此的法理解释是：如果同一个人的前后两个申请均可以获专利，专利局可以要申请人自己选择一项。[①] 但这里的法理解释似乎只考虑到同一个申请人只在中国专利局前后两次申请内容相同的专利的情况。如果我们把眼界扩大，也就会看到问题了。

如果同一个人于中国专利法实施前夕先在美国申请一项美国专利，3 年后又在中国就同样内容又申请中国专利。而这 3 年之中，美国并未公布其申请案，其间又没有"第三者插足"（即没有他人独

---

① 参见汤宗舜：《专利法解说》，专利文献出版社 1994 年版，第 99 页。

立自己搞出同样发明在任何国家申请专利的），则该申请人不仅无必要依巴黎公约请求 12 个月内的优先权，而且实际上反而比公约优先权延长了 3 倍。如果美国仍旧不公示该申请案，则实际的"优先权"还将继续延长。这只是问题之一。如果该申请人的中、美两申请后来均被批准了，依中国专利法，该两"专利"均应有效，由于地域性原因，这种"重复授权"的有效性，似乎不会出大娄子。但是，如果 3 年后申请的中国专利，申请人将该申请日作为巴黎公约的"优先权"日，依中国专利法也应是合法的。这时，至少会出现以下问题：

（1）该申请人是否可依后一申请的优先权日在国外申请专利？

（2）该申请人是否可依中美两项均有效的独立的"首次申请日"在中美要求享有两个"优先权"日？

（3）如果申请人在"优先权"期内获专利批准，又将中美两专利分别转让不同两方，该两方又均在一个不审查制国家均获得互相独立的专利。日后两家在该国发生专利冲突，法院应认定哪项专利有效？

可能还有一些未列举出的问题。正因为这些问题在实际中可能发生过，一大批国家（加拿大、芬兰、挪威、法国、德国、匈牙利、意大利、荷兰等）才在法律或审查指南中，认为同一个人自己的在先（未公布）申请，同样可以否定自己在后申请案的新颖性。

如果我国《专利法》第 22 条中的"他人"被删去，在认定与否定专利效力方面的"模糊区"，就可能会更缩小一些。当然，从理论上及立法、司法上，我国都还可以进一步研究和探讨这个问题及这一类问题。

三、行政处理、司法救济与制裁

我国专利法规定行政主管机关可以对专利侵权纠纷进行处理，

是我国专利法的特点之一，但并不是我国独有的制度。

早在我国实行专利制度之前，英国、匈牙利等一些国家，为便利权利人维护权利和减少花费，也都在法律中赋予了专利主管行政机关以处理侵权纠纷的权力。只是我国本来行政主管机关的权力就比较大，在 TRIPS（对我国尚无约束力）肯定了行政机关处理侵权纠纷的原则之后以及 1995 年中美知识产权协议（对我国有约束力）达成之后，这种权力再度被突出。在相当长的一段可预见的时期内，我国大多数专利侵权纠纷仍将由专利行政管理机关处理。

我国对于以司法途径处理专利侵权纠纷，在法律中规定得比较原则。所以我们有必要更多了解一下已有专利制度多年的一些国家的做法。在许多国家，专利侵权诉讼中的原告，在法院作出判决前，有权请求对被告的活动下达临时性禁令。因为有时一个案子要很长时间才能结案，侵权活动的继续可能给原告造成难以弥补的损失。在原告胜诉之后，则法院将向被告下达永久性禁令，即令其永远不得重复被判为侵权的活动。这种禁令，等于肯定了原告的独占权，并使原告的权利地位恢复原有状态。在判决中还会判被告对原告的经济损失给予赔偿。赔偿额的计算在不同国家有几种不同方式。一种是按原告受到的实际损失计算，一种是按被告的侵权所得计算，还有一种是按照在正常情况下使用人应当支付多少使用费来计算。在许多国家，专利法中并未规定采取哪种方法，而是由法院按不同情况酌定。

在许多国家，对侵犯一般财产权的司法救济，均适用于侵犯知识产权的情况。就专利侵权而言，除了上面讲的之外，也还有其他一些司法救济措施。例如，勒令交出（或交还）侵权物品、与专利有关的技术文件和资料，扣押侵权物品，销毁侵权物品，销毁制作侵权物品的工具，命令被告承担原告的诉讼费用，终止被告非法颁发的从属许可证的效力，等等。

最后对"禁令"再作一些解释。禁令的本来名称应当是"强制执行令"。因为它不仅有制止某人继续从事某种活动的意思，同时有强迫某人必须做某些事的意思，它是处理民事案件时由法院下达的一种命令。强制执行令有两种：一种是法院向民事诉讼中的当事人下达的，这在英文中叫 Injunction；另一种是上级法院向下级法院下达的，即 Mandamus。目前的英汉辞典把二者一律译为"禁令"。这就没有分清对当事人和对法院两种不同的命令的区别，而且仅仅译出了"禁"的一面，未译出强制"行"的一面。不过，在涉及专利的民事诉讼案中，几乎一切强制执行令都起"禁"的作用，即禁止侵权行为继续。所以，以"禁令"代"强制执行令"的译法，在这里还是可行的。

我国法院的司法实践，在民事赔偿的确定上，与多数国家相同。此外我国现行的《民法通则》还规定了法院可以对侵权人实行民事罚款等制裁。

我国民诉法及民法中均无"下禁令"的规定。但认定或初步认定侵权后，法院可责令侵权人"停止侵权"。

对于专利侵权，我国未规定刑事制裁。但对于假冒他人专利，规定了刑事制裁。"假冒他人专利"将处3年以下有期徒刑或拘役，并处或单处罚金。这是《刑法》第216条规定的。假冒他人专利，指当事人并未获某项专利，却谎称其已获，事实上该项专利是他人所获。在民法意义上这当然算一种侵权，但是否侵了他人的专利权？这与冒他人之名售自己的画一样，在法理界一直有争论。因为，前面讲过，"专利权"包括：制造权、使用权、销售权、进口权。"假冒"者并未按照专利权人的产品样式或有关技术制造产品，也未使用、销售或进口专利权人的专利产品，而只是在自己的产品上冒称是该专利权人的专利技术所制或冒称是该专利权人的专利产品。我国《专利法》第59条，明文把这种"冒名"行为当作侵权处理，这是合理的。因为专利权人必然有自己的真正专利产品上市（或将上市）。其产品在市场上肯定受到冒名者的不利影响。如果仅将冒名者以侵犯一般人的名称权那样论处，对专利权人显然是不公的。

2000年的《专利法》修正后，民事、行政、刑事制裁都比过去分得更清楚，规定得更明确了。这就是：

第五十七条 未经专利权人许可，实施其专利，即侵犯其专利权，引起纠纷的，由当事人协商解决；不愿协商或者协商不成的，专利权人或者利害关系人可以向人民法院起诉，也可以请求管理专利工作的部门处理。管理专利工作的部门处理时，认定侵权行为成立的，可以责令侵权人立即停止侵权行为，当事人不服的，可以自收到处理通知之日起十五日内依照《中华人民共和国行政诉讼法》向人民法院起诉；侵权人期满不起诉又不停止侵权行为的，管理专利工作的部门可以申请人民法院强制执行。进行处理的管理专利工作的部门应当事人的请求，可以就侵犯专利权的赔偿数额进行调解；调解不成的，当事人可以依照《中华人民共和国民事诉讼法》向人民法院起诉。

专利侵权纠纷涉及新产品制造方法的发明专利的，制造同样产品的单位或者个人应当提供其产品制造方法不同于专利方法的证明；涉及实用新型专利的，人民法院或者管理专利工作的部门可以要求专利权人出具由国务院专利行政部门作出的检索报告。

第五十八条 假冒他人专利的，除依法承担民事责任外，由管理专利工作的部门责令改正并予公告，没收违法所得，可以并处违法所得三倍以下的罚款，没有违法所得的，可以处五万元以下的罚款；构成犯罪的，依法追究刑事责任。

第五十九条 以非专利产品冒充专利产品、以非专利方法冒充专利方法的，由管理专利工作的部门责令改正并予公告，可以处五万元以下的罚款。

第六十条 侵犯专利权的赔偿数额，按照权利人因被侵权所受到的损失或者侵权人因侵权所获得的利益确定；被侵权人的损失或者侵权人获得的利益难以确定的，参照该专利许可使用费的倍数合理确定。

第六十一条 专利权人或者利害关系人有证据证明他人正在实施或者即将实施侵犯其专利权的行为，如不及时制止将会使其合法权益受到难以弥补的损害的，可以在起诉前向人民法院申请采取责令停止有关行为和财产保全的措施。

人民法院处理前款申请，适用《中华人民共和国民事诉讼法》第九十三条至第九十六条和第九十九条的规定。

第三章　专利保护中的特殊问题

第一节　专利侵权诉讼中的几个特殊问题

一、起诉人

有权对侵权起诉的人，从理论上讲首先是专利权人。对一切未经许可而利用其专利的行为起诉，正是专利权人行使其独占权的主要内容之一。但是，侵权诉讼的前提是发现侵权行为，能够发现侵权行为的人，却并不一定是（或经常不是）专利权人本人。这是因为，专利权人自己实施专利或销售专利品、从而取得收益的情况，并不普遍。他往往是把专利使用权许可给别人，而自己收取使用费。所以专利的被许可人倒是最容易发现、也最注意侵权行为的。被许可人又总是侵权活动的首当其冲的受害人——侵权活动并不一定妨碍专利权人收取使用费，但肯定会妨碍被许可人从利用专利过程中获得更多利润。如果侵权人是被许可人在同一生产或经销范围内的竞争者，被许可人受的损失就会更严重。因为同样使用着一项专利技术，侵权人不需要为它付出任何报酬，被许可人则必须支付专利使用费，因此后者的产品的成本会高于前者，前者在市场上将具有更强的竞争力。

正因为如此，大多数国家的专利法都规定：除专利权人之外，其他一些利害关系人也有权提起侵权诉讼，这主要指独占许可证的被许可人。普通许可证的被许可人也可以按许可证合同中授予他的诉讼权起诉；但如果合同中未授予他这项权利，在发现侵权活动时，他只有权要求专利权人去起诉。在后一种情况下存在一种可能：专利权人认为打官司花的钱比侵权引起的实际损失还要多，并不愿意起诉。对此，一些国家的专利法又规定：如果专利权人收悉被许可人的起诉要求后，在一定时期内未起诉，则被许可人即有权自行起诉了。在被许可人起诉时，专利权人可以作为诉讼参加人而不作为主诉人出庭。也有的国家规定专利权人不起诉时，也要分担被许可人的诉讼费。还有的国家强制性地规定专利权人必须作为主诉人起诉。如果他接到被许可人的要求而不起诉，那么如果被许可人自行起诉获胜，他必须减收许可证合同中原定的使用费；如果败诉，他也无权对被许可人实行任何制裁。

由于我国专利法未明确规定专利被许可人是否有权自行对侵犯专利权之人起诉，法院在实践中往往要求或是追加专利权人为共同原告（较少见），或是要求专利权人本人作为唯一原告。其原因，据说主要是为避免在被告反诉专利无效时，被许可人难以成为"反诉"中的被告。因为专利是否有效，就只能由专利权人作为当事一方了。

但那些允许专利被许可人对侵权起诉的国家，从来不认为反诉无效会成为一个难题。它们的法律规定：一旦在被许可人提起的侵权诉讼中被告诉有关专利无效，则侵权纠纷案暂停审理。另立无效诉讼案。待无效诉讼案有了结果，并确认有关专利依旧有效之后，该侵权诉讼案再继续审理。这种做法是值得我们借鉴的。

二、可以被诉的行为

对绝大多数正在进行的侵权活动，都可以诉讼。对已经结束或已经进行了很久的侵权活动，一般可以诉讼，但有个时间界限，即通常所说的"专利诉讼时效"。各个国家对这段时间的规定从 2 年到 6 年不等，个别国家规定得更长一些。诉讼时效不是从侵权结束时计算，而是从专利权人或其他有诉讼权的利害关系人得知该行为之日起计算。

我国对专利侵权诉讼时效的规定是 2 年。那么，2 年过后，如果侵权活动已停止，不消说，被侵权人无权诉讼了。如果届时侵权活动仍在继续，则被侵权人是否仍有权起诉呢？

这个问题在大多数国家（包括我国）专利法中均无答案。它是靠各国的普通民法典或司法实践（或最高法院的司法解释）去回答的。而且依案件不同，答案可能并不一样。相当一部分国家的民法典及知识产权司法实践认为：只要侵权在继续，则可以把每次延伸视为新的侵权起始，"2 年"时效将随之无限延伸，只是被侵权人不能再要求从原始起始日到其对侵权有所作为（警告、声明或起诉）之时的赔偿而已。①

①　参见 AIPPI1996 年年报第五卷，苏黎世出版。该卷全文介绍了几十个国家的诉讼时效制度。

在司法实践中，也有的国家允许特殊情况下在过了诉讼时效后起诉。例如，美国专利法虽然一直规定 6 年的诉讼时效，但 1974 年及 1977 年两个联邦地区法院的判例表明：当专利权人证明自己延误起诉有正当理由时，法院仍旧受理了他们的诉讼，并对被告下达禁令和判其赔偿损失。①

在侵权活动开始之前，如果专利权人有证据证明某行为很快就会构成对自己专利的侵犯，或该行为的正常延续必然构成侵权行为，也可以起诉。在一些国家的专利法中，把这类可诉讼的行为叫作"即发侵权"（Imminent Infringement）。

我国法律 2000 年前对即发侵权未作规定。所以，原则上讲，只要侵权未真正开始，权利人即无权诉讼。但由于世界贸易组织的 TRIPS 协议已经规定了应由行政及司法机关制止即发侵权，所以我国参加世界贸易组织之前，已经在修正专利法时增加了这方面的规定。

三、被告的辩护途径

（一）反诉

在专利侵权诉讼中，被告不一定只是作被动的辩护，他可能反过来对原告提起"无效诉讼"，即：承认自己的产品确实包含着原告专利权利中的内容，但同时又指出原告的专利本身是无效专利，因此自己的生产活动并不构成侵权。这是较常见的"反诉"。证明一项专利无效可以有各种不同的证据。最普遍的，是证明原告的有关发明不具备"三性"（新颖性、创造性、实用性）。如果能证明是原告申请专利之日前已公开过的"原有技术"，反诉就极有获胜的可能。

---

① 参见《美国专利季刊》，1974 年第 57 页；1977 年第 103 页。

除此之外，也可以证明有关发明不属于"可获专利的主题"，证明专利权人是无资格获专利者，证明专利权人未缴纳年费，等等。多数国家的专利法，均对判专利无效的依据作了一定限制，并有一些对提起诉讼之人的特别要求。例如西欧《共同体专利公约》（多数西欧国家，不管在不在共同体内，均依照它调整了本国专利法）第57条，规定只有六种情况可作为撤销已颁专利的依据：发明不属于可获专利的主题；专利说明书未对发明作充分、完整的披露；专利保护超出了应保护的范围；专利权人本来无资格获得专利；发现了申请日前的"原有技术"；该专利缺乏创造性或实用性。该公约在第56条中又规定：如果提起"无效诉讼"的人在共同体成员国内无长期居所或营业所，则在起诉时必须交付诉讼保证金。

大多数国家的法律都规定：在获得专利之后，专利权人一般没有义务证明自己的专利是有效专利，只是反诉人在无效诉讼中有责任证明其无效，然后由法院（或专利局）去裁决它是否有效。

在实行专利注册制（亦即"不审查制"）的国家，一切专利的效力，都只在无效诉讼中才可能得到审查。我国虽在总的方面实行审查制，但对于实用新型专利与外观设计专利来讲，如果它们在被批准前的3个月异议期内未曾受到争议，则其效力也只有在无效诉讼中才受到审查了。而如果这种无效诉讼是通过侵权诉讼中的反诉体现的，那么它可能发生在法院（我国专利法规定侵权诉讼可选择在法院或专利管理机关进行）。如果它真的发生在法院，反诉中对实用新型专利是否有效的审查，却又只能在专利局进行，而且专利局的裁决是最终裁决。这个矛盾，还有待我国将来的司法实际与专利行政管理实践去解决。

此外，侵权诉讼中的被告还可能反诉原告的专利本来应当授予自己；或证明自己实际上掌握着专利权，原告的生产经营活动才属于侵权。这样一来，侵权诉讼就转为"权利冲突"诉讼了。

（二）证明自己并未使用原告专利或系经许可而使用

被告也可以对原告的指控或法院的推定提出反证。例如，证明自己的生产流程与原告的流程的差异，或证明自己的产品与原告的产品形相似而质相远。这一般都是纯技术性的。但被告的自我辩护中起码可能有两种是纯法律性的：一是上面讲过的，证明自己的行为取得了原告的"暗示许可"；二是下面将要讲到的，证明自己的行为属于对专利技术的"合理使用"。

在这里也有一个要注意区别的问题。在一些国家的专利法中，列有关于"非侵权声明"（Declaration of Noninfringement）的条款。有人曾把它误译为："被告辩白自己并未侵权的申明"。这种理解是望文生义的。这个条款的来源是这样：在工商业活动中，往往发生如下情况：某企业主从事的生产或贸易活动，与某项他人的专利所涉及的领域联系很密切，所以有可能发生侵权，但该企业主自己并不能拿准是否确实会造成侵权。为了能够继续从事合法的经营活动，他可以请求法院（在有些国家请求专利局）确认一下他的行为并非侵权。法院（或专利局）如果经审查鉴定，认为不属于侵权，就会应他的请求发出"非侵权声明"，阻止其他人再对他的行为起诉。如果鉴定实属侵权或将属侵权，就会禁止他继续从事该活动。同时，这些国家的专利法还规定：如果已经有专利权人或利害关系人提出了侵权诉讼，那么要判断该企业是否侵权，就将依照原告提出的证据去审理，被告则不复有权请求法院发"非侵权声明"。不过，如果被告在诉讼中抗辩取胜，或反诉取胜，则仍可以请求法院发出"非侵权声明"。

（三）权利限制

上文所述的"专利权的有限性"中的任何一条，都可能成为被告为自己辩护的有力理由。这里就不重述了。

四、可能成为被告的非侵权人可以采取的措施

（一）非侵权声明

这项措施与上一项的辩护方式相同，不再重复。

（二）对于"以侵权诉讼相威胁"的诉讼

这句听起来像绕口令的话，不经解释是很难懂的。这种诉讼与前面讲过的"反诉"不同。许多国家的专利法专门规定了这种诉讼的程序，以作为制裁"不公平竞争活动"的措施。

在实行专利制度的国家，尤其是工业发达国家，每年申请和批准的专利都很多。从事生产或经销活动的人，对于自己的活动是否会侵犯（乃至是否已经侵犯了）别人的专利权，往往并不很清楚。于是在竞争者之间，就存在这样一种现象：一方为了牵制或破坏另一方的生产经营活动，谎称另一方的产品中含有自己掌握的专利，威胁说要对另一方提起侵权诉讼。而当另一方因害怕而中断了正常的生产或销售时，或虽未中断，但已不敢再像过去一样积极开展业务时，却发现威胁者并不掌握任何专利，或虽掌握专利，但并没有受到侵犯。很显然，另一方生产活动受到的影响，肯定会导致其经济上的损失。对此，一些国家的专利法（或法院惯例）准许受威胁的人对原威胁者起诉，要求赔偿损失。

在一方确实享有某项（或某些）专利权的情况下，"以侵权诉讼相威胁"往往难以同专利权人发出的"侵权警告"相区别。专利权人在认为某人的某种活动如继续下去必然会侵犯自己的专利权时，在未诉诸法院之前，有权通知对方加以注意，这就是"侵权警告"。究竟是"威胁"还是"警告"，主要可以从两点来区别：第一，威胁者可能享有、也可能不享有专利权；警告者一定享有专利权。第二，威胁者事后肯定不会提起侵权诉讼；警告者则在警告不能奏

效时将真正提起诉讼。所以，有的国家在司法实践中，把事后是否真的提起了侵权诉讼，作为区分威胁者与警告者的标志之一。同时，在专利法中，一般也并不笼统地讲"以侵权诉讼相威胁"，而是讲"无根据地以侵权诉讼相威胁"，才构成违法。

五、专利无效对原有侵权诉讼判决的影响

一项专利自被批准之后到保护期届满前的这段较长的时期里，有可能在冲突诉讼中，在无效诉讼中，以及因其他理由提出的专利复审中，被法院（在一些国家，只能被专利局）判为无效。被判无效时，又往往是视为"自始无效"。就是说，对专利作出的无效判决，是具有追溯效力的。那么，这种判决的追溯力对于原来的侵权诉讼判决有什么影响呢？在一项专利尚未被判为无效之前，任何未经许可对它的利用，都属于侵权。在侵权诉讼中如果专利权人获胜，往往要判被告对权利人赔偿，或判被告停止自己的活动。如果在该专利被判无效之后，在原来的侵权诉讼中被视为"侵权"的那些人请求追回赔偿费，或要求原专利权人赔偿自己因停止某些活动而造成的损失，那么事情就复杂了。

一些国家(或经济集团)的专利法或专利条约规定：如果法院（或专利管理机关）原先对侵权的判决是终审判决，并且该判决在专利被判无效之前已经执行，那么对该专利的无效判决不能影响原先就侵权作出的判决。西欧国家的《共同体专利公约》第35条，就是这样规定的。

我国2000年修正后的《专利法》，在第47条作了类似的规定。

第二节　专利犯罪、专利侵权与刑事制裁

我国的《专利法》在法条上，本来把侵犯专利权的民事责任（第

57 条、第 60 条、第 61 条）与假冒专利的刑事责任（第 58 条、第
59 条）分得清清楚楚。但许多论述却把它们弄得不清不楚了。

侵权，指的是侵犯了专利权人的专有权，而专有权是一种民事
权利。侵犯民事权利一般只通过民事诉讼、民事赔偿等途径去解决。
只是对于特殊的、极严重的侵权行为，也不排除使用刑事处罚。

在大多数国家的知识产权法中，都不乏以刑事制裁处理侵犯版
权或侵犯商标权的实例。但却只有为数不多的国家对于侵犯专利适
用刑事制裁。

英美法系大多数国家的专利法，对专利侵权不实行刑事制裁。
之所以如此，是基于这样一种理论：版权与商标权是昭示于众的，
侵犯这两种权利，不仅损害了权利人的利益，而且在许多情况下同
时欺骗了公众；而欺骗公众的行为则不是任何民事赔偿能解决的，
只有通过行政的及刑事的方法处理。侵犯专利权则不同。从直接意
义上讲，它不会起到欺骗公众的作用，而仅仅是损害了权利人的利
益，所以并未触犯刑律。也许有人会问：如果某人搞出了发明，另
一人却利用职权或用欺骗手段冒名去申请了专利，或如果某人的产
品并非专利产品，却标出"专利产品"的字样，难道也不构成欺骗
公众吗？不错，这些行为确实是欺骗公众的，因而（即使在英美法
系国家）也可能构成刑事犯罪，但它们却并不属于我国《专利法》
第 57 条意义的侵权。就拿非法侵夺他人发明的行为来讲，行为发生
时，专利权并未产生，故谈不上侵犯专利权。受损害一方可以依自
己的其他民事权利，或依刑法提起诉讼，但却不可以依自己尚不存
在的专利权去诉讼。非专利产品而冒充专利产品，也往往并没有涉
及任何具体的第三者的专利权，而只是冒用了专利名义。即使假冒
者明确标出自己的产品即是某某第三者的专利产品，这些国家也认
为这属于"冒牌"行为，他确实侵犯了第三者的某种权利，但仍不

属于第 58 条意义的专利侵权范围。就是说，即使在依刑事法律制裁这类行为时，把它们与未经许可使用专利权人的制造权、销售权、进口权等是明显分开的。

在大多数对一般专利侵权不实行刑事制裁的国家，专利法中几乎都有对于涉及专利的其他一些违法行为给予刑事制裁的规定。但它与侵害制造权等是明显地被区分开的。虽然侵权也是一种违法，但它同触犯刑律的违法是有本质区别的。

在专利法中规定了刑事责任的国家，下面几种违法行为，往往是要负刑事责任的：

（1）以欺骗手段在专利局登记。这包括并非原始专利权人而登记为专利权人，并非专利权受让人而登记为受让人，并非专利许可证的被许可人而登记为被许可人，等等。

（2）为营利目的而将非专利产品假冒为专利产品。但如果某人的产品曾经是专利产品，后来因保护期届满或在无效诉讼中被宣布失效，则在一段合理时期内该产品上仍带"专利产品"字样，不按假冒论处。

（3）为营利目的而将未申请专利的产品假冒为已申请专利。但如果某人确曾就其产品申请过专利，但后来中途撤回或被专利局驳回，则在一定时期内该产品上仍旧带有原先标示的"已申请专利"字样，不以假冒论处。

（4）以任何形式冒用专利局名义进行营业活动。

（5）非官方认可的专利代理人代理专利事务。

（6）以国家规定不得向外国申请专利的项目向外国申请专利。

对于这些违法行为，依情节轻重而可能处以罚金或监禁。如果实施上述行为的是某法人团体，那么刑事责任将落在其中的直接责任者或负主要责任的经理头上。这些刑罚条文，在有的国家列在专利法中，有的国家则列在刑法中（但专利法中一般会有"参照刑法某条"字样）。①

从这些项目中，可以看到没有任何一项是直接侵犯某个特定的权利人的。

专利"侵权"与涉及专利的"违法"之间，还有一个重要区别：对于侵权行为，在多数国家里只有专利权人或独占被许可人是利害关系人，有权起诉；而对于专利上的违法行为，任何人都有权起诉，因为它损害公众利益，所以公众成了利害关系人。在侵权诉讼中，法院判决被告付出的赔偿金，将全数交原告。而违法诉讼中的罚金，则一般只交国家，也有的专利法（如美国专利法）规定一半交国家，一半给原告。

有一些大陆法系国家的专利法中，则将许多在专利方面"违法"的行为视为侵权，并对其中严重的，给予刑事制裁。例如《瑞典专利法》第 57 条规定："任何人侵犯他人专利权，如系有意，则处以罚金或六个月以下拘役。"联邦德国 1981 年专利法第 142 条，《日本特许法》第 196 条，《瑞士专利法》第 81 条，等等，也都有类似规定。不过，即使这些国家，在应用刑法时，也是非常慎重的，应用范围也很有限。其原因也在于专利侵权与商标、版权等侵权的社会效果不同。例如在《瑞典专利法》中有一条规定："只有专利侵权行为影响到公众利益，并且有受侵害人提出请求，才可以由检察官提出刑事控告。"在《日本特许法》"刑事罚则"的 9 条中，仅仅有一条是关于专利侵权的（而其他都是前面讲过的专利违法）。联邦德国专利法虽规定了对侵权的刑罚，但据世界知识产权组织副总

---

① 上述英美法系国家对违法的刑事制裁规定及违法与侵权在专利法中的区分，均可见于世界知识产权组织出版的《工业产权法律与条约集》1983 年版，第 5 卷中的《英国专利法》第 109~112 条，《美国专利法》第 292 条；该书第 3 卷中的《印度专利法》第 118~124 条。

干事方那（K.Pfanner，联邦德国专利法学家）说，联邦德国法院在判决中从未使用过这些规定；它们仅仅是作为对侵权人的威胁而存在于专利法中。而且，联邦德国已有人提出在法律条文中应删除这种"备而不用"的条文。而不论这些国家的法律如何规定，有一点是十分清楚的，那就是：侵犯制造权等等专利权的刑事制裁条款与假冒专利罪的条款都是分列的。绝不会从前者解释出后者，或从后者解释出前者。

我国《专利法》中并不存在第 58 条、第 59 条之外的"侵权制裁刑事条款"。因此不宜随便将第 58 条、第 59 条的制裁范围解释为可覆盖第 57 条中的侵权行为。

专利法

论　文

试论我国建立专利制度的必要性 [*]

我国是否需要建立专利制度以及建立什么样的专利制度，至今仍旧是个有争论的问题。本文打算通过对其他国家专利制度利弊的分析比较研究，阐明什么是专利制度和实行专利制度的必要性。

一、专利与专有技术

有些同志对国际上现行的专利制度缺乏了解，往往弄不清究竟什么是专利。一种有代表性的错误看法是：我国的发明可通过出售专有技术的途径得到保护，没有必要搞什么专利制度。

专利制度最早在 1416 年见于威尼斯，但一般认为，1624 年英国颁布的《垄断法规》是世界上第一部专利法；这也是具有现代特点的专利制度的开始。"专利"一词出自拉丁文 PATERE，原意是"公开摆着的衣钩"。之所以由这个词衍生出"专利"（PATENT），因为它反映了专利的公开性。获得专利的先决条件是发明人把自己的发明公布出来，使公众能看到、了解到、得到发明中的专门知识。

---

* 编者注：该文首次发表于《法学研究》1980 年第 6 期。当时我国商标法、版权法等知识产权单行法的起草均已启动，但在是否应制定专利法的问题上，则仍旧有很大争论。该文目的是参加争论、表明作者的看法。该文写成于 1979 年。

而公众则承认发明人在一定时期内有制造、使用（或允许别人制造、使用）其发明成果的独占权，亦即专利权。把这种权利的获得和行使用条文固定下来的法律就叫作专利法。任何人都有权了解、抄录或研究别人的专利说明书中公布的制造方法、工艺或技术，但任何人都无权按照这些方法、工艺或技术去实施、去制作，否则就侵犯了他人的专利权，就会受到起诉，被要求赔偿。取得专利的技术内容是公开的，专利权是公开受专利法保护的。专利中包含的"独占"，仅仅指独占发明的实施，绝不指独占体现在发明中的专门知识。

专有技术（Know-How）也译为技术诀窍或技术秘密。正因为它是一种秘密，所以只有有义务保密的人泄密时，才负法律责任。获得了技术秘密的第三者，则属于"善意第三者"，有权实施和公开他所了解到的技术，而不必负任何法律责任。因此，发明人只能凭保密享有实际上的独占权，却不享有法定的专有权。第三者了解到他的技术秘密后，他就永远丧失了独占权利，用法律语言讲，即他的技术进入了公有领域（Has Entered Public Domain），他不可能再收回。但是，他如获得了专利权，专利法即公开保护他的专利权利以及由此而产生的物质财富的独占权利。所以，在西方国家的民法中，专利权被称为绝对权利，而专有技术所附带的权利则被称为相对权利。同样，在国际上有关技术进出口的许可证贸易中，专有技术仅在购买它的一定企业内凭保密受到保护；专利则在一切参加了国际专利组织的国家内都可以受到保护。

二、我国是否需要建立专利制度

我国在 1950 年曾颁布过《保障发明权与专利权暂行条例》。不过这个条例仅仅对非国营、非集体企业中个人搞出的发明创造授予专利权，而且条文规定也比较笼统。1963 年废止了这个条例而代之以《发明奖励条例》，经 1978 年修订后，至今还在实行。过去，我国同外国交往少，要不要建立专利制度的问题，还不显得十分突出。现在的情况就大不一样了。我国目前同外国的经济技术交往已发展到前所不能比拟的程度，还出现了合资企业、经济特区等事物。没有专利制度已给我们造成很大不便。以合资企业来说，在进行谈判时，有的外国公司就明确提出他们担心中国没有专利法，会把他们投入合资企业的专利技术给"推广"了。我国已开始成为国际经济生活中的重要一员，我们的正确途径应当是使我们保护发明与实用技术的法律制度适应已经变化了的现实，让国际上通行的专利制度为我所用，而不是躲开它。

有的同志认为：只要有外汇，总能买到设备，不会发生因我国无专利法而外商不肯卖设备的问题。而我国的现实状况恰恰是缺乏外汇。由于引进设备花费大，我们才要逐步减少设备的引进而扩大技术的引进，没有专利法就显得不适宜。而且，如果不研究国外专利情报而一味靠进口设备，进行仿制，就必然永远跟在别人后面，这对加速四化进程是不利的。何况在电子、化工等难以从成品返回原设计的领域，还几乎不可能走仿制这条路。有的同志担心买专利花费太大。其实，所谓买专利，实际指的是购买专利技术，即通过许可证协议，使用国外已获得专利的技术，这比起把整个专利权买过来的花费要小得多。而真正买专利权的情况在国外也是很少见的。

还有一种似是而非的意见是：决定赶超外国先进水平，不在于建立专利制度，而在于自己的努力。这种意见本身并不错，但如果用来作为否定专利制度的理由，就未免文不对题了。日本科学技术发展很快，除了在普及教育等方面的努力之外，专利制度是个重要的促进因素。仅举其钢铁生产中的一个例子。1951 年，奥地利有两家公司联合研究成功氧气顶吹转炉炼钢法，提高了效率，降低了成本。1956年日本买进这一专利技术并加以改进，研究成功了"氧气顶吹转炉烟气回收技术"，从1969年起开始向美国出口这项技术。目前，日本在氧气顶吹转炉炼钢方面已居世界前茅。

有些发展中国家在某些项目的专利保护上吃亏上当也是确有其事的。但这丝毫不能说明我们不应建立专利制度，而只是告诫我们，在建立专利制的同时，要注意培养这方面的法律和技术人才，使我们在同外国交往中心中有数。多年来，参加了国际专利组织的发展中国家并没有一个退出，这个事实说明，那种认为"发展中国家实行专利制深感不便"的意见是站不住脚的。

还有的同志认为：我国技术比较落后，需要引进的技术占多数，出口的技术只占少数，建立专利制度，岂不是主要保护了外国人的专利权吗？首先，这种看法是片面的。我们即使没有专利制度，也必定要与向我国进口技术的国家签订双边协定；而一个个双边协定，也起着保护对方专利权的法律作用。只是我们没有专利法，又未参加国际专利组织，我们的发明只能在与我们有双边协定的国家内受到保护，享受不到在多数国家的专利保护；而对方的发明专利则可在一切参加了专利组织的国家都受到保护。其次，从暂时、从局部看，我们引进专利技术，确实要付出一定代价，但从长远、从全局看，这样做却有利于我国科技的发展；我们甚至在科技获得发展之后，也能出口改进过的发明专利，那又有什么不好呢！

还有一些同志不同意建立专利制度，是出于担心专利制度会像它的资本主义国家那样，带来一些弊病，不利于我国经济的发展。这实际牵涉另外一个问题：我们建立什么样的专利制度才能对我国的经济发展产生积极的促进作用。这个问题需要引起我们高度重视和进行深入的研究。

三、建立适合我国情况的专利制度

西方法学家一般把世界上现行的专利制度分为五种类型，以英、美、法、苏、（西）德五国分别为代表。这几种专利制度中，有一些做法是大多数国家认为不足取的，我们可先不必考虑对其借鉴的问题。如美国采取的以发明在先确定专利权的归属（大多数国家以申请专利在先确定归属），法国的不审查主义（大多数国家要对发明的价值进行严格审查），苏联的授予作者证（大多数国家授予专利证），等等。但这些国家的专利制度中确有值得我们参考和借鉴的内容。例如，英国的专利申请程序，分为比较特殊的两步：最初提出申请时，附上临时的发明说明书，以取得初步权利；此后 12 到 15 个月内再提交完整说明书，以备取得终极权利。在提交完整说明书以前，发明人可以主动对专利请求有所增减，而不是像许多国家那样，仅仅被动地根据专利局的要求，决定增减与否。英国这个做法有利于减少附加申请或再申请给发明人及专利局双方带来的不便，值得我们研究参考。再如，英国可以由本国自然人或法人，代外国人申请在外国搞出的发明。在我国的经济特区及其他地区的中外合资企业中，也可能出现外国公司希望将其准备在我国使用的技术，以我国国民的名义申请专利的事例，我们能借鉴英国的做法，可能比较相宜。比如，美国实行的是"发明在先"原则，但专利法中规定，对于有证据证明确实在某项发明中付出劳动代价，作出贡献的人，即使实现发明和申请专利都在后，也可考虑授予专利权。这种做法值得我们参考。我们对于确实发明在先，只是因种种原因没有申请在先的人，或自己的研究成果对别人实现发明起了决定性作用的人，可以考虑授予专利权。把这一点作为我们实行"申请在先"原则的补充规定，是有积极意义的。

发展中国家的专利制度，大都是仿照上述五种类型中的某一种，例如，拉丁美洲国家的专利法多与法国相似，曾为英殖民地或现为英联邦成员的国家多与英国相似，菲律宾与美国相似，等等。由于沿用发达国家的专利法，有些发展中国家感到某些不便，也就并不奇怪。我们建立专利制度时可以吸取前车之鉴，尽量避免这种情况。许多发展中国家都规定，于本国搞出的发明，必须在本国实施。这种有利于促进民族经济发展的措施，值得我们参考。我们只要能发扬过去的长处，学习发展中国家利用专利法保护民族经济的好的做法，同时注意避免这些国家已感到不便的那些弊病，就能在实践中走出一条我们自己的路子来。

有些同志认为，我国是社会主义国家，"发明应属于全民"，不应建立专利制度。这种意见实际上是主张在科技领域继续"吃大锅饭"，搞共产风。现在，扩大企业自主权，用经济方法管理经济，已越来越为人们所接受。而实行专利制度，则正是以经济方法管理科研成果，使企业的自主权不仅限于人权、物权，而且延及知识产权。这将有利于鼓励科技人员搞发明的积极性，有利于督促企业领导关心本企业的科研活动和发明成果。在这方面，长期实行专利制度的罗马尼亚、南斯拉夫等国，都有不少值得我们借鉴的经验。例如，罗马尼亚对于值得推广的专利发明，这样规定：经通知专利局后，在国营企业间可以互用；在非国营企业与国营企业间，可通过签订许可证合同，使用发明成果。我认为，后一点规定，我们就可借鉴。此外，我们还可以通过国家征用的方式，付给企业合理报酬后，推广有关技术。总之，所谓"独占"，在社会主义国家不应该同在资本主义国家一样，它应当是相对的，不是绝对的。只要我们在专利法中作出适当规定，就可以避免企业之间互相封锁技术，以致妨碍技术发明推广的不良情况。至于越来越多的集体企业以及中外合资企业中的发明，如果没有专利制度，仍然采用"吃大锅饭"的办法，那将更加无法对待。

总之，我们只要善于研究和借鉴外国各种不同类型专利制度的经验，并从我国的实际出发，我们就能逐步建立起具有我国自己特点的专利制度。

试论我国专利法的特点 [*]

摘要

本文对我国颁布的专利法和世界各国的专利法进行了一些比较研究，从中归纳了我国专利法的十个主要特点。作者认为，这部法律是适合我国国情的，其中有些规定在世界上也是比较先进的。

我国的第一部专利法已经正式颁布，不久即将付诸实行。我国是社会主义国家，专利法中必然要体现社会主义的原则，我国又是个发展中国家，专利法必须有利于引进先进技术，促进本国经济的发展；我国是建立专利制度较迟的国家，这又使我们有可能参考大多数国家已有的专利法，尽量取人所长，避人所短。这些因素，就使得我国专利法表现出一些独有的特点，从中反映出了这部法律的优越性。

我认为，我国专利法有十个主要特点。

1. 把"推广应用"发明创造作为"专利保护"的主要目的之一

这是在专利法开宗明义第一条就申明了的。世界上绝大多数国家的专利法都侧重强调保护专利权人的无形产权，以此作为专利立法的目的；我国则是把保护专利权作为一种手段，来达到"鼓励发

---

* 编者注：该文刊发于《学习与思考》1984 年第 12 期。

明创造，有利于发明创造的推广和应用，促进科学技术的发展，适应社会主义现代化建设的需要”的目的。过去许多专利法学家、专利法学著作都无例外地认为，"推广"与"专利"是不能相容的，我国专利法则使之相容了。这不能不说是专利立法中的一个大胆创举。把"推广"作为目的，这就把保护专利同技术封锁划清了界限，有助于消除多年来人们在这方面对于我国建立专利制度的疑虑。

2. 三种专利权人

我国专利立法的作用之一是要有利于贯彻对外开放政策，引进先进技术，这就还需要消除国外先进技术所有人对于我国专利法的上述特点（即以"推广"的目的）的顾虑，使之敢于并乐于到中国来申请专利。为此，我国专利法又独特地把专利权人分成了三种：（1）专利"持有人"。我国的国营企业属于此类。他们持有的专利，可以在国内、在较宽的条件下被推广。（2）中国专利"所有人"。我国国民和集体企业属于此类。归他们所有的专利，可以在国内、在较有限的条件下被推广。（3）外国自然人、外资企业及中外合资企业取得了中国专利的人（或法人）。归他们所有的专利，不能被推广。由于这种具体的划分，使中外发明创造者们都能明确推广的适用范围，一些人不必要的顾虑（如担心"一家引进，百家共享"）就自然会消除了。

3. 国家计划许可证

我国专利法避免了过去那种"吃大锅饭"的做法，没有规定专利归国家所有或国内任何企业均可任意使用，而是采用了新的"国家计划许可证"的制度。这就是：国务院有关主管部门和省、自治区、直辖市人民政府根据国家计划，有权决定本系统内或者所管辖的全民所有制单位持有的重要发明创造专利允许指定的单位实施，由实施单位按照国家规定向持有专利权的单位支付使用费。同时，集体所有制单位和个人的专利，对国家利益或者公共利益具有重大意义，需要推广应用的，由国务院有关主管部门报国务院批准后，也参照对全民所有制单位的规定办理。这样一来，我国的专利就既不同于西方国家那种比较绝对地归个人所有的状况，又不同于苏联采取的"专利归国有，个人领取发明证书"的办法。就是说，既避免了专利的实施被个人或少数集团所垄断，又保护了发明人权利和利益，因而更有利于促进发明创造和技术推广。

4. 三种专利合一

把发明专利、实用新型专利与外观设计专利合并在一部专利法中加以保护，这在世界上是不多见的；而把这三种专利又分别规定得如此明确，那就更加少有了。联合国世界知识产权组织总干事对我国专利法的评价是：这是世界上唯一把三种专利区分得如此清楚的专利法。

在是否保护外观设计专利的问题上，我国过去一直存在着争论。但从世界上大多数国家的立法看，外观设计都是受到保护的，只不过有的是以专利法保护它，有的以专门的外观设计注册法保护它，还有的是以版权法保护它。我国尚无版权法，如果在专利法中对外观设计也不保护，那对于我们开展国际交往显然是不便的。就国内而言，保护外观设计也是改变目前不少产品不注重装饰，只实用、不美观的状况的迫切需要。

三种专利并入一部法律，不仅使法律本身变得简短，也可使管理机关便于管理。

5. 不授予"进口权"

在《专利法》第11条中，可以看到"中国专利"的权利人所享有的专有权内容。这就是：（除国家计划许可证适用范围外）任何单位或个人未经专利权人许可，都不得实施其专利，即不得为生产经营目的制造、使用或者销售其专利产品，或者使用其专利方法。这就暗示说，专利权人对于专利产品的进口，是无权控制的。

在发展中国家，是否授予专利权人以"进口权"，一直是个有争议的问题。发达国家的先进技术所有人，往往同时在许多国家申请专利。其目的：一是在这些国家发放许可证，收取使用费；二是享有实施该项技术的控制权。同一个专利权人在发达国家发放的许可证，往往被生产能力较强的人所持有，他们的产品如果能够不受控制地向发展中国家出口，就会使该专利权人在发展中国家获得的专利失去实施的机会。因此，外国专利权人一般都希望能够在发展中国家获得"进口权"，以便阻止上述情况发生。但发展中国家由于担心他们会因此垄断本国市场，往往不愿授予他们"进口权"。有些发展中国家虽然授予专利权人"进口权"，另一方面却使用了"国家征用"等更加严厉的措施加以限制，不容许外国人滥用"进口权"。我国则既不授予"进口权"，也没有采用任何"国家征用"措施，因此不会对引进技术产生太多的不利作用。

6. 专利保护范围较窄

我国刚刚建立专利制度，不可能像一些实行专利法已有一百年甚至几百年历史的国家那样，把保护面铺得很宽。但是，可以预见到，当我们的专利管理工作逐步取得经验，管理人员的队伍逐渐加强之后，专利保护面也会逐步放宽的。

《专利法》第25条规定对于一些项目不授予专利，这就是：（1）科学发现；（2）智力活动的规则和方法；（3）疾病的诊断和治疗方法；（4）食品、饮料和调味品；（5）药品和用化学方法获得的物质；（6）动物和植物品种；（7）用原子核变换方法获得的物质（但（4）（5）（6）项中的生产方法可以获得专利）。上述（1）（2）（7）项，是一切建立了专利制度的国家都不授予专利的；第（3）项，有少数国家授予专利（如美国），第（6）项，则不仅有一些国家授予了专利，而且还专门为保护植物品种的专利权缔结了一些国际公约（如1961年在巴黎缔结的《保护植物新品种国际公约》，已有17个成员国）；第（4）（5）两项，则是越来越多的原先不保护它们的国家也开始提供保护的（如大多数西欧国家）。

第 25 条中没有说明是否对计算机软件授予专利。许多国家的专利法及地区性专利公约明文规定不授予计算机软件以专利，而美国等少数国家则已经开始对软件授予专利。当前世界新技术革命是以广泛应用计算机为突出标志的，因此计算机软件的法律地位也还会有新的发展。我国在这方面暂不作规定，是比较主动的。

7. 专利保护期较短

《专利法》第 45 条规定：发明专利权的期限为 15 年，实用新型和外观设计专利权的期限为 5 年，但可以续展 3 年。多数发展中国家专利法中的保护期都是较短的，发明专利多在 15 年以下。发达国家则比较长，多在 20 年左右。较短的保护期，有利于某些技术的全面推广（即不分各种类型专利权人的占有状况），这符合发展中国家的经济现状，也符合我国专利法的总目的。

8. 较先进的审查制

《专利法》第四章规定了我国采用"早期公开，请求审查"的制度，这在目前国际上是比较先进的制度。

世界上的专利审查制度可以分为实质审查制、部分审查制和不审查制（即专利注册制）三大类。实质审查制是多数发达国家所采用的，它的优点是颁发的专利证水平较高。部分审查制则是一些过去采用不审查制的国家现在采用的。它的主要特点是靠专利管理机关对专利申请案的新颖性加以确认（或否认），而对于申请案中的发明是否具有"技术先进性"，则不在管理机关作进一步审查。这种制度的优点是专利批准周期比上一种短，缺点是所批准的专利的水平不及上一种高。至于专利注册制度，则是日益被淘汰的制度，只有一些没有审查能力的发展中国家还在实行它。

实质审查制又有三种：一是审查中不公布申请案，二是早期公

开，请求审查；三是早期公开，延迟审查。第一种制度的典型是美
国。美国在批准一项专利之前，申请案中的内容始终只有专利局与
申请人才能掌握。如果申请案被驳回，则专利局有责任为申请人保
守有关发明的秘密；如果被批准，则将申请案公布。这种制度的优
点是：如果申请人得不到专利保护，还可以退一步靠保密享有实际
上的"专有权"。它的缺点是：技术情报公布得太迟，不利于促进
科学的发展与实用技术的研究；申请人也只有在批准专利之后才能
发放使用许可证，因此推迟了技术的利用和取得收入的时间。第二
种制度是被越来越多的国家所采用的，以《欧洲专利公约》为典型。
它的具体内容是：专利局收到发明申请后，经初步审查符合要求，
即在 18 个月内予以公布，然后在 3 年之内应申请人的请求进行实质
审查。在专利申请案被公布后，申请人即有权发放许可证和收取使
用费。这就避免了第一种制度的上述弊病。第三种制度与第二种大
致相同，只是进行实质审查的期限由 3 年放宽为 7 年。这种审查制
度更有效地保证了专利的水平，但也有审批周期太长的缺点。荷兰、
联邦德国与日本是这种制度的典型。

我国专利审查基本上采用了与《欧洲专利公约》相似的制度，
但有一点重要不同，即他们采取"批准专利后异议程序"，我们则采
取了日本式的"批准专利前异议程序"。不过仅就这点讲，现在还难
以肯定是优点还是缺点——许多原先采用日本式异议程序的国家现
在都改成了前者，而不是相反。

9. 便利的专利诉讼程序

对于专利申请人不服专利局驳回决定的情况，《专利法》在第
43 条中规定了行政诉讼与法院诉讼两种程序，但后者只适用于发明
专利的申请人。法院诉讼是在对行政诉讼结果再度不服时才适用的。
对于专利权人对侵权人的诉讼，也在第 60 条中规定了行政诉讼与法
院诉讼两种程序，不过这二者是可供起诉人自行选择的。这样的规

定使权利人在维护自己的权利时会感到非常便利。

不同国家对于专利诉讼有不同的规定。在有些国家（如美国、法国、联邦德国等），专利侵权问题只能诉诸法院。其中有些国家现在还对涉及专利合同的诉讼案采取仲裁方式解决，并建立了相应的仲裁庭。还有的国家（如英国），专利侵权既可以诉诸专利局，也可以诉诸法院。至于由专利局之外的其他"专利管理机关"处理专利侵权问题，则在各国专利法中非常罕见。而我国《专利法》第 60 条正是这样规定的。由于专利诉讼的技术性很强，有些是法院很难处理的；而在我们这样一个大国，如果法院处理不了的专利诉讼案都由中国专利局处理，不但专利局难以负担，对诉讼人也极为不便。所以，规定专利管理机关（今后各省、市、自治区和中央各部均将设立这种机关）有权处理这类问题，是符合我国的实际情况，便于有效地解决问题的。

10. 合乎国际惯例

在保证具有中国特色的同时，我国专利法还基本做到了合乎国际惯例，这将减少我国对外经济技术交往的障碍。这样的例子在我国专利法中是很多的。例如，第 18 条关于某些外国人在中国申请专利的资格的规定，第 22 条关于专利"三性"内容的规定，第 28 条关于申请日确立依据的规定等等，都是与大多数国家专利法中的规定相一致的。又如，第 24 条关于"临时保护"的规定，第六章中关于强制许可证的规定，第 62 条第 4 款关于权利限制的规定等等，则是与大多数国家参加的《保护工业产权巴黎公约》相一致的。

我国《专利法》的上述特点，使我们完全有理由预期，这部法律的实施必将大大促进我国科学技术的发展，加速四化建设的步伐。

当然，作为我国第一次制定的《专利法》，其中也难免不够完善之处，有待于在今后的实践中进一步总结经验，充实提高。

专利侵权的刑事制裁问题 [*]

知识产权的特点之一是专有性。因此，未经权利人许可而使用他人的知识产权，一般就会构成侵权行为（在"合理使用"及"强制许可"的范围内例外）。专有权是一种民事权利。侵犯民事权利，一般通过民事诉讼、民事赔偿等途径解决。但这并不排斥在特殊情况下，在民事诉讼中使用刑事制裁，或直接对侵权提起刑事诉讼。以刑事制裁方式处理对知识产权的侵犯，在多数国家的知识产权法中都有规定。有的国家（如英国），"表演者权"（版权内容之一）完全是由刑法来保护的，它被称为"靠刑法而产生的民事权利"。在几乎一切国家的商标法中，也都订有对侵权给予刑事制裁的条款。我国现行《商标法》第 40 条就是实例。那么，类推起来，对专利侵权施以刑事制裁，也应见诸于大多数国家的专利法中，但事实并非如此。

英美法系的大多数国家对专利侵权都不实行刑事制裁。之所以如此，是出于这样一种基本理论：版权作品与商标都是昭示于众的，

---

    * 编者注：此部分内容选自《知识产权法若干问题》（甘肃人民出版社 1985 年版）第 49~51 页。

侵犯这两种专有权，在许多场合不仅损害权利人的利益，而且欺骗了公众，对前者可以通过民事赔偿解决，而对后者必须也只能施以刑罚。专利侵权则不同，从直接意义上讲，侵权人并没有欺骗公众，所以不触犯刑律。有人会问：如果某人搞出了发明，另一人却利用职权或欺骗手段去申请了专利；或某人的产品并非专利产品，却标上"专利产品"字样，等等，难道不构成"欺骗公众"吗？不错，这些确实是欺骗公众的行为，但它们并不属于专利侵权。以前一种情况为例，当剽窃他人发明成果的行为发生时，"专利"尚未产生，所以不可能构成专利侵权。受害人可以依据其他权利起诉，却不可能依尚不存在的"专利权"起诉。上述第二种情况，并未直接侵犯任何具体人的权利，它实际上是冒用了专利局的名义，擅自使用了只有专利局才有权批准的标示，使用人违犯了国法，却并未"侵权"。

在大多数对专利侵权不实行刑事制裁的国家，其专利法中又几乎都有针对"违法"而不"侵权"的行为实行刑事制裁的规定。这些行为主要包括：（1）以欺骗手段在专利局登记。这包括自己并非专利权人而登记为专利权人，本人并非受让人而登记为受让人，本人并非许可证持有人而登记为持有人等。（2）为营利目的而将非专利产品假冒专利产品。但如果某人的产品过去确曾是专利产品，但因保护期届满或在无效诉讼中被判无效，则在一定时期内，其产品上仍带"专利产品"字样，不以假冒论。（3）为营利目的而将未申请专利的产品假冒为已申请专利。如果曾申请专利但被驳回，则在驳回后一定时期内仍带有"已申请专利"字样，不以假冒论。（4）以任何其他方式假冒专利局名义进行营业活动。对于这些行为的刑事处罚，依情节轻重而处以罚金、拘役（或监禁），或并处。监禁时间可达 5 年之久。如果上述行为的主体是法人，则制裁将落在直接当事人或公司、企业的主持人头上。有些国家的刑法典本身就包括对上述违法行为的制裁，所以专利法中只规定"参照刑法某条执行"。在《英国专利法》第109~113条中，《印度专利法》第20章中，都有前面讲到过的各种规定。而这与"侵权"是作为两个完全不同的内容存在于法律中的。侵权被称为"infringement"，而上述行为则称为"offence"，以示区别。

从英美法系国家的专利法看，专利侵权与在专利问题上违法之间，还有另一个重要区别。对于侵权行为，只有受侵害的专利权人，或他的受让人、独占被许可人，或经这些人授权的代理人有权在法院起诉。因为只有他们被认为是"利害关系人"。而对于违法行为，则任何人都有权起诉，因为公众中的每一个人都可以是利害关系人。在侵权的民事诉讼中如果判被告赔偿，则肯定是对原告的赔偿，将交付原告。在违法诉讼中如果对被告处以罚金，则它将交给国家（有些国家专利法规定罚金半数奖励原告、半数归国家）。这里附带说一下，作为刑事制裁的罚金，即英文中的fine，与作为行政处罚的罚款是性质完全不同的。而过去许多法条的译文，都把fine译为"罚款"，这是不对的。

在有些大陆法系国家的专利法中，则订有对专利侵权给以刑事制裁的条款。例如《瑞典专利法》第57条规定："任何人侵犯他人的专利权，如果系有意的，则处以罚金或六个月以下拘役"。在《联邦德国专利法》第49条、《日本特许法》第196条、《瑞士专利法》第81条中，也都有类似的规定。这说明对专利侵权究竟是否实行刑事制裁，要由不同国家根据自己的不同情况决定。应当注意的是：即使在专利法中作了这种规定的国家，在应用它们时也是非常慎重、非常有限的。其原因之一，我认为也在于专利侵权的社会效果与商标、版权的侵权不同。在《瑞典专利法》中有这样一条规定："只有侵权行为影响到公众利益，并且由受侵人提出请求时，才可以由检察官提起诉讼"。在《日本特许法》的九条罚则中，只有一条关系到专利侵权，其他都是对违法而未侵权的惩罚。联邦德国专利法虽然规定了对专利侵权实行刑事制裁，但据 WIPO 副总干事、联邦德国专利法学家范纳尔（K.pfanner）介绍，联邦德国法院在判决中从来没有使用过它，它仅仅作为一种对意图侵权的人的威胁存在于专利法中。他还说，联邦德国已有人提出：这种从来不使用的条款，没有必要继续保留在专利法中。

欧洲经济共同体是一个兼有大陆法系与英美法系的国家的组织，如果将来《共同体专利公约》生效，对于"共同体专利"的侵权，将由公约的实体法统一处理。那么，它是否使用刑事制裁呢？公约本身对此并未回答，但从其中规定的专利诉讼程序看，可以推断答案是否定的。因为，公约第73条规定"欧洲法院"有权对公约成员国法院审理的诉讼案作预审裁决；第69条又规定如果专利诉讼的原告及被告在公约成员国境内均无居所或营业所，则案件由联邦德国联邦法院受理。国际公法的常识告诉人们，刑事判决是没有"域外效力"的。此外，为建立欧洲经济共同体而制定的《罗马条约》，也仅仅授予"欧洲法院"在民事赔偿或其他民事司法救济方面进行判决的权力。这样看来，对专利侵权采取刑事制裁，虽然在一些国家仍实行着，却有一种减弱的趋势。

不过，国际上有些法学家认为：刚刚建立专利制度的国家，为确保专利权人的利益，以刑罚对侵权者相威胁是必要的。这种观点在一定程度上反映在 WIPO1979 年为发展中国家起草的《专利示范法》中。这个示范法的第 164 条规定："任何明知某行为构成专利侵权而为之者，即构成违法，应处以罚金或监禁，或二者并处。"1981年9月修订这个法时，仍保留了这一条。我们可以看到，这种侵权行为必须是"有意"的。无意而侵犯了他人的专利权，即使后果再严重，也只负经济赔偿责任，不致处以刑罚。

在东欧国家中，并非对专利侵权都有刑事制裁。这些国家对"侵权"与"违法"作了较明确的区分。例如，《罗马尼亚发明与革新法》第78条、第79条，规定对伪称为发明者或革新者的人、对未经批准而在国外申请专利或在国外利用发明的人，都将处以刑罚；而对于专利侵权者，却没有规定用刑法。《苏联发现、发明及合理化建议条例》第8条，对于强迫发明人放弃权利者、未经发明人同意而在申请专利（或发明证书）之前泄露发明内容者，规定要负"民事及刑事责任"，而在第30条中，又规定：凡侵犯专利权者，均依"苏联及各加盟共和国的民法"赔偿损失。

我国专利制度建立后，如对专利侵权实行刑事制裁，会有一定的益处，但必须慎重。多年来，企业之间在技术利用上一直是"吃大锅饭"。推广技术一般是无偿的。如果一下子从无偿到不仅有偿，而且违反了还要施以刑罚，自然会使不少人感到变化幅度过大，在短时间内适应不过来。因此，如专利法对侵权的刑事处分作了规定，除了司法机关量刑适度之外，还需要相应地进行宣传教育。

专利诉讼由谁受理为宜 *

民事诉讼是维护民事权利的必不可少的手段。如果某个规定民事权利的实体法，缺少与它相应的诉讼程序，那么这种权利就会在受到侵犯时，或在权利人与第三者发生其他冲突时落空，成为一种无法行使的权利。马克思曾指出过：一切实体法都具有本身特有的必要的诉讼形式（见《马克思恩格斯全集》第一卷第 178 页）。解决民事权利纠纷的途径不止诉讼一种。调解、仲裁也都是可供选择的方式。不过与专利有关的争端，除涉及专利许可证合同之外，与调解及仲裁都很少相干。所以这里我只来谈法院诉讼。

专利权是一种民事权利，专利诉讼程序在任何国家的专利制度中都是一项不可缺少的内容。而专利诉讼中遇到的第一个问题，就是由谁来受理这种诉讼案。这个问题很难用简单的几句话回答。

首先，专利诉讼有不同的类型。大致讲，可以分为两大类。

1. 当事人与专利局之间的争议引起的诉讼

这种诉讼中又有几种不同情况，如专利申请人对专利局驳回其申请案不服的诉讼；第三方对公布后的申请案提出的异议被专利局

---

　　* 编者注：此部分内容选自《知识产权法若干问题》（甘肃人民出版社 1985 年版）第 51~54 页。

判为不能成立，该方不服而提起的诉讼，等等。

2. 当事人之间的争议引起的诉讼

这种诉讼也可能有几种不同情况，如专利证颁发后第三方提出的"无效诉讼"；专利权人在行使权利时遇到相同发明的在先使用人，或相同发明内容的专利的所有人时，发生的"权利冲突诉讼"；侵权行为发生时的侵权诉讼，等等。就是在侵权诉讼中，又可能有不同情况。对侵权，一般是权利人提起民事诉讼，但在特殊情况下也可能由权利人或第三方，或公诉人提出刑事诉讼。

所以，很难笼统地说上面这些不同类型的诉讼应当由谁受理。世界上不同国家的专利制度所做的规定也各不相同。

在美国，专利的行政管理机关与司法机关各自的权力范围划分得比较明确。专利局一般只过问授予专利的事宜，专利证一经颁发，大多数诉讼案或纠纷的解决，就都是法院的事了。不过，即使在这种较严格的权力划分中，也存在某些重大的例外。从 1981 年 7 月 1 日起，美国专利法的实施细则（见《美国联邦条例汇典》第 37 编 1.520 及 121 条）允许任何第三方（包括专利局长在内）在一项专利颁发之后，在交纳 1500 美元复审费及必要文件的前提下，对于任何他认为无效或部分无效的已颁发的专利，向专利局提出"复审要求"。专利权人本人如在专利证颁发后希望修改专利权项或做其他修改，也可以向专利局提出"复审要求"。但即使有这样一些例外，专利局与法院在权力上的大体划分，也排除了由专利局来受理专利侵权诉讼与权利冲突诉讼的可能性。美国专利侵权诉讼的第一级受理机关是设在各州的联邦区法院（而不是州法院）。外国人在美国提起专利诉讼，则统一由哥伦比亚特区（即首都华盛顿所在地）联邦法院受理。上诉（及再上诉）的受理机关是"关税与专利上诉法院"及联邦最高法院。

英国的专利诉讼受理情况，代表着另一种类型。英国现行专利法给专利局长赋予了较宽的受理权。专利局不仅在审查专利申请案时有受理异议的权力，而且在专利证颁发之后，仍旧有受理异议诉讼及冲突诉讼的权力。专利法为一般的诉讼人提供了两种选择，在专利局诉讼或在专利法院诉讼都可以。不仅如此，按照专利法第 61 条规定，如果在侵权争端发生后，诉讼当事人双方协商取得一致意见，也可将侵权诉讼提交专利局处理。在旧专利法中曾立了一条限制：赔偿额超过 1000 英镑的侵权诉讼，不得提交专利局，只能由法院受理。而现行专利法连这一条也取消了。英国实行这种特别的专利诉讼受理制度，主要是从诉讼费出发考虑的。英国法院诉讼费很高。而且当事人不能直接出庭，要由他的出庭律师（Barrster）代理；当事人又不能直接同该律师打交道，还要通过庭外律师（Solisitor）当中间人。这样一来律师费也很可观。而在专利局出庭，则只要通过合法的专利代理人就行了。为了避免使诉讼当事人花很多钱去法院提起根本得不到赔偿的诉讼（如异议诉讼与某些冲突诉讼），或赔偿费很少的诉讼，法律为其本国国民提供了在专利局起诉的便利。英国受理专利诉讼的法院仅有一家，即设在高级法院（Highcourt）中的"专利法院"。这个法院是按 1977 年专利法设置的。在此之前，专利诉讼由"工业法庭"（Industrial Tribunal）受理。英国对侵权行为不进行刑事制裁，至于因专利上的违法而提起的刑事诉讼，只能由"皇家法庭"（Crown Court）受理，这当然是专利局无权过问的了。英国的这种受理制度，对一些英联邦国家有一定影响。

与英国的制度相反，存在着另一种典型，即专利局只起一个登记作用，一切其他事宜，无论是实质性专利审查，还是专利诉讼，统统是法院的事。这种制度的代表曾经是法国。意大利、西班牙、葡萄牙和一些拉丁美洲国家的制度曾经与其相似。目前法国与意大利为了适应《欧洲专利公约》与《共同体专利公约》的最低要求，已经改变了他们的传统做法。西班牙也于1981年修订了专利法，改变了传统的"登记制"。由法院承揽一切的制度是法国资产阶级大革命的产物。它的理论依据是：在资产阶级的"三权分立"中，行政机关不应具有对法律问题的酌定权。因此，一项发明是否符合法律对专利的要求，不应由专利局来审定，而只能由法院去判定。于是，专利申请人只要到专利局履行一个登记手续，通过形式审查，他就获得了专利证。至于该专利是否有效，则要在日后发生的冲突诉讼或侵权诉讼中，由法院经实质性审查后予以确定。这种制度有三个明显的缺点：第一，它不可能为专利权人提供有效的保护。第二，它所颁发的专利是"鱼龙混杂"的，可能有质量很高的发明，也可能有连中等程度都达不到的发明，而后一种发明如果在日后未遇到侵权或冲突问题，从而不提交到法院，它倒可能始终是"有效"的。第三，由于专利局不进行实质审查，它就不可能向公众提供任何有价值的技术情报。所以，这是一种日渐被现代专利制度所淘汰的制度。

那么，反过来，是否可能把英国式的典型引向极端，由专利局来承担一切专利诉讼呢？这样的制度还未出现过，也很难行得通。因为对专利局的终局裁决仍旧有不同意见时，理应给专利申请人在其他机关继续依法申诉的机会。这不仅对有效地保护发明人的应得权利是必要的，而且对协助和监督专利局的工作也是必要的。如果在专利审查的问题上，始终只能由专利局说了算，那么在取得专利权这一环上，专利制度就已经有明显的缺陷了。即使在英国，法律虽允许专利局受理专利诉讼，却不允许专利局阻止人们对它的裁决不服时诉诸法院。况且，专利诉讼中还包括刑事诉讼。即使一个国家的专利法对侵权不实行刑罚，它对冒用专利局名义，伪造专利号码、违反国家保密规定向国外申请专利，伪称已申请专利或已获得专利等等行为，也会给予刑事制裁。这样的诉讼，有些甚至是要由检察机关起诉的。而无论由检察机关还是由旁的机关或个人，把这种诉讼提到作为行政单位的专利局，并由专利局做出刑事判决，都是讲不通、行不通的。在允许专利局受理专利诉讼的制度下，往往也规定了：专利局如果认为有关案件应由法院受理，则可以拒绝接收。如现行《英国专利法》第 37 条第 8 款，就是实例。

当然，法院受理专利诉讼，有一个不便之处，那就是它缺少专利局所具有的技术审查力量，但这并不是不可解决的。

第一，可以成立专门法院。这是许多国家现在所采用的方式。专门法院的审判人员均由既懂技术又懂法律的人组成。但专门法院也不可能设置专利局那么庞大的机构。即使有了这种法院，也不排除下述做法：在审理与专利局的裁决无关的诉讼案（一般是侵权诉讼）时，将技术问题提请专利局处理，并由专利局做出鉴定（如某一产品是否系专利产品的仿制品），而由法院量刑、判决。在审理与专利局的裁决有关的诉讼案时，由法院指定有关技术领域的其他专家做出技术鉴定，而由法院判决。

第二，在法律对专利局与法院的权限做一般划分的前提下，允许诉讼人选择去专利局还是去法院诉讼。"一般划分"指：专利审查由专利局承担；对专利局审查中非技术性的过失或错误（如审查员滥用职权，在公布说明书前泄露了发明，驳回申请的决定不合程序，等等），可向法院起诉；刑事诉讼，应向法院起诉。侵权诉讼中如果技术性很强，可由起诉人选择向专利局起诉，如果是明目张胆地冒用（如冒用专利权人的专利号），则可选择向法院起诉。

我国的《民事诉讼法（试行）》第 4 条规定："民事案件的审判

权由人民法院行使",它并没有赋予任何其他机关以受理诉讼的权力。相反,它倒是规定了"法院审理民事案件的工作不受任何行政机关干涉"的原则。这部法律的第 22 条,又将一切侵权诉讼列入了"地域管辖"一类,它规定:"因侵权行为提起诉讼,由侵权行为地人民法院管辖"。由于专利诉讼往往涉及很专的技术问题,所以在我国未决定成立专利法院之前,或虽然决定了但尚未成立起来之前,可能需要对民事诉讼法的上述规定作一些调整,以使专利局在专利诉讼方面有一定受理权。同时还要免除较低级的侵权行为地人民法院(如区、县级人民法院)所承担不了的任务。但不论怎样调整,从理论上和实践上讲,都不宜使专利局担负起受理一切(或大部分)专利诉讼案的任务。当然也不宜使法院担负起审查专利申请的任务。不过这后一个问题目前还不大可能在我国出现。

专利申请过程中的"关键日"
与权利的利用*

　　在我国的专利法颁布之前，国内已有一些单位和个人在国外提出了专利申请。一项专利从申请到批准，一般都要拖较长时间，在实行"延迟审查制"的国家，就会拖得更长。可是，又只有较少的国家从专利证书颁发之日起计算专利保护期，多数国家都是从法定申请日或申请案的"早期公开"日起算的。如果某申请人的专利申请在某国用了 8 年时间才获批准，而该国专利有效期是从申请之日算起 15 年，那么，专利权人岂不是只在不到一半的有效期内实际享受了自己发明中的利益吗？这看上去似乎不太合理。但实际上，如果专利权人真的只是在正式获得专利证之后才着手去利用他的权利，那他实际上是没有合理地理解有关法律。

　　专利权人可以加以利用的权利，在大多数国家里并不始于专利证颁发之日，而是远在这个时间之前。专利有效期之所以在不同国家会出现前面提到的三种不同计算方法，是因为在从申请专利到批

---

　　* 编者注：此部分内容选自《知识产权法若干问题》（甘肃人民出版社 1985 年版）第 54~56 页。

准专利的过程中，存在着三个"关键日"；法定申请日；早期公开日；专利批准日。

一、法定申请日

有人在谈起"申请日"时，常把它与提交申请案之日等同起来，这是不全面的。提交申请案之日对于权利的产生来说，在多数场合是无关紧要的。凡是参加《保护工业产权巴黎公约》的国家，其国民只要在一个成员国提交过专利申请，则在 12 个月内就同一发明向其他几十个成员国提交的申请，都可享有原申请日。此外，有的国家（如联邦德国）如果发明人原先曾就某一发明在本国申请过专利，而在一定时间内他又改进了原发明，希望再提交另一份申请案，以便多请求一些权项或扩大一些受保护范围，那么，他可以要求把原申请案的提交日作为后一申请案的申请日。在上述这些后来的申请场合，申请日与申请案实际提交日并不相同，它们被提前了。"法定申请日"则是个比较确切的概念，它既包括第一份申请案的实际提交日，又包括在后的申请案（一般不止一份，即不止在一个国家提出）依法享有的优先权日。

在法定申请日确立后，申请人起码就能够享有三种权利了。第一，实施权。如果一项发明的个人实施不为法律所禁止（诸如邮电通信、枪械制法等发明，在多数国家不允许个人实施），那么法定申请日一经确立，申请人就可以开始实施自己的发明，甚至出售所生产的产品了。因为大多数国家对发明的新颖性所下的定义都是："申请日前"未在国内（或国外）公开使用。这就是说：在"申请日后"即使公开使用，也不会自己否定了自己发明的新颖性。第二，优先权。一项申请案即使后来连形式审查都未通过，申请人原先做的一切工作也不都是徒劳的。因为，只要法定申请日被确立，申请人（必须是《巴黎公约》成员国国民）即可以在其他国家，在 12 个月内享有这个日子产生的优先权。由于不同国家的专利实体法很不相同，所以即使申请案在申请人的本国不获批准，却仍有可能在不止一个其他国家被批准。这样一天，这个日子对于肯定要被驳回的那份申请是意义不大了，但对于阻止其他相同发明的所有人申请专利却大有意义，它构成了在 12 个月内对于除申请人之外的任何人的发明的"占先技术"。这是一种不容忽视的特权。第三，转让权。申请日确立后，对申请案的所有权，就可以作为一种财产权转让了，当然，实践当中转让申请案的事例并不多，不过它毕竟已经是申请人可以行使的权利。

二、早期公开日

凡实行"早期公开制"（其中也包括法国式的部分审查制及联邦德国、日本的延迟审查制）的国家，都规定了要把这个日期在官方公报中或以其他方式加以确认，这个日子被看得十分重要。它一般发生在法定申请日（在有些国家规定为实际提交申请之日）后第 18 个月。即使在专利局不主动检索、不主动开始实质审查的制度下，早期公开申请案也是由专利局主动进行的。申请案一经公开，就产生了两方面的效果：一方面，一切未经申请人许可而使用申请案中发明的行为，就要被视为侵权；另一方面，申请人可以发放其申请案的许可证，许可他人使用有关发明，并收取使用费。

在申请案的利用问题上，大多数国家都把它与专利权的利用同等对待。在早期公开后，可以以申请案发放许可证，可以转让，可以把它当作资产去投资，在有些国家还可以把它当作保证品、抵押品而用于抵押，总之，可以对申请案实行与专利一样的全面利用。

申请案与专利一样，在贸易活动中最常见的利用方式是发许可证。申请案许可证合同的条款，与专利许可证基本相同，只是有两点要注意：一是在合同序言中要写明的不是专利号，而是申请号；二是许可人应坚持订立"效力不担保条款"——他不可能预知申请案最终将被驳回还是获得批准，这种不担保条款的作用在于一旦申请案被驳回，被许可人将无权追回已交付的使用费，而仅仅有权不再继续支付这种费用而已。

在侵权诉讼问题上，许多国家的专利法或判例中都规定：即使一项申请案最终被驳回，或正式批准的专利在日后的无效诉讼中被判"自始无效"，发生在早期公开之后的、不经允许而利用了申请案中的有关发明的行为，仍旧属于侵权行为；在申请案被驳回或专利被判无效之前对侵权人的判决不得翻案，原侵权人不得追回已交付的赔偿金。

三、专利证颁发日

对于许多国家的专利申请人来讲，这个日子的重要性并不高于早期公开日。专利证的颁发虽然使申请案中的初期专有权转变为完整的专有权，但它实质上又不过是对早已被申请人利用着的权利给以行政上的最后确认；专利有效期也在颁发专利证之日前早就开始了，因此"颁发日"在权利的利用上并不标志着什么新起点或里程碑。

不过，在以发明在先（而不是申请在先）定优先权的国家，在专利审查中并不公布申请案的国家，专利证的颁发日就成为真正的关键日了。只有在颁发专利证时，申请案才与公众见面，所以只有在此之后才发生专利侵权问题，也才会有许可证的发放问题。以美国为例，在专利正式批准之前，专利局不会主动公开申请案中的内容；即使申请案被驳回，专利局也仍旧有义务为申请人保密。法律规定：专利局工作人员如果泄露了申请案中的发明，则可能负刑事责任。申请案只可能被申请人自己公开，而最常见的公开原因是申请人对专利局的最终驳回决定不服而诉诸法院，由于法院的审理是公开的，申请案也就被众所周知了。所以美国的专利律师往往劝申请人：如果对自己发明的专利性不是有十足的把握，不要到法院去诉讼专利局。原因很清楚：只要发明没有公开，发明人虽然得不到专利保护，却仍旧可以退一步取得普通法的保护，即靠保密维持着实际上的专有权，以及把发明作为一种商业秘密来发放许可证。不过，同样应注意的是，在这些国家、虽然为申请人着想，可以劝说他不要自己去公开申请案，但法律却并没有禁止申请人在申请案待审过程中利用申请案。例如美国的现行专利法规定："专利申请案、专利或任何其中的权益，均可以依法通过书面文件转让。"

至于专利证颁发之日后的权利利用问题，那是人们比较熟悉的，这里就不多讲了。

由于我国尚未参加《巴黎公约》，所以专利申请中的第一个关键日对我国的申请人还不是十分重要的（当然，对任何人来讲、都是越早申请越有利）。而第三个关键日又是多数人所熟知的。所以，本文的主要目的在于提醒申请人注意第二个关键日。

试论中国专利法 [*]

一、经过慎重考虑的一部法律

中国历来的许多立法，很少有经过二十多次重大修改才颁布的，而 1984 年 3 月颁布的《中华人民共和国专利法》，则是这样一部法律。[①]

中国这部专利法的准备工作，可以追溯到 1979 年。当时颁布的《中外合资经营企业法》中，第一次提出了在中国保护"工业产权"的问题。[②] 国内外的有关人士自然要关心：中国将以什么专门法来保护这类无形、专有的产权呢？ 1982 年 8 月，新的中国商标法颁布了，起码已有一项工业产权的保护有了确实的法律保证。而人们都知道：新商标法的起草工作比专利法的起草工作要迟很长时间，而它却在先颁布了。这说明专利法的颁布，要以解决更多的困难问题为前提条件。

---

　　* 编者注：此部分内容选自《知识产权法若干问题》（甘肃人民出版社 1985 年版）第 69~73 页。

　　① 参看《人民日报》1983 年 12 月 4 日，第 4 版，黄坤益的发言。

　　② 参看 1979 年《中外合资经营企业法》第 5 条。

首先是中国究竟需要不需要专利法。事实上，早在 1950 年，当时的政务院（即现在的国务院的前身）颁布过十几条《保障发明与专利权暂行条例》，这是曾经存在过的第一部专利法规。然而，人们很难以此为依据说中国曾建立起过切实的专利保护制度。在该条例实施的整个期间，一共只颁发过四份专利证。这些条例在 1963 年就被《发明奖励条例》完全取代了。在很长一段时间里，占压倒优势的意见是：专利制度不符合社会主义原则，因而不适用于中国。

随着 1979 年之后对外开放政策的确立，是否需要建立专利制度的问题才又重新提了出来。在中国的社会主义现代化建设中，需要大量的国外先进技术；而技术发达国家的有关公司、企业，对于中国没有专利保护是感到担心的。这就使一些我们需要的技术难于进口；同时又使一些可以进口的技术附加了较多的额外费用，以作为没有专利保护的情况下的一种"担保"。这都是对我们不利的。同时，在对外开放之后，也有越来越多的中国先进技术向国外出口、申请并获得国外专利。而日本、法国等一些国家在专利申请上要求"互惠"，即：只有该国国民在中国能申请到专利，中国国民才有权在该国申请专利。这样，中国发明人在这些国家就只能以该国企业的名义或以其他名义申请专利。这使人们认识到：缺少专利制度，对本国发明在外国取得保护，也是不利的。在对外开放的同时，中国还对内采取"搞活经济"的政策。企业不仅要求在人权、物权等方面有更多的自主权，而且要求在技术发明权上也享有自主权，以打破过去造成停滞局面的"吃大锅饭"制度。所以，把建立专利制度作为改革技术管理方法的一项内容，也渐渐被越来越多的人所接受。这样，在中国颁布专利法的"思想条件"才开始成熟了——多数人不再认为专利与社会主义原则不相容，而是认为它能促进社会主义建设。

从物质条件上讲，1980 年中国专利局成立；专利审查员的培养工作在国内培训和送到国外进修同时进行着；专利文献资料库在北京和一些地方中心城市着手建立；宣传专利制度和讨论学术问题的《发明与专利》《中国专利》杂志开始创办，等等。

与此同时，立法工作在紧张地进行。专利法在中国法学领域是个较新的题目，因此有关方面的人们对它的研究、讨论也尤其认真。中国专利局曾为专利法的起草而六次征求了全国各有关单位的意见，作出重大修改。就在专利法草案已提交六届人大三次常委会讨论之后，又作了重大修改，然后才在六届人大四次常委会上通过。

因此，中国法学会主席张友渔评论说："对于专利法的颁布，我们是采取了比较慎重的态度"。①

如果关心并想了解中国专利方面的工作与动态，目前可以从《中国专利》月刊上得到有关消息。1985年4月专利法生效之后，中国专利局还将出版《专利公报》及其他刊物。

此外，正如许多国内外的法学者们所知，中国版权法的起草工作也在积极进行。在版权法产生之前，一些部门已经采取了在某些方面对作者及其他版权主体以适当保护的措施。至少，联邦德国麻普学会的迪茨博士已经注意到：在1983年第1号中国国务院公报上，载有中国广播电视部关于保护作者、表演者、录音录像制作单位合法权益的规定。

因此，我们可以说，在知识产权的三个主要领域，立法工作取得了很大进展。

二、中国专利法的主要特点

一些国外人士读到中国《专利法》第1条，就可能吃惊地发现：

---

① 见《中国专利》月刊1984年第4期，张友渔的文章《写在专利法颁布之时》。

制定专利法的目的之一，是"推广"应用发明创造。这岂不是与"专利"的作用背道而驰了吗？如果谁这样提出问题，那只能说明他不了解中国专利法的主要特点。

中国专利法把贯彻计划经济为主、市场调节为辅的方针合理地体现在一部法律里，把保护发明产权与推广、应用发明合理地体现在一部法律里，于是作出了区分专利"持有人"与专利"所有人"的特殊规定；在"所有人"一类中又作出了区分中国"所有人"与外国或中外合资"所有人"的特殊规定。这就使我们的专利法既合乎社会主义原则，又照顾了国际惯例。这是中国专利法的主要特点。

专利持有人仅指一种人（实际是一种法人），即申请中国专利的中国全民所有制单位。专利所有人可能是四种人：（1）申请中国专利的中国集体所有制单位；（2）申请中国专利的中国个人；（3）申请中国专利的中外合资企业；（4）申请中国专利的外资企业或外国人。专利法第 1 条中所说的"推广"，只在有限的条件下适用于专利持有人与上述（1）（2）两类专利所有人。这是在《专利法》第 6 条与第 14 条中明文规定的。

由于这样有区别的规定，外国的企业和个人，就完全不必担心自己的技术在中国会"一家引进、百家共享"。这将有利于我们引进国外的先进技术。

对于国内专利持有人或所有人所享有的专利，既不是无偿推广，也不是无限制的推广。任何实施专利技术的单位，都必须按照国家规定向持有专利的单位支付使用费。对需要推广的国内持有者的专利，仅省、直辖市、自治区政府及国务院主管部有权决定由谁实施，而且仅仅在"本系统内"。对需要推广的国内所有者的专利，则只有国务院有权决定实施范围。这样，有利于避免过去"吃大锅饭"的缺陷。在国外，对于不受专利权人控制的专利实施，除强制许可证制度外，有的国家实行了"当然许可证"制度；有的国家实行了"征用许可证制度"。我们国家关于推广国内专利的上述制度，被称为"国家计划许可证制度"，这是我们国家专利法中的一个创造。由于这条创造，中国专利中也就多了一条特有的"权利限制"。

一般国家中通常有的权利限制，指的是专利产品使用与销售权的"穷竭"；善意使用的例外；在先使用人的权利保留；临时通过本国领土的交通工具上使用权的保留；以及为科研目的的使用，等等。这些在中国专利法中也有，人们可以在第62条中读到。这些权利限制是对一切第三者都适用的。但实行"国家计划许可证"制度的这条特殊权利限制，则不是对一切第三者都适用。就是说：一个企业、一个单位，它自己无权根据国家计划的需要而擅自使用另一单位的专利。这条限制仅仅对国务院、国务院各部、省、直辖市、自治区政府才适用，只有它们有权"许可"某单位使用（本系统内）另一单位的专利。这样看来，这条权利限制，就并没有使专利权人的权利受到太大损失，因此也不违背国际惯例及《保护工业产权巴黎公约》等国际公约的最低要求，不会在我们将来考虑参加有关公约时产生障碍。

由于实行了专利权人的区分及"国家计划许可证"制度，我国专利权人不享有多数西方国家专利权人那种较"绝对"的专有权，这有助于克服专利制度的消极因素（如垄断先进技术的实施权）；同时我国专利权人又享有比苏联等国的"发明证书"持有人要多得多的专有权（发明人一旦得到"发明证书"，专利权就归国家所有，任何国营企业均可无偿使用了），这又有助于调动企业和个人搞发明创造的积极性。

有的外国法学家评论中国专利法时说：由于区分了中、外两种专利权人，中国专利制度实质上使外国专利权人享有的权利高于"国民待遇"。不错，单从第6条与第14条看，也许可以得出这种结论。

但统观全法，则不能这么讲了。例如，第 19 条，就对外国人的申请程序作了某些限制。这就是说，我们为使专利法能起到积极作用，并不拘泥于逐条信守"平等"原则，而是在需要高一些时就高些，必须低一些时，就低些。从整个法来讲，并不能得出"高于国民待遇"的结论。

况且，许多国家在各种知识产权立法中，为了保持本国的特殊需要、同时又不违背国际惯例，也往往采取类似的规定。例如在一些东欧国家，某些已发表的作品可以被广播组织免费使用；但为符合伯尔尼公约或世界版权公约的最低要求，它们的版权法又规定了这种免费使用只能适用于国内作品，而不能适用于外国（指参加了有关版权公约的国家）作品。

三、中国专利法的一些其他特征

世界上，有不少国家把发明专利与外观设计专利合并在一部法律中（如美国），也有一些国家把发明专利与实用新型专利合并在一部法律中（如法国），但只有较少的国家把发明专利、外观设计专利与实用新型专利统统放在一部法律中作为保护对象的。我国专利法恰恰是最后这类法律。《专利法》在第 2 条中指出："本法所称的发明创造是指发明、实用新型和外观设计"。在第 22 条及第 23 条中，又分别对这三种专利所要求的不同条件（即"三性"）作了明确规定。在第 40 条中，对这三种专利在审查中所需要通过的不同程序，分别作了规定。在第 43 条中，对三种专利的不同复审程序分别作了规定。在第 45 条中，又对三种专利的不同保护期分别作了规定。在中国专利法颁布后不久，联合国世界知识产权组织总干事鲍格胥博士就评论说：这是迄今为止第一部把三种专利放在一部法中、却又区分得这样清楚的专利法。中国专利法中对外观设计的保护，与多数国家一样，属于"注册保护"。对实用新型的保护水平与联邦德国相似，而不同于日本。在日本，实用新型在取得专利前必须经过实质审查，而在中国，则不需要（参看《专利法》第 40 条）。

中国专利法所规定的审查程序，总的看与《欧洲专利公约》中的审查程序相似，即属于"早期公开、请求审查"制。它的具体步骤是：在申请日确立后 18 个月内，由专利局主动将通过了初审的专利申请案公布；然后，由申请人提出实质审查请求，专利局再于（自申请日起）3 年内，完成实质审查。有的人对各种审查制不十分清楚，误认为中国的审查制是"延迟审查"制，其实不是。延迟审查制是应申请人的请求，专利局于（自申请日起）7 年内完成实质审查。目前荷兰、联邦德国、日本等国实行这种制度。

中国专利审查制只有一点与《欧洲专利公约》不同。后者实行"批准后异议程序"，就是说，先由专利局批准了专利，再公告出来看公众中有无反对意见。中国《专利法》第 41 条到第 44 条表明：它实行的是"批准前异议程序"，即先公告审查结果，在三个月内见公众中无异议（或异议不能成立），方才批准专利。在这一点上，是与日本特许法相似的。

中国专利的所有人和持有人可以转让专利权，但全民所有制单位如果想进行转让活动，必须经上级主管部门批准。这是在《专利法》第 10 条中规定的。

关于"新颖性"的标准，《专利法》第 22 条中要求的是"全面新颖性"，或叫作"绝对新颖性"。

在外国人申请中国专利的问题上，《专利法》第 18 条规定了"互惠"的原则，这与西方多数国家不同。目前工业发达国家中，只有日本、法国要求互惠。

从中国《专利法》第 11 条可以看出：我们不售予权利人以"进

口权"，就是说，专利权人无权控制用相同技术制作的产品向中国进口。在有些发展中国家（例如非洲知识产权组织的《班吉协定》）虽然授予专利权人"进口权"，也同时以"国家征用"等更严厉的措施限制这种权利①。所以并不一定给了"进口权"就会使外国先进技术所有人乐于来申请专利。中国虽不给"进口权"，却也没有国家征用制度，因此也不会使外国申请人望而却步。

《专利法》第25条所列的不授予专利的项目，与一些国家相比显得多了一些。像食品、药品、动植物品种等，在许多国家可以获得专利。由于中国刚刚开始实行专利保护，不宜把保护面一下铺得过宽。在我们取得经验之后，有可能逐步扩大保护面。许多国家在不授予专利的项目中，列有"计算机程序"一项，而近年来新技术革命在世界上的发展，却使有的国家已经开始为计算机程序提供专利保护。这项内容究竟是否适合用专利来保护，还要在发展中看。所以，中国专利法中对此没有明确的肯定或否定，是比较主动的。

中国的专利诉讼程序，尤其是对侵犯专利权的诉讼程序，是非常便利的。专利法中规定了行政诉讼与法院诉讼两种程序。而在行政诉讼方面，受理机关不仅仅是一个中国专利局，而是"专利管理机关"（见《专利法》第60条）。而今后各省、直辖市、自治区以及国务院有关部门，都将设置专利管理机关。这将使专利诉讼案能较及时地解决。在大多数国家，专利诉讼或是仅由专门法院受理，或是由法院与国家专利局共同受理，这往往使诉讼人感到很不便利，也使大量专利诉讼案积压。

中国专利法对于侵犯专利权情节严重的，规定了刑事处罚。

① 参看 WIPO（世界知识产权组织）出版的 Industrial Lawsand Treaties（工业产权的法律与条约）第六卷，非洲知识产权组织《班吉协定》（*Banqui Agreement*）附件一，第1条及第55条。

The Alternatives: Patent, Utility Model or Design Registration[*]

The Status Quo and the Trends of Utility Model and Design Systems

Before commenting on the three different patents in China's current Patent Law, I would like to direct some words to utility model and industrial design systems in general, and on the possible development trends.

Four types of utility model systems

Utility model protection was initiated more than 100 years ago in the United Kingdom. But the typical utility model system (and the exact form of protection which China adopted in her current law) may only be said to have been created by Germany in 1891, that is, eight years after the UK ceased to protect this subject matter.

Since their inception, utility models have never been protected by

* 编者注: 该文刊发于 EIPR 1987 年第 4 期。

the majority of countries which have a Patent Law. In the world today, while more than 150 countries have established a patent system, less than 30 have protected utility models. These are the 13 member states of OAPI (the African Intellectual Property Organization): China, West Germany, Japan, Philippines, South Korea, Poland, Uruguay, Brazil, Mexico (see below), France, Spain, Portugal, Italy, Australia, the City of Tangier in Morocco and the Taiwan Province of China.

Even in these countries, keeping pace with the development of new technology and patent protection, utility "model" is no longer an exact or correct term. It is now only a general term referring to all creations with an inventive step relatively lower compared with patentable inventions and not necessarily having any "model" about them, just as in the copyright field, the exclusive right in a TV cable programme, in public lending, etc. cannot be related directly to any "copy".

German–Japanese type. In this type of system, only creations in three dimensions may be protected. This is the classical utility model system, at present followed by many countries.

OAPI type. Since 1982, with the Banqui Agreement coming into force, the first transnational utility model system has appeared. Although the OAPI countries are all Frenchspeaking countries, they followed the German–Japanese, rather than the French model.

The protectable scope may be a little wider than that of the German–Japanese, because there is no mention of two or three dimensions as a necessary condition of protection. But in the final analysis the OAPI system, although transnational, can be classified under the same heading as the German–Japanese.

Australian–French type.In this system, it is more correct to call the protectable creation "petty patents" or "petty inventions" than "utility models", because protection under this kind of system extends to two-dimensional creations and even to creations with no tangible form, that is, process inventions.

So if the German–Japanese type is a limited supplement to the invention patent system, the Australian–French type will be an all-round supplement to it. International treaties such as the PCT have recognised this type of utility model system, and refer to it as "utility certificate" and "utility model".

Mexican type. Up until now, few people have thought that Mexico falls within the group of utility model countries. Three years ago a paper in China did refer to Mexico as one of such countries, [1]but that was through a mistranslation of the Spanish text of the Mexican Law on Inventions and Marks of 1975 "dibujos y modelos industriales"; the authors of the paper took "modelos" to mean utility models. In fact it only means indutrial designs in three dimensions.

What I refer to here as "utility models" in Mexico, is the "Invention Certificate" in Part II of the Law on Inventions and Marks. If the main purpose of utility models is to provide a supplementary protection for inventions which do not qualify for patents, then Article 65 of Part II of the Mexican Law is apt for this purpose. However, protection is only given to process inventions, not "models". The Mexican type has gone

---

[1] See the Chinese journal Inventions and Patents, 3rd issue, 1982, at33.

even further than the Australian-French type which protects process inventions, model inventions, and two-dimensional inventions.

All these types of systems have their reasons for existing in their own countries. But for the promotion of technological development, the best would undoubtedly be the Australian-French type.

Why, then, does China not choose the Australian-French type? The main reason is that in the initial stages of Chinese patent protection, it will not be desirable to protect too wide a scope of invention. However, in order to bring the creativity of the Chinese people into full play, there is little reason to limit protection to petty inventions in three dimensions forever.

Industrial design protection and "juncture region law"

Unlike utility models, industrial designs are protected in an overwhelming majority of countries which have a patent system. However, it is not all of those countries which protect them by patent law or other industrial property laws (laws not including copyright protection). In the field of intellectual property, designs are now the subject-matter protected by various laws. Some countries protect them under patent law, some under particular design registration laws, some under copyright law, still others under two of the above three laws, some under all three kinds of law.

The Paris Convention takes design protection as a minimum requirement for member states' legislation, but it does not say what kind of law should be adopted. This means that if a country only protects designs under copyright law, which is not an "industrial property" law, it can still conform to the minimum requirement of the "Convention" for the protection of "industrial property".

Although a lot of countries protect designs under patent law, fewer than ten countries' patent offices accept design applications of more than 1000 per year. People apparently think it is enough to protect their designs under copyright law without the trouble of applying for registration or patent examination.

As Dr Krüger, an Attorney-at-Law in Munich, has said, industrial design protection "lies on the dividing line between industrial property protection and copyright protection".[1]To put it more precisely, it lies on the "juncture region" of industrial and copyright law.

It may be too much to require a protectable design to possess an inventive step, but it may be reasonable to require novelty; it may be too long to protect a design for the designer's life time plus 25 or 50 years, but it may be as reasonable to protect designs from copying or reproduction as it is to protect a literary or artistic work, So designs are only suitable for protection by a part of patent law, and a part of copyright law. If we take a yellow circle as industrial property law and a red circle as copyright law, when we put the two circles together, the orange intersecting region will be the suitable law for protecting industrial designs.

Since the UK Design Copyright Act, more than one subject-matter has been put or is to be put in the "orange region". In 1968, WIPO published its Model Provisions on the Protection of Computer Software.

---

[1]　IIC2/1984, at186.

Section 5 (iv) – (vi) are much like patent protection, while sections 5 (iii) is much like copyright protection; section 5 (vii), then, combines patent and copyright.[①]In 1984, the US added Chapter9to its Copyright Act, which gives semiconductor chips quasi–patent and quasi–copyright protection.[②]Also, the amended 1985 Japanese Copyright Law is one more typical mixture of patent and copyright protection for computer programs.

It can well be anticipated that some day in the future, alongside industrial property law and copyright law, there will be protection for industrial designs, computer software, semiconductor chips, firmware (such as ROM's, etc.) and other possible subject matter arising from the development of new technology. One of the reasons why such kinds of specific law have not yet appeared are the traditional industrial property systems and copyright systems which in many countries have existed separately for decades, and in some for hundreds of years. It is very difficult to change the traditional system in a short period of time.

---

① The relevant provisions in the WIPO Model Provisions are as follows: section 5: The proprietor shall have the right to prevent any person from:

(iii) copying by any means or in any form computer software;

(iv) using a computer program to produce the same or a substantially similar computer program or a program description of the computer program or of a substantially similar computer program;

(v) using the program description to produce the same or a substantially similar program description or to produce a corresponding computer program;

(vi) using a computer program or a computer program produced as described in (iii), (iv) or (v) to control the operation of a machine having information–processing capabilities, or storing it in such a machine;

(vii) offering or stocking for the purpose of sale, hire or licence, selling, importing, exporting, leasing or licening the computer software or computer software produced as described in (iii), (iv) or (v) .

② Section904 (b), section908and section912of the US Copyright Act do give the protectable object some kind of quasipatent protection.

The scope of the "Utility Model" Law

For many years since Article 1 (1) of the German Utility Model Law came into being, West German case law has evolved a list of non-protectable items, for example, immovables; designs on surfaces, such as graphs, schedules and the like; substances lacking definite shape, such as liquids, gaseous or fluid substances as well as solids in fine distribution such as powder; semifinished products not constituting independent commercial products; electrical circuitry per se; food, luxury foods and pharmaceuticals; "composite installations" consisting of individual, selfcontained apparatus or objects without specific correlation to each other; animals and plants; jewellery, etc. Many of these are not specifically mentioned in Chinese statute law.

Comparison with Chapter 16 and Other Relevant Sections of the US Patent Act 35 USC China has not yet published a Copyright Law nor drafted a specific design registration Law, so the Chinese design patent system is closer to that of the USA than to that of the UK or Commonwealth. Although rules concerning design patents in China constitute parts of the wider Chinese Patent Law, just like the relevant provisions in the US Patent Act (35USC–the Act) there are also certain differences between them:

(1) Examination before granting design patent

The first and main difference is that in the USA a design patent application must go through substantive examination before approval, while in China only formal examination (that is, registration) is required.

(2) Novelty

According to section 171 of the Act, "novelty" of a design is the equivalent of section 102 of the same code. That means the scope of the state of art to be used to deny a design's novelty is the sane as that to deny a utility invention's novelty (note that "utility invention" in the US is equivalent to "invention" in China) . According to Articles 22 and 23 of China's 1984 Law, novelty requirements for a design are different from those for an invention or utility model.

(3) Non-obviousness and inventiveness

Although not expressed clearly in the Act, many cases in the US courts show that the non-obviousness standard of section 103 of the Act also applies to the examination of a desiga.[①]However, in China, inventiveness standards only apply to patents and utility models, not to design patents (see also Articles 22 and 23 of China's 1984 Law) .

(4) The term of protection

According to Section 173 of the Act, patents for designs may be granted for a term of three years and six months, or for a term of seven years, or for a term of 14 years, as the applicants elect in their applications. Different filing fees are charged for different terms. In China, no such alternative term is available.

---

①   C. F. Smith v Whitman Saddle Co., 148 US 674, 680 (1983); Mayiew Corp. v Rodstein, 620 F.2d 1347, 1354–1355, 205 F.2d 302, 309 (9th Cir. 1980); Schwinn Bicycle Co. v Goodyear Tyre & Rubber Co., 444 F.2d 295, 299, 168 USPQ 258, 261 (9th Cir. 1979) .

专利法在理论上的几点进步 [*]

由于专利法在 TRIPS 协议框架文件已基本形成的 1992 年，曾参考国际惯例作过一次修订，所以它本来已是我国知识产权三个基本法中，与世贸组织的要求差距最小的一个。在这次再修订中，条文顺序并未大变，即没有大改，就是理所当然的了。不过，在这种"小改"之中，该法仍旧有许多明显的进步。从法理上看，至少有下面几点是值得注意的。

一、解决专利授权及无效程序中，与"在先权"冲突的问题

就发明专利与实用新型专利而言，有了"新颖性"这一前提，基本上可以避免与任何"在先权"的冲突，何况更有原法第 62 条对"先用权"的照顾作补充。原因是在技术领域，只要某一技术占了先，它便会几乎无例外地排除了相同技术再获专利或保持专利有效的可能性。

而在工业产权与版权相交叉（乃至相重叠）的外观设计领域，

* 编者注：该文刊发于《人民法院报》2000 年 9 月 2 日。

"新颖性"的要求就远远不足以避免外观设计专利与"在先权"的冲突了。未经许可拿了他人的美术作品，与自己的产品相结合，去申请外观设计专利的情况，近年在中国越来越多，以至专利复审委员会都感到十分棘手。申请者的未经许可行为显然属于侵犯版权；如果该美术作品已被他人合法注册为商标，则还可能属于侵犯商标权。但申请人的这种独有的首次与某产品结合，则可能符合"新颖性"要求。于是当年作为最终确权的主管——专利复审委员会该不该宣布这类已获专利的外观设计无效，就在理论界及行政主管部门都发生了争议。一部分人认为，侵权行为不产生新的权利，完全可以依专利法第5条定其无效。另一部分人则认为，侵权行为也可以产生"在后权"，它可与"在先权"并存，尤其是版权与工业产权不会冲突，因此坚决反对依《专利法》第5条认定其无效。

中外知识产权法乃至国际公约，均只承认及维护"在先权"，而从不涉及怎样去维护基于侵害他人的在先权利而产生的所谓"在后权"，这绝不是立法者及起草国际公约的专家们缺少"创造性"。打个比方：甲公司是一块地皮的所有人，它可能准备在上面盖平房。而乙公司未经甲的许可，却在上面盖了二层楼。是否从"公平"原则出发避免使乙白费力，就必须承认及维护乙的这种"在后权"，而认为应当承认这二层楼的合法存在呢？如果丙未经乙许可在二层上又加了一层，那么是甲有权出来主张权利，还是乙有权出来主张权利？

从民法中，侵权人均负有"恢复原状"民事责任的原则看，乙的二层楼是应当拆除的。因此，乙当然无权向丙主张权利。只有在侵权后果按"恢复原状"处理将极其不平衡时（如乙所盖是摩天大厦、社会又需要它），才可能在侵权人负侵权责任的前提下，承认这种特殊的侵权结果。而人们在对待知识产权侵权结果时，往往忘记了"恢复原状"的原则。在担心如果不承认第一侵权人的侵权成果合法，第二侵权人可能受不到制裁时，他们完全忽视了真正权利人（即被侵权人）的存在。最典型的议论还是在版权领域：如果不承认未经许可的翻译作品享有版权，难道不经许可复制该译作就合法了吗？提问者显然忘记了第二侵权人同样侵犯了原作者的版权。

虽然"在后权"论者显然忽略了在民法中侵权人均负有"恢复原状"民事责任的基本原则。但这种"理论"确实有一定市场。至少不可能在没有明文确认保护在先权利人的法出现之前，使版权人与商标权人（以及其他可能涉及的在先权人）的合法权利处于安全地位。

由于大多数国家并不将外观设计作为"专利"保护，故起草专利法而参考外国成例时未注意到这一问题，是并不足怪的。但专门规范外观设计的其他外国法中，则早有成例可循。例如，欧盟的《外观设计保护指令》中，虽已有"外观设计不得违反公共秩序及道德"的第 8 条（相当于我国《专利法》第 5 条），却仍另有第 11 条（即不允许侵害版权等其他在先权）另作出专门规定。日本意匠法也有类似条文。

国内的实践与国外的成例均告诉我们：想要有效地保护知识产权，就应当有针对性地作尽可能细化的规定，而不能依靠差距很大、并不确定的法解释学。在争论是否仅仅有《专利法》第 5 条就足够这一问题时，一位执法人员反问过：全部民法，是否能以民法通则第 4 条的存在，就认为足够了？那么我国的立法任务就真可以大大减轻了。实际上，相似的问题，在重刑法的我国古代，就已在实践中讨论过。刘邦入关后"约法三章"，有人认为已经够了。但这种过于原则的"法"，易于留在口头上而无从实施。正如后来鲁迅所说："法三章者，话一句耳"。汉刘邦之后，中国又有"汉津""唐律""明律"

等等，即是很好的说明。

简言之，《专利法》本次修订文本第 23 条增加了防止外观设计与"在先权"冲突的规定，应当说是理论上的一个进步。

二、传统的"侵权构成要件说"在专利法中开始动摇

这次修订中，专利法诸多条文里，增加了专利权人的一项"许诺销售"权。这项权利的出现，首先是符合了 WTO 中的 TRIPS 协议的要求，其次是有利于制止"即发侵权"。而其必然结果，则是对于"没有实际损害就构不成侵权"这一中国侵权法理论提出了挑战。修订中如果没有直接引入"即发侵权"这一概念，就会如合同法 1998 年前的草案中没有引入"预期违约"一样，将是个缺憾。有的人曾认为，中国知识产权法中原来已经有了禁止即发侵权的条文，无需再引入这一概念本身。而他们所举的条文（如专利法中对"制造权"的保护，版权法中对"复制权"的保护、商标法细则中对仓储、运输等等的禁止条文，等等），实际上只是禁止到了一部分"尚未产生侵权损害"的行为，而并未禁止到"即发侵权"。因为，制造、复制等，显然均是"已发"的，即已经在实施的侵权行为。不引入一个已被国际上认可的总概念，极可能使我们这样的立法经验尚不足的国家"挂一漏万"。幸而在这次修订中，除"许诺销售"之外，终于增加了与 TRIPS 协议第 50 条极为相近的（修订后的）《专利法》第 61 条，完成了引入禁止"即发侵权"制度的行程。

《专利法》修订后第 63 条，把不知而售侵权产品的行为，从过去的"不视为侵权"，改为"不负赔偿责任"。这一改动看起来与我国侵权法理论的"主观要件"（即无过错不构成侵权）离得远了，却与绝大多数国家的知识产权保护制度离得近了。

我国《民法通则》第 106 条第 2 款，将侵害人的主观状态（进

而及于"实际损害""违法与否"等等要件)与侵权的"民事责任"相关联。这几乎是我国大多数侵权法理论及教科书的基本点与出发点。据说这一款是在吸收了《德国民法典》第823条,《法国民法典》第1382条,《意大利民法典》第2043条等"经典民法"的基础上产生的。而细看这几部外国法典的相关条文,却均是把主观要件(或再加其他要件)仅仅与"赔偿责任"相关联,绝不联及其他民事责任(诸如停止侵权、恢复原状等等)。我国《民法通则》第134条列举的"民事责任"又远不限于"赔偿责任"。那么,我们过去的侵权法研究,是否存在误区?它对制止侵权是否有利?等等一系列问题,就值得我们认真研究了。专利法修正案的有关增删及改动,只是给我们开了个头。

三、对民事赔偿的"填平原则"在消费者权益保护法之后,再次作了突破尝试

修订后的《专利法》第60条,首次使专利的侵权人在中国可能有所"失"了。

按照传统民法理论的"填平原则",侵权赔偿额或以权利人"实际损失"为标准,或以侵权人侵权收入为准,或以正常状态下的许可合同使用费为准。这种计算貌似"公平",实则不仅对权利人不公,而且对老老实实与专利权人缔结许可合同后再实施专利的人也不公。想想看,如果我见到别人有了一项有效益的专利,就擅自实施起来,如果被权利人发现了,他要经过"协商""调解""处理""诉讼"等不胜其烦的过程,还不能保证胜诉。即使胜诉了,我只消把得到的不法收入还给他,我自己作为侵权人倒是"恢复原状了",没受到任何额外损失。如果权利人抓不到我的把柄,我就算捡着了。于是作为侵权人毫无风险,作为权利人则有开发技术的风险、诉讼

中失败的风险，等等，老实的被许可人也有合同谈不成、许可费自认过高等风险。在这种情况下，法律等于鼓励人们不经许可就用，抓着了再说。这样的专利"保护"制度难道不应改变吗？

可喜的是：在这次修订中，确实作了改变的尝试。

知识产权领域还有几部法，它们会随着 2000 年《专利法》修正案的进步也向前迈出可喜的步伐。

"权利冲突"与外观设计保护 *

中国的外观设计专利与版权或商标权的所谓"权利冲突"问题，多次在报刊上被讨论。这类被一部分人误认为是"法学前沿"的问题，实际上一百年前已解决，中国至少十多年前也解决过。

早在 1986 年，沈阳某啤酒厂正是因为不了解版权与商标权有时可以重叠保护同一客体，而在美国险些吃了大亏。该厂起先请其在美的独家代销人为其在美国行销的产品设计了商标图案及产品包装装潢。后该厂选用了另一独家代销人。考虑该厂及原代销人均未在美申请有关商标的注册，而且沈阳厂自己才是商标使用人（即依美国法的商标合法所有人），故改换代销人后仍旧用原商标、装潢。该原代销人在法院起诉，告沈阳厂侵犯其设计的版权。起诉时要求赔偿 30 万美元。后经院外调解以 3 万美元了事。

该案发生中及发生后，国内知识产权学者在诸多场合曾告诫国内厂商，在中国当时虽无版权法的情况下，在外国作生意应切实注意同一客体的双重保护，以免发生侵权。十多年来，许多企业借鉴了这一经验教训，减少了在国外的侵权纠纷。而今天，"穷竭"新论

---

* 编者注：该文刊发于《中国知识产权报》2004 年 7 月 24 日。

却告诉人们不存在双重保护问题，一进入工业产权的使用范围，他人的版权就"穷竭"了。这会在对外贸易及国内贸易实践中给我们的企业带来真正的危害，使之重蹈沈阳厂十多年前的覆辙。

双重保护的问题比较复杂。首先是原告在诉讼中的选择问题。例如，受普通民法姓名权及版权法精神权利中署名权双重保护的艺术家姓名问题。本来，在双重保护的情况下，权利人作为原告，有权选择依什么法主张什么权利（但不能就同一受保护客体主张双重权利、索取两次赔偿，对此，争议是不大的），依法是可以自己决定的。却有一部分议论坚持认为权利人只能按法学者认定的路子去选择。现在，我们又遇到几乎相同的情况，只不过改换成了商标权与版权对同一客体的重叠保护。

不太了解历史的人避开了版权与工业产权重叠保护中的"外观设计"问题。其实，在历史上，问题正是从外观设计（而不是商标）开始的。

虽然我国专利法把发明专利、工业品外观设计与实用新型同时放在一部法中并统统称为"专利"，但并不是多数国家都为实用新型专门提供保护。早年缔结的巴黎公约，虽然提到了保护实用新型，但并没有作为该公约的一项最低要求。

对工业品外观设计则不然。巴黎公约作为一项最低要求，规定各成员国都必须给予保护。当然，巴黎公约并没有具体要求采用什么样的法律去保护。例如某国采用版权法而不采用工业产权领域的专门法或专制法去保护，仍旧符合"保护工业产权"巴黎公约的要求。

在今天的世界上，大多数国家都保护工业品外观设计。工业品外观设计与"实用艺术品"（即版权法的保护对象），在有些国家被视同一律。

工业品外观设计可以说是"工业版权"的第一个保护对象，也是使"工业版权"这种特殊权利出现的第一个推动因素。

早在1806年，法国就颁布了工业品外观设计专门法，给它以工业产权的保护。此后不久，法国法院感到，有些美术创作成果如果已经受到1806年法的保护，是否还应当受到1793年法国版权法的保护，这是个经常遇到的难题。于是法国法官们引入了一个"纯艺术性"概念，打算用它来划分1806年法与1793年法所保护的不同对象的界线。但后来法官们发现：几乎一切能够付诸工业应用的、受1806年法保护的外观设计，都不缺乏"纯艺术性"的一面。后来，他们又试图采用一些其他划分界线的标准。例如他们规定：如果有关的设计当初创作的目的是为工业应用，则不该享有版权保护；如果有关设计仅仅能够以手工制作，则可以享有版权，但如果能以机器制作，则不应当享有版权；如果有关设计的首要特征是"纯艺术性"，第二特征才是"工业应用性"，则可以享有版权，反之则不能享有版权，等等。在将近一百年的时间里，法国法院作了多次尝试，结果发现：无论用什么标准，都无济于事。哪些外观设计只能由工业产权法保护而不能受版权法保护？对这个问题，始终没有获得满意的答案。

1902年，法国在其成文法中公开承认：企图在外观设计的工业产权保护与版权保护之间画一条线，是没有意义的。同年颁布的法国版权法规定：一切工业品外观设计（包括已经受到工业产权法保护的外观设计），均受版权保护，这就是"双重保护"。

英国的现行知识产权法（1988年《版权、外观设计与专利法》，则重走法国19世纪的老路，试图减少双重保护的色彩，即不再为外观设计提供版权保护。对于没有按《外观设计注册法》取得"准专利"的外观设计，分立了一项版权之外的"外观设计权"。有可能获这种保护的设计，必须不能是 Commonplace，即要求一定创作高度。在 1997 年的几个判例中（例如，Ocular Sciences and ParkerV. Tidball），显示出英国司法要离开"工业版权"这种双重保护的倾向。但有人估计很快会有更加"新"的案例，使英国意识到它仍旧必须回到法国 1902 年的立场。因为，双重保护在客观上毕竟是存在的。

概括起来讲，双重（乃至多重）保护在绝大多数国家知识产权法中，是这样处理的：第一，如果双重乃至多重保护适用于同一个客体，而权利主体不同，则法律或司法实践规定了对不同权利人在行使权利时的一定程度限制（而不是断言一方的权利与另一方相遇就"穷竭"了）。第二，如果双重（或多重）保护中的权利主体是同一个人，则其就同一客体享有双重（或多重）权利。

所谓对同一项设计，外观设计专利权与商标权或版权的"冲突"，在我国，在大多数（不是一切）场合，均是明知是他人已享有专有权的图案或商标标识，自己未经许可硬拿了去申请个"外观设计专利"，以对抗在先权利人，或类似的情况。对此，只要严格依我国现有法律处理，并不称其为问题或难题。只是那些恶意侵权之人及（或）其委托的律师们，在为侵权行为辩解时，才离开我国知识产权现行法，乃至离开知识产权的基本原理，制造出所谓"权利冲突""法律冲突"，"在后权"使在先权"穷竭"之类，使国际国内多年前已合理解决过的问题，又重新摆在我们面前。对此，我们只要回到知识产权的基本原理上去，一大部分（不是一切）看上去的疑难问题，也就自然冰释了。

发明人与专利权人 *

一、专利权的归属问题

"发明人"只可能是一种人，即搞出发明来的那个或那些人。而"专利权人"却可能有以下五种：发明人本人；发明人的雇主或发明人的工作单位；发明权转让中的受让人（包括法人）；专利权转让中的受让人（包括法人）；以国家形式出现的法人。但无论是谁享有专利权，发明人都有权在专利证上注明自己的名字。许多国家把这种"署名权"看作是发明人享有的、不可剥夺的、不可转让的"精神权利"。大多数国家的专利法以及《巴黎公约》，都承认这种权利。

但在这里应当明了的是：这种"精神权利"（亦即"人身权"）是属于发明人的，而不属于专利权人。它产生于尚未进入专利申请程序，因而尚无专利可言之时。如果专利申请被驳回，也不妨碍这项精神权利依然存在。

1. 专利权归发明人所有

一项专利是由发明人自己申请和获准时，存在着两种情况：一

---

* 编者注：此部分内容选自《知识产权论》（社会科学文献出版社 2007 年版）第 66~73 页。

种是该发明是一个人单独搞出来的，另一种是发明由两个以上的人共同搞出来的。后一种情况中的发明人通常被叫作"共同发明人"，而后一种发明则叫"共同发明"；对于以这种发明为基础而取得的专利权来说，这些人叫作"共同专利权人"。"共同专利权人"不能用来指可分为数案的专利中分别占有各个申请案的人，而是指一项不可分的专利的共同享有人。这种共同所有的特点是：每个专利权人可以转让自己所享有的份额，但无权自行转让全部专利；每个专利权人无权自行签发许可证；每个专利权人有权自行实施整个专利。

2. 专利权归发明人的工作单位或雇主所有

在现代社会，尤其在发达国家，人们在技术贸易的活动中很少遇见某某个人的专利权，倒是经常遇上某公司、某企业或某研究所的专利权。这是因为现代的技术发明的创造往往离不开发明人的工作单位所提供的人力、物力和财力条件，还因为发明人自己往往也负担不了从请专利代理人到申请专利及维持专利有效的巨大的、长期的开支。多数国家的专利法规定：雇员或工作人员在进行日常工作中以他完成的职务发明为基础所取得的专利，其专利权归雇主或单位所有。雇员或工作人员可以得到一定报酬（或叫作奖金）。许多国家规定的这种报酬不是以发明人的发明水平高低为依据，而是以该发明相应的专利在利用（转让、许可等）中取得的使用费或在实施中取得的实际收益为依据。一项水平虽高，但仅仅在将来有用的"远景发明"，或一项虽有价值但缺乏市场上的竞争力的发明，都很难收取可观的使用费，所以（尤其在资本主义国家）发明人取得的报酬也不会很多。

在有些国家的专利法中，对雇员或工作人员的发明专利还有补充规定：如果雇员在工作时间及工作条件之外搞出了发明，则专利权归发明人自己。比较难解决的问题是：雇员在工作时间之外，部分利用了雇主或单位的条件（如资料）而搞出的非本职发明，专利权应归谁？一般国家的专利法中并未回答这个问题，它往往留给法院去依不同情况酌处。

在二人或二人以上协同完成一项"共同发明"的情况下，将共同申请和享有一项专利，但共同发明人未必都属于同一个公司或企业。所以，雇主或单位有时也会作为共同专利权人而享有部分权利。那么希望利用这项专利技术的人，就不仅要取得一个公司的许可，而且必须取得所有的有关人（包括法人）的共同许可了。

有时，对于处在职务与非职务发明之间的模糊区内的发明成果，确认归属会发生困难。于是，有的国家在专利法中，把这种发明法定（即强制性规定）为属于发明人与单位共有。这样一来，在原始阶段，问题似乎解决了。但到了有关发明由"共有人"申请专利后再共有该专利。到了要实施有关专利时，则往往发生一方许可第三方实施，另一方却不许可之类的问题。实践表明了这种法定制度并不可取。1991 年前，日本曾采用了这种制度。中国台湾也起而效法。中国在原始阶段遇到"模糊区"时，也曾考虑走日本的路。但正值中国《专利法》修订的 1991 年，日本取消了这一制度，中国台湾也随之取消。好在中国《专利法》当时的修订者们较注意跟踪国际专利制度的发展变化，因而没有再跟着走弯路。只是 21 世纪初中国最高人民法院对《婚姻法》的解释，有可能在夫妻之间设定这种"共有"，而重新走上这条弯路。

3. 专利权归发明权的受让人所有

在未申请专利之前，发明人即把发明转让出去，这种转让有两种表现形式：第一，发明人把尚未申请专利的发明作为一种秘密的所有权转移给别人。在遗嘱继承中就有这种情况。第二，法定转让。多数英联邦国家的雇佣劳动法或雇佣合同法一般都规定：只要雇员与雇主签订了劳动合同，如果没有另外的协议，则在履行合同中雇员的全部发明，均视为已经合法地归雇主所有。这种转让与上面第二种转让所不同的是：上面所讲的是雇员的发明要由自己申请到专利之后，才依法（或依合同）归雇主所有；此处所讲的则是在申请专利之前，发明的所有权就已经依法属于雇主了。在下文的介绍中我们会看到，像美国这样的国家只允许第三种情况中所说的转让方式。

4. 专利权归专利的受让人所有

专利权产生之后，它也可以归贸易转让活动中的受让人所有，就是通常说的"买专利"。当然这种情况是不经常发生的，这在下文还将作详细介绍。

5. 专利权归国家所有

一些曾经实行"发明者证书"制度的国家，如果一项发明具备了获得专利的条件，发明人既可以申请专利，也可以不申请专利而申请"发明者证书"。在取得证书的同时，发明人取得一笔奖金，发明的专利权就归国家所有了。此后，专利技术的实施或专利权的利用（如转让、许可等），都由国家统一经营，发明人不享有任何经济上的专有权。随着苏联的解体，这类制度只在朝鲜等极少数国家还能见到。

中国《专利法》经过 2000 年 8 月的再次修订后，有关专利主体的规定已经与多数国家没有本质的差别了。

二、有关专利权归属的典型案例

在中国由计划经济向市场经济转轨的特定历史条件下，围绕职务与非职务发明产生的专利纠纷及专利申请权纠纷相当多。下面三个案子是比较典型的。

案例 A

这是一起发明权属纠纷,继而需要确认相应专利的归属。

1988 年 12 月 25 日,北京市地铁地基工程公司以原告陶的"钻孔压浆成桩法"是职务发明为由,请求北京市专利管理局将"钻孔压浆成桩法"的发明专利权确认为本单位所有。北京市专利管理局于 1989 年 8 月 1 日确认"钻孔压浆成桩法"发明为职务发明,专利权归北京市地铁地基工程公司所有。

原告陶对北京市专利管理机关的确认不服,以"钻孔压浆成桩法"发明专利技术方案的完成,既不是执行本单位的任务,也不是履行本岗位职责,更没有利用本单位的物质条件为由,向北京市中级人民法院起诉,请求将该发明专利权判决归其个人所有。被告北京市地铁地基工程公司答辩认为,"钻孔压浆成桩法"发明专利是原告在履行本职工作中完成的,是执行上级和本单位交付的科研和生产任务的结果,并且利用了本单位的资金、设备和技术资料,因此,原告的发明属于职务发明,专利权应属被告所有。

北京市中级人民法院认为:原告陶因长期从事地基施工方面的工作,虽然对"钻孔压浆成桩法"的构思并完成专利技术内容起了决定性作用,但在该项专利技术的试验过程中,使用了被告专门为此购买的设备。据此,该院于 1991 年 12 月 23 日判决:"钻孔压浆成桩法"发明专利权属原告陶和被告地铁地基工程公司共有。

第一审宣判后,原告陶不服,以判决认定事实基本准确,但结论与认定事实相矛盾,适用法律错误为由,上诉至北京市高级人民法院,要求将"钻孔压浆成桩法"技术发明专利确认为非职务发明,专利权归其个人所有。被告地基公司答辩认为,该发明专利应为职务发明,理由是:陶长期从事桩基施工技术的研究与应用工程,且从 1983 年起,构件厂承接了大量的桩基施工任务,北京市城市建设总公司也对构件厂正式下达了桩基工程的科研任务。陶作为厂长，一直主持桩基工程的研究、应用与推广工作。因此，陶的构思是在履行本职工作中形成的，是在单位提供的工作任务、环境和设备、奖金、人员的条件下产生的。

北京市高级人民法院审理认为：上诉人陶提供的"在流沙、地下水、坍孔等地质条件下成孔成桩工艺的方案"与其后来申请专利的"钻孔压浆成桩法"技术方案相同。该技术方案的完成时间为1984年4月16日，被上诉人地基公司对此无异议。根据本案事实，在确认该发明专利权的归属时，应当以该技术方案完成的时间为界限，看其是否符合专利法规定的职务发明的要件。

第一，当时，陶作为构件厂厂长，其职责范围应当是领导和管理建筑构件的生产经营活动。地基施工不属于构件厂的经营范围，地基施工方面的研究和发明也不应认为是构件厂厂长的本职工作。

第二，"钻孔压浆成桩法"这一技术方案是陶在其多年从事地基工程方面的工作经验积累的基础上研究出来的，不属于单位交付的任务。1984年4月2日，城建总公司下达给设计院和构件厂的具体科研任务是"小桩技术的试验与应用"，它是将国际上已有的小桩技术在国内推广应用，而不是在小桩技术的基础上研究新的成桩方法课题。陶发明的"钻孔压浆成桩法"与已有的"小桩技术"相比，两者虽然都属于地基施工方面的技术方案，但经专家论证，证实两个技术方案之间有本质区别。况且，中国专利局经过实质性审查，已经授予"钻孔压浆成桩法"发明专利权的事实，也说明该技术方案与已有技术不同而具有专利性。这些事实说明，城建总公司下达的科研任务与上诉人的发明无关，不属于《中华人民共和国专利法》第6条和《中华人民共和国专利法实施细则》第10条所规定的"执行本单位的任务"这一情况。

第三，依照《专利法》第6条第1款的规定，只有当发明人主要是利用了本单位的物质条件得以完成发明时，该发明创造才属职务发明创造。陶的"钻孔压浆成桩法"技术方案完成的时间是1984年4月16日。陶在完成发明过程中，主要依靠自己几十年从事地基工程施工的经验积累，并非主要利用本单位的物质条件。陶的技术方案完成后，首次实施是1985年3月16日和17日在北京科技活动中心工地。当时打的两根试桩，根据国家有关规定，属于这一工程必要的施工准备。因此，这两根试桩，是对"钻孔压浆成桩法"技术方案的实施，显然不同于技术方案完成前对技术构思的试验。这两根试桩的经费已打入工程总费用中，没有动用过科研经费。施工所用Z400型长螺旋钻机，是陶在其技术方案完成之后，为了实施该技术给企业创利而批准购买的，与技术方案的完成无关。

所以，北京市高级人民法院认为："钻孔压浆成桩法"发明专利，既不是陶执行本单位任务完成的发明创造，也不是主要利用本单位的物质条件所完成发明创造。所以，不属于专利法规定的职务发明创造。陶的上诉有理，应予支持。原审法院判决将"钻孔压浆成桩法"发明专利权归陶和地基公司共有，缺乏事实和法律依据，应予改判。这样，北京市高级人民法院在1992年5月作出终审判决：第一，撤销一审判决；第二，认定"钻孔压浆成桩法"发明专利归陶所有。

案例 B

这是一起与上一案内容有近似之处，但二审判决维持了原判的案例。案中的原告是北京市平谷宫廷风味烤鸡厂。一审也由北京市中级人民法院受理。

原告诉称：被告唐在受聘任原告的技术副厂长职务期间，利用原告为其提供的一切物质条件，发展、完善了"一种宫廷风味烤鸡的制作方法"。该方法应为职务发明创造，专利申请权依法应属于原告，但是，被告却利用伪造的证明到专利管理机关申请了非职务发明创造。请求法院确认原告为"一种宫廷风味烤鸡的制作方法"的专利申请人。

被告辩称：被告在祖传秘方的基础上加以完善的"一种宫廷风味烤鸡的制作方法"，是非职务发明创造，专利申请权理应归被告，且该方法的专利申请权已由专利管理机关正式确认给被告。故请法院驳回原告的诉讼请求。

北京市中级人民法院认为："一种宫廷风味烤鸡的制作方法"是被告唐在祖传秘方的基础上加以完善的一项技术。正是由于被告有此技术，原告才与中华新技术公司签订合同，聘请被告传授烤鸡技术。事实说明，被告在到原告厂之前，已经完成了宫廷风味烤鸡的制作方法这一发明创造。原告所诉为发展、完善制作方法提供了一切物质条件，应属职务发明一节，查无实据，不能认定。因此，"一种宫廷风味烤鸡的制作方法"是被告独立完成的非职务发明创造，专利申请权应归属于被告。关于原告与被告签订的涉及专利申请权和专利权的协议，依照《专利法》第6条和第10条第1款的规定，专利权只授予专利申请人，任何单位和个人，只有作为专利申请人申请专利时，才有可能取得专利权。被告只有将其"一种宫廷风味烤鸡的制作方法"的专利申请权转让给原告，原告方可依法取得专利申请权，并且在申请被批准后，取得专利权。在原告和被告的协议中，既有原告作为专利申请人之一的约定，又有专利权归被告所有的约定，不符合专利法中关于专利申请权与专利权主体相一致的原则。这说明双方当事人写进协议中的"专利申请人"这一名称，是对专利法意义上的"专利申请人"这一概念存在的误解。在协议签订后不久，原告的法定代表人已向专利机关出具了专利申请人应为唐的声明。因此,"一种宫廷风味烤鸡的制作方法"的专利申请权应属被告所有。至于原告凭借平谷县公安局的证明,再次到中国专利局变更了专利申请人问题,因原告和被告之间发生的是确认专利申请权的纠纷,依法不属于公安机关的职责,且该证明是王、唐在公安机关胁迫下的表示,因此不足为凭。据此,北京市中级人民法院于 1992 年 6 月 10 日判决:

"(一)'一种宫廷风味烤鸡的制作方法'专利申请权归被告唐所有。

(二)驳回原告烤鸡厂的诉讼请求。"

第一审判决宣告后,原告烤鸡厂不服,向北京市高级人民法院提出上诉。理由是:①作为申请专利的"一种宫廷风味烤鸡的制作方法",已不同于被上诉人唐家的"宫廷风味烤鸡"祖传秘方,这种不同就是被上诉人利用上诉人提供的物质条件所实现的技术上的改进,因此该技术应为职务发明创造;②当事人双方签订协议时对专利法存在着重大误解是事实,但不是对"专利申请人"这一概念存在误解,而是将本意应写的"发明权归甲方(即唐)所有"误写成"专利权归甲方所有"。因此,应当变更的是"专利权归甲方所有"的约定。

被上诉人唐辩称:发明,即创造新的事物或新的方法,是人所具有的创造能力的发挥,不是法律赋予权利的体现。法律从不会、也不可能以授权与否的方式,来决定是允许还是禁止一个人发挥自己的创造能力。具有创造能力的人,无须去取得所谓"发明权"后才去发挥自己的创造能力;没有这种能力的人,即使法律赋予所谓"发明权"也不会创造出新的事物或者新的方法。因此,"发明权"一说没有任何法律根据,也没有任何实际意义。"一种宫廷风味烤鸡的制作方法"发明人是唐,这个事实自始至终都是明确的,双方从无争议,无须在协议中去约定一个"发明权"人,也无权作这样的约定。

北京市高级人民法院经审理认为：1985年被上诉人唐到上诉人烤鸡厂去传授烤鸡技术时，对所用主要原料的配方和剂量的配比已经完成，申请专利时，这种原料配方和剂量配比虽略有改动，但两者不存在本质的区别，因此该项技术仍属于被上诉人独立完成的非职务发明创造。上诉人所诉为被上诉人完善制作方法提供了一切物质条件一节，不能成为说明属于职务发明创造的理由。况且上诉人所指的一切物质条件中还包括为被上诉人提供的生活待遇，这是上诉人聘用被上诉人传授技术期间，按照协议约定上诉人应尽的义务。上诉人所诉误将"发明权"写为"专利权"，不能提交支持误写主张的证据，而且双方签约时的当事人又证明不是误写，因此，上诉理由不予采纳。原审判决认定事实清楚，证据充分，适用法律正确，应当维持。据此，北京市高级人民法院于1992年10月14日判决：驳回上诉人烤鸡厂的上诉，维持原审判决。

案例C

这也是一起经过两审方才审结的职务与非职务发明的界定案例。

原审原告北京锅炉厂诉被告潘专利权属纠纷一案，由北京市中级人民法院于1993年12月3日作出（1990）中经字第174号民事判决。宣判后，被告潘不服，向北京市高级人民法院提起上诉。

一审法院认为，原告北京锅炉厂与潘争议的85102032号专利技术确系北京锅炉厂在1980年初正式立项，组织厂内多方人员在工作时间内参与研究，利用厂内重要设备、资金进行试验、实施的技术革新项目。依照《中华人民共和国技术合同法》第6条、《中华人民共和国技术合同法实施条例》第4条的规定，此项专利技术已完全具备了职务技术成果的法定要素，应当确认其为职务技术成果。潘坚持此项专利技术在70年代即由其单独利用工余时间、个人资金已经形成了完整的技术方案一节，因查无实据，不予采信。作为全民所有制企业的北京锅炉厂，在拥有上述职务技术成果时，未经上级主管部门批准即为潘出具非职务发明证明信，将此项职务技术成果的专利申请权转让给潘，使潘获得此项技术的专利申请权违反《中华人民共和国专利法》第 10 条关于全民所有制单位转让专利申请权或专利权必须经上级主管部门批准的规定，该证明行为属无效民事行为，北京锅炉厂应负主要责任。北京锅炉厂和潘争议的85102032 号发明专利权，按其职务技术的属性应重新确认归北京锅炉厂持有，潘可列为该专利技术发明人。潘为申请此项专利所耗费的资金、时间和精力，北京锅炉厂现应酌情给予补偿。对潘取得专利权后因该专利技术所获收益，北京锅炉厂不能追索。据此，该院判决："（一）潘原所有的 85102032 号《火炕型加热炉及其使用方法》发明专利权变更归北京锅炉厂持有；（二）北京锅炉厂补偿潘经济损失 20 000 元。"

上诉人潘不服一审判决，提出上诉，其理由是：本案已超过法定 2 年的诉讼时效，85102032 号发明专利的授权日是 1988 年 3 月 3 日，而被上诉人北京锅炉厂提起诉讼的日期是 1990 年 3 月 8 日；被上诉人的诉讼请求是请法院判决 85102032 号发明专利为职务技术成果，一审判决将其变更为专利权属纠纷，超出了当事人的请求范围；一审法院认定事实有误，85102032 号发明专利的构思是上诉人完成的，上诉人与北京锅炉厂之间不存在专利申请权转让关系。据此要求二审法院撤销原判。北京锅炉厂服从一审判决。

北京市高级人民法院经审理查明，1985 年 4 月 1 日，上诉人潘将"火炕型加热炉及其使用方法"向中国专利局申请发明专利。1988年 3 月 3 日，该申请被授予发明专利权，专利号为 85102032。1989年 2 月 10 日，潘向北京市中级人民法院起诉，状告北京巴布科克·威尔科克斯有限公司（被上诉人北京锅炉厂与美国巴布科克·

威尔科克斯公司合资企业）侵犯其专利权，北京市中级人民法院将北京锅炉厂追加为共同被告。北京锅炉厂在该专利侵权案审理中，于 1990 年 3 月 2 日向北京市中级人民法院提出"新的诉讼请求"，要求法院"确认潘专利技术是其在本厂工作期间完成的职务发明"。但该厂至 1990 年 3 月 8 日才向北京市中级人民法院正式提起诉讼，要求确认潘 85102032 号非职务发明专利为职务发明成果。一审法院鉴于侵犯其专利权的诉讼，必须以专利权属案的审理结果为依据，故依照《中华人民共和国民事诉讼法》第 136 条第 1 款第（5）项的规定，中止其潘诉美国巴布科克·威尔科克斯公司合资企业的诉讼，另以北京锅炉厂为原告，潘为被告的专利权属纠纷立案。在审理中，1992 年 10 月 20 日，北京锅炉厂又向一审法院提交了"增加民事诉讼请求书"，要求法院"判决潘 85102032 号非职务发明专利为北京锅炉厂职务发明专利"。其理由是："以前，我厂在《起诉书》中仅请求法院确认潘 85102032 号专利为职务发明成果，未表明对专利权的要求，现看来有不够完善之处，故此，特增加上述诉讼请求。"

北京市高级人民法院认为：关于上诉人潘上诉中提出的一审判决认定事实问题。一审法院在判决中认定被上诉人北京锅炉厂自 1980 年 4 月开始在厂内正式立项研究改造炉型和作业方法。但是，在原审卷中，并没有北京锅炉厂关于对该项技术立项研究方面的有关证据。在开庭审理时，北京锅炉厂仍表示他们无法向法院提供该证据。北京锅炉厂虽然向一审法院提供了大量材料，但与立项开发"火炕型加热炉及其使用方法"无关，均为该项技术构思在该厂的实施记录和该项技术方案进行鉴定等有关材料。潘提供了他在 20 世纪 70 年代后期将其自称为"升优选降法"的技术方案应用于铺路、埋设地下电缆、汽车运输、食堂管理等方面，使工效得到提高的实例，以证明该技术方案的构思早在 70 年代就已产生，并在 1980 年以前就已基本完成。1985 年 4 月 1 日，潘将该项技术申请发明专利后，同年 6 月 3 日，北京锅炉厂为潘减缓交纳专利申请费而出具了"非职务发明证明"。一项技术方案的构思完成时间，并不是经过实际使用而达到完善可行的时间，潘的"火炕型加热炉及其使用方法"在北京锅炉厂的实施，就是为了使该技术能够具有实用性，达到该项技术在构思阶段所预期的效果。因此，完成技术构思和该技术的具体实施是两个不同性质的问题。这是正确判断专利权归属的关键所在。潘的"火炕型加热炉及其使用方法"在 1980 年以前就已完成了构思，只是当时尚不成熟，也未进行过可行性实验，且该技术的名称还被潘自称为"升优选降法"。1980 年 4 月在北京锅炉厂开始实施并获成功后，潘对其移植到加热炉上的这一技术方案进一步总结，后取名为"火炕型加热炉及其使用方法"，并申报了发明专利。

原《专利法》第 6 条规定，执行本单位的任务或者主要是利用本单位的物质条件所完成的职务发明创造，申请专利的权利属于该单位。申请被批准后，全民所有制单位申请的，专利权归该单位持有。上诉人潘是北京锅炉厂一名普通的汽车司机，他最初的技术构思"升优选降法"并非执行被上诉人北京锅炉厂的科研任务，又不是他的本职工作，在整个构思完成的过程中，也未利用该厂的物质条件或对外不公开的技术资料。1980 年 4 月，北京锅炉厂在 800 吨和 2500 吨水压机上的试验，实质是将潘的"升优选降法"在该厂的实际应用，并不是利用该厂提供的设备条件来完成潘的技术构思。

关于上诉人潘上诉中提出的诉讼时效问题。《民法通则》第 135 条规定：当事人向人民法院请求保护民事权利的诉讼时效期间为二年，法律另有规定的除外。第 137 条规定：诉讼时效期间从知道或者应当知道权利被侵害时起计算。本案系专利权归属纠纷，不属法律另有规定的情况。因此北京锅炉厂要求法院确认 85102032

号专利为职务发明专利权归该厂持有的请求诉讼时效应为 2 年，从 1988 年 3 月 3 日专利授权日起算。1990 年 3 月 2 日，北京锅炉厂在专利侵权诉讼中提出"新的诉讼请求"，但其请求事项并非要求法院将潘的非职务发明专利权确认为职务发明专利。1990 年 3 月 8 日，北京锅炉厂正式向法院提出权利主张，要求确认潘的非职务发明专利为该厂的职务发明成果时，诉讼请求内容仍不确切，而且已经超过法定诉讼时效。1992 年 10 月 20 日，在北京锅炉厂向法院提交的增加民事诉讼请求书中，才明确要求将潘的非职务发明专利权判归北京锅炉厂职务发明专利，但在时间上已经超过了法定诉讼时效长达 7 个月之久。故对北京锅炉厂所提诉讼请求不予支持。

所以，北京高级人民法院认定，一审法院判决认定事实不清，证据不足，适用法律错误，且超过诉讼时效。该院依照《中华人民共和国民事诉讼法》第 153 条第（2）（3）项的规定，于 1995 年 3 月 23 日，判决：第一，撤销北京市中级人民法院（1990）中经字第 174 号民事判决。第二，驳回被上诉人北京锅炉厂的诉讼请求。

专利权的客体 *

一、可以获得专利的发明创造

在中国，专利权的客体包括三大项内容：发明、实用新型与外观设计。

专利权的客体，由于不同国家有不同的法律规定而各不相同。例如，有些国家可作为专利权客体的，如植物新品种、不够发明专利条件的小方法发明等，而在中国则不能作为专利权客体。

应当注意到：以一部专利法同时保护三种不同的客体，是中国专利法的特点之一。在许多国家，实用新型与外观设计也受到知识产权法的保护，但却不在专利法中；这些客体所享有的权利也不一定是"专利权"。它们可能享有"准专利权"，也可能所享有的是版权。还应注意到：中国作为专利权客体的"实用新型"，与有些国家所保护的"小发明"或授予的"实用证书"有所不同。实用新型这种客体，只能包含产品发明创造，而不能包含生产方法或工艺流程等发明创造；小发明与实用证书则既能包含产品，又能包含方法。

---

　　* 编者注：此部分内容选自《知识产权论》(社会科学文献出版社 2007 年版)第 92~98 页。

在了解中国专利权的客体时，有必要全面了解三种不同客体在一部法中有哪些区别。在中国，"发明"是指对产品、方法或者其改进所提出的新技术方案；"实用新型"是指对产品的形状、构造或其结合所提出的适于实用的新技术方案；"外观设计"是指对产品的形状、图案或其结合以及产品的色彩与形状、图案或其结合所提出的适于工业上应用的新设计。

除此之外，对这三种客体的适用条款，在专利法中还表现出下面一些区别。

（1）在"国家计划许可制"适用范围上的区别。从中国专利法规所规定的适用范围上可以看到：它仅仅适用于发明专利与实用新型专利所保护的技术方案，而不适用于外观设计专利所保护的设计方案。

（2）在"三性"要求上的区别。在授予发明专利时，以及在判定一项实用新型专利是否有效时，将以"三性"为标准，即新颖性、创造性与实用性。而判定一项外观设计专利是否有效，只有"新颖性"一条标准。而且，"新颖性"的含义对不同客体也有所不同。对于发明与实用新型，"新颖性"是指在申请日以前没有同样的发明或者实用新型在国内外出版物上公开发表过、在国内使用过或以其他方式在国内被公众所知，也没有同样的发明或实用新型由他人向专利局提出申请。对于外观设计，"新颖性"仅仅指有关设计同申请日以前在国内外出版物上公开发表或者国内公开使用过的外观设计不相同或不近似。此外，有关"创造性"的标准，对于发明比起对于实用新型要求要高一些。

（3）在专利保护期上的区别。中国《专利法》对于发明专利的保护期是20年；对于实用新型专利与外观设计专利则是10年。

（4）在强制许可方面的区别。中国《专利法》所规定的强制许可制度，像国家计划许可制度一样，只适用于发明专利与实用新型专利，不适用于外观设计专利。

（5）在专利权保护依据上的区别。发明专利或实用新型专利的受保护范围，要以申请案中的"权利要求书"为准。申请案中的附图及说明书可用来解释权利要求书。外观设计专利的受保护范围，则以表示在申请案中的图片或照片所反映的外观设计专利产品为准。

（6）在职务发明创造报酬上的区别。专利权如果授予某个单位，作为持有人或所有人的单位应依《专利法》及其实施细则向发明人或设计人颁发奖金。按 1985 年实施细则的规定，一项发明专利的奖金不低于 200 元；一项实用新型或外观设计专利的奖金则不低于 50 元。作为持有人或所有人的单位如果在专利保护期内实施有关专利并有收入，每年应当从实施发明或实用新型所得（税后）利润中提取 0.5％ ~ 2％作为报酬发给发明人；应当从实施外观设计所得（税后）利润中提取 0.05％ ~ 0.2％作为报酬发给设计人。1992 年修订后的实施细则中，仍存在与上述相应的区别。

（7）对提交不同专利申请案的不同要求。申请发明专利或者实用新型专利，应当提交请求书、说明书、说明书摘要及权利要求书等文件；说明书应当对发明或实用新型作出清楚的、完整的说明，以所属技术领域的一般技术人员能够实施为准。而申请外观设计专利，只要求提交请求书及有关图片或照片。

（8）在优先权适用时间上的区别。对于国际优先权的具体含义，已在有关《巴黎公约》中详述。这里只简单说明，对三种客体申请案的优先权不同确定方式方面，中国《专利法》是这样规定的：外国申请人就同一发明或实用新型在外国第一次提出专利申请之日起 12 个月内，或就同一外观设计在外国第一次提出申请之日起 6 个月内，又在中国提出申请的，可以依照其所属国同中国签订的协议或共同参加的国际条约，或依照互惠原则，享有优先权。

（9）在审查与复审程序上的区别。中国专利局仅仅对发明专利申请案实行实质审查，对实用新型申请案除形式审查外，只进行有限"查重"，即审查是否与审查员所掌握的已有申请案重复。这种查重尚不能到达新颖性审查的高度。对外观设计申请案则只进行一般形式审查。在复审方面，发明专利申请人如果对专利局复审委员会决定不服，可以向人民法院起诉；而对于实用新型专利或外观设计专利的申请人来说，复审委员会的决定是终局的，不能再向法院起诉。在宣告一项已批准的专利无效时，程序上也存在同样的差别。发明专利权人如果对复审委员会的宣告无效决定不服，可以向人民法院起诉；而复审委员会对实用新型或外观设计专利的无效决定，也是终局的。

中国《专利法》明确规定对违反国家法律、社会公德或妨害公共利益的发明创造，均不授予专利权。除此之外，还分别规定了不同类型的、不能获得专利的内容。

中国《专利法》第25条规定，不授予专利权的客体包括：

（1）科学发现；

（2）智力活动的规则和方法；

（3）疾病的诊断和治疗方法；

（4）动物和植物品种；

（5）用原子核变换方法获得的物质。

但其中第（4）项所列的产品的生产方法，则可以被授予专利权。

就发明专利而言，可获专利的既可以是技术（如制造方法等），也可以是产品。所以专利法全文中，均有"方法专利"与"产品专利"之分。而就实用新型专利而言，则只授予产品。绝不会授予制作这种产品的技术。外观设计专利所保护的，甚至可以说是某种

"作品"。

有人不了解专利权客体的这种特征，把"技术"说成是"标的"，而把"产品"说成是与之相应的"标的物"。这对于发明专利中的技术解决方案可能勉强说得通。对于外观设计专利，则不能言之成理了。

正如在知识产权概念中讲过的，在许多情况下（如在"权利质权"中），"标的"是专利权本身，既不是技术，也不是产品。

1993年后，依照1992年的《中美知识产权谅解备忘录》的规定，中国开始对一部分未申请中国专利的药品、化工产品以"行政保护"。这种保护下的客体，可以看作是一种"准专利"客体。

这种保护也不是中国特有的。在中国之前，巴西、墨西哥等国已通过双边协定开始了这种保护。1994年缔结的《与贸易有关的知识产权协议》，则强制性地要求一大部分发展中国家成员国，均采取这项保护。

二、随新技术的应用而产生或将产生的专利客体

（一）概述

已在原有专利客体之中，但近一二十年发展极快因而成为专利客体重点之一的，应属生物技术（Biotechnology），也称"生物工程"。从20世纪90年代初，美国科技人员搞出的"哈佛鼠"在美国获得专利，却在欧洲遭到异议以后，动物复制技术（即Clone技术，这是与Copy同义的一个英文字，通译为"克隆"），乃至人细胞的基因合成技术，均在一部分国家可以得到专利保护，在另一些国家则被拒绝。而更多的第三国则持观望态度。合成动物以及人的基因合成技术可否成为专利客体，也许还会争论较长一个时期。①

---

① 有关争论的最新信息，可参阅伦敦出版的Bio-Science Law Review杂志。该刊物1997年8月创刊。该刊也可通过"Bio@lawtextpub.demon.co.uk"查询。

不过，生物技术之作为一个整体，其可以作为专利客体或"准专利"客体，多年来是没有太大争议的。

用基因拼结法生产出脱氧核糖核酸，用无性杂交、基因移植等方法培育出新的动植物品种等技术，都具有重大的意义。生物工程技术的发展与应用，已经在生产新药品、清除环境污染等方面开辟了新的途径，而且将会在人类生活必需品的生产方面，突破农牧业所受到的自然条件的限制。近几年，在一些工业发达国家里，生物技术的应用又向新能源的开发方面发展。使用微生物制酒精、采煤、采油、从海水中回收铀，培养"石油科"植物以提取与石油成分相似的烃类等，均已进入研究及实验阶段。

生物工程的迅速发展，在知识产权领域产生了很大影响，使许多国家制定了一系列新法律或通过判例法，扩大了原有的保护范围。同时，相应的新国际公约也随之产生。

生物工程涉及的对象大体可分为动物、微生物与植物三类。到目前为止，几乎还没有任何国家为动物新品种提供专利（或其他知识产权）保护。所以，新技术革命在知识产权领域所提出的问题，主要反映在微生物与植物两类对象上。

微生物的新制法或新的微生物制品，虽然一般均未作为受保护对象写进专利法中，但不少国家的专利管理部门总是把它们解释为可受保护的对象。例如，日本现行的《特许法》（即专利法）本来是把一切生物发明都排除在保护之外的。但日本特许厅曾经解释说：分子生物学中的制成品的研制方法，可以同新物质的发明方法相类比，而《特许法》对新物质发明则授予专利。以此类推，新的微生物也可以作为一种新物质发明，享有专利保护。中国《专利法》的本文中，没有涉及微生物发明，只是讲了动植物新品种都不可以获得专利。但在中国的《专利法实施细则》第25~26条中，却讲到了微生物发明在申请专利时如何交存样品的问题。这就等于承认中国以专利法保护微生物发明的事实。

还有一些国家，过去仅仅对微生物的新制法给予专利保护，而对微生物本身却不保护。不过，新技术革命近年在生物工程方面的发展，已经打破了这些国家传统的保护方法，使微生物本身也取得了受专利保护的地位。在这方面比较能说明问题的，是美国的一个著名判例。①

1978年，美国关税与专利上诉法院②曾受理美国通用电器公司研究人员查克拉巴蒂（Chakrabarty）诉美国专利局的诉讼案。该研究人员使用遗传工程技术，制出了一种叫做"超菌株"的微生物新菌种，并于1972年向美国专利局提出三项专利申请：（1）把该微生物应用于分解氢氧化合物的专利权；（2）把该微生物应用于清除海面石油污染的专利权；（3）就该微生物本身取得专利权。美国专利局批准了前两项申请，但驳回了第（3）项申请。驳回的理由是"有活力的生物有机体"不受美国专利法保护。申请人对驳回决定不服，因而起诉。关税与专利上诉法院当时的判决是：人工制造的新菌种，不再是一般的生物有机体，而应归入"制品发明"类或"物质合成发明"类，按照《美国专利法》第101条，这两类发明都可以获得专利。专利局对这项判决不服，又诉到美国最高法院。1980年6月，美国最高法院作出最后判决，查克拉巴蒂对于自己研制出的具有新颖性的微生物本身，有权获得专利，最高法院认为对这种发明授予专利，有利于推动生物工程技术的发展，这个判决在美国影响很大。同年7月，美国专利局正式宣布，从最高法院判决生效之日起，微

---

① 下面所引的美国微生物专利判例，载于《美国专利（季刊）》（U.3.0.1）第206卷，第193页，Diamond v.Chakrabarty。

② 即CCPA，该法院已于1984年被撤销，其业务并入美国联邦上诉法院。

生物发明在美国属于可申请专利的发明，申请后如果通过审查，即可以获得专利。同年 8 月，美国参加了《（为申请专利的）微生物备案取得国际承认条约》。

当然，美国专利局仍有一些保留意见。例如，专利局的一位主审官提出，为微生物本身提供专利保护，必然带来新的难题，难题之一就是，微生物是会"自我繁殖"的，如果某人经专利权人许可而"使用"某种微生物，同时并未获得许可"仿制"该微生物，但在使用过程中微生物因自我繁殖而增多（专利品未经许可而"仿制"出来），是否要判使用人"侵犯专利权"呢？[①] 总之，多数人的意见是：微生物受专利保护范围的扩大（从"方法发明"扩大到"制品发明"本身）对发展微生物领域的新技术是有利的。这类问题也会随着新诉讼案的出现而进一步得到解决。

（二）有关国际条约

为微生物本身提供专利保护，就随之产生了这类专利说明书应当包含的内容问题。大多数国家的专利法，都要求专利说明书必须对发明作"足够清楚、足够完整"的说明，以使同一技术领域的普通专业人员能够按照说明书去实施有关发明。在一般情况下，靠文字与附图，就能够使说明书足够清楚了。但对于微生物发明来讲，只有文字或附图却说明不了问题，还必须提供活标本。近年许多国家的专利法实施细则中都对微生物专利说明书应附带的活标本作了具体规定。例如，《欧洲专利公约》的"实施条例"规定：微生物专利的申请人必须在提交申请案的同时，呈送微生物活标本备案；在申请案公布之后，备案的活标本必须能够继续存活，并能够被人使

---

① 参见彼得·罗森堡（P.Rosenburg）著《专利法基础》（*Patent Law Fundamentals*），1983 年版，纽约，英文版，第 6~18 页。

用。对这一条约，将在本书结尾的"国际公约"部分作进一步介绍。

生物技术领域的工业产权公约，目前虽然还只有这一个，但这一领域的国际合作正随生物工程的发展而发展着。1984 年 11 月，世界知识产权组织召开了国际首届"生物技术发明及工业产权专家会议"，讨论统一各国的生物技术保护法及进一步开展生物技术国际保护的问题。这个问题在 1991 年出台的《植物新品种保护公约》修订本中，已得到了初步的解决。

（三）生物技术与法律保护

生物工程在改良植物品种方面起着巨大的作用。例如，豆类蛋白质含量高，向日葵油脂含量高，美国威斯康星大学将豆类储存蛋白的基因转移到向日葵中，培植出植物新品种"向日豆"，就是以生物工程技术改良作物的很著名的一个例子。对植物新品种给以法律保护，是 20 世纪上半叶就出现了的，但并不普遍。近年，越来越多的国家认识到这种法律保护对促进植物改良的作用，因而纷纷制定了有关法律（或在现有法律中增加了保护植物新品种的内容）。较早开始以专门法律及专利法共同保护植物新品种的美国，在品种改良方面的成果非常显著。据统计，从 1970~1980 年 10 年间，美国大豆的品种从 94 种增加到 244 种（即增加了 160％），小麦品种从 139 种增加到 231 种（即增加了 67％），棉花的品种从 64 种增加到 95 种（即增加了 48.4％）。①

1993 年前，大多数国家还只是以专门法（一般叫做"植物新品种保护法"）来保护植物新品种。采用专利法保护的国家并不多；这些为数不多的国家，也只保护很有限的品种。不过，新技术革命

---

① 参见美国农业委员会主席弗利（Foley）1980 年 6 月 20 日提交美国国会的报告（Report No.96–1115，p.4，〔Washington1980〕）。

的发展正在改变这种状况。联邦德国马克斯—普朗克国际专利研究会的施特劳斯博士（dr.Joseph Straus）预言：遗传工程技术的发展，甚至仅仅其中对脱氧核糖核酸（DNA）及核糖核酸（RNA）的研究工作的发展，很快会使大量在经济领域起重要作用的植物新品种被培育出来，那时多数技术发达国家将不能不对植物新品种给予专利法的保护。①

1997 年，欧盟本来打算出台《生物技术保护指令》，但由于西欧地区的"绿色和平组织"从根本上反对给生物技术成果以专有权，该地区的专家则认为指令草案的保护远远不够，这来自两方面的不同意见差距太大，故该指令草案未能通过。

1. 专门法对植物新品种的保护

早在 1961 年，一些发达国家就缔结过一个《保护植物新品种国际公约》。当时许多国家并没有制定相应的专门法。随着生物技术的发展，更多的国家制定了这方面的法律，这些法律基本上都是以该公约的原则为指导的。所以，从该公约即可以了解专门法对植物新品种的保护的情况。

这个公约与《保护工业产权巴黎公约》是平起平坐的，可以称得上工业产权领域的另一个基本公约。公约规定了一套与巴黎公约类似的国民待遇原则及优先权原则。公约要求各成员国保护的植物品种，在范围上不受限制；一般植物新品种的保护期不能少于 15 年；藤本植物、果木、造林植物、观赏植物的保护期不得少于 18 年。这种要求不妨碍各国为了鼓励生物工程技术的研究而提供更长的保护期。例如，公约的成员国之一联邦德国，在其 1977 年的《植物新

---

① 参见《国际工业产权与版权》（IIC）1984 年第 4 期，第 431 页。施特劳斯博士于 1993 ~ 1995 年曾任国际知识产权教学与研究促进协会主席。

品种保护法》中,即为一般植物提供 20 年保护期,为藤本等植物提供 25 年保护期。

公约规定享有保护的植物的培植人起码应享有两项专有权:许可或禁止其他人为盈利目的生产同一种植物;许可或禁止其他人出售或提供出售同一种植物。正是从这种规定上,人们可以看到培植人所享有的权利与其他知识产权所有人相同,因此属于某种"知识产权"。

公约规定:在各国取得植物新品种的保护,均必须履行一定手续。培植人必须在主管部门(一般是各国农业部下属的"植物品种保护局")提出专有权申请,经主管部门审查批准,发给"植物新品种证书",方能享有保护。公约要求各国主管部门在批准授予证书前,不得少于对下面五方面的审查:(1)确认有关植物是否具有任何现存的植物均不具备的突出特点;(2)确认有关植物在提交申请保护之前是否在国内市场出售过(第三方未经培植人同意而出售,不在此列);(3)确认该品种的基本性质是否稳定不变;(4)确认按照该品种培育出的植物是否与该品种同属一类(如果产生出"同源异性体",则不能获得保护);(5)确认该植物是否具有自己的名称。

1977 年前后,联邦德国、比利时、瑞上、意大利等都按照公约的要求制定了本国的专门法;已有专门法的国家(如美国)则依照公约调整了原有法律。各国专门法除包括上面介绍的该公约的有关内容外,一般都规定了强制许可证的制度,目的是要求获得证书的专有权人推广实施自己搞出的新品种,否则将予以制裁。在美国,即使在专利法中都不要求专利权人必须实施自己的发明,但在保护植物品种专门法中则要求培植人必须推广和培育有关品种。这说明对生物工程付诸应用的重视。

从《保护植物新品种国际公约》以及各国的专门法中,可以看到：植物新品种的专门保护法对受保护对象的要求，与专利法对受保护对象的要求是有所不同的。在专门法中，"新颖性"以另一种方式来表达；"先进性"则被代之以"稳定性"；"实用性"被代之以"同源性"。

到目前为止，西欧及日本、美国、匈牙利、新西兰等许多国家，都制定了保护植物新品种的专门法。中国也于 1997 年 3 月，首次颁布了《植物新品种保护条例》，开始以专门法保护这一客体。

2. 专利法对植物新品种的保护

以专利法保护植物新品种的国家，在世界上可以列举出美国、联邦德国、日本、法国、荷兰、丹麦等。但这些国家中，真正在专利法中明文规定植物新品种受专利保护的并不多。例如，在联邦德国，只是最高法院解释其专利法时，推定植物新品种可以获得专利。日本也只是从 1975 年《植物新品种审查标准》中，可以转而推定某些植物受到专利保护。除上述国家外的大多数国家，专利法只保护培育植物新品种的方法，而不保护（也不能推定保护）品种本身。中国《专利法》第 25 条中的规定，就是一例。随着生物工程的发展，会有更多国家以专利法保护植物新品种本身。中国专利行政管理机构也曾表明，在将来中国也可能把保护范围延及植物本身。

只有美国专利法中，明确地把植物新品种作为一项保护内容写入，并专门用一章作了较具体的规定。[①]

按照美国专利法的规定，受专利保护的，只能是在人工栽培状态下生长的植物，同时只能是以无性繁殖技术培养的植物。这样，一方面，在自然状态下生长的植物被排除在外了。如果有人发现了

---

① 参见世界知识产权组织出版的《工业产权法律与条约集》第 5 卷，1983，英文版：35 U.S.C.，Chapter16。

某种其他人从未发现过的野生植物，他是无权获得专利的；另一方面，以有性繁殖法培育的植物也被排除在外了（这部分植物的新品种，只能由美国的《植物品种保护法》去保护）。

在美国，植物专利的申请与审批手续，与其他专利相同。但专利法中对"植物专利"所有人（专利权人）的权利，作了专门说明，即有权禁止其他人不经许可以无性繁殖法"复制"受专利保护的植物，有权禁止其他人出售或使用非法"复制"的该植物。

由于美国专利法不实行强制许可证制度，所以植物专利的权利人，比起取得美国植物新品种证书的权利人，就少受一些限制。就是说，植物专利权所有人即使不应用自己的专利，也不会受到当局颁发强制许可证的制裁。好在受专利保护的植物比起受《植物品种保护法》保护的要少得多，所以无限制许可对美国推广植物新品种影响不大。

3. 双重法律保护问题

中国过去有些出版物在介绍植物新品种的双重法律保护时，没有弄清"双重保护"的真正含义。所以有必要对此做一些说明。

《保护植物新品种国际公约》第 37 条中规定：公约的成员国可以选择用专利法，或用专门法，或两种法同时使用来保护植物新品种；但对于同一个保护对象，则除极少数经过特别许可的国家外，不能用两种法律同时给予保护。

在这条规定里，前一半讲了允许双重保护，后一半又讲不允许双重保护，究竟是什么意思呢？

原来，"双重保护"一词本身，也具有双重含义，其一是对某一类对象用两种法律保护，其二是对某一个对象用两种法律保护（一个客体享有两种专有权）。有关的国际公约及大多数国家，在植物品种保护问题上，只实行第一种含义的双重保护。

在前文讨论的国家里，美国、联邦德国、日本等，都既承认专利法对植物品种的保护，又另立了专门法。但这几个国家对同一个申请保护的对象，都不会同时授予两种专有权。在美国，专利法只保护无性繁殖法培植的品种，而把其他品种留给专门法。除此之外，《美国植物品种保护法》还专门规定：凡取得专利的植物品种，不得再申请植物新品种证书。联邦德国与日本也都有明确规定：专利法仅仅保护政府所颁布的"植物品种明细录"中没有被列入的植物新品种；列入其中的，则只能受专门法保护。

曾有人认为生物工程技术的发展，使法律保护中出现了一些新情况，已打破了同一对象不能同时以两种法律加以保护的惯例。例如，如果有些（依专门法）能够获得植物新品种证书的品种，在培育方法上是十分新颖的，因此按（任何国家的）专利法，又属于可获得"方法发明"专利的对象。那么，培植者既可以就植物本身申请植物新品种证书，又可以就培植方法申请专利。这等于对同一对象实行双重保护。但我认为：实际上，专利法在这种情况下所保护的是无形的"方法"，而专门法保护的则是有形的"植物"，因此仍旧是不同法律保护不同主题，而不是对同一个主题的双重保护。当然，在这种情况下，对于同一个受保护主体（培植者）来讲，他确实享有两种法律授予的两种专有权了。

中国专利领域的有关专家，也已经提出在中国进行这种双重保护的建议。[①]

---

① 参见乔德喜："试论中国专利法与国际发展趋势的协调""关于中国专利法第二次修订的有关问题"，载郑成思主编：《知识产权研究》第二卷，1996。

专利侵权的认定 [*]

专利侵权的认定或否定，与商标权、版权相比，客观性及确定性都更强。这主要是因为比商标及版权制度历史更长的专利制度，在其发展过程中，产生出了"权利要求书"（Claim）制度，而这种制度又在较长的发展中，得以不断完善。

17世纪上半叶产生了近代专利制度；一百年后产生了"专利说明书"制度；又是一百多年后，从法院在处理侵权纠纷时的需求开始，才产生出"权利要求书"制度。^①

从理论上讲，"权利要求书"由专利权人（尚且是"申请人"时）把自己要求得到保护的发明范围，清清楚楚地划出来，并在公开后的专利文件中昭示公众：切勿未经许可进入这个圈里来。正如在西方国家驾车驰在公路上，会不时见到大路边的岔路上有牌子写着"Private"，以示"公路"与属于私人的地产部分的"私路"的界线。当然，稍有不同的是：在"专利要求书"所划的圈子之外，未必均是"公有领域"的技术。属于他人在先已经专有、目前依旧专有着的技术，也会在这个圈子之外。

---

* 编者注：此部分内容选自《知识产权论》（社会科学文献出版社2007年版）第152–159页。

① 参见 W.Cornish 著《知识产权：专利、商标、版权与有关权》，Sweet & Maxwell，1989。

　　专利的"权利要求书"所划的这个圈子本来在理论上应当十分清楚，却从两个方面在实践中变得看上去有些模糊了。一方面，专利权人当初在申请专利时，希望专利审查部门把"权利要求书"的内容解释得越窄越好，以免稍不留意就"宽"到"已有技术"①之中，从而否定了所要求保护之内容的专利性；另一方面，已经成为专利权人之人，在侵权诉讼中，又总希望行政主管机关和（或）法院将"权利要求书"的内容解释得越宽越好，以便把凡是权利人认为是"侵权"的行为，均划入圈内，即认定为侵权。

　　为把这个人为"模糊区"尽可能缩小，有些国家从立法上想了一些办法。如美国的"方法加功能权利要求"。美国的判例法又在1994年进一步发展和完善了对这种权利要求的应有解释。②有些地区性国际公约，也从理论上给以进一步的阐明。如《欧洲专利公约》，专为解释该公约第69条（有关"权利要求书"条款）而另行缔结了"议定书"。

　　在实践中，这个人为的"模糊区"可能被缩得更小。一是由于在许多专利申请中，与"权利要求书"相"配套"，还举出了"实施例"。如果这些"实施例"不曾被专利局的审查员要求修改或删除，则它们就形成"权利要求"这个圈子的实实在在的篱笆墙的一部分。任何人都很难在自己冒冒失失地撞进这堵墙后却推说并未看见它；二是凡出现专利侵权纠纷，又一时难以认定或否定侵权时，多有专利审批程序或（和）异议程序中曾记录下的事实，提供出客观、准确的依据。例如，在申请专利的过程中或异议过程中，为使原先申请的内容不至于全部被驳回或被异议掉，而自愿削减掉的那部分要

---

　　① 已有技术（Existing Art），也可以译为"现有技术"——但在中国《专利法》中却同时出现这两种不同的译法或用法，来表达同一个意思，这是立法技术上应当避免的。

　　② 参见《美国专利季刊》第29卷之2，第1845页，Donaldson 案。

求内容，在侵权诉讼中自然不应被重新纳入"模糊区"之内。所以，有的法庭在专利侵权纠纷案的审理中，花费相当时间清理原专利审批过程。这确是缩小"模糊区"，以最终达到认定或否定侵权的可取途径。

经过上述理论上与实践上的处理，从法律意义上看，专利侵权认定与否定的"模糊区"，可以被缩得很小，至少与商标或版权的侵权纠纷相比，其"模糊区"相对可以更小些。反过来讲，就是认定或否定的客观性与确定性更强些。

当然，与其他知识产权的侵权纠纷相似，在一大部分专利侵权纠纷中，被指为侵权的一方，往往会反诉对方的专利无效。而在专利的无效诉讼中，较客观、又较容易掌握的，是找对方之专利缺乏"新颖性"的证据。因为，不属于专利可保护的发明创造的范围，在法律中是比较明确的，只在极特殊的情况下会误授专利权。而"技术进步性"标准中，要由行政执法人员或法院先去选择和确认在相关技术领域中一个有中等技术水平的人，还要看看有关技术对他是不是"显而易见"的。于是使得这条试图走向"客观性"终点的道路中，已经布满了主观性的荆棘。"实用性"标准中同样地引进了这样一位要由主观去认定的"所属领域的技术人员"。至于"实用性"中的其他因素，就似乎比"技术进步性"更缺少确定性了。

而"新颖性"标准，在各国都有分明的界线。以申请日为关键日，在它之前的出版物或行为，均可起到否定作用。这本应是"板上钉钉"般地明白无误的。但各国由于对出版物或（和）行为的解释差异，有时也会出现认定或否定专利效力的"模糊区"。

例如，在中国，同一个申请人在先申请（尚未公布）的内容，是否构成对自己新颖性的否定？《专利法》第 22 条回答：不构成。对此的法理解释是：如果同一个人的前后两个申请均可以获专利，专利局可以要申请人自己选择一项。① 但这里的法理解释似乎只考虑到同一个申请人只在中国专利局前后两次申请内容相同的专利的情况。如果我们把眼界扩大，也就会看到问题了。

如果同一个人于中国《专利法》实施前夕先在美国申请一项美国专利，3 年后又在中国就同样内容又申请中国专利。而这 3 年之中，美国并未公布其申请案，其间又没有"第三者插足"（即没有他人独立自己搞出同样发明在任何国家申请专利的），则该申请人不仅无必要依《巴黎公约》请求 12 个月内的优先权，而且实际上反而比公约优先权延长了 3 倍。如果美国仍旧不公布该申请案，则实际的"优先权"还将继续延长。这只是问题之一。如果该申请人的中美两申请后来均被批准了，依中国《专利法》，该两"专利"均应有效，由于地域性原因，这种"重复授权"的有效性，似乎不会出大娄子。但是，如果 3 年后申请的中国专利，申请人将该申请日作为巴黎公约的优先权日，依中国专利法也应是合法的。这时，至少会出现以下问题。

（1）该申请人是否可依后一申请的优先权日在国外申请专利？

（2）该申请人是否可依中美两项均有效的独立的"首次申请日"在中美要求享有两个优先权日？

（3）如果申请人在优先权期内获专利批准，又将中美两专利分别转让不同两方，该两方又均在一个不审查制国家均获得互相独立的专利。日后两家在该国发生专利冲突，法院应认定哪项专利有效？

可能还有一些未列举出的问题。

正因为这些问题在实际中可能发生过，一大批国家（加拿大、芬兰、挪威、法国、德国、匈牙利、意大利、荷兰等）才在法律或审查指南中，认为同一个人自己的在先（未公布）申请，同样可以

---

① 参见汤宗舜：《专利法解说》，专利文献出版社 1994 年版，第 99 页。

否定自己在后申请案的新颖性。

如果中国《专利法》第 22 条中的"他人"被删去，在认定与否定专利效力方面的"模糊区"，就可能会更缩小一些。当然，从理论上及立法、司法上，中国都还可以进一步研究和探讨这个问题及这一类问题。

凡在"模糊区"内认定或否定专利侵权的法院判例，大都会在很长时间内有争议。这并不奇怪，因为这类案件确实复杂，且多带有两重性。但为了说明问题，下文仍打算举一个这方面较典型的案例，即国内有名的王码公司诉东南公司专利侵权案。

案例

在王码公司诉东南公司一案中，原北京市中级人民法院认定，1992 年 2 月 26 日中国专利局授予"优化五笔字型编码法及其键盘"（以下简称"优化五笔字型"）技术以发明专利，王码公司是专利权人之一。后经与其他专利权人协议，由王码公司为唯一代表，独家对外全权实施专利并处理有关事务。该专利权利要求书所载主要技术特征为：采用经优化（优选）的 220 个字根构成对简、繁汉字和词语依形编码的编码体系，将其字根依一定规则分布在五个区共 25 个键位上。该专利是五笔字型技术发展过程中的第三版技术。东南公司于 1992 年初研制出东南汉卡第一版，1992 年 7 月研制出东南汉卡第二版，并进行了制造、宣传和销售。东南汉卡中含有五笔字型技术发展过程中的第四版技术。第四版技术与王码公司获得专利权的第三版技术相比较：（1）减少了 21 个字根。这种减少，是经过大量的研究工作才取得的成果。在很少增加重码的前提下，减轻了使用者记忆的负担；（2）第三版中的四种字型在第四版中减少为三种字型，从而减轻了使用者在输入识别码时对字型分类判断的困难。以上第四版与第三版的两点差异，对提高汉字输入速度和易学性确有进步。但这些进步是在第三版基础上进行改进所取得的。从整体上看，无法得出第四版技术已经突破第三版的编码体系及其字根在键盘分布的方法的结论。第四版的主要技术特征仍然落入"优化五笔字型"专利技术的保护范围之内。因此，以第四版所取得的进步为由而不顾"优化五笔字型"专利的存在，任意使用第四版技术，不符合中国专利法对专利权人的保护原则，对专利权人来说也是不公平的。第三版技术与第四版技术实质上是一种依存关系或称从属关系。使用第四版技术，确实有一部分技术因素是第三版技术所不具有的，但是第四版技术又包含了第三版专利技术的必要技术特征。因此，实施第四版技术时应当与"优化五笔字型"专利权人协商，对其中含有第三版技术部分应支付合理的使用费。否则专利权人的利益就无法保障。而"优化五笔字型"的专利权人在使用第四版技术的人愿意支付合理费用的情况下亦不应当拒绝该人使用第四版技术。不然势必形成专利权人对所有五笔字型技术的不正当的垄断，是不利于汉字输入技术发展的。东南公司在使用五笔字型第四版技术时未与"优化五笔字型"专利权持有人王码公司协商，未支付合理的使用费，损害了王码公司的利益，应予补偿。王码公司要求支付使用费是合理的，但支付 40 万元使用费的数额过高，不能全部予以支持。根据以上理由，依照《中华人民共和国专利法》第 1 条、第 12 条之规定，判决："（1）自本判决生效之日起十日内被告东南公司支付给原告王码公司 24 万元。（2）被告东南公司今后继续使用五笔字型第四版技术，应当与原告王码公司协商，支付合理的费用。（3）驳回原告王码公司其他诉讼请求。"

东南公司不服一审判决，提出上诉。主要理由是：（1）一审判决未对"优化五笔字型"专利权的保护范围作出准确、清楚、完整的认定。（2）一审判决对第四版技术创造性的认定有重大错误；认定第四版技术对区位进行的调整没有改变第三版编码体系，不具有实质性进步与事实不符；认定第四版技术选用了第三版技术 220 个字根中的 199 个字根，不符合事实；对第三版技术中键盘和区位变化的认定不准确；对第四版技术将第三版技术的"五笔四型"改为"五笔三型"，为彻底取消"字型"打下了基础这一技术进步未予认定。（3）一审判决的依据和结果不能自圆其说。据此，请求二审法院撤销一审法院判决。驳回被上诉人的诉讼请求。王码公司服从一审判决，但仍坚持本案应适用"等同原则"，认定东南公司构成专利侵权。

北京市高级人民法院经审理查明：1985 年 4 月 1 日，王永民以发明人、申请人的身份向中国专利局申请了"优化五笔字型"发明专利，中国专利局于 1986 年 7 月 30 日将该发明专利申请公开，其申请公开说明书中公开的权利要求共 24 项。其独立权利要求为："一种优化五笔字型编码法，其特征是依据汉字字根的组字频度和实用频度对汉字字根，字型和笔画进行优选，将选出的字根按笔画特征及它们之间的相容关系进行归并组合形成的编码体系。"

在专利审查过程中，1988 年 5 月 28 日中国专利局向申请人王永民发出审查意见通知书，指出"优化五笔字型"权利要求中相当大部分属于现有技术。为此，王永民根据中国专利局的要求，对权利要求进行了修改，将权利要求由 24 项改为 17 项。其独立权利要求改为："一种优化五笔字型编码法及其汉字输入键盘，其特征是将优选的字根依据其首笔相同或形态相近等特征分成横、竖、撇、捺（点）、折五大类，将不可少于 25 个键位的键盘分成横起笔、竖起笔、撇起笔、捺（点）起笔、折起笔 5 个区，分别将五大类字根归入对应的 5 个区中，形成的拼形组字，拼形组词的汉字编码法及其输入键盘。"

中国专利局于 1988 年 8 月 24 日对该修改后的权利要求作出审查决定，并于 1989 年 2 月 15 日发出审定公告。根据 1985 年 4 月 1

日施行的专利法的规定，授权前有 3 个月异议期。在异议期内，方延曦、李毅民分别以该专利申请不具备新颖性、创造性，张道政以该专利申请应为职务发明为由提出异议。中国专利局通知张道政因权属问题应向专利管理机关请求调处；通知王永民对方延曦、李毅民的异议作出答复。王永民针对异议人提出的异议理由进行了书面答辩，在 1989 年 9 月 25 日答复方延曦异议的意见陈述书中指出："字根的选取要能应付所有的字，而字根的组合则要保证统一编码时出现的重码尽量地少。因此，字根的选取和组合就成为整个形码设计中最繁重、最艰巨、最重要的工作，可以说，整个形码设计的过程，就是一个字根的选取和科学组合的过程。每压缩一个键位，都要把上万张卡片翻检排序十多遍，才有可能减少或搬动一个字根。任何具备形码设计常识的人都非常明白：这 220 个字根的选取及其最终的排列组合，才是发明人多年的心血所在，才是本发明的精华和核心。反过来，如果有人试图随便减少或增加这个字根表中的字根，不要说一大半，即使是三五个字根，或者打乱现有的组合，那就不但可能出现大量的重码，而且会破坏现有的规律性和操作员指法的协调性，从而使本发明失去其科学性及实用价值。因此，这220 个字根及其排列，是缺一不可的有机整体，增加、减少或者打乱这些字根，都会使得本发明成为任何人都无法实施的技术"。

申请人于 1989 年 9 月 25 日、1990 年 2 月 21 日和 1991 年 2 月5 日三次修改了权利要求书文本，将从属权利要求的大部分技术特征写进独立权利要求，使专利权利要求从 17 项减少到 7 项。中国专利局在授权前的异议审查决定中指出："一九九一年二月五日申请人提交的权利要求书的修改文本，是经过异议后最后一次递交的修改文本，以优化的 220 个字根作为主要特征，以五笔画输入法作为从属权利要求，以此作为主要技术特征，作为该修改文本的主要技术内容。关于创造性，上述修改文本的权利 1 的技术特征是优化的 220 个键位字根及其键位分布，该技术特征是审定文本的权利 10 的内容，它与对比文件 1[①] 的内容相比，构成了完整技术方案的主要部分。对比文件 1 是输入方法的概述，也披露了部分的字根，但并不是完整的技术方案，也未包括 220 个完整的输入字根，它仅使该申请的局部内容公开，构成优化的主要技术特征同现有技术相比仍然具有突出的实质性的特点，因此该发明具有创造性。"

中国专利局认为，申请人于 1991 年 2 月 5 日最后一次修改的权利要求书文本具备了专利性条件，于 1991 年 7 月 30 日予以审定，作为授权文本。该授权文本的权利要求共 7 项，其独立权利要求为：

"一种采用优化五笔字型计算机汉字输入编码法设计的标识有优选字根符号的汉字输入键盘，将经过选定的键位字根，依其相互之间的相容关系，即为使汉字经编码后引起的重码最少，并按其第一个笔画的横、竖、撇、捺（点）、折特征，在上述键盘的键位上将字根有规律地搭配成 5 个区，每区 5 个位，共计 25 个小组，每组字根赋予一个区位代码（数字或字母），并对应一个键位，其中五种单笔画，即一、丨、丿、乀、乛都放在对应区的第一个键位上，形成该最多四码输入（包括一、二、三级常用字简码）的按拼形组字、拼形组词计算机汉字输入编码方法设计的汉字输入键盘；其输入顺序为输入该汉字的第一字根、第二字根、第三字根及最末一个字根，对少于四个字根的汉字，应在其字根代码之后补上一个'末笔和字型交叉识别码'；用作键名的汉字，其输入代码为该键连打四次；每个键位上，那些键名字根以外本身即为汉字的同位字根，它们的输入顺序为键位代码、首笔笔画码、第二笔笔画代码及末笔笔画代码；

[①] 《中文信息处理国际研讨会论文集》（2），1983 年 10 月 12～14 日。

对于单体型汉字，一律按书写顺序拆成键盘上已知的最大字根键入，同时包括高频汉字在内的一、二、三级简码，词汇输入一律只需击键四次，即二字词输入每字前两个字根码，三字词输入前两字的第一个字根码和第三字的前两个字根码；四字词各取一、二、三、四字的第一个字根码，五字词以上，各取一、二、三字及最后一字的第一个字根码……"

"本发明的特征在于：采用经优化（优选）的 220 个字根构成对简、繁汉字和词语依形编码的编码体系，将其字根分布在下述 5 个区共 25 个的键位上，以此构成的对汉字进行快速输入的优化五笔字型计算机汉字输入键盘。"

五笔字型第四版技术是在五笔字型第三版即"优化五笔字型"技术申请专利后，由一些技术人员根据减少字根，易学易记，增强规律性，提高键入速度的目的改进形成，于 1986 年 3 月完成。社会上广泛使用的是五笔字型第四版技术。

1992 年，东南公司在制造销售的东南汉卡中使用了五笔字型第四版技术。东南汉卡中使用的五笔字型第四版技术与"优化五笔字型"专利技术的必要技术特征经过对比，两者确有许多相同之处，如将汉字按照传统的书写顺序拆分成若干个组字部件即字根，用若干个字根拼合成一定的汉字；用汉字的横、竖、撇、捺、折五种基本笔画书写汉字，把一个字根按照传统的笔顺分解成横、竖、撇、捺、折五种基本笔画即"五笔"的组合，并将"五笔"按顺序分别以数码 1、2、3、4、5 进行编号；按照汉字五种基本笔画的编号把汉字字根分成 5 区 25 组，将这 5 区 25 组同计算机输入键盘上 26 个英文字母键位中的 25 个键位对应，建立汉字字根组同各个键位编码的对应规则；在输入汉字时，按照传统书写顺序输入该汉字的第一字根、第二字根等的键位编码，通过字根拼合输入汉字，采用最多为四个键位编码输入一个汉字；将汉字按照字根间的位置关系分成左右、上下、外内和独体四种基本字型等。但是，这些基本相同的技术特征均属于公知公用的技术，在"优化五笔字型"专利中也仅记载在独立权利要求的前序部分中。说明当时申请人也承认其为公知公用技术。

经过将五笔字型第四版技术与"优化五笔字型"专利技术的必要技术特征相比，两者的不同点在于：

（1）五笔字型第四版技术与"优化五笔字型"专利技术相比，所用的字根减少了21个，它是由199个字根组成的编码体系。

（2）五笔字型第四版技术在5个区位字根所对应的键盘键位发生了变化，"优化五笔字型"专利技术中5区下面5位对应的字根，在五笔字型第四版中移位到了第三区的位置，在标准的英文键盘上作比较，五笔字型第四版技术与"优化五笔字型"专利技术的编码有很大不同。

（3）五笔字型第四版技术减少了字型，即由"优化五笔字型"专利技术中使用的左右型、下下型、外内型和单体型四种变成左右型、上下型和杂合型三种。

五笔字型第四版与第三版具有不同的技术目的。第三版技术以减少重码为第一目标，用户易学易记为第二目标；第四版技术以用户易学易记为第一目标，而把减少重码作为第二目标。第四版为了达到其技术目的，采用了减少编码字根的数量、增强字根分组的规律性、配合减少字型、精减编码规则等技术手段，形成了由199个字根构成对汉字依形编码的新的编码体系。这一改进产生了明显的技术效果，使得五笔字型第四版技术的最高输入速度比五笔字型第三版的最高输入速度提高近一倍。

以上事实有专利证书、权利要求书、异议书、意见陈述书、当事人陈述及开庭笔录等材料在案佐证。

北京市高级人民法院认为：五笔字型汉字编码输入技术是众多的计算机汉字输入技术中的一种，它的基本原理和基础技术思想，如运用笔画输入，将汉字拆成字根及用字根组字，5 区 5 位的划分并将字根分布与其对应，末笔交叉识别等内容，有些是中国历史文化遗产，有些是现代他人发明并已公知的现有技术。"优化五笔字型"专利技术的开发者虽然作出了自己的贡献，但是从"优化五笔字型"专利独立权利要求中的前序部分可见，就整个五笔字型汉字输入技术而言，并非本案相关专利所覆盖的发明成果。

"优化五笔字型"专利权的保护范围应以其独立权利要求中记载的必要技术特征为准。该发明的必要技术特征包括独立权利要求中前序部分的公知技术和特征部分的区别技术特征，这些特征共同组成一个完整的技术方案。"优化五笔字型"专利并非五笔字型汉字输入技术的基础专利，也不是一项开创性发明。因此，在侵权诉讼中，不允许对审定公告确定的专利权利要求界定的保护范围作任意扩大解释，否则将不利于计算机汉字输入技术的发展。

"优化五笔字型"专利独立权利要求的前序部分均为现有技术，特征部分即：采用经优化（优选）的 220 个字根构成对简、繁汉字和词语依形编码的编码体系，将其字根分布在下述 5 个区共 25 个键位上，并具体描述了字根在各键位上的分布。东南汉卡中使用的五笔字型第四版技术与"优化五笔字型"专利属于同一类汉字编码体系。两者都是在民族文化遗产和现有技术基础上产生的汉字输入技术方案，五笔字型第四版技术与"优化五笔字型"专利在技术上有联系，即现有技术方面基本相同，发展的基础相同。但两者的区别也是明显的。从这类编码技术发展的角度看，"优化五笔字型"专利属于低版本，五笔字型第四版技术属于高版本，高版本的技术内容不能覆盖低版本的技术内容，因为，先进的技术可能源于落后的技术，但不能覆盖落后的技术。从二者的技术特征看，"优化五笔字型"专利是由 220 个字根组成的编码体系，而五笔字型第四版技术是由 199 个字根组成的编码体系，这种字根的减少并非在 220 个字根中删减的结果，而是依据易学易记的目标需要，重新优选字根的结果，注入了开发者创造性的劳动。单纯的计算机汉字输入技术不能获得专利保护，它们必须与计算机键盘相结合才有可能获得专利保护。"优化五笔字型"专利技术中的 220 个字根与键位在 5 区 5 位上的一一对应关系是固定的，而五笔字型第四版技术采用的 199 个字根组成编码体系，这些字根在 5 区 5 位 25 个键位上的分布关系重新作了调整，并将三区和五区的位置作了调换，从而达到了方便输入提高输入速度的目的。五笔字型第四版技术将"优化五笔字型"专利中的四种字型减少为三种，方便了记忆。五笔字型第四版技术与"优化五笔字型"专利技术的这些区别是具有实质性的。五笔字型第四版技术与"优化五笔字型"专利技术的发明目的亦不相同，并取得了优于"优化五笔字型"专利的技术效果。因此，五笔字型第四版技术与"优化五笔字型"专利技术之间的区别技术特征不属于等同手段替换，不能适用等同原则。

所以，二审法院的结论是：东南公司虽然在东南汉卡中使用了五笔字型第四版技术，但"优化五笔字型"专利技术与五笔字型第四版技术是两个计算机汉字输入方案，二者不存在覆盖和依存关系，因此不构成对"优化五笔字型"专利权的侵犯，其上诉理由成立，北京市高等法院予以支持；原审法院判决在认定事实、适用法律上均有错误，应予纠正。依照《中华人民共和国专利法》第 59 条、《中华人民共和国民事诉讼法》第 153 条第 2、3 款作出终审判决：第一，撤销一审判决；第二，驳回王码公司诉讼请求。

专利领域的假冒 *

专利权所含范围内，有制造权、使用权、销售权、进口权。未经许可而制造有关专利产品、使用有关专利技术、销售或进口有关专利产品，即构成侵权。这方面的争议并不大。

前文讲过，发明人的署名权并非"专利权"中的一项。而对专利权人注明专利号的规定，与其说是权利，不如说是义务。不注明专利号使人分不清专利类型。在中国，在三种"专利"并存的情况下，如没有这一规定，就给了外观设计及新型冒充发明的余地。

不过在专利领域，存在一个虽未成为讨论的热点、但与商标反向假冒及版权中的冒名相近的问题。这就是中国《专利法》第63条，将"假冒他人专利"视为专利侵权，即使假冒者并未真正使用专利权人的专利，也未从事有关的制造、销售、进口活动。按照上述一些人的理论，只冒了专利权人专利之名，不应当是专利法过问的，可能中国专利法也搞错了。但这一条又是大多数国家专利法中均有的。是否大多数国家都错了？提出这一问题，是想告诉读者：坚持多方面看问题，而不是只看问题的一个侧面，方能够避免滞留在

＊ 编者注：此部分内容选自《知识产权论》（社会科学文献出版社 2007 年版）第 175 页。

ABC 阶段、有真正的研究深度，也方能使研究成果更符合实际。这不仅在商标研究中应注意到，而且在知识产权的其他方面的研究中，均应注意到。

专利评估 [*]

有意拿了别人的知识产权去作价转让，往往不易被受让方察觉。

而在专利领域，专利权人（供方）无意间拿了别人的知识产权去作价转让，往往也不易被自己察觉，同时又不易被受让方察觉。这种事在商标评估中则不常发生。这是由于在专利领域存在"从属专利"（在 Trips 中称"第二专利"）等特殊问题。

所以，在专利领域搞评估，既有与商标评估相同的问题，又存在完全不同的问题。

就专利评估来讲，至少要注意下面几点。

（1）有关"专利"是有待批准的"专利申请"还是已批准的专利？

"专利申请案"中的权利，也是一种知识产权，也可以转让或许可，因此也存在评估其价值的问题。但申请案有批准与驳回两种可能，因此价值是完全不同的。受让方或被许可方一定要弄清对方的有关技术或新产品是"已申请专利"还是"已获得专利"。

（2）有关专利（如果系"已获专利"）是否经过了异议程序？

首先要确定是否经过了异议程序。如果经过了异议程序，并且异议已被宣布不能成立，则有关专利之效力的可靠性就高，因而在

＊　编者注：此部分内容选自《知识产权论》（社会科学文献出版社 2007 年版）第 213~214 页。

同等条件下评估出的价值也应高些。

（3）有关专利属于哪种专利？

作为"中国特色"的《专利法》，产生三种不同专利。其中的外观设计专利与实用新型专利未经过实质审查，其效力很有可能在日后侵权诉讼的"反诉无效"中被无效掉。故对这两种专利评估时，切不可与发明专利同等对待。

（4）有关专利属于"第一专利"还是"第二专利"？

按照国际条约与中国《专利法》，第二专利的实施，须经第一专利的权利人许可；第二专利的权利人，无权独立许可第三方实施其专利。第二专利的权利人切不可把属于第一专利权利人的产权评到自己准备提供的技术的价码上。受方也应知道：第二专利的权利人本身，若未经第一专利的权利人授权，是无权与受方谈判许可合同的。他可能有权转让自己的第二专利。[①] 此时受让人应了解：自己受让之后，与第一专利权利人合作的可能性或取得强制许可的可能性有多大。否则日后自己仍旧难以实施自己买到的专利。无论自己请的"评估公司"再权威，使用的评估公式再严谨，自己也可能不过买了个刺猬——拿着扎手，扔了可惜。

（5）有关专利的权利人是否有按时缴纳专利年费的可靠记录？

漏缴专利年费可能导致专利被撤销。虽然法律规定有恢复程序，但麻烦太多。如果真的转让一项漏交年费但可能恢复的"专利"，则评估中须将恢复程序中的花费及一旦恢复不了给受方可能造成的损失，都作为折扣打进去。

（6）专利距离保护期届满还有多久？

这可能是影响专利评估最重要的因素了。由于专利保护期不可续展，该影响就比其在商标评估中重要得多。如果专利保护期只剩下

---

① 第二专利权人转让（assign）自己的专利，不受第一专利权人约束。

2年，该专利的价值反倒容易评估了。因为，无论供方（权利人）列出怎样的"开发成本""申请成本""年费成本"等清单，无论供方依照怎样权威的"评估公式"来评估其专利，受让人绝不能接受高于、等于或接近受让人往后2年预计利润的总和，否则这笔买卖就亏了本。

（7）有关专利是否正被牵扯到侵权诉讼、无效诉讼等专利纠纷之中？

卷入这类纠纷，特别是在法院未决的纠纷之中，其评估必须在按照一般方法评估出的价码上再打折扣。

至于目前被介绍较广的专利评估方法，如重置成本法、收益现值法、现行市价法等，都有其不可逾越的局限性。这一点与商标评估相同，不再复述。

那么，真正可行的专利评估，应从何着手呢？在至少解决了上述7个问题后，应当从以下几方面着手评估。

（1）要研究透有关专利的说明书中的"权利要求书"。

因为"权利要求书"是给专利划权利范围的法律所认可的唯一依据。如果专利权人在申请专利时把并不重要的"实施例"之一，当成"主权项"写在权利要求书中了，则无论该专利看上去将能应用多么广，其价也只能低估。因为该专利的实际覆盖范围已被缩小了。

（2）要研究有关专利的市场应用，将给专利权人带来的最低利润与最高利润。供方在评估中将严守最低利润额这条线，不使突破；受方则反之。

人们常说的"高投入，高产出"，在专利领域作为评估原则一般并不适用。尽管专利权人会把自己研究与开发的全部成本都在评估时计入价中，但如果有关技术涉及的产品或产品本身并无市场，则这种以成本为基本依据的评估将毫无意义。

但另一方面，为了维护有关专利所投入的成本（如侵权诉讼费用），则可以作为依据之一。其原因是与市场需求紧密相关的、没有市场效益的专利一般不会成为专利侵权人的目标。

（3）了解更先进的替代技术或产品出现的可能性与出现的时间。

如果发现 2 年之后将有更加先进的专利产品出世，则即使目前评估中的专利尚有 15 年保护期，该保护期限也只剩下了法律上的意义。其市场寿命则只剩下 2 年或稍多一点时间了。

（4）提成费的比例。

在 1985 年中国制定《技术引进合同管理条例》时，国际上 20 世纪 70 年代关于技术作价（如果按提成费支付）的通常比例是 5％～7％，即：直接使用有关技术所出产品的市场净销售价的 5％～7％。当时一些发展中国家的法律还硬性规定过不得超过 5％。[①] 最低比例也有到 1％的。到 90 年代，这个数字并没有大变化。[②]

进行专利评估时，可参考这个比例。

（5）其他。

一些在专利评估方面已有上百年经验的国家，其行政文件中所列的方法，也可以参考。例如美国联邦贸易委员会 1995 年颁布的《关于知识产权许可证贸易的反垄断指南》中，第 4.1.1 条与第 4.1.2 条，即有关专利评估的原则与方法。

同时，这些国家的有些多年从事专利评估研究与实践的学者的论述，也值得我们参考。例如，罗马利在《专利出售——对美国专利许可证的评估》一文中认为：虽然评估可以有多种方法，但没有任何一种数学方法是科学的。[③]

---

① 参见《卡塔赫那协定》，巴西《技术转让法》，等等。转引自郑成思著：《国际技术转让法通论》，中国展望出版社，1987 年版。

② 参见兰迪思："许可技术的估价"，《专利权》杂志 1991 年 8 月号。

③ 参见 EIPR 1995 年第 8 期。

技术转让法

著 作

知识产权法通论

国际技术转让法通论

知识产权法（1988年版）

知识产权与国际贸易

《知识产权法通论》之技术转让法 [*]

第一节　知识产权转让合同中主要的合同条款

一、知识产权转让合同与一般贸易合同通用的条款

知识产权转让合同中，有一些条款是与一般贸易合同的条款相通用的，这包括以下几条。

1. 合同序言与合同标的条款

在许多合同中，标的条款并不单独列为一项，而是包含在序言里。如果这二者分别开列的话，序言一般应包括：合同双方的名称（自然人的姓名或法人的名称）；营业处的设定地点；合同签订的日期；合同生效的日期，等等。标的条款应包括所买卖的商品（见诸货物买卖合同），所托运的货物（见诸货物运输合同），或所转让的权利项目及权利的有效地域、专利号或商标注册号等等（见诸知识产权转让合同）。

2. 合同有效期条款

合同有效期分"不定有效期"与"肯定有效期"两种。有些合同，

---

[*]　编者注：此部分选自《知识产权法通论》（法律出版社 1986 年版）第七章第一节与第二节第 293~306 页，第四节第 308~323 页，第八节第 342~344 页。本书去掉了章次，并依序重新编排节次。

规定了双方之一或任何一方，均有权随时宣布合同完结；或规定了
待某一影响合同的事情发生时，合同即完结。这种有效期是不具体
的，但它却构成某些具体的合同的重要部分。作出这种规定的条款，
也叫作"合同有效期条款"。这在知识产权转让合同中也可能存在。
例如转让商标加 Know-How 的合同，如果双方打算长期合作，则商
标可通过到期续展而无限有效，Know-How 则只可能在其保密时期
有效，所以合同有效期可能定为"自 Know-How 进入公有领域之日
为止"。多数贸易合同(尤其是知识产权转让合同)都明确规定出"肯
定的有效期"，合同到期后，一方可能停止供货，也可能收回转让
的权利。但在这后一种合同中，也可能有某些合同的有效期条款规
定：一方可以在提前一定时期通知对方的前提下，单独宣布中止合
同。这类合同的有效期虽然是肯定的，但在签约时已暗示了某些可
变通因素，以使一方未按原定有效期而中止了合同，也不构成违约，
只不过要对另一方因中止而造成的损失给予合理补偿。

3. 价格条款及支付条款

这两个条款一般是各自独立的，但有时也合并在一个条款中。
价格条款指的是合同标的物的价格或（和）与该标的物有关的活动
或服务的花费。它包括总价、单价，有时还包括所得税、"营业增
值附加税"的扣除方式，等等。支付条款包括支付方式、货币名称、
支付时间等等。常用的支付方式有：即付；汇付；托收；凭信用证
付款；一次总付或摊提扣除，等等。

但履行价格条款时，在资本主义国家常常会遇到通货膨胀的问
题；即使在社会主义国家，有时也会有局部的价格调整。这样有可
能使原定的价格发生实际上的变化。在 20 世纪 70 年代前，许多国
际贸易合同中都订有一项"黄金条款"，以当时比价稳定的黄金来换
算所应当支付的货币的数额。但 70 年代中期以后，国际市场的黄金

价格也开始大幅度动荡起来，所以"黄金条款"基本上失去了它的意义（值得注意的是：一些以 70 年代中期之前的外国著作为依据的国内文章，仍旧不适当地强调"黄金条款"的作用）。况且，"黄金条款"除此之外还有几种其他含义。[①] 现在，多数国家不再使用"黄金条款"，而是另外采取了一些法定措施来减少因货币贬值或价格调整给合同一方带来的损失。例如我国《经济合同法》第 17 条中就规定凡执行国家定价的合同，"在合同规定的交付期限内国家价格调整时，按交付时的价格计价"。

知识产权转让合同有时采用一次总付方式，有时采用分期支付使用费方式，有时采用按权利利用的实际收入的一定比例提成的方式，还有时几种方式在一个合同中都使用。这就要由合同双方去考虑有关权利的体现物将来在市场上的地位了。例如作者估计自己的作品为畅销书，可能在转让版权时要求按实际市场收入提成；估计销售面不会宽，则可能要求一次总付；在难以预料市场效果时，可能要求把两种支付方式结合起来（即先付一笔转让费，日后再按实际利润提成）。

4. 免责条款与不可抗力条款

有的人经常把这两种条款混为一谈，而实际上这二者是互相独立、实质不相同的，因而也不可能合并在一起，更不容互相混淆。

免责条款指的是以合同条款来规定在某些情况下可以合理免除合同一方对另一方本应负有的责任，或把这种责任予以减轻。例如，

---

① "黄金条款"共有 4 种含义：甲、黄金货币条款，即在合同条款中要求付款的一方以黄金或金币来支付。乙、金价条款，即要求合同中付款的一方用某一国货币（纸币）支付，但在合同中商定的数额不以该国币值为准，而以该国货币在支付之时与黄金的比价为准。过去，一般在知识产权转让合同中订立的黄金条款，就是在这种含义下使用的。丙、以黄金的重量为准，将合同中规定使用的货币单位作重复说明的条款。丁、买卖黄金或买卖金币的合同条款。

通常消费者在购买电视机时，它的"保单"上都会附有一则声明："凡属外壳破损、不予退换。"如果我们把买卖电视机看作一种合同，那么这类声明就属于一种"免责条款"：它免除了卖方的某种责任。这样的"免责"是合理的。就拿外壳破损来说，在电视机拿出商店后，就不易分清是谁的责任了，这就要求买主在店内看好。但如果"保单"上声明"图像不清不予退换"，就是不合理的免责了。许多国家的合同法都规定：不合理的免责条款，一律无效。像英国 1977 年的《不公平合同条款法》全文、《美国统一商法典》第 2~203 条，都属于这种规定。

不可抗力条款，是列举出一系列意外事件，如火灾、地震、战争等等，事先规定一旦这些情况发生而使合同无法继续履行时，就自动中止合同或变更合同的某些条款。这里说的"意外事件"，必须是合同双方均不可能制止、也不可能避免的。当然，不同国家对于能否制止和避免非自然力（火灾、水灾等）构成的事件，解释是不同的。最典型的即西方国家均认为罢工是人力不可抗拒的，而社会主义国家则认为它是可以避免的。所以对不可抗力的具体内容，也就会有不同规定。

但不论怎样，免责条款中所列举的使一方可以免责的"某些情况"，根本不过问合同双方能否制止或避免它。同时，免责条款所列举的情况也不可能中止合同或变更合同。这就是它与不可抗力条款的根本区别。

5. 违约赔偿条款

除规定违约金外，这种条款的实际意义是与法律适用相联系的。

6. 仲裁条款与法律适用条款

这两种条款有时也容易被人混淆。它们是有联系、也有区别的。订立仲裁条款的目的，是明确合同双方发生争执时解决争端的方式，也就是一方违约时另一方取得赔偿的一种方式。这种条款中一般包括提交仲裁的事项、仲裁地点及仲裁机构、仲裁适用哪国的法律或适用哪个（哪些）国际规则或国际公约。

订立法律适用条款的目的，是明确用什么法律来对合同进行解释，在履约中产生双方之间的争端时，往往涉及某个、某些合同条款或整个合同如何解释的问题。各国法律对于在什么条件下合同视为成立，什么属于不可抗力，什么叫作"公共秩序"等等，在解释上往往差别很大。合同本身规定得再明确、再详细，如果合同双方不属于同一个国家的国民，就仍会存在解释合同方面的困难。所以，多数国际贸易合同都事先协商确定使用哪个国家的法律来解释合同。大多数国家的法律都允许合同双方自行选择适用任何一方所在国法律。在达不成协议时多数国家还允许选择适用第三国法律。但这后一种选择有两点要注意：第一，并不是一切国家都允许选择第三国法；第二，即使在允许选择第三国法的国家，也不允许合同当事人为逃避本国法律约束之目的而选用第三国法。还有一些国家根本不允许选用对方国或第三国法，而只允许选用合同一方当事人的本国法。

在合同中如果只有仲裁条款而无法律适用条款，同时又很难从合同本身或双方的意思中推定适用哪国法，那么有关仲裁机关或法院就可以推定合同适用"仲裁地法"。从这里可以看到两种条款的联系。我国过去订立不少技术进口合同时，在仲裁方面允许变通（对方若不同意在中国仲裁，可共同选择在第三国仲裁）；但在法律适用上则往往坚持只适用中国法或不指明适用何国法。从这里我们也可以看出仲裁条款与法律适用条款的区别。

二、知识产权转让合同中的特有条款

除上述与其他贸易合同相同的条款之外，知识产权在贸易转让中还有一些自己的特有的合同条款。这主要包括：

1. 专有性条款

这是任何许可证合同（或联邦德国的"专用权授予合同"）中都必须具备的条款。它的作用是指明有关许可证是独占的还是非独占的，是绝对独占还是相对独占的，是全部独占的还是部分独占的，是"独占"的还是"独家"的，是权利人所发放的还是被许可人所发放的（亦即从属许可证），等等。这种条款中一般还要规定被许可一方在哪些方面（制造方面还是销售方面，出版方面还是翻译方面，等等）享有有关知识产权的专用权，要规定被许可人对于侵权行为有无起诉权，等等。

2. 地域限制条款

这里讲的"地域"并不是指知识产权本身的地域性。专利仅仅在批准它的国度内有效，这是法定原则，用不着以合同条款来限制。这里指的地域限制是：受让人或被许可人有权按有关知识产权许可证中的技术去从事制造或销售，或出版、发行等等活动的地区范围，这包括本国的不同地区或跨国的不同地区。

一般的专利许可证都把被许可人的制造权的地域限制得比较严，往往只限于一国。很少有（但不是绝对没有）许可他人按自己取得的法国专利所包含的技术在联邦德国制造产品的。但大多数专利许可证都允许被许可人在该专利有效地域以及（同一专利权人的）外国专利有效地域内，销售其产品。就是说，地域限制条款对销售权的限制是不严的。从理论上讲，为了有利于"自由竞争"，许多西方国家的法律不允许在许可证合同中限制被许可人销售产品的地域。按照欧洲经济共同体《罗马条约》的规定，即使许可证双方同意了限制销售地域的合同条款，在该经济共同体所有成员国地域内，它也是无效的。版权作品的许可证则一般不仅在印制上，而且在销售上，都有地域限制，这是西方国家传统的对图书市场的划分所决定的。对专利与版权许可证来讲，地域限制经常还包括对一国之内生产活动的地区限制。像美国、加拿大这样一些幅员辽阔的国家，专利许可证经常分为不同的州、省来发放。即使英、法、联邦德国这样一些疆域并不很大的国家，也常有分区发放许可证的情况。只有卢森堡、列支敦士登一类国家才不存在于国内划分地域发放许可证的问题。

商标许可证中一般没有地域限制条款，因为这种条款是不必要的。在一国获得了注册的商标，肯定有权在该国整个地域行使；在跨国销售专利产品时，也必须在有关国家获得商标注册或获得已注册商标的许可证，如果专利权人并未获得某外国的商标，却允许了被许可人在该国销售专利产品，该被许可人就必须自己去获得商标注册，才可能保障自己的销售活动。但在美、英等一些靠使用可以获得商标权的国家，靠使用获得了权利而在许可他人使用时并未注册的商标，是必须把地域限制条款订明确的。

3. 合同期分割条款

如果一项知识产权转让合同中包括专利（一般技术）、版权（例如计算机程序或书面资料）、Know-How（秘密技术）、商标等多种转让内容，就会出现保护期不一致的问题。商标与版权比较好办，它们的保护期一般不会在合同有效期内结束。但专利的保护期往往在 15 至 20 年，如果专利权人在获得专利很久之后才发了某个许可证，那就可能在合同执行中专利就到期了。Know-How 的保护期以保密的长短来定，它可能延续到合同结束，也可能在合同执行不久就进入了公有领域。这样，在多种知识产权同时许可或转让的情况下，就有必要事先明确一下：当某种产权过期，其他产权仍有效时，怎样履行合同。作出这种规定的条款，实际等于把整个合同的履行分割为不同时期。在被转让内容均系有效产权时，支付较高的使用费；在部分产权失效后，支付较低的使用费。如果这类合同缺少这种条款，就可能在某项权利失效后，被许可人仍付原先的使用费，也可能由于一项权利失效而导致被许可人完全拒付使用费或导致合同中止。这两种后果都会使一方受到不应有的损失。

4. 保密条款

除商标之外的其他知识产权转让合同中，都可能有保密问题。有时不一定是对产权内容的保密，而是产品产量，经销状况等等的保密。在含有 Know-How、商业秘密、（尚未公开的）计算机程序之类项目的转让中，保密问题尤其突出。有时合同中规定了一方有权查看另一方的产销账目及库存情况等，则另一方也会要求他对所了解到的情况保密。大多数版权转让合同的版税额都在保密项目之列。这样保密条款就包含两方面的内容：一是对技术本身保密，这一般仅仅是被许可方或受让方的责任；二是对经营状况保密，这一般是合同双方的责任。在有些合同中，保密条款的效力可以延长到合同本身结束之后若干年，目的是防止在合同中止或履行完毕之后，受让人或被许可人把仍旧处于保密状态的技术予以公开。合同完结，合同中的某个条款却仍旧有效，一方仍可以依据它对另一方起诉和要求赔偿，这种特殊情况是许多国家的司法实践所承认的。

5. 专有权的有效性担保条款

受让人或被许可人很自然地会关心权利人的专有权是否有效，故会要求他作出某种担保。不过，担保条款必须对不同的知识产权作分别的陈述，因为它们的可担保程度有很大差别。

对于转让中的专利来讲，有效性"担保条款"，在大多数合同应称为"不担保条款"。在多数工业发达国家大公司的技术转让格式合同中，都有这样一条："供方对所提供的技术专利的有效性不予担保"。这主要有两点原因。第一，专利权的确立和保持，要求具有新颖性，多数国家要求的都是世界范围的新颖性；已经取得的专利权，有可能由于日后发现了在专利审查时已存在、但被疏忽了的"原有技术"，从而被宣布"自始无效"。专利权人自己也不可能知道日后会不会发生这种情况，所以要其担保是不合理的。世界上每年出现的专利申请案（即能构成"现有技术"的内容之一）就以百万计，连专利审查机关也无从担保它所批准的专利不会被日后发现的"原有技术"（即审查时的"现有技术"）所推翻，何况专利权人呢。第二，专利权的确立还要求"工业实用性"，这个标准在不同国家差异很大；即使在同一个国家，对于不同类型的发明，标准也不一样。专利权人很难保证在日后的"无效诉讼"中，第三方不会拿出证据证明其专利缺乏"工业实用性"。不过，受让人起码可以要求专利权人保证：（1）有关的专利是属于他自己的，他并未冒充别人的专利号，也未谎称其专利确实经专利局所批准；（2）该专利在其本国范围具有新颖性；（3）在其申请专利之前，自己并未公开使用过该发明，也未以任何方式公布过——即保证不会由于自己的行为否定了专利的有效性。

在技术贸易中，也确实存在少量的、由供方担保了专利权有效性的许可证合同。不过这种合同的使用费就要高得多了。因为供方承担了他的专利日后可能被宣布无效的风险（有担保条款而被宣布无效，被许可人有权追回全部已付的使用费）。而在一般的"不担保"合同中，风险是由被许可人承担的。

这里要注意的，是另有一些必须担保的内容往往被人同专有权有效性的"不担保"混在一起，以后者代替了前者。除前面讲过的专利权人要担保他是实在的权利人，他还应当担保实施他的专利时不会侵犯第三者的专利权，担保他所提供的技术必须与合同中所陈述的完全一致，担保如果按合同规定运用该技术，就能够取得合同所陈述的效果，等等。在过去的技术贸易中，确有技术出口一方以"不担保专利有效"为借口，把他应担保的其他内容也一齐推掉。

商标权与专利权不同，它的有效性必须担保。转让人必须说明该商标是否已经注册；还可以进一步说明如果注了册，是否已成为"无争议商标"。这便是对有效性的担保。未注册商标在一般国家都不是专有的。但在英国、美国等一些凭使用也能获得商标专有权的国家，转让这种商标时，权利人必须担保：就其本人所知，至转让之日为止，该商标及有关商号未被第三方冒用过。

版权也与专利权不同，它一般不受审查，不履行手续，在作品独立创作成功后即自然产生，所以它的有效性也必须担保。这种担保的目的无非是保证自己是有关作品、技术资料或计算机程序的作者或版权所有人，亦即担保自己不是抄袭者、复制者或冒名顶替者。

6. 质量控制条款

一个企业的专利及 Know-How 提供给另一个企业使用时，往往会连同商标的使用权一并许可给后者。所以，后者能否保证产品质量，对于许可一方的信誉影响很大。不仅如此，如果被许可人降低了产品的质量，就等于在市场上许可人的质高产品与被许可人的质次产品使用着完全相同的商标，这就必然产生欺骗性后果。在许多国家，欺骗性后果可能导致商标被取消注册。所以，许可一方都会要求在许可证合同中规定一些质量控制措施。例如，被许可一方必须严格按技术说明与技术指导操作，某些关键性原材料、零部件必须从许可一方进口，定期向许可一方交送产品标本以备质量检查，等等。被许可一方也可以从保证质量角度，要求许可一方承担某些义务，例如提供足以保持产品质量的技术情报与技术指导人员之类。同时，被许可一方也可以尽量把对方的要求限制在合理范围，例如只进口那些从技术角度看非进口不可的原材料。

7. 权利收回条款

知识产权与一般货物的一个突出不同就是：货物一旦出售是不

能收回的。而技术转让、商标转让或版权转让合同，则一般都规定在合同期届满后转让人将收回其转让或许可出去的权利。版权的收回比较好办，即原出版商不再有权继续出版，作者则有权另找出版社了。商标权的收回也比较简单，收回后原被许可人再使用就将以假冒商标论处了。不太好办的是技术转让后的权利收回。这包括撤回有关技术指导人员、收回有关技术资料、图纸、计算机程序等。但如果在收回之前，对方已经复制了有关资料，岂不是实际上收不回了吗？这里无非存在三种情况：（1）复制专利技术资料。这不成为一个问题，因为专利说明书本身是公开的。收回权利后，即不许再公开将它付诸工、商业使用。（2）复制计算机程序。前面介绍过，加进了"保密程序"的计算机程序是无法复制的；未加"保密程序"就暗示许可人原来就没打算收回对它的使用权。（3）复制 Know-How 资料。这是唯一难以控制的。而且，不论被许可一方是否复制了这种资料，该方的技术人员也可能在合同期内全部或大部掌握了Know-How 技术，而在人脑子中的资料是无法收回的。所以许可一方只有两种选择，一是在订合同时就声明不收回 Know-How，并因此提高使用费；二是靠前面讲过的保密条款，事先规定合同期满后被许可一方若继续使用 Know-How，应受到怎样的制裁。但如果合同期并不是短暂的，被许可人则可以坚持认为 Know-How 在合同期满前必然不再是秘密的，因此既反对提高使用费，也反对订立合同过期后仍有效的保密条款。这就是具体合同谈判中的事了。

第二节　专利权转让合同

这里所说的专利权的转让，是就广义而言的。实际上，如前所述，所谓转让，只是指所有权的转移，不包括许可在内。读者在阅读此后的章节时，不要搞混淆。

一、专利申请案与专利权转让合同

专利申请案在确定了申请日之后，即可以利用其中的技术发明；在实行"早期公开"的国家，申请案公开后，申请人即有权从利用人那儿取得使用费。申请案的利用方式与专利证相似。专利申请案与专利证的所有权的转让，在贸易实践中十分少见，这在前面已讲过原因。这种转让合同的构成也比较简单。它包括：转让人与受让人的名称；合同签订的时间；专利或专利申请案的国别、编号，受让人付款总额；受让人获得哪些专有权（包括起诉权，申请案的受让人将来获得专利证及在专利证上署自己名称的权利，等等）；转让人保证过去未作、今后也不作任何可能导致该专利无效的事；受让人保证在合同有效期内不作可能导致该专利无效的事；双方签字。

除贸易活动中的转让外，公司因破产而转让专利权或申请案，则与其他有形财产的转移同时进行；因雇佣关系发生的专利权转让，即体现于劳动合同中。对这些合同的构成就不一一介绍了。

二、单纯的专利许可证合同

多数知识产权法学者们分析单纯专利许可证时，都认为它的作用仅仅是使被许可人在利用有关专利时免得被专利权人起诉，并不具有任何"商业价值"。因为，绝大多数能够在实际利用中获得利润的较复杂的专利技术，都附有技术 Know-How 或经营管理 Know-How 以及附有商标使用的许可。不过，也确有少数比较简单的专利技术，在发放它的许可证时可以不附 Know-How，也不附有许可人的商标专用权或其他知识产权。这种合同的构成大致是这样的：

（1）序言。序言中包括许可人名称、被许可人名称、合同签署日期，等等。在单纯专利许可证的序言里，被许可人还必须搞清几个问题：第一，有关专利是什么类型的专利。例如，是方法专利还是制品专利；第二，如果许可证双方或一方是《欧洲专利公约》成员国国民，则要弄清该专利是一国专利还是几国专利；若是《专利合作条约》成员国国民，则要弄清申请案是否属于提交给世界知识产权组织国际局的"国际申请案"；第三，许可人是不是专利权人，如果不是，那么他有什么证据证明自己有权代表专利权人发放许可证（例如，他是否持有独占许可证，从而有权发从属许可证）。这里，第三点是很重要的。因为一切专利都是公开的，不加 Know-How 的许可证，往往给并无权发放许可证的人冒用他人权利的机会。此外，如果许可人是某公司的雇员，那么他还必须有证据证明自己与雇主的劳动合同已改变了法律关于职务发明归雇主的规定，从而有权向第三方发许可证。

（2）许可证的内容。这包括：许可方式——是独占许可、独家许可还是非独占许可；许可证的地域范围；被许可人有权从事的活动——按有关专利制造产品还是加工产品；是否有权销售产品；如果有权销售，是否要受许可证所划的地域的限制，等等。

（3）使用费。是一次总付还是按产品销售时获利的百分比支付或二者兼有；总付的数额是多少；按产品销售额支付时，以净值为基数还是以毛值为基数；净值与毛值的具体定义；合同生效后支付多长年限。年支付时间（如每财政年度支付一次还是两次，年底付还是次年初付）。支付使用费所使用的货币。

（4）立账与查账。许可人往往要求被许可人建立生产及销售账目，并保留随时查账的权利，但被许可人对于许可人查账的权利则可能要求给予限制。

（5）专利保护措施。许可人往往要求被许可人在专利产品上注明"专利产品"之类标记，并标出该专利的编号。保护措施还包括合同双方在侵权诉讼上各自的权利。如果被许可人无诉讼权，那么对于第三方侵权而给被许可人造成的损失如何补偿，也要有明确规定。

（6）许可人的义务。许可人应保证在许可证有效期内按时向专利局缴纳专利年费，以保持专利有效；保证按合同向被许可人提供资料、必要的技术人员等。

（7）被许可人的义务。被许可人应尽可能保证产品的质量与许可人的相同产品或其他被许可人的相同产品相当，保证按专利技术的要求进行制作，保证充分利用该专利，尽力销售有关的专利产品。此外，被许可人还应承担在本地所应付的营业税、所得税等等。

（8）改进后的技术的产权归属。在前面讲过，对这个问题一直是有争论的，而不同国家的要求也是不同的，这要看合同双方谈判的结果而定。

（9）平等条件。被许可人一般都会要求：许可人所提供的一切，不能低于同一项专利的其他被许可人；向他索取的使用费，不能高于同一项专利的其他被许可人。

（10）中止合同条件。合同中一般均规定：如果一方未按时履约，另一方必须在以电、信函或其他方式催促的一定期限后，才有权中止合同。合同中还可以规定由于其他原因（如不可抗力等）中止合同的具体条件及善后措施。

（11）被许可人有无权利发放从属许可证，有无权利转让本许可证。

（12）其他。这包括本章开始时介绍的一般合同条款，如违约责任、仲裁机关等等，如果合同双方不是一国国民，则还包括法律适用、被许可一方如何按规定办理进口技术合同注册手续等等。

第三节　技术转让合同

一、技术转让合同的内容

在一份合同中除包括专利之外，还包括 Know-How 乃至包括商标、版权等等知识产权的许可证合同，是在贸易活动中最常见的技术转让合同。这里使用"转让"，并不指所有权的转让，而仅仅指使用权的转让，亦即许可。这种许可证合同主要包括以下内容：

1.序言

技术与其他产权的许可人与被许可人的名称、地址、经营范围。

签合同日期，合同的登记（注册）号。

对有关权利的陈述，如专利号、Know-How 名称、商标注册号、商标文字及图案等等。

对有关权利利用后果的陈述，如产品名称、性能、特点等等。这类纯技术性的陈述的细节往往不放在合同本文中，而放在合同的附录中。在序言里仅说明"见附录某条"即可。

2.许可人授权被许可人利用的各种权利

这项内容在许多许可证中都是从不同角度重复地讲两遍。例如："许可人授权被许可人使用合同序言中所指的专利、Know-How 及商标，在合同规定的地域内独家（或非独家）制造与出售合同序言中所指的产品；许可人保证他确系这些权利的所有人，并保证办理一切为使许可证生效而应当由许可人办理的手续。被许可人按照合同有权使用上述专利、Know-How 及商标，有权在合同规定的地域内独家（或非独家）制造与出售上述产品……"将有关权利从两个不同角度重复陈述的作用，在于避免日后对合同的解释发生不必要的争端。例如，有时许可人所授予的权利，被许可人并没有全部接受，不从两个角度重复，肯定会造成麻烦（如许可人要求按他所授予的权利交付使用费，被许可人则只会同意按自己接受的权利交付）。有时，由谁去办理使合同生效的手续，或由谁事后去有关部门备案这样一些不太引人注目的问题容易被忽视，而如果真的未办理这些手续，就可能使合同中的权利对第三方无效，或者合同本身成为非法的。

此外，对于"制造"与"出售"这两项不同的权利，有时是在一个条款中分开写，或是分为两个条款来写，因为后一项权利被许可行使的范围往往比前一项宽。

3. 权利的独占程度

在合同中首先要明确许可人提供的是独占许可证还是非独占许可证。如果是非独占的，就比较简单了。如果是独占的，则要进一步从不同角度陈述许可人与被许可人的权利。例如："被许可人享有在上述地域内制造及出售上述产品的独占权，这种权利排斥包括许可人在内的一切其他人（用相同技术）制造相同产品，并排斥他们出售这种产品；被许可人也享有在上述地域之外的指定地区出售该产品的非独占权。被许可人不得在上述地域之外直接或间接制造该产品，不得在上述地域与指定地区之外销售该产品；不得把许可证中的技术或商标使用于其他产品。许可人不得在被许可人所保留的独占地域内制造或销售上述产品，并必须阻止其他被许可人在上述地域制造或出售该产品。许可人有权在上述地域之外制造或出售该产品，有权在上述地域之内制造或出售除上述产品之外的其他产品；但如果被许可人的生产能力不能满足上述地域之内对该产品的需要量，许可人及其他被许可人将有权在该地域内出售该产品。许可人有权按合同的规定，在某年某月某日收回被许可人在制造及销售方面的独占权或收回在部分地域中的这些独占权。"

4. 被许可人的支付条件

甲、一次总付的款项——签合同时的支付额；收悉 Know-How 情报资料时的支付额；实际开始生产时的支付额。

乙、年使用费——每年的专利使用费按产品销售净值的百分之几计算；Know-How 使用费按百分之几计算；商标使用费按百分之几计算。不同产权的年使用费均以分别开列为宜。

丙、产品销售的净值与毛值的定义。例如："净值系指除去税收、运输费及其他折扣之后的净得销售额。"

丁、年使用费最低限额。如果被许可人一年中未卖出任何产品或销售所得净值太低，无法按百分比计算使用费时，即交付这里规定的额定数目。订立这种条件时，应同样规定"使用费最高限额"。

戊、年使用费支付时间。

己、使用哪国货币。

庚、支付方式——电汇、信汇、票汇或托收，等等。

5. 合同有效期

甲、合同中专利有效期以专利保护期或该保护期加该专利的改进专利的保护期为准；合同尚在履行而专利保护期结束，则停付专利使用费；合同履行完毕而专利仍未届满，则被许可人无权继续使用。合同中的 Know-How 有效期，以其进入公有领域之日为准；合同尚在履行而其进入公有领域，则被许可人免除保密义务及交付这部分使用费义务；合同履行完毕而其尚未进入公有领域，则被许可人仍负保密义务（但是否能继续使用，依不同国家法律而定）。合同中的商标有效期，以合同履行完毕或因故中止之日为准。合同总有效期为若干年（如 5 年、10 年）。

乙、许可人与被许可人均有权在提前若干天通知对方的前提下中止合同。

丙、中止合同的依据——一方严重违约，或出现不可抗力，或被许可人企业被合并或接管，或被许可人破产，或许可人的某项许可证中的主要权利被管理机关或司法机关宣布无效或宣布属于他人产权，继续履约即构成侵犯第三者专有权，或许可证中权利被严重侵犯而进入公有领域，等等。

丁、合同中止或履行完毕后双方的义务——被许可人停止使用一切许可证中的产权，但要继续为未进入公有领域的 Know-How 保密；付清到合同中止之日为止应付的使用费；交还许可人提供的技术资料；撤销在有关部门的许可证合同登记。许可人付清对被许可人未了的债务。

6. 被许可人保护有关产权的义务

甲、不泄露 Know-How，不以 Know-How 中的技术自己去申请专利。

乙、承认许可人系专利权所有人的地位。但要注意，这并不等于被许可人承担义务不对专利权人的权利有效性提出异议。前面讲过，发展中国家大都禁止订立"不争议条款"，就连美国的判例也曾把合同中的对专利权效力不争议的条款判为无效条款。[①]

丙、如系独占许可证，遇侵权时及时起诉；如系非独占许可证，遇侵权时及时通知许可人。

丁、在一切按许可证生产的产品上使用合同中许可使用的商标；不在任何其他商品上使用该商标。

戊、严格按许可人提供的技术进行生产。

---

① 参见《美国专利季刊》1973 年合订本，第 264~270 页。

己、保证产品质量。

庚、不以合同中的商标所使用的文字、图形申请自己的商标注册。

7. 许可人提供技术资料及培训义务

甲、按合同提供 Know-How 以及其他技术情报，以便使被许可人生产出质量合格、成本适当的产品。

乙、提供为掌握 Know-How 所必备的专业人员。

丙、为被许可人培训掌握全部生产流程的技术人员。

丁、监督、指导有关设备的安装及生产计划的制订。

戊、在生产初期，提供控制质量的专业人员。

己、对自己提供的人员在被许可一方所造成的事故承担赔偿责任。前面讲到过，发展中国家一般还要求许可人对于被许可人严格按技术资料实施时发生的一切事故，也承担赔偿。

8. 被许可人对于许可人提供的人员所承担的义务

甲、食宿费、路费、保险费及商定的工资。

乙、为许可人提供人员而向许可人付商定的金额。

9. 原材料与零件来源

甲、许可人向被许可人提供一切为实施许可证中的技术及保证产品质量所必要的原材料与零部件。

乙、许可人不得要求被许可人购买与实施该技术无关的原材料与零部件，或被许可方自己可得到的原材料。

10. 双方改进有关技术后的再提供与反馈问题

如果许可人自己改进了许可证中的技术，是否需要再提供被许可人；如果再提供，是否增收使用费，增收多少。被许可人如果改进了有关技术，是否需要将成果反馈许可人；如果反馈，许可人是否应交使用费，应交多少，也应在合同中规定。在国际贸易中，不少许可证合同所包含的技术是双方都有可能进一步改革的，所以双方也往往商定各自均有义务进行再提供或反馈，在再提供时免增使用费，在反馈时免收使用费。但有时许可人利用自己的优势谈判地位，提出对方反馈时应免收使用费，而自己向对方再提供时则要增收使用费。其理由是：属于自己所有的改进成果，不一定都是自己研制成的，也可能是其他被许可人改进后，有偿反馈给他的，所以他进行再提供时，应由被提供人分担这部分费用。这种理由是站不住脚的。因为其他被许可人同他签订合同时，也不外两种情况，即：规定日后双方的改进都有偿提供（反馈）对方，或都无偿提供对方，而决不会规定反馈有偿，再提供反而无偿。所以，其他被许可人反馈给许可人的改进技术可能是无偿的，这样就没有什么"费用"需要分担；也可能是有偿的，而这已经同有偿的再提供相抵销，也没有理由让另一个许可证合同的被许可人来分担。

因为在我国一些部门的技术进口谈判中，出现过对方要求我单方无偿反馈的问题，故在这里多讲几句。

11. 合同双方其他的义务

甲、许可人应向被许可人提供制造产品所必需的其他的、合理的帮助。许可人必须办理一切维护专利有效的手续。许可人必须保证自己是合同中提供的一切知识产权及 Know-How 的合法所有人或有权向第三方转让使用权的权利人，如果因实施有关技术及利用有关产权而发生第三方指控侵权，由许可人负责与第三方打交道并担负法律与经济责任。许可人应当保证许可证中的条件不低于相同产权的其他被许可人（但对最后这点，不同国家会有不同意见）。

乙、被许可人保证按时交付使用费，最充分利用有关产权，尽力销售产品，未经同意不发放从属许可证，等等。

12. 其他合同条款

法律适用条款，仲裁条款，等等。

13. 结尾

甲、规定合同所使用的文字。

乙、规定合同的份数及保管人。

丙、合同双方的签字。

二、不同国家对技术转让合同条款的共同要求与不同要求

当前，在所有类型的知识产权转让合同中，与我国关系最密切、也是我们最常接触到的，是技术转让合同。

技术转让活动中的供方与需方对合同条款的要求会很不一致。例如，供方一般总希望获得较高的使用费，规定较长的支付时间（甚至希望在专利过期后继续收取专利使用费），希望需方能从自己这里买更多的原材料，零部件或整机，希望改进后的技术能以独占形式反馈给自己，等等。需方正相反，总会希望支付较少的使用费，希望尽可能地使用自己的原材料，等等。

在国际技术转让活动中，出口能力较强的一般都是西方工业发达国家，进口技术较多的则是一些发展中国家，此外还有为数不多的、虽有能力向发展中国家出口技术，同时又需要从更发达的国家进口技术的国家。这样，技术的供、需两方的不同要求，就经常表现为不同国家对国际技术转让合同条款的不同要求了。当然，任何合同要想订立，首先也会存在一些双方的共同要求，这是自不待言的。

在联合国贸易与发展大会讨论《国际技术转让法》1981年稿时，上述不同要求与共同要求便充分地反映出来了。参加讨论的成员国代表们分为三个集团：代表发展中国家的七十七国集团，代表发达

国家的 B 集团，与代表部分东欧国家及蒙古人民共和国等国的 D 集团。① 这三个集团对于合同条款及合同谈判问题基本取得的一致意见亦即共同要求如下：

（1）订立专门条款，以保证（尽可能）使用需方自己的人员（包括经供方培训后胜任有关技术的人员）及原材料。

（2）订立专门条款以保证供方按照技术转让的要求提供应有的技术服务。

（3）如果任何一方在订合同之前有影响技术转让的经营活动，必须通知对方。

（4）依照法律及合同，对自己所了解到的对方的一切秘密资料及经营状况予以保密。

（5）在合同谈判过程中，任何一方如果认为不可能达成使自己满意的协议，均有权中止谈判。

（6）在谈判中，需方应向供方提供一切该国涉及技术转让的法律、经济条件、社会状况，等等。

（7）供方保证所提供的技术符合转让合同中所订立的要求。

（8）供方应保证：至合同签订之日，其本人（或该公司）不知任何第三方另有与其技术完全相同的专利权。

（9）如果转让中包含商标、商号或其他涉及供方信誉的权利许可证，则需方必须保证产品质量。

（10）在合同范围内的生产及销售上，双方均不得作任何有损

---

① 联合国贸易与发展大会举行第一次会议时，按地区把参加国分为 A、B、C、D 四个组。其中 A、C 两个组主要是亚非拉的发展中国家，当时共有七十七国。由于这两个组的意见比较一致，后来就合并在一起，成为七十七国集团。实际上，这个集团目前已包括了参加贸发会的一百二十六个国家。B 集团亦即原先的 B 组，主要由参加国中的西方发达国家组成（包括日本）。D 集团亦即原先的 D 组，主要由东欧国家组成。

对方信誉的事。

（11）国际上公认的、属于"不公平限制条款"或"不公平竞争条款"的合同条款一律无效。

这三个集团对合同的不同要求如下：

（1）七十七国集团与 D 集团认为，在合同谈判时，供方应当按需方要求提供转让中的技术的全部细节，包括数据、定价、管理方式等等，以便考虑转让活动是否会在本国法律或经济条件方面遇到障碍。但 B 集团认为，一旦谈判不成功，所提供的数据等等就可能被泄密，所以是否提供这些情报，只能由供方自己酌定，而不能作为供方的一项义务。

（2）七十七国集团认为转让合同的订立条件应当是"公平的"，而 B 集团与 D 集团则认为这种条件还应当是"合理的"。这两个用词的实质分歧在于：七十七国集团要求供方提出的合同条件一般不能劣于相同技术在相同情况下进行转让的其他供方所提出的条件。但 B、D 两个集团不同意这样类比，认为这种类比法虽然"公平"，但不一定"合理"，因为条件会随着时间的变化而变化，后订的合同的条件，往往会劣于先订的合同的条件。

（3）七十七国集团与 D 集团认为供方必须说明：按其所知的本国情况与其他需方的使用情况，他所提供的技术在需方使用后是否会对健康、安全、环境等方面有不良影响，这种不良影响是否会使需方不得不采取一定措施。但 B 集团认为这不是供方的义务，而只能由需方自己酌定是否会有这种影响。

（4）合同中提供的技术如果被需方改进，改进后的成果（例如取得了新的专利）应当归谁所有？七十七国集团认为应在合同条款中指出：归需方所有。但 B 集团与 D 集团认为应当归双方共有。

（5）关于保密条款。七十七国集团认为这种条款的效力不能长于合同有效期；D集团认为需方的保密义务应持续到有关的秘密进入公有领域为止（即：如果合同结束，秘密尚未进入公有领域，则保密条款仍旧有效）；B集团则认为供方有权要求更长的保密时间。

（6）七十七国集团与D集团认为，供方必须保证他所提供的技术能达到双方预期的效果。但B集团认为供方无义务作这种保证。

（7）七十七国集团与D集团认为，原材料及零部件的供应，必须按需方的要求进行；即使非从供方购买不可的，价格也要参照国际市场上同类物资的平均价格来定。B集团对这两点均不同意。

（8）七十七国集团与D集团认为，需方按合同制造的产品如果卖给供方或供方所指定的企业，售价也要按国际市场上同类产品的价格去定。B集团不同意这样定价。

（9）七十七国集团与D集团认为，如果按照合同的技术要求操作而发生了物质、人身的损害事故，必须由供方负赔偿责任。B集团认为供方无此项义务。

（10）七十七国集团认为违约责任应当按照合同所选择的"适用法律"去追究。B集团认为违约责任应当在合同条款中事先规定出来，而不再根据法律另作解释。D集团对此未置可否。

（11）关于如何订立法律适用条款。七十七国集团认为凡关系到需方国家的"公共秩序"及主权的技术转让合同，只能适用需方国家的法律。B集团与D集团认为，任何法律适用条款均应由合同双方协商确定。B集团进一步提出：如果双方未就法律适用条款达成协议，则由争端发生后受理诉讼或仲裁的法院或仲裁组织参照下列因素确定适用哪个国家的法律：①双方从事贸易活动的主要地点；②合同标的物所在地；③合同履行地；④合同订立地；⑤合同谈判地；⑥双方同意的解决争端的法院或仲裁组织所在地。

三、一些发展中国家对技术转让合同的控制

20 世纪 70 年代以后，许多发展中国家（尤其是拉丁美洲国家）先后制定了一些技术转让条例或技术转让法，用以调节本国的技术进口活动。这些条例或法律的基本内容，都是规定出一系列的对技术进口合同的审查制度，以保护本民族的经济发展，加强本国技术进口人的谈判地位。下面对这些条例及法律作一下介绍。①

1. 适用范围

实行技术转让合同控制的发展中国家，有关的条例与法律几乎无例外地适用于外国自然人或法人向该国自然人或法人转让技术（包括商标）或发放许可证的活动。无论是有偿转让还是无偿转让，无论是单独转让还是作为其他进口项目中的一个部分的转让，也无论转让的是专利技术还是秘密技术，都要经过审查，都要在有关的政府部门注册。有的国家准许在转让合同生效之后再提交注册，如果届时主管部门认为有不合法之处，再建议双方修改。但有些国家规定必须将准备最后签订的合同事先交主管部门讨论、批准、注册，然后才能生效。像委内瑞拉 1975 年第 746 号法第 7 条，就属于后一种规定。允许先生效后注册的国家，也会对于从合同签订到注册之间规定一个较短的期限。主管部门要进行 3 方面审查：（1）合同是否符合本国法律；（2）技术内容是否适用；（3）对本国经济是否有利。

2. 控制内容

审查技术进口合同的主要目的，是看合同中有没有不合理地限

---

① 发展中国家对技术进口的控制法规，起源于本书第五章第八节中介绍的《卡塔赫那协定》。虽然参加该协定的国家并不多，但多数拉丁美洲国家，以及南斯拉夫、泰国、菲律宾等国都效仿它而制定了本国的技术转让管理条例。本题下文中所述内容，大都可在《卡塔赫那协定》中找到相应条文。

制进口一方的自由，妨碍其发展技术，或暗示出口一方有权滥用自己的优势地位的条款。应当受到控制的，主要是下列条款：

（1）牵制条款（也有人将它意译为"搭卖条款"）。它的内容一般是规定技术进口人必须（而且只能）从技术出口人那里购买某些原材料，甚至必须购买一些与转让中的技术毫无关系的商品，以此作为技术转让的附加条件。这种条款不仅仅为发展中国家所禁止，而且在有些发达国家及其经济集团中也是被禁止的。[①]

（2）独占性反馈条款。

（3）出口限制条款。大多数发展中国家只是一般地禁止在合同中限制技术受让人的出口活动，但不是绝对禁止。本书第五章介绍知识产权转让的国际惯例时讲过，转让人有权限制受让人在权利人享有工业产权的国家销售产品。发展中国家的法律一般也并不违背这一类国际惯例。

（4）限制受让人对人员的使用的条款。对这种条款是大多数发展中国家都禁止的。例如巴西1975年的《标准法》第十五编中明确规定：凡是干预、限制、决定或更改技术受让一方对人员的安排的合同条款，都是非法的。

（5）限制受让人研究及改造技术的条款。《墨西哥技术转让法》第15条第3款中，对于禁止这类合同条款有较明确的规定。

（6）限制使用竞争性技术条款。这在第五章中也作过一些介绍。"竞争性技术"，指与转让人所提供的技术属同一领域的、目前仍具有竞争力的其他出口人的或受让人本国的技术。发展中国家普遍认为限制使用竞争性技术：一是可能使转让方成为独家技术出口人，

[①] 参见欧洲经济共同体的《专利许可证垄断责任免除条例》第1条第5款，巴西1975年《标准法》第15篇，第2·5·2条、第3·5·2条、第5·5·2条，南斯拉夫1981年《发明、技术改进与商标法》第137条。

从而抬高使用费；二是可能阻碍发展中国家对自己的技术的运用或阻碍自己技术的发展，因而是必须禁止的。[①]

（7）限制受让人的生产范围及产量的条款。这包括限制受让人销售产品、选择进货、刊登广告，以及从事其他经营活动的条款。在智利的《安第斯法典》第 20 条第 3 款中，可以看到禁止这种条款的规定。

3. 转让人的义务

有些发展中国家的技术转让条例规定：在所有的技术进口合同中，都必须订立确定转让人义务的条款。[②] 这是因为在许多技术转让合同中，几乎一切义务都是受让人的，转让人除提供技术外就不担负任何义务了。这显然是不合理的。所以一些发展中国家要求转让人除提供技术外，起码还应当承担以下义务：提供实施有关技术必备的一切资料、必要的原料及零件；提供技术人员或培训受让一方的人员，使之达到能够掌握有关技术的水平；担保所提供的技术的质量；负责赔偿正确实施转让的技术而发生的人身伤害或物质损害事故。

4. 对专利权效力的争议

有些技术转让人在合同中不仅自己不担保专利权的效力，而且另订了条款禁止受让人对专利权的效力提出争议，这称为"不争议条款"。发展中国家一般并不强求技术转让人担保专利的效力，但不允许在转让合同中订立"不争议条款"。就是说：受让人有权对转让人的专利权提出"无效诉讼"。

---

① 参见巴西 1975 年《标准法》第 15 篇，第 2·5·2 条、第 3·5·2 条、第 4·5·2 条。
② 参见委内瑞拉 1977 年第 2442 号法令第 67 条。

5. 合同有效期与专有权有效期

对合同有效期的控制，一般即指控制合同中明示的有效期。合同有效期过长，实际上就束缚了受让人选择其他的技术转让人的自由。所以，发展中国家的技术转让条例大都不允许将合同有效期定得太长。[①]我国在技术贸易实践中，订立许可证合同的期限很少超过 10 年。对专有权有效期本来不用控制，因为它一般都是法定的有效期。但合同中又往往会有暗示延长专有权有效期的条款。例如，有的合同规定在整个合同有效期内，即使专利权失效了，受让一方也要继续按原定额交付专利使用费，这就等于延长了专利有效期。此外，在合同过期后仍禁止受让一方自己自由使用其中的 Know-How，也等于部分地延长了合同的有效期。这些，在许多发展中国家的法规中都是被禁止的。

6. 使用费及其他定价

发展中国家对使用费定得太高的技术进口合同一般都不予批准，同时还规定合同中的其他定价（如受让人从转让人或其指定处购买的原材料、零部件或产品的定价）都应当以国际市场上"无特殊关系的买卖双方"之间的定价为准。在《安第斯法典》第 20 条第 1 款中，就可以看到这种规定。

7. 对本地技术的保护

为了保证本地技术得到充分推广和利用，发展中国家一般都规定：凡是在本地能够得到的技术，一律禁止进口。例如，哥伦比亚的"合同管理委员会"曾宣布：技术进口人提交合同注册的申请时，必须同时向审查机关提供用以了解有关领域的技术的其他材料，使该机关能够分辨清楚哪些技术必须进口，哪些技术在本国就能得到。

---

① 参见南斯拉夫 1981 年《发明、技术改进与商标法》第 135 条。

8. 法律适用与法院选择

大多数发展中国家都规定技术转让合同必须适用本国法律，在发生合同争端时必须在本国法院或仲裁机构解决。例如，《墨西哥技术转让法》第 7 条，以及厄瓜多尔、哥伦比亚、委内瑞拉等国的有关法律与条例，都是这样规定的。我国在技术贸易实践中，过去一般也都坚持在我国仲裁和适用我国法律。但后来在仲裁地上，也有一些合同选择在瑞典的斯德哥尔摩仲裁。现在我们在订技术转让合同时，原则上允许合同双方协商选用"与合同关系最密切的国家的法律"。至于仲裁地的选择，1983 年 9 月的《中外合资经营企业法实施条例》第 110 条中已规定：可以在我国的贸促会仲裁，也可以在被诉一方所在国或第三国仲裁机构仲裁。在哪里仲裁，就按照哪里的仲裁程序规则进行。

9. 对外国母公司与其所管辖的本国子公司之间的支付活动的控制

在许多发展中国家里，存在着外国大公司的从属公司，即子公司。如果转让人是某个母公司，而受让人是其在发展中国家中的某个子公司，那么后者向前者支付技术使用费时，就很容易出现偷税漏税、逃避外汇管理等问题。所以，发展中国家往往对这种母、子公司之间的支付方式作一些专门规定。①

10. 防止其他逃税活动

除了母、子公司之间的支付外，发展中国家中的某些企业往往利用国家为鼓励使用先进技术而对技术进口大的税收所给予的优惠待遇，把自己本来不属于技术进口的贸易活动，也以技术进口合同的形式申请注册。所以，有些国家在技术转让条例中制定了一些专门程序，以鉴别合同的真实内容。

---

① 参见阿根廷 1981 年《技术转让法》第 2 条、第 5 条，巴西 1962 年第 4131 号法第 14 条。

11. 对一揽子许可证交易的限制

有些发展中国家禁止签订一揽子许可证（Package Licensing）合同，原因之一是注册机关便于审查，进口人也便于明确了解每一项知识产权的实际使用费，不至于在履行中让许可人占了便宜（如部分产权失效后就可以只支付其他部分的使用费了）。哥伦比亚卡塔赫那港的"合同委员会"判例第 84 则第 9 条中，就明确地禁止签订一揽子许可证合同。

12. 对技术类型的控制

对于下列三种类型的技术的进口，不同的发展中国家均有程度不同的限制:（1）落后技术。有些技术虽然适应发展中国家的技术水平，但它在国际上已经是落后的了，这种技术是否允许进口，在不同国家有不同的回答。有的国家认为不应当要求都进口具有国际先进水平的技术，因为它有可能是本国无法吸收或不易实施的。但还有一些国家却认为只能进口"国际先进水平"的技术，不然的话，技术进口贸易就会阻碍（而不是促进）本国产品进入国际市场。[①]（2）实施起来花费太大的技术。这在一般发展中国家都限制进口。（3）实施起来会加剧本国失业状况的技术。这在有些（不是大多数）国家是限制进口的。

13. 对外国人所有的工业产权在利用上的限制

能否限制外国人在本国对其工业产权的利用，一直是有很大争论的。一些法学家认为进行限制是违反了《巴黎公约》中的"国民待遇"原则，但不少发展中国家实际实行着这种限制。这突出地表现在对商标权转让的限制上。例如 1981 年的《阿根廷技术转让

[①] 我国一般要求进口"确实是适合我国需要的先进技术"（参看 1979 年《中外合资经营企业法》第 5 条）。

法》第 5 条，就明文规定：外国商标即使转让给本国国民，受让人也不许向转让人支付使用费。墨西哥的这类有关规定在本书第五章第一节已经讲到过。还有的国家甚至完全禁止外国商标权转让活动。

14. 对于转让人继续提供其改革成果的要求

有的发展中国家的技术转让法规规定：如果原来的技术转让人在合同有效期内自己改革了他所提供的技术，就必须把改革的成果继续提供给原技术受让人。[①] 但技术出口国一般认为这是一种倒过来牵制转让人的"牵制条款"，是不能接受的。

15. 对于把工业产权当作投资或合营的资产的限制

这在不同国家规定是不同的。例如，我国 1979 年《中外合资经营企业法》第 5 条明确规定：合营企业各方均可以用工业产权进行投资。而《智利安第斯法典》第 21 条中，则根本禁止任何外国人拥有的专利、商标或 Know-How 技术在智利作为投资资本存在。但 1981 年的《阿根廷技术转让法》第 11 条又是另一种规定，它允许外国人的工业产权转化为投资的资本，不过在估价上另外作了专门规定。

第四节 外观设计的使用许可证

外观设计在利用中与专利相似，转让所有权的情况少，而许可使用权的情况多。其原因也是显而易见的：希望使用某个外观设计的人，没有必要为在某个工业品上用它而把全部专有权买下。外观设计许可证在一国之内一般是设计人与工、商企业之间的合同，在

---

① 参见《安第斯法典》第 20 条（b）款，第 25 条（c）款。

国际上则是不同国家的企业之间的合同。这种合同与专利许可证合同的构成差不多。即使在以版权法保护外观设计的英国，这种知识产权一旦付诸工业利用，也就处在"特别工业版权"、即"类专利"的保护状态了，所以也具有专利许可证的主要内容。

外观设计许可证也有独占与非独占之分。而一般说来，被许可人都会要求得到独占许可证。

这种许可证中首先要写明所许可使用的有关设计将用在哪一大类及其属下的哪一小类产品上（这与商标注册的要求相似），因为许可人不会同意被许可人任意在他所想用的任何产品上都使用它。例如，一幅绘画的图案设计是用在纺织品上，还是用在陶瓷器具上或扇面上、屏风上。外观设计所适用的商品分类，在《工业品外观设计国际分类罗迦诺协定》中，分为 6000 个项目。但英联邦国家及其他以版权法保护外观设计的国家，均未参加这个协定。

与其他知识产权的许可证一样，这种合同中也必须把许可使用的地域与使用该设计的产品的销售地域规定明确。

许可证的使用费可以规定一次总付，也可以规定以日后产品销售净利的一定百分比支付。但为了促使被许可人最充分地利用有关设计，也为了更有效地保证许可人的利益，即使采取一次总付的形式，合同中也往往还规定被许可人每年另要支付的最低使用费。同样，合同中往往也要订立准许许可人查询被许可人出售产品的账目的条款。当然，被许可人在谈判中也可以坚持不订这类条款。

外观设计许可证合同的有效期，往往是合同谈判中一个比较棘手的问题。因为虽然外观设计专利或"特别工业版权"的保护期在15 年左右，但大多数工业品（尤其是消费品）的外观却必须经常地改换式样，才能在市场上保障销路。所以，它的许可证不仅不能以15 年为准，而且有时甚至不可能达到 5 年或更短的时间，否则被许可人会为某些早已过时的外观设计长期支付着最低使用费。有时，这种许可证的有效期不仅定得很短，而且允许被许可人在无法继续使用该设计时，在提前一定时期通知许可人的前提下，中止合同。对于合同中止后采取哪些措施保障双方的合理权益，例如库存的商品如继续出售，还应向原许可人继续支付多少使用费，被许可人怎样返还设计模型、样品及与合同有关的保密材料等，均应在合同中事先规定。

除上述之外，外观设计许可证中还应订立这样一些条款：（1）双方交换有关的生产及销售情报；（2）外观设计的专有权如需要续展，由哪一方去履行手续；（3）保证合同条件不低于许可人向其他人发放的许可证；（4）许可人对专有权的有效性（一般）不予担保；（5）不经许可人同意，被许可人无权发放从属许可证；（6）被许可人保证自己已经获得（能够获得）在一定地域内生产或销售使用该设计的产品的营业执照，等等。

其他条款，如侵权诉讼，法律适用、仲裁等等，均与订立其他知识产权许可证时的情况相同。

国际技术转让法通论 [*]

内容提要

本书从法学理论与国际贸易实践两个方面对国际技术转让法作了系统的讲解与论述，对包括我国在内的一些主要国家或地区技术转让方面的法律及有关的国际惯例，进行了迄今为止较全面的综合介绍。书中还谈到签订各种许可证合同中的法律问题。本书所采用的资料较新，内容充实，具有一定的权威性、系统性、知识性、实用性。可供从事涉外经济贸易工作的同志及广大法学院校师生、律师阅读与学习。

前　言

20世纪六七十年代后迅速发展着的新技术革命，使人们逐步重视了专有领域中的技术在国际贸易中的作用。国际货物买卖法多年来已经被作为一门相对独立的法学去总结和研究；目前，国际技术

---

　　* 编者注：此部分选自《国际技术转让法通论》（中国展望出版社1987年版），除附录外，全书选入。

转让法也日渐显示出它同等重要（有时是更加重要）的地位。在国际私法专著中，要讲到国际技术转让；在国际经济法专著中，也要讲到它；在国际贸易法专著中，更是不能不讲到它；甚至在国际公法教科书中，也把它作为一个部分列入了。这些，并不能说明国际技术转让法没有相对的独立性，而是说明它越来越受到重视。

保护各种知识产权的国际合作不断发展着；国际许可证贸易的实践正被一些国际组织积极总结和综合；在各国的涉外法方面，调节涉外技术转让的立法活动近年来更频繁。以我国为例，仅仅在1985年3至5月，就出现了多次使国际、国内瞩目的与国际技术转让有关的大事：3月，《中华人民共和国涉外经济合同法》颁布；4月，《中华人民共和国专利法》实施；5月，《中华人民共和国技术引进合同管理条例》颁布。把国际技术转让法作为一个法的部门去研究，从法学角度和对外贸易实践角度看，都已是十分必要的了。

本书从技术转让理论的探索出发，逐渐向讨论技术贸易中的具体合同延伸；从介绍我国的有关法律开始，进而介绍其他国家的法律和有关的国际公约与惯例，以期使读者对国际技术转让法有个较全面的了解。书中有些内容（如"限制性贸易条款"），在介绍我国、发达国家、其他发展中国家时，都有所涉及。这并不是无意义的简单重复，而是为使读者明了哪些原则是多数国家在国际技术转让中都遵循的，以便在涉外谈判中参考。另有一些内容（如知识产权的各种基本问题，大多数工业产权公约的具体内容），作者在自己的其他专著（《知识产权法通论》《工业产权国际公约概论》等）中，已作过详细介绍，故在本书中不复赘述。

作者参加的技术转让实践活动非常有限，书中可能有"管窥蠡测"或不正确之处，欢迎读者批评。

作者

1986年4月

第一章　国际技术转让概论

第一节　国际技术转让的概念

一、技术

在我国，"技术"这个词出自《汉书》，是在记载汉代名医淳于意的医术时首次使用的。从那以后，"技术"在我国就当作"专门的技艺"讲了。

在西方，"技术"一词来源于古希腊文的"Techno"与"Logy"两个词，前者的原意是"（应用于工业的）实用科学"，后者的原意是"系统的学问（理论）"。

技术这个概念发展到现代，所包含的内容已相当广了，不过离我国及西方在上述语源上的含义仍不是很远的。医术，在今天依旧是一门技术；掌握数学运算这类系统知识，也不能不说是掌握了某种技术；此外，诸如开汽车、开飞机，打字、摄影，都是一些专门的技术。说到这里，不免使人感到这些技术（至少是这些技术中的大部分）似乎与本书要讲的"国际技术转让"中应当讲的技术不大沾边。

不错，不论"技术"在今天具有多么广的外延，它所包括的内容总不外两大类：公有技术与专有技术；而能够在贸易活动中由一方有偿地转让给另一方的，仅仅是专有技术。

公有技术又是由两部分构成的：一部分是从来就属于公有的，象数学运算法就是如此；另一部分则是曾经属于专有，而后变为公有的，像过了保护期的专利技术就是如此。凡是本来公有的，或已经变为公有的技术，就成为任何人都可以自由取得和应用的对象。它们的应用成果可能仍旧会是很有经济价值、可以投放市场的，但它们本身则不能再成为技术商品。在一般（不是一切）情况下，公有的技术不可能倒转回去变为专有的。

专有技术在今天至少是由三个部分构成的（随着科学技术及科技交流的发展，还可能有新的构成部分出现）。一部分是专利技术；另一部分是秘密技术；再有一部分是介于二者之间的计算机软件。

（一）专利技术

在我国颁布和实施专利法之后，人们对于"专利"已不像过去那样陌生了。受专利保护的技术，即为专利技术。这是一种完全公开的技术。任何建立了专利制度的国家，在批准一项专利时（或批准之前），专利局都会主动将专利申请案中的技术说明书公布于众。专利申请人在写这种说明书时，又必须写得足够清楚和完整，使同一技术领域的一般人可以按照说明去实施，才符合专利局的要求。把专利技术公开有三个作用：（1）同一技术领域的人及时了解技术发展的进程，避免重复的研制活动，促进科技的发展；（2）技术所有人把有关技术作为一种知识，传播给公众，换取公众对他的专有权的承认（英美法系国家特别强调这一作用）；（3）让人们了解一项专利所保护的技术有多大范围，以免有人因不知而侵犯了专利。

专利是一种知识产权，它与商标权及版权一样，都是有时间性的。专利保护期在各国从 10 年到 20 年不等，很少有超过 20 年的。保护期一过，专利所保护的技术就变为公有的了，用知识产权法的语言讲，就是"从专有领域进入了公有领域"。

专利（及其他类型的知识产权）的一个显著特点是"地域性"。任何专利都仅仅在它自己被批准的那个国家内才有效。除了在《欧洲专利公约》成员国及法语非洲国家《班吉协定》的成员国范围内，不存在什么"国际专利"，只有具体的"中国专利""美国专利""日本专利"等等。如果一个申请了美国专利的人，没有同时（这里的"同时"，可以是12个月之内）在中国也申请了专利，那么美国专利局一旦批准并公布了他的专利申请案，他的有关技术在中国就被认为进入了公有领域。

一个人（自然人或法人）在就某项技术取得了专利之后，还必须依法维持自己的专利权，这主要指的是每年要向管理机关交付专利年费，还必须实施（或许可其他人实施）自己的专利技术。否则，专利就会被司法机关或专利局判为无效，从而进入公有领域。

"进入公有领域不可逆转"，这是对知识产权一般均适用的一条原则。只有在极个别的情况下，才会有过期的专利又延续了保护期，被判无效的专利又重新恢复效力的事例。至于在一国取得专利而在另一个国却进入了公有领域的技术，则在任何情况下都不可能逆转。在知识产权的国际公约中，只有《保护文学艺术作品伯尔尼公约》允许版权在某些国家因地域性丧失后可以逆转。在各专利国际公约中均没有这种规定。懂得这一点，对于从事技术贸易，尤其是技术进口工作的人来讲，是十分重要的。他们在任何情况下都可以理直气壮地拒绝为进入公有领域的原有专利技术支付使用费。

（二）秘密技术

秘密技术分为可以见诸文字，附图等技术资料的 Know-How 与仅仅能通过示范动作传授的 Show-How。Show-How 可以译为"技术示范"，不会发生什么误解。Know-How 目前已被通译为"专有技术"，而这却很容易造成误解。如上所述，专利技术也是一种专有技术，从法律意义上它比 Know-How 更专有。为避免误解，现在许多著作和译作都干脆使用 Know-How 这个外文词组。本书中也准备这样使用。

Know-How 在大数国家中不列入知识产权的行列，而且在大多数国家中还找不到专门保护它的法律。在技术转让活动中，它主要通过合同法受间接保护。在其他场合，它还可以通过侵权法、刑法、劳动法等法律受到间接保护。在许多西方国家里，Know-How 与"商业秘密"（Trade-Secret）没有截然分明的界限，两个词组经常是交叉使用的。

Know-How 的有效性是靠保密维持的，所以它没有地域性特点。在美国被某公司作为 Know-How 的技术，拿到中国来仍可以当作 Know-How 转让。近年来，在许多发达国家出现了一种理论，认为在发达国家已成为常识的某些技术，在发展中国家仍可以当作 Know-How 转让。这当然是大多数发展中国家所不接受的。在实际的技术转让谈判中，这个理论问题并没有太大的意义。如果接受技术的一方事先不了解技术市场的行情，不了解对方提供的"Know-How"在该国（或其他国家）是否已经公开，则即使自己坚持得到真正的秘密技术，仍不免得到已公开的东西。因此，可以说 Know-How 在许多情况下只是相对秘密的，而不是绝对秘密的。技术进口人希望得到秘密程度较高的 Know-How，关键在于自己对有关技术领域的国外信息是否掌握。

在技术转让中，Know-How 往往是与专利同时转让的。因为 Know-How 可以作为专利的辅助保护方式。人们可以从公开的专利说明书上取得实施专利技术的方法，但不可能得到使该技术发挥最大经济效益的 Know-How，因此不得不找专利所有人去谈判，接受该所有人的某些条件，以便从他那里得到 Know-How。正是从技术转让的角度考虑，现在许多专利申请人，在申请专利时都仅仅把人们比较容易掌握的方法写入说明书，而保留某些关键步骤或方法，以不妨碍通过专利审查为限。

Know-How 究竟应包括哪些内容，各国（甚至从事技术贸易的各大公司）均有不同的看法。例如：世界知识产权组织（WIPO）在1980年的《示范法》第二卷中，给 Know-How 下的定义是：产生于经验或技巧的、可在实践中（尤其是工业实践中）应用的技术情报、技术数据或技术知识。联邦德国律师施东普夫（H. Stumpf）给Know-How 下的定义则是：不受工业产权法保护的技术知识、商业知识及企业管理知识。把这两种定义结合起来，可以说是多数人所理解的 Know-How。

（三）计算机软件

计算机软件是20世纪50年代末才走出实验室、进入商业领域的。到目前为止，用什么法律保护计算机软件最合适，在国际上还没有定论。专利法、商标法、版权法以及保护商业秘密的合同法、侵权法等等，都被一些国家尝试过或正在尝试。也有的国家在考虑制定保护计算机软件的专门法。对它的保护之所以这样受到重视，主要原因正是它在技术市场上的地位越来越高了。据1984年第7期《欧洲知识产权》杂志的统计，早在80年代初，计算机软件在世界范围内的年贸易额已达到500亿美元。随着电子计算机在各个技术领域的普遍应用，软件的转让活动会更加频繁。

"计算机软件就是计算机程序"，曾有不少普及读物这样介绍。这大致上是对的。但如果讲得精确些，计算机软件应当包括：（1）计算机程序，即具有某种功能的指令系统；（2）计算机程序说明书，即以文字、附图或其他形式对有关程序作出的详细说明；（3）辅助材料，即"1""2"中不包括的、为正确使用某个程序又必不可少的指导性材料。

计算机软件可以从不同角度分类。

从构成程序的语言上的不同，可把软件分为"源程序"

（Source-Programs）软件与"结果程序"（Object Programs）软件。前者是用人类可读的"高级计算机程序设计语言"（如 FORTRAN 语言）构成的，后者则是把前者译成计算机可读语言后的产物。

在计算机的运用及程序的设计中，最常见的是按软件在计算机系统上的不同用途而把它们分为：（1）系统软件（System Software），人们通常说的系统程序、控制程序或管理程序，就是这类软件的核心。像启动与中止输入输出部件的运行，分配中央处理机在各终端的使用权，等等，均系这类软件的功能。（2）应用软件（Application Software），为解决某个具体的计算问题或数据处理问题而设计的程序，是这类软件的核心。（3）数据库（Data Bases），它指的是为计算机储存、安排及检索数据而使用的软件。作为并不去实际研究和设计软件的法律工作者，应注意不要把数据库与数据信息源（Data）或计算机的存储器（Storage）弄混了。信息源虽是软件，但不是计算机本身使用的软件，存储器则是硬件，这二者都不是计算机软件转让活动的标的物。

对于计算机软件转让活动来说，最常见的分类法是根据软件标准化程度的不同，把它们分为：（1）专用软件（CustmSoftware），即计算机的用户为解决自己的专门问题而专用的软件。（2）通用软件（也叫"软件包"），这是计算机的各种用户在解决某一类问题时都可以使用的软件（如国际上通用的统计与统计分析的 SAS、SPSS 等软件，即通用软件）。（3）定作软件（Customized Software），它是在修改第（2）类软件的基础上形成的。在转让软件的许可证合同中，以第（2）类为标的物的合同，也许就不必订立"保密条款"，而如果以（1）（3）类为标的物，则必须订立"保密条款"。

上面讲的是可转让的技术的三种类型。那么，如果要用一句话来概括国际技术转让中所指的"技术"，应当怎样讲呢？世界知识产权组织出版的《发展中国家许可证贸易指南》中是这样讲的：不论某种知识是否体现为发明、外观设计、实用新型或植物新品种，不论它反映在技术情报中、技能技巧中，还是反映在专家所提供的安装、建立、维持、管理工商企业的服务中，只要它是制造产品，或实施工艺流程，或提供服务的系统性知识，就被认为是"技术"。这个定义是在1977年明确的，它可以供我们参考。

二、技术转让

技术转让，指的是上面讲的几种专有技术的所有人或持有人，把技术的使用权或所有权转移给其他人，并通过这种转移获得报酬。在这种交易活动中，技术除了是无形的、专有的之外，与一般商品并没有其他重大区别。

联合国贸易与发展大会（UNCTAD）在其1981年起草的《国际技术转让行动法》中，给"技术转让"下的定义是：为制造某种产品、应用某种工艺流程或提供某种服务而转让系统的知识。这个定义，可以说是在世界知识产权组织的上述"技术"定义的基础上作出的。很显然，单纯的货物（硬件）买卖，不能算作技术转让（即使有些货物可能是"技术密集型"产品，即尖端产品）。

一项技术转让活动，一份技术转让合同，往往不仅包含技术使用权的转移，而且包含并非技术的其他知识产权（如商标权）的转移。

在一般情况下，只要技术的转让方（下文中为简单起见，一般称为"供方"）愿意把Know-How提供给技术的受让方（下文中为简单起见，一般称为"受方"），也就会同意把商标的使用权提供给他。目前大批量生产的一些通用软件，在转让时都连同商标权一道转让了。

在绝大多数已经建立了版权制度的国家，版权保护问题都会伴随技术转让而出现。无论专利说明书、Know-How 技术的资料，还是其他转让中的技术资料，都是享有版权的"作品"。在一般情况下，供方并不打算转让这些资料的版权给受方。恰恰相反，他们会在订合同时坚持写明"供方保留版权"，亦即不允许受方擅自复制有关资料。还有些提供技术资料的人甚至要求受方在合同期满后返还资料。不过，在计算机软件进入技术市场后，如果它在有关国家享有版权的话，有的程序设计人会把程序的版权连同程序一道转让。而且，在技术的所有权（而不是使用权）被转让时，也往往连同技术资料的版权一道转让。

在我国传统的词汇中，很早就有了"技术"，但很迟才有"技术转让"。这后一个词是从英文 Transfer of Technology 翻译过来的。虽然人们现在已用惯了"技术转让"，但严格地讲，它是个不确切的译法。在西方的财产法中，Transfer 只用来泛指财产的转移，在专指财产所有权的转让时，则使用另一个词——Assignment。在东欧及西欧的几个主要语种里，转移与转让是分得很清楚的：

转移	转让
英文 Transfer	Assignment
法文 Transfert	Cession
德文 Ubertragung	Anweisung
俄文 Π epe Hòċ	3a Д á Н и е

但在中文里，我们从来没有把"转移"这个词使用于技术贸易领域。所以，我们一般说起"技术转让"，实际指的是技术转移，即包括所有权的转移（Assignment）与使用权的转移（Licensing）两项内容。不过，现在如果有人讲什么"技术转移法"，肯定会使人听得莫名其妙，因此本书也只能随着人们的习惯用语沿用"转让"这

个词。

在技术贸易中，真正由一方把自己的专利技术的所有权转让给另一方（即"卖专利"）的情况非常少见；希望得到先进技术的人，通常也只想得到有关技术的使用权，很少有人会去"买"别人的专利。况且买专利要比只取得使用权的花费多得多。至于 Know-How 与技术示范，它们的所有权实际上是无法转让的，因为它们的专有性要靠保密来维持。某甲即使把自己的一项 Know-How 全部"卖"给某乙，该技术对于某甲也依旧是已知的技术，而不是秘密技术。在他脑子中的东西是难以抹掉的。正因为如此，有些国家的法律还专门作出规定：Know-How 只能通过许可证转让使用权，而不能转让所有权。

在绝大多数场合，人们讲起"技术转让"，实际上指的是供方就某项（或某些）技术向受方发出使用许可证。无论是世界知识产权组织起草的技术转让《示范法》，还是联合国贸易与发展大会起草的《国际技术转让行动法》，都仅仅对技术许可证合同的缔结、登记、履行等等作出了规定，而基本不涉及技术的所有权的转让问题。

除了商业性的技术转让（即技术贸易）之外，技术还有另一种转让途径，即无偿的技术援助。如交换技术资料、派遣留学生、出国考察、请专家作学术性报告，等等。这些，均不是本书要涉及的内容。

三、国际技术转让

国际货物买卖即跨越一国国境的商品交易，这个定义比较好下。而为"国际技术转让"下定义，就比较难了。可以称为国际技术转让的，至少有以下三种贸易活动：（1）跨越一国国境的技术转让；（2）受方与供方不居于同一国之中的技术转让活动；（3）受方与供方虽居于同一国之中，但其中有一方系外国公司的子公司、分公司或受到外国公司以其他方式控制的公司。在第（2）种情况下，如果受方取得技术的目的，仅仅在于把它交给供方所在国的、自己的分公司使用，那么技术本身并未跨越国境。在第（3）种情况下，技术完全没有跨越国境。

在联合国贸易与发展大会上，发达国家代表组成的 B 集团认为只有（1）（2）两种情况才能算"国际"技术转让，发展中国家的七十七国集团及东欧国家的 D 集团则认为三种情况都应当算。

在大多数发展中国家及日本等一些发达国家，凡属于国际技术转让的许可证合同，均要受一些法律（外汇管理法、银行法等等）的专门控制，而且签约人要在一定的主管部门登记，有的合同还要经过批准。经常在国际技术转让中充当供方的发达国家，当然希望这种控制越少越好，因此倾向于把"国际"技术转让的范围划得尽量小些。

不过，为了有助于鼓励发达国家的先进技术进入发展中国家，只承认（1）（2）两种情况为国际技术转让，未必对发展中国家完全不利。

我国国务院 1985 年 5 月颁布的《中华人民共和国技术引进合同管理条例》中规定："本条例规定的技术引进是指中华人民共和国境内的公司、企业、团体或个人，通过贸易或经济技术合作的途径，从中华人民共和国境外的公司、企业、团体或个人获得技术"，这说明我国实际上同意把国际技术转让的范围限于上述（1）（2）两种情况。

四、国际技术转让法

国际技术转让法，就是调节与制约国际技术转让活动的法律。它的重要性可以从近年来许多种法律教科书中反映出来。国际私法教科书把它作为涉外民事权利的一项内容；国际公法教科书又把它作为国际经济法的一项内容；国际贸易法教科书中更是少不了要讲到它。随着新技术革命，国际技术转让活动大量增加，把这一类曾经被各种教科书都争夺的法律作为一个单独的课题，进行系统的研究和学习，已经很有必要了。

专有技术（本书中指专利、Know-How 等），这种无形财产权转让活动的特殊性质，决定了它与一般贸易法中涉及的货物买卖相比，情况要复杂得多。例如，在货物买卖合同签订时，西方国家传统的"意思自治"原则，在选择合同的"适用法律"时一般是可行的；而按照技术转让合同双方当事人的意见选择的适用法律，就不仅可能被合同一方所在国的专门法律所禁止，而且可能被工业产权的地域性所排除。技术转让合同中的专利权与商标权，只可能由批准它们的那个国家——即受方所在国——的法律去制约，而不可能由供方或第三方国家的法律去制约。这是不可选择的，却又是许多发达国家出口技术的大公司的"格式合同"起草人常常故意"忘记"的，也是我们一些搞技术进口工作的人常常忽略（或根本不知）的。

国际技术转让法的具体构成，将在下一章中讲到。

第二节　国际技术转让的得失理论

在国际市场上，先进技术的所有人愿意转让技术，它的需求人愿意花一定代价取得技术，技术贸易才能开展起来。与其他贸易活动一样，只有在参加该活动的双方基本互利的前提下，这种活动才可能继续下去。技术的供方与受方进入国际市场，各有自己的出发点，也各有自己的风险。他们对这种交易的得失观是不同的，在交易中各自要留意的问题也是不同的。

一、供方在转让中的得益

从供方来讲，为什么要把自己研究和发展的技术成果转让给其他企业，尤其是在外国的其他产业？至少有四点益处促使他们这样做。

（1）无需自己实施有关技术，就能收回研制费并取得更多的收入任何企业（或个人）在研究和发展一项技术的过程中，总要付出一定的代价。技术成果一旦被发展到能够付诸工商业应用的程度时，就有必要从它的应用中收回研制成本，并进而取得使自己能继续存在和发展的资金。

由技术成果的所有者自己实施技术，然后从出售产品中取得收入，不失为利用该成果的一个途径。但是，在许多情况下，企业靠自己实施所取得的收入，不足以补偿研制时的花费，或不足以为企业的进一步发展积累资金。还有些技术成果的研制者并不是生产性企业，如要自己实施，就必须从头开始（购置厂房、设备，增加管理人员、招收工人，等等），这是没有必要的。还有的企业虽然本身是从事生产的，但所研究出的某些技术却不完全适于在本企业应用；一旦应用也要另添大量设备和人员。在这些情况下，把技术成果转让出去，通过收取转让费来补偿成本和增加收入，就成为更可取的途径了。这是大多数技术供方投入转让活动的出发点。

（2）减少因过早更新技术与更新设备给本企业带来的损失在新技术层出不穷的现代，许多企业生存和发展的必要条件之一，是不断更新自己采用的技术及相应的设备。一旦自己研究出经济效益更高，或更有竞争力的技术，就要尽快应用起来，而应用的直接后果往往是更换相应的全套（或大部分）原有设备。这种更新的周期，在现代变得越来越短，往往使许多企业在原有设备的成本尚未收回、或尚未取得应有的利润时，就不得不进行再次更新。西方经济学家们把这种现象称为"创造性的破坏"（Creative Destruction）。

这些企业必须找到某种方法，补偿因过于频繁的更新给自己造成的损失。否则，一个企业可能一方面通过迅速的技术更新与设备更新，而在同类产品的竞争者中占优势，另一方面因无法收回原设备的成本而难以长期维持。

国际经济、技术发展的不平衡，使一个企业已经更换的技术与相应设备，虽在本国可能找不到愿意买它们的人，却比较容易在外国，尤其在与本国相比还很不发达的外国，能找到购买者。技术的先进与否，向来就有相对和绝对双重的含义。在全世界范围具有先进性的"绝对先进"的技术固然好，但由于实施条件、工人的文化水平、企业管理水平等限制，在某些国家的某些企业中能够实施的，恰好不是"绝对先进"的技术，而是在本国领域内具有"相对先进"水平的技术，虽然它在其他国家可能已经不复先进。因此，发达国家的企业，有可能把自己更新下来的技术转让给发展中国家的企业使用。发达国家的工业产权法学者及律师们，也已经越来越直言不讳地宜称这是他们转让技术的目的之一。

（3）利用受方相对廉价的原料或劳动力，降低产品的成本，增加产品的竞争力在多数发达国家中，工人、工程技术人员、管理人员的工资水准比较高。这个事实使用得发达国家的某些企业如果在本国实施某些技术成果，形成的产品成本会比较高，在国际市场上缺乏竞争能力。因此，它们认为，与其自己实施，不如把技术出口到劳动力价格低廉的国家，以降低最终产品的成本。

另外，有的产品的生产依赖于特定的货源，如矿产资源。有些矿产在一些国家是贫矿，在另一些国家则是富矿。如果依靠本国的贫矿生产某种产品，则即使采用了自己研究出的新技术，降低产品成本的幅度仍旧有限；而把技术输出到富矿国的企业去实施，利用那里的廉价资源，就能大大降低产品成本。

（4）站稳和扩大本企业在国际上的有形商品市场当代，虽然技术贸易额在整个国际贸易额中占的比例在上升，但在国际市场上占统治地位的，仍是有形商品而不是技术商品；各国开展对外贸易的主要收入，也来自有形商品的出口；技术商品的应用，最终仍旧要落实到有形商品上；人类的衣食住行离不开有形商品。因此，站稳和扩大自己在国际商品市场上的地盘，是多数企业所力争的。技术转让则在一定程度上可以帮助它们达到这个目的。

由于政治上的原因，有些国家禁止另一些国家的商品进口。例如，由于美国支持以色列的扩张主义，有些阿拉伯国家就禁止美国商品进口。但这些国家未必禁止其他国家（尤其是巴基斯坦、印度尼西亚之类信仰伊斯兰教的国家）使用美国技术制造出的商品进口。美国生产某些商品的企业，就可以通过向这些国家转让自己的技术，而把商品市场间接地扩大到那些阿拉伯国家。

长期以来，发达国家的工业产权法学者们在论述专利制度的必要性时，有一条很重要的理由，即在外国取得专利后，有利于保护本企业出口到该国的专利产品，排斥不正当的竞争者（如仿制者）。而在一个国家既申请了专利，一般就必须在那里实施专利技术，否则专利会被撤销。他们关于商标注册制度的必要性，也有一条同样的理由，即在外国取得商标的注册后，保护自己的产品，排斥冒牌的竞争者。而向外国企业转让 Know-How 技术时，往往又都连同注册商标的使用权一道转让。由此可见，一个企业在外国取得工业产权，都是与向该国进行技术转让相联系的，又都有助于本企业的直接产品或间接产品（即由技术受方生产的、带供方商标的产品）站稳在该国的市场。

二、受方在转让中的得益

通过引进先进技术加速本国经济的发展，是受方所在国参加国际技术转让活动的总目的。具体讲，受方在转让中也可以得到四方面益处。

第一，直接取得外国的技术成果，减少在同一技术领域的研究中可能付出的重复劳动，少走弯路。

第二，与进口设备或其他硬件产品相比，引进技术投资少、见效快。

第三，能够发挥本地在资源和劳动力方面的某些优势。

第四，能够借助供方的力量培训自己的技术队伍。

前面，用较长的篇幅讲供方在转让中的得益，原因是在很长的时间里，发达国家中流行着的一种论调，好像国际技术转让活动的主要受益者是经常充当受方的发展中国家。从现象上看，也好像主要是受方有求于供方。本书则打算着重介绍事情的另一方面：供方为了取得资金，从而生存和发展，更需要输出技术，他们也是有求于受方的。正如一般商店的店主希望尽快卖掉自己的商品，使资金能够周转，他们是有求于顾客的（我国多数国营商店中顾客有求于卖主的状况不过是供销体制的缺陷而造成的一种例外）。而且，现有的技术商品，很大一部分在国际上处于"买方市场"之中，即提供这些技术的企业多于希望得到它们的企业。所以，受方在国际技术转让的谈判中，往往有选择条件最优的供方的余地，没有必要过低估计自己在谈判中的地位。

三、供方在转让中可能受到的损失

提供先进技术给别人的企业，往往担着两种主要风险，一是可能培育出与自己势均力敌或强于自己的竞争对手，二是可能丧失自己的某些专有权。

因此，专有技术的所有人都要先弄清楚哪些技术宜于转让，哪些不宜转让，并要掌握好转让的时机。虽在转让中可以使技术所有人获利，但在随后的产品生产及销售中可能使之受更大损失的技术，是不宜转让的。像可口可乐饮料公司从来就不转让它的配料技术，它所输出的只是配好的成品或半成品。再如，有的企业完全有条件自己实施自己研究出的新技术，实施结果又足以补偿研究花费并使企业赢利，就没有多大必要转让自己的技术了。在向生产能力或改革技术的能力较强的企业转让技术时，供方应特别注意转让时机，在更加新的技术尚未研究出或尚未接近实施阶段时，一般不会转让现有技术，以免使受方成为自己对付不了的竞争者。

技术转让的各种标的物中，Know-How 技术的全部，计算机软件的一部分，是靠保密来维持对它们的专有权的。供方把这些技术情报提供给受方后，受方一旦对第三方作了透露，则供方只能从受方那里（依照合同）取得有限的赔偿，却很难阻止第三方（以及从第三方再度得到有关技术的其他人）无偿使用有关技术。于是，供方从此失去了对这些技术的专有权，不可能继续通过发放许可证转让它们而取得收入了。为了减少这些风险，有些供方不愿意在许可证合同生效后，将全部技术资料一次提供给受方，而是分阶段提供。计算机软件的转让人，越来越多地求助于技术性保护，即在提供的程序上附加"保密程序"，以使软件难以复制。不过目前破译保密程序的技术也随之发展起来，泄密的风险依旧存在着。

四、受方在转让中可能受到的损失

引进技术对于受方所在国发展经济总的来讲是有益的，但也存在使本国受到某些损失的风险。

（一）造成在技术上依赖发达国家的可能性

这种风险是最引起发展中国家重视的。进口某类产品，可能导致本国生产这类产品的企业关门；进口某些技术，也可能影响本国研究这些技术的单位的发展。在技术上采取闭关自守政策，往往也是出于担心造成对外国的依赖。但不引进先进技术则会走更多弯路，会更远地在别人后面，因此还不能因噎废食。只要受方注意通过吸收和改进所引进的技术，达到创新和技术上的自力更生，就可以避免依赖别人的后果。

（二）造成外汇短缺的可能性

如果一个国家所引进的技术全部或大部仅仅用于生产内销产品，就必然因技术引进而造成外汇短缺。原因很明白：作为技术受让方的大多数国家的货币，并不是能在国际市场流通的"硬通货"，技术供方是不会接受这种货币的。所以，受方在引进技术时必须支付外汇。应用有关技术生产的产品如果只能在国内出售，那么为进口技术支付的外汇就无从弥补了。为了避免这种损失，发展中国家的技术引进主管部门都鼓励引进那些可以促进本国商品出口量增加的外国技术，而适当控制其他技术的引进量。

（三）对国际技术转让法缺乏了解而吃亏上当的可能性

受方如果不了解国际技术转让中的一些惯例，就可能接受供方"格式合同"中的限制性技术贸易条款，把主动权全部交到供方手中，使自己的生产活动和销售活动完全处于别人的控制之下，这是最常见的"吃亏上当"的情况。受方如果不了解专利、Know-How 等在法律上的"权利有限性"，就可能为本不应支付使用费的技术作出支付。受让方如果不了解双方为合同选择的适用法律，又可能使自己丧失本来可以从对方得到的赔偿，等等。避免这种损失的唯一办法，就是使受方负责签订技术转让合同的人多懂得一些国际技术转让法的知识。

（四）对国际技术市场的行情缺乏了解而花冤枉钱的可能性

俗话说："货比三家不吃亏"。购买无形的技术商品，也是一样。在确定引进某项技术时，总应当大致了解有哪些国家的哪些企业准备转让这种技术，才有余地对各种不同的转让条件进行比较。要避免花冤枉钱，除了充分掌握技术市场信息外，还应当由技术上及财会上的内行，而不是由外行的行政领导确定引进或不引进哪一家的技术。

第二章　国际技术转让法的渊源

国际技术转让是在 20 世纪 60 年代末才较普遍地开展起来的一种贸易活动。在这方面进行国际合作，起步也就比较迟。20 世纪 70 年代初，联合国贸易与发展大会开始缔结某种多边条约或条约性质的文件，但至今尚未取得成功。世界知识产权组织、联合国工业与发展组织（UNIDO）都起草过一些指导性文件及一些公约草案，但从未正式缔结过专门的公约。

不过，参加国际技术转让活动的绝大多数国家的国内法中，都包含有调整涉外技术转让的规定或专门的立法；在现有的保护工业产权国际公约中，也有一些直接或间接与国际技术转让有关的原则或具体条文；在国际技术贸易实践中，已经形成了一些被大多数国家所接受的、内容固定、形式明确的习惯做法，其中有些同时见诸技术转让国家或集团及受让国家或集团的法律中，有些被收入这两类国家的代表共同参加起草的一些文件中，因此可以在技术转让的谈判中被当事人作为有约束力的惯例加以引用。在今天，"国际技术转让法"即来自这三个方面，或可以说由这三方面的内容所组成。

第一节　各国有关的国内立法中的涉外部分

一、工业产权法

绝大多数国家的工业产权法（专利法、商标法等等）都既是国内法、又是涉外法。在我国，即使尚未实行对外开放政策时的法规，如 20 世纪 50 年代的《保障发明权与专利权暂行条例》第 18 条，60 年代的《商标管理条例》第 12 条，也都是专门的涉外条款。有些国家甚至把工业产权法的首要作用，看成是鼓励先进技术的引进及商品的进出口。

工业产权法中的专利法，在调整国际技术转让的活动中确实起着很重要的作用。这是由于专利技术的比重在被转让的专有技术中占据首位，而专利又具有地域性特点——一个国家的企业向另一个国家的企业转让专利技术的前提，是以该技术的内容在另一国家申请专利。前面讲过，甲国的专利是不会被乙国承认为"专利"的；一项技术在甲国取得专利而未在乙国取得，它就可能在乙国成为公有的技术。甲国的专利权人无权在乙国就（已变为公有的）同一项技术谈"有偿转让"的事。过去这一点常常被一些发明人忘记，并因此蒙受重大损失。一个世纪前，发明电影机的爱迪生就曾忽视了及时在欧洲国家申请专利的重要性，从而失去了他的产品在整个欧洲的市场。

为了鼓励外国人把他们的新发明拿到本国来申请专利，从而引进先进技术，大多数国家（包括发达国家与发展中国家）在专利法中对外国人申请专利的权利都未作专门限制。像美国、加拿大，（除法国、奥地利、瑞士之外的）大多数西欧国家，非洲知识产权组织的 13 个法语非洲国家，大多数拉丁美洲国家，都是如此。在这些国家里，法语非洲国家的专利法中，还有一条"外国人申请专利的权利与本国国民相同"的规定；英国、美国等国连这种规定都没有。"无专门规定"，实际上也是暗示外国人在申请专利方面享有国民待遇。

少数发达国家和一些发展中国家，则对外国人的申请权作了些限制。像法国、奥地利、瑞士、日本、印度、我国均属于这一类。法国 1984 年最后一次修订的《专利法》第 5 条规定：即使对于那些已经参加了《保护工业产权巴黎公约》的国家，法国也只在"互惠"的基础上给该国专利申请人以国民待遇。这是比较典型的对外国人区别对待的规定。不过，如果全面了解了欧洲的专利制度，可以使法国（乃至奥地利、瑞士）的区别性规定落空。因为《欧洲专利公约》并不要求公约成员国之外的国家给予互惠，其他国家的申请人可以申请以法国为"指定国"的"欧洲专利"。关于欧洲专利制度，将在第五章中详细介绍。日本的限制性规定见于该国《特许法》第 25 条，我国的相应规定则见于《专利法》第 18 条。不过这些规定与法国的不同，它们只对未参加巴黎公约的国家要求互惠。

除了在专利法中订有个别涉外条款外，有些国家还醒目地把国内法与国际公约的关系，作为一个单独部分订在专利法中。例如，英国 1977 年的《专利法》就把"国内法"与"关于国际公约的条款"作为不同的两个部分，在后一部分中分别规定了国内法与巴黎公约、《专利合作条约》《欧洲专利公约》《共同体专利公约》等等的关系。这是工业产权法含有涉外内容的又一种形式。

还有一些国家，在专利法之外、并与专利法相联系，存在着一系列独立的具有涉外内容的单行法。例如法国 1979 年最后一次修订的《实施〈专利合作条约〉法》与《实施〈欧洲专利公约〉法》，奥地利 1982 年最后一次修订的《关于实施〈专利合作条约〉与〈欧洲专利公约〉联邦法》，即是如此。这是工业产权法含有涉外内容的第三种形式。

各国商标法，作为调整涉外技术转让活动的辅助法律，作用不如专利法那么重要。而且商标法中所含涉外内容，主要表现为上述第一种形式。这是因为，迄今为止参加专门的商标注册国际条约的国家并不很多。

前面介绍世界知识产权组织为"技术"所下的定义时，曾提到"植物新品种"也是技术的一种体现。许多发达国家除了制定专利法之外，还制定了"植物新品种保护法"。这类法律为人工培育的、有经济价值或观赏价值的植物新品种提供类似于专利的保护。我国虽然没有这种法律，专利法也不保护植物新品种，但并不妨碍我国植物新品种的培育与研究单位在国外为我们的研究成果取得保护。这类法律中的涉外部分，与有关国家的专利法中的规定基本相同。美国在 1936 年、意大利在 1975 年、联邦德国、比利时、瑞士、西班牙等国在 1977 年，都颁布了植物新品种保护法。另外还有些国家在专利法中宣布保护植物新品种。

近年来，随着新技术革命的开展，一些发达国家开始为保护 Know-How 及保护计算机软件准备专门立法。这些法律尚未正式出现；它们一旦出现，将构成工业产权法，或与工业产权法关系最密切的"邻接"法律，而这些法律中的涉外部分，肯定也将成为国际技术转让法的一个来源。

二、反垄断法与涉外技术转让法

许多年来，多数发达国家并没有专门的技术转让法。它们调整技术转让活动主要靠反垄断法。这类法律，在以托拉斯为主要垄断形式的国家往往称为"反托拉斯法"（Antitrust Law）；在以卡特尔为主要垄断形式的国家往往称为"反卡特尔法"（Anti Cartel Law）；在大多数国家又可以称为"不公平竞争法"（Unfair Competition Law）；还有些国家有自己特殊的名称，例如澳大利亚的反垄断法的名称是《贸易行为法》（*Trade Practice Act*），美国的则是《谢尔曼法》（*Sherman Act*）、《克莱顿法》（*Clayton Act*）等法律。现在，许多国家把不公平竞争法划入工业产权法一类，加拿大甚至把它与商标法合并，成为《商标及不公平竞争法》。

这些法律，并不是专门为技术转让活动而制定的（甚至主要不是为这种活动制定的。它们还起到调整有形商品的买卖关系、保护消费者的利益等作用。这类法律对于各有关国家的对外贸易活动也适用。因此，国际技术转让合同的某一方，如果是属于制定反垄断法国家的国民，有关的转让合同就不能违背这种法律，否则会难以履行。

专门的技术转让法，主要是通过国家的干预来控制技术引进活动的某些重要环节、增强技术的受方在谈判中地位的法律。过去，人们常把调整技术转让的法律分为"发达国家的反垄断法"与"发展中国家的技术转让法"两类。的确，过去在发达国家中只有日本以法律形式使国家干预技术的引进。但20世纪70年代之后，上述分类法已不确切了。一方面，除日本之外，法国、西班牙、葡萄牙等国，都颁布了与日本类似的技术转让法。另一方面，如印度等一些发展中国家，也制定了反垄断法，波兰等社会主义国家，也在起草反垄断法；同时在发展中国家里，制定了技术转让法的并不是多数，到目前为止，只有拉丁美洲的一些国家、印度、菲律宾、尼日利亚、南斯拉夫及我国制定了这种法律。我国是把对内的与涉外的技术转让分别定在两个条例中的。1985年1月国务院颁布的《关于技术转让的暂行规定》仅仅适用于国内企业、单位、个人之间的技术转让活动。国务院 1985 年 5 月颁布的《中华人民共和国技术引进合同管理条例》才是调整涉外技术转让的法律之一。除上述国家外，美国等发达国家出于政治原因而专门用来控制技术及商品出口的法律，也可以说是一种独特类型的"技术转让法"。

三、各国其他有关的涉外法

由于国际技术转让活动在绝大多数情况下要通过签订许可证合同来进行，所以参加这项活动的各方所在国的合同法，或有关的第三国的合同法，就起着相当重要的作用了。

大多数国家的合同法中的大部分规定，对内、对外是一样适用的。在这种情况下，合同法本身就含着暗示性的涉外条款。例如，《法国民法典》"合同章"的 1108 条规定合同成立的四个必要条件为：承担义务的当事人协商一致；当事人具有订立合同的行为能力；有合同标的物；有订立合同的合法原因（也称"约因"）。这几个条件，对国内的合同及涉外的合同一概是适用的，可算作暗示性涉外条款。

还有一些国家的合同法或构成合同法的法规中，有明确的、专门的涉外规定。例如英国 1977 年的《不公平合同条款法》中的"法律选择条款"规定：凡有英国国民（自然人或法人）为合同一方的涉外合同，即使未在英国签订，也未在英国履行，合同双方也未选择英国法律为适用法，但只要合同违反了《不公平合同条款法》中的某些规定，这部法律就对该合同有约束力，这种条款叫作"涉外强制条款"。

也有一些国家是把合同法分成对内与对外的两种单行法。例如我国 1981 年颁布的《经济合同法》，就只调整国内的企业、单位、社会团体及个人之间的经济合同关系。1985 年颁布的《涉外经济合同法》才适用于国内企业或其他经济组织同外国企业、其他经济组织和个人之间订立的经济合同。

讲到各国的合同法，有必要针对"英美判例法不可知论"作一些评论。大陆法系国家（例如，除英国、爱尔兰之外的西欧国家及日本等国）的合同法中的有关规定比较容易查找，因为它们一般都有自己的民法典（其中有"合同章"）或单行的"合同法"。英美法系国家（美国及英联邦国家的大多数）的所谓合同法，很少有一个集中的成文法典可查，大都散见于判例之中。而这些国家（美国各个州）的判例成千上万，使人感到几乎无法查找。有些英美法系国家的律师便把这种事实作片面夸大，那是从律师行业的"生意经"出发的。而我国自己的有些学者，也跟着把判例法讲得复杂无比，难以捉摸。这就使"英美判例法不可知"似乎成为一种不容否认的"定论"。

在订立国际技术转让合同（及其他外贸合同）时，我们当然最好避开英美法系国家的法律、尤其避开美国的州法。

但在无数贸易交往中，总难免有避不开的时候。在这种情况发生时，也没有必要无所措手足，真把判例法当成了"不可知"的东西。就技术转让合同领域而论，至少从两个方面讲，英美判例法并不像有人宣传的那么难知或不可知。

首先，英美法律的判例虽然浩如烟海，但我们要查找的仅仅是合同法判例中的技术转让合同（即许可证交易）的判例，而不会把包括房屋租赁、货物买卖、雇佣、婚姻（西方婚姻属合同行为）在内的一切无关的合同法判例都查找一遍。

这样，要查找的范围就大大缩小了。即使在这种很有限的范围内，我们也用不着从盘古开天查到现在、从 A 查到 Z。英美法系的发达国家，都有本国（人们公认的）带权威性的合同法教科书或专著，其中把涉及不同类型合同争端的判例（至今有法律效力的）分门别类作了一目了然的索引。例如英国的《查谢尔——费福特合同法》(*Cheshire and Fifoot's Law of Contract*) 就是这样的教科书，它每两三年修订一次，以保证最近判例能收入，不复有效的判例能剔出。在技术转让合同方面，也有这类为查找判例提供索引的书。例如，美国鲍曼出版公司 (Clark Boardman) 出版的《专利法基础》(*Patent Law Fundamentals*) (技术转让许可证合同见于该书第 16 章)，英国麦克斯威尔出版公司 (Sweet and Maxwell) 出版的《知识产权——专利、版权、商标与有关权利》(*Intellectual Property*：*Patents，Copyright，Trademarks and Allied Rights*) (见其中第 6~8 章)，英美上述两家出版公司合出的《知识产权与国际许可证贸易的形式与合同》(*Forms and Agreements on Intellectual property and International Licensing*)，都有助于帮我们很快查到与具体的技术贸易争端有关的判例。

其次，英美法系国家从 20 世纪以来已经出现了在法律上部分地发展为成文法的趋势。近些年这种发展的步伐更快了。

在合同法方面也是如此。例如，美国 1957 年颁布的《统一商法典》(*U.S.Uniform Commercial Code*) (其中的许多条款也适用于技术转让)，在不到 10 年的时间里，就被除了路易斯安那州之外所有的州所接受。我们虽然难以查找一个个州的判例，但我们至少已经知道这些州的判例均不能违反该统一法典的明文规定。至于路易斯安那州，它是美国唯一的有成文民法典的州 (该州民法典与《法国民法典》基本相同)。英国也于 1976 年颁布了《限制性贸易行为法》(*Restrictive Trade Practice Act*)，于 1977 年颁布了《不公平合同条款法》(*Unfair Contract Terms Act*) 等成文法。这些法律的篇幅并不长。在它们生效前的有关判例如与之不符，则被剔除；在它们之后的判例则必须符合它们规定的原则。

除了合同法之外，与国际技术转让有关的各国国内立法，还有税法、公司法、涉外合资（及合作）企业法、破产法、外汇管理法、银行法等等。

税法在发达国家均是国内"公法"的组成部分，亦即国家对个人与企业的税收的规定。各国在税收制度上无论坚持相同的原则还是不同的原则，都会产生国际税收冲突问题（一般是双重征税问题）。由于国际的技术转让的供方均要收取使用费，因此也一般都有纳税义务，因此税法与国际技术转让的关系也还是比较密切的。目前世界各国在对待税收的管辖权方面，分为三种原则，即居住管辖权原则、（应征税之收入的）来源管辖权原则与国籍管辖权原则。绝大多数国家的涉外税法均兼行前两种原则。例如我国《个人所得税法》第 1 条就同时反映了居住管辖权与来源管辖权原则；我国的中外合资经营所得税法第 1 条反映了居住管辖权原则，外资企业所得税法第一条又反映了来源管辖权原则。在社会主义国家中，只有罗马尼亚实行来源管辖权与国籍管辖权两种原则；在发达国家中，只有美国一个国家的税法同时坚持居民管辖权、来源管辖权与国籍管辖权三种原则。按照美国税法，美国国籍的人即使居住在国外，收入全部来源于外国，也负有向美国政府纳税的义务，这在世界上是比较少见的。

在下面将看到，我国几乎所有的与技术引进有关的法律，都不同程度地涉及税收优惠（或减或免）的问题。

公司法是参加技术转让活动的人必须清楚了解的。国际技术转让中以自然人为当事人的情况极为罕见，一般都是法人同法人打交道。在与某个供方（或受方）谈判之前，必须取得对方的公司"年报"，了解对方是不是合法设定的公司，是公开招股公司（Public Company）还是不公开招股公司（Private Company），资本额为多少，近年的营业额是上升还是下降（对方营业额下降，可初步推定有求于我方）等等，以便做到在谈判中"知己知彼"。不了解对方作为法人的合法与否，不但在谈判时不利，而且有可能同"皮包商"打了交道，被人把资金或技术骗走。必要时，可委托自己在对方国家的代表到该国公司注册处查询该公司情况。这种查询费一般并不太高，手续也很简单。

银行法是国际技术转让中越来越居重要地位的法律。这不仅仅由于信贷、保险等业务离不开它，在少数发达国家，技术已经可以作为资金存入银行；银行也可以开展技术咨询业务了。

其他法律，有些要在下面讲到，有些则只在国际技术转让中起不太明显的作用，这里就不一一讲述了。

第二节 有关的国际公约与双边协定

一个国家一旦参加了某个已生效的国际公约，除它声明保留的条款之外，整个公约就构成该国国内法的一部分；一个国家与另一国家签订某个双边协定后，该协定也将成为该国国内法的构成部分。

国际公约与双边协定作为国际技术转让法的渊源，对于我国作技术转让工作的人来讲，是比较容易掌握的一部分内容。一是因为与国际技术转让有关的国际公约并不多；在有关的公约中，真正涉及技术转让的条文也不多。二是与国际技术转让有关的双边协定，就我国来讲，签订的也不很多（双边科学技术合作或技术援助协定除外，因为那大都是非商业性的）。

在现有的国际公约中，与国际技术转让最有关、又最重要的，应当算是《保护工业产权巴黎公约》了。下文中将对它作一些详细介绍。除它之外，还有一些有关的国际公约。例如《专利合作条约》《保护植物新品种国际公约》《微生物备案取得国际承认布达佩斯协定》《专利国际分类条约》，都与技术转让直接有关；《国际商标注册马德里协定》《商标注册条约》则与技术转让间接有关。

在知识产权领域，还有一些区域性国际公约，在该地区的国家之间以及该地区作为一个整体与外界进行技术贸易时，也起重要作用。下文中要介绍的欧洲经济共同体的几个专利公约、法语非洲国家的跨国知识产权法、拉丁美洲国家安第斯组织的《卡塔赫那协定》等等，都属于这一类。此外，还有一些适用于某一区域的条例，它们可能是从并不直接调节技术转让国际合作的国际公约中派生出来的。例如，为了实施《建立欧洲经济共同体罗马条约》第 85 条（3）款而由该共同体委员会颁布的《专利（与 Know-How）许可证条例》，即属于这类。关于这个条例，将在本书第五章第三节中作详细的介绍。

有些国际上的政治或军事集团的成员国之间，以及这些成员国作为一个整体对外开展技术贸易（及货物买卖）方面，也定出了一些制度进行控制。从技术转让角度看，这些控制性的规定也有法律意义。例如，1949 年在巴黎成立的"巴黎统筹委员会"组织（亦即"东西方贸易统筹委员会"，简称 COCOM，系联合国下属组织之一）。它的成员国主要是除冰岛之外的北大西洋公约组织的国家。这个委员会的成员国之间，在技术进出口方面均采取互惠，同时对于东欧国家以及其他一些在政治、军事方面对立的国家，则一致采取有限制地出口的政策。其某一成员国的较尖端的技术如果向该委员会之外的国家出口，有时要经过委员会所有成员的同意。

此外，各国之间签订的有关技术转让的双边贸易协定或其他协定，对于协定双方来讲，也具有与其本国国内法相同的效力。

我国与外国签订的涉及技术转让的双边协定是在增多的。例如，1979 年我国与美国签订的《中华人民共和国和美利坚合众国贸易关系协定》第 6 条，就是关于双方根据各自的法律并考虑国际做法，给对方的知识产权以保护的规定。

我国分别与日、英、法、比（利时）、美、联邦德国等国签订的避免双重税收的协定，直接影响外方技术转让人的利益，也是与国际技术转让有关的法律性质的文件。在这些协定中，我国与英、法、日等国之间还实行了"税收饶让抵免"制（Tax Sparing Credit）。就是说，向我国的企业转让技术的这些国家的外方，不仅能够避免在我国及在其本国被重复课税，而且因我国鼓励引进而减免的税额，在其本国也可以被免掉。这类协定的主要目的，在于解决前面提到过的因不同税制而在国际间发生的冲突。

第三节 国际惯例

已经由国际公约形式体现的，或已经在国际上规范化的惯例，也是国际惯例。但一般讲起国际惯例，均指未收入国际公约的那些；在国际技术转让方面，又还没有规范化的惯例。因此，本书中所讲的，是既未收入国际公约也未规范化的一些国际惯例。

国际惯例作为国际技术转让法的一项内容，与各国国内法及国际公约不同，它有一定的伸缩性；它们的作用是有限的，即并不是对有关国家的一切从事技术转让活动的人都具有约束力。只有当某个具体的转让活动的交易双方都承认和决定采用某个（或某些）惯例时，它们才通过合同中的明示或暗示的规定，对双方发生法律效力。国际惯例的具体内容可以由交易活动的双方当事人通过协议进行增加、减少或修改。通常，如果当事双方中的一方提出或坚持采用某个国际惯例，他必须找出该惯例之所以是"国际惯例"的依据。

有些国家的法学者或律师认为：在国际技术转让活动中存在着一些被多数国家都承认的一般法律原则，即 General Principles of Law；这些原则不但是国际技术转让法的组成部分，而且在转让活动双方不易选出适当的国家的法律作为合同适用法时，还可以充当这种适用法（即可以在合同的"法律适用条款"中规定："本合同适用一般法律原则"）。我们认为，这样的法律原则即使存在，实际上也是国际惯例的一种。至于把它作为适用法，则极不恰当。因为，技术转让中的供方所在国家与受方所在国家各有各的利、害，很难有明确的、一致同意的一般原则，往往只有一致同意的具体惯例。在合同适用条款中写一般原则，只会给将来解决合同争端带来麻烦。

在国际技术转让合同中不得订立限制性贸易条款，是多数国家普遍接受的重要国际惯例。虽然发达国家与发展中国家对于"限制性贸易条款"包括的范围及对它们的解释上，都存在较大分歧，但毕竟有一部分内容是不同国家都承认的。对于这类条款，本书将主要在第十章中介绍。

一些政府间及民间国际组织起草出的建议性文件中，对国际技术转让的许多常用术语的定义、技术提供的步骤、技术服务的方式、提成费计算中的细节（如什么是"净销售值"）许可证合同的范围，等等，均作了某些规定。其中有一些也经常被技术转让的双方当事人在订立合同时当作国际惯例引用。本书在第十章也将有选择地作一些介绍。

第三章　国际技术转让

国际技术转让可以采用许多种不同的形式进行；随着技术与技术成果交易活动的发展，还会不断有新的形式出现。在具体的交易中究竟采用哪一种形式，要由技术的供方及受方（尤其是受方）根据自己的需要、自己的资金、生产能力、原有技术水平等等而定。

在以往的国际贸易实践中，技术转让大致采用过以下几种形式：（1）单纯的技术转让（即独立的技术许可证合同形式）；（2）计算机软件转让（即新出现的技术许可证和版权许可证合同形式）；（3）与产品一道进行的技术转让及"交钥匙合同"（即非独立的技术许可证及商品买卖合同，以及包括厂房修建、机器安装等工程在内的综合合同形式）；（4）通过涉外合资企业、合作企业，或通过外资企业进行的技术转让（即非独立的技术许可证，或以技术为出资方式的合同形式）；（5）通过合作生产或合作研究进行的技术转让（即非独立的、有限技术的许可证与零件生产、加工合同的综合形式，以及不同国家研究单位之间的非独占性交叉许可证合同形式）；（6）通过补偿贸易进行技术转让（即非独立的技术许可证与产品返销或回购合同形式）；（7）通过技术咨询进行技术转让；（8）通过租赁进行技术转让。

一方发出技术招标、工程承包招标，另一方投标，也是技术转让的一些形式。但它们都可以被包括在上面列出的几种形式中。例如，投标一方采用"统包"形式，就与上述"交钥匙合同"毫无二致；采取"半统包"形式，则投标方只比在交钥匙合同中少一些责任，采取"产品到手"形式，则比在交钥匙合同中多一些责任，没有本质区别。因此本书就不对这些形式作介绍了。

从上述不同形式中可以看出，其中的大部分都包含独立或非独立的技术许可证合同。在采用交钥匙合同、合资企业等形式时，即使不单独订立非独立的技术许可证合同，也必然在主合同中有相应的与技术许可证条款相似的条款。所以，上面所列的第（1）种形式，是最基本的形式，也是本章要介绍和讨论的重点。

计算机软件转让是近些年才发展起来的一种技术交易活动。在软件转让合同中，有些国家的合同条款与出版合同或版权转让合同条款相似，这不是本书介绍的重点。多数软件转让合同是采用一般技术许可证合同的形式，并另有一些自己的特点，而过去很少有过对此作专门介绍的著述。本章打算把这项内容也作为一个重点予以介绍并讨论。

对于上面列的其他形式，则只作一般性介绍。

第一节　技术转让的许可证合同

供方仅仅为了向受方提供技术"软件"（在这里不专指"计算机"软件），即提供专利技术、Know-How 及其他技术的必要资料、提供为实施这些技术所必需的技术服务，而不是为了提供任何"硬件"而参加转让活动，就是单纯的技术转让。这种转让大都通过签订许可证合同的方式进行；这种合同是独立的，没有其他"主合同"可依附。当然，在全部转让活动中也不是一点不涉及硬件。有时，使用某种技术制造产品，要使产品达到供方产品的质量标准，必须使用供方或供方指定的第三方提供的某些零部件，这些硬件就与转让活动有关了，但它们毕竟不是许可证合同的"标的"。

从严格的措辞来讲，"许可证"一般仅仅指一方允许另一方作某件（或某些）事，它不一定采取合同形式，甚至不一定是书面的。"许可证合同"（也称"许可证协议"，它来自英文 Liccnce Agreement 或 Agreement of Licensing）则一般指形成了书面形式的、可靠的法律文件。但目前国内外的许多著作，一讲起"许可证"时，就显然指的是"许可证合同"，并不会使人发生误解。因此不必在措辞上过于深究。本书凡提及"许可证"时，也就指许可证合同，而不是指口头的许可。

一、许可证的种类

从大的方面讲，许可证可以分为四大类。

（一）普通许可证（Simple Licence）

按照这种许可证，供方许可受方在一定地域内、一定时期内使用其技术，同时保留了自己在同一地域及同一时间使用该技术或向第三方发出许可证的权利。

普通许可证还可以分为一般的普通许可证和从属许可证（Sub Licence，也有人译作"分售许可证"）。后一种许可证指的是受方经供方同意，自己以许可人的身份再向第三方发出的许可证。

（二）独占许可证（Exclusive Licence）

按照这种许可证，受方有权在指定的时间和地域内，排斥包括供方在内的一切人使用供方提供的技术。当然，供方也就不再有权在同一地域内向第三方发出使用该技术的许可证。

独占许可证从授权的内容上，又可以分为部分独占许可证（Partially Exclusive Licence）与完全独占许可证（Entirely Exclusive Licence）。如果在许可证中规定受方不是在某国的全部地域、而只是在其中部分地区享有技术的独占权，或仅仅对使用该技术生产产品享有独占权，而对销售有关产品则不享有独占权，则这种许可证就是部分独占许可证。

独占许可证从独占程度上，又可以分为绝对独占许可证（Absolute Exclusive Licence）与相对独占许可证（Open Exclusive Licence）。前一种许可证的被许可人（受方）的权利，几乎与取得了有关技术的所有权相同。对这两种许可证将在第五章详细介绍。

（三）独家许可证（Sole Licence）

这种许可证的授权范围基本与独占许可证相同，但受方无权排斥供方自己在同一地域和同一时间内使用有关技术。

（四）交叉许可证（Cross Licence）

也称"相互许可证"，即技术转让活动中的双方互为供方与受方，许可对方使用自己的技术时采用的技术许可证。

按照不同许可证，供方向受方提供同一种技术时，授权范围是不同的。因此，受方为不同许可证将支付的使用费也是不同的。受方应当特别注意的是：许可证的种类，反映出的是法律问题，即权利与责任问题，并不反映技术上的问题。供方不会（也不应）由于受方需要的是非独占许可证，就仅仅提供给他少于独占许可证的被许可人能得到的技术情报或技术服务，使他的生产达不到应达到的效益。因此，受方完全不必在任何情况下都力争取得独占许可证。提供同一项技术，独占许可证的使用费是最高的，独家许可证次之，普通许可证最低。究竟选择哪一种，主要看在同一地域内可能应用同一技术生产相同产品的竞争者的情况而定。在我国，有些企业是一些产品的独家经营者。这有的是过去不合理的经济体制造成的，将来可能会有竞争者出现，但短期内不会有竞争者。这种企业在引进技术时就毫无必要取得独占许可证。

有的企业可能想通过独占许可证阻止对自己有竞争性的产品进口，这是办不到的。在下面讲我国专利法时将要讲到，我国专利法并未授予专利权人以控制进口的权力。除独家经营的企业外，其他企业取得独占许可证的必要性，一般说也不大。我国地域极为广阔，市场容量很大。有些产品即使几家同时采用一种先进技术生产，也未必能满足市场需要。所以，供方保留了向其他人再发许可证的权利，对受方威胁并不大。

总之，选择许可证的着眼点，与选择技术引进形式的着眼点是不同的。生产能力再强，资金再充足，在没有必要取得独占许可证时，也不必去花冤枉钱。

二、专利与 Know-How 的几种特殊情况对许可证的影响

（一）共同专利对许可证的影响

由不同企业（或分属于不同企业的个人）共同搞出的发明，一般要由他们协商一致后共同申请专利；所取得的专利权，也归这些不同的所有人共有。对于共有专利的各所有人如何转让自己的权利，我国《专利法》及其实施细则中均未作明确规定。但在大多数国家，共有人之中的任何一个，均有权把自己的共有份额的所有权转让给别人，却无权单独把有关专利技术的使用权许可给别人。因此，如果共有人之一未得到其他共有人的一致同意与授权，就无权作为技术的供方与任何受方谈判许可证合同；即使谈了，该合同也将是无效合同。

（二）从属专利对许可证的影响

现代的许多新技术，都是在已有技术的基础上发展起来的。有时，一项已有技术的专利保护期还没有过，在它的基础上研究出的另一项技术又取得了专利。一般说来，为研究目的而应用其他人的专利，属于"合理使用"，不需要取得专利权人的许可。因此，研究出新技术并获得专利的人，同原有的专利技术的所有人，往往不是同一个人。如果新技术的充分实施，要以实施原有技术为前提，则保护新技术的专利即被称为"从属专利"（Subservient Patent），保护原有技术的专利被称为"基本专利"或"主导专利"（Dominant Patent）。从属专利的权利人只有得到基本专利权人的许可，才能实施自己的专利技术。这种许可是有法律保证能够得到的。例如我国《专利法》第53条规定，遇到这种有赖于其他人的专利技术情况，如果得不到实施许可，可以向专利局申请强制许可证。但是，从属专利的所有人有无权利向第三方发出许可证，则是没有法律保证的。

因此，受方在与供方谈判引进其专利技术时，必须弄清有关专利是基本专利还是从属专利；如果是从属专利，则要弄清供方是否已从基本专利所有人那里取得了发放许可证的权利；如果供方未取得这项权利，就说明受方在获得供方的技术后，还要另外找基本专利的所有人谈判许可证。那么究竟有无必要与这样的供方签订许可证合同，就很值得怀疑了。

（三）专利申请未被批准、专利权被判无效或专利权中途失效对许可证的影响

绝大多数国家的专利法均规定：在专利申请日之前未曾公开的发明，即具备"新颖性"。这就是说，在专利申请日被专利局确认之后，申请人就可以公开实施申请案中包含的技术，而不必担心丧失新颖性的问题了。因此，许多技术转让中的供方向受方提供的并不是批准后的专利技术，而是申请案中的专利技术。有些专利申请案被专利局公布之后，并没有被批准获专利权。这样，申请案中的技术成为人所共知的，即"进入公有领域"了。原来的受方，显然没有必要继续为使用这种技术而支付使用费，无论原先谈判确定还要支付多久。如果申请案中的发明只被部分地批准了专利，则受方也只应就被批准的部分继续支付使用费。

专利被判无效或判部分无效，对许可证的使用费也发生同样的影响（即受方可全部或部分停付原定使用费）。从理论上讲，专利被判无效与中途失效后果是不同的。被判无效一般都是判为"自始无效"；中途失效往往因未交专利年费而致，所以仅仅是中途无效，并非自始无效。所以，专利被判无效不仅使许可证的受方有权停付使用费，还使他有权追回已付的使用费。当然，供方为避免这样的风险，往往在签许可证合同时就声明自己不担保自己的专利将来不会被判无效，亦即暗示：有言在先，如果日后被判了无效，受方不能

追回使用费，只能停付。

（四）Know-How 中途进入公有领域对许可证的影响

这在本书开始时讲过，Know-How 一旦被泄露而为众所周知，供方无权要受方再为它支付使用费。

（五）许可证合同中止（或履行完毕）后，Know-How 仍有实用价值、并且未进入公有领域

在这种情况下，受方仍应为供方继续保密。这种义务往往要在合同的保密条款中写明。但一般无权要求受方不再继续使用它，否则受方原先为实施 Know-How 而建成的生产线将全部报废或闲置，这种后果是不合理的。

三、许可证合同的构成及主要条款

许可证中有一部分文字并不是许可证的主要条款，但却是整个许可证合同组成部分的一些内容，有时在法律上起关键作用。因此，应当先讲讲许可证合同的构成，然后再介绍主要条款。

一份许可证合同一般由五个部分构成：开头语、鉴于条款、合同条款、签字、附件。

（一）开头语合同名称是开头语的一部分

合同名称要与合同内容相符。一般讲，名称写作"许可证合同"或"技术转让合同"，都能明确表示合同内容。有些以提供 Know-How 为主的合同也写作"Know-How 合同"。甚至只写作"合同"（Agreement）也可以。但写成"货物买卖合同"或"运输合同""保险合同"显然不行。

开头语中最重要的是供方与受方的公司名称及主营业地（或总部所在地）的其体地址。在供方只是从属专利的所有人，或供方所

提供的 Know-How 中，有一部分要从第三方得到的情况下，在开头语中才可能提及第三方的名称（尤其是供方拿出的"格式合同"，才可能出现这种名称）。受方一般应坚持在开头语中只出现供、受双方名称。在不能不出现第三方名称时，受方也应坚持作出如下明确规定：受方不与第三方打交道；从第三方取得有关许可证只是供方的义务；受方只依照合同从供方一家取得技术。在供方属于某个大公司的子公司时，它的格式合同中往往出现其母公司的名称。合同中必须讲明：从母公司取得有关技术，是该子公司（供方）的义务。否则，有关的母公司并不是供方与受方所签的许可证合同的"当事人"（合同最后的签字上一般只有供方与受方的代表名字），在受方得不到应得的技术时，无法依据合同与该母公司打官司。

开头语中双方的名称一定要用全称（如下文用简称，可在开头语中讲明）。必要时，可到双方所在国的公司注册处核准其全称及准确的地址。在过去的技术贸易实践中，曾出现过这样一个事例：一个印度的公司与一个英国公司签订了一项技术许可证。该英国公司的全称是"路易斯·史密斯公司"，并写明了具体地址。在合同开头语中，则只出现了它的简称"L·史密斯公司"。在后来发生了合同争端，印度公司为要求从英国公司获得赔偿而诉到合同中指定的法院时，法院按有关地址查找后，认定该地只有"路易斯·史密斯公司"，没有"L·史密斯公司"，而前者并不是合同的当事人，该印度公司无权要求它赔偿！本书附录中所附的有关外国合同，在开头语中所用的简称均系虚设（因为合同一般不对外公开，即使其条款作为例子公开，也不能公开当事人的真实名称），不可仿效。

开头语中在写明双方公司全称时，一般就写明了该公司的法人性质，例如，是股份有限公司还是合伙企业（在英美国家，合伙也可称"公司"），是母公司、子公司还是分公司，等等。如果名称中表示不出，则应另有文字表示。

开头语中可以写明签合同的日期（也可以写在合同结尾）。

开头语中一定要写明签合同的地点，这对于未规定"适用法"的合同尤为重要。按照国际私法中 lex loci contractus（合同成立地法）的原则，签合同的地点，可以成为日后合同争端产生时，法院（或仲裁庭）推定合同适用哪国法律的依据。

（二）鉴于条款

在大多数合同中，鉴于条款并不是合同正文的一部分，在它后面才是合同的"第一条"。

"鉴于"是从英文"Whereas"译过来的。用这个词引出的条款可能有许多段，甚至长达数页，它们起到合同的"导言"作用。在鉴于条款中，一般应写明下列内容：（1）当事双方参加本技术转让活动的背景；（2）双方签订合同的目的或愿望；（3）双方进行过的其他谈判活动；（4）双方曾签订的其他合同；（5）本合同涉及的知识产权或其他专有权；（6）本合同的签订对双方有何益处；（7）双方各自的原则立场。有的合同的鉴于条款很简单，只有上述（1）（2）（5）等几项。

鉴于条款与合同的其他构成部分相比，作用不是很重要的。

（三）签字

签字在合同主要条款之后，不过在这里先对它作些介绍。

签字页上要再次写明双方公司的名称，加盖双方公司通常在贸易活动中使用的印章（在英文中叫作 Common Seal，也可译作"公章"）。在为双方代表的手写签字后面留下的空白中，要有清晰的、该人姓名的打印文字。

另外，合同的最后文本中如果有修改处，在修改过的地方，均要有（为合同签字的）双方代表以缩略语形式签上的自己的名字，以示该处系经双方同意后作的修改。

双方的签字代表必须是有权代表有关公司的人，而不是随意的任何人。

（四）附件

许多介绍许可证合同构成的法学著作不讲许可证的附件，认为它是纯技术的东西，这是不对的。

许可证合同的附件至少要有技术附件与产品附件。技术附件中包括供方将提供的各种技术的名称、资料细目、向受方发送的步骤及具体日期，等等。产品附件中包括使用该技术生产的产品将在性能、功用、质量等方面达到怎样的指标。

供方日后如不能履约，都是表现为不能按时或按量送交技术文件，或所提供的技术并不能使受方产品达到应有指标。因此附件本身虽是技术性的东西，但它们在合同争端诉讼中往往成为重要（或主要）依据。

在合同主要条款中，一定要有文字写明"本合同的附件系合同不可分割的一部分，与合同本文同样有效"。

（五）合同的主要条款

1.定义条款

国际技术贸易的历史不很长，加上各国语言的不同、法律制度的不同，在许可证合同中使用的一些关键性术语上，解释会各不相同，在国际上也还没有统一的必要。但作为一项具体的许可证合同的当事双方，就必须有统一的解释。否则，一是合同无法履行，二是发生了合同争端也将无法解决。因此，许多许可证合同正式条款的第一条，就是"定义"条款，把双方同意的定义在这里写明。

"Know-How"不仅在各国理解不同，同一个国家的不同企业也会理解不同，这是必须下定义的。

"专利"在许多国家定义也有些差别。我国专利系指发明专利、实用新型专利或外观设计专利，但受方可能只需要发明专利。专利在美国则不包括使用新型专利，而包括植物专利（这在我国根本不受保护）。在英国，外观设计可能属于专利中的受保护内容，也可能属于版权中的受保护内容。因此也必须下个定义。在关于专利的定义中，最好还要说明是否包括尚未批准的专利申请案。

"年度"也必须下定义。究竟指一般的会计年度（从1月1日到12月31日），还是指许可证年度（即从许可证生效之日类推365天为一年度），这对于计算使用费是十分重要的。

"净销售额"，如果在合同中不是另有条款更详细地对它作出规定，就必须在定义条款中写明，否则也会在日后以产品"提成费"方式交付技术使用费时出麻烦。世界知识产权组织起草的《发展中国家许可证贸易指南》中认为它指的是：在许可证有效期内，受方在正常的公平交易中将产品出售出租给第三方，或以其他方式有偿处理产品时所开的发票价格；其中不包括受方实际打的正常折扣，供方直接或间接提供的原料、中间货物、零部件或其他部件的"离岸价格"（即FOB）以及受方制造有关产品时所用的标准外购部件的"离岸价格"，向顾客另开发票的保险费、包装费、运输费以及受方为交货所实际负担的关税与其他税。

此外，对于商标、技术情报、技术服务、产品、部件、质量指标、技术项目名称、子公司、附属公司、合伙人、第三方、合同签字日、合同生效日、地域等等，都应有明确的定义。

也有的合同把定义分散在合同各条款中，而没有专门的"定义条款"。这样虽然也可行，但毕竟不如集中定在一个条款中那样能使人一目了然。

2. 授权范围条款

如果在鉴于条款中没有写明许可证合同的标的，即供方提的技术包括的那些项目受哪些专有权保护，则要在授权范围条款中先写明这些专有权，然后才谈得上划定授权范围。在各种专有权中，最重要的是要写明专利的情况。有关专利的批准日、专利号（或申请日及专利申请案号码）。但是，如果供方将商标的使用权授予了受方，一般将另外有一个单独的"商标使用条款。

所谓授权范围有 3 方面含义。

（1）划出许可证的适用地域。前面讲过，这可以是整个国家境内，也可以是某一省、某一地区。

（2）指明将专利权所含的哪些项目授予供方。专利一般含有制造、使用、销售几项权利，有的国家还含有"进口权"。供方可以只许可受方使用专利技术制造产品，而把销售权保留下来。因此，授权他人实施自己的专利，并不暗示把实施后制成的专利产品的销售权也给了实施者。受方如果希望得到专利所含的全部权利项目，则应坚持在合同中写明。

此外，如果一项专利技术既可应用于生产甲种产品，又可应用于生产乙种产品，也应在授权条款中写明供方许可受方应用的范围。

（3）规定授予受方独占许可、独家许可还是一般许可，受方有无权利发放从属许可证。在这种含义下划定的范围，就明确了许可证的种类。有些国家（尤其是美国）的公司，作为供方时，往往坚持把制造权与使用、销售权分为两款来写，只授予受方在制造方面以独占许可，在使用与销售上则授其非独占许可。

在英文的合同里"授权范围"条款的标题中有时见不到"Scope"（范围）这个词，而是用"Grant of Licence"这样的标题。受方参加合同谈判的人应该知道这就是规定授权范围的条款，其中应包括（至少）上面三方面的内容。

除上面三方面之外，受方有无权利直接对侵犯专利权（或商标权）的行为起诉，有关专利权应由哪一方维持（交付年费等），也应有明确规定，不能想当然地认为属供方所有的专利，自然应由供方对侵权者起诉和维持它。有时供方认为侵权行为对自己并无大损害，不一定愿意起诉；而该行为可能对受方损害很大。在一般合同中，受方应取得起诉权，但又不把起诉作为自己的义务，这样就比较主动。

3. 不担保条款与担保条款

曾有一些著作介绍说：发展中国家的引进技术一方都应该要求供方对其专利的有效性予以担保，否则对受方不利。这种介绍总的说来不够正确。西方国家的出口技术的公司大都坚持在许可证中订立"专利有效性不担保"条款，其原因如下：第一，所谓"专利"，包括专利申请案，专利申请案能否被批准，很难预言；最终被驳回的申请案，当然就是"无效专利"了。从这个角度讲，专利有效性很难担保。第二，许多西方国家规定了"专利复审制"，即在批准专利后专利期满前，任何人如果发现该专利本不应被批准，可向专利局请求复审；经复审而确认了请求人的意见，原专利将被判无效。专利权人怎么能预知日后自己的专利是否会被判无效呢？从这个角度讲，也很难作出担保。确有少数技术供方愿作这种担保，但许可证使用费就将因此提高，因为供方承担了日后的风险。对于受方来讲，实际上没有必要取得这种价格更高的许可证。

因此，受方对于专利效力不担保条款是可以接受的，同时应坚持要求供方担保那些它应担保的内容。大致讲，供方应担保的有下列内容：

（1）保证向受方提供的技术是完整的、准确的、可靠的，按照该技术，能够生产出供方所生产的（或合同的产品附件中规定的）同样产品。

（2）保证到合同签订之日为止，供方不知有任何可导致自己的专利被判无效的其他相同的现有技术。

（3）保证实施自己的专利技术时，不会侵犯其他人的专利权；保证自己的专利不是"从属专利"，或虽然是"从属专利"，自己已得到"基本专利"的权利人的有关许可证。

4. 不弃权条款

这一般是供方坚持订入许可证中的，意思是说明：如果供方对某些侵权行为未过问，并不暗示他放弃了专有权；如果供方对受方未按时支付的行为没有追究，也不暗示他放弃了取得使用费的权利，等等。这种条款对受方并无损害。

5. 质量控制条款

只有当供方许可受方使用其商标时，才有权要求订立质量控制条款。因为产品质量的好坏，将影响供方的市场信誉。在质量控制条款中，大都是供方的权利。

例如，有权定期检查受方产品的样品，有权因质量问题而中止合同，等等。订立这种条款时，受方最重要的是应要求供方权利尽量合理。例如，因产品质量达不到标准而终止合同前，必须有一个提前的警告，即要求受方提高质量，只有在一定时期内仍提高不上去，才可终止合同。这种"一定时期"如果太短（如30天），对于生产经营效率暂时较差的受方来说，显然做不到。因此可争取尽量长一些。

6. 披露技术条款

在这种条款中要规定供方从何日起、以何种方式、提供哪些Know-How 和实施专利及 Know-How 的其他必要资料；如何为受方培训人员,作技术示范,以使受方能够掌握有关技术。在这种条款里,也会谈到一些支付问题,它们与整个合同的使用费是两回事。例如,供方的专家到受方工厂来示范,受方的人员到供方工厂去参观或实习,应由哪一方出钱,出多少,等等。从本书附录一所附西方的合同中可以看到:西方公司总是坚持技术示范及培训的费用完全由受方出。在我国一些公司与西方公司的许可证谈判中,我们曾坚持:如果这些费均由受方出,则应把技术提成费相应压低。有的许可证合同的规则是:供方人员到受方示范,如果为掌握合同中的技术所必须,则供方出路费,受方出生活费;受方人员去供方工厂则由受方出路费、供方出生活费。如系掌握合同中的技术之外而另请专家或专门去供方参观,则全部费用由受方承担。这是比较合理的。

7. 保密条款

如果把保密条款仅限为"技术保密",就有些以偏概全。因为,除了受方为供方的 Know-How 等秘密技术保密外,双方均有义务为对方的经营状况保密。供方除为了保证质量而查受方的产品外,还有可能为了解销售额而查受方的账目,就更需要承担保密义务了。当然,保密条款主要是规定双方如何对技术保密。

供方总会要求把保密条款规定得尽量细。而且,在尚未正式签订合同之前,就会先谈保密问题。否则,一旦谈判不成,供方已带到谈判桌上的部分秘密技术也有被泄露的危险。受方在这种条款中要保证采取必要措施,确实为 Know-How 保密;在合同因故终止时,仍应继续保密;合同正常履行完毕后,如果有关秘密尚未进入公有领域,也要继续保密。

技术保密也不纯是受方的义务。供方必须保证不泄密。尤其是如果许可证是独占性的,技术从供方那里泄给了第三方,"独占"就成为无意义的了。在有些许可证合同中,供方的这项义务是定在"披露技术条款"中的。

8. 支付条款

支付条款是涉及受方单方义务的条款。过去技术许可证的使用费，有多种支付方式，一次总付（Lump Sum Payment），按提成费，（Royalty）支付，入门费（Initial Payment）与提成费结合支付，等等。目前为各国供受双方普遍接受的，是第三种方式。

入门费指的是受方在合同生效后一定时期（或收到首批技术情报后一定时期）内，向供方支付一笔"定金"性质的费用；待按照有关技术制作的产品销售（或生产出）之后，再按一定比例的提成费（一般是按许可证年度）分批支付。入门费与提成费各支付多少，可以这样计算：估算出提供同样技术而采取一次总付情况时应付的总金额，分为两部分，一部分作为入门费额，一部分作为提成费额。就是说，入门费与提成费相加，不应超过在一次总付情况下的支付额。当然，这个数额只能大致估算，因为提成费与日后产品的销路是否畅通，产量的高低都有关系。

提成费有三种算法：（1）按产品产量计算，不问销出与否，受方均须按预定比例支付。这对受方不利，一般不为受方所接受。（2）按利润计算，如生产情况不好，或销路不好，受方没有利润，供方将一无所获，故这种算法一般不为供方所接受。（3）按产品的净销售额计算。这是双方都可以接受的计算法。

许可证中按净销售额计算提取的提成费，许多发展中国家都用法律规定了一定比例数，不得超过，以保护受方利益。我国有关法律没有规定具体百分比作为限制，以使技术引进方有谈判余地，并按实际情况作出决定。不过在技术贸易实践中，很少有受方同意支付超过5%净销售额的总支付费（包括入门费与提成费）。

在计算许可证使用费时应注意：供方在受方国家内因取得该使用费而应支付的所得税额，包括在该使用费之内，不应由受方另行负担。在供方要求以外汇支付，而使用有关技术生产的产品系用于内销时，销售额（例如：人民币）与外汇的兑换率以哪一天官方公布的兑换率为准，必须在支付条款中规定明确。例如，可规定"以公历每月最后一天的兑换率为准"。否则，外汇比价在两天之中可能有很大波动，在支付时难免使合同双方产生争执。

在多数许可证中，与支付条款一道（或紧跟着支付条款单独订立的）是"查账条款"。供方通常要求：（1）受方每隔一定时间（如半年）向供方提交一次账目，其中可能包括毛销售额与净销售额记录；（2）供方有权检查受方账目，或由供方派代表，或由双方同意的第三方的会计师和审计师负责查账。如果这个条款单独订立，在西方公司的格式合同中，可能见不到"查账"的字样，条款标题可能是："Reports and Records"。前一个词表示受方应按期提交的账目报告，后一个词表示受方自己应保持的产销账目。关于查账的费用如何摊付，双方也应在谈判许可证合同时即取得一致意见，并写入合同。

对于许可证的受方，可以说"支付条款"是一切合同条款中最重要的，因此在订立这个条款时要特别慎重。订立支付条款的主要工作由受方的会计师、审计师承担，因为它的计算涉及许多财会上的技术性问题。但参加合同谈判的受方法律顾问（律师或其他代表）则必须注意不能在这个条款中订入对受方不利的内容。例如，几乎所有的国际组织发表的"许可证指南"之类的文件中，都告诫受方不能接受很高的入门费。原因很简单，按日后产品销售提成方式支付大部分使用费，主动权在受方手中（如果供方未完成合同规定的义务，即可不付款）；一开始就把较大部分的使用费作为入门费付给供方，主动权就操在供方手中了。目前在国际技术转让中，入门费存在少付或不付的趋势。再如，许多发展中国家都坚持不允许在许可证中规定最低提成费额，这样，一旦受方的产品在销售上遇到了

困难，就可以不必支付提成费。但供方一般都坚持要规定最低提成
费额，目的是使自己在任何情况下都有收入。我们从本书附录一中
的几个发达国家有关公司的格式合同中，也可以看到这一点。为了
不使谈判陷入僵局，受方可以在接受最低提成费额的同时，要求订
立"最高提成费额"。就是说，为提成费规定一个绝对数（而不是
百分比）的上限，无论受方的产品日后怎样畅销，它也不支付多于
这个数额的提成费。这样，就使供、受双方应承担的风险比较公平
了；产品卖不出，受方不能不支付；产品多卖了，受方也不能多支付。
这就是一种对等的合同条件，一般讲，供方没有理由只要求受方承
担风险。

在计算许可证使用费时，供方提供的受工业产权保护的技术
以及商标的费用估算，总的讲还比较容易，此外再掌握不为到期的
无形产权支付（或到期后减付）的原则即可以了。而对于 Know-
How 使用费的估算，则往往是比较困难的。在这方面，本书第十章
提到的联合国工发组织文件（已有中译本，中国对外翻译出版公司
1982 年出版）、日本的《技术秘密评价与估算》（已有中译本，专利
文献出版社 1983 年版）以及荷兰克鲁沃（Kluwer）法律与税制出
版社 1984 年版的《德、日、美 Know-How 合同》（*The Know-How
Contract in Germany, Japan and the United States* 仅有德文本、英文
本）均可以参考。

9. 技术改进条款

技术改进条款的英文标题是"Improvement"，它不是指如何改
进技术（这不是法律问题），而是指许可证合同的各方在改进了原有
技术因而取得了新的专有权之后，应当如何在优惠条件下向对方提
供。这个问题，发达国家与发展中国家的看法是很不一致的，甚至
对于受方在引进的技术上作出改进后取得的专有权是否应归受方所

有，发达国家都认为是个"未决问题"。这将在第十章中作详细介绍。

10. 更改条款

在一些许可证中并没有这个条款，因为合同的一方未取得一方同意时，无权更改合同，是不言而喻的。但有的合同当事人为避免某些误解，还是认为订立了这种条款保险。这种条款中一般都申明：合同生效后的任何修改，都必须通过双方的书面协议；双方任何时候的口头协议对于修改合同均无效力。

11. 不可抗力条款

虽然传统的英美法系国家与大陆法系国家分别使用着情势变迁（Fundamental Change in Circumstances）与不可抗力（Force Majeure）两个术语，但近年来在许可证合同中，已趋向于统一使用"不可抗力"。这个条款的目的，是事先规定万一发生了某些人力无法阻止的意外，使一方（或双方）无法按规定履行合同时，应当作何处理。

从理论上讲，不可抗力条款首先应规定哪些事故属于不可抗力事故。如火灾、水灾、战争等，是公认的不可抗力事故。但不同国家对另外许多事故究竟算不算"不可抗力"，认识上分歧很大。故实际上许多合同（例如本书后附的一些合同）并不规定不可抗力范围，而把问题留给了合同的"适用法"——合同适用哪个国家的法，就按哪个国家的认识去划这个范围。但这种解决问题的方法漏洞较大。例如我国的法律（合资企业法及其实施条例）只列了"自然灾害与战争"两项具体事故，后面则是个"等不可抗力"，我国的技术引进合同管理条例、涉外合同法均根本没有提及什么是不可抗力。如果合同适用中国法，合同中又未写明不可抗力的具体内容，在事故发生后仍会出现难以解决的合同纠纷。

还应当注意的是：许多人把"不可抗力条款"与"免责（Exemption）条款"混为一谈。这两者并不是一回事。免责条款是在合同中规定：

在某些可预见的情况发生时，免除合同的一方对另一方的责任，或把责任缩小到一定程度。例如人们平时购买进口（或一些内产）的电视机，一般都附带一张"保单"（Guarantee），上写着在任何情况下保修保换，在任何情况下（如外壳破损）不保修保换。这后一种声明，就类似于"免责条款"，即：如果电视机壳破损，若非提货时即指出，而系事后发现，就有可能是顾客自己损坏的，应免除卖方的责任。免责条款并不使合同中止，也不变更任何合同条款。不可抗力条款则是规定在某些预见不到的事发生时（如事先即预见到签订合同后即将在两国间爆发战争，则根本没有必要订这个合同），使合同中止，或将合同的某些条款加以改变，以便继续履行。

多数许可证合同中并没有免责条款；如果有的话，必须把它与不可抗力条款区分开。

12. 合同有效期

许可证合同的有效期一般不超过 10 年。有效期太长了，必然限制某一方当事人（或双方当事人）选择与其他人进行交易的自由。有些国家的技术转让法还对许可证合同的最长有效期作了规定。还有些国家以许可证合同中包含的工业产权来作为限制合同有效期的尺度，即不允许合同有效期长于合同中的工业产权（主要是专利权）的保护期。但这些限制方式从理论上或实践上讲，都是有漏洞的。工业产权虽然都有法定有效期（如专利权 15 年、商标权要每 10 年作一次续展注册），但它们在实际上的有效期以专利权人或商标权人是否愿意继续维持其专有权为转移。例如，专利权人取得专利后，仅仅 3 年就不在交付专利年费，则该专利的有效期就大大缩短了。而且，有的许可证中包含的专利，是供方"不断提供"的，即该方就生产同类产品所研制出的新技术，要不断授予受方。这样，在合同开始履行时所提供的专利技术的保护期已过的时候，合同履行中又提供的新专利技术的保护期可能刚开始。照这样，新专利不断接续，以工业产权对合同期作的限制就毫无意义了。

双方当事人按自己的需要规定保护期，是最可取的。有长期合作愿意的双方，还可以规定：合同的"每届有效期"为若干年（如5年），在上一届有效期届满前若干日（如30日）内，如果任何一方均未向对方发出"不续展通知"，则合同自动续展。这样，双方都有了使合同期或长或短的主动权。

在规定整个合同有效期的条款中，最好申明几件"不言而喻"的事：第一，合同中的专利、商标有效期以其保护期结束为准，不与合同期相同；第二，合同中的Know-How有效期以其进入公有领域之日为准，不与合同期相同。作出这种规定的条款，也称"许可证合同期分割条款"，意即将合同中不同的内容的有效期分开谈，以免日后受方为失效的专利或已公开的Know-How继续支付使用费。

13. 合同中止（Termination）条款

由当事人的一方行使中止权，在合同未履行完毕前中止合同，是对另一方未能履行（或按时履行）某些义务的一种制裁手段。中止条款有时并非一个独立的条款，而是分散在许多条款中，对于在何种情况下一方如何行使中止权，分别作出规定。对于规定了不得转让合同权的许可证来说，一方的公司（或企业）所有人变更，也可使另一方提出中止合同。一方行使中止权，应在一定时间（如三十日）之前通知另一方。

中止条款中最重要的是双方应商定的、合同中止后的"善后"工作。例如：供方还有无权利取得使用费？若有权取得，以多少数额为限？受方是否应归还技术资料？受方有无权力继续使用有关技术？如无权使用，则已建成的生产线作何处理？受方是否继续享有销售权？如不能继续享有，已制成的产品如何处理？等等。在这里要补充说明的是：合同正常履行完毕后，也有诸如此类的"善后"需要事先规定好。

由于合同中止大都与一方不履行义务有关，所以中止后另一方应取得怎样的赔偿，也要事先规定好。

除一方不履行义务外，因一方破产、一方企业被"国有化"等等，也可使合同中止。合同因这些情况发生而中止的"善后"，也应事先作出规定。

14. 通知形式条款

上面提到的合同的一方对另一方的警告、中止合同等通知，采取什么方式传递，通知的"提前期"从何起算，均要在合同中写明。通知一般均须以航空挂号信邮寄。至于"提前期"的计算日，英美法系国家惯于从邮件之发出之日算起，大陆法系国家则从另一方收到邮件之日算起。相隔遥远的两个公司，有时航空信从邮出到收悉也要一周，如果"提前期"为30天，则实际上减少了1/4；况且，邮出的信件也有万一收不到的时候。所以，后一种计算法比较合理。

15. 合同权转让条款

在西方传统的财产法中，一个合同的当事人参与订合同并因此可得到的利益，也属于一种"无形财产权"，它与股票权、债权、知识产权等等有类似之处。不同的是，合同的当事人是"双方"，如果一方当事人把他的合同权转让第三者，另一方的对手就变了，因此另一方未必同意。

所以，在合同中必须规定，双方各自有无权利转让自己的合同权，如果有，在什么条件（前提）下方可以转让以及转让哪些权利。

16. 违约救济条款

总的说来，在许可证合同条款中没有必要订"违约救济条款"。因为，各国的合同法对违约救济都各有具体规定，合同中既有了"适用法"条款，救济条款就暗含在内了。

一方从另一方那里取得赔偿或制止另一方的某些行为、强迫另一方必须作出某些行为，往往是诉诸法院或仲裁庭之后的事。在这些诉讼中的某些花费如何支付，则可能定在合同中。在英语里，这种条款的标题叫作 Enforcement Costs。

17. 政府批准条款

如供方国家对技术出口有法律上的限制，或受方国家对技术引进有法律上的限制，双方在签订许可证时就要规定：如果合同生效日后一定时间内供方得不到政府的出口许可，或合同签字后一定时间内受方未能使合同被政府或上级主管部门批准（或仅仅部分被批准），另一方都有权退出合同，并且不负担任何赔偿费。

18. 适用法律条款

许可证合同的当事人双方一般都各自熟悉本国的法律，因此都会希望合同能选择自己所在国的法律为适用法，以便在发生合同争端时以自己国家的法律对合同作解释。大多数发达国家允许合同双方自由选择合同的适用法，不过身在这些国家的大公司，在它们的"格式合同"中，几乎无例外地写明本国（或本州——美国，本省——加拿大）法律为适用法。一部分发展中国家规定技术引进合同必须适用引进国（即受方所在国）法律。我国对此未作硬性规定。从技术贸易的实践看，合同双方在适用法律条款上打破僵局的最后出路，往往是选择适用第三国法。但这也会遇到困难；有些发达国家（美国的某些州）虽然没规定只许适用某一方的法律，但却规定了不许适用第三国法。

这样看来，适用法条款几乎是整个合同中最难达成协议的条款了。可是，有些许可证中，居然没有"适用法"条款！这又是为什么呢？这是因为：第一，适用法条款仅是为日后发生合同争端时用的，而真正发生争端的情况并不占多数。如果双方仅因本国法律规定中的限制而难以选择适用法，双方又都确实认为对方有合作诚意，就不必为这个条款而影响合同的订立。第二，即使合同中没有这一条款，发生争端时，解决争端的法院或仲裁庭也会按实际情况推定"与合同关系最密切的"那个国家的法律为适用法。在一般情况下，技术引进合同均在受方国内签订，在受方国内履行，因此受方国法律被推定为适用法的可能性很大。

如果订立适用法条款，不应忘记了知识产权的"地域性"特点——它们仅仅在自己依法产生的那个国家内才有效。就我国的技术引进合同来讲，不论整个合同适用哪一国法，其中的专利与商标只能适用中国法。外国专利在中国不成其为专利；中国专利的内容、有效期等具体法律性质，均不可能用外国法来解释。

因此，在技术引进的许可证合同中，就会出现"适用法分割条款"，即一个合同适用几个不同国家的法律，其中一部分内容适用一个国家的法律，另一部分内容适用另一国的法律。

19. 合同争端解决地及程序条款

争端解决地可以选择某国的法院或仲裁庭，也可以选择国际贸易合同经常选择的国际仲裁机构（如斯德哥尔摩商会仲裁院、苏黎世仲裁院、伦敦仲裁院等）。我国当事人参与的合同目前均不在国际商会仲裁庭仲裁。另外，一般讲，选择了当事人双方中的一方所在国的法律为整个合同的适用法，即以选择该国的法院或仲裁庭解决争端为宜。

合同双方往往不以法院而以仲裁庭为争端解决地，这种情况下，条款的标题即叫作"仲裁条款"。在仲裁条款中除了规定仲裁地之外，还要规定具体仲裁庭及仲裁程序、裁决的效力，仲裁费的支付，等等。

在国际仲裁中，有一些公约和规则中规定的程序，可供合同当事双方选择。例如，1958 年的《承认与执行外国仲裁裁决公约》（简称《纽约仲裁公约》），1976 年的《联合国贸易法委员会仲裁规则》，都是实例。

在仲裁条款中，要注意仲裁地与仲裁机构的一致性。在国际技术贸易实践中发生过这样的事；许可证合同中所写的仲裁地内，根本没有合同中所指的仲裁机构（例如，合同中写"在斯德哥尔摩的国际商会仲裁庭仲裁"〔该仲裁庭设在巴黎〕），在发生合同争端后，一方"起诉无门"，白白受了损失。

20. 合同用语条款

这是个容易被人忽视而又往往起重要作用的条款。许可证谈判开始时，一般是占优势的一方拿出以本国文字书写的"格式合同"，但另一方要讨价还价，谈判中也可能拿出自己起草的合同。达成协议时，往往是双方合同的折中物，既有用供方国家的语言习惯表达的内容，也有以受方国家的语言习惯表达的内容。这种合同中最好写明：本合同以某两种文字写成，两种合同文本均须签字，并具有同等效力。

21. 其他条款

有一些许可证合同条款并不是在所有许可证中都出现，甚至在大部分许可证中不出现，这里选几个较重要的作些介绍。

（1）最惠条款（Most Favourable Licensee Clauses）。最惠条款的外文使用复数，说明这种条款如果订立的话，往往不仅仅一条。最惠条款，指的是供方给受方以最优惠待遇的各种规定。例如：所提供的技术服务不比别的受方少，所要求的使用费不比别的受方高。总之，同一个供方凡给予其他许可证合同的受方的一切最高待遇，本许可证的受方都能得到。这样的受方，也称为最惠被许可人（Most Favoured Licensee）。

是否订立最惠条款，往往也是许可证谈判中双方讨论的焦点。不过，受方应当明白：只有他真正了解供方的其他被许可人与供方达成的技术许可证合同的条件究竟怎样时，最惠条款对他才有实际意义。否则，即使下大力量争来了名义上的最惠条款，而供方在履行合同时并没有给受方最惠待遇，受方也无从比较、无从得知。人们都知道，要了解其他合同当事人之间达成的协议是比较困难的。在要求技术引进合同事先登记的国家，政府主管登记的部门是唯一可以准确掌握同一供方与不同受方签订的各种许可证的机关。坚持要求并取得了最惠条款的受方，不妨通过这种机关了解自己得到的是不是真正的最惠条款。但这仅仅是与本国的其他受方相比，要与在外国或供方所在国的其他受方相比，即使不是办不到，也是极为困难的。

（2）对专利无争议条款。专利局在专利审查中虽要求发明都要具备新颖性，但总难免有遗漏的时候。因此多数国家的专利法都允许第三方在一项专利被批准后，根据自己掌握的已有的、已公开的技术，对专利的新颖性提出争议：如果这种争议成立，专利局将判原专利为"自始无效"。一项专利技术的受方，一般与它的供方对同一技术领域都比较熟悉，因此受方在实施供方的专利技术的过程中，就可能较易于发现其中有些内容是已经存在过、公开过的技术，本来不应取得专利保护。这样，专利技术的受方成为该专利新颖性的争议者的可能性就比较大。为此，在许多许可证合同谈判中，供方都要求订立一个"不争议条款"，即要受方保证在合同期内，对于供方的专利权不提出争议。一般说来，对于任何专利，任何非专利权人都有权提出争议。这本不应是许可证合同应过问的事。所以，许多发展中国家把这种条款列为限制性贸易条款；一些发达国家也把这种条款列为不公平竞争条款。

（3）产品责任条款。受方用引进的技术所制的产品，顾客买去后发生人身伤害事故或受到其他经济损失（例如电视在正常使用中显像管爆炸），由受方负责还是由供方负责，这在某些技术领域的许可证合同中是应事先作出规定的。发达国家供方的"格式合同"中，一般都写着"全部责任由受方承担"。受方则应争取在其中增补这样的规定：如果受方完全按供方提供的技术及技术指导进行制造、产品又完全达到了供方质量指标，则产品责任由供方承担。

（4）代表权条款。在任何场合，许可证合同的一方当事人无权代表另一方发言或处理问题。这本来是任何贸易合同本身就暗示的内容，但有些当事人为了更明确，也会要求在合同中写出这种条款。

（5）反馈条款。反馈，指的是受方在许可证中提供的技术的基础上研究和发展出新的技术成果后，必须许可给供方使用。无偿反馈被多数发展中国家列为"限制性贸易条款"，禁止使用。但如果供方承担义务，答应自己在已提供的技术上研究的新成果，向受方继续提供而不增收使用费，则反馈条款是可以接受的。有时，供方提出这样的要求；受方反馈技术时应一律无偿，供方继续提供新成果时，有些不增收使用费，有些则要增收使用费。供方提出这种不对等交换的理由往往是：供方的新成果，有些是自己在原技术基础上发展的，有些则是供方的其他许可证接受人改进后反馈或回授给他的；后一类成果，其他人在反馈时可能收了费，因此要求受方为这部分成果增付使用费是合理的。这种理由貌似合理，其实是不公平的。因为，如果其他人对供方的反馈是有偿的，供方向该人继续提供技术时也必然要增收使用费，否则供方与该人之间的合同不可能缔结。就是说，供方为该人的反馈支出的费用，是以该人为供方继续提供时增付的使用费为"对价"或作为补偿的，没有理由要求后来的其他受方补偿这笔费用。

第二节　计算机软件转让的许可证合同

一、计算机软件转让的几种形式

计算机软件作为一个独立的技术领域与计算机硬件的设计分开，并形成独立的"软件产业"，是伴随着第三代电子计算机的出现才发生的，即从 20 世纪 60 年代到 70 年代才刚刚开始。因此，到目前为止，软件与硬件一道销售，在计算机市场上还是比较常见的转让方式。

计算机的软件与硬件一道转让，主要通过两种形式：第一，计算机的原制造厂商出售计算机时，连同该计算机的软件一道出售。在这种情况下，该厂商显然并没有把有关软件的专有权转让给买主。因为，购买同类计算机的其他买主同样也得到了有关软件；而且，原厂商肯定不会允许任何买主复制和出售由他所提供的软件。所以，软件的"出售"只相当于一种使用许可。在多数情况下，连同计算机一道出售的，只是该机器的系统软件，但也不排除另有应用软件与之一道出售。在微型计算机发展起来并进入家庭、办公室之后的近几年，计算机软、硬件共同转让的活动又频繁地在原厂商与消费者（而不是企业）之间展开了。计算机控汽车在一些国家已大量上市，计算机控（数字选频）收音机在一些国家已经普及、使用程序的电子游戏机也已经很常见。厂商不可能与一个个顾客都去订立软件转让合同。因此有些国家已准备制定专门法律，保护这类供消费者使用的软件。第二，在"交钥匙合同"中如果包含计算机系统或计算机控制的其他机器，供方必然要向受方提供相应的计算机软件。

这两种形式（与消费者进行交易的情况除外）将包括在本章第

三节介绍的一般原则中进行介绍。本节只讲单独的计算机软件转让。这类转让活动分别以下列三种形式进行：

（1）专用软件的转让。在这种转让中，供方一般是被受方专门指定的设计人（往往表现为法人——软件公司）。

（2）通用软件（即软件包）的转让。这种转让活动的供方会与许多受方分别签订许可证合同，其中任何许可证均不可能是独占性或独家性的。

（3）定作软件的转让。由于这种软件的供方必须把相应的通用软件按受方特殊要求加以修改，它实质上仍旧是"专用"的，只不过是从通用中演绎出的专用。

这几种转让活动的标的物中，都可能同时有几种不同的实用程序及数据库系统存在。

由于通用软件可大批量生产及投放市场，上述第二种软件的转让往往通过市场销售方式进行。软件公司与大量的买主之间，也只有采用简易格式合同，才能确定前者在出售软件之后为后者提供必要技术服务的义务，及后者不复制，不自行转让有关软件的义务。我国有些软件公司在其销售通用软件的广告中，一般都作出了"不得复制及转让的声明（例如，1985 年 4 月 6 日《北京晚报》第 4 版下角的一则电子工业部下属某公司的广告即写明：提供汉字数据库 Cdbase Ⅲ，每套 400 元，不可复制、转让、转售）。但是，如果在软件贸易中无合同为凭，仅仅采用购买硬件那种"一手交钱、一手交货"的方式，则卖方的上述声明无法得到买方照办的保证，终会成为空话。

由于定作软件与专用软件在转让中所处的法律地位基本相同，故下面在谈软件许可证的条款时，将只列举出通用软件与专用软件在各种情况下的实例来说明问题。

二、计算机软件许可证的有关条款

计算机软件的转让也主要是通过供方与受方签订许可证合同来进行的。由于计算机软件贸易作为技术贸易的一项内容而出现的时间还不长，故软件许可证还没有形成一套比较固定的合同条款。正像一般技术转让许可证出现的初期及前期，受方处在较多地考虑如何获得技术的使用权阶段，没有顾及（或尚且不知道）怎样通过许可证合同使供方也承担相应的义务，现有的许多软件许可证合同都是"一边倒"式的，即仅仅（或主要）规定如何维护供方的专有权和如何使受方尽自己的义务。本书附录一中附的西方公司的软件许可证，即属于这种类型。这种"一边倒"式合同显然是不合理的。所以，下面将以较多篇幅讲软件的受方应如何维护自己的利益。从另一方面看，目前大多数国家还没有专门的立法来保护软件所有人的利益，因此这些所有人在向他人提供软件时，也很自然地希望订立更多一些能够保护自己的专有权的合同条款。从这两个方面着眼，并结合软件的特点，下面即对软件许可证合同的一些专门条款进行介绍与评论。由于本章对许可证合同作过全面介绍，故不再重复那些一般性的条款。

在这里应当了解的软件许可证合同条款主要有：

（一）定义条款、标的物条款及有关的其他条款

在计算机软件许可证中，会涉及大量的软件技术与计算机技术上的术语，它们对于解释有关的许可证合同及确认双方当事人的义务、责任与权利等，起非常重要的作用。不要以为计算机术语的定义是不言自明的。在这个领域有许多术语尚未规范化。若在每个具体合同中不下定义，在发生合同争端时就会"公说公有理，婆说婆有理"了。像"专用单元"（指供方所转让的软件可以用在哪种计

算机上)、"替用单元"(指一旦专用单元因维修等情况暂停使用时，可用哪种或哪些其他型号计算机代替)、程序材料、源程序材料、说明书、指导书，等等一些看上去很通用的术语，也应在定义条款中下明确定义。

供方通过许可证所转让的标的物，不论写在"鉴于条款"中还是写在定义条款中，或写在许可证附件中，都必须尽量明确；即使在其他条款(或附件)中已提到过，也最好在定义条款中再作一次简明的重复。因为，各个国家，乃至同一国家的不同公司，对不同类型的软件各自包含哪些内容，认识不完全一致，这就使得许可证的标的物会有很大伸缩性。而任何合同的标的物，从法律意义上讲，又是不允许有伸缩性的。唯一的办法就是用明确的定义把伸缩的幅度限制住。

正像在介绍一般许可证时的用语一样，"标的物"仅仅是从货物买卖合同中借用的一个词。技术贸易是无形财产权的转让，本来并不存在有形货物那样的"标的物"。如果甲对乙进行的软件转让中包括向乙提供一个软件磁盘，那么在订合同时，甲有权要求合同期满后收回该磁盘。在货物买卖中，卖主一般无权收回他卖出的东西，因此，许可证中使用"标的物"一词，仅仅指无形财产的使用权，不指与无形财产有关的有形物。在谈到软件作为许可证标的物时，"标的物"即仅仅指该软件的使用权，而不指某个磁盘或其他反映该软件的有形物品。这是应当首先弄清楚的。

在确定标的物时，软件转让的双方经常就哪些问题发生交锋呢?

在供方为提供通用软件(软件包)而发许可证时，往往只愿意提供"结果程序"，即使用"Object-Code"构成的计算机可读程序。但是，受方如果得不到相应的源代码，即"Source-Code"，就只能始终依赖供方，很难靠自己修改或发展所接受的软件。在这种情况下，一旦供方公司因破产或因其他事故而中止其技术服务，受方就会随之受到很大损失。所以，受方在谈判中应力争从供方获得源代码。有些发展中国家，例如大量进口计算机软件的巴西，为了维护受方的利益，规定引进计算机软件的许可证合同得到主管部门批准的必要条件之一，就是供方在合同中同意提供源代码。计算机软件的进出口都很发达的日本的"信息工业委员会"（Information Industria/Commission）也主张建立专门的"源代码登记制"，以防止供方仅仅提供结果程序可能给受方造成的不良后果。

在专用软件的许可证合同中，受方则必须要求供方提供源代码，这是不容妥协的；否则该软件就不成其为受方"专用"的了。

计算机软件中的程序说明书（Specification）与指导书（Supporting Materia 或 Documentation）并不是同一个东西。软件行业的技术人员绝不会把二者弄混淆，但法律工作者就不一定了。

程序说明书与专利说明书在英文中是同一个词，但它与专利说明书的性质完全不同。程序说明书加上程序指导书，才相当于专利说明书。这就是说，如果计算机的使用人仅仅得到了程序与程序说明书（而未得到指导书），他就不能正确地使用有关程序。这是受方谈判人必须清楚的。

程序说明书一般应包括下列内容：（1）对有关软件的功能所作的说明（即该软件所能完成的任务，所有输入、输出字母的图表，数据处理要求，数据资料，资料容量与活动容量)；（2）对有关软件所适用的计算机（硬件）系统作的说明（即对储存器的要求，对通信接口——Communication Interface——的要求，等等）；（3）对有关程序的工作条件的说明（即控制系统说明书，编程序所用的语言，专用软件中的适用的接口程序——Interface Programs，程序所必备的其他术语表）；（4）对有关软件的功能的说明（即软件的内部结构，软件的执行速度——Execution Speed，对有关软件可提高或修改的幅度，软件误差的可推断程度，软件误差的可修正和恢复的程度，对软件使用人的活动所规定的各种限制条件）；（5）对程序以及指导书所作的大概介绍（即指导书目录，全部软件的数量，软件的体现形式——是磁带，还是穿孔卡片，或是其他形式？），等等。

指导书一般应包括下列内容：（1）对怎样输入数据所作的文字说明；（2）对怎样寄存和运用程序以及怎样处理意外事故所作的文字说明；（3）全部程序系统进入工作状态的简要流程图；（4）各种程序单独的工作流程图；（5）源代码表。

对于通用软件的许可证来讲，供、受双方在进行合同谈判时，说明书及指导书应当已经产生了。受方在签合同之前，一定要由技术人员检查说明书、指导书的完整性、准确性是否合乎要求，同时要把"提供说明书与指导书"作为供方的义务写在合同中。

对于专用软件的许可证来讲，在供、受双方进行合同谈判时，说明书与指导书可能尚未准备出来。因此，受方应坚持在合同中写明：由什么人（可能不是供方自己，但要由供方负责）、在什么时间把说明书交到受方手中。比较恰当的交付时间，应当是"合同生效之日"或在此之前。受方可以要求在合同的中止条款或其他条款里写明：在合同生效后若干天之内，如果供方（或供方指定的第三方）未能交付说明书，则受方有权退出合同，并且不作任何支付。对于指导书的交付也可以要求作出类似的规定。此外，受方还可以要求在合同中对指导书的内容作原则性的规定，如同大多数国家的专利法中对专利说明书的原则规定一样（参看我国《专利法》第 26 条第三段），即要求写明："指导书必须足够清楚、足够完整，以软件技术领域的一般程序设计人员能够懂得并应用为准"。

（二）授权范围条款、保密条款及其他有关条款

单独授予计算机软件以专利权，只是在美国个别的法院判例中肯定过。虽然许多国家认为软件可以受版权保护，但大多数软件许可证的供方在允许受方使用软件时，自己都保留了版权。因此，计算机软件许可证的授权条款中，主要应规定的内容往往不是对有关专利权或版权的授权范围，而是：如果供、受双方均承认有关软件尚可以通过保密受到保护的话，受方将有权在什么范围内应用这项秘密权利。

供方通常在许可证中对受方的使用范围作如下限制（并不是在同一个许可证中肯定有下列全部限制，而是依不同情况会选择其中的一部分）：（1）只限受方一家使用（即受方无权转让、转赠或转售其他人）；（2）（对于系统程序软件）只限于在某一特定地点使用（这里的"地点"不同于一般许可证中的"地域"，它不是指一国、一省，而是指某一通信地址，如某一大厦或某一院子）；（3）只限于在受方能够直接控制的各计算机终端上使用；（4）只限于在某一个中心处理机（简称 CPU—— Central Processing Unit）上使用，等等。

计算机软件许可证在授权范围上，在多数国家里没有"独占许可证"或"独家许可证"的类型，所以往往有可能由一个供方提供给两个以上的受方使用。同样的计算机软件如果在提供给两个以上受方时，仍收取提供给一个受方时的使用费，就不太合理了。所以，受方了解到已有其他受方与其同时存在，就可以在谈判中要求减收使用费。

与授权条款密切联系着的，是保密条款。尚未公开的软件在转让时，供方都会要求在许可证中订保密条款。虽然计算机软件的更好的保密方式是通过技术途径附加"保密程序"，使受方难以复制，但供方仍可能要求受方在合同期满后返还全部（或大部）软件资料。

这种要求应否接受，软件出口国与进口国的看法是不一致的。不过，期满而不返还软件的许可证，使用费可能就会定得高一些。在讨论一般许可证条款的国际会议上，大多数发展中国家认为返还技术资料不应作为受方保密义务的一项内容。但发达国家大多数大公司的格式合同中都规定了受方应返还资料。

（三）担保条款与试用条款

大多数发达国家的计算机软件公司或计算机公司的软件许可证格式合同中，并没有供方的任何担保义务，因此也没有专门的担保条款。这显然对受方不利，也不合理。受方至少可以要求供方作下列担保：(1)担保受方不会因为使用供方提供的软件而侵犯了第三者的版权或其他专有权（在我国未颁布保护软件的版权法或专门的软件保护法之前，这条担保的意义不大);(2)担保所提供的软件能够达到供方所列的指标;(3)担保软件与说明书中介绍的功能相符。同时还应明确规定如果供方未能实行自己的担保，将负哪些赔偿责任或支付什么数额的违约金。

为了使供方的担保不致成为空头支票，受方应要求在许可证中规定一个"担保期"。即：在受方得到了软件、确有条件使用它们之后一定时间内，只有软件的使用达到了预定的指标，受方才支付全部（或大部）使用费。从以往计算机软件许可证贸易的经验看，对于通用软件来说，"担保期"定为受方取得软件后 3 个月比较合适，对于专用软件来说，则定为 6 个月比较合适。

与担保条款联系最密切的是试用条款。在"担保期"之中，包含着软件的"试用期"。试用条款不仅应规定试用期，而且应规定试用步骤（包括软件的单件测试与综合测试）。试用条款中还应规定：受方的义务是一旦发现软件在应用中有故障或软件的设计有误差，及时通知供方；供方的义务是免费为受方提供指导、排除故障或修改、更换软件。

（四）支付条款

受方一般并不能通过使用软件而生产出直接上市的产品；软件许可证的使用费也就无法按照"净销售额"来计算。因此，大多数软件都是按固定价格转让的。计算机软件最早的转让形式是租赁，随着租赁产生并在少数场合至今沿用的一种支付方式是"计时支付"，即按照受方使用有关软件的时间计算使用费。在采取这种支付方式时，受方应当要求在合同中规定收费的最高数额；达到这个数额，受方即可以不为继续使用而支付。还有些软件公司的格式合同中规定：在计时收费的场合，供方有权在合同履行中途调整使用费；如果受方不愿意接受调整后的数额，有权中止合同（例如本书附录一的程序合同中，即有这类条款）。这种貌似公平的规定，实质上把主动权全部交给了供方，是受方不应接受的。

在按固定价格收取使用费的场合，把支付与"担保期"结合起来，对受方是十分重要的，这有利于推动供方使担保兑现。

对于通用软件来说，受方可以考虑参照以下步骤及比例支付固定使用费：（1）签订许可证合同（或取得供方的软件）时，支付10%；（2）开始试用软件时，支付30%；（3）试用完毕验收时，支付30%；（4）担保期结束时，支付其余30%。对于专用软件，由于它不像通用软件那样已被较多的其他人接受或使用，受方的风险更大一些，所以应在更靠后的时间开始支付，并把最大的支付比例放在最后，可以考虑参照以下步骤：（1）供方完成程序流程图（Flow Charts）的编制工作时，支付20%；（2）开始试用软件时，支付20%；（3）试用完毕验收时，支付20%；（4）收到最后程序时，支付其余40%。

如果受方系某个计算中心的所有者，他所获得的软件将供给该中心的各个终端使用，然后从各终端使用人那里收费，那么供方就有权要求受方将其所收费用的一定比例作为软件的"计量（计件）使用费"向供方支付。

（五）技术服务条款

计算机软件的供方也必须提供技术服务，即培训受方技术人员或派人到受方使用现场进行指导，以使受方人员能够正确使用有关软件。在那种受方未能争取到供方提供源代码的软件许可证中，必须规定供方在合同期内（特别是在试用期内负有修正软件的差错、改进软件等义务。

三、定作软件转让中的第三方保存合同

在通用软件（软件包）的许可证合同中，供方一般不愿提供软件的源代码（也有权不提供）。在专用软件的许可证合同中，供方必须提供源代码。在定作软件的许可证合同的谈判中，是否提供源代码的问题，往往不容易达成协议。从供方来讲，他认为定作软件的受方可能不止一个，提供了源代码，将使自己难以对受方的复制行为进行控制。从受方来讲，他（他们）认为供方所提供的软件毕竟不像软件包那样属于大量上市的商品，因此应当有义务将源代码提供给自己，以便在供方转产、破产、供方死亡，或因其他事故不能向自己继续提供有关软件时，自己有可能独立地发展、改进有关软件，有可能自己修正软件中的差错。

在供、受双方就源代码问题达不成协议时，出路之一（或主要的出路），即订立一个由第三方暂时保存有关源代码（以及必要的目标代码或其他资料）的合同。这种合同的英文叫作 Escrow Agreement。在多数情况下，这样的合同的当事人是三方（供方、受方与保存资料一方）。

经供、受双方同意，选择某个独立的第三方，由他承担义务，

在上述某个意外事故发生、供方不能继续提供软件时，将源代码（或其他资料）披露给受方；如果这类事故一直未发生，则在供、受双方的主合同全部履行完毕后，第三方保存的资料仍交还供方。这些就是"第三方保存合同"的主要目的。

除了一般许可证合同的一些应有条款外，第三方保存合同的内容还应包括：

（1）交由第三方保存的资料是哪些。

（2）交由第三方保存的资料，通过什么途径证明其内容确属应加以保存的。

（3）如果供方有义务为受方不断修正、更改和提高已经提供的软件，则同样要承担义务不断随之更新交由第三方保存的资料。

（4）供、受双方商定，由哪一方向第三方支付保存费（或商定怎样分摊保存费），并经三方共同商定保存费数额及支付方式。

（5）导致第三方向受方披露软件资料的事故有哪些（其中有必要对企业破产的各种程序作出详细解释）。

（6）第三方向受方披露资料时采取什么方式或途径。

此外，在这种合同中，保密条款一般只涉及第三方保存人的保密义务；不可抗力条款所规定的内容，也是在人力不可抗的（自然灾害、战争等）事件发生后，第三方保存人不再负责对供方资料的保存、保密及对受方进行披露。

第三节　涉外交钥匙合同

交钥匙合同（Turn Key Contract）是全套设备供应、厂房包建加许可证合同。交钥匙合同中还可能包含商标特许（Franchise），也可能不包含。由于特许形式主要涉及商标权（或服务商标权）及商号权的转让，与技术转让没有直接的联系，故本书不打算专门介绍。

在交钥匙合同中，规定供方为建成整个工厂（或自成系统的整个车间）向受方提供全部设备、技术、经营管理方法等等。供方的义务包括工程项目的设计、施工、设备的提供与安装、受方人员的培训、试车，直至把一座能够开始生产的工厂（或车间）交给受方。这种合同不仅包括技术转让，而且包括机器设备的买卖，厂房的兴建，产品外观设计的转让，产品上市后商标使用权的转让，产品说明书的版权许可证，等等。这是一种综合性合同。如果合同的双方当事人不在同一国家，这种合同就是国际技术转让、国际货物买卖、国际工程承包及国际商标权、版权转让合同。

交钥匙合同的篇幅很长，除本章第一节中讲过的一般许可证中的大部分条款外，还有下列条款值得介绍一下。

一、前提条件条款

双方必须商定履行合同的前提条件由谁来保证，怎样保证。例如：建厂的地点由谁选定（一般由双方选定）；通往该地点的公路（或铁路）、动力电线、电话线、自来水、煤气管道、辅助性设施（宿舍区、商店及其他服务设施）由谁负责安排，什么时间安排妥当。这些条件不具备，任何工厂都是无法开工的。此外，供方还须保证其出口的全部技术、设备、原料已经（或能够）获本国政府批准；受方须保证有关的进口项目能够获得本国海关、外汇管理机关、合同登记机关的批准，受方自己的财力也允许签订这样一个综合合同。

二、建厂条款

交钥匙合同中的建厂材料，一般不进口，而是就地取材。受方将承担义务提供材料、劳动力；供方则承担义务设计、施工。如果建厂材料中有的必须从供方（或供方指定的第三方）那里进口，则应在建厂条款中开列清单。

三、设备安装条款

供方应负责将其提供的全部设备安装妥当并试车证明运转正常；安装工作所需的技术人员应由供方提供。

四、版权条款

供方一般要保留全部图纸、资料的版权，但以立体形式复制平面图的使用权则转让给受方，否则受方就无权占有按图纸建造的厂房了。产品说明书的复制权也可能由供方转让给受方，但要另收转让费。

五、零件供应条款

受方在一个相当长的时间内，将需要供方的零配件，以维修进口的设备。供方如不能保证提供零件，就会因很小的局部磨损而使整个工厂无法生产。因此，有必要规定供方有义务在多长的时间内（一般延续到交钥匙之后若干年）据受方要求提供有关设备的零件，零件的价格按签合同时的现价还是按日后的波动价，按供方自己的定价还是按国际市场上的平均价。

六、保险条款

涉及实物、厂房的合同，不仅有海上运输的保险问题，而且有火险或其他灾害险的问题，后者的重要性更明显。工厂全部财产在交钥匙之前在哪里投保，由供方投保还是双方投保，投什么类型的保险，都必须在合同中作出规定。

交钥匙合同依照供方大部分义务的终止期的先后不同，分为半统包合同（Semi-Turn-Key Contract）、一般交钥匙合同与产品到手合同（Product-in-Hand Contract）三种。这三种合同都包含移交整个工厂或车间（即"交钥匙"）内容。按照半统包合同，在工厂建成试车之后，只要机器运转正常，受方就必须验收，供方义务即告终止。至于受方人员自己能否操纵机器，产品能否达到预期的指标，供方一概不管了。一般交钥匙合同则要求在试车后一定时间内，确保产品能达到预期指标了，受方才验收。不过，受方人员仍可能尚未达到独立操作水平，供方对此即不再负责了。产品到手合同则要求供方把义务延长到试车之后一个相当长的时间（例如3年），以保证受方人员能够完全独立操作，使机器正常运转和使产品稳定在预定指标上。由于供方义务的不同，三种合同的使用费就不同，第一种较低，第三种最高。

整个说来，任何一种交钥匙合同的花费，对受方都是很大的。在我国，厂房建造及大部分辅助设备，往往不需要由供方承担和从供方进口。即使在1979年之前，我国与外国公司之间也主要签订成套设备加技术转让合同，而极少签订交钥匙合同。交钥匙合同目前多在发达国家的公司与一些极不发达的国家之间签订。

成套设备加技术转让许可证，一般是在本章第一节介绍的许可证之外另立一个货物买卖合同。我国过去也有不少这种交易是将二者合在一个合同中，这会使有些人对有形商品与无形商品分不太清，并不可取。分开来的两个合同，有许多条款可能是相同的（如法律适用、争端的解决等）。货物买卖合同中与相应的许可证中不同的条款主要有下面这几个：

（1）标的物条款（写明进口什么设备）；（2）装运条款（写明运输方法、装运工具、装运工具的提供人、装运日期、装货地点与交货地点等）；（3）支付条款（按离岸价格、到岸价格还是按成本加运费支付，以及货币种类等）；（4）货物检验条款；（5）保险条款。此外，有形商品买卖中的免责范围、损失赔偿金的计算等等，与技术转让均有所不同，也有一些专门的合同条款。本书以介绍技术转让为主，对此就不再详述了。近年来，在计算机应用领域，也出现了"交钥匙合同"。这种合同的英文名称一般是：System Turnkey Agreement，意即整个计算机系统的买卖与软件的转让。"整个系统"，不一定包括各个终端；一部分终端的安装，可以是系统交钥匙合同之外的工程。

计算机的交钥匙合同，一般不包括供方承包厂房（机房）的修建。它所应当包括的是：供方向受方出售硬件，提供软件的许可证或从属许可证，提供对硬、软件的维修服务（这项服务应延续到开机后一段较长时间）。计算机的安装与测试，软件的测试，等等，也都由供方承担。

计算机交钥匙合同至少要附带下列 6 种合同附件：（1）有关的计算机系统详述；（2）有关的设备（包括一切硬件、附件及外围设备）；（3）有关的软件（包括控制系统软件与应用软件）；（4）有关的技术服务；（5）计算机的试车与软件的测试；（6）实现合同的规划。

第四节　涉外合资企业、合作企业及外资企业

一国之内的不同企业之间，也可能开办合资或合作企业，其中也有技术转让问题，那不是本节要讲的内容。这里只谈通过涉外的合资、合作企业以及外资企业进行技术转让的问题。

一、涉外合资企业

我国所称的中外"合资经营企业"，在国际上一般叫作"股权式合营企业"（Equity Joint Venture，直译应当是"按股份分担风险"）。涉外合资企业是由分别设定在两个（或两个以上）国家的不同企业（一般是具有法人资格的股份有限公司）或其他经济组织乃至个人，利用各方的长处，出资组成新的股份有限公司共同经营。合资企业要由各方共同商定投资比例，共同投资，共同管理，共担

风险（共负盈亏）。各方可以用现金、实物、知识产权（有的国家仅限于工业产权）、厂房、地皮、动力等作为出资的股份，并按照股权的比例分配净利润，也将按股权的比例分摊亏损。

与进口成套设备加技术或统包工厂建造等形式相比，合资经营是更可取的引进先进技术的形式。由于企业经营得好不好，产品的销路是否畅通，将始终直接影响技术供方的利益，供方就必然对降低产品成本、改善经营管理更加关心。采取合资经营形式，供方比较乐于把较先进的技术转让给他与受方共有的企业，因为这将提高产品的竞争力，对供方也有利。而采用进口成套设备及技术等形式时，供方则比较愿意把较落后的技术拿到受方国家来，只要受方肯付使用费，受方使用的技术无论怎样落后，不会影响供方的利益。

建立涉外合资企业，对于技术的供、受双方来说，是互利的。受方可借此引进外国较先进的生产技术、管理技术和销售技术，培养自己的技术队伍，还能够利用外国资金。供方则可以利用受方的劳动力、资源，扩大其国外市场，为多余资金寻找出路，弥补更新下来的设备与技术的研制费、发展费并取得更多的利润。

在涉外合资企业中，有时作为技术供方的外国公司一方，把技术作为出资形式；有时不作为出资形式，而作为合资企业成立后，该方向合资企业另行转让的技术。在后一种场合，供方在合资企业成立合同中，以投资者的一方当事人出现，在技术许可证合同中，又以提供技术的一方当事人出现，技术的受方则不是合资企业中的另一方，而是供方也享有一半左右股权的第三方。这种许可证涉及的关系是比较复杂的。如果外国公司一方把技术作为出资形式，则其技术资本作价之后，不得超过该方投资总额（而不是双方投资总额）的一定比例（一般不超过 40%）。这是因为：

第一，如果外国公司一方所投入的全都是无形资本，那么它实际上可分担的风险就很有限了。

第二，无论专利技术还是 Know-How 技术，都具有时间性。它们的有效期只在极少情况下会比合资企业合同有效期更长。在大多数情况下，这些带专有性的技术在合资企业合同履行过程中就会失效。而作为外方投入的股份，它们在名义上又始终构成一部分资本，这就不合理了。由于这个原因，不仅应限制技术作为出资的比例，而且应在折价时把技术的专有性提前失密的因素考虑进去。

除上面两点外，有些介绍技术引进知识的著作还认为：以技术作为出资形式，会使外方就其技术所取得的实际收益，大大高于他从单纯的技术转让许可证中能收取的使用费。例如，人民出版社 1983 年出版的《技术引进知识》中作了这样一个估算：

假定某铝厂引进技术，生产每吨铝的投资为 2000 美元，铝厂年产量为 30 万吨，其总投资额应为 6 亿美元，按股本与贷款比例为 1:3 计算，实际股本应有 1.5 亿美元。其技术引进费为 1000 万美元，技术协助、人员培训、专家指导费用为 2000 万美元，共计为 3000 万美元。若这笔技术引进费用不入股，不作为资本，分 5 年摊付，包括利息在内，大约 4000 万美元就够了。假如这笔技术费作为投资，则占 20% 的股份。假定合营期限为 20 年，股本平均利润率为 10%，则这笔投资在 20 年内应得的红利为 $3000 \times 10\% \times 20 = 6000$ 万美元，股本与利息合计为 9000 万美元。

这个例证是比较能说明问题的。不过这只讲到了事情的一面，如果从另一面看，以技术作为出资形式未必会使外方收入不合理地过高。

首先，如果在合资企业合同中，把专利与 Know-How 进入公有领域之日，作为以专利技术或 Know-How 技术为股本分红的截止日，上述"20 年"分红期就可能缩短为 10 年或更短，那么以技术为资本取得的分红，就与发放技术许可证收取的使用费不相上下了。

其次，如果不以技术为出资形式，则与合资企业合同（即"主合同"）同时存在着的，必然另有一个技术许可证合同。这两个合同中的"双方"，就有很微妙的区别了。在主合同中，外方投资人与本地投资人系合同的当事人。在与其同时存在的许可证合同中，同一个外方出资人成为技术的供方，合资企业（由外方与本地一方共同组成的董事会）成了技术的受方。就是说，同一个外方公司也占有受方公司一半左右股份。在这种许可证开始谈判后，合资企业及其董事会可能尚未出现。所以，真正坐在谈判桌前的，仍是外方投资人与本地投资人，不过在许可证上则要写明外方为许可人，合资企业（而不是本地投资人）为被许可人。因此，外国的技术提供者将从合资企业中得到两笔收益：（1）作为合资企业的外方，按股权从企业取得分红；（2）作为技术的供方，按许可证的规定从企业取得使用费。

在合资企业的主合同与所附带的技术许可证合同同时存在的情况下，许可证中使用的术语要与主合同一致；在定义条款中，许多术语的定义均可写为"见主合同××条"。像"净销售额""产品销售方式""查账""支付"等条款，均可以写在主合同中。有些一般许可证中应当具备的条款，则应采用不同措辞分别订在主合同与所附的许可证中。例如技术改进条款如果仅仅写在所附的许可证中，那么供方无偿向受方继续提供有关技术的改进成果，受方无偿向供方反馈有关技术的改进成果，这种本来平等的交往，就会变为实际上的不平等。因为，主合同所附的许可证中的受方并不是本地投资人，而是外方与本地一方的共有人。所以，供方（外方）继续提供的技术，实际由两家共用而不能由本地一方的企业单独使用。受方（合资企业）反馈的技术则能够由外方企业单独使用。本地投资者最好能争取在主合同中订立相应条款，使自己单独作为一方存在时，有权使用合资企业改进后的技术。

大多数国家的法律，不允许合资企业的主合同适用外国法律。但有些国家的合同法中，并未规定主合同所附的技术转让许可证是否可以适用外国法律，例如我国即是如此（参看我国《涉外经济合同法》第 5 条）。因此所附的许可证仍有可能适用外国法。在这种许可证选择适用外国法时，应当注明：其中的工业产权仅仅适用本地法律。

二、涉外合作企业

我国所称的中外"合作经营企业"，在国际上一般叫作"合同式合营企业"（Contractual Joint Venture）。涉外合作企业也是由分别设定在两个（或两个以上）国家的不同企业或其他经济组织乃至个人，在订立合同的基础上建立的合作经营关系。前面讲过的合资经营企业，也是根据各方签订的合同成立的。那么，合资企业与合作企业有什么区别呢？这二者的主要区别是：合资企业完全由各方所持有的股份（即投资比例）来分配利润、分摊风险；合作企业各方则按其成立合同中的专门规定来分配利润和分摊风险，在一定时期内、一定经营范围中，可能由某一方承担全部风险。这两种企业的其他区别还有：（1）合资企业必须按照成立合同由双方组成一个具有独立法人资格的企业，并以该法人的注册资本对企业的债务负有限责任；合作企业则可以由双方组成这样的企业，也可以不组成这样的企业，而由各方分别对企业的债务负连带责任。（2）合资企业必须产生出董事会，对企业共同经营；合作企业则可以设董事会，也可以不设董事会，而由各方指派代表，组成联合管理委员会共同经营。（3）合资企业合同期满后，各方的资产仍归各方所有，如果外方将其资产交给本地一方投资者，则收取相应转让费；合作企业合同期满后，企业的全部资产即归企业所在国的经营人所有。在我国，这两种企业还有税法意义上的区别：中外合资企业按《中外合资经营企业所得税法》纳税；中外合作经营企业中的外方（我国现有的这类合同中称为"外国合同者"）按《中华人民共和国外国企业所得税法》纳税，企业中的中方（现有合同中一般称为"本国公司"）则按照对国营企业的现有规定纳税。此外，我国在 1984 年还专门规定了对涉外合作企业的进出口货物在税收方面的一些优惠待遇。

在合作企业中，必然涉及使用外方的先进技术的问题。

因此，在成立合作企业的合同中，应当专门有一个部分规定技术转让问题。这个部分至少应包含下面几项内容：

（1）外国合同者应当在合作企业中使用其专有的、适用的、先进的技术（包括专利技术、Know-How 技术或其他技术），有义务将这些技术、操作经验以及为掌握它们所必备的数据、资料转让给本国公司，有义务系统地培训参加合作企业的本国公司人员，使之掌握有关技术，达到外国合同者企业人员的水平。

（2）在合作企业合同的有效期内，双方在技术合作方面取得的成果，归双方共有。

（3）合作企业必需的而外国合同者与本国公司又没有的技术项目，可委托第三方研究，所需研究费用记入合作企业的联合账簿，如果从该第三方取得研究成果，也归双方共有。

（4）外国合同者的收益按照合作企业合同的规定给付，因此，外国合同者专有的技术向本国公司或向合作企业转让时，不应另收使用费。

（5）本国公司承担义务为外国合同者的一切秘密技术保密；双方均承担义务为双方共有的秘密技术保密。

为了具体落实合作企业合同中关于技术转让的规定，应当另外订立一个"技术转让及技术服务附件"。其中应详细地规定：外国合同者所转让的技术包括哪些具体项目，这些技术的作用及必要的指标，技术转让步骤，培训本国公司人员的规划，转让及培训的方式，实施技术合作技术研究委托等等的细则。

在开发和利用本地资源的一些工业领域，对发展中国家来讲，通过成立涉外合作企业利用外资和引进先进技术，是一种更为有利的形式。

三、外资企业

外资企业在我国的有些法律里又称为"外国企业"（见 1981 年 12 月颁布的《中华人民共和国外国企业所得税法》），在另一些法律里称为"外资企业"（见 1985 年 4 月颁布的《违反外汇管理处罚施行细则》第 4 条第 2 款以及 1986 年 4 月颁布的《外资企业法》），它们都是一个意思，即指全部由外国公司投资的、设在某一国的外国企业。这种企业一般是外国大公司（母公司）在本国开设的子公司，亦即"跨国公司"。设在发展中国家的子公司所实施的技术，很大部分是归其设在发达国家的母公司所有的；子公司使用它们的范围并不能越出该跨国公司的系统。因此，靠外资企业引进先进技术，并没有明显的直接效果。不过，任何外资企业总要使用本地工人和一部分技术人员，乃至管理人员，外资企业生产的过程，无疑也是本地人掌握有关先进技术的过程。只是从这个角度看，可以说通过外资企业能起到间接引进技术的作用。

无论是涉外合资企业、合作企业，还是外资企业，在为所引进的技术保密方面，都存在一个共同的困难：企业所在地的工人及技术人员总会有一定的流动性。Know-How 及技术示范的专有性，不但要靠对技术资料保密来维持，而且有赖于掌握了它们的那些人的相对稳定。否则，某些在关键岗位上的掌握了一个企业的技术秘密的人流到了另一个企业，这些技术就等于无偿转移到另一个企业，或者等于进入了公有领域。所以，涉外合资企业或合作企业的外方如果向该企业转让了 Know-How 或其他秘密技术，就可能要求本地一方在合同中保证关键技术人员与工人的相对稳定。外资企业在招收工人与技术人员的劳动合同中，也会要求关键岗位上的人员相对稳定。我国 1986 年颁布的《外资企业法》明确规定："外资企业雇用中国职工应当依法签订合同，并在合同中订明雇用、解雇、报酬、福利、劳动保护、劳动保险等事项。"该法还规定："外资企业依照经批准的章程进行经营管理活动，不受干涉。"这些都为上述"相对稳定"提供了保障。

第五节　其他形式

一、涉外合作生产与合作研究

以合作生产为目的合同，可能包括合同双方合作研究某些技术项目的计划，也可能没有这种计划。以合作研究为目的的合同，则一般不涉及合作生产的问题。

涉外合作生产与上一节中讲到的涉外合作经营企业的性质不相同。合作生产并不需要组成任何由合同双方共同管理的企业，而是采用这样一些途径：

（1）由完全独立的本国企业与完全独立的外国企业，依照共同签订的合同，各自制造同一种产品的不同部件，然后由一方（或双方一道）组装为某种成品。

（2）由各自独立的双方按照合同各自制造对方所需要的部件，然后各自组装为不同的成品。

此外，来料加工及补偿贸易，从广义上讲也是合作生产。不过前者与技术转让关系不太大，后者则将在下面专门介绍。任何形式的合作生产，都可能包含在产品销售上的合作，但双方的财务核算是各自独立的（没有合作企业中的那种"联合账簿"）。

随着科学技术的发展，工业领域的分工越来越细，许多产品如果不是由不同的公司分头去制造部件，就会遇到难以逾越的技术障碍。所以，合作生产将是许多国家中以及国际普遍采用的生产形式。

涉外合作生产不限于（或主要不是）在发达国家与发展中国家的企业间进行。技术能力与生产能力很强的公司并不愿意同技术及生产能力都很弱的公司合作生产，尤其在生产技术密集型产品上是如此。这主要是前者担心后者达不到产品部件的质量要求。发达国家的公司与发展中国家的公司即使进行合作生产，也多是要求后者承担一些在成品中不起关键作用而又比较耗费人工的部件。例如，我国西安某公司与美国波音航空公司合作生产波音 737–300 型飞机，即是由我方负责生产该飞机的垂直尾翼，而不是生产飞机引擎。

当涉外合作生产中使用的技术由外方提供时，本地一方就通过合作生产形式引进了有关的技术。在这类合作生产合同中，必定有技术转让条款，或在主合同之外，另有技术转让许可证合同。在双方各为对方生产一部分零件的情况下，还可能存在技术的交换。这时与主合同并存的，可能是"相互许可证"（即交叉许可证）。在大多数国家里，只要这种相互许可证不是独占性质或独家性质的，就不会被法律所禁止。在一次性的合作生产或其他短期合作生产的合同中，可能没有技术转让问题；如果有的话，那么合同履行完毕的善后条款，应当对所转让的技术的使用权作出专门的规定，否则，本地一方为过于短暂的使用期支付的技术转让费可能显得过高。

在发达国家与发展中国家开展的涉外合作生产，对于外方来说，可以利用本地一方的廉价劳动力，减少产品的运费，减少进口税的支付（例如，许多发展中国家对完整机器、汽车或其他产品的进口收税很高，对零部件的进口则收税很低或不收关税），打开产品在本地一方所在国的销路；对本地一方来讲，则可以引进技术，提高自己制造整机的能力，减少整机进口，节省外汇。

在合作生产又包含合作研究的项目中，除了主合同、技术转让许可证合同之外，还会有联合研究先进技术的合同。例如，1985年4月，我国的上海航空公司及中国航空器材公司与美国麦克唐纳·道格拉斯公司签订的合作生产 MD-82 型飞机的合同中，就包括合作生产、合作研究等5个分合同。在合作生产中合作研究出的享有专有权的技术，应当归合作双方共有。由于合作生产并不需要成立合资或合作企业，故怎样行使共享的专有权，应当事先在合同中作出规定。

至于与合作生产无关的合作研究，一般是由双方通过合同共同拟订研究题目及研究计划，共同承担研究费用，研究成果归双方共有。通过涉外合作研究来引进技术，对于发展中国家来讲，主要是借助发达国家比较先进和齐全的实验设备，培养自己的科技人员，再通过发挥他们的作用来提高本国在某些技术领域的水平。我国一些研究所过去就多次与外国研究所合作研究某些应用技术。今后在有些领域也易于开展这种研究。例如，在计算机软件方面，我国有不少水平很高的程序设计人员，但我国的软件测试设备则比较落后，因此形成先进的"软件产业"还有一定困难。通过涉外合作研究，利用发达国家先进的软件测试设备及其他设备，是一条可行的途径。从过去的合作研究实践看，发达国家的许多研究单位对我国派人前去搞合作研究项目，均持较积极的态度。

二、涉外补偿贸易

在前些年，说起"补偿贸易"，在我国多数人的心目中都是国际性的，不必加"涉外"二字。但近几年我国一些技术及经济较发达的省、市的一些企业，与相对落后的省、市的企业之间，也广泛地开展起了补偿贸易活动。故现在谈国际性补偿贸易，必须专门说明，否则会引起误解。

以商品、原料或劳务来偿付技术引进费或设备进口费的贸易形式，叫作涉外补偿贸易。最常见的补偿贸易活动，是一方（称为卖方）向另一方（称为买方）提供生产设备与生产技术，另一方使用它们投产之后，用自己生产的产品或双方原商定的其他产品加以偿还。如果买方以自己生产的产品偿还，又称为产品返销（Product Buy Back）；如果买方以原先商定的其他产品偿还，则称为抵偿贸易（Counter Trade）这是补偿贸易的两种基本形式。

涉外补偿贸易与国际贸易中的延迟付款（Deferred Payment）很相似，即都建立在信贷基础上。二者不同的地方是：在延迟付款贸易中，买方只能以现金支付，而不能以产品偿还。

在大多数场合，补偿贸易中的卖方为了维持企业的生产活动及扩大生产，加速资金的运转与增值，在向买方提供了设备与技术之后，未必同意等到买方投产并生产出产品之后，再偿还费用。卖方可能要求立即从银行（而不是从买方那儿）得到一笔贷款；买方日后将产品销给卖方后，再由买方支付应笔贷款及贷款的利息。以卖方所在国的银行为中介人，如果由该银行直接向卖方贷一笔相当于设备价格及技术转让费的款，日后买方将产品销给卖方后，先将贷款的本息付予卖方，再由卖方还给银行，称为"卖方信贷"；如果由该银行向买方贷款，买方取得技术与设备后即能马上向卖方支付应付的费用，日后将产品销给卖方，再由买方把贷款本息偿还银行，这称为"买方信贷"。从这两种信贷方式中可以看到，补偿贸易并不是以绝对排斥现金支付为主要特征的。它的主要特征不反映在以现金还是以产品进行支付，而反映在——卖方必须购买买方的"回头产品"（即返销或抵偿产品）。

了解到这一主要特征，就可以看到：发展中国家以涉外补偿贸易的形式引进技术，所用的外汇在来源上是有保证的（因为部分产品的外销有保证）。对于一个国家来讲，就不会因为以这种形式引进技术而造成外汇短缺了。所以，许多发展中国家都通过法律鼓励这种贸易形式。我国从1979年以来，就颁布过一系列法规，对中小型涉外补偿贸易的原料、零件、设备的进口以及产品的出口实行免征关税。在我国，处于偿还技术使用费与设备价款的生产阶段的中小型补偿贸易项目，还可以免缴税金和利润。

涉外补偿贸易合同中的技术转让，可订在同一个合同中，也可以在主合同之外另订立许可证合同，更多的情况是把设备的进口与技术的转让订在一个合同里，把补偿产品的出口订在另一个合同里。

三、涉外技术咨询

涉外技术咨询与技术许可证没有什么直接关系。

技术咨询服务项目，可分为工程咨询服务、技术市场信息咨询服务、管理咨询服务等不同形式。就工程咨询来讲，一般都是由准备实施某项工程的企业与专门的咨询公司签订服务合同，由后者负责解决前者提出的技术问题。咨询公司近些年在国际上已发展成为一个新行业。据统计，仅仅在英国，就有较大的工程咨询公司800余家，这些公司仅在1980年就参加了119个国家中总投资额为380亿英镑的工程咨询活动，共收取咨询费约4亿英镑。

咨询公司可以为它的委托者进行可行性研究，搞工程设计，承担技术指导，从国际市场上选择价格最优惠的技术，协助企业改善管理，对企业的生产计划与市场开发提出建议，等等。国际经济活动中的实践证明：委托技术力量雄厚、经验丰富的公司担任咨询工作，有助于企业减少花费和提高效率。不论在发展中国家还是发达国家，许多企业在引进技术、进口设备或开始某项重大工程之前，都与咨询公司签订服务合同，取得技术咨询。

咨询公司也可以合资或合作开办，如果合资或合作是涉外的，则将咨询与合营两种引进技术的形式结合在一起了。我国近年已有一些公司采用了这种结合形式引进技术。例如，1985 年 5 月，北京市仪表工业公司与美国一家生产"过程控制"仪表的跨国公司——贝利控制公司成立了一个共同经营的"联合技术中心"，就属于这种性质。据报道，该中心成立之后，将主要引进贝利公司的先进技术，为用户提供控制系统装置的技术咨询和示范。

除了委托咨询公司开展咨询之外，聘请外国的在某一技术领域有成果或有经验的专家到本企业担任一定时期的职务，也是一种技术咨询方式，也可以起到引进技术的作用。

四、涉外租赁

依照双方签订的合同，一方把他的有形财产或无形财产交付另一方使用并收取租金，称为租赁。一国企业租用另一国企业的产品、设备或整个工厂时，都会产生一定程度的技术转让。但租赁活动中转让的多是技术操作示范。承租人只可能学会怎样使用有关的产品或设备，至于维修技术，全部有关的技术资料，则都不在转让之列。说到底，承租人在技术上永远离不开出租人。因此，如果从引进技术的角度考虑，涉外租赁是一种不可取的（事实已被淘汰的）形式。

除了上述几种形式外，技术转让还可能有其他形式。而且，随着国际经济交往和各种第三产业的发展，今后也还会有新的技术转让形式出现。例如，美国一些银行已经开办了"存、取技术"的业务。研究单位、企业或专家个人，可以把自己所有的专有性技术存入银行；银行则像放贷款一样把它们贷给需要它们的企业使用，收取利息。这样看来，将来"银行借贷技术"就可能成为一种技术转让的新形式。

第四章　我国技术进出口的有关法律

1949 年以来，我国在技术引进方面走过一段弯路。50 年代初，由于当时某些发达国家对我国实行封锁禁运，我们主要从苏联及一些其他东欧国家进口成套设备。60 年代初，苏联单方面撤销经济合同后，我国开始从日本、英国、法国等国进口成套设备。"十年动乱"结束后的一段时期，由于我们未能认真总结过去的经验教训，在短期内大规模进口成套设备，加重了我国的外汇债务。到此为止，技术引进一直没有作为一项重要内容摆在我国对外经济贸易活动中。1979 年以后，我国在总结过去的经验教训的基础上，针对引进成套设备过多，重复引进、吸收消化欠缺等问题，改变了过去的方针，由进口成套设备为主转向引进单项技术为主，并强调引进技术与利用外资相结合，强调消化、吸收和发展所引进的技术。这样一来，我国每年引进的项目增多了，而所花费的外汇却减少了。从 1952 年到 1978 年，我国平均每年引进 30.4 个项目，1979 年到 1983 年，平均每年引进 134 个项目，1984 年一年即引进 340 个项目。每个项目的平均用汇额在 1978 年前约为 1775 万美元，1979 年到 1983 年则为 821 万美元，1984 年下降到 281 万美元。这里的关键就是成套设备及其他硬件的进口减少，而单项技术引进增多。在引进项目中，纯技术贸易占的比重到 1984 年已高达 59.9%。同时，我国也开始出口一些技术，有些甚至是向发达国家出口。

与这种变化的形势相适应，我国自 1978 年末开始，陆续颁布了一些与技术进出口直接或间接有关的法规。其中与技术出口有关的，主要只是一个专利法；其余大多数法规（及专利法本身）均与技术进口有关。

第一节　我国的知识产权法

一、我国的专利法及其特点

我国现行的专利法，是 1984 年 3 月由全国人大常委会通过颁布的《中华人民共和国专利法》及 1985 年 1 月由中国专利局颁布的实施细则。此外，我国已经是《保护工业产权巴黎公约》的成员国，该公约中有关专利问题的规定，也构成我国专利法的一部分。

我国是社会主义国家，专利法中必然要体现社会主义的原则；我国又是个发展中国家，专利法必须有利于引进先进技术，促进本国经济的发展；我国是建立专利制度较迟的国家，这又使我们有可能参考大多数国家已有的专利法，尽量取人所长，避人所短。这些因素，使我国专利法具有一些突出的特点。

我国专利法的主要特点有以下这些：

（一）"推广应用"发明创造是专利保护的主要目的之一

我国《专利法》在第 1 条中就申明该法的目的之一是推广应用受专利保护的技术。世界上大多数国家的专利法都侧重强调保护专利权人的无形财产权，并认为这应当是专利立法的目的。我国则把保护专利权作为一种手段，来达到"鼓励发明创造，有利于发明创造的推广和应用，促进科学技术的发展，适应社会主义现代化建设的需要"之目的。过去许多专利法学家、专利法学著作都无例外地认为"推广"与"专利"是不能相容的；我国的专利法却使二者相容了。

从我国《专利法》第 1 条中阐明的原则可以推论：垄断专利技术的实施权，在我国属于违法行为。垄断实施权，在发达国家经常通过大公司之间互发独占性交叉许可证来实现。英语国家把这种现象称为"Patent Pool"。有些国家并不认为这是一种违法行为。例如，美国法院的判例认为：垄断专利实施权本身并不违法，只有附带其他行为，才可能判为违法。

为了不将"推广"专利技术的范围延及外国人取得的专利，以免妨碍技术引进，同时又要防止垄断专利实施的情况发生，我国《专利法》在第 6 章中专门规定了"强制许可"的原则，指出：专利权人有义务在中国使用（或许可他人在中国使用）其专利技术，否则将在一定前提下对其专利实行强制许可。

（二）三种专利权人

为使国内的新发明得到充分利用，又不使外国专利权人担心自己的技术出口到我国后发生"一家引进，百家共享"的后果，我国《专利法》在第 6 条中，把中国专利的权利人分成了三种：（1）专利"持有人"。我国的国营企业属于这种法人，它们持有的专利，在一定意义上可以说是国家所有的，可以在国内、在较宽的范围里经主管部门批准而被推广应用。按照《专利法》第 10 条，这类法人转让自己的专利权，也要经主管部门批准。（2）专利的中国"所有人"。我国的个体发明人与集体企业如果获得专利，就属于这种人。它（他）们的专利可以在国内、在较有限的范围内，经更高一级主管部门批准而被推广。（3）中国专利的外国所有人或涉外所有人。外国自然人、外资企业、中外合资企业、中外合作企业（如果该合作企业有独立的法人资格的话）如果取得了专利，就属于这一类所有人。它（他）们的专利，未经它（他）们的许可，不能被推广应用。

（三）国家计划许可制

我国专利法虽然强调推广发明创造，但为了避免过去那种"吃大锅饭"的做法，并没有规定可推广的（即属于持有人及中国所有人的）专利，任何国内企业均可无偿使用或自由地有偿使用，而是采用了"国家计划许可制"。这是在《专利法》第14条规定的。按照这一条，国务院有关主管部门和省、自治区、直辖市的人民政府根据国家计划，有权决定本系统内的或者它们所管辖的全民所有制单位持有的重要发明创造专利允许指定的单位实施，由实施单位按照国家规定向持有专利权的单位支付使用费。同时，集体所有制单位和个人的专利，对国家利益或者公共利益有重大意义，需要推广应用的，由国务院有关主管部门报国务院批准后，也参照对全民所有制单位的规定办理。

这样一来，我国的专利就既不同于西方国家那种绝对地归私人所有的状况，又不同于苏联那种国内企业可自由使用、基本无私人专利权可言的状况。

国家计划许可制不适用于一切涉外企业（在中国境内的外资企业、中外合资企业及具有独立法人资格的中外合作企业）。这些企业如果希望使用中国持有人或所有人的专利技术，只能按照一般许可证贸易的程序，与该持有人或所有人签订合同，谈判使用条件。

（四）三种专利由一部法律保护

我国《专利法》第2条及其他相应的条款，把发明专利、实用新型专利与外观设计专利放在同一部法律里加以保护，这在各国专利法中是不多见的；在一部法律中对三种专利又区分得像我国专利法这样清楚的，就更少见了。三种专利并入一部法律，不仅使法律本身简明，也使管理机关便于管理。以中国专利为基础发放的许可证，就既可能是发明专利的许可证，也可能是水平达不到发明专利程度的实用新型专利的许可证，还可能是只许可对方使用产品外观设计的专利许可证；也可能在同一个许可证中有三种专利或其中的两种。

在各个建立了专利制度的国家里，外观设计并不一定都是专利法的保护对象。有些国家以版权法保护外观设计。还有的国家以间于专利法与版权法的"特别工业版权法"保护外观设计。即使用专利法保护外观设计，也并不说明它与应用技术有什么直接关系；正相反，许多国家的法律都规定：只有当某种设计只富有美感而不反映任何技术方案时，才可能获得外观设计专利。我国虽允许外国人将其新颖的外观设计拿来申请专利，但引进技术的我国企业一般不必要为引进外观设计而花使用费（除非整个产品的原有外观对它的销售有重大影响，而我方又一时设计不出更好的外观）。我国专利法的"强制许可"一章中，也暗示了外观设计专利的所有人没有义务一定在中国应用（或许可其他人应用）其专利。

保护实用新型的国家，在世界上只占少数，而且保护的范围也不一样。有些国家的保护对象不限于立体的有"型"创造物，而是延及了一切达不到发明专利水平的小发明。把保护实用新型专利与小发明专利（也称小专利）的国家加在一起，只有下面这些国家或地区：非洲知识产权组织的十三个法语非洲国家、联邦德国、巴西、法国、西班牙、意大利、日本、墨西哥、波兰、葡萄牙、澳大利亚、菲律宾、南朝鲜、乌拉圭、摩洛哥的丹吉尔市、中国（包括我国的台湾地区，该地区在我国专利法颁布前就一直保护实用新型）。

实用新型专利是许可证贸易中的重要项目，许多引进项目中，除引进主要的应用技术外，还要引进实用新型。

（五）不授予"进口权"

在我国《专利法》第 11 条中，可以看到中国专利的权利人所享有的专有权的内容，这就是:（除国家计划许可证适用的范围之外）任何单位或个人未经专利权人许可，都不得实施其专利，即不得为生产经营目的制造、使用或者销售其专利产品，或者使用其专利方法。这一条实际上暗示：专利权人对于专利产品的进口，是无权控制的。

在发展中国家，是否授予专利权人以进口权，一直是个有争论的问题。发达国家的先进技术所有人，往往同时在许多国家就同一技术申请了专利。其目的有二，一是在这些国家发放许可证，收取使用费，二是享有实施该项技术的控制权。同一个专利权人在发达国家发出的许可证，可能被生产能力很强的企业持有，其产品如果不受控制地向发展中国家出口，就会使同一个专利权人在发展中国家发出的许可证失去实际意义（因为被许可人的产品可能竞争不过进口产品，以致销路不畅；而许可证的使用费又是以"净销售额"为基础计算的）。因此，外国专利权人总希望能在发展中国家获得进口权，以便阻止上述情况发生。一些发展中国家的专利法也确实授予了这种进口权，例如法语非洲国家即是如此。但为了防止专利权人滥用自己的权利，这些国家又规定了在必要场合对进口权的限制。大多数发达国家的专利法都授予专利权人进口权，其中一些国家也规定了在必要场合的限制。例如英国 1977 年《专利法》第 48 条第 3 款中，就有对进口权的限制。

（六）专利保护范围较窄

我国刚刚建立专利制度，不可能像一些专利立法已上百年，而且从未间断过的国家那样，把保护面铺得很宽。随着我们的专利管理工作逐步取得经验，我们也会在将来放宽保护面。

我国《专利法》第 25 条规定对于一些项目不授予专利，它们是：（1）科学发现；（2）智力活动的规则和方法；（3）疾病的诊断和治疗方法；（4）食品、饮料和调料；（5）药品和用化学方法获得的物质；（6）动物和植物品种；（7）用原子核变换方法获得的物质。其中第（4）（5）（6）项中的生产方法（而不是产品本身）可以获得专利。上述第（1）（2）（7）项，是一切建立了专利制度的国家都不授予专利的；第（3）项则有少数国家授予专利；第（6）项则有许多国家授予专利或"类专利"（即植物新品种保护证书）；至于第（4）（5）两项，越来越多的原先不对其授予专利的国家，已开始修改专利法，授予它们专利了。

我国《专利法》及其实施细则都没有明确规定是否对计算机软件授予专利。由于计算机软件是随着新技术革命进入技术市场时间不长的项目，各国对于怎样保护它更为有利还正在讨论，它在法律中的地位会有新的发展，我国在法律中不作规定，比较主动。在中国专利局受理专利申请案的实践中，认为与硬件一道并对硬件有"增效作用"的计算机软件，是可能取得专利的。

生物发明中的三项内容——植物新品种、动物新品种、微生物新品种——唯一没有被排除在我国专利保护之外的，是微生物新品种。虽然专利法本身并没有写明微生物发明可以获得专利，但《专利法实施细则》第25~27条规定了申请新的微生物学方法"或者其产品"之专利的程序。这就说明微生物品种本身也可以获得专利。

由于生物工程中的微生物工程在当代新技术革命中占很重要的地位，授予微生物发明以专利，对于引进技术有重要的作用。

（七）专利保护期较短

我国《专利法》第45条规定：发明专利权的期限为15年，实用新型和外观设计专利权的期限为5年，但可以续展3年。许多发展中国家专利法中的保护期都是较短的，即也在15年左右；而发达国家则多在20年左右。保护期过后，任何需要应用有关技术的企业，就不必再与专利技术的所有人去谈判许可证问题了。因此，较短的保护期有利于某些应用面广的技术尽早在我国推广，而不再受上述第 2 点中提到的专利权人类型不同的限制。

实际上，在实行较长专利保护期的国家，这种保护期也仅仅对少数在长期有显著经济效益的发明才有意义。由于专利年费是按年份递增的（例如在我国，第一年须为发明专利交年费 200 元，第 15 年则要交到 2400 元），所以许多专利权人会中途不再交年费而自动放弃专利权。

（八）较先进的审查制度

我国《专利法》第四章规定了我国采用"早期公开，请求审查"的制度，目前在国际上这是一种比较先进的审查制度。

各种国家对专利申请案的审查程序，可以分为实质审查制、部分审查制与不审查制（即专利注册制）三大类。实质审查制是大多数发达国家及建立专利制度较迟的国家较普遍地采用的一种制度。实行这种制度的专利局，对于专利申请案中的发明是否具备"三性"（新颖性、技术先进性、工业实用性）都要进行严格审查。当然，在"三性"审查前，首先要进行形式审查，看申请案中应有的文件是否齐备，是否交付了手续费以及申请人是否有资格申请专利，等等。这种审查制的优点是经审查批准的专利技术，水平较高。部分审查制则在形式审查之后，只对申请案中的新颖性实行审查。许多过去曾实行不审查制的国家，现在正改为部分审查制。这种审查制的优点是批准专利的周期比上一种要短，缺点是所批准的专利在水平上往往不及上一种。不审查制也不是完全不作审查，而是不作实质性审查，只作形式审查。但不审查制国家的专利法也要求专利发明具备"三性"。只不过要等日后发生了专利侵权或专利所有权的诉讼，才由法院去确认一项已批准的专利所保护的发明,是否具有"三性"。这就是说，经专利局批准的发明，技术水平是毫无保障的。这种制度下批准的专利的实际价值，在技术市场上会被需求者们怀疑，因此不会有太好的销路。不审查制正在日益被淘汰。只有一些多年一直实行它、一时还难改变的国家，以及一些没有审查能力的发展中国家，还在采用这种制度。

实质审查制又可以分为三种：一是不公开审查制；二是早期公开、请求审查制；三是早期公开、延迟审查制。第一种制度的典型代表是美国，在本书第六章中还要详细介绍。这里，只要知道它从申请到批准（或驳回）一项专利申请案，案中内容一直不予公开，就够了。第二种制度的典型是《欧洲专利公约》中规定的审查程序。按照这种程序，专利局收到申请案后，如果经初步审查认为符合要求，就在18个月之后主动予以公布，申请人可以自申请日起的3年内（不论公布前还是公布后）请求专利局给予实质审查。在申请案被公布后，专利申请人就有权对未经许可而使用其申请案中的技术的人提出"侵权"诉讼了。这时的"权"还不是最终的专利权，而是一种初期权利。但不论怎样，既然可以依法维护自己的权利，申请人就可以比较放手地把有关技术许可给其他人使用，并收取使用费了。第三种制度与第二种制度基本相同，只是把申请人请求及专利局进行实质审查的期限，从3年延长为7年。这种制度更有效地保证了所批准的专利的水平，但毕竟时间拖得太长，因而申请案会有大量积压。

我国专利审查制基本与《欧洲专利公约》中规定的审查制相同，但有两点重要区别。第一，我国采取"批准专利前异议程序"，即如任何第三者认为某项申请案不应获得专利，可在专利局公告"批准决定"后与正式批准之前提出异议；《欧洲专利公约》中则采取"批准专利后异议程序"，即批准后再由第三方提出异议，如果异议成立，再将已批准的专利撤销。第二，从我国《专利法》第34条及实施细则第44条可以看出，在申请案提交之后第18个月，即专利局公布申请案时，尚未对申请案的新颖性进行"检索"（即普查现有技术中有没有与之重复的）；而按照《欧洲专利公约》，申请案在第18个月被公布时，肯定已作了"检索"。

（九）便利的专利诉讼程序

对于专利申请人不服专利局驳回决定的情况，我国《专利法》在第43条，规定了行政诉讼与法院诉讼两种程序；但法院诉讼只适用于发明专利的申请人，而且是在对行政诉讼的结果再度不服时才适用。对于专利权人诉侵权人的情况，则在第60条中，也规定了行政诉讼与法院诉讼两种程序，不过这二者是可供诉讼人自行选择的。

不同国家对于专利诉讼的程序有不同规定。在有些国家（例如美国、法国、联邦德国等），对于侵犯专利权，只能诉诸法院。在另一些国家（例如英国），也规定了行政诉讼与法院诉讼两种程序，诉讼当事人可根据实际情况，选择在专利局对侵权人起诉。至于专利的行政诉讼由专利局之外的其他专利管理机关处理，是各国专利法中极罕见的。而我国《专利法》第60条则作出了这种规定。按照《专利法实施细则》第76条，我国国务院所属的部，以及各省、自治区与直辖市，开放城市及经济特区人民政府，都设立了或将设立专利管理机关。对于凡未经专利权人许可而实施其专利的侵权行为，专利权人（或利害关系人）都可以请求这种机关进行处理。这对于专利权人维护自己的权益是十分便利的。

对于哪些涉及专利的案件可由人民法院处理，我国专利局在1985年第五号公告中，转发了最高人民法院"关于开展专利审判工作的规定"其中主要内容是：

应当由人民法院经济审判庭审理的专利案件共有七类：

（1）关于是否应当授予发明专利的纠纷案件；

（2）关于宣告授予的发明专利权无效或者维持发明专利权的纠

纷案件；

（3）关于实施强制许可的纠纷案件；

（4）关于实施强制许可使用费的纠纷案件；

（5）关于专利申请公布后，专利权授予前使用发明、实用新型、外观设计的费用纠纷案件；

（6）关于专利侵权的纠纷案件（包括假冒他人专利尚未达到刑事犯罪程度的）；

（7）关于转让专利申请权或专利权合同纠纷案件。

由于我国《民事诉讼法（试行）》中，只一般规定了侵犯财产权的案件的法院管辖权，没有对涉及专利权的情况作具体规定，故在第五号公告中具体指出：上述第（1）至（4）类案件，全部由北京市中级人民法院作为第一审法院，由北京市高级人民法院作为第二审法院。第（5）至（7）类案件则分别由各省、自治区、直辖市和经济特区人民政府所在地的中级人民法院作为第一审法院，由各省、自治区、直辖市高级人民法院作为第二审法院。此外，各省、自治区的高级人民法院根据实际需要，经最高人民法院同意后，可以指定本省、自治区内的开放城市，或设有专利管理机关的较大城市的中级人民法院作为其管辖区内的上述第（5）至（7）类案件的第一审法院。

按照《专利法实施细则》第77~79条的规定，对于上述第（5）类案件，专利权人也可以在取得专利之后，请求专利管理机关调处。对于某项发明是否属于职务发明，以及对职务发明是否申请专利有争议，均可交单位所在地区的专利管理机关处理。跨地区或跨部门的侵权纠纷，可由侵权地或侵权单位上级主管部门的专利管理机关处理。一切有关专利的犯罪案件，则均由有管辖权的人民法院刑事审判庭审判。

（十）合乎国际惯例与有关的国际公约

在保证社会主义方向和我国的特色的同时，我国专利法还基本做到了合乎国际惯例，合乎我国制定法律时即准备加入的有关国际公约。这种例子在专利法条文中很多。例如，《专利法》第 18 条关于在中国无经常居所或营业所的外国人的申请资格的规定；第 22 条关于"三性"内容的规定；第 28 条关于确立申请日的依据的规定，都是与大多数国家的专利法相一致的。第 24 条中关于"临时保护"的规定，第六章中关于强制许可证的规定，第 62 条第 4 款中对专有权所做的限制，则是与我国现已参加（但颁布专利法时尚未参加）的巴黎公约一致的。我国这种照顾到国际惯例及公约的规定，有助于减少我国对外开展技术贸易的障碍，既有利于外国人在我国申请专利（引进技术），也有利于我国的单位或个人在国外申请专利（输出技术）。

二、我国的专利法与技术引进

（一）外国人申请与获得中国专利

外国人如果不是以他们的 Know-How 技术在我国发放许可证，而是打算发专利（或有专利为转让项目之一的）技术许可证，其前提就是在我国申请和取得专利。

在审、批专利申请案方面，我国专利法（以及绝大多数外国专利法）没有区分外国人与中国人的申请案，只是在申请方面，参照国际惯例对外国人提出了一些特殊要求。

按照我国《专利法》第 18 条，外国人的申请资格要受到两种不同限制：对于未参加巴黎公约的国家，该国国民在我国申请专利，必须有该国与我国的互惠协定或其他互惠的证明文件为提前；对于参加了巴黎公约的国家，则依照巴黎公约的原则执行。由于所有发达国家均已参加了巴黎公约，引进技术主要是从这些国家引进，故我们只了解依巴黎公约原则应如何处理就够了。这个问题将主要在第十章中介绍。这里要提到的是：即使按照巴黎公约，对外国申请人也不会提供"不折不扣"的国民待遇。

（1）我国申请人的申请案只要用中文书写的一式两份就可以了。而外国申请人的申请案中，必有一些证件及证明文件是外文的。依照《专利法实施细则》第4条规定，专利局可以要求在指定时间内附送中文译本。但是，这种区别要求，与有些国家的专利法或国际公约相比，已经算是对外国人便当多了。《专利合作条约》在1985年之前，一直要求那些不使用该条约工作语言的国家的申请人，在提交申请案时，必须有用英语以及其本国语写成的两种申请案。那对申请人有多大的不便，是可想而知的。

（2）我国申请人可以委托国内的任何专利代理机构（当然，也可以自己亲自）申请专利。外国人则应按照《专利法》第19条及《专利法实施细则》第14条，只能委托中国国际贸易促进会（设在北京）、上海专利事务所、中国专利代理有限公司（设在香港）申请专利。

（3）按照《专利法实施细则》第34条，专利局在必要时，有权要求某些外国人提供：①国籍证明；②外国企业或者外国其他组织总部所在地的证明文件；③外国人、外国企业、外国其他组织的所属国，承认中国公民或者单位可以按照该国国民的同等条件，在该国享有专利权和其他与专利有关的权利证明文件。

（二）外国人在中国利用其专利权

专利权的利用途径有转让（指转让所有权）与发许可证两种。

外国人如希望转让其专利，无须任何单位批准，这一点与中国的全民所有制企业行使转让权时不一样。但外国人转让专利必须与受让一方订立书面合同，这种合同则必须经专利局批准，并在专利局登记，方才有效。许多外国专利法对转让合同的规定是：只有经专利局批准并登记，才"对第三者有效"。就是说，即使未经过专利局，转让合同对于约束转让人与受让人来讲，仍是有效的。我国专利法则没有这样规定。因此，未经过我国专利局认可的专利转让合同，即为无效合同。

在发放许可证方面，外国人实际享有高于国民待遇的待遇，因为他们的专有权不受"国家计划许可"制度的限制。此外，专利许可证合同也必须在专利局登记（强制许可证除外），只要在许可证生效之后的 3 个月内，向专利局备个案就行了，这是在实施细则第 13 条中规定的。不过，按照《中华人民共和国涉外经济合同法》第 7 条的规定，许可证合同仍须经过被许可人一方的主管单位批准。

总之，我国专利法对于外国人在申请专利上的一些特别要求，对引进技术并不起什么妨碍作用；而专利法中对外国人利用专利权的较高待遇，则有助于引进技术。

三、我国的专利法与技术出口

我国是否颁布专利法，对于我国发明人或发明单位向大多数外国申请专利来说，并没有决定性的影响。但是，没有建立专利制度，就不可能参加某些国际公约，而这对我国企业或个人在外国取得专利的机会以及维护专利权来讲，是不利的。

在那些要求专利申请人资格按互惠原则办理的国家，我国未颁布专利法之前，该国国民在我国不可能申请什么专利，因此我国企业或个人也就没有资格在这些国家申请专利。1985 年之前，我国有十几项发明在日本，就是先把申请权转让给日本企业，才能由他们代为申请；申请后专利权归有关的日本企业所有，我国发明人只能通过合同享有某些利益。这对我国的技术出口是不利的。我国颁布专利法并在其生效之前参加了巴黎公约，就改变了这种状况。

即使对于那些不要求互惠的国家，我国在国外申请专利的人，现在也可以享有首次申请之后 12 个月的优先权，这对于扩大我国在国际上的技术市场，也是有利的。优先权问题，将在第十章做详细解释。

我国《专利法》第 20 条对于在外国申请专利作了专门规定，这就是：中国单位或者个人将其在国内完成的发明创造向外国申请专利的，应当首先向专利局申请专利，并经国务院有关主管部门同意后，委托国务院指定的专利代理机构办理。1985 年 7 月，中国专利局又进一步制定了《中国单位或个人向国外申请专利的办法》。其中规定："国务院有关主管部门"，是指申请人的发明创造按行业归口关系应归属的国务院有关部、委、局或总公司等；其中单位的发明应直接向归口的有关主管部门提出向国外申请专利的请求，个人的非职务发明则通过中国专利局提出向国外申请专利的请求。

这里需要弄清的有以下几个问题：

第一，这些规定仅仅适用于"在国内"完成的发明。如果是我方派出人员在外国与该国研究单位合作研究搞出的发明，或我国在外留学或从事其他工作的人员在外国独立搞出的发明，即不受第 20 条的限制。

第二，打算在外国申请专利的发明，应当首先在中国专利局申请。但是，我国专利法中规定的可取得专利的发明，比许多国家（尤其是发达国家）都要窄。有些发明在我国不能获得专利，在外国却可以获得专利。例如，在我国颁布专利法之前，在国外申请了药品专利的就已有十多项。难道在有了专利法之后，这些项目倒不能在国外申请了吗？不是的。

我国专利法只规定了对食品、药品、植物品种等一些项目"不授予专利"，但却未规定这些项目不能"申请专利"。所以，要求首先在中国专利局申请专利，并没有堵塞这些项目在外国申请专利的路。那么，明知某个项目不可能在我国获得专利，却又拿它去申请，有什么实际意义呢？这种明知不可为而为之的申请活动，起码有一点重要作用：尽早确立"首次申请日"。前面讲过，我国参加巴黎公约后，确立了首次申请日的专利申请案，可以在其他90多个公约成员国中享有12个月的"优先权"。在这12个月里，我国的申请人有充分的时间考虑需要在哪些外国申请专利和办理有关手续（如委托该国的专利代理人等等）。

第三，在外国委托专利代理人，我国有些机构是有经验的，在国内先委托这些机构代理在外申请的一切事宜，比我国的企业或个人自己去办要稳妥。因此，第20条规定了要由国务院指定的机构办理。这种机构目前也就是代办外国人在中国申请专利的那三个机构（中国国际贸易促进委员会、上海专利事务所、中国专利代理香港有限公司）。

在颁布专利法之前，我国就已有约50项发明在国外申请了专利，有些已获得批准，并已发出了许可证，取得了使用费。今后，我国的技术出口，会随着专利制度的建立进一步兴旺起来。

四、我国的商标法与其他知识产权法

我国的现行商标法是1982年由全国人大常委会通过颁布的《中华人民共和国商标法》，以及1983年由国务院颁发的商标法实施细则。

对于我国商标法，应弄清下面一些要点。

1. 保障消费者利益是商标法的目的之一

大多数国家的商标法，只是用来禁止不公平竞争行为的，就是说，只调整工商业者之间的关系。冒牌者要受制裁，原因是他侵犯了另一个厂商的商标专用权，而不是他侵害了消费者的利益。至于保护消费者利益，则另有其他法律。我国《商标法》则在第1条就宣布其立法目的之一是"保障消费者的利益"。这是我国商标法的一个特点和优点。当然，由于某些工商管理部门未能严格按商标法对冒用他人商标或以次充好等违法行为绳之以法，以致在商标法颁布后较长时间里，消费者利益在一定程度上未能受到有效的维护，则是另外一个问题，并不能说明商标法中的这一条定得不恰当。

2. 非强制注册制

现行商标法实施之前，我国实行的是强制注册制，即任何企业如果要在产品上使用商标，都必须首先注册。按照现行《商标法》第4条，只要某个企业或个人认为自己产品所用的商标不需要取得专用权，就没有必要申请注册，同样可以合法使用。但国家规定必须使用注册商标的个别商品（如药品与卷烟）例外。不过，我国商标法只对注册商标给予保护。就是说，不注册的商标使用人，无权提出"侵权诉讼"。在有些英美法系国家，未注册的商标，可以受到普通法（判例法）的保护。而在我国，这种商标不受任何法律保护。因此，希望在较长时间里使用某种商标的企业，最好能取得注册。希望将其商标作为技术转让许可证中的一项附加内容的，则必须首先注册。因为，只有注册商标才可以转让或许可他人使用。这一点也与一些其他国家不同。在大多数英联邦国家里，不注册的商标，可以连同厂商的商号或企业信誉（商誉）一道转让。

在许多外国（绝大多数参加了巴黎公约的国家），商标法中对"驰名商标"均给予特别保护，即使其不注册，其他人也不能以同样的商标抢先注册。我国商标法中则没有这种特别保护。因此，外国（或我国）驰名商标的使用人，如打算在我国专门使用该商标，也必须首先取得注册。

到目前为止（1985年），我国商标法尚未给服务商标提供注册保护。但由于保护服务商标是巴黎公约的最低要求之，我国的服务性企业使用自己商标的情况又与日俱增，我国商标法中不久可能增加服务商标的注册。

3. 对外国人（包括法人）在中国申请注册的特别要求

我国《商标法》第9条、第10两条，实施细则第29条、第30条、第31条，是对外国人申请注册的特别规定。其中有的与专利法中的规定相同，有的则不同。在我国参加了巴黎公约之后，对外国人申请的资格将按照公约的原则办理，外国人申请注册也必须委托中国国际贸易促进会，等等，是与专利法中的规定相同的。但是，商标法在讲"外国人"时，没有专指"在中国没有经常居所或营业所的外国人"，而是泛指一切外国人。这点与专利法不同。此外，在书写专利申请案时，无论中国人、外国人，应一律采取专利国际分类法（亦即《斯特拉斯堡协定》中规定的分类法）来将自己的发明归类。在商标注册方面，由于我国多年来有一套自己的商品分类法，一时还难以改变。因此我国的个人或企业申请注册时，填写商标将标示的商品时，应按我国的分类表归类。而按照国家工商行政管理局统一印制的《商标注册申请书》，外国人申请注册时，则除使用我国分类法之外，还要指出自己的有关商品在商品国际分类的分类法（亦即《尼斯协定》中规定的分类法）中所属的类别。

4. 不实行实质审查，采取"注册在先"原则

从我国《商标法》第16条与第19条来看，我国对商标的注册申请只进行形式审查，不实行实质审查。对于两个以上申请人以相同或相似的商标申请在同一商品上注册的，接受先申请者的申请案。这称为"注册在先"原则。有些国家在这种情况下，接受先使用该商标的人的申请案，则称为"使用在先"原则。不过在我国，如果两个以上的上述申请是在同一天提交申请的，就要参考哪一个人"使用在先"了。

5. 注册商标权的权利范围

我国《商标法》第38条，只明确指出了注册商标权所有人的两项权利，即：有权禁止他人在相同或相似商品上使用与其注册商标相同或相似的商标；有权禁止他人擅自制造或者销售其注册商标标识。此外，该条中还把对注册商标权"造成其他损害"，列为侵权行为，但未具体列举。

6. 转让与许可

我国《商标法》第25条、第26条对转让与许可的规定，与专利法相似，即：转让必须事先向国家工商行政管理局商标局申请，并经批准；与他人签订使用注册商标的许可证合同，则可以事后再报商标局备案。此外，受让人或被许可人都必须保证其商品质量不低于原商标使用人的商品质量，否则，按照第30条，有关的注册商标可能被撤销。这就是说，如果技术转让人许可受方使用其注册商标，同时要求对受方实行质量监督的话，他的要求在我国商标法中也是可以找到依据的。《商标法》第26条明确指出："许可人应当监督被许可人使用其注册商标的商品质量"。

7. 有效期与续展有效期

商标权与专利权（及版权）不同，它的"时间性"不表现在一次性的有效期上，而是表现在可以一次接一次地续展下去的有效期上。有些国家商标权初次有效期较长，而后各次续展有效期较短。我国则各次有效期都是10年，可以无限续展下去。按照办理续展手续，对于含有注册商标使用权的技术许可证很重要。许多许可证合同在有效期内可能要办一次商标注册续展，由于它不像专利每年都要交一次年费，所以很容易被忽略掉。

8. 商标诉讼程序

我国《商标法》的第三章中的第22条及第七章中的第39条，

是规定商标诉讼程序的条款。申请人对于商标局的决定不服，只能在国家工商行政管理局的范围内解决，无权向法院起诉。这一点与专利法的规定不同。

商标权的被侵犯人对侵犯权人提出的诉讼，则有行政诉讼与法院诉讼两种途径可选择。

在商标法之外，我国还颁布了一些其他有关法规。其中最值得一提的，是1985年6月经国务院批准，由国家工商行政管理局公布的《工商企业名称登记管理暂行规定》。

这个规定宣布了我国开始保护"商号权"或"厂商名称权"。这是我国保护的又一种知识产权。该规定授权各级工商行政管理部门核定登记企业名称；准予登记后，有关企业即在规定的范围内享有专用权，受国家法律保护。凡使用"中国""中华"等字样为企业名称的，必须经国家工商行政管理局核准。由国家一级核准的企业名称，在全国范围内不得重名；由省级核准的企业名称，在省、自治区范围内不得重名；由市、县级核准的，在市、县范围内不得重名。企业名称可以转让。转让时由转让方与受让方签订书面协议，按照工商企业申请登记的程序，报工商行政管理机关核准。

对有名的个体工商业户的名称管理，也将参照这个规定执行。外国以及港澳地区的企业申请登记企业名称时，也适用这一规定，并须经国家工商行政管理局核准。

自1985年之后，我国的技术市场开始活跃起来。一些大城市，如上海、天津已开设了对外开放的"技术转让商店"。在这种情况下，"技术商品"的广告，也开始在国内出现了。因此，国家关于广告管理的法规，就与技术转让也发生了一定联系。我国关于广告管理的法规中，与涉外技术转让较有关的，主要有两个。一个是国务院1982年颁布的《广告管理暂行条例》，其中规定了"外国企业申请在中华人民共和国境内刊登、播放、放置、张贴广告，参照本条例的规定进行管理"；还规定了"禁止广告的垄断和不正当竞争"。再一个是国务院办公厅1985年发出的《关于加强广告宣传管理的通知》，其中规定凡经营广告的单位，都必须在当地工商行政管理部门登记；对于在广告上弄虚作假，造成严重后果的，要依法惩办。在国际上，许多国家和地区性经济组织把广告管理法规列入商标法一类，因为广告与商标均是认明商品的主要"信息源"。

商标法与技术转让没有像专利法那样明显的直接联系，但有间接联系，有些间接联系还会起到很重要的作用。例如，可以利用注册商标权连继续展的优点，延长专利技术的实际受保护期限。因为，应用某种专利技术所制作的产品，一般都标有制造厂商的特定商标。在专利过期后，虽然其他人可以自由使用有关的技术，却不能自由使用有关的商标（如果该商标已经注册）。而产品的买主对于制作产品的技术是否获专利及其专利是否过期，并不像他们对产品的牌子那样关心。所以，使用了相同技术而未能使用相同商标的厂商，在市场上就竞争不过原厂商。他们如果想打开销路，虽不必从原厂商那儿取得技术许可证，但有必要去取得商标许可证。又如，在计算机软件还缺乏专门法律加以保护的情况下，有不少发行通用软件的软件公司，就是靠自己专用的注册商标来保护自己生产的软件的。其他人即使未经许可复制了他的软件去出售，由于顾客不认他们的商标，其销路也不会好。

我国暂时没有颁布版权法，对外国人的技术资料或其他进口物品，从理论上讲，没有保护其版权的义务。只有个别许可证合同的当事人，在合同中承担义务不复制对方的有关资料，这种义务仅仅对该当事人自己有约束力，与我们通常说的版权保护并不同（版权所有人的独占权是针对除他之外的一切人，而不仅仅是某一个人人）。但自 1978 年以来，我国与美国及菲律宾已签订过有版权保护内容的双边协定。我国与美国的协定，又恰好是由技术资料问题引起的（在两个协定中均有版权保护条款，一是中美高能物理协定，二是中美贸易关系协定）。因此，在涉及这两个国家的享有版权的技术资料及其他材料时，应当慎重一些。

我国现在还没有植物品种保护法、不公平竞争法、商业秘密法等等。在商标法中，对商誉尚未提供保护；对产地名称，则除酒类商品之外，也尚未提供有效保护。在对外技术交往中，不要忘记我国法律的这种现有状况。

第二节　我国的涉外经济合同法与技术引进合同条例

一、涉外经济合同法

1981 年 12 月，我国颁布了《中华人民共和国经济合同法》。这是一个比较全面的合同法，但它只调整国内企业、单位、个人之间的经济合同关系。该法第 55 条规定：涉外经济贸易合同条例参照本法的原则和国际惯例另行制定。这说明我国的经济合同法，对内与对外是分开的，是有所不同的。

1985 年 3 月，我国颁布了《中华人民共和国涉外经济合同法》（以下简称"涉外合同法"），其主要内容如下：

1. 适用范围

该法适用于国内企业或其他经济组织与外国企业、其他经济组织或个人之间订立的经济合同（但国际运输合同除外）。此外，根据对外经济贸易部负责人对该法的解释，如果在中国开办的外国企业或外国自然人之间在中国订立的合同，经当事人同意，也可以适用这部涉外合同法。

2. 涉外经济合同成立的条件

当事人就合同条款以书面形式达成协议并签字，合同即成立。但在两种特殊情况下还要有前提条件：（1）通过信件、电报、电传达成的协议，如果一方当事人要求签订确认书，则签订确认书之时，合同才成立；（2）我国法律、行政法规规定应当由国家批准的合同，获得批准时，合同才成立。涉外技术转让合同，大都属于第（2）种情况。

3. 合同的内容

涉外合同法要求一般合同不能少于以下条款：（1）合同当事人的名称或者姓名、国籍、主营业所或者住所；（2）合同签订的日期、地点；（3）合同的类型和合同标的的种类、范围；（4）合同标的的技术条件、质量、标准、规格、数量；（5）合同期，履行地、履行方式；（6）价格条件、支付金额、支付方式和各种附带的费用；（7）合同能否转让及转让条件；（8）违约赔偿及其他责任；（9）合同发生争议时的解决方法；（10）合同使用的文字及效力。

4. 法律适用与争议的解决

涉外合同法对一般合同没有硬性规定适用哪一国法，允许当事人自己协商选择；当事人如没有选择，即适用与合同关系最密切的国家的法律。但对于在我国境内履行的中外合资、合作经营企业合同、中外合作开发自然资源合同，均只能适用我国法律；我国法律未作规定的，则适用国际惯例。

对于争议的解决，涉外合同法也未作硬性规定，允许当事人选择以调解、仲裁或法院诉讼方式解决争议；至于仲裁，既可以在我国仲裁机构、也可以在其他仲裁机构进行。

5. 无效合同

涉外合同法明文规定两种合同无效：（1）违反我国法律或者社会公共利益的合同；（2）采取欺诈或者胁迫手段订立的合同。

6. 合同权的转让

涉外合同法规定合同权（以及合同义务）可以全部或部分转让，但有两个前提：（1）一方的转让行为要取得另一方的同意；（2）由国家批准方能成立的合同，转让也应经国家批准（但已批准的合同中规定了"转让合同权利、义务不必再经批准"的除外）。

7. 合同的变更、解除和终止

涉外合同法规定：变更合同，要经当事人协商同意。一方向另一方发出解除合同通知，必须有下列情况之一：（1）另一方违约，严重影响了订立合同时所期望的经济利益；（2）另一方未按期履约，在允许推迟的合理期限内仍未履约；（3）发生不可抗力，使合同的全部义务不能履行；（4）合同中原规定的解除合同条件已出现。终止合同，必须有下列情况之一：（1）合同已按原定条件履行完毕；（2）仲裁机构裁决或者法院判决终止合同；（3）双方协商同意终止合同。

8. 违约责任

涉外合同法所规定的违约方所负的赔偿责任，原则上要相当于另一方因违约而蒙受的损失。按照这个原则，即使事先在合同中规定了违约金数额，如果它过高或低于违反合同所造成的损失，当事人也可以请求仲裁机构或法院酌减或酌增。

9. 不可抗力

涉外合同法没有具体规定哪些事件属于不可抗力事件，允许当事人在订立合同时协商约定。

10. 与国际条约的关系

涉外合同法不是仅仅规定该法本身同国际条约的关系，而是规定了一切有关的我国法律与我国参加的涉及合同的国际条约的关系，即：在这两者之间有差异时，适用有关国际条约中的规定（但我国声明保留的条款除外）。

除上述 10 点之外，涉外合同法对于该法本身及今后的有关法律在实行方面，允许某些合同予以保留。该法附则中规定：在我国履行的、经国家批准成立的中外合资企业合同、合作企业合同、合作开发自然资源合同，在法律有新规定时，可以仍按照合同的原有规定执行。

二、技术引进合同条例及审批办法

（一）条例

1985 年 5 月，我国国务院发布了《中华人民共和国技术引进合同管理条例》，其主要内容如下：

1. 条例的管辖范围

该条例规定：中国境内的公司、企业、团体或个人，通过技术贸易或经济技术合作途径，从中国境外的公司、企业、团体或个人获得工业产权的转让或许可、Know-How 或技术服务，都属于条例的管辖范围。

对于在中国工商行政管理部门注册的外国资本企业、有外国资本参与的中外合资、合作经营企业从外国获得技术所签订的技术转让合同，也属于条例管辖范围。但中外合资经营企业中的外国投资方以技术作为股份资本投资的，适用中外合资经营企业法，不适用这个条例。

2. 批准程序

条例规定：技术的受方与供方必须签订书面的技术引进合同，并由受方在签字之日起的 30 天内提出申请书，报我国对外经济贸易部或该部授权的其他审批机关审批；经批准的合同自批准之日起生效。如果审批机关收到申请后 60 天尚未作出批准或不批准的决定，则合同自动生效。合同的修订或续展，都同样要申请和经过批准。

3. 审查标准

条例规定了四个方面的审查标准：

（1）引进的技术必须先进适用，并符合下列一项以上要求；①能发展和生产新产品；②能提高产品质量和性能，降低生产成本，节约能源或材料；③有利于充分利用本国的资源；④能扩大产品出口，增加外汇收入；⑤有利于环境保护；⑥有利于生产安全；⑦有利于改善经营管理；⑧有利于提高科学技术水平。

（2）合同必须遵守《中华人民共和国涉外经济合同法》和其他法律的有关规定，并应在合同中明确下列事项：①引进的技术的内容、范围和必要的说明，其中涉及专利和商标的应当附具清单；②预计达到的技术目标以及实现目标的期限与措施；③报酬、报酬的构成和支付方式。

（3）供方应当在合同中保证自己是所提供的技术的合法拥有者，并保证所提供的技术完整、无误、有效、能够达到合同规定的目标。

（4）在一般情况下（审批机关特殊批准的除外），合同中不得含有下列限制性条款：①要求受方接受同技术引进无关的附带条件，包括购买不需要的技术、技术服务、原材料、设备或产品；②限制受方自由选择从不同来源购买原材料、零部件或设备；③限制受方发展和改进所引进的技术；④限制受方从其他来源获得类似技术或与之竞争的同类技术；⑤双方交换改进技术的条件不对等；⑥限制受方利用引进的技术生产产品的数量、品种或销售价格；⑦不合理地限制受方的销售渠道或出口市场；⑧禁止受方在合同期满后，继续使用引进的技术；⑨要求受方为不使用的或失效的专利支付报酬或承担义务。

4. 对 Know-How 的专门保护

怎样为供方所提供的秘密技术保密，本来应当仅仅是在合同条款中规定的，而条例中却对此作了不可变通的硬性规定。这说明在我国未制定专门的商业秘密法或 Know-How 法的情况下，可以依本条例对 Know-How 加以保护。条例在第 7 条中规定：受方应当按照双方商定的范围和期限，对供方提供的技术中尚未公开的秘密部分，承担保密义务。

（二）审批办法

在技术引进合同管理条例颁布的同年分月，我国对外经贸部在"国际商报"上公布了《技术引进合同审批办法》（以下简称《办法》）。这个文件并不是上面讲到的那个条例的实施细则（细则将由对外经贸部另行公布），而是上述"批准程序"的具体化。这个文件主要有五项内容。

1. 必须依照该《办法》办理政府审批手续的合同种类

《办法》中规定下列几种合同，不论技术供方的国别、资金来源、偿付方式，都应按该《办法》的规定办理审批：工业产权和 Know-How 的转让或许可合同；技术服务合同（包括委托外国企业或同外国企业合作进行可行性研究或工程设计的合同，雇用外国地质勘探队或工程队提供技术服务的合同，委托外国企业就企业改造、生产工艺或产品设计的改进、质量控制、企业管理提供技术服务的合同等，但不包括聘请外国人在中国任职的合同）；含有工业产权、Know-How 转让或许可等内容的合作生产合同（但不包括单纯的散件装配、来料或来样加工）；以提供工厂、车间、生产线成套设备为目的，并且含有工业产权、Know-How 转让或许可，以及提供技术服务内容的合同；其他购买机器或设备、货物，又含有工业产权、Know-How 转让或许可以及提供技术服务内容的合同（但不包括单纯购买或租赁机器设备或货物，仅提供随机操作、维修说明书等技术资料或一般维修服务内容的合同）。

2. 三级审批制及相应的审批机关

凡根据现行限额规定（1985 年为 1000 万美元以上），由国家计划委员会批准可行性研究报告或相当于可行性研究报告文件的限额以上的项目，其合同由对外经贸部审批。

凡根据现行限额规定（1985 年为 500 万至 1000 万美元），由国务院有关主管部、直属局批准可行性研究报告或相当于可行性研究报告文件的限额以内的项目，其合同由对外经贸部或该部委托国务院有关主管部、直属局审批（《技术引进合同批准证书》由对外经贸部统一发放）。

凡根据现行限额规定（1985 年为 500 万美元以下），由省、自治区、直辖市、经济特区、沿海开放城市、计划单列市批准可行性研究报告或相当可行性研究报告的限额以下的项目，其合同由各该对外经贸厅（委、局）审批。凡由市、县批准可行性研究报告或相当于可行性研究报告文件的项目，其合同也由该市、县所在的省、自治区、直辖市对外经贸厅（委、局）审批。

3. 报审批的全部文件

需要审批的技术引进合同，应当在合同签字后的 30 天内，由合同受方的签字单位向合同审批机关报送下列文件：报批申请书；合同副本和合同译文文本；签约双方法律地位的证明文件。审批机关认为必要时，还可以要求提交其他文件资料。

4. 审查的主要内容

审批机关收悉合同审批申请书后，主要审查以下内容：合同是否符合批准的项目可行性研究报告或相当于可行性研究报告的文件；合同的基本条款是否完善；合同对所转让的技术的产权以及因转让而引起的产权纠纷的责任及其解决办法是否有明确、合理的规定；合同对所转让的技术应当达到的技术水平（包括对使用该技术生产产品的质量保证）是否有合理的规定；合同的价格和支付方式是否合理；合同当事各方的权利、义务、责任的规定是否明确、对等、合理；合同中是否有未经我国税务机关同意的税收优惠承诺；合同中是否有违反我国现行法规的条款；合同中是否有损害我国主权的条款。

5. 审批后的有关事宜

如果有关合同经审查不能批准，则审批机关将说明理由，并要求合同受方的签字单位与技术供方进行再谈判，作出修改后再报批。

如果合同经审查批准，则审批机关颁发（对外经贸部统一印制的）批准证书。各级审批机关须把证书复印件连同合同有关数据报对外经贸部登记。有关的技术引进合同在履行过程中办理有关银行担保、信用证、支付、结汇、报关、纳税或申请减免税收等事务时，必须出示合同批准证书，否则银行、海关或税务机关均有权拒绝受理。合同在履行中如有实质性修改或延长合同有效期，均须按照《办法》中的规定重新办理审批。

第三节　我国的中外合资企业法与外资企业法

一、中外合资企业法

1979 年 7 月，我国颁布了《中华人民共和国中外合资经营企业法》（下简称"中外合资企业法"）。这是我国自 1949 年以来第一部由全国人大通过的把工业产权作为一种财产权对待的法律。

中外合资企业法第 5 条规定："合营企业各方可以现金、实物、工业产权等进行投资"。该法与技术转让有关的条文，只有这一段。但如果结合 1983 年 9 月国务院颁布的该法的实施条例来看，我国的合资企业法涉及技术转让问题的，有下面几个方面。

1. 通过中外合资企业引进技术的范围

在实施条例第3条中，规定了国家允许哪些行业设立中外合资企业，这也就是可引进技术的范围，其顺序是：（1）能源开发，建筑材料工业，化学工业，冶金工业；（2）机械创造工业，仪器仪表工业，海上石油开采设备的制造业；（3）电子工业，计算机工业，通讯设备的制造业；（4）轻工业，纺织工业，食品工业，医药和医疗器械工业，包装工业；（5）农业，牧业，养殖业；（6）旅游和服务业。

在这里，并没有提到计算机软件产业，但可以认为它是包括在"计算机工业"中的。因为直到1985年1月，我国才把软件与计算机相并列，同时作为电子与信息产业的重点（见《人民日报》1985年1月12日第一版），而这个实施条例在一年多之前已颁布了。

实施条例还从否定的角度划了合资企业的范围，这也反映不能（通过办合资企业）引进的那些技术的范围，这就是第5条中所列的：（1）有损中国主权的；（2）违反中国法律的；（3）不符合中国国民经济发展要求的；（4）造成环境污染的；（5）签订的协议、合同、章程显属不公平，损害合营一方权益的。

2. 技术引进应起到的效果

办合资企业必须注重经济效益，通过合资企业引进技术也是如此。因此，引进技术起码应当能达到下列目的之一：（1）增加产品品种，提高产品质量和产量，节约能源和材料；（2）有利于企业技术改造，做到投资少、见效快、收益大；（3）扩大产品出口，增加外汇收入；（4）培训技术人员和经营管理人员。

3. 中外合资企业合同中应当订立的关于技术引进的条款

合资企业合同（如果有不止一个合同的话，这里指的是"主合同"）至少应当有下列条款规定技术作引进的问题：（1）外方是否以技术作为出资方式；如果是，则占该方出资的多大比例；如果不是，如何另计许可证使用费。（2）技术的名称与来源。（3）应用所引进的技术生产的产品在中国境内与境外销售的比例；外方对境外销售承担多大义务。由于引进技术是建立合资企业的主要目的之一，实施条例中又另外专用了两章来规定以技术为出资方式和出资之外的技术转让的情况。

4. 对于以技术为出资方式所做的规定

这种规定集中在实施条例的第四章。该章规定，凡以工业产权或 Know-How 技术作为出资，这些无形财产的估价要由建立合资企业的各方按照公平合理的原则协商确定，或者聘请各方所一致同意的第三者来评定。以技术作为出资方式的一方，应当提交有关专利的证书（如包含以商标权出资，则要有商标注册证书）的复制件，Know-How 的技术资料，这些技术的有效状况及技术特性、实用价值与作价的计算根据，还要有与我国签合同一方共同签订的作价协议等文件，并将这些文件作为主合同的附件。最后，外方作为出资的工业产权与 Know-How，均须经中方合营者企业的主管部门同意，并报审批机构批准。

5. 以技术为出资方式之外的其他技术的引进

这方面的规定见于实施条例第六章。该章所指的技术，不仅有合资企业的外方（不作为出资）提供的技术，而且有未参与合资的第三者提供的技术；该章的总原则，不仅适用于不作为出资的技术，而且适用于合资企业引进的一切技术。凡引进技术的协议（一般即为许可证合同）也须经中方企业的主管部门同意和审批机构的批准。协议必须符合下列条件才可能被批准：（1）技术使用费要公平合理，一般以提成方式支付（即一般不允许"一次总付"）；提成率不能高于国际上通常的水平；以产品的净销售额为基础计算（也可按双方一致同意的其他合理方式计算）。（2）供方不得限制技术受方出口产品的地区、数量和价格。但这一条是"可变通"的，如果双方协商同意作某些限制，也视为符合批准条件。（3）技术转让合同期一般不超过10年。（4）技术转让合同期满后，受方有权继续使用其中的技术。（5）供方继续提供自己改进的技术与受方反馈自己改进的技术，条件应当对等。（6）供方不得要求订立"搭卖条款"。（7）整个协议中也不得含有其他被中国法规所禁止的不合理的限制性条款。

6. 法律的适用与争议的解决地

整个合资企业的主合同的订立、效力、解释、执行及争议的解决，都只能运用中国法律。这就是说，以技术为出资方式，有关的技术附件（出资比例、估价等）无疑也适用中国法律了。但不作为出资方式而引进的技术，其转让协议适用什么法律，在条例中并没有讲。这就为协议的双方选择适用其他国家的法律留下了余地。不过，如果其他的技术转让协议经供、受双方同意而作为合资企业主合同的一个附件存在，它就只应当适用中国法律了，因为条例在第14条规定该主合同的一切附件，与主合同"具有同等效力"。

在技术转让协议中如果达成了书面的仲裁协议，则在发生争议时既可以在我国国际贸易促进委员会的对外经济贸易仲裁委员会仲裁（按该会仲裁程序规则进行），也可以在被诉一方所在国或第三国的仲裁机构仲裁（按该机构的仲裁程序规则进行）。如果没有书面的仲裁协议，那就只能依法在我国的法院起诉了。这是在实施条例第十五章中规定的原则。

二、外资企业法

1986年4月，我国颁布了《中华人民共和国外资企业法》。由于该法的实施细则尚未颁布，故目前可知的与国际技术转让有关的内容仅从该法第3条中有所反映。这一条是关于在中国设立外资企业的先决条件的规定。根据这一条，只有采用先进技术和设备，或者产品全部或大部分出口的外资企业，才允许在中国境内设立。在这里，"采用先进技术"仅仅是可供选择的先决条件之一，而不是一个必备的条件。就是说，如果有的外资企业虽然未在中国采用先进技术，但其产品主要用于出口，则也可以设立。

按照《外资企业法》第17条的规定，采用了先进技术或符合其他条件而在中国设立的外资企业，可以依照外国企业所得税法和国务院关于经济特区和沿海十四个港口城市减免企业所得税法和工商统一税的暂行规定，享受减税、免税的优惠待遇。

第四节 我国的涉外税法

一、个人所得税法

1980年9月和12月，我国先后颁布了《中华人民共和国个人所得税法》及其实施细则。其中与国际技术转让问题有关的，主要是以下规定：

（1）不在中国境内居住的个人就特许权（亦即提供、转让专利权、版权、Know-How）的使用权等项所得，应当就收入的全额纳税。

（2）不在中国境内居住的个人，从中国境内取得的工作、劳务报酬（即包括为中国一方技术受让人提供技术协助的外方人员报酬），应当就收入全额纳税。但在中国境内连续居住不超过90天的人，从中国境外的雇主领取的报酬，免予征税。

（3）上两项所得，是指一次性的收入或完成一件事的收入。可以对一个月内连续取得的收入合并为一次。

（4）从中国境内取得的股息、红利，必须纳税。但从中外合资经营企业、城乡合作组织分得的股息、红利，免予征税。对于在中国各地建设投资公司的投资，如果不分红利，股息也不高于国家银行、信用社储蓄存款利息的，也免予征税。

二、中外合资企业所得税法

1980 年 9 月和 12 月，我国先后颁布了《中华人民共和国中外合资经营企业所得税法》及其施行细则；1983 年又对该所得税法作了较大修订。其中与国际技术转让问题有关的，主要是以下规定：

（1）转让（包括所有权的转移与发放使用许可证）专利权、Know-How，注册商标权、版权等项所得，必须依法纳税 30%。

（2）在计算应纳税的所得额时，不得把购进各项无形资产的开支列为成本、费用和损失。

（3）作为出资方式的专利权、Know-How、注册商标权、版权和其他无形资产，按协议或合同规定的金额，从开始使用的年份起，分期摊销；属于作价买进的，按实际支付的金额，从开始使用的年份起，分期摊销。上述无形资产规定有使用期限的，应按规定期限分期摊销；没有规定使用期限的，可分 10 年摊销。

（4）合资企业所得如果是外国货币，应当按照填写纳税凭证当天的国家外汇管理总局公布的外汇牌价，折合成人民币纳税。

（5）合资企业及其分支机构在中国境外的所得，如果已经在外国缴纳了所得税，可以持纳税凭证获得抵免，但抵免额不得超过国外所得按照中国税法规定税率计算的应纳税额。

三、外国企业所得税法

1981 年 12 月，我国颁布了《中华人民共和国外国企业所得税法》，1982 年 2 月又颁布了它的施行细则。其中与国际技术转让问题有关的，主要是涉及中外合作经营企业外方应纳税的规定和其他有关规定，即：

（1）外国企业同中国企业合作生产、合作经营，除另有规定外，双方应当分别缴纳所得税。

（2）外国企业购进各项无形资产的开支，支付给该企业总机构的专利权、Know-How、注册商标权、版权等费用，在计算应纳所得税额时，均不得列为成本、费用或损失。

（3）外国企业所接受的专利权、Know-How、注册商标权、版权等无形资产，按照合理的价格所支付的金额，从开始使用的月份起，分期摊销。外国企业同中国企业在合作生产、合作经营中，如果以上述专有权作为出资方式，则可以按照协议或合同规定的金额，从开始使用的月份起，分期摊销。外国企业接受上述专有权或作为出资方式时，如果有使用期限，可以按该期限摊销；如果没有规定这种期限，则摊销期不得少于 10 年。

（4）凡来源于中国的专有权使用费，除另有规定外，都按照收入金额计算应纳税额（即按 20% 缴所得税），税款由支付单位在每次支付的款额中扣缴。

为了鼓励外国公司、企业和其他经济组织向我国提供新技术、新工艺和先进科技成果，我国财政部专门作出了对 Know-How 使用费及某些服务费给予减免所得税优惠的规定（于 1983 年 1 月正式执行），即：

（1）对于在 12 个领域中向我国提供的 Know-How 的使用费，仅按 10% 收所得税，其中技术先进、条件优惠的，可以免征所得税。这 12 个领域是：发展农、林、渔、牧业生产的 Know-How；为我国高等院校等科研单位开展研究而提供的 Know-How；为我国开发能源、发展交通运输的重点项目而提供的 Know-How；重大的先进机电设备生产技术；为节能与防治环境污染而提供的 Know-How；核能技术；大规模集成电路生产技术；光集成、微波半导体和微波集成电路生产技术及微波电子管制造技术；超高速电子计算机与微处理机制造技术；光导通信技术；远距离超高压直流输电技术；煤的液化、气化及综合利用技术。

（2）对于向我国提供下列四类技术服务所得，只要不涉及转让Know-How 使用权，即不征收预提所得税（但对设有机构、场所从事承包作业，提供劳务的，应按设有从事营利事业的企业单位征收所得税：对我国工程建设或企业现有生产技术的改革、经营管理的改进和技术选择、投资项目可行性分析以及设计方案、招标方案的选择等，提供咨询服务所收取的服务费；为我国院校、科研单位和企、事业单位学办有关企业管理和生产技术应用等项业务知识和技术知识讲习班所取得的技术指导费、人员培训费和图书、图纸资料费；对我国企业现有设备或产品，根据我方在性能、效率、质量及可靠性、耐久性等方面提出的特定技术目标，提供技术协助，对需要改进的部位或零件重新进行设计、调试或试制，以达到合同所规定的技术目标所收取的技术协助费；对建筑工地和设备的制造、安装、装配所提供的技术指导、土建设计和工艺流程设计以及质量检验、数据分析等所收取的技术服务费、设计费和有关图纸资料费。

1985 年 2 月，我国财政部对承包我国海洋石油工程作业和提供劳务的外国公司的纳税问题，发出过九条专门通知。其中规定：外国承包者按核定利润率计算所得额缴纳所得税的，先在作业或劳务地点纳税，年终最后一个项目结束时，由它的在华管理机构所在地的海洋石油税务分局汇算清缴；没有设立机构的，向最后作业或劳务项目所在地海洋石油税务分局汇算清缴。工商统一税在各承包项目所在地海洋石油税务分局缴纳。

此外，我国也在税收方面采取措施，鼓励我国的企业输出技术与劳务。1985 年 3 月，我国财政部在《对外承包公司征收国营企业所得税的暂行规定》中，作了如下规定：

（1）经国务院批准成立的对外承包公司，在中国境内外取得的生产经营所得和其他所得，分别计算征收国营企业所得税。

（2）在境内所得，按国内适用税率征收所得税；在境外所得，减按 20% 比例征收国营企业所得税。自公司经国务院批准成立后下一个财政年度起，5 年内免征境外收入所得税；5 年后按规定征税仍有困难的，经财政部批准可以酌减征收所得税。

（3）对外承包项目结算后的延期付款收入，凭延期付款协议书或其他文件延期征税。对外承包收入拖欠款损失较大的，以及有其他特殊情况的，经财政部批准可给予减免照顾。

四、涉外企业与涉外经营的关税与工商税法

为了鼓励外国公司、企业、其他经济组织或个人在中国投资和向中国提供先进技术与设备，为了积极开展对外加工装配和中小型补偿贸易、提高出口产品的生产技术，我国国务院及国务院下属的海关总署、财政部、对外经济贸易部等主管部门，自 1979 年以来，发布了一系列有关进出口关税及工商税的条例、细则、通知、办法等具有法规性质的文件，其中与国际技术转让问题有关的规定主要有：

（1）1979 年 9 月，国务院批转了《开展对外加工装配和中小型补偿贸易办法》；1982 年 10 月又由对外经济贸易部颁发了该办法的征免税实施细则，其中规定：加工装配和中小型补偿贸易所需的原材料、零部件及设备的进口，一律免征关税和工商税；中小型补偿贸易项目，在偿还设备价款期间，免缴税金和利润（补偿期满后，则按规定转为固定资产，按一般企业对待）。

（2）1983 年 6 月，我国海关总署、财政部、对外经济贸易部公布了《中外合资经营企业进口货物的征免税和管理规定》，对于以下三类货物的进口免征关税和工商统一税：

①外国合营者按照合同规定作为投资进口的机器设备和其他必要的物料；

②为开办合营企业以注册资本在国外购买进口的机器设备和其他必要的物料；

③用追加投资进口国内不能保证供应的机器设备。

（3）1984 年 1 月，我国海关总署、财政部、对外经济贸易部颁发了《关于中外合作经营企业进出口货物的监管和征免税的规定》，其主要内容如下：

①中外合作为开采海洋石油进口直接用于勘探、开发作业的机器、设备、备件和材料，以及作为制造开采作业用的机器、设备所需进口的零部件和材料，按照国务院批准的免征关税与工商统一税的规定，予以免征。

②凡属能源开发，铁路、公路、港口的基本建设，工业、农业、林业、牧业、养殖业、深海渔业、科学研究、教育以及医疗卫生方面的中外合作经营企业，按照合同规定进口先进的、国内不能供应的机器设备以及建厂和安装、加固机器设备所需材料，免征进口关税和工商统一税。

③中外合作经营企业专为加工外销产品而从国外进口原材料、零部件，免征进口关税和工商统一税。

（4）1985 年 3 月，我国国务院颁布了《中华人民共和国进出口关税条例》，重申和进一步明确了过去颁布的一系列法规的总精神，即：为国外厂商加工、装配成品和为制造外销产品而进口的原材料、辅料、零件、部件、配套件和包装物料，海关将按照实际加工出口的数量免征进口税；经济特区、中外合资经营企业、中外合作经营企业、客商独立经营企业（即外资企业）进出口的货物以及其他依法给予关税减免优惠的进门货物，按有关规定减税或者免税。

五、经济特区及开放城市企业所得税与工商税法

1984 年 11 月，我国国务院发布了《关于经济特区和沿海十四个港口城市减征、免征企业所得税和工商统一税的暂行规定》，其中与国际技术转让有关的主要内容如下。

（1）在深圳、珠海、厦门、汕头四个经济特区内开办的中外合资经营、合作经营企业以及外资企业，从事生产、经营所得和其他所得，减按 15% 税率征收企业所得税。中外合资企业的外方将企业分得的利润汇出境外，免征所得税。外方在中国境内未设立机构而从特区获得的知识产权及其他特许权使用费，除依法免征所得税的之外，都减按 10% 的税率征收所得税。其中转让的技术先进，需要给予更多减征或免征优惠的，由特区人民政府自定。

（2）在大连、秦皇岛、天津、烟台、青岛、连云港、南通、上海、宁波、温州、福州、广州、湛江、北海等十四个港口城市的经济技术开发区内，开办中外合资经营、中外合作经营企业以及外资企业，从事生产、经营所得和其他所得，减按 15% 的税率征收企业所得税。其中经营期在 10 年以上的，经市税务机关批准，可以从开始获利的年度起，第一年和第二年免征所得税，第三年至第五年减半征收所得税。外方汇出所得及对知识产权等特许权的使用费征税方法与经济特区相同。

（3）上述十四个城市的老市区及汕头、珠海、厦门的市区内开办的中外合资经营、合作经营企业及外资企业，凡属于技术密集、知识密集型的项目，或者外方投资额在 3000 万美元以上、回收投

资时间长的项目等，经财政部批准后，减按 15% 的税率征收企业所得税。对于不具备上面的减征条件，但属于下列行业的，经财政部批准后，可按税法规定的企业所得税率打八折计算征税：①机械制造、电子工业；②冶金、化学、建材工业；③轻工、纺织、包装工业；④医疗器械、制药工业；⑤农业、林业、牧业、养殖业及这些行业的加工工业；⑥建筑业。外方从这十四个城市的老市区及汕头、珠海、厦门市市区取得的知识产权及其他特许权使用费的征税办法，与经济特区相同。

从 1984 年 9 月起，国内企业在税收方面的"工商税"已改为"营业税"与"产品税"；但对涉外企业（合资或外资企业）征收的，仍旧是"工商统一税"。

六、避免双重征税的双边协定

截至 1986 年 4 月，我国已经分别与英国、奥地利、丹麦、新加坡、挪威、马来西亚、美国、法国、日本、比利时及联邦德国等国签订了避免双重征税的双边协定。这些双边协定，都在平等互利的基础上，以解决双方国家税收利益问题为出发点，参照了国际的通常做法，其中与英、法、比、日及西德的双边协定已经生效。

1977 年 4 月，联合国经济合作与发展组织曾通过了一份《关于对资本利得避免双重征税的协定范本》。1979 年 12 月，联合国经济与社会理事会也曾通过一份《关于发达国家与发展中国家之间双重征税问题的协定范本》。我国在与上述国家签订双边协定时，都参考了这两个范本中的主要规定，因此比较符合国际惯例。

这些双边协定的内容大同小异，没有必要一一介绍。其中我国与日本于 1983 年 9 月签订（1984 年 6 月生效，从 1985 年 1 月 1 日开始的纳税年度起实行）的协定中，包含一般税收抵免与饶让抵免两种制度，具有一定代表性，故以该协定为例作一些说明。

中、日双边协定的全称是《中华人民共和国政府和日本国政府关于对所得避免双重征税和防止偷漏税的协定》。该协定由中国外交部长吴学谦与日本外务大臣安倍晋太郎分别代表两国政府签署。协定用中、日、英三种文字写成；三种文本具有同等效力；如果在解释上发生分歧，则以英文本为准。协定中所说的双方税收主管当局，在中国系指财政部或财政部授权的代表，在日本系指大藏大臣或他所授权的代表。

协定中规定了下面一些总原则：

（1）缔约国一方居民从位于缔约国另一方的不动产取得的所得，可以在该缔约国另一方征税。

（2）缔约国一方企业的利润，应仅在该缔约国征税（但该企业通过设在缔约国另一方常设机构，在该缔约国另一方进行营业的除外）。

（3）缔约国一方企业以船舶或飞机经营国际运输取得的利润，应仅在该缔约国征税。

（4）缔约国一方居民公司支付给缔约国另一方居民的股息，可以在该缔约国另一方征税。但这些股息也可以按照支付股息的公司是其居民的缔约国的法律，在该缔约国征税。在后一种情况下，如果收款人是该股息的受益人，则所征税款不应超过该股息总额的10%。

（5）发生于缔约国一方而支付给缔约国另一方居民的利息，可以在该缔约国另一方征税。但这些利息也可以在该利息发生的缔约国，按照该缔约国的法律征税。在后一种情况下，如果收款人是该利息的受益人，则所征税款不应超过利息总额的10%。

（6）发生于缔约国一方而支付给缔约国另一方居民的特许权使用费（包括版权、专利、商标、Know-How 等等的使用费），可以在缔约国另一方征税（即在供方国家征税）。但这类使用费也可以在其发生的缔约国，按照该缔约国的法律征税（即在受方国家征税）。在后一种情况下，如果收款人是有关使用费的受益人，则所征税款不应超过使用费总额的 10%。

（7）缔约国一方居民出让位于缔约国另一方的不动产取得的收益，可以在该缔约国另一方征税。

（8）缔约国一方居民由于专业性劳务（包括独立的科学、文学、艺术、教育、教学活动，医师、律师、工程师、建筑师、会计师等的活动）或者其他独立性活动的所得，应仅在该缔约国征税。

（9）在一般情况下，缔约国一方居民因受雇取得的薪金及其他类似报酬，除在缔约国另一方受雇的情况以外，应仅在该缔约国一方征税。

但缔约国一方居民作为缔约国另一方居民公司的董事会成员取得的董事费和其他类似款项，可以在缔约国另一方征税。缔约国一方居民作为文艺工作者在缔约国另一方从事个人活动的所得，可以在缔约国另一方征税，或按照文化交流计划而免税。缔约国一方居民，作为个人在缔约国另一方公认的教育机构，从事教学或研究工作，时间不超过三年的，所得报酬免于征税。缔约国一方居民作为学生、学徒或实习生在缔约国另一方为接受培训目的而收取的所得，也免予征税。

（10）缔约国一方居民在缔约国另一方取得的其他各项所得（系指双边协定中没有明确规定的所得），可以在缔约国另一方征税。

除上述 10 个方面之外，这个协定还规定：缔约国一方国民在缔约国另一方负担的税收或者有关条件，不应与该缔约国另一方国民在相同情况下，负担的税收不同或更重一些。这一点，是本部分开始时提到的两个联合国机构的范本中均规定了的"无差别待遇"原则。

中日双边协定所规定的避免双重征税的方法是一般税收抵免制，此外另有税收饶让抵免制。

一般税收抵免制体现在协定第 23 条的一二两款中。从中国一方来讲，凡我国居民从日本取得的所得，按照协定规定的对该项所得缴纳的日本国税收数额，应允许在对该居民征收的中国税收中抵免，但抵免额不应超过对该项所得按照我国税法计算的相应税收数额；如果从日本国取得的所得是日本居民公司支付给我国居民公司的股息，而该我国公司拥有日方支付股息公司的股份在 10% 以上，则该项抵免应考虑支付该股息的公司就该项所得缴纳的日本国税收。就日本一方来讲，日本居民在我国取得的所得，可按协定的规定在我国征税，该税额应允许在日本国税收中抵免；如果从我国取得的所得是我国居民公司支付给日本居民公司的股息，而该日本公司拥有中方支付股息公司的选举权股份或总股票在 25% 以上，则该项抵免应考虑中方支付股息公司所缴纳的中国税收。

饶让抵免制体现在协定第 23 条的第 3、第 4 两款。"饶让抵免"在国际税法中的通常名称是"视同已征税额抵免"。这种抵免，作为对一般抵免的补充，目的在于使纳税人得到真正的实惠。因为，一般的抵免，仅仅是免去纳税人在订有双边协定的一方国家已纳的实际税额。如果该人在一方国家虽负有纳税义务，但实际上并未纳税，或纳税后又从别的渠道获得补偿，则他在另一方国家就得不到抵免。例如，日本公司 A 向我国公司 B 转让技术，A 从 B 得到的使用费，按日本税法应纳税 30%。中国税务机关在中国依法收取了 A 20% 的税金，A 在日本就可以按照双边协定只交另外 10%。而如果中国为了鼓励技术引进，宣布对 A 免征所得税，则按照一般抵免方法，A 在日本仍须交 30% 税金。原因是 A 在中国未实际纳税，无从"抵免"。这样一来，中国对技术使用费免征税的措施，仅仅造成国家间财政收入的转移，纳税人却未得到任何实惠。如果采用视同已征税额抵免，在这个例子中就是：A 虽未在中国缴纳原应纳的 20%，但日本则必须把它作为已纳了 20% 的纳税人对待，仍旧只能征另外 10% 的税。这样，A 就得到了实际的好处。日本并没有因此减少任何财政收入，只是我国原应得到的一笔收入转给了日本的技术供方。这种抵免方式，不仅有利于我国吸引日资、鼓励日方向我国提供转让技术，也有利于日本开展它的对外贸易，增强它在国际市场上的竞争力。

在中日避免双重征税协定中（以及与其他国家签订的这类协定中），对于饶让抵免的范围，作了比较严格的限制。在中日双方的协定中，该范围仅仅限于在几部中国法律中的有关条文，即《中华人民共和国中外合资经营企业所得税法》第 5 条、第 6 条及该法的施行细则第 3 条，《中华人民共和国外国企业所得税法》第 4 条、第 5 条。除此之外，以及该协定签订之后，我国为促进经济发展而在法律中采取的任何类似的减免税措施，则只有经中日双方政府同意后，才能划入可获得税收饶让抵免的范围。这是在《中日双边协定》第 23 条第 4 款第（三）段中规定的。按照这一段的规定，在中日双方政府未达成协议之前，日方投资者，技术许可人等等，尚不可能按照我国 1984 年 11 月对十四个沿海开放城市减免某些税的法规，取得饶让抵免的待遇。

最后，在已签订的中外双边税收协定中，有三个协定各含三个比较特殊的地方，需要特别指明一下。

在中美双边税收协定的正文中，没有订入关于饶让抵免的任何条款。但在该协定的附件，即美国总统写给中国总理的备忘录中，指出一旦美国修改了国内税法或美国与其他国家在双边税收协定中订了饶让抵免制，则将立即沿用到中美双边税收关系中。

在中法双边税收协定中，对于一部分收入的征税，采取了"累进豁免制"，这与上面谈到的一般的"抵免制"有所不同。累进豁免制（Exemption with Progression）指的是一个国家在行使其征税权时，对其居民的境外所得不予征税，但在决定对居民国内所得征税的税率时，有权对居民的国外所得加以综合考虑。而抵免制（Credit）指的则是行使居住管辖权的国家，对其居民在国内、国外取得的所得一律予以汇总征税，但该居住国允许居民将其在国外向外国政府已纳的税额，在应向本国纳税时予以扣除。

在中英双边税收协定中，对于知识产权及 Know-How 的使用费（Royalty）收入征税时，没有采用上述中日协定（上文第 6 点）提到的 10% 的税率，而是作了一个较特殊的规定：只就应征税收入总额的 70% 部分，征收 10% 的税。这实际上等于采用了 7% 的税率。

第五节　我国的外汇管理法与银行法

一、外汇管理法

1980 年 12 月，我国国务院颁布《中华人民共和国外汇管理暂行条例》，它分为六章，从 5 个方面对外汇管理作了全面规定，即：

（1）对国家单位和集体经济组织的外汇管理；

（2）对个人的外汇管理；

（3）对外国驻华机构及其人员的外汇管理；

（4）对侨资企业、外资企业、中外合资经营企业及其人员的外汇管理；

（5）对外、贵金属和外汇票证等进出国境的管理。

其中除第（3）方面外，都与国际技术转让有不同程度的联系。

为了实施这个条例，从 1981 年到 1985 年，国家外汇管理局又公布了一系列实行细则。

（1）1981 年 12 月，国家外汇管理总局（1982 年机构调整后，不再称"总局"）公布了《对个人的外汇管理施行细则》，其中规定：

①个人的发明创造、著作等在境外发表、出版和以个人名义出境讲演、讲学，或向境外报纸、杂志、专业刊物投稿等所得出版费、版权费、奖金、补助金和稿费等外汇，必须及时调入境内，不得存放境外；按照国务院和主管部的有关规定或经同意，属于个人应得的部分，允许留存。

②来中国的外国人，应聘在中国境内机构工作的外籍专家、技术人员、职工等等，由外国或港澳等地区汇入或携入的外汇，可以自行保存，可以卖给或存入中国银行，也可以凭海关原入境申报单汇出或者携出境外。其中应聘在中国境内机构工作的外籍专家、技术人员和职工，需要申请汇出或者携出外汇，由中国银行按照合同、协议的有关规定办理。

（2）1983年8月，国家外汇管理局公布了《对侨资企业、外资企业、中外合资经营企业外汇管理施行细则》，该细则以及1980年暂行条例中的相应部分规定：

①这类企业的一切外汇收入，都必须存入中国银行；切外汇支出，从其（在中国银行的）外汇存款账户中支付。

②这类企业与中国境内的企业或个人之间的结算，除经国家外汇管理局或分局核准者外，都应当使用人民币。

③这类企业中的外方依法纳税后的纯利润和其他正当收益，可以向中国银行申请从企业的外汇存款账户中汇出；如果外方将外汇资本转移到中国境外，应当提出申请，从企业的外汇存款账户中汇出。

④这类企业中的外籍或港澳职工依法纳税后，汇出或携出外汇不得超过本人工资等正当净收益的50%。

⑤在中国从事合作开采海洋石油、煤炭等资源和从事其他合作、合资经营的侨资、外资、中外合资企业，按照中外双方合同规定用产品回收资本和分配利润的，外方投资者提取和拥有的份额内的产品可以运出，但必须汇回应在中国缴纳的税款和其他应付的款项。

如果在中国境内出售，所得外汇在纳税和缴纳其他应付款后，可以汇出。

（3）1985年4月，国家外汇管理局公布了《违反外汇管理处罚施行细则》，其中规定：

①中国境内机构以人民币为侨资、外资、中外合资企业及短期入境个人支付其在国内的各种费用，由对方付给的外汇没有卖给国家的，以及这些企业和个人以人民币为他人支付各种费用，而由他人以外汇或者其他类似形式偿还的，都属于套汇。对于套汇者将区别情况给予处罚。

②中国境内机构、侨资、外资、中外合资企业以低报出口货价、佣金等手段少报外汇收入，或者以高报进口货价、费用、佣金等手段多报外汇支出，将隐匿的外汇私自保存或存放境外的；驻外机构以及在境外设立的中外合资企业的中方投资者，不按国家规定将应调回的利润留在当地营运或移作他用的，均属于逃汇。对逃汇者将处以比套汇者更严厉的处罚。

③管汇机关查处违反外汇管理案件时，为了防止违法单位转移资金，可以通知银行冻结其违法款项（冻结时间不超过两个月）。

④当事人对管汇机关的处罚不服，可以向上级管汇机关申请复议；对复议再度不服，可以向当地人民法院起诉。

（4）1985年11月，中国银行颁布了《中国银行外币存款章程》，其中规定：凡从境外汇入、携入和境内居民持有的可自由兑换的外汇，均可存入"外汇账户"，其本息可以汇往境外，可以支取适量外钞。凡从境外携入或境内居民持有的可自由兑换的外币现钞，均可存入"外钞账户"，其本息可以支取外钞，但若汇往境外则需按金额大小经中国银行或外汇管理部门批准。存款人或其直系亲属获准出境，可以按规定从存款账户中支取外币现钞，并可凭出境证件由存款银行开给携带外币出境证明。

这一章程颁布后，大大放宽了对外汇、外币现钞存、取款的原有限制，有利于国家增加外汇储备。

二、银行法

（一）总的银行条例

1986 年 1 月，我国国务院发布了《中华人民共和国银行管理暂行条例》，其中对我国银行管理的总原则、各种类型银行的设置、以及货币发行、信贷等作出了全面规定。该条例与国际技术转让没有直接的密切关系，但如果某单位进口技术或开发出口技术项目需要国家贷款或地方贷款的，将涉及这个条例。这个条例不适用于在我国境内举办的中外合资经营、外国独资经营的金融机构。对于经济特区的中国专业银行分支机构和其他金融机构的管理，也并不一般地适用这个条例，而将由中国人民银行总行根据该条例制定补充规定。

（二）经济特区涉外银行条例

1985 年 4 月，我国国务院公布了《中华人民共和国经济特区的外资银行、中外合资银行管理条例》。这个条例制定的目的之一，就在于有助于引进技术。

条例中所称的"外资"银行，指总行设在外国或香港、澳门地区，依照当地法律注册的外国资本的银行在我国经济特区设立的分行，以及总行设在我国经济特区，依照我国法律注册的外国资本的银行。在特区设立外资或中外合资的银行分行或总行，均须按不同规定向中国人民银行特区分行提出申请并经其批准。

经批准的外资及中外合资银行的业务范围可包括下列内容：

（1）本、外币放款和票据贴现；

（2）国外和香港、澳门地区汇入汇款和外汇托收；

（3）出口贸易结算和押汇；

（4）外币和外币票据兑换；

（5）本、外币投资业务；

（6）本、外币担保业务；

（7）股票、证券买卖；

（8）信托、保管箱业务，资信调查和咨询服务；

（9）侨资企业、外资企业、中外合资经营企业和中外合作经营企业的汇出汇款、进口贸易结算和押汇；

（10）侨资企业、外资企业、中外合资企业和中外合作经营企业的本、外币存款及透支，外国人、华侨和港澳同胞的本、外币存款及透支；

（11）办理国外或香港、澳门地区的外汇存款和外汇放款；

（12）其他业务。

如果外资或合资银行违反该条例（或其他银行法规），中国人民银行特区分行有权给以警告或处以罚款。

（三）其他规定

1979 年以来，中国银行及中国人民银行还颁布过一些规定，其中有的与国际技术转让有直接或间接的联系。

例如，中国银行于 1980 年发布的《中国银行短期外汇贷款办法》规定：贷款的使用范围包括引进先进技术，进口设备、材料，扩大出口商品的生产能力，提高产品质量，增加花色品种，支持对外加工装配、补偿贸易等。

值得注意的是，这个贷款办法中，专门对"买方信贷"的业务作了规定，即：

（1）借款单位必须向签订买方信贷协议的国家订货，并按中国银行与外国银行签订的买方信贷协议办理。

（2）使用买方信贷的贷款项目，借款单位应在订货卡片上注明使用买方信贷。外贸公司同外国供货商签订的商务合同，应在支付条款中写明使用哪个银行的买方信贷。

（3）与外商签订商务合同时，中国银行应同时与外国提供买方信贷的银行谈判，签订具体使用买方信贷的协议。对外签订协议的工作，根据具体情况由总行办理，或由总行授权分行办理。

这里指的是我国的单位（作为买方）使用外国银行提供的买方信贷的情况，前面讲过，它在补偿贸易中是经常出现的。至于外国的买方使用我国银行提供的买方信贷，购买我国的技术或设备，是一项至今尚未开展起来的业务。随着我国技术与设备出口的增加，将来我国银行也有可能开展这项业务。

此外，对于国内单位以其他方式对外借贷问题，国务院曾在1983年4月发过专门通知；对于开展涉外补偿贸易时的银行保险业务，中国人民银行及中国人民保险公司自1979年以来发布过一系列试行办法；对于商业汇票承兑贴现等问题，中国人民银行也于1985年3月发布过暂行办法。

第六节　我国民法、民事诉讼法及仲裁法中的涉外部分

一、民法中的有关规定

我国全国人大常委会下设的法制委员会自1979年起开始起草民法，到1982年已起草了第四稿。但由于我国经济改革刚刚开始，我们还缺乏经验，而民法涉及范围很广，制定完整的民法典条件尚不成熟。因此，在1986年4月的全国人民代表大会第六届四次会

议上，我国通过了一个《民法通则》，对比较成熟和有把握的问题作出了规定。此外，其他一些在此之前和之后颁布的民事或与调整民事关系有关的单行法，也是我国民法的组成部分。

在《民法通则》中，关于知识产权的保护占专门一节，即第五章第三节。这里讲的知识产权，不仅包括在经济权利上专有的版权、专利权与商标权，而且包括就科学发现及一般发明及科技成果（无论是否获得专利）享有的精神权利及取得奖励的权利。

《民法通则》第八章，对于涉外民事关系的法律适用作了专门规定，这与我国开展的技术进出口贸易活动有直接关系。其中最应当了解的是下面几点：

（1）我国缔结或参加的国际条约中与我国民法有不同规定的，适用国际条约的规定（我国已声明保留的条款除外）；我国的法律及我国缔结或参加的国际条约均无规定的，适用国际惯例。

（2）我国公民定居国外的，其民事行为能力可以（不是"必须"）适用定居国法律。

（3）重申了《涉外经济合同法》中关于处理合同争议所适用法律的规定。

（4）侵权行为的损害赔偿，适用侵权行为地法律。当事人双方国籍相同或在同一国家有住所的，也可以适用当事人本国法律或住所地法律。我国法律不承认在我国地域外发生的行为是侵权行为，也不作为侵权行为处理。

这最后一点对我们参加的国际技术转让活动是极为重要的。

二、民事诉讼法的有关规定

1982 年 3 月，我国颁布了《中华人民共和国民事诉讼法（试行）》（以下简称"民诉法"），其中第五编是关于涉外民事诉讼程序的特别规定。其主要内容如下：

1. 外国当事人在诉讼中的地位

民诉法规定，外国人、无国籍人在我国法院起诉、应诉，同我国公民有同等的诉讼权利和义务；外国企业及组织在我国法院起诉、应诉，依照民诉法的规定享有权利和承担义务。可以看出，从总的原则上讲，外国人在民事诉讼方面在我国可享有"国民待遇"。但是，外国人（及法人）、无国籍人在我国法院起诉或应诉，均必须委托我国律师（而我国公民既可以委托律师，也可以委托其他代理人，还可以自己起诉或应诉）。寄给中国律师或其他公民的授权委托书，必须经其所在国公证机关证明，并经我国驻该国使、领馆认证，才具有效力。我国法院审理涉外案件，全部使用中国通用的语言、文字。外国当事人的一切文件均须译成中文。

此外，我国历来把作为主权者的国家同作为法人的国家企业严格区分开。在涉外民事诉讼中，一般只有作为法人的国家企业能够充当原告或被告。至于外国国家，只有它放弃豁免权时，我国法院才受理它的起诉或应诉。

2. 与国际条约的关系

我国民诉法承认国际条约优先的原则。凡中国参加的国际条约，如果其中含有与我国民诉法不同的规定，均以该条约的规定为准（但我国声明保留的条款除外）。我国《民法通则》第142条，对此也有完全相同的规定。

民诉法还规定：根据我国参加的国际条约，或按照互惠原则，我国法院与外国法院可以互相委托，在一定前提下代为进行一定的民事诉讼。如果法院判决（或仲裁裁决）需要强制执行，而执行对象（被诉人或被诉人的财产）又不在我国地域内，我国法院可委托外国法院执行。

3. 诉讼保全

在涉外民事诉讼中，如果我国法院认为当事人一方的某种行为或其他原因，有可能使日后的判决无法执行或难以执行，可以根据对方当事人的申请，作出诉讼保全的裁定，责令被申请人提供担保；拒不提供的，可以扣押其财产。

4. 法院的管辖权

我国民诉法实行地域管辖原则。涉外民事案件，均由中级人民法院管辖。如果被告是中国公民，则外国原告可以在该公民户籍或居所所在地的中级人民法院起诉。如果被告是居住在中国的外国人，则可以在该外国人居所地的中级人民法院起诉。对于侵权案件，我国民诉法规定侵权行为发生地法院有管辖权。对于合同纠纷，则合同履行地或合同缔结地法院有管辖权。如果某个诉讼案的管辖法院不止一个（例如同一个合同在两地展行），则原告可以选择其中最有利于判决执行的那个地域的中级人民法院起诉。当事双方均为外方的外国企业、组织之间的经济、贸易、运输和海事中发生的纠纷，当事人可以按照书面协议提交中国涉外仲裁机构仲裁，或向有管辖权的人民法院起诉。这是我国民诉法对某些特定诉讼案的协议管辖权的规定。

此外，与专利权、商标权等有关的诉讼案，只能由我国法院管辖；其中有些诉讼，只能由北京市中级以上人民法院管辖（在前面我国专利法介绍中已讲过），这是专属管辖权。

三、仲裁法的有关规定

我国尚未颁布系统的涉外仲裁法。目前，与国际技术转让有关的仲裁方面的法规，只有 1956 年颁布（1980 年修订）的《中国国际贸易促进委员会对外经济贸易仲裁委员会仲裁程序暂行规定》以及民诉法第二十章。

我国贸促会的对外经济贸易仲裁委员会，只根据双方当事人关于选择在该委员会仲裁的书面协议，才受理争议案件。

这种书面协议，既可以是合同中的仲裁条款，也可以是双方当事人专门达成的仲裁协议。仲裁协议中必须包括：（1）仲裁地点；（2）仲裁机构；（3）仲裁程序；（4）仲裁裁决的效力。在中国仲裁，仲裁员即在对外经济贸易仲裁委员会的委员中选任。

选择在中国仲裁的双方，必须承认仲裁裁决是终局的，对双方都有约束力的；经裁决的案件，当事人不得再向人民法院起诉。但是，当事人一方不履行裁决时，另一方当事人可以申请仲裁机关所在地或有关财产所在地的中级人民法院依照我国民事诉讼法强制执行。

在我国单位订立涉外经济合同（包括技术转让合同）的实践中，如果双方达不成在我国贸促会仲裁的协议，一般另有以下两种选择：

1. 组成临时仲裁庭仲裁

临时仲裁庭一般由 3 名仲裁员组成。当事双方各指定 1 名仲裁员，然后由被指定的 2 名仲裁员共同选定第三名仲裁员。如果双方中的一方在第一仲裁员被指定后 60 天内未能指定他的仲裁员，或在第二仲裁员被指定后 60 天内，2 名被指定者未能选定第三名仲裁员，则有关的仲裁员由斯德哥尔摩商会仲裁院指定。

2. 选择在被诉一方所在国或在第三国仲裁机构仲裁，按该机构的仲裁程序进行

有我国当事人一方参与的技术转让合同的争端，在不得不选择于第三国仲裁时，大都选择斯德哥尔摩商会仲裁院。

第七节　我国经济特区的有关法规

自 1980 年以来，我国已开辟了一批经济特区及沿海开放城市。全国人大常委会为特区制定了一些专门法规，同时准许特区经其所在地省人大常委会的批准，自己制定一些法规。由于开辟特区本身即以引进先进技术为一项主要目的，故特区法规中的大多数都不同程度涉及国际技术转让。现有特区法规中，为广东省特区而颁布的，以及该省特区（尤其是深圳特区）自己颁布的法规，比较有代表性，故本节主要以这些法规为例，作一些介绍。

一、经济特区条例

1980年，全国人大常委会批准颁布了《中华人民共和国广东省经济特区条例》。其中与国际技术转让有关的规定主要有：

（1）在特区，一切在国际经济合作和技术交流中具有积极意义的工业、农业、畜牧业、养殖业、旅游业、住宅和建筑业、高级技术研究制造业及客商（即外方）与我方共同感兴趣的其他行业的企业，都可以投资兴办或与我方合资兴办。

（2）客商在特区可以独立经营自己的企业，雇用外籍人员担任技术和管理工作。

（3）在税收方面，对于技术性高的企业（包括外资企业、中外合资企业及国内企业），给予特别优惠待遇（企业所得税额将低于15%）。客商如果把所得的利润用于在特区内再投资，为期超过五年者，还可以进一步减免用于再投资部分的所得税。

二、特区涉外合同规定

1984年1月，广东省人大常委会批准公布了《深圳经济特区涉外经济合同规定》（以下简称"规定"）。其中除了与我国后来颁布的涉外经济合同法中相同之处外，主要还有以下内容：

（一）"规定"的适用范围

（1）特区内的中国企业或其他经济组织（即"特区方"），与外国企业或其他经济组织或个人，在特区内为发展经济、技术合作，依中国法律确立相互权利、义务关系的协议；

（2）在特区注册经营的外资企业、中外合资企业、中外合作企业之间，特区企业与外国企业或个人之间，以及特区企业与设在特区的中国企业及其他经济组织之间，所签订的在特区内履行的经济协议；

（3）华侨、港澳同胞、台湾同胞或其公司、企业与特区方、特区企业签订的经济合同。

（二）几种合同的必备内容

"规定"具体开列了合资企业、合作企业、补偿贸易与来料加工四种合同的必备内容。

1. 合资企业合同

系指特区方与客商共同投资兴办企业的合同。这类合同中应包括：（1）合资各方的名称（姓名）、注册国家（地区）、法定地址和法定代表的姓名、职务、国籍；（2）合资企业的名称、地址、宗旨、土地使用面积、经营范围和规模；（3）合资企业的投资总额、注册资本，合资各方的出资额、出资比例、出资方式、出资的缴付期限以及处理出资数额欠缴、转让的规定；（4）采用的主要生产设备、生产技术及其来源；（5）原材料购买及产品销售方式；（6）合资企业的建设进度以及合资各方在筹备、建造、生产、经营等方面的责任；（7）合资经营期限、解散及清算程序、期满后的财产归属；（8）财务、会计、审计的处理原则；（9）劳动管理、工资、福利、劳动保护和保险等事项的规定；（10）董事会的组成、任期及职责；（11）总经理、副总经理的聘用办法，人员组成及其职责、权限；（12）利润或亏损的分配及有限责任；（13）担保及违约责任；（14）仲裁协议或其他解决纠纷的办法；（15）签订的地点和日期；（16）双方认为必要的其他事项。

2. 合作经营合同

是由特区方提供土地使用权、资源开发权、厂房、劳动力及服务，客商提供资金、设备、材料、技术等，合作从事生产经营或兴办企、事业的合同，其必备内容与上面"1"中规定的大体相似。

3. 补偿贸易合同

是由客商向特区方提供技术、设备和材料进行生产，特区方用产品偿还客商的合同。这类合同应包括下列主要内容：（1）客商提供的技术、设备、材料的名称、规格（型号）、质量、数量、价格、包装、交货时间和地点、验收标准和方法、补偿总价款和补偿办法；（2）特区方补偿产品的名称、数量、规格、质量、价格、包装、交货时间和地点、验收标准和办法；（3）结算银行、货币、利率及支付方式；（4）担保及违约责任；（5）合同期及补偿期限；（6）仲裁协议或其他解决纠纷的办法；（7）特区方完成合同任务后，利用闲置生产能力的权利；（8）签约地点及日期；（9）双方认为必要的其他事项。

4. 来件装配、来料加工合同

是客商提供原料、零部件、元器件（或提供一定的设备、技术），特区方按客商要求加工或装配，成品交客商销售，特区方收取工缴费的合同。这类合同主要应包括：（1）来件、来料的名称、规格（型号）、质量、数量、损耗率、交货地点、运输费、验收标准和办法、时间、进度要求等；（2）加工装配成品的名称、规格、质量、数量、检验方法、交货地点、时间、进度、运输费、包装要求等；（3）加工费单价、总价、试制产品承担试样费用；（4）总算银行、货币及其支付；（5）合同期限；（6）担保及违约责任；（7）与上述补偿贸易合同中（6）至（9）相同。

（三）其他规定

"规定"对于不可抗力事件，具体开列了三种：（1）严重的自然灾害；（2）战争；（3）合同中约定的其他不可抗拒事件。"规定"要求合同均以中文订立。如果必须有中文与外文两种合同文本并列，则应以中文文本为准。

三、特区技术引进法规

1984年1月，广东省人大常委会批准公布了《深圳经济特区技术引进暂行规定》（以下简称"暂行规定"）。其中除与我国后来颁布的技术引进合同管理条例相同的内容外，还有：

（一）引进范围及优惠待遇

"暂行规定"要求所引进的技术必须是适用的、先进的、具有明显经济效益的，其中包括已取得专利的技术、正在申请专利的技术与Know-How技术。如果所引进的技术具有世界先进水平，或具有重大经济效益，双方当事人可以凭深圳市科学技术发展中心和有关国家科研部门出具的证明，向深圳市税务机关和土地管理等部门提出申请，经批准后，在税收和土地使用等方面，按照特区有关规定给予特别优惠待遇。

（二）引进方式

"暂行规定"允许采取五种方式引进技术即（1）供方提供技术或提供专用设备及其技术，与受方合作经营；（2）许可证贸易；（3）补偿贸易；（4）技术咨询或技术服务；（5）以技术作为投资股本。

（三）技术引进的批准程序

申请技术引进的当事人，应先向深圳市人民政府提交申请意向书和可行性研究报告，经审核同意后，领取技术转让申请书，然后才能与外方签订合同。合同签订后再报市人民政府审批；政府将在 3 个月内决定批准与否。经批准的合同，自批准之日起生效。合同的续展同样要报市政府批准，审批期限为 1 个月。

（四）对合同内容的专门要求

（1）合同中不得订有使任何一方受到不合理限制的条款，或显然不公平的条款。

（2）除了以技术作为投资股本方式外，技术引进合同期一般不超过 5 年（但经双方同意并报深圳市政府批准，可适当延长）。转让专利技术的合同，终止日期不得超过该项专利权的终止日期（但以技术作为投资股本的除外）。

（3）如果合同被批准后 6 个月未实施，深圳市政府可予以撤销。

（4）一方当事人未经另一方同意而转让合同的权利与义务，应负违约责任。

（5）供方以技术作为投资股本与受方合资经营的，技术股本的比例最高不得超过该合资企业注册资本的 20%，同时应以等值以上的现金或实物作为投资股本。一方当事人未经另一方同意，擅自把已作为股本投资的技术转让他人的，也要负违约责任。

1984 年 3 月，福建人大常委会也公布了《厦门经济特区技术引进规定》，其中许多内容与上述深圳的暂行规定基本相同。不过厦门的规定特别强调了禁止引进将导致破坏生态平衡或危害环境的技术。此外，厦门的规定还申明，如果引进的技术具有下列条件之一，则受方可以享受厦门市人民政府规定的特别优惠，并可以向特区的国家银行申请低息贷款或资金援助：

（1）经国家科研部门鉴定证明具有世界先进水平的；

（2）能明显提高产品在国际市场竞争力的；

（3）改造现有企业具有显著经济效益的。

第五章　西欧经济共同体的有关法律

西欧经济共同体虽然在经济上和许多政治问题上可以统一对外，并被国际上承认具有国际法主体的资格，但它毕竟不是一个国家，而是十二个独立的国家组成的集团（到 1986 年 1 月为止，共同体成员国有：比利时、丹麦、联邦德国、法国、希腊、爱尔兰、意大利、卢森堡、荷兰、英国、西班牙、葡萄牙）。因此，本章中所说的"法律"，在多数情况下指的是该共同体的一些具有跨国实体法性质的公约、条例及对共同体成员国法院有重大影响的"欧洲法院"的判决。本章中涉及的跨国法中，有三个并不是严格意义上的"西欧共同体法律"，它们的效力延及了几个共同体之外的国家，同时又对共同体内的个别国家无效。不过目前国际上仍称之为共同体的跨国法，因为人们确信它们（或从它们演绎出的其他跨国法）迟早会对整个共同体都有效。

在本章的末尾，准备在技术转让法范围内谈谈共同体国家有关法律中的一些差别。

第一节　西欧的统一工业产权法

从 20 世纪 60 年代以来，西欧国家就致力于统一这个地区不同国家的专利法与商标法。最早，在比利时、荷兰、卢森堡三个国家缔结了统一商标法及统一外观设计法的公约。

后来，以欧洲经济共同体国家为主，并有其他一些西欧国家参加，缔结了一系列与专利保护有关的公约。这些公约对于促进这一地区国家之间及该地区作为一个整体与世界上其他国家之间的技术贸易，起着很重要的作用。

西欧地区在专利法统一活动方面的成果比较多。例如，早在巴黎公约成员国于斯特拉斯保缔结《专利国际分类协定》之前，西欧国家就缔结了《发明专利国际分类欧洲公约》；在上面提到的比、荷、卢以及北欧各国，也都很早就制定出一些统一法。但这些不是本节介绍的主要内容。

本节主要介绍三个在统一西欧专利制度方面起了重大作用的公约，即：（1）1963 年在法国斯特拉斯堡缔结的《统一发明专利实体法公约》（以下简称"实体法公约"）；（2）1973 年在联邦德国的慕尼黑缔结的《欧洲专利权授予公约》（一般均被称为《欧洲专利公约》，即 EPC）；（3）1975 年在卢森堡缔结的《共同市场欧洲专利公约》（一般均被称为《共同体专利公约》，即 CPC）。参加后面两个公约的国家，都必须是《保护工业产权巴黎公约》的成员国。

一、实体法公约

这个公约是 1980 年生效的，到 1985 年 1 月为止，已有联邦德国、法国、意大利、列支敦士登、卢森堡、瑞典、瑞士、英国、爱尔兰九个国家参加。该公约在专利法的实体内容方面，对成员国作出了一系列统一要求。其中主要有以下几点：

1. 专利保护期

公约各成员国国内法所规定的专利保护期必须是 20 年，不能长，也不能短。

2. 专利发明的新颖性

各成员国在实质审查中，必须以"绝对新颖性"的标准来要求申请专利的发明。就是说，只有在申请日之前，未在世界上任何刊物上公开的、也未通过任何行动（如实施某项发明）公开的发明，才可能获得专利。

3. 专利审查制

公约要求其成员国对专利申请案必须实行实质审查制或部分审查制，不能实行注册制。

4. 不可取得专利的发明

公约要求各成员国对违反"公共秩序"的发明，对动植物新品种发明，不得授予专利（但并不排斥各国以专门的"植物新品种保护法"另外保护植物发明）。

5. 优先权原则

该公约还规定了与巴黎公约中优先权原则完全相同的原则。

此外，实体法公约对个别程序问题（如专利申请案的必备内容，书写方式等）也作了一些规定。

实体法公约的作用，实际超出了成员国的范围。许多未参加该公约的西欧国家，也参照其中的要求调整了本国的专利法。

二、《欧洲专利公约》

这个公约 1977 年生效，到 1985 年 1 月为止，已有奥地利、比利时、联邦德国、法国、意大利、列支敦士登、荷兰、卢森堡、瑞典、瑞士、英国十一个国家参加。

按照这个公约，在西欧地区建立起一个跨国专利局——"欧洲专利局"（即 EPO）。它的总部设在慕尼黑，此外还有两个分局，一个在海牙，另一个在西柏林。总局主要负责专利申请案的受理、实质性审查及批准或驳回。分局主要负责申请案的形式审查与新颖性的检索。欧洲专利局并不负责维护专利或撤销专利的工作，它的任务只是到"批准"为止。

所以，《欧洲专利公约》是一个"专利权授予公约"。但是，《欧洲专利公约》各成员国在"欧洲专利"所有人那里收取的专利年费，须把其中一部分转交欧洲专利局；"欧洲专利"所有人转让专利权或与其他人签订专利许可证合同，也须在欧洲专利局登记。这可以说是该专利局在授予专利之后还要过问的仅有的两件事。转让"欧洲专利"所保护的技术，应在欧洲专利局登记，是"欧洲专利"的所有人必须注意的。我国在近几年，已有北京大学的王选、浙江大学的路甬祥、北京空气动力研究所的姜瀛洲等发明人，就计算机存储器、变量泵调节装置、三通半球阀等技术及产品，在欧洲专利局申请了"欧洲专利"。今后还会有更多的个人或单位申请这种专利。故对利用"欧洲专利"开展技术贸易的一些规则应有必要的了解。

申请"欧洲专利"，可以通过《欧洲专利公约》成员国的专利局转呈，也可以直接向欧洲专利局申请。申请案必须用英文、法文或德文中的一种书写。因为欧洲专利局不会主动授予申请人在十一个西欧国家都有效的"欧洲专利"，所以申请案中必须由申请人自己指定其发明愿意受哪些国家保护，这种国家即是该申请案（及日后所授予的专利证书）中的"指定国"（Designated States）。申请人应考虑自己的发明在哪些国家的技术市场上有发放许可证的可能再考虑指定国的范围，不一定把所有该公约的成员国都指定为专利保护国。另外，有些发明也不可能在十一个国家中都受保护（例如，奥地利暂时保留不保护医药发明的权利）。此外，在十一国均享有权利的"欧洲专利"，每年须交的专利年费会相当高。但一份申请案中的指定国也不宜少于三个，否则申请人花费的申请手续费，与在一个个西欧国家分别申请就不相上下了，这就会失去申请"欧洲专利"的意义。据统计，平均每份"欧洲专利"申请案中的指定国为五个。

申请案在欧洲专利分局通过初步审查后，就会在（从申请案提交到欧洲专利局之日算起）第十八个月被公布。按照西欧大多数国家的专利法，申请案一经公布，申请人就可以放手转让其中的技术（即发放许可证），因为这时申请案中的初期权利可以受到保护，申请人对于未经许可而实施其中的技术的人，有权在法院起诉，要求制止其行为或要求赔偿损失。应当注意的是："十八个月"是从申请案提交日算起，而不是从"法定申请日"算起。法定申请日指的是申请人就同一发明首次提交申请案、并依照巴黎公约享有优先权的日子。前面提到过，巴黎公约的优先权期为十二个月。因此，如果申请人的第一次申请案并不是在欧洲专利局提交的，其"欧洲专利"申请案的公布日期有可能是自法定申请日算起的第三十个月。

对于"欧洲专利"的申请人资格，《欧洲专利公约》中没有专门限制。因此，该公约成员国之外的申请人，可以在申请人资格上享有与公约成员国申请人一样的国民待遇。

一项"欧洲专利"的申请案被批准之后，就要由各指定国依自己的法律去维护有关专利了。各指定国也有权在权利冲突诉讼或侵权诉讼中判决该专利有效或无效；如果判其无效，该国即不再是该"欧洲专利"的指定国了。但各国法院判决"欧洲专利"在该国无效，只能依据《欧洲专利公约》第138条规定的下面几条理由之一：（1）有关的专利权人不属于有资格享有专利者；（2）有关专利的主题不属于可获得专利的发明；（3）有关专利的说明书没有对发明作充分、清楚的披露，以致同一技术领域的技术人员无法实施；（4）有关专利的权项请求超出了专利说明书的范围。

《欧洲专利公约》在第71~74条中，对"欧洲专利"申请案中的技术的转让问题做了一些规定。"欧洲专利"申请案在各指定国均构成某种财产权，可以在指定国范围内转让或发放许可证。在利用申请案中的技术从事技术贸易时，"欧洲专利"申请案的法律地位等同于各指定国的国内专利申请案。

三、《共同体专利公约》

《共同体专利公约》是1975年缔结的。这个公约也不排斥西欧经济共同体之外的国家参加，但是只有共同体内所有国家都参加了，它才能够生效。到目前为止，共同体国家荷兰、爱尔兰、丹麦等国尚未批准它，所以它尚未生效。这个公约一旦生效，《欧洲专利公约》就自然地成为履行它的第一步，即：靠《欧洲专利公约》批准在西欧地区两国以上地域内有效的跨国专利（"欧洲专利"），再靠《共同体专利公约》（而不是各国自己的法律）维护这种专利。到那时，"欧洲专利"也将改称"共同体专利"。不过，《共同体专利公约》即使生效，也并不取代共同体内外参加该公约的国家自己的专利制度。到那时，这些国家中除了有依照《共同体专利公约》来维护的跨国专利外，同时还有依照本国专利法来维护的英国专利、法国专利等本国专利。

在以"共同体专利"为基础进行转让或发放许可证问题上，公约在第39条与第43条分别作出了规定。各国专利法中关于部分转让或部分放弃专利所有权的传统规定，都不再适用于"共同体专利"。如果专利权人将三个公约成员国定为"指定国"，他在转让所有权时就不能只转让在一两个国家的所有权，而必须作为整体一齐转让。对于发放"共同体专利"许可证没有作这种限制，"共同体专利"权利人可以在其专利的指定国之内发放整体的或部分的许可证。许可证可以是独占性的，也可以是非独占性的。

实施专利技术（包括以许可证方式将实施权转让他人）是"共同体专利"权利人的一项义务；如果权利人在一定时期内不实施，就将对其专利颁发强制许可证。但"共同体专利"的"实施"，并不意味着必须在一切指定国内都实施。例如：以奥、法、德为指定国的一项"共同体专利"，只要在奥地利一国实施了，法国和联邦德国专利局就无权对它颁发强制许可证。只有为了某个指定国的公共利益，必须在该国应用某种专利技术时，该国专利局才有权（在该专利已于其他指定国实施但未在该国实施的情况下）颁发强制许可证。《共同体专利公约》为了鼓励专利权人实施或许可其他人实施先进技术，采用了"当然许可证"的制度。"共同体专利"的权利人可以向欧洲专利局声明：凡希望实施其专利技术的人，不必要专门同他签订许可证合同，就可以自行实施（但要支付使用费）。欧洲专利局将在专利公报上刊登有关声明。这种专利权人就算是发放了"当然许可证"。对发这种许可证的权利人的"奖励"，是减收其专利年费。任何人发出了"当然许可证"而又想收回，还可以再向欧洲专利局声明，但不能阻止已开始实施其专利技术的人继续实施。此外，已经发出过独占许可证的人，由于已把实施权全部转移给了别人，就无权声明发"当然许可证"了。《共同体专利公约》虽然尚未生效，但在缔结它之后修订本国专利法的许多西欧国家，都采用了"当然许可证"制度，这对于这些国家推广应用先进技术无疑起到了促进作用。

"共同体专利"与其他专利一样，是一种无形财产权。《共同体专利公约》虽然规定了以该公约作为一部"跨国法"，统一维护在各个指定国有效的"共同体专利"，但该公约中却并没有具体的财产法或其他民法的细节。因此，在这点上还不得不以各个指定国的本国法作为补充。该公约在第 39 条中规定：在技术转让中以及在抵押等其他活动中把"共同体专利"当作财产权加以利用时，它在各指定国中的法律地位，（除公约有专门规定外）相当于"共同体专利"权利人本国财产法所保护的产权。如果在共同体成员国中无经常居所或营业所的其他国家的人获得了"共同体专利"，其专利在作为财产权利用时，相当于联邦德国财产法所保护的产权。对于"共同体专利"，任何成员国的法院或专利局均无权撤销，只有欧洲专利局有这种权力。在这一点上，它与"欧洲专利"不同。

四、共同体统一商标条例

1964 年，西欧经济共同体委员会下设的一个工作小组，起草出一份《共同体统一商标条例》，1981 年之后又对它作了重大修改。1984 年 6 月，共同体委员会最后通过了《共同体统一商标条例》但条例何时生效，尚未确定。

《共同体统一商标条例》生效之后，作用与《共同体专利公约》相似：它将产生出在共同体内各个国家有效的跨国注册商标权，但又不排斥各成员国自己的商标注册制度。不同的是："共同体商标"的注册申请人只能申请在所有共同体成员国均有效的商标注册，而不能有什么自由选择的指定国。"共同体商标"的注册所有人如果发放商标使用权的许可证（包括在技术转让中许可他人使用其商标），必须经过将来成立的共同体商标局的批准，并进行登记。如果该商标局认为其他人一旦使用某个"共同体商标"，就可能在共同体市场上引起不同来源商品的混淆，或造成欺骗性后果，就有权不批准有关的许可证。

1984 年通过的该条例最后文本中，有下列几项内容比较引人注目。

1. 关于"共同体商标优先"原则

在该条例的前几个文本中，规定取得了共同体商标注册，就享有比任何成员国国内注册更优先的地位。就是说，如果在市场上发生了商标权利冲突，相同或相似的成员国注册商标，必须为共同体注册商标让路。这种规定引起许多成员国企业家的不满。1984 年文本中改为：共同体商标的优先地位，不能妨碍成员国原注册商标的既定权利。如果发生商标冲突，成员国的商标注册在先，则共同体注册商标必须让路。但对于普通法（主要是英国）保护下的非注册商标，则共同体商标在任何情况下都占有优先地位。

2. 注册商标权"国际穷竭"原则

知识产权本来是在一国之内经权利人同意而在市场上使用后才产生穷竭问题。共同体注册商标既然是将所有成员国都当成指定国，在商标的注册专有权穷竭问题上，共同体就相当于一个大"国"了。那么，一个获得了共同体注册商标权的意大利商人，将自己的商品带有该商标标识而投放意大利市场后，是否导致其商标权在千里之外的丹麦穷竭呢？统一条例的回答是肯定的。这就是"国际穷竭"原则。

3. 与《国际商标注册马德里协定》相联系

统一条例生效后，其管理机关将与负责按马德里协定受理商标国际注册申请的机关建立联系。马德里协定的成员国国民提交商标的国际注册申请案时，可以把西欧经济共同体当作一个"指定国"来对待。目前，共同体国家中还有英国、希腊、丹麦及爱尔兰未参加马德里协定。统一条例与马德里协定建立起联系后，并不要求这几个国家非参加马德里协定不可。同时，这几个国家的国民却有权享有马德里协定成员国国民的待遇。这是跨国商标权所产生的又一个奇特的后果。

4. 工作语言

统一条例将使用英、法两种语言为工作语言。

第二节　西欧经济共同体的不公平竞争法

一、罗马条约中的有关规定

1958年缔结的《建立欧洲经济共同体罗马条约》（简称"罗马条约"），是西欧经济共同体成员国之间最重要的多边条约，参加共同体的国家，首先要批准它。这个条约的第 36 条与第 85 条集中规定了与技术转让有关的不公平竞争法的原则。

罗马条约第 30~35 条，规定"禁止以任何方式限制或妨碍共同体成员国之间的商品进出口"。但是，正如前面讲到过的，专利法如果赋予专利权人以"进口权"，他就有权禁止国外以相同技术生产的产品进口。发达国家的版权所有人，一般也都享有"进口权"，即有权禁止某些版权产品（书籍、原声磁带、影片等）进口。严格按照罗马条约第 30~35 条办事，就等于剥夺了某些知识产权所有人的一部分专有权利。因此，该条约在第 36 条中补充规定：为行使自己的工业产权或商业产权而妨碍商品进出口的情况，不受第 30~35 条约束。应当注意：共同体成员国的律师及法学工作者们，以及共同体的"欧洲法院"法官们，一致认为罗马条约第 36 条中所称的工、商产权，也包括版权，这与在一般情况下提及工业产权则排除版权不同。

罗马条约第 85 条第 1 款，是关于共同体不同成员国国民之间订立的合同的规定，可以说是具有"跨国合同法"效力的条款。这一款规定：凡妨碍、限制共同体内的公平竞争或对这种竞争有不良影响的合同，都在被禁止之列。但是，无论专利许可证、Know-How 许可证还是商标许可证，尤其是独占性的许可证，都必然起到一定程度妨碍竞争的作用。如果宣布这一类许可证合同均属非法，那又会剥夺了共同体内工业产权及 Know-How 所有人利用自己的专有权，取得使用费的权利。因此，第 85 条第 3 款又补充规定：只要有关合同对于促进商品流通或技术进步起到积极作用，则即使对竞争有所妨碍，也不在禁止之列，可免除其妨碍竞争的责任。

二、共同体内的知识产权"穷竭"原则

罗马条约第 30~35 条禁止任何妨碍商品自由流通的行为，第 36 条又为行使某些专有的知识产权时的这种妨碍行为开了绿灯。那么，

怎样才能把这两部分相反的规定调和起来，既让知识产权所有人行使自己的权利，又不过于妨碍商品自由流通，就成为必须解决的问题了。

为此，共同体通过《共同体专利公约》及欧洲法院的一些判例，制定了专利权与版权在某种情况下销售权、进口权及使用权"穷竭"的原则。具体讲，对于专利权人，《共同体专利公约》第81条规定：其专利产品一经他本人（或他许可用其专利技术制作同样产品的人）投入流通领域后，专利权人对于销售、进口或使用这部分产品所享有的专有权就算行使完了（即"穷竭"了）。此后，其他人怎样分销、转销或从一个共同体成员国向另一个共同体成员国出口这些产品，怎样使用这些产品，专利权人均无权过问了。对于享有版权的作品，欧洲法院在一系列判例里也肯定了专有权"穷竭"的原则。不过对于版权作品来说，在经版权所有人同意而投放市场后，所"穷竭"的仅仅是销售权，不包括版权中的其他专有权。

专利权"穷竭"的原则在许多国家的专利法中都有体现。例如我国《专利法》第62条第1款，就是这条原则的体现，但这条原则在西欧经济共同体内，与在其他国家中有两点不同：第一，对于"共同体专利"来讲，只要经专利权人将有关产品在一个成员国投入市场，就导致在共同体各国中的专利权"穷竭"。第二，"穷竭"原则不仅适用于西欧经济共同体内部，而且适用于共同体国家与那些同它订有双边免税协定的非共同体国家间的专利商品的进出口活动。

三、相对独占与绝对独占许可证问题

1982年6月，西欧经济共同体的最高司法机构"欧洲法院"，受理了一起诉讼案。案子的原告是联邦德国的艾塞尔公司，被告是共同体委员会。这就是有名的"玉米种"案例（Maize Seed Case）。它之所以有名，是因为欧洲法院对该案的判决，确定了共同体中相对独占许可证的合法性与绝对独占许可证的非法性问题，并指出该判例确定的原则适用于一切专利及商标许可证。这就对共同体国家的技术转让法产生了重大影响。

该案本身涉及的并不是专利问题，而是"类专利"即植物新品种问题。艾塞尔公司作为一项植物新品种（玉米种）专有权许可证的被许可人，被授权控制某玉米新品种向联邦德国进口或向任何其他共同体成员国出口。这实质是一项独占许可证。共同体委员会认为这项许可证违反了罗马条约第 85 条第 1 款的原则，又不属于该条第 3 款的可免责的贸易活动，因此属于非法的许可证。欧洲法院的判决与此不同，它认为：不能无区别地把一切独占性许可证都当成阻碍自由竞争的，都当成非法的，而应当区别对待。该法院把独占许可证分为两种：（1）相对独占许可证（Open Exclusive Licence），直译可译为"开放型独占许可证"。这种许可证的被许可人有权在一国地域内排斥包括许可人在内的任何人利用许可证中包含的专利或"类专利"。不过，如果许可人是某项发明专利的所有人，他可能在不止一个国家都就同一发明获得了专利权，他在联邦德国发放了许可证，可能在法国也发放了许可证。如果联邦德国的被许可人获得的是独占许可证，他行使的权利又仅仅是阻止使用联邦德国专利制作的产品出口或出口之后再返销回来，则不发生什么问题，因为这时还不影响第三者的利益，也没有从根本上影响共同体内商品的自由流通。所以，这种许可证是合法的。（2）绝对独占许可证（Absolute Exclusive Licence）。在上述例子中，如果该联邦德国的独占被许可人还享有更广的权利，以致能够阻止同一专利权人在法国的被许可人将应用法国专利制作的相同产品向联邦德国出口，这种许可证就带有绝对独占性了，它将会产生三个后果。第一，第三者的利益受到了影响。就一项联邦德国专利达成的许可证协议，只应约束该专利的许可证双方，不应约束外国专利的被许可人。第二，专利权人等于把"进口权"也全部授予联邦德国的被许可人，即"卖绝"专利权，实质上是在有限时期内将专利所有权转让了。这就会影响专利权人本人的收益。第三，一国被许可人有权阻止另一国被许可人的贸易活动，显然妨碍了共同体内商品流通，不符合罗马条约第85条第1款的原则。因此，欧洲法院认为：在共同体内，绝对独占许可证是非法的。

第三节　西欧经济共同体的
《专利（与Know-How）许可证条例》

20世纪60年代以后，专有性技术的许可证贸易活动发展起来了。前面谈到，这种许可证贸易有可能违反罗马条约第85条第1款，也有可能通过该条第3款免责。欧洲法院经常要处理因专利及Know-How等专有技术许可证是否违反罗马条约而引起的诉讼案。实践证明，靠该法院分别处理这类案件，并以判例形式申明共同体各成员国在技术贸易中应遵守的规则，不如颁布一项对各成员国的这类贸易活动均有约束力的跨国法规。从1965年开始，共同体委员会就着手起草一份《专利许可证垄断责任免除条例》。其目的在于表明：虽然专利许可证带有某种垄断性质，但为使专利权人能合法地利用自己的权利（即发放许可证和收取使用费），在一定情况下将不以专利许可证违反公平竞争原则（即反垄断原则）论，也就是免除其垄断责任。这个条例一直作为草案存在了近20年。直到1984年7月，共同体委员会才正式通过了它的84~2349号条例，亦即《专利（与Know-How）许可证条例》，这个条例的原名很长，叫作《关于对某些类型的专利许可证合同适用罗马条约第85条第3款的共同体委员会条例》。这个条例自1985年1月生效，首次有效期为10年；

10 年之后是续延还是修订或重新制定，要在期满前再定。我们可以把这个条例看作迄今为止发达国家第一部具有跨国效力的技术转让法。

这个条例主要从许可证的许可人（供方）、被许可人（受方）各自的义务及共同义务方面，规定了哪些许可证条款属于合法的，哪些属于含"限制性贸易做法"（Restrictive Trade Practice）的条款，亦即非法条款。此外，条例还规定了它的适用范围，以及共同体委员会可对许可证合同行使的某些权力。

一、有关供方义务的合法条款

在专利及 Know-How 许可证中如果包含着下列有关供方义务的条款，将不以违反罗马条约论处：

（1）要求供方承担义务，在许可证有效期内不允许受方之外的其他企业在共同体的全部或部分地域内应用已经许可给受方的发明。这一条实际是允许在共同体内发放"独家"许可证。

（2）要求供方本人承担义务，在许可证有效期内、在许可证所划地域内不实施已经许可给受方的发明。这一条实际是允许在共同体内发放"独占"许可证。当然，按照上一节讲过的"玉米种"判例的规则，这种独占只能是相对的，不能是绝对的。

（3）要求供方在本许可证中订立比同一供方向其他被许可人提供的条款更加优惠的条款。

二、有关受方义务的合法条款

许可证中如果包含下列有关受方义务的条款，也不以违反罗马条约论处：

（1）要求受方不在共同市场的那些供方本人已保留"平行专利"的地域内，应用许可证中提供的专利发明。"平行专利"即指同一个专利权人就同一项发明在不同国家分别取得了专利的情况。

（2）要求受方不在共同市场的那些同一供方的其他被许可人行使权利的地域内，应用有关的专利发明及 Know-How。

（3）要求受方不以竞争性方式在上述（2）所指的范围内销售有关的专利制品、做销售广告、设立分公司或经营分销点。

（4）要求受方于供方或其他被许可人将同样专利产品首次投放市场的五年之内，不在上述（1）（2）所指的范围内将其专利产品投放市场。

（5）在允许受方注明自己系产品制造者的前提下，要求受方使用供方指定的商标及产品样式。

（6）为充分发挥所提供的专利发明的技术效力而要求受方从供方或供方指定的第三者那里取得有关的商品或服务项目。

（7）要求受方支付的提成费不少于某个最低限额，或要求受方的产品数量须达到某个最低限额，或要求对所提供的技术的应用，达到某个最低限度的指标。

（8）要求受方仅限于在供方所提供的专利技术可应用的某一个或某几个技术领域（而不是一切领域）应用该技术。

（9）要求受方不得发放从属许可证（分售许可证）。

（10）要求受方在产品上标示出专利权人的名字、专利标记或专利许可证标记。

（11）要求受方不泄露供方所提供的 Know-How，并可以要求受方在许可证合同到期后，仍负这项保密义务。

（12）要求受方将专利被侵犯的情况告知供方；要求受方对侵权人依法起诉；要求受方在供方对侵权人起诉时予以协助；但不得要求受方放弃对供方的专利有效性提出争议的权利。

（13）要求受方依照说明书保持产品的质量标准，并使供方有权为此对受方进行必要的检查。

三、有关双方共有义务的合法条款

许可证中如果包含下列涉及双方义务的条款，也不以违反罗马条约论处：

（1）上述"一""二"中列举的供、受各方的义务，只有在受方自己、受方的有关企业（例如，占至少一半股权的受方的合资企业，合作企业等）或经供方许可的从属许可证被许可人生产相应的产品的情况下，才能适用。

（2）要求双方在许可证合同有效期内，将自己就有关转让中的技术所做的改进，或应用该技术时取得的新经验向对方传递，并要求双方就所改进的成果发放交叉许可证。但交叉许可证不能是独占性的。因为独占性交叉许可证实质使供、受双方共同垄断了有技术的实施权，这就违反了罗马公约第 85 条。

四、有关双方义务的非法条款

如果许可证中包含下列条款，即"限制性贸易做法"条款，则将被看作违反罗马条约：

（1）禁止受方对于供方（及与之有关的企业）在共同市场内享有的专利或其他工业产权或商业产权的有效性提出争议。对此应补充的是：禁止受方提争议的条款虽属于非法，但如果供方在受方提出争议时要求中止许可证合同，则是合法的（即不被看作违反罗马条约）。

（2）在许可证中的原专利失效后，供方又补充提供新获得的专利，并以此自动延长许可证的合同期。这样的条款之所以非法，是因为供方如果不断用新专利补充已过时的原专利，就会使许可证合同期无限制地延续下去，这就妨碍了受方与其他同一技术领域的专利所有人签许可证的自由。但如果在这样的条款中补充规定了受方中止合同的权利，则该条款就合法了。此外，宣布这类条款非法，并不排斥供方在原专利已过期、但与该专利相联系的 Know-How 尚未进入公有领域时，继续向仍旧使用该专利及 Know-How 技术的受方收取使用费。

（3）一方限制另一方在共同体内，在研究、发展、生产、使用、销售等方面同该方或与该方有关的企业开展竞争。

（4）在（并非由于受方的过失而导致）供方提供的 Know-How 进入公有领域之后，仍要求受方为 Know-How 支付使用费；要求受方为并非用供方的（或并非全部用供方的）专利所生产的产品支付完全的使用费。对此应补充的是：如果在签订许可证前的谈判中，为照顾受方，使其便于支付，而把支付金额平摊在整个许可证合同期内，则在 Know-How 或其他专有技术进入公有领域后仍要求受方支付，就不属于非法的了。

（5）限制受方的生产或销售数量，或不允许受方充分发挥供方所提供的技术的效力。

（6）一方对另一方销售有关产品时的价格、价格成分或折价销售等等进行限制。

（7）一方从争顾客的目的出发，对另一方的产品的销售对象进行限制，尤其是对销售对象的范围或销售方式进行限制。对此应补充的是：如果供方对受方的上述限制属于本节之二中某些合法条款的范围内，受方对供方的限制属于本节之一第（1）种条款的范围内，则不以非法论处。

（8）要求受方将其在供方所提供之专利基础上改进的成果，全部或部分地转让给供方。

（9）在签订许可证的谈判中，诱使受方接受其本来不需要的专利，商品或服务项目。

（10）除本节之一、二中所允许的限制之外，限制受方从许可证有效地域内向其他共同市场区域销售其产品。

（11）任何一方对另一方的销售活动所做的其他限制。例如，无正当理由而阻止另一方向用户或分销商供货。

因为包含这 11 条中任何一条的许可证，都有妨碍公平竞争的后果，故不能被免除违背罗马条约的责任。

五、条例的适用范围

从地域范围上讲，在《专利（与 Know-How）许可证条例》的前言中，共同体委员会指出：即使某些许可证合同所划的效力范围在共同体成员国之外，但如果该合同对西欧共同市场有影响，并属于罗马条约第 85 条第 1 款所指的那些类型的合同，本条例即适用于它们，像适用于以共同体成员国为许可证效力范围的合同一样。

条例的第 1 条暗示：它仅适用于由两方（而不是两方以上）当事人达成的许可证协议或签订的许可证合同。

从专有权的种类上讲，这个条例适用于就专利、专利申请案、实用新型、实用新型申请案，实用证书及实用证书申请案中的权利达成的许可证协议，也适用于就尚未公布的专利申请案达成的许可证协议，同时适用于上述专有权连同 Know-How 一并达成的许可证协议。但条例中没有提是否适用于外观设计专有权的许可证。这是因为该条例是为技术转让活动而制定的，外观设计一般并不包括在"技术"之列。

从技术转让的性质上讲，该条例适用于专利所有权及与之相应的其他权利的转让，适用专利权人本人发出的许可证，也适用于被许可人发出的从属许可证。

条例在第 5 条中指出：它不适用于垄断专利实施权的许可证（如独占性交叉许可证），不适用于合资企业任何一方或持有股权的合作企业的任何一方对该合资、合作企业转让技术的许可证，不适用于两个企业之间在互惠原则下交换专利、Know-How 及商标使用权的许可证，不适用于植物新品种的专有权人发放的许可证。

六、共同体委员会在其他领域批准免责的权力及其他权力

对于有些贸易合同，它们在《专利（与 Know-How）许可证条例》适用的范围之外，但也属于罗马条约第 85 条第 3 款所列举的应免除其妨碍竞争责任的合同，则应通过一定程序，由共同体委员会行使免责权力。这项权力规定在条例的第 4 条中。这一套申报免责、批准或驳回、既已批准又撤销等程序比较复杂，所涉及的合同又大都与技术转让无关，故不作详细介绍了。

此外，共同体委员会还有权在条例适用范围内，限制它对某些特殊情况的适用。例如，如果许可证的受方在许可证有效期内无合法理由未实施或充分实施有关专利，而许可证中又未规定供方有权为此而（在一定期限后）中止许可证合同，则虽然该合同中没有什么条款违反《专利（与 Know-How）许可证条例》，共同体委员会也有权判定该合同不符合罗马条约的原则。如果许可证的受方无正当理由而不满足用户或分销商对产品的需求，或对某项许可证合同的争议所做的仲裁裁决认为该许可证的履行将不符合罗马条约的原则，那么共同体委员会都有权判定这些许可证为非法许可证。

第四节　西欧共同体成员国技术转让法的不同点

一、共同体成员国知识产权法的不同点

西欧共同体内除了大多数成员国已参加的三个该地区专利公约所建立的统一专利制度外，各国专利法又各有自己的特点，其中以

英国、法国、联邦德国为三种不同的代表。英国专利法是1977年颁布的，它基本做到了与三个欧洲专利公约完全一致。法国专利法是1968年颁布，1984年最后一次修订的，它在申请人资格上则要求其他国家的申请人以其本国与法国之间的互惠为前提；在审查程序上只实行部分审查制。联邦德国专利法是1980年颁布的，它实行的延迟审查的时间比《欧洲专利公约》中规定的时间还要长得多，是较典型的延迟审查制国家。

英国对于实用新型或小专利一概不予保护。法国的专利法为达不到发明专利标准的小发明提供"实用证书"的保护形式。可申请获得这种专有权的，不限于有形发明或立体物的发明，它包括无形的"方法发明"。联邦德国则是保护实用新型的典型国家。该国除专利法之外，另有一部《实用新型法》（1968年颁布、1980年最后修订）。但实用新型发明取得专有权的程序与专利不同，不需要通过实质性审查，而且同一项发明可以既申请专利权又申请实用新型专有权。联邦德国保护实用新型比法国的实用证书保护的对象范围窄得多，即只限于立体发明物。

在《共同体专利公约》生效之前，英、法等国不承认专利权"穷竭"的原则；联邦德国、瑞士、意大利等早已承认这项原则。

西欧共同体成员国的商标制度，可以英、法为代表。英国商标法于1938年颁布，但这部成文法只保护注册商标；靠在贸易活动中使用某个商标而获得的专用权，则由普通法（即判例法）保护。注册商标与不注册的商标都可以许可给他人使用，但注册商标许可证的被许可人必须在专利商标局登记为"注册使用人"之后，才能合法使用有关商标。在英国，注册商标的申请案要经过严格的实质性审查。联邦德国的现有商标制度与英国类似，即注册与不注册均可获专用权。但不注册商标必须在成为"驰名商标"后，其专用权才受法律承认。联邦德国不是普通法国家，因此注册商标与未注册商标的专用权均受成文商标法（1979 年颁布）保护。在联邦德国的注册商标申请案也要受到实质审查。法国商标法于 1964 年颁布，其内容与前面介绍过的我国商标法基本相同，亦即世界上多数国家所实行的商标制度。注册商标与不注册商标都可以合法地在贸易中使用，但只有前者享有专用权。注册商标的申请案只需通过形式审查。

西欧共同体成员国的版权法以英国、爱尔兰、荷兰为一种类型、其他国家为另一种类型。也可以以英、法为代表。英国版权法 1956 年颁布，1985 年最后修订。它的特点是：版权的原始所有人可以是作者本人，也可以是其他人（如作者的雇主、委托人等等）。法国版权法是 1957 年颁布的，它的特点是：只有作者本人才是版权的原始所有人。"原始所有人"即第一个所有人，而不是经转让、继承等法律手续而获得所有权的人。

由于我国与西欧经济共同体及其成员国之间的技术贸易发展较快，我们有必要在了解共同体统一的有关公约、条例之外，对其中一些成员国的现有知识产权法的特殊之处有个大概了解，故下面对它们有选择地进行简要介绍。

（1）共同体国家比利时、荷兰、卢森堡三国，自 20 世纪 60 年代起就开始了统一该地区（在西欧被称为"低地"国家）工业产权法的活动。三国在 1968 年颁布了《比荷卢统一商标法》，代替了各国原有的商标法，并在海牙成立"比荷卢商标局"，统一管理三国的注册商标。1975 年，这三个国家（在 60 年代即已拟定）的《比荷卢统一外观设计法》也开始生效，从此代替了三国原有的外观设计法，同时在海牙也设立了"比荷卢外观设计局"。

（2）共同体国家丹麦在 60 年代末与其他非共同体的斯堪的纳维亚国家开展过统一北欧法律的活动，其中制定了《北欧共同专利法》。但这个法并不取代各国自己的专利法，也不产生任何跨国权利，只起到简化专利申请手续的作用。随着《专利合作条约》生效，北欧国家全部参加了这个条约，北欧的共同专利法也就失去了实际意义。目前，丹麦实施的专利法是该国 1967 年颁布、1978 年最后一次修订的专利法。其他北欧国家，如芬兰，则在 1980 年修订了专利法；瑞典在 1983 年修订了专利法。总之，北欧国家的专利法差别还是比较大的，他们从未像"低地"国家的工业产权法那样统一起来过。

（3）并非所有西欧经济共同体的成员国都参加了《欧洲专利公约》，例如丹麦、爱尔兰、希腊等均未参加；参加了这个公约的也并不都是共同体的成员国，例如瑞士、瑞典、奥地利、列支敦士登就不是。但是，《共同体专利公约》及《共同体统一商标条例》生效后，则将把所有共同体国家都包括在内。

二、共同体成员国合同法的不同点

共同体国家的合同法，以英、法为普通法系合同法及大陆法系合同法两种不同的典型；此外联邦德国合同法又有一些自己的特点（虽然从总的方面看，它与法国合同法同属一种类型）。英、法合同法的不同之处很多，对于许可证合同来讲，应着重注意的至少有以下三点：

（一）合同法中所用的术语不同在这种不同点里，又分为两部分

1. 术语形式不同而实质内容相同

这部分术语很多。例如，有些涉及合同双方或某一方的义务的条款，在一定合同中是"不言而喻"的，即不用明文写，而从双方之所以签订该合同这一行为，就可以推断出。这类条款在英国合同法中称为"暗示性条款"（Implied Terms）；在法国合同法中则称为

"（合同）当事人意愿（条款）"（autonomie de la volonte）。如果在签合同时，双方想要否认某种暗示性条款或本应成立的双方意愿，倒确实需要以明文写入合同，即写明："本合同（或本条、本款）并不暗示……"英、法合同法中，对于判合同为非法，都有一条依据，即"违反公共秩序"。"公共秩序"在英文中是 Public Policy，直译并无"秩序"之意；在法文中才是真正的公共秩序——ordre public。"过失违约"，在法、德等国合同法中均用拉丁语 culpa in contrahendo 表示，英文中则用 Negligence。

2. 术语的形式不同，实质内容也不同

如果两种合同法中所用术语不同，表示的内容也根本不同，就不会发生什么混淆，故这里没有必要讲这一类术语。但有些术语，在两种合同法中有相似之处，却又在实质上有所不同，这是容易引起混淆，故有必要提一下的。

法国、德国的民法典中，把"约因"（cause）作为合同成立的必要条件之一。就是说，签订合同必须有合理的原因。这种原因既可以表现为有偿的，也可以表现为无偿的。因此，按照法、德合同法，以馈赠为目的的合同，是可以合法成立的。但英国合同法中没有"约因"这个术语，合同成立的必要条件之一是"对价"（Consideration）。就是说，合同的各方均要有所"取"、也有所"予"，而且各方的得失应基本合理（所"取"大致能弥补所"予"）。因此，按照英国合同法，以馈赠为目的的合同不能依法成立。英、法两种合同法的这一区别，多年来被我国大多数英汉词典忽略了，它们都把 Consideration 译为"约因"，这是"似是而非"的；只有郑易里的《英华大词典》等少数词典，把它恰当地译为"对价"。本书前面提到过"不可抗力"（force majeare），它与合同"落空"（Frustration），只是大致相同。今天许多英国标准合同也已采用了前一术语，在这

种情况下，一般不会出什么问题。但如果英国合同中使用了自己的术语"落空"，就应当知道："不可抗力"仅包括从物质上及从法律上使合同无法继续履行的那些（人力所改变不了的）事故："落空"则除包括这两类事故外，还包括其他足以改变原合同所订立的基础的一切事故。所以，可以看出"落空"可以解释的广度，要大大宽于"不可抗力"。

（二）合同条款的效力不同

由于英国合同法的大部分是由判例构成的，而法、德等国合同法则全部是由民法典、商法典等法典中的有关成文规定构成的，所以有许多相同的合同条款，在英、法等不同的国家中，效力就不尽相同。西方法学者们认为：在一般情况下，合同当事人的"契约自由"原则要受到两方面的限制，即法律与"标准合同"的限制。前者体现了国家的意志，后者则往往体现合同中的某一方当事人的意志。法国、联邦德国的合同受到前一种限制多一些，英国合同则受到后一种限制多一些。结果就是：法、德合同中有些条款在发生合同争议时，往往被法院（或仲裁庭）作出完全不同于签约人预料的解释。

例如，"免责条款"（Exemption clause，在此再度提醒：不要把它同不可抗力条款混为一谈）在英国合同法中是基本被完全承认的；只是有法律规定：造成人身伤害事故不能免责，除此再无其他例外。而在法、德等国，合同中的免责条款可能在许多情况下被法院宣布为无效。在法、德等国的公司拿出的技术转让许可证格式合同中，大都没有免责条款。原因之一，即它被依法宣布无效的机会太多，于是它的有无就显得没有实际意义。

又如，按照《德意志商法典》，任何许可证合同，都必须服从"许可证履行地"法，而任何所有权的转让合同，则必须服从"转让合同缔结地"法，任何合资企业合同，则都必须服从该企业所在地法。因此，我国公司与任何国家的公司订立的在我国实施的技术许可证合同，如果在选用第三国法时选择了联邦德国法，在发生合同争议时就会依《德国商法典》把该合同的法律适用条款解释为回过头来适用中国法（中外合资企业合同均必须适用中国法，不发生法律选择问题）。

（三）关于"违约"的规定不同

不履行或不按时履行合同中对某一方当事人规定的义务，叫作违约，这在英、法两种合同法中没有什么不一致。

在英国合同法中，有"预期违约"（Anticipatory Breach of Contract），即一方在预定应由自己履行某项义务的期限尚未到之时，就声明自己不准备履行该义务。对于这种情况，英国法律允许将要受损失的另一方当事人起诉和要求赔偿。例如，许可证合同的供方应当在第三年把他所承诺提供的最后一批 Know-How 资料交给受方，但他在第二年就声明自己不打算交这批资料了。受方即有权诉供方"违约"，虽然供方是否真的不提供这批资料，只能到第三年才能知道。在法、德合同法中，不存在预期违约的问题，因此如果出现上述情况，受方也只能等到第三年，待供方届时确未提供，才有权起诉。

在这里需要补充一点：过去有些文章或专著，对"预期违约"做了错误的解释，认为它的含义是：合同订立后，一方当事人预见到另一方当事人不能履行义务，即有权起诉和要求赔偿。这是没有根据的。英国合同法还不至于这样不讲理，允许一方凭自己的主断而要求另一方赔偿尚不存在的损失。在英国合同法中，判断是否属于"预期违约"的关键是"应当履行义务的一方自己声明将不履行该义务"。这在"预期侵权"的来源（1846 年英国高等法院关于肖特诉史托恩〔Short v. Stone〕的判例）中是很清楚的。在国际公约中（技术贸易公约尚未出现），由联合国贸易法委员会1980年召开的外交会议上缔结的《联合国国际货物销售合同公约》第71~72条中，收入了关于"预期违约"的规定。此后，法德等国起码在有形物买卖合同中，将承认存在这种类型的违约了。但该公约也并没有把"一方"对"另一方"行为或能力的判断作为"预期违约"的依据；而是从客观角度来看，确实存在着另一方不履约的行为，才能作为依据。同时，在"预期违约"的情况出现后，公约规定：合同一方的权利是：中止履行自己的义务，在通知另一方的前提下，宣布合同无效（如果另一方确已宣布不准备履约，则无须通知另一方，即可宣布合同无效）。此外，该公约中并没有规定在另一方有"预期违约"行为时，合同的一方有权要求赔偿。虽然有形买卖方面的国际公约不能适用于无形的国际技术转让活动，人们对于该国际公约中来自英国合同法的这一原则的本来含义，及其与英国合同法中的"预期违约"有何区别，还是应当弄清楚的。

在《德意志民法典》中，有关于"间接违约"的规定。以许可证合同为例，设想某许可证中规定了供方向受方提供专利技术的义务，同时，还应提供为保证专利产品的质量而向受方提供某些原材料。合同中只规定了如不按规定提供专利，则判定为违约。但由于供方的原材料没有达到生产专利产品所必须具备的某些条件，致使受方产品质量受到影响，进而影响到产品的销售。这时供方即应负"间接违约"责任，受方也有权以此起诉，要求赔偿。在英、法合同法中，则没有相应的明确规定。

英国合同法不承认高于实际损失的"违约金"；法、德合同法则承认合同当事人商定的任何数额的"违约金"。所以，在适用英国法律的许可证合同的履行中，没有必要担心不履约或不完全履约而被罚款。在以法、德法律为适用法的合同中，则必须记住：有可能因违约而被罚大大高于对方所受的损失的金额。在这方面，法院对于合同条款的解释权是个例外，即法院无权降低合同中规定的违约金数额，无论它有多么高。

最后，还应当了解到：比利时、荷兰、卢森堡三国在统一该地区立法、司法与司法程序方面，已经走得比较远。1965 年，该地区成立了"比荷卢法院"，负责解释三国订立的跨国法律及受理与跨国法律有关的案件。1973 年，三国在一项多边协议中同意在下达强制执行令的民事判决方面，三国共同使用荷兰民法中的有关规定，这个协议已经在 1980 年生效。该协议对于三国的合同法也是适用的。

第六章　美国的有关法律

第一节　美国的知识产权法

一、美国专利制度的特点

美国是建立专利制度较早的国家之一，也是较早靠专利制度引进国外先进技术的国家。它的第一部专利法于 1790 年颁布。早在 1836 年，美国就允许外国人申请美国专利了。

美国现行专利法载于《美国法典》第 35 篇。美国的许多法学著作中，并不提"美国专利法"，而是提"35U·S·C"，正像提起美国商标法，一般只提"兰哈姆法"（Lanham）一样。其专利法最近一次修订，是在 1980 年。美国专利法多年来一直保留着许多与其他国家专利制度不同的特点，归纳起来，主要有以下这些。

1. "发明在先"原则

在大多数国家（包括我国），如果有两个以上申请人就同一项发明分别申请专利则专利局将初步审定接受最先提交申请案的那个申请人的申请。而在美国如果遇到同样情况，专利局则接受最先搞出发明的申请人的申请。

确定究竟谁的发明在先，不是看谁先构思出某项发明的设想或作出该发明的设计，而是要看谁先将发明设想或设计"化为实际"（Reduction to Practice），亦即看谁先实现发明构思。这是个比较难掌握的标准。不过，作为任何外国申请人来说，如果他的发明不是在美国搞出的，"发明在先"原则对他来说就不那么重要了。因为，大多数国家都要求"在本国搞出的发明，首先在本国申请专利"（我国专利法也这样要求）。美国专利法用以确认在美国搞出的发明在申请专利上的优先权时，使用"发明在先"原则；用以确认在美国之外搞出的发明在申请上的优先权时，则使用"申请在先"的原则。我国与美国同是巴黎公约的成员国。我国的单位或个人如果打算就某项发明在美国申请专利，则尽早在我国提出申请，确立"第一次申请日"（即优先权日）是很重要的。

2. 不公开审查的程序

美国也是实行实质性审查的国家，在对于专利的"三性"等实质要求上，与我国专利法没有太大的不同。不过，美国专利局自接受申请案到批准或驳回该案，一直不予公布，专利局的审查人员也有义务始终为申请人严守秘密。如果一项申请案被批准，则由专利局主动公布该案。如申请案被驳回，则案中内容依然在保密状态下交还申请人；只有申请人因不服驳回而起诉到法院，申请案才可能被公开，因为法院多是公开审理的。美国这种审查程序的优点是：如果发明人在申请的中途想要撤回，或申请案被最终驳回，他们还有可能退一步把发明作为某种商业秘密（或 Know-How），发放许可证和收取使用费。而在"早期公开"的程序中，任何中途（18个月后）撤回或实质审查中被驳回的申请案中的发明，都将进入公有领域，不可能被发明人专有了。

当然，这一特点在大多数情况下也仅仅是对美国发明人有利。其他国家的申请人，其申请案迟早将被本国专利局（或某些国际申请条约中的国际审查局）公布，一旦申请不到专利，并不会有退路的。

3. 专利局与法院分工较明确

在美国，专利侵权的诉讼只可能由法院受理，而不可能（像我国、英国等）由专利局受理。在1980年之前，专利局的职责是受理、审查专利申请案，申请案一旦批准，一切有关专利的诉讼就都交给了法院。1980年之后，美国建立了专利复审制。对于已批准的专利，专利权人或任何第三方都可以要求专利局复审（但要提出理由和承担复审费用）。除复审之外的其他行使或维护专利权的事宜，仍都由法院主管。

4. 专利申请人的资格

美国专利法对申请人的国籍或住所都未作任何限制，但却有一条大多数国家都没有的特殊限制：专利申请人必须是发明人本人，而不能是发明人的单位、雇主或发明委托人。

5. 三种专利

美国也是通过一部专利法保护三种专利——实用发明专利、外观设计专利、植物专利。美国并不保护实用新型（或小专利、实用证书等等）。在美国专利法中，Utiltity Patent 指的是相当于我国专利法中的"发明专利"的那一类专利。之所以加"实用"二字，为的是一方面与不能在工、商领域实际使用的科学发现或科学理论区分开。另一方面与仅仅能作装饰之用的外观设计专利区分开。曾有人不了解美国专利法中使用术语的这一特殊之处，把"实用发明"误译成了"实用新型"。这是应当加以注意的。

美国除了在专利法中保护植物发明外，还另有一部《植物新品种保护法》。因此，可以说美国对植物新品种是采用双重法律保护的。但要注意，双重法律并不意味着同一项植物发明可以受两种法律保护。在美国，植物专利只保护以无性繁殖法培育的植物品种，而《植物新品种保护法》只保护以有性繁殖法培育的新品种。

6. 不实行强制许可制

实施专利发明，并不是美国专利权人必须履行的义务，这也与大多数国家不同。美国专利法对不实施（也不许可他人实施）专利的人，不采取强制许可的措施。但应当注意：这仅仅适用于专利权人。如果依照《植物新品种保护法》获得了"植物新品种证书"的人不许可他人实施其培植技术，则主管部门将采取强制许可措施。

7. 专利保护范围

美国专利法与大多数国家不同，它不是从反面规定专利保护范围，即不是规定哪些项目不可以获得专利，而是从正面规定哪些项目可以获得专利。美国专利法规定：任何新颖的、实用的方法、机器、制品、物质合成，均可以获得专利。由于没有专门排除可获专利的发明，许多国家不授专利的医疗方法，在美国也能获得专利，药品、食品等，均可以获得专利。按照美国法院对专利法的解释，计算机程序本身（即不连同硬件），也可以获得专利。

但是，美国专利法并不保护"科学发现"。科学发现在任何国家，以及在美国，均不可能获得专利。美国专利法中使用的"发现"一词，指的是在实用技术领域的发现，亦即发明的同义语。这也是美国专利法的一个特殊之处。

此外，在美国专利法实施细则（载于《美国联邦条例汇典》第

37 篇— 37 CFR）中，对于外国人申请专利在书写格式上有一些专门要求。这部细则每一两年都要做一些修订。

二、美国的专利诉讼

美国关于专利诉讼的总原则，规定在《联邦民事诉讼条例》（Fed.R.Civ.P）第 73 条中。按照这一条，一般的专利诉讼，在联邦区法院进行。美国的州法院只从管辖合同的角度，受理因专利许可证合同引起的诉讼案。涉及专利本身的诉讼案，州法院无权受理。当事人如果对联邦区法院的判决不服，可以向联邦在该地区的巡回上诉法院上诉。这种法院的判决一般即为终审判决。只有个别影响到联邦立法的案件，才可能进一步交由最高法院处理。

至于在专利权被批准之前，专利申请人对于专利局的决定不服时，可在专利局中的申诉委员会申诉，对该委员会的决定仍不服，方可以向联邦巡回法院起诉。外国人在美国提出的专利诉讼，均由哥伦比亚特区联邦法院受理。

在美国，涉及专利转让或许可合同的争端，还可以交由专利仲裁庭仲裁。1983 年，美国仲裁委员会（AAA）颁布了《专利仲裁规则》。根据该规则的规定，美国国内的或涉外的有关专利的合同，都可在其中的"仲裁条款"中选择在美国专利仲裁庭、依《专利仲裁规则》仲裁。在当事人一方不是美国国民或居民的情况下，双方可协商从当事人之外的国家的国民中，指定独任仲裁员或中立仲裁员。该规则中对外国人一方有较重要意义的是第 47 条。该条规定："凡选择了依本规则行事的当事人，均被推定为已经同意，对于仲裁裁决，可以由具有司法管辖权的美国联邦法院或州法院执行。"

三、美国的专利转让及许可证贸易

美国虽然把专利权看作是依联邦法律产生的权利，但专利许可证合同则归入了合同法管辖范围，应由各州州法去调节了。只是专利所有权的转让问题，以及归联邦的机构所有的专利的许可证合同问题，由联邦法管辖，具体讲，即由美国专利法管辖。

《美国专利法》第261条对专利所有权的转让提出了一系列前提，其中主要有：

（1）专利所有权的转让必须通过签订书面文件来进行（即口头同意的转让无效）。

（2）可转让的内容有：专利权（即已经批准的专利）、专利申请案（即"未决"专利）。专利权或专利申请案中包含的任何权益（即只将专利权或申请案作"部分转让"）。

（3）为了证明专利权或专利申请案的转让活动成立，必须由有资格的人签署认可书，并加盖正式印章；在外国，则要有美国使馆或领事馆官员签署的认可书。

（4）专利权或专利申请转让后的3个月内，必须在美国专利局登记，否则无效。

关于归联邦机构所有的专利的许可证发放问题的规定，是1980年之后新增加的条款，这主要是《美国专利法》第208~209条（1980年前的美国专利法以"2"为三位序数的条款自"251"开始，前面是空白）。这方面的主要规定包括：

（1）许可证的受方必须向联邦有关机构提交开发或销售该专利发明物的计划。

（2）在许可证中一般均要求应用该专利制造产品时，应主要在美国制造。

（3）发放独占（或部分独占）许可证时要受到严格的限制，要有利于增强美国工业在国际贸易中的地位。

（4）许可证中必须有条款使供方有权在认为许可证合同的继续

行使有损联邦的利益时，中止合同。

美国依各州州法订立的、一般人（或法人）所有的专利（或专利申请案）的许可证合同，也有一些共同之处。美国的专利许可证合同的条款，分为三部分内容：

（1）授权范围条款；

（2）"对价"条款；

（3）附属性条款。

其中第一部分条款包括：

①合同期条款。美国法院 1964~1977 年的许多判例都要求单纯专利许可证的合同期不得长于专利有效期；连同其他专有权一道的专利许可证合同中，要明确规定"专利到期后即无义务为它继续支付使用费"，也就是要对合同期作某种"分割"。

②授权项目条款，应写明包括制造权、使用权或销售权中的某一两项，还是全部。

③使用范围条款。这不是指地域范围，而是指一项能用在许多技术领域的专利技术，将许可受方在哪个或哪些领域使用。

④地域条款。要写明许可受方在美国的哪些州使用有关专利技术。

⑤产量限制条款。这是美国专利许可证特有的。

1934 年美国第七巡回法院在"美国设备公司诉塔西尔建筑材料公司"（American Equip.Co.V.Tuthill Bldg.Material Co.）一案的判决中，认为美国专利法既然未要求专利权人必须实施其专利技术，专利权人就有权限制经其许可而实施有关技术的被许可人的产量。

"对价"条款包括：

①使用费条款。其中应规定使用费额及支付方式、停止支付的条件，等等。

②交换专利权条款。其中包括对供方的继续提供与受方的反馈活动的规定。

附属性条款包括：

①担保条款。

②质量控制条款。

③最惠条款及其他条款。

虽然从总的方面看，许可证合同是州法调节的对象，但美国的任何贸易活动，都不允许违反"反垄断法"。反垄断法中的一部分，是由联邦立法构成的。从这个角度讲，许可证仍在一定程度上受联邦法的约束。

四、美国的商标法与版权法

美国的商标制度与世界上大多数国家都不同，甚至与英美法系的其他国家也不同。在美国，商标专有权的确立只能通过在贸易活动中使用商标，商标注册不过是对已确立的专有权给予承认。对于外国人的商标，也是同样，必须在贸易活动中使用过某个商标，才许可申请以它注册。但是如果外国人在外国已经就某个商标获得过注册，该国又是巴黎公约的成员国，那么美国专利商标局也就承认它"已在贸易活动中使用过"，将准许它注册。

美国的商标注册分为两级，即州级注册与联邦级注册。除美国专利商标局受理商标注册申请外，各州也有自己的商标处，对于那些仅在本州范围内希望取得注册权的人提供注册保护。但是，外国人在美国经销商品，仍以取得联邦级注册为宜。

维护商标注册权的条件，除每20年办理一次续展之外，还必须不间断注册商标的使用。如果连续五年间断了使用，就会被撤销注册。

美国的现行商标法，是 1946 年颁布的《兰哈姆法》，载于《美国法典》第 15 篇，1982 年的最新文本对原法曾有重大修改。

美国版权制度与大多数英美法系国家的版权制度相似，但有几个较独特的地方。

（1）美国在近百年时间里，版权法中一直有一条"印制条款"，即坚持某些作者的作品必须在美国（或加拿大）印制，才能受到版权保护。1982 年，美国国会已决定这一条款的有效期仅仅延续到 1986 年。

（2）美国是第一个把保护计算机程序明文写入版权法的国家（1980 年）。美国法院虽是世界上绝无仅有的、宣布计算机软件可以受专利保护的法院，美国的立法机关及法学界却更倾向于用版权法保护软件。在国际保护方面，美国也积极主张利用现有的版权国际公约（伯尔尼公约与《世界版权公约》）为软件的国际交流提供保护。

（3）1984 年 11 月，美国国会通过"公法 98—620"对版权法作了增订，在原版权法中增加"第九章半导体芯片产品保护"。这一章也可以单独从版权法中取出，成为一部《半导体芯片保护法》。即使在版权法中，该章与前八章相比，也具有较大的独立性。前八章中的一般规定（例如保护期、专有权范围、权利的限制等等）均不适用于第九章。第九章的主要目的是为半导体硅晶片上的电路设计，提供某种"特别工业版权"保护。也就是说，这种保护既有工业产权（专利）的特点，又有版权的特点。"特别工业版权"曾出现在英国的外观设计法中。但作为保护半导体电路设计，美国的这种立法在世界上也还要算是第一家。

美国现行版权法 1976 年颁布，几乎每年都进行修订。它载于《美国法典》第 17 篇。

第二节　美国的反垄断法

美国并没有像澳大利亚、联邦德国等国那样，专门颁布一部"反垄断法"或"不公平竞争法"。它的反垄断法体现在1890年颁布的《谢尔曼法》、1914年颁布的《克莱顿法》及同年颁布的《联邦贸易委员会法》（*Federal Trade Commission Act*）中，也体现在美国法院的许多判例中。

在上述三部成文法里，与技术转让（特别是专利许可证贸易活动）关系比较密切的，主要是《谢尔曼法》第1条、第2条，《克莱顿法》第3条、第4条、第7条，《联邦贸易委员会法》第5条。

为了使法院在处理一般贸易案件时便于掌握标准，美国在反垄断法中确定过一条"本身违法"（Per Se Illegal）原则。法院判断某项贸易活动或贸易合同的条款是否违反了反垄断法时，首先用"本身违法"这个尺度衡量一下。如果已构成本身违法，则无需再找其他理由，被诉的一方也无权再作什么辩护，就可以判决了。如果够不上本身违法，法院才考虑作进一步的审理，考虑进一步寻找有无其他构成违法的理由及证据。这样在很大程度上可以减轻法院的工作量。

人们应当了解的是：在美国，有许多在一般贸易活动中构成本身违法的行为（或合同条款），在专利许可证贸易中则不构成本身违法，用西欧共同体的语言讲，即被免除了违反反垄断法的责任。美国虽然没有一部"免责法案"或类似西欧共同体的那种《专利（与Know-How）许可证条例》，但通过法院在处理有关许可证案件时的判例，对三部反垄断法的成文法已作出了一些"免责"的解释。

例如，上一节介绍过美国专利法并不要求专利权人实施其专利技术。与此相应，美国法院在应用反垄断法时，对于垄断专利实施权，也在一定程度上作了"免责"处理。按照《克莱顿法》第 3 条的规定，在一般贸易活动中，如果几家公司之间达成协议，共同垄断某种产品的销售市场，即构成"本身违法"的协议。但与此相类似，不同公司之间互相发放独占性专利许可证（即交叉许可证），达到垄断专利实施权的目的，却被美国 1948 年的"美国政府对管道材料公司的诉讼"（United States V.Line Material Co.）判例宣布为不构成"本身非法"（该判例至今有效）。美国判例认为：只有交叉许可证合同的目的除了垄断合同当事人的专利实施权之外，还以限制其他人的自由竞争活动为目的，才可能构成"本身违法"。

又如，《谢尔曼法》规定：在一般贸易活动中，如果订立"固定价格"（Price-Fixing）条款，则系"本身违法"。但专利许可证的供方如果为受方生产的专利产品固定价格，则不构成"本身违法"。这一点，与许多国家的惯例不一致。在多数国家里，如果许可证合同的一方为另一方的产品固定价格，则属于"限制性贸易做法"，是违法的。在美国，第五巡回法院 1976 年的一个判例指出：只有当不同专利权人联合起来，通过合同把各自的专利产品都固定在一个水平上，以消除它们之间的价格竞争，才能适用《谢尔曼法》的一般原则，才属于"本身违法"。不过，这种合同已经与专利许可证合同不是一回事了。

美国第七巡回上诉法院在 1972 年的一个判例中宣布：对任何专利许可证合同或合同条款，一般均不应使用"本身违法"原则去衡量。按照法院对《谢尔曼法》第 1 条的解释，衡量某个专利权人同意或不同意发放专利许可证的行为是否违背反垄断法，应当以另一条原则为尺度，即"合理原则"（Rule of Reason）。"合理原则"指的是：某种贸易活动虽然含有垄断和限制竞争的因素，但尚未超出"合理"的限度，就不应将其视为违法。之所以适用这条原则，是因为专利本身即有垄断性质，以它为标的的贸易活动不可能不带有限制竞争的因素。

从"合理原则"出发，任何许可证的供方如果不是与自己的受方取得一致意见后中止合同，而是与其他同自己的受方有竞争的人达成协议，中止了许可证合同，就构成违反反垄断法的行为了。如果几个竞争者之间达成协议，共同抵制某个专利权人向他们发许可证（即共同抵制某种技术的实施），也构成违反反垄断法。此外，专利法虽然不过问专利权人是否实施专利或发放许可证，但如果专利权人为限制竞争目的而与其他人达成拒绝向第三方发许可证的某种协议，那就构成违反反垄断法了。

当然，在反垄断法中，也有一些既适用于一般贸易活动，也适用于专利许可证的规定。例如，《克莱顿法》第3条，本来是针对一方禁止另一方使用或销售第三方的有竞争性的产品而制定的，美国法院把它也延伸到专利许可证贸易中，宣布：凡在许可证中订立"搭卖条款"，或禁止受方使用第三方的有竞争性的技术，都是非法的。

美国反垄断法中还有一些规定是直接针对专利权的行使而制定的，与专利许可证没有太密切的关系。例如，按照《谢尔曼法》第2条的规定，任何专利权人或非专利权人如果对自己的竞争对手以"专利侵权诉讼"相威胁，则构成违法。这种威胁，指的是当某人看到其他人的生产或销售活动可能（或已经）形成同自己的竞争，就虚指对方的活动侵犯了自己的（或与自己有关的其他人的）专利权，宣称要对此起诉。而实际上，对方并未侵犯任何人的专利权。这样威胁的结果可能使对方停止生产或销售，给对方经济上造成损失。在许多发达国家里，把这种威胁定为非法的条款，见诸专利法本身。例如《英国专利法》第70条，就是这种条款。

根据美国的《联邦贸易委员会法》第 5 条，该委员会有权对违反反垄断法的贸易活动采取必要措施，直至向法院起诉。此外，美国司法部"反垄断署"（Antitrust Division）也有权为维护反垄断法采取必要措施。这些均适用于专利许可证贸易。

美国对违反反垄断法的活动处罚很严厉，违法人一般均要负刑事责任，除被处以监禁外，还可能被处以高达百万美元的罚金。

第三节　美国的商业秘密法

在本章第一节中曾讲到过美国专利法的特点。美国的商业秘密法在该国技术转让法中的地位之所以比较突出，原因之一是美国的不公开审查的专利制度，为一大部分发明留下了受商业秘密法保护的余地。目前，商业秘密已经被美国法院普遍承认属于有价值、可转让的财产权。

商业秘密（Trade Secret）作为法律上的用语，在美国与Know-How、秘密信息（Confidential Information）等术语经常是含义相同的，也经常被法院（包括州法院与联邦法院）混在一起使用。1968 年，美国第九巡回法院曾在一个判例中用上述不同的词表示同一个标的。此后在美国法学专著中对它们也都不加什么区分了。

美国的判例认为，能够称得上商业秘密的技术信息或情报，至少应具有相对秘密性、相对新颖性及可复制性。在这里，"相对新颖性"不是指专利法中"三性"之一的那种相对新颖性。它要求的条件更低一些，即仅仅在某个小范围甚至仅仅对于希望得到某种技术的人是新颖的，就可以了。"可复制性"指的是如果应用这种秘密技术或信息，其成果必须能体现在一定的有形物上。要求具备可复制性，目的是把商业秘密和尚未公开发表的某种思想、理论或科学上的发现区别开来，后者是不能当作财产权转让的，不能称为商业秘密。美国保护商业秘密的法律，主要是构成各州合同法与侵权法的那些判例。如果某人通过签订合同获得了其他人的商业秘密而又予以泄露或滥用，就会被视为违反合同法。如果未经许可而拍摄其他人工厂中的生产流程，或以别的方式窃取其他人的商业秘密，就会被视为违反了侵权法。

除了判例之外，美国也有一些单行的商业秘密成文法。例如，1967 年美国国会通过的《自由信息法》(*Freedom of Information Act*)，《美国法典》第 18 篇中的《商业秘密法》，就是这类成文法。不过，前一部法律主要是对于美国国民怎样使用政府所掌握的数据情报，作了一些规定，后一部法律仅仅是对美国政府职员保守政府的技术秘密作的规定，它们与技术转让的关系都不太密切。

多年来，美国司法部根据美国法院的判例，发表过一些"准则"(Guidelines)，列举了一些违反美国反垄断法的 Know-How 或商业秘密许可证合同条款，可以把它们归纳如下：

（1）以搭卖商品作为发放 Know-How 许可证的条件，即属非法。这点与法律对专利许可证的要求相同。

（2）通过"固定价格"条款，或通过交叉许可证，达到限制竞争目的，即属非法。这一点要求比对专利许可证要严得多了，原因是商业秘密并不是经联邦法律批准的无形产权，它的专有性不能与专利相比，可"免责"范围也自然要窄一些。

（3）在许可证中对有关产品在美国出售之后的使用、处置方式以及对使用人或处置人加以限制，即属非法。

（4）许可证的受方通过许可证限制供方向第三方发放许可证的自由，即属非法。按照这个准则，在美国一般不准许受方要求取得绝对独占性的 Know-How 许可证，因为这种许可证显然限制了供方向其他人发许可证的自由。

（5）供方在许可证中为受方使用 Know-How 制作的产品限定"最低价格"，即属非法。

（6）受方要求把支付低得不合理的使用费作为接受许可证的条件，属于非法。

（7）供方要求受方对已进入公有领域的 Know-How 仍旧支付使用费，属于非法。

从本章第二节与第三节后半部分的介绍中，我们应当看到：在研究美国反垄断法的内容及适用范围时，应当把一般贸易活动与许可证贸易活动加以区别；在许可证贸易中，又应当进一步把专利许可证与 Know-How 许可证加以区别。

第四节　美国限制技术出口的法律

一、美国的出口管理法综述

美国并没有专门为控制涉外技术转让而制定法律。它对技术出口所做的限制，主要体现在管辖一般商品的《出口管理法》（*Export Administration Act*，载于《美国法典》第 50 篇），以及《武器出口管制法》（*Arms Export Control Act*，载于《美国法典》第 22 篇）。即主要通过对某些商品出口的限制，间接控制了技术的出口。本书主要介绍《出口管理法》，这是一部授权美国商务部控制商品出口的法律。

美国对商品出口进行管制，始于 1940 年，当时是为了适应第二次世界大战的需要。战后，为了控制那些具有军事意义的商品向社会主义国家出口，美国于 1949 年正式颁布了一部《出口管理法》

（*Export Control Act of 1949*）。这部法律几经重大修改，才成为现行的《出口管理法》。为现行法的实施，美国制定了《出口管理条例》（*Export Administration Regulations*，载于《联邦条例汇典》第 15 篇）。《出口管理法》及其实施条例每二至三年都要修订一次，产生出新的文本。

在 1977 年之前，《美国出口管理法》的适用范围仅限于美国有直接管辖权的商品与技术，即：（1）美国商品与技术资料的出口；（2）外国将美国原产的商品与技术资料向第三国的转口；（3）外国将包含美国原产零部件的商品向第三国的转口；（4）外国按美国技术生产的商品向第三国的转口。从 1979 年之后，《出口管理法》的适用范围扩大到一切"受美国管辖的人"（包括法人）所出口的商品与技术。就是说，美国的公司（法人）或受美国公司控制的、在外国注册成立的公司，如果出口以外国为原产地的商品与技术，不论有关产品是否使用美国提供的技术制造的，统统要受美国商务部的控制。按照 1982 年《出口管理法》的修订文本，受美国控制的商品或技术的供方在与其他国家的受方订立货物买卖合同或技术许可证合同时，均须订立一条"服从条款"（Submission Clause），在该条款中，受方必须同意，在不违背《美国出口管理法》的前提下使用有关的商品或技术。这等于赋予美国法律很宽的"域外管辖权"。

美国商务部，是主管批准（或禁止）某些商品或技术项目出口，并对批准出口的项目签发"出口许可证"的部门。"许可证"在这种场合与技术转让许可证虽然使用的是同一个英文词汇（License），但含义完全不同；它表示商务部代表美国政府批准了某个项目的出口，与供、受双方之间达成的许可证协议毫不相干。

对于有些项目，美国商务部在决定是否签发许可证时，必须听取其他某些主管部的"指导"。例如，美国国务院（相当于外交部）、国防部、能源部，对于与美国的外交政策、国家安全、禁止核扩散等方面有关的出口项目，均有权给商务部以指导。

现行《出口管理法》在第3条第（2）款中，说明了美国管制出口的三个主要目的。即：（1）从美国的国家安全出发，限制将明显增强外国军事力量的商品与技术的出口；（2）从推行美国的外交政策或履行其"国际义务"出发，限制某些商品与技术的出口；（3）从保护美国经济及资源出发，限制某些国际市场上需求量猛增而可能对美国有冲击的商品的出口。该法在第5条、第6条、第7条中，分别就达到这三个目的作出了一系列具体规定。

该法在第3条第（3）款中进一步说明：三个目的中，第一个占有最重要的地位。第二个目的则是为尽最大的可能鼓励那些与美国订有防务条约的国家，遵守它们一致同意的出口管制政策。可以认为，第二个目的所针对的，主要是有美国参加的"巴黎统筹委员会"成员国。

除了上述目的之外，《出口管理法》在第8条中，还把针对外国可能采用的某些影响美国的限制性贸易做法与抵抗性活动，作为该法控制某些出口目的之一。从第8条来看，美国在出口控制中也包含发展中国家技术转让法中的某些内容。不同的是，这些内容在《出口管理法》中只占较次要的地位。

美国把商务部有权控制的民用商品出口管理项目单，公布于《联邦条例汇典》第15篇第3章的339·1节中（该项目单简称为CCL）。其中把商品分为十大类，即：

0类　金属加工机械

1类　石油化工设备

2类　电与动力设备

3 类　一般工业设备

4 类　运输设备

5 类　电子与精密仪器

6 类　五金矿产

7 类　石油化工产品、非金属产品及原料

8 类　橡胶及橡胶产品

9 类　其他产品

对于向哪些国家出口时需要许可证，以及对该国进行控制的原因，都在每个大类之下做了说明。此外，在同一个条例汇典的同一章节的附件中，还公布了美国国务院对军用产品出口管制的项目单。其中共分 22 类，如常规武器步枪、手枪、弹药，核武器及其试验设备，外空电子设备，与武器有关的技术数据，等等。这个项目单另属于《武器出口管制法》管辖的范围。

经由商务部批准的出口许可证，分为一般许可证与特别许可证两种。取得一般许可证，不需要专门提交书面申请；取得特别许可证则需要逐项申请，并在申请案中说明出口项目的名称、最终用户、使用目的等。《出口管理法》在第 10 条里对申请程序作了详细规定。商务部在收到这种申请后，将在 10 日内进行审查；10 日后交付技术部门进一步审查；对于需要由其他主管部发表意见的，再交其他主管部审查。如果政府不同部门的意见不一致，则交"出口政策咨询委员会"讨论；该委员会不能解决时，提交"出口管理审查委员会"；最后不能解决的问题，提交美国总统。

在西方发达国家里，除美国之外，还有一些国家也制定了类似《美国出口管理法》的法律。例如，奥地利（并非"巴黎统筹委员会"成员国）颁布过一部《对外贸易法》，1984 年修订该法时，着重强调了对"经互会"国家出口尖端技术与相应产品时，要加以控制。

奥地利也按照这部法律公布了需要取得"出口许可证"方能出口的商品项目单。"巴黎统筹委员会"的成员国，都对商品及技术的出口作了不同程度的控制，但均没有像美国这么系统和全面。

二、美国出口管理中的划组情况及对我国的出口管制

根据《出口管理法》第6条的原则，美国政府在《出口管理条例》中，把与美国有贸易关系的国家分成几个组。其中加拿大作为与美国关系最密切的国家，未列入任何一组，说明对商品与技术向加拿大出口的限制最少。我国是在该条例的1981年修订文本中才被列入的，该文本将所有国家和地区分为8个组，即：

P组　中华人民共和国；

Q组　罗马尼亚；

S组　（暂空）；

T组　格陵兰、圣皮埃尔岛和密克隆岛、墨西哥、伯利兹、哥斯达黎加、萨尔瓦多、危地马拉、洪都拉斯、尼加拉瓜、巴拿马、巴哈马、巴巴多斯、百慕大、多米尼加、法属西印度群岛、海地、牙买加、背风群岛、荷属安的列斯群岛、特立尼达和多巴哥、哥伦比亚、法属圭亚那、圭亚那、苏里南、委内瑞拉、玻利维亚、智利、厄瓜多尔、秘鲁、阿根廷、巴西、马尔维纳斯岛、巴拉圭、乌拉圭；

V组　其他组中所不包括的一切国家（加拿大除外）；

W组　匈牙利、波兰；

Y组　阿尔巴尼亚、保加利亚、捷克斯洛伐克、民主德国、老挝、蒙古、苏联；

Z组　古巴、柬埔寨、朝鲜、越南。

除美国之外的"巴黎统筹委员会"的成员国，都包括在V组中，此外还包括南斯拉夫、印度等国。

1984年美国再度修订《出口管理条例》时，中国被移到了V

组，主要是进一步放宽了一些技术密集型产品（如电子计算机）向中国出口的限制。修订该条例前，美国商务部长在 1983 年 6 月即已宣布过将中国提升到 V 组，同时申明中国是 V 组中仍保留有美国国家安全审查的国家。

V 组虽然是美国作为"友好国家"对待的，但在该组中，"巴黎统筹委员会"成员国与其他国家的待遇是有区别的。而且，按照"巴黎统筹委员会"的规定，许多向该会成员国之外的国家出口的项目，在美国签发许可证之前，必须经该委员会同意。因此，有些向我国出口的项目，在出口一方向美国政府申请许可证后，该申请将交由"巴黎统筹委员会"审查，其审查时间大约为 3 个月。

为实行对 V 组不同国家区别对待的政策，美国政府制定了一个"指导原则"，其中把所有的技术项目分为三个区域——绿区、中间区与红区。对我国出口的项目中，有 75% 被划入绿区。该区中的项目出口申请的审批手续比较简单，不需要经过政府部门间的讨论与审查，商务部有权直接批准。中间区的技术均系高级技术，要由国防部及其他部门逐项审查，对于它们认为明显地构成对美国安全威胁的项目，将不予批准。红区则是最先进的技术，其中有些，即使对其他"巴黎统筹委员会"成员国，也不会批准出口。如果中美贸易的美方申请就这类技术向我国出口，申请案被驳回的可能性较大。

三、一些西方国家对美国出口管制的意见

1981 年，苏联同奥地利、意大利、联邦德国、法国、芬兰等国的一些私人开办的公司签订了"天然气管道工程供货——天然气供应"的补偿贸易合同。按照该合同，苏联将使用从这些国家进口的钢管铺设输送天然气的管道，通过这些管道向西欧（及北欧）的一些国家出口天然气，用天然气偿还进口钢管的价款。这些西欧公司

中，有的是美国公司的子公司，有的则是使用美国提供的技术来制造送气管道的。

按照《美国出口管理法》，尤其是该法的实施条例的 1982 年修订本，美国有权禁止这些公司按合同向苏联供货，否则将采取报复性措施。这就引起了西方其他国家，主要是西欧国家的强烈反对。

反对意见集中在两个问题上：（1）美国法律的修订本，对于修订之前已签订的合同有无追溯力；（2）美国国内立法有无它所要求的那样宽的域外效力。

《美国出口管理条例》中，有许多规定与向苏联出口石油、天然气设备有关。1979 年之前的该条例，仅仅对于向苏联出口勘探与开采油、气的设备进行控制。1981 年，美国为了对苏联的某些外交政策进行报复，在条例中将控制范围扩大到输送及提炼油、气的设备。1982 年，该条例又将控制范围扩大到一切由美国公司的国外子公司生产的上述设备。苏联与一些西欧公司之间的补偿贸易合同，则早在美国法律将范围扩大到 1982 年的程度之前，即已生效了。因此，西欧经济共同体于 1982 年 8 月向美国国务院递交了一份对《出口管理条例》1982 年修订本的评论。随后，又于 1983 年 3 月递交了一份备忘录。其中指出：退一步说，即使美国法律对这一类合同有管辖权，对上述那个具体的合同也不应当有追溯力。

而且，西欧共同体的评论认为，美国将其法律的域外管辖权扩大到 1982 年《出口管理条例》的那种程度，从根本上说，是违反国际公法原则的。因为，国际上普遍认为，一个国家的国内立法的域外管辖权，只有在"属地性"原则或"国籍性"原则的基础上，才能适用。西欧的公司一不在美国地域内，二不是依美国公司法注册的法人（即按照"法人国籍"，也不是美国法律管辖的对象）；这些公司的商品与技术，则无"国籍"可言。此外，评论还认为，美国一方面要求其他国家给予美国公司在当地开设的子公司以"国民待遇"（即相等于该国自己的公司的待遇），另一方面又要求以美国法律管辖这些公司（即与该国自己的公司待遇不同），这是自相矛盾的。

与此同时，澳大利亚在一份照会中，也认为《美国出口管理法》过宽的域外管辖权，可能对美国公司在澳大利亚及其他国家的投资活动带来不利影响。英国政府及英国的学术刊物《国际法与比较法》季刊，也分别发表了与西欧共同体的评论相同的意见。

四、美国专利法对专利技术出口的限制

各国专利法中，一般都有对于在国外申请专利的特殊要求。美国专利法也是如此。美国的公司如果打算向国外出口专利技术，那么第一步就是在美国之外的国家申请专利权。

美国专利法规定：在美国搞出的发明，必须首先在美国申请专利（经专利局长特许的可以例外）。《美国专利法》第 184 条规定：（在美国搞出的）同一项发明与美国专利局提出专利申请之后，如果未满 6 个月，则不得在国外申请专利。如果由于疏忽，未满该期限就在国外提出了申请，则要向美国专利局请求补发专利出口许可证。补发的前提是：申请人在国外的专利申请案所披露的内容无损于国家安全；申请人能够证明其行为确属疏忽（即并非有意）。

《美国专利法》第 185 条规定，如果上述提前在国外申请专利的人未能得到美国专利局补发的许可证，其美国专利申请案将被驳回。此外，如果国外申请案的内容有损于美国的安全，申请人须负刑事责任。

不过，对于在国外申请专利所做的限制，不适用于美国政府的（在自己职权范围内行事的）官员、政府代理人或经这些人书面委托或同意而在国外申请的人。

第七章　日本的有关法律

第一节　日本的知识产权法

一、日本知识产权法综述

日本现行的主要知识产权法，是 1959 年颁布、1978 年最后修订的《特许法》（即专利法）、《实用新型法》《意匠法》（即外观设计法）与《商标法》，以及 1970 年颁布、1985 年修订的《著作权法》。

从《日本特许法》实行的专利制度中，可归纳出以下几个主要特点：

（1）"早期公开，延迟审查"制。其审查制度与我国基本相同，只是请求实质审查的时间为申请日起 7 年之内。由于日本审查时间长，而且比较严格，所批准的专利，水平一般比较高。

（2）要求专利发明具备"混合新颖性"。凡申请日之前未在世界任何地方书面发表和未在日本国内通过使用公布于众的发明，即不丧失新颖性。这一点与我国《专利法》第 22 条的要求相同。

（3）专利有效期的起算日。日本专利有效期自批准专利（而不是申请专利）之日算起 15 年。但如果某个申请案在延迟审查中拖了较长时间（比如超过了 5 年），专利有效期即不再是从批准之日起 15 年，而是自申请之日起 20 年。因此，如果审查用去 7 年时间，专利的有效期即为从批准之日起 13 年了。

（4）专利复审制。自 1978 年《特许法》修订本生效后，任何第三方均可在一项专利的整个有效期内，向特许厅提出复审请求。

过去，这种复审请求只允许在批准专利后的 5 年内提出。

（5）对外国专利申请人（指在日本无长期居所或营业所者）的资格有特殊要求，即要求该申请人所在国必须对日本国民实行互惠。

（6）对优先权请求的特殊要求。在日本，如果所提交的专利申请不是首次申请，而是首次申请在其他巴黎公约成员国已提出过，申请人要求在日本享有优先权时，"优先权请求"必须与专利申请案中的"专利请求"同时提交特许厅。而在其他许多国家（如英国、联邦德国等），都允许在提交申请案之后一定期间内，再提交优先权请求。但我国《专利法》第 29 条的有关规定，则与日本是相同的。

（7）在申请案审查过程中，申请人有权要求将发明专利申请案变为实用新型专利申请案，或作相反的改变。

在其他方面，《日本特许法》与西欧共同体的专利制度基本相同。

日本实行的商标注册制与世界上大多数国家相同，即商标专有权只能通过注册获得。注册商标的续展期为 10 年。

日本的版权制度中，与技术转让问题有较密切联系的是：日本已通过文部省的建议，计算机软件已被列入《著作权法》的管辖范围。通商产业省原先对此有不同意见，主张另立专门的计算机软件保护法。1985 年 3 月，通商产业省宣布改变原有主张，支持文部省的建议。目前，日本已如同美国那样，在版权法（即《日本著作权法》）中增加了保护软件的内容。

日本还在 1980 年宣布不再对保护翻译权问题作保留，从而改变了日本自从参加伯尔尼公约以后一直实行的"翻译权十年保留制"。

二、日本实用新型制度的特点

日本的技术转让问题与实用新型关系极大。因为在日本取得对实用新型的专有权利，要经过与发明专利大致相同的实质性审查，因此水平一般都比较高。日本特许厅每年收到的实用新型专利申请案，都要多于发明专利申请案。对于日本的实用新型专利，首先要了解它与联邦德国、法国等的实用新型专利或实用证书的区别，其次要了解它与日本的发明专利的区别。

《日本实用新型法》与《联邦德国实用新型法》之间的主要区别是：

（1）日本《实用新型法》的保护面较宽。在联邦德国，不可移动的物体、电路设计等，均不属于实用新型，不能依法取得专有权（在联邦德国称为"实用新型证书"），但在日本却可以。

（2）联邦德国的专利申请人，可以就同一个发明物申请专利与实用新型证书；由于实用新型证书批准得较快，申请人可以在取得该证书之后，即以发放许可证的方式，转让尚在申请中的专利（即同一个发明物的制法），通过证书要求受方承认其完整的（而不是初期的）专有权。因此，实用新型证书在联邦德国常作为技术转让活动中对专利申请案中的技术的附加保护形式。在日本，不能就同一项发明申请两种专利，只能选择一种，或是申请发明专利，或是申请实用新型专利。

（3）日本实用新型专利的保护期为批准之后10年（但不能超过自申请日算起15年）。联邦德国的实用新型证书则只有6年保护期。

（4）在联邦德国取得实用新型证书不经过实质审查，也不进行新颖性检索。在证书所有人向法院提出侵权诉讼时，或第三方对该所有人的证书提出权利冲突诉讼或无效诉讼时，才由法院审查有关实用新型是否具备新颖性及其他应具备的条件。在日本取得实用新型专利则要经过实质审查，在批准该专利之后的诉讼中，法院没有再审查的责任。只是在批准后3年内，第三方可以请求在特许厅内复审，这是类似于日本专利复审的一种诉讼。

日本实用新型专利与法国实用证书的主要不同点，是后者保护一切达到标准的小发明，包括工艺方法等，不限于对有"型"发明物的保护。

日本发明专利与实用新型专利（在日本一般只称为"实用新型"，而不再加"专利"二字）的主要区别是：

（1）保护期不同。前者15年，后者10年。这在前面已讲过。

（2）实质要求不同。对发明专利的技术先进性要求很高，对实用新型则低得多。

（3）申请案要求不同。作为方法发明的专利申请案，可以不必提交附图；而一切实用新型的申请案，都必须提交附图。

（4）审查程序不同。专利申请案的"延迟"审查期为7年，实用新型的相应期限为4年。在"早期公开"时，将公开发明专利申请案的全文，而只公开实用新型申请案的简要说明与附图。发明专利申请案在审查期内可以增补一些内容，实用新型申请案则不允许增补。

三、日本专利的转让及许可

日本专利的所有人转让所有权时，必须在特许厅登记，否则转让活动无效（不仅仅是对第三方无效）。如果一项专利权被两个以上的人共有，则两个共有人无权转让自己的那一份。这是在《特许法》第73条中规定的。这与许多其他西方国家，乃至联合国世界知识产权组织拟定的示范法关于转让的规定都不同。按照这些国家的法律及示范法，共有专利的每一个权利人，均有权自行转让他自己所持有的份额。

在日本，专利申请人在研究出与自己曾申请过的专利有特定关系的发明时，（于一年之内）可以不申请独立专利而申请"增补专利"。在原专利失效之前，增补专利对原专利是附属性的。因此，在转让所有权时，增补专利必须与原专利一道转让，而不能单独转让。

日本专利转让活动必须登记的一个例外，是通过继承的转让，这种转让即使未在特许厅登记，也同样有效。不过这种转让已经与技术贸易无太大关系了。

在发放专利许可证方面，共有专利的各共有人，也必须在取得一致意见后，才能将实施权许可给其他人。这项规定则是与大多数国家都一样的。在日本，专利权人可以发放普通许可证或独占许可证；唯独占许可证的受方对侵犯专利权的行为有起诉权。《日本反垄断法》认为：独占性交叉许可证是违法的；通过交叉许可证或其他方式形成"专利联盟"，垄断专利的实施权（即西欧国家称为 Patent Pool 的联盟），也是违法的。

《日本特许法》中，对于"法定许可"，即不需要通过与专利权人签订许可证合同而依法享有实施专利技术的权利，作了许多具体规定，主要有以下几种情况：

（1）"在先使用人"。这与我国《专利法》第 62 条第 3 款中所述情况相同，不再多讲。

（2）"中途使用权"所有人。为了不影响除"在先使用人"之外的已经实施某项专利技术的人继续实施，只要是出于法律上允许的"善意"，这种人即可取得"中途使用权"。这是《特许法》第 80 条中的一条特殊规定。例如，某个人申请专利时，已有他人就同一发明申请（或取得了）专利。由于特许厅审查上的疏忽而不是由于后一申请人的错误，而使后一申请人获得了专利。后一专利在权利冲突诉讼中肯定会被判无效。因为一项发明不可能受两项独立专利的保护。后一申请人获得专利及获得后的实施行为，即属于"善意"，当其专利被判无效后，他仍有权在原实施范围内，依"法定许可"而继续实施。

（3）就"职务发明"获得专利后，雇主均可依"法定许可"，实施有关专利。

（4）外观设计权所有人的"保护期后实施权"。有时，对同一发明物可能有两个人分别申请和取得了专利权及外观设计权。后一种专有权的保护期短于前一种，为不致使后一专有权所有人在保护期失效后中止自己的生产活动，特许法准许其在原实施范围内，依"法定许可"继续实施。

（5）恢复专利权之前的实施人的继续实施权。在有些情况下（如未缴纳专利年费）失效的专利权，可能通过复审请求而得到恢复。但在恢复之前，有关的专利技术已"暂时进入公有领域"，公众中可能已有人开始实施该技术了。专利权人权利的恢复，不应使这些实施者的生产活动被中止。因此，特许法也准许他们依"法定许可"继续实施。

除了通过转让与许可的方式，日本专利还可以通过其他方式在贸易活动中使用。例如，《日本商法》第 172 条规定，在成立公司时，可以把专利权作为出资形式。《日本工厂抵押法》第 11 条第（5）款规定，专利权可以当作一种抵押权使用。

第二节　日本的反垄断法

日本现行的《反垄断法》是 1947 年颁布的，它的全称是《禁止私人垄断及保持公平贸易法》。该法第 23 条，是对一切知识产权的一条"免责"规定。它宣布：凡依照《特许法》《实用新型法》《意匠法》及《商标法》行使其专有权者，不适用《反垄断法》。但日本法律中并没有说明如果行使 Know-How 所赋予的专有权，能否免除违反《反垄断法》的责任。在这点上，《联邦德国不公平竞争法》中的规定比日本要明确些，其第20条与第21条宣布：凡对于专利可以免责的情况，均适用于Know-How。

《日本反垄断法》第6条中关于禁止在贸易活动中签订含有限制性商业做法的条款的一般原则，适用于专利许可证。

日本的"公平贸易委员会"在1968年，按照《反垄断法》第6条的原则，颁布了一系列"准则"，它们的全称是《国际许可证合同的反垄断法准则》。它们适用于涉及日本的国际技术转让合同，主要是技术引进合同。

《日本反垄断法》第6条第（2）款规定：一切涉外贸易合同，均须在缔结之后30日内报"公平贸易委员会"备案；该委员会经审查认为不符合反垄断法的，有权要求更改（已经在履行中的）合同的条款。这一款的规定同样适用于一切技术引进合同，日本的技术转让法律主要针对技术引进而规定，与日本至今仍是个技术进口国这一事实是分不开的。日本虽然工业很发达，但技术进口的花费，一直比技术出口的收入要高。

对于一切技术引进合同，"公平贸易委员会"将按照它颁布的"准则"去审查。该准则适用于包含专利、实用新型或Know-How的引进合同。在"准则"颁布之前，审查的依据是当时日本的《外国投资法》。

被"准则"列为违反《反垄断法》的许可证合同条款有：

（1）限制受方出口产品地域的条款。但下列情况除外：①供方在所限制的地域内享有专利；②供方在所限制的地域内从事经常性销售活动；③供方在该地域内已向其他人发放了独占性销售许可证。

（2）限制受方出口价格、出口数量或出口经销人的条款。

（3）限制受方制造、销售有竞争性的产品或使用有竞争性的技术的条款。但下列情况除外：受方所得到的是独占许可证，该许可证对于已经制造、销售或使用的产品或技术均未加限制。

（4）限制受方原材料、零部件来源的条款。

（5）限制受方产品的销售人的条款。

（6）限制受方在日本转销产品的价格的条款。

（7）"反馈"条款。但下列情况除外：供方也承担相应义务，并且条件与受方相同（例如，规定供方免费继续提供改进技术，受方免费反馈改进技术的合同条款，即不违法）。

（8）对并非应用许可证中的技术所制的产品也收提成费的条款。

（9）限制原材料、零部件或专利产品的质量的条款。但下列情况除外：从维护供方商标的信誉或从技术效果的角度进行质量限制。

"准则"中列为不违反《反垄断法》的合同条款有：

（1）对受方授权上的限制条款（如只授予制造权，不授予销售权等）。

（2）对受方应用有关技术的期限或应用地域进行限制的条款。

（3）对受方应用技术的领域进行限制的条款（如一项专利技术既能应用于生产电视机、又能应用于生产收录机，供方只许可受方在前一领域内应用）。

（4）对受方生产专利产品的范围及产品销售范围进行限制的条款。

（5）对受方生产专利产品的数量、产品销售数量及专利方法使用的次数进行限制的条款。

从上面非法条款第2条与合法条款第5条的比较中可以看到，日本采取措施鼓励出口。供方可以限制受方的生产数量，却不能限制其出口数量。

根据日本"公平贸易委员会"的统计，在审查中被定为应改动或应删除的合同条款中，"反馈"条款占的数量最多。

《日本反垄断法》第6条第（3）款规定：一次性交易合同，其中交货期又不超过一年的，无须报"公平交易委员会"备案。由于这种合同不以连续性交易为前提，合同中含有限制性贸易条款的可能性较小，因此没必要由"公平交易委员会"审查。对于专利许可证合同来讲，即只要合同期不超过一年，就不必备案。但事实上不到一年的许可证很少，所以绝大多数还是要提交备案的。

第三节　日本的《外汇外贸管制法》

除了"公平贸易委员会"从保护受方地位的角度审查技术进门许可证合同，日本还通过"日本银行"，从保护日本经济的角度审查技术进口许可证合同，目前审查的依据是1980年生效的《外汇外贸管制法》。

1968年之前，日本从原则上禁止自由引进外国技术，这体现在1949年颁布的《外汇外贸管制法》中。1968年，对引进外国技术的审查程序有所放宽，但仍旧要经过较多的审查程序。1980年生效的《外汇外贸管制法》取消了原有的对引进合同的分类控制方法，减少了许多审查程序。按照这部法律，任何从外国引进技术的合同中，都必须有这样一个条款："本合同在政府主管大臣收到之后30日，方能生效"。

就是说，日本公司一方与外方签订技术引进合同，虽然不必事先取得主管大臣的许可或批准，但必须在履行合同之前30天，向大藏大臣及引进的技术所属领域的工业主管大臣呈交按指定格式对合同进行说明的报告，同时将该报告及合同副本，在日本银行备案。对原有合同的有效期进行续展或修改，也必须在上述期限内提交有关报告。

在一般情况下，只要格式合乎要求，合同即可以生效。但对于引进 12 种专门技术领域中的任何一种，并且日方支付超过 1 亿日元时，日本银行就必须请大藏大臣及有关工业的主管大臣进行实质审查。这 12 种技术领域是：航空，武器，爆炸物，原子能，宇宙空间探索，电子计算机，第二代之后的电子计算机零件，激光与光电通讯，新材料，无汞盐化学分解，海底石油开采，皮革与革制品。在 1980 年之前，上述任何一类技术的引进合同，如果引进费超过 10 万美元，或炼铝技术超过 3 万美元，即需交大藏大臣与工业主管大臣进行实质审查。

如果某个技术引进合同的订立、续展或修改，有可能危及国家全安，或影响"公共秩序"，影响居民安全，或对国内同类贸易活动及对日本经济的稳步发展有严重不利影响，大藏大臣及有关工业主管大臣可以要求对合同进行部分或全部修改，或要求合同暂缓签订。实质审查时间，最长可达 4 个月。

按照 1980 年《外汇外贸管制法》第 29 条第（2）款的规定，如果有关技术是由某个外国公司在日本的分公司或子公司研究出而后向日本公司转让，或有关技术是日本国会决定引进的，则无须向日本银行、大藏大臣等呈交报告。

第八章　几个东欧国家的有关法律

第一节　苏联的有关法律

一、苏联的知识产权法

苏联现行的主要工业产权法，是 1973 年颁布、1978 年最后一次修订的《发现、发明与合理化建议条例》，1974 年颁布的《商标条例》，1977 年颁布的两个关于发现、发明与合理化建议的计酬方法，1974 年颁布 1975 年生效的《发明专利、外观设计专利或商标转让许可证登记程序条例》。苏联的版权法不是一部单行法，它体现在《苏联民事立法纲要》第 96~106 条，以及各加盟共和国的民法中（其适用范围最广的是《苏联俄罗斯加盟共和国民法典》第四章）。

在保护发明方面，苏联是最典型的实行"双轨制"的国家。希望就一项发明享有专有权的人，在苏联既可以申请专利，也可以申请发明者证书；而国家采取了一系列措施鼓励人们申请后者，限制申请前者。例如，发明者证书的申请案不能由申请人单方面撤回，而专利申请案却可以在审查的任何阶段由申请人单方撤回；发明者证书申请案不得改变为专利申请案，专利申请案则可以（经申请人请求）改为发明者证书申请案，等等。在一般情况下，无论是苏联申请人还是外国申请人，在获得发明者证书后，就取得精神上的专有权和经济上的一定报酬；但失去了自己行使经济上的专有权的可能（这种专有权归苏联国家所有了）。苏联国内的全民所有制与集体所有制企业，均可以自由使用发明者证书保护下的发明，无须同证书持有人签订许可证合同，也无须得到任何企业部门或国家机关的专门许可。

在苏联，发明者证书的申请与审查程序，与大多数国家中的专利申请与审查程序相似，只是不实行发明说明书的早期公开，不在实质审查之前听取第三方的不同意见。但是，如果在苏联申请专利，则仍实行早期公开，并听取第三方意见。无论发明者证书申请案还是专利申请案，都必须向苏联国家发明与发现委员会提交。如果申请案被驳回，申请人不服，可向该委员会中的监察委员会申诉。监察委员会的决定即最终决定，不能再上诉。

苏联专利的保护期为 15 年（从提交申请案算起）。发明者证书作为一种名誉证件，没有限定有效期。在行使专利权期间，对侵权行为将按各有关加盟共和国的民法中的规定处理。

苏联发明人如希望在外国申请专利，必须得到国家发明与发现委员会许可；但苏联人与外国人共同完成的发明，如在外国申请专利，则不必得到许可。外国人在苏联申请发明者证书，均需通过苏联工商会办理。发明者证书只授予自然人。因此，任何外国企业的发明均不能以法人名义申请这种证书。

《苏联外观设计条例》同样是实行设计者证书与外观设计专利并行的"双轨制"。

在专利保护上实行"双轨制"的国家，还有保加利亚、捷克斯洛伐克、蒙古、朝鲜等。

苏联的商标制度是全面注册制，即任何企业在使用商标之前，都必须注册；市场上不允许出现未注册的商标。商标注册每10年续展一次。苏联国内的商标注册申请人，必须是社会主义组织，不能是个人；外国申请人可以是自然人，也可以是法人。注册申请案须提交苏联的国家专利鉴定科学研究所，然后由国家发明与发现委员会根据该所的鉴定，决定批准注册还是驳回。外国人的申请案也必须通过苏联工商会提交。

苏联1973年参加经互会国家的《发明、外观设计、实用新型及商标的法律保护协定》；1975年参加经互会国家的《统一发明申请案提交程序协定》；1977年参加经互会国家的《互相承认发明者证书及其他发明保护权协定》。苏联参加世界性知识产权公约的情况见第九章后的附表。

二、苏联的涉外技术转让活动

苏联的涉外技术转让活动主要采用涉外许可证贸易、引进成套设备、在国外开办合资企业及涉外补偿贸易几种形式。

1962 年，苏联成立了国家专利许可证贸易总局，它在苏联外贸部与国家经济联络委员会领导下开展技术进出口工作。但具体涉及哪一项苏联技术可以出口，哪一项外国技术应当引进，又是由国家科学技术委员会决定的。在立法方面，苏联除制定了有关的工业产权许可证登记条例外，还与经互会国家协商订立了 Know-How 许可证标准合同。不过据一些发达国家的统计，苏联真正通过许可证引进的专利技术很少（因为外国人在苏联也主要是申请发明者证书），而在多数情况下是出口专利技术，即把那些在国内申请了发明证书的发明拿到国外申请专利并发放许可证。

相比之下，苏联在引进成套设备方面的花费则更多一些。而且，苏联的国家对外贸易垄断制，使外国进口的设备构成侵犯苏联发明专有权的可能性也很小。因为，苏联在颁发发明者证书后，相应的发明专有权即归了国家；进口设备，又只能是以国家的名义批准的。所以，即使有时遇上进口设备中包含类似苏联专有发明的某些技术或产品，苏联法律也不能将进口活动判为侵权（即国家不会自己判自己签订进口合同的行为，为侵犯自己的专有权的行为）。从这一点上，人们也可以看到：知识产权（尤其是其中的工业产权）这种无形财产权，在苏联往往表现为国有的，而不是企业所有或个人所有的，这与大多数国家都不相同。

苏联虽不允许外国企业在苏联投资开办合资或合作经营企业，但它却在国外大量投资，开办合股公司（多系合资企业）。到 20 世纪 70 年代末，苏联在比利时、荷兰、法国、联邦德国、英国、瑞典、芬兰、美国、加拿大等国已经合股经营了七十多家公司，并占有其中大部分公司股份的 50% 或 50% 以上。通过这种合资企业，苏联也取得了发达国家的许多先进技术。

苏联在近些年与多数西方发达国家签订的政府间经济贸易协定

中，都十分强调开展补偿贸易的重要性。苏联同西方国家开展的补偿贸易，主要是第三章第五节之二中讲过的"抵偿贸易"的形式，同时也存在产品返销形式。因此，一般在签订合同时，都同时产生两个合同：（1）苏联进口有关设备与技术的合同；（2）苏联出口产品作为补偿的合同。苏联与西方发达国家的公司签订的补偿贸易合同有下面一些特点：

（1）外国一方一般均为私人公司，而苏联一方则为外贸部（或有关的外贸机关）。苏联认为：在以苏联外贸部为一方签署的补偿贸易合同中，苏联一方是国际公法的主体，外国一方则仅是该国国内法的主体。按照《苏联民事立法纲要》第11条的规定，苏联一方虽然可以因违约而承担民事赔偿责任，但合同争议只能通过再谈判或调解解决，不能诉诸法院或仲裁庭。再有，苏联一方在国外的财产享有国家豁免权，该财产不能作为民事诉讼对象或任何强制性措施的对象。只有以苏联的其他外贸机关为一方签署的补偿贸易合同，才能交付仲裁来解决争议。这样，当然把外国一方置于十分不利的地位。因此，许多西方国家至今不同意苏联在贸易活动中以上述方式应用国家豁免的理论。

（2）合同期一般都很长，涉及的价款额很高。至今为止，苏联与外国公司签订的补偿贸易合同，有效期大都在20年左右，价款都在千万美元以上，有的高达几十亿美元。

（3）合同的履行一般分三个阶段：进口有关设备与技术；以进口物建造工厂或建立生产线；输出产品以补偿进口价款及信贷利息。

（4）在资源开采方面采用"成功之后方偿还贷款"的国际信贷途径。苏联进口有关设备与技术，由外国银行，或外方企业，或这二者共同提供贷款。如果苏联发现并开采出可供出口的资源，才偿还贷款（及利息），否则不予偿还。这样，在开采阶段，苏联一方不担任何风险。1975年苏联与外国公司签订的开采库页岛大陆架油、气的补偿贸易合同，即采取这种特殊的信贷途径。

（5）进口设备与技术所生产的产品，主要用于内销。据苏联自己公布的统计表明，苏联按补偿贸易合同生产的产品，用于输出、以补偿进口价款，与用于满足国内经济需要的两部分比例为1:3。但在事实上，苏联除输出以补偿进口之外，还鼓励进一步的产品出口，其总出口数额与用于内销的比例就不是1:3了。

第二节　其他几个东欧国家的有关法律

一、匈牙利与民主德国的专利法

匈牙利的现行专利法是1969年颁布，1983年最后一次修订的。历史上的奥匈帝国是最早建立专利制度的国家之一，又是一些工业产权国际公约的发起国。所以，匈牙利的专利法与东欧其他国家相比，有一些明显的特殊之处。

匈牙利不实行苏联式的"双轨制"。其专利申请及审批程序，与我国基本相同，即实行"早期公开，请求审查"制。稍有不同的是：（1）我国专利法规定"自申请日起18个月之内"公布申请案，并于3年内请求实质审查；匈牙利专利法规定"自申请日起18个月之后"公布申请案，于4年内请求实质审查。（2）我国专利有效期为申请日起15年；匈牙利专利有效期为提交申请案之日起20年。"申请日"有可能是在本国提交申请案之日；但如果不是第一份申请案，则它指的就不是提交日，而是在外国确立的"优先权日"，这个日期可能比在本国提交申请的日期早12个月。因此，匈牙利专利的有效期，有可能比中国专利的有效期长6年。

关于哪些发明不能取得专利，匈牙利专利法的规定与我国基本相同。

匈牙利专利法对于专利侵权的构成、类型及制裁措施，有非常详细的规定。这一点与多数西方发达国家的专利法相似。特别是该法对于"非侵权声明"有具体规定，这对于鼓励应用先进技术是有一定作用的。"非侵权声明"指的是：某个企业或个人准备在生产中应用某一项先进技术，又弄不清它是否属于其他人所有的专利技术，就可以向专利局申请发表一项声明，表示自己的生产活动并未侵犯任何人的专利。如果专利局批准了这项申请，就会把声明公布出来，在一定时间内没有人提出反对意见，声明人即可放心去实施了。许多发达国家的专利法中，都对"非侵权声明"作出了规定。匈牙利专利法对侵权诉讼的程序有一条与各国都不同的规定；对于已经批准的专利发生的侵权活动，权利人（或利害关系人）提起诉讼时的初审受理机关只能是专利局，而不能是法院。

匈牙利在保护发明创造方面的法律很多，除专利法之外，还有1974年颁布，1982年最后一次修订的《技术革新法》，1980年颁布的《实施〈专利合作条约〉法》及《实施〈微生物备案取得国际承认布达佩斯协定〉法》，1969年颁布，1982年最后一次修订的《职务发明法》，1969年颁布的《专利诉讼程序法》，1978年颁布的《外观设计法》。

民主德国的专利法中，有一点值得一提，这就是其实质与"双轨制"很相似。民主德国虽然不颁发"发明者证书"，但它的专利法把专利分为两类：（1）经济专利（简称 WP）；（2）专有专利（简称 AP）。取得前一种专利的发明，只要经民主德国专利局同意，任何国内的企业就都可以使用，没有必要专门得到专利权人的许可；只有使用专有专利所保护的发明，才必须取得专利权人许可。因此，经济专利的专有权，实质在国家手中，这与发明者证书很相似。所不同的是，经专利局同意而使用了经济专利发明的企业，必须向专利权人支付使用费。

民主德国的现行专利法是在 1983 年颁布的。

二、南斯拉夫的工业产权法与涉外合资企业法

在东欧，南斯拉夫是唯一的用一部工业产权法保护几种工业产权的国家，它的现行法律是 1981 年颁布的《发明、技术革新与区别性标记保护法》。这部法律的保护对象是：发明专利、外观设计、商标、服务商标及产品的原产地标记。南斯拉夫的工业产权法中，对几种专有权的转让与许可证发放，作了很详细的规定。

对于专利、外观设计或商标的专有权实行转让，都必须订立书面合同，并在专利局登记，否则无效。

专利、外观设计与商标使用权的许可证合同，除适用工业产权法之外，还适用南斯拉夫合同法。商标许可证的受方必须保证商品质量不低于供方商品。如果某个南斯拉夫的联合劳动组织获得了使用外国人的商标的权利，那么在同一个商品上，还必须使用本企业的商标（即把两个商标作为"联合商标"使用）。许可证合同中，必须规定许可证有效期，许可证的性质（独占的还是非独占的），许可使用的范围，使用费数额。在许可证中不允许订立限制性贸易条款。南斯拉夫的联合劳动组织获得的某些工业产权，必须向其他劳动组织发"当然许可证"，即许可其他劳动组织在支付使用费的前提下，实施有关的专利技术与外观设计。在国家认为某些专利发明对卫生、国防、环境保护或经济有重大意义时，可以颁发国家征用许可证及"成批许可证"。在专利权人获得专利而 3 年未实施或未充分实施的情况下，国家可颁发强制许可证。

此外，南斯拉夫在同一部工业产权法中，对于应用基本上不属于专有的、技术革新的成果，也作了很详细的规定。

在《发明、技术革新与区别性标记保护法》中，对"技术革新"

从两个方面下了定义：（1）在劳动过程的任何阶段采用已知的技术或工艺，使联合劳动组织增加收入、提高劳动生产率、提高产品质量、节约材料、节省能源、更有效地利用设备、改善产品的技术检验或改善劳动保护的合理化劳动，均属于技术革新；（2）技术革新不是专利保护的对象。

技术革新的创作者应将革新方案提交劳动组织：该组织应在3个月内审查有关方案并决定是否采用；如该组织不采用，创作者有权把革新方案交给其他联合劳动组织。如果采用了有关的革新方案，则应向创作者支付"革新补偿费"。南斯拉夫采取吸引外资开办合资企业的方式引进技术，在东欧国家里是最突出的。

它从1976年开始允许外国公司与本国联合劳动组织办合资企业，在短短两年中就开办了150多家，吸引外资4亿多美元。

南斯拉夫法律要求合资企业的外方投入的资本不能超过企业注册资本的50%，同时对企业可以分配给外方的最高利润额也作了限制，但这种限制不适用于合资企业的南斯拉夫一方。合资企业如果亏损，必须由双方投入新的资本来补充。如果外方未投入新资本，就将在总资本中外方的份额上减去该方所应负担的亏损额。涉外合资企业的管理权，由联合劳动组织的工人委员会与合资企业的业务委员会共同行使。在合资企业合同中，一般都要规定：如果这两种委员会发生争议，应当由什么机构、通过什么程序解决。南斯拉夫的法律鼓励合资企业生产的产品用于出口。凡在合资企业合同中订立了限制产品出口条款的，都会被主管合同登记的部门判为无效（但限制向外方掌握工业产权的国家出口产品的情况除外）。

南斯拉夫对合资企业合同的履行在法律上作出了保证，它规定：如果南斯拉夫的任何法律在修订之后，对原先已订立的合资企业合同的履行有不利影响，则修订后的法律不适用于原合同（但有关税收的法律除外）。南斯拉夫法律还规定：如果国家征用合资企业的不动产，则将在外方投资的资本数额内进行赔偿。

三、保加利亚的软件应用法

1979 年 6 月，保加利亚国家科技发展委员会（英文简称 SCSPT）与社会信息统一系统委员会（英文简称 CUSS I）发布了一项"六号法令"，其名称为《软件使用法》。这个法令的主要内容如下。

1. 适用范围

该法令适用于一切在保加利亚境内依照合同使用计算机软件的活动。它所适用的软件，包括一切使基本软件（Basic Software）的功能扩大和完善的软件，或使计算机的效用增强的软件。该法令不适用于计算机制造厂家自己为计算机设计的基本软件。在使用通过租赁、购买或其他途径从外国获得的软件时，则同时适用国家科技发展委员会制定的"国际贸易合同指导书"与这项六号法令。对于有保加利亚设计人或设计单位共同参加而设计的软件，也适用六号法令（只是关于支付使用费的规定，只适用于设计人而不适用于设计单位）。

2. 登记手续

保加利亚的个人或单位在设计软件的过程中，如果完成初期设计，即须把软件提交到中央设计与程序库登记。该程序库收到软件后，应当在 15 日内对照库内已有的软件进行检索，查看有无重复的软件，即有无与所收到的软件解决的问题相同的软件，然后把意见书交给设计人或设计单位。设计人或单位必须仔细考虑该意见书，以避免设计上的重复劳动。如果设计单位因为没有听取程序库的意见而进行了重复劳动，则必须承担有关经济损失的责任。

在完成软件的后期设计后，设计人或单位必须在两个月之内，将软件的详细说明书提交中央设计与程序库备案，以使该库能够尽可能掌握保加利亚现有的全部计算机软件，为检索和发放许可证之用。除软件说明书之外，一同提交备案的，还有设计过程支出费用清单，设计参加人的细目等文件。如果从外国引进软件，则提供软件的外方公司也必须向中央设计与程序库提交一份该软件的详细说明书及其他交货文件的副本。

3. 使用手续

任何人如果希望使用已设计出的软件，都可以请求中央设计与程序库提供，也可以直接请求设计人或单位提供。使用者必须向设计人支付使用费（设计人除取得使用费外，还从国家那里取得奖金）。在使用者使用有关软件的第一年内，设计人有义务应使用者的要求修改软件中的差错。

4. 争议的解决

凡因使用费问题或修改软件差错问题引起的争议，由有关的司法部门解决。凡技术上的争议，由国家科技发展委员会主席或由他授权的人解决。

5. 对侵权行为的制裁

违反六号法令、侵犯软件专有权的，在一般情况下依照保加利亚《侵权及行政制裁法》（*Law on Infringements and Administrative Sanctions*）中的规定制裁。如果侵权行为特别严重，超出了该法管辖范围，则依其他法律制裁。侵权诉讼的程序，对制裁判决的不服上诉以及对判决的执行，也都按照《侵权及行政制裁法》中的规定进行。

四、几个东欧国家所参加的地区性知识产权国际公约

除了苏联之外的东欧国家参加地区性知识产权国际公约的情况如下：

经互会国家均参加了经互会国家缔结的《发明、外观设计、实用新型及商标的法律保护协定》《统一发明申请案提交程序协定》《互相承认发明者证书及其他发明保护权协定》（但罗马尼亚未参加

第二个协定）。经互会国家参加世界性知识产权公约的情况见第九章附表。

第九章　发展中国家的有关法律

第一节　拉丁美洲国家的技术转让法

许多拉丁美洲国家都制定了通过国家干预技术引进合同的法律。拉丁美洲国家的这类法律，可以说是发展中国家涉外技术转让法的起源。它们在保护本国经济与技术利益受方面起着很重要的作用。本节先对这类法律作一个全面介绍，然后再分别对阿根廷、墨西哥、巴西及安第斯组织的有关法律作具体介绍。

一、拉丁美洲国家的技术转让法综述

（一）技术转让法的内容

拉丁美洲国家的技术转让法大都是国家控制国际技术转让活动的法律，即涉外法，而不仅仅是调整国内企业间技术转让的。这些法律里一般都规定了技术引进合同的申报与审批程序，与《日本反垄断法》第6条的内容有相似之处。合同审批机关所审查的内容，则相当于日本银行与公平贸易委员会两种审查的结合。即主要审查：

（1）合同中有没有限制性贸易条款。

（2）合同中是否规定了供方应承担的义务（这是针对过去发达国家向拉丁美洲国家转让技术时，仅仅强调受方义务的事实制定的审查内容）。

（3）外国一方如果以技术作为无形资产投资，其比例是否超过

了许可的限度。

（4）发达国家的母公司与其设在本国的子公司之间的技术转让活动是否合法。

（5）合同有效期是否过长。

（6）技术的使用费是否合理。

（7）合同所选择的适用法律与争议解决地是否能够接受。

（二）技术转让法的作用

多数拉丁美洲国家制定技术转让法，都为了能达到下述目的：

（1）加强技术受方在合同谈判中的地位。

（2）防止盲目引进，加强对引进技术的消化吸收。

（3）控制所引进的技术的种类，保护本国经济，保障本国的技术发展。

（4）控制外汇，保障国际收支平衡。

（5）防止逃税。

（6）调节外国公司在本国的投资。

（三）与发达国家的反垄断法的异同

由于发达国家的反垄断法也同时起到调节技术转让的作用，所以其中有一些规定与拉丁美洲国家的技术转让法相同或相似。但由于调节技术转让的出发点不一样，反垄断法的出发点是保障自由竞争，技术转让法的出发点是保护受方利益，因此这两种法律在更多的规定上是不同的。

它们的相同之处大致有以下几点：

（1）在一般情况下，都不允许在合同中订立"搭卖条款"。

（2）都不允许供方限制受方的人员安排。

（3）都不允许供方限制受方研究和改进所引进的技术。

（4）都不允许一方限制另一方使用有竞争性的其他人的产品或技术。

它们的近似之处大致有以下几点：

（1）都不允许供方强加给受方支付过高的技术使用费的义务。但拉丁美洲国家的技术转让法中大都对最高使用费限额作硬性规定，而发达国家的反垄断法只要求依不同情况来确定是否"过高"。

（2）都对引进技术的后果给予关注。但拉丁美洲国家的法律强调引进的技术对本国经济发展不能带来不良后果，发达国家则强调引进的技术不能对公平竞争带来不良后果。不过，在这一点上，日本公平贸易委员会的审查标准，倒是与拉丁美洲国家的技术转让法完全相同的。

（3）都在一定程度上禁止在合同中订立"反馈条款"。但发达国家对于非独占性的、有偿的反馈条款，一般不予禁止。

（4）都在一定程度上禁止"固定价格"条款。但拉丁美洲国家是普遍禁止这种条款；发达国家的反垄断法只是对于"以消除价格竞争、垄断市场"为目的的"固定价格"条款才予禁止。

（5）拉丁美洲国家的技术转让法禁止一切限制受方产量与生产范围的合同条款；发达国家的反垄断法只禁止某些限制受方产量与生产范围的条款，例如它不禁止专利权人对受方生产专利产品的产量给予的限制，不禁止对受方使用专利技术的领域给予的限制。

二、阿根廷的技术转让法

1981年，阿根廷通过第22426号法颁布了该国的《技术转让法》，随后又颁布了该法的实施条例。这部法律与实施条例都在当年生效。下面对它们作一些介绍。

（一）适用范围

阿根廷《技术转让法》是一部涉外法。从转让活动的主体来讲，该法在第1条与第2条中规定，它适用于居住在外国的人或设定在外国的法人向阿根廷的自然人或法人有偿转让技术（或技术与商标）的活动,也适用于阿根廷境内的外资企业向受其控制的其他企业（如"子公司"）有偿转让技术（或技术与商标）的活动。阿根廷把本国的法人分为"公法人"与"私法人"。对外开展技术贸易的国家机关及国有企业为"公法人"；私人开办的企业为"私法人"。凡是与国防、保安有关的机关引进技术的活动，不适用《技术转让法》。《技术转让法》中的"技术"，亦即转让活动的客体，指的是专利、外观设计、用于制造产品或提供服务的其他技术知识。

（二）技术引进合同的审批程序

过去，阿根廷"国家许可证合同与技术转让登记局"主管技术引进合同的审批上作。1981 年之后，改由"国家工业技术研究所"主管这项工作。凡阿根廷境内的外资公司向受其控制的公司转计技术，有关的合同必须事先交主管部门审批；由境外引进技术的合同，则必须事后提交主管部门备案。与合同一道提交的，还应当有：双方当事人的姓名和地址、供方在受方资产中所占的份额，对转让中的技术（与商标）所做的详细说明，受方雇用的人员数及预计的支付额。如果没有提供这些情况，那么受方就不得从其纳税申报额中扣除他应支付给供方的款项。

对于事先报审批的合同，如果经审查表明双方当事人各自的义务符合独立法人之间正常交易的惯例，使用费也合理，主管机关即予以批准。但《技术转让法》不允许受方为使用供方的商标而支付使用费。主管机关必须在收到有关报批文件后 90 天内审批完毕。如果到期没有作完审批工作，则合同被认为已经批准。对于没有被批准的合同，如果当事人不服，可以在接到驳回通知后 30 天内向阿根廷工业发展部长提出申诉。如果该部长维持原决定，当事人可以依照行政诉讼法向国家上诉法院上诉。

（三）审查标准

《技术转让法》及其实施条例中，仅仅对技术转让合同的使用费问题规定了具体的标准。即：使用费不得超过使用所提供的技术生产的产品（或服务项目）净销售额的5%。"净销售额"应当是企业交货发票上反映的数额扣除下列费用：正常折扣、红利、佣金、国内税、增值税及其他税款。

（四）违反《技术转让法》的制裁措施

如果伪造《技术转让法》规定呈交审批的文件，或欺骗税收部门，均将负刑事责任。

阿根廷现行的知识产权法还有：1974年颁布的《专利法》；1974年颁布的《注册专有权转让与放弃条例》；1980年颁布的《商标与商业标志法》；1933年颁布、1976年最后一次修订的《版权法》。它参加了《泛美版权公约》及《蒙特威的亚（Montevideo）商标公约》。参加世界性公约的情况，见本章后的附表。

三、墨西哥的技术转让法

1981年，墨西哥颁布了《技术、专利实施权、商标使用权转让管制登记法》（下简称"转让登记法"），它于1982年生效，生效时颁布了它的实施细则。这部法律比前面介绍过的阿根廷的技术转让法更详细、更明确，在发展中国家的影响也更大。它的主要内容如下。

（一）适用范围

该法在第2条规定：它适用于一切在墨西哥地域内履行的技术转让合同、协议或其他文件。从这一条看，这部法律既适用于涉外技术转让活动，也适用于国内的技术转让活动。

从转让活动的主体来讲，在技术转让合同、协议的当事人中，只要有下列任何一类人，就要受到该法的管制，并将有关合同或其他文件提交国家技术转让登记处登记：

（1）墨西哥的自然人或法人；

（2）墨西哥国家参与经营的法人或企业；

（3）居住在墨西哥的外国人，取得墨西哥国籍的外国自然人或法人；

（4）在墨西哥设立的外国企业的代理机构或分支机构；

（5）未居住或设立在墨西哥、但其合同或协议的履行影响到墨西哥的自然人或法人。

从转让活动的客体讲，下列内容属于转让登记法管制的对象，包含这些内容之一的合同或协议，均须登记：

（1）商标使用许可；

（2）发明专利、专利的改进成果或发明证书的实施许可；

（3）外观设计的实施许可；

（4）商标转让；

（5）专利转让；

（6）商号的使用许可；

（7）以设计图、图表、模型、操作指导书、公式、说明书、人员培训等形式转让的技术 Know-How；

（8）各种经营管理的 Know-How；

（9）以任何形式开展的技术协助；

（10）有关企业经营管理的服务；

（11）外国自然人、法人实体或其子公司（不论设立于哪个国家）提供的咨询、审查或督监的服务：

（12）在工业领域付诸应用的版权；

（13）计算机程序。

下面，对这些对象作一些必要的解释。

在墨西哥的专利法中，"发明证书"与苏联双轨制中的"发明者证书"是完全不同的。发明证书是为一部分不能取得专利的发明提供的保护。它是墨西哥专利保护的一种补充形式，而不是为专利申请人提供的另一种选择。在墨西哥，不能取得专利而能够取得发明证书的发明主题有：生产化学合成物的方法，生产合金的方法，合成物与合金的加工法与应用法，与核能或国家安全有关的发明，防污染的工具、设备及其制造、改进或应用方法。墨西哥发明证书的有效期与墨西哥专利一样，均为 10 年。证书持有人也有权自己实施或许可他人实施其发明，但无权转让该证书。

经营管理的 Know-How，指的是能够提高企业效率的秘密管理方法。这在多数国家并不是技术转让法或技术转让登记法管辖的对象。墨西哥的规定是比较特殊的。

许多国家一直认为版权是文化领域的东西。多数国家以及联合国贸易与发展大会都认为技术转让法所调节的对象只是工业产权，不包括版权。但在近些年，版权已越来越多地在工业领域出现，把版权排除在技术转让之外的老观点已开始动摇。墨西哥的转让登记法可以说是反映了技术转让活动中的这个新动向。

上面第（13）点虽然只列出了"计算机程序"，但可以认为除程序之外的计算机软件，统统可包含在"付诸工业应用的版权"之中。在墨西哥转让登记法的"实施细则"里，规定了有些计算机软件的销售、出租或转让合同，无需提交登记。这主要包括三种软件：（1）使用二进制或八进制而中央存储器又少于 48 个 KB（即 10^3 位）的计算机所应用的软件；（2）仅能应用于娱乐活动的软件（如电子游戏机的程序）；（3）与计算机合为一体，但主要功能不是作数据处理的系统软件。

（二）登记程序

转让登记法规定：由国家产业与工业发展部主管的"国家技术

转让登记处"负责技术转让合同的登记与审查。在审查过程中，将听取国家科技委员会与综合技术研究所的意见。由国家产业与工业发展部部长最后决定批准还是驳回提交登记的合同或协议。

在转让登记法管辖范围内的合同或协议缔结后 60 日内，当事人必须把有关文件提交技术转让登记处。凡按时提交的，在经审查批准后，合同或协议仍算作从缔结之日生效；如果未按时提交，则即使经审查批准，也只能算作从登记之日起生效。在转让登记法管辖范围内的合同或协议如果要修改或者续展，也必须按上述期限提交登记。如果在合同期内中止合同，则必须在中止之日起 60 日内通知产业与工业发展部长。

产业与工业发展部长应当在接到合同或协议之后的 90 日内作出批准或驳回登记的决定；逾期未作决定，有关的合同或协议就按已经被批准对待了。

转让登记处的工作人员有义务不泄露合同或协议中的一切秘密。

（三）审查标准

转让登记法要求受它管辖的一切合同或协议都必须选择墨西哥法律或墨西哥参加的国际公约为合同适用法。这一点是许多发达国家至今不同意的。

对合同或协议进行审查的出发点是：

（1）指导当事人对技术进行恰当的选择；

（2）参照国际习惯做法，并根据墨西哥的利益，把引进技术的使用费的最高额限制在尽可能低的范围内；

（3）使引进技术有利于提高商品的产量，增加品种；

（4）促进吸收与应用引进的技术；

（5）争取以补偿贸易方式（返销或回购，或二者并用）支付技术使用费；

（6）促进本国对技术的研究与发展；

（7）鼓励国内企业尽量使用本国的技术成果，鼓励本国技术的出口。

上述（5）（6）（7）三点，尤其第（7）点，反映了墨西哥在管理技术转让方面的特点与优点。除了这部技术转让法之外，墨西哥政府还采取了许多其他措施促进本国技术出口。例如对技术出口免税，为技术出口提供贷款（买方信贷）等等。近年来在引进技术的同时，墨西哥的技术出口也有一定程度发展。到 1984 年，出口技术中已有 18% 面向发达国家。

在审查中，产业与工业发展部长对含有下列条款之一的合同或协议不予批准：

（1）技术供方直接或间接控制或干预受方经营管理的条款；

（2）在条件不对等的情况下，要求受方（无论有偿还是无偿）将自己的专利、商标或改革现有技术的成果转让或许可给供方的条款；

（3）限制受方研究与发展技术的条款；

（4）在国际或国内市场上有选择余地的情况下，不允许受方在购买设备、零件或原材料方面自行选择，而是将特定的卖主强加给受方的条款；

（5）禁止或限制受方出口某些产品或服务，以致有损墨西哥利益的条款；

（6）禁止受方采用辅助性技术的条款；

（7）规定受方只能把产品出售给特定买主的条款；

（8）要求受方长期雇用供方的指定人员的条款；

（9）对受方供应国内市场或出口的产品的数量、销售价格或转售价格实行限制的条款；

（10）要求受方的产品由供方独家销售的条款（但如果供方控

制着较广的销售渠道、享有较高的市场信誉，由该方销售确比受方自己销售的效果更好，则不在此列）；

（11）要求受方在合同履行期满后仍为供方的技术资料保密的条款；

（12）供方不明确担保其提供的工业产权未侵犯第三方的权利；

（13）供方不明确担保其技术的质量与效果。

上述第（1）~（11）条，就是所谓"限制性贸易条款"。墨西哥的法律把第（11）条列为这种非法条款，也是许多发达国家所不同意的。

在审查中如果发现合同中有下列内容，也将不予批准：

（1）从外国引进在墨西哥能够得到的技术；

（2）受方向供方支付的补偿费与所引进的技术无关，或补偿费数额对墨西哥或对受方企业来讲过高或不公平；

（3）合同或协议有效期过长（在墨西哥，超过 10 年即视为"过长"）；

（4）将审理或解决合同争端的管辖权授予外国法院（但外国仲裁机关适用墨西哥法律及用墨西哥参加的国际公约中的有关规定对争端进行仲裁的情况，不在此列）。

（四）违反转让登记法的制裁措施

如果没有按规定提交登记（以及提交后被驳回），则有关合同、协议无效（对当事人、对第三方均无效）。未提交登记或提交伪造的文件登记，都将被处以行政罚款，金额可高达合同标的本身的价格（如果标的难以估价，则由产业与工业发展部长酌情确定罚款额，最高可达联邦职员最低日工资的 10000 倍）。

如果合同当事人对产业与工业发展部长的任何决定有不同意见，可以按照民事诉讼法起诉。

墨西哥的知识产权法还有：1975 年的《发明与商标法》及 1982 年颁布的该法的实施条例；1956 年颁布、1982 年最后一次修订的《联邦版权法》。墨西哥也参加了《泛美版权公约》。

四、巴西的技术转让法

巴西在 1975 年颁布了第 15 号《标准法》，这是一部关于技术转让合同提交登记的法律。该法律中对于登记的具体程序基本上没作规定，只是提到：由国家工业产权局局长主管技术转让合同的登记。

在本节中列举的三部技术转让法中，巴西的 15 号法在审查标准上规定得最详细。只是这部法律颁布较早，有些内容显得陈旧，也不如前面介绍的两部法律全面（对登记程序及不登记的制裁措施，均未作规定）。

现在把该法的主要内容作些介绍。

（一）适用范围

这部法律既适用于涉外技术转让活动，也适用于国内的技术转让活动。从转让活动的主体来讲，下列合同均须提交登记：

（1）合同当事人都居住在巴西；

（2）技术供方居住在巴西；

（3）技术供方居住在国外。

从转让活动的客体来讲，下列合同须提交登记：

（1）应用专利的许可证合同；

（2）使用商业标记的许可证合同；

（3）提供工业技术（即不属于工业产权的其他技术）的合同；

（4）技术与工业合作的合同；

（5）特定的技术服务合同（如果合同双方均居住在巴西，则只有直接与生产活动有关的技术服务合同须提交登记）。

（二）审查标准

巴西 15 号法对于上述五类转让活动的客体分别规定了审查标

准。由于大多数技术转让合同都包含专利权的使用许可，故下面主要介绍一下对"应用专利的许可证合同"的审查标准。

15号法规定：作为专利许可证合同的合法标的物的专利，必须是按照《巴西工业产权法》授予的专利。如果专利申请案尚未最后批准，则只有在工业产权局公布申请案之后，案中的技术才能成为许可证的标的物；专利申请案如果最终被驳回，则已登记的许可证合同相应失效。如果已批准的专利在权利冲突诉讼或无效诉讼中悬而未决，则相应的许可证合同登记后产生的效力也暂时中止。

专利许可证合同均必须提供与使用专利方法或制造专利产品有关的技术信息，数据，公式，包含资料、附图及模型在内的说明书。在可行的情况下，还必须提供技术协助（包括由供方提供技术人员，以及为受方培训技术人员）。

15号法对于许可证合同的合法支付条件作了十分具体的规定：

（1）专利技术的使用费应从实施该专利时开始计算，应直接与生产有关专利产品的活动相联系。

（2）使用费应当以单位产品的净销售额为基础计算。净销售额应当是发货票上反映的数额扣除下列内容：税收、供方（或与其有直接或间接关系的其他供应人）投入的费用、资金或零部件，佣金，运费，保险费，包装费，应归还的贷款，以及其他经合同双方协商同意的费用扣除。

（3）如果按许可证合同所提供的技术资料或技术服务是免费的，则必须在合同中注明。

（4）如果双方当事人协商同意支付"入门费"，它的数额也必须以产品净销售额为基础，作相应计算。

（5）对供方的技术协助支付的外汇，必须按有关技术人员的数目、每日的费用及预计的技术协助期限来计算。

（6）对下述情况不得支付专利使用费：①专利权人虽不居住或设定在巴西，但控制着受方企业或占有受方企业 50% 以上的股权；②向巴西提交的专利申请案中，缺少在外国首次提交申请的优先权证明文件；③专利的供方系该专利的非法受让人。

（7）对于按提成形式支付使用费，一次总付形式支付"入门费"或工资形式支付技术协助费，都必须在合同中分别定出支付额。

关于许可证合同的有效期，15 号法规定：发明专利许可证不得超过 15 年，实用新型与外观设计专利许可证不得超过 10 年。也就是说，任何工业产权许可证合同有效期，均不得超过有关工业产权的保护期。15 号法还规定，任何专利许可证合同都必须：

（1）明确标示出有关专利在巴西的专利号或申请号，以及专利名称；

（2）写明该许可证是独占性的还是非独占性的，受方有无权利发放从属许可证；

（3）写明供方有义务提供为实施有关专利所必要的公式、说明书、图表、数据和其他技术信息；

（4）写明受方在供方专利基础上加以改进所得到的成果，归受方所有，但可以反馈给供方；

（5）写明供方如对所提供的专利有所改进，应尽快把改进的成果继续向受方提供；

[（4）（5）中所指的反馈与继续提供，应重新签订合同并提交登记]；

（6）写明并写准确有关技术协助的范围；

（7）写明受方负有有效地实施有关专利的义务；

（8）明确各方在巴西缴纳所得税的责任；

（9）写明其他有关供方、受方的责任与义务。

15 号法还规定，在许可证合同中，不允许出现与许可证无关的任何协议，不允许出现下列限制性贸易条款：

（1）限制生产、销售、价格、广告、出口、雇佣人员等等（但供方所在国的工业产权法或巴西所参加的国际公约中所允许的限制，不在此列）；

（2）对于受方向供方购买零部件、原材料等附加额外的条件；

（3）在专利失效后，仍限制自由使用与它有关的数据及资料；

（4）限制受方的研究与改进活动；

（5）阻止受方对供方所有的工业产权提出权利争议；

（6）免除由履行许可证合同而引起的供方责任；

（7）将供方维持工业产权所需费用的负担转嫁给受方。

（三）不登记的后果

如果许可证合同没有提交主管部门登记，则合同的供方无权要求受方支付使用费，合同当事双方无权享受应有的税收减免待遇。

巴西的知识产权法还有：1971 年的《工业产权法》（其中保护发明专利、实用新型专利、外观设计专利、注册商标与服务商标、注册广告，并禁止使用关于商品来源的虚假标记和禁止不公平竞争）；1973 年颁布、1980 年最后一次修订的《版权法》。巴西也参加了《泛美版权公约》。

五、安第斯组织的工业产权条例

1969 年 5 月，拉丁美洲国家玻利维亚、哥伦比亚、厄瓜多尔、秘鲁、委内瑞拉和智利，在哥伦比亚的卡塔赫那缔结了一个经济合作条约，一般被称为《卡塔赫那协定》，由于缔约国都分布于安第斯山一带，故又称《安第斯协定》，参加它的国家即形成"安第斯组织"（该组织中的智利，于 1976 年退出）。安第斯组织的协调委员会在 1974 年颁布了一项"85 号决议"，它的名称是《工业产权适用规则统一条例》。该条例的作用是初步统一安第斯组织的工业产权法（包括发明专利、外观设计专利及注册商标的有关立法）。至今只有厄瓜多尔、秘鲁与哥伦比亚三国批准了这个条例。下面对该条例作一些介绍。

（一）关于发明专利的规定

条例并不要求取得专利的发明应具备"三性"，而只要求具备新颖性与实用性。新颖性的标准是绝对新颖。

有五种发明被条例排除在专利保护之外：（1）违反公共秩序或公共道德的发明；（2）动物或植物新品种发明以及培育动、植物新品种的方法；（3）药品、食品（包括饮料）发明；（4）在外国第一次申请专利后、超过 12 个月又在安第斯国家申请专利的发明；（5）影响安第斯国家发展经济的发明，或其他被安第斯国家宣布为不受保护的发明。

条例对于不同申请人以同一项发明申请专利的情况，采取"先申请者获专利"的原则。职务发明的所有权归雇主所有，委托发明的所有权归委托人所有。

这个统一条例仅仅要求各成员国本国国内法在实体条文与程序条文上趋于统一，它本身并不能产生《欧洲专利公约》或《专利合作条约》的作用。按照统一条例办理专利申请时，在安第斯国家中并不能简化任何手续。申请人如果打算在三个国家获得专利，就必须分别在三个国家逐一申请。统一条例要求对申请案实行"部分审查"。专利有效期仅仅 10 年（从批准之日算起），并且分为初期 5 年与展期 5 年。只有在初期充分实施的专利，才能续展。

专利权人享有的独占权包括使用权、制造权、销售权，但不包括进口权。

统一条例关于颁发强制许可证的规定比较特别，在下面几种情况下都可以颁发：（1）批准专利 3 年未曾实施；（2）在实施中连续中断一年；（3）实施后，有关产品的数量、质量或价格不符合国内市场需要；（4）在展期中的任何专利。

（二）关于外观设计及商标的规定

统一条例规定外观设计与商标均实行注册制，有效期均为 5 年（自批准注册之日算起）。外观设计的专有权不能续展，商标权可以续展，每次展期也是 5 年。

在与安第斯国家（及其他使用西班牙语的拉丁美洲国家）进行技术交往时，要特别注意，它们的"工业品外观设计"使用西语词组 dibujosy modelos industriales 表示。"dibujos"表示平面设计，"modelos"表示立体设计。有些译文曾把后者误译为"实用新型"。事实上安第斯国家都不保护实用新型。在西班牙语中如果提起实用新型，则会用另一个词组（modelo de utilidad）。

（三）关于许可证合同的规定

无论以发明专利、外观设计专利还是注册商标为标的物的许可证合同，都必须提交各国主管部门登记。这类许可证合同中都必须包含受方保证产品质量的条款。此外，安第斯组织的协调委员会还另外在第 24 号、25 号决议中，对于哪些许可证合同条款属于非法的"限制性贸易条款"作了具体规定。这些规定与阿根廷、墨西哥、巴西的有关规定大致相同，就不再重复了。

第二节 印度与东南亚国家的有关法律

一、印度的有关法律

印度认为自己目前已经是一个"半工业化"的发展中国家。一方面，它在技术进口上实行了较多的控制，强调进口那些能促进产品出口的技术；另一方面，它早在 60 年代就开始鼓励技术与资本的出口。印度又是一个兼有反垄断立法与技术转让管理立法的国家。它的知识产权法，则在很大程度上反映出英国法的特征。

（一）印度的知识产权法

印度的现行专利法是 1970 年颁布的。这部法律除了在用语和内容上有许多与英国专利法相同的地方外，还有下面一些独特之点：

（1）要求外国申请人在互惠原则下方能享有申请权及有关权利。《印度专利法》第 134 条规定：如果任何国家没有给予印度国民在专利保护上相应的权利，则该国国民在印度不能申请专利或成为专利权人，不能成为专利的受让人或专利许可证的被许可人。印度不是《保护工业产权巴黎公约》的成员国。因此，如果一个国家没有同印度订立专利保护双边协定，该国国民在印度申请专利就会发生障碍。

（2）不同专利享有不同保护期。《印度专利法》第 53 条规定：药品、食品的制造方法的专利，保护期为批准之日起 5 年或申请之日起 7 年（以其中较短的一个期限为准）；其他发明的专利保护期，自申请日起 14 年。

（3）新颖性标准。发明具有"混合新颖性"，即可取得专利。

（4）不能取得专利的发明。与我国专利法中的有关规定相同。

（5）专利转移的登记。在印度，无论转让专利所有权还是发放专利许可证，都必须在有关合同缔结后 6 个月内在专利局登记，否则合同无效。

印度的现行《商标法》颁布于 1958 年。它所保护的商标为商品商标与证明商标，但不保护服务商标。此外，印度还通过判例法保护未注册的商标。注册商标分为 A、B 两部注册（以商标所具有的"识别性"程度不同来确定能够在哪个部取得注册）。如果以注册商标发放许可证，被许可人只有在主管部门经过登记取得"注册使用人"资格后，许可证合同才能生效。这些，都与英国商标制度相同。印度注册商标的保护期为 7 年，可连续办理续展，每次续展期也是 7 年。

《印度版权法》颁布于 1957 年，最后一次修订是在 1985 年。其中涉及新技术与技术转让的条文较少。但在最后一次修订中，增加了保护计算机程序的内容。印度于 1975 年参加《建立世界知识产权组织公约》(此外没有参加任何工业产权领域的国际公约)。

（二）印度的反垄断法

1969 年，印度颁布了《反垄断与限制性贸易惯例法》(简称 MRTP)，其中对于技术转让合同中哪些条款妨碍了正常竞争，作出了规定。这样的条款主要有：

（1）限制受方出口地区的条款。印度只允许合同限制向某些国家、在一定时间内出口，不允许无限期地全面限制出口。

（2）搭卖条款。除了为保证受方产品质量所必需之外，任何规定受方必须买供方的非专利产品或材料的条款均属非法。

（3）合同期满后的限制。印度坚决反对在 Know-How 合同中要求受方于合同期满后不得继续使用有关 Know-How。但与前面介绍过的墨西哥的有关规定不同，印度认为合同期满后，如果 Know-How 尚未进入公有领域，受方就有义务继续为供方保密。

（4）反馈条款。印度不允许合同中要求受方将改进的成果无偿转让给供方，但允许以有偿的非独占许可证形式把使用权转让给供方。

（5）专利有效性不争议条款。印度只一般地禁止在许可证中订立专利有效性不争议条款。但在供方因受方不履行合同而起诉，要求受方履行合同的情况下，如果要求受方对专利有效性不争议，则是合法的。

（6）限制转售价格的条款。在一般合同中，限制转售价格都属于非法。但对于专利许可证合同来说，限制转售（批发与零售均在内）专利产品的价格，是非法的；在从属许可证中订立调节（限制）专利产品价格的条款，则是合法的。

（三）印度的其他管理技术进口的法规

印度用于管理技术进口的法规，还有 1973 年颁布的《外汇管理法》，1977 年的《印度政策声明》（*The Indian Policy Statement*）1979 年颁布的《工业发展管理法》，以及许多由政府主管部门掌握的审查技术转让合同的准则。

在印度履行的技术转让合同（包括以合资、合作等形式引进技术的合同），都必须交政府主管部门审批，审批时的主要标准是看合同对印度产品的出口与外汇平衡有无不利影响。具体讲，合同必须符合下列条件：

（1）为了避免印度的不同企业重复进口相同或相似的技术，某些许可证的国外供方必须准许印度的受方向国内其他企业发放从属许可证。

（2）供方为受方提供技术人员，必须事先得到印度中央银行（亦即印度的储备银行）的同意。

（3）为引进技术而同时进口设备或原料，一要符合印度进口政策，二必须是为保证产品质量而非进口不可，三要对进口原料事先作检查。

（4）合同期一般不超过 5 年，到期后一般不得续展。

（5）咨询服务一般须交印度的工程公司承担。

（6）使用费一般不超过产品净销售额的 5%。但如果产品中的大部分用于出口，则可以适当提高使用费。合同中不得在不过问生产总额和产品价格的情况下要求受方支付最低限额使用费。

（7）提供技术服务的条款必须具体。

（8）如果合同系合资合同或合作合同，必须选择印度法律为合同适用法。

（9）用于内销的产品不得使用外国商标。

如果签订了技术引进（或包含技术引进内容的）合同而没有提交主管部门审批和登记，则作为供方的外方当事人不得把使用费、利润或其他所得汇回本国。

合同应首先提交给工业部的工业审批秘书处（Secretariat of Industrial Approval），在听取技术评价委员会等部门的意见后，由外资局（Foreign Investment Board）决定批准还是驳回。

（四）印度技术与资金输出的法规

1978 年，印度商业部颁布了印度管理国外合资经营企业的指导原则，鼓励以工业产权及其他技术、产品在国外投资。这些原则连同印度的税法、银行法及同外国缔结的有关双边协定，形成印度管理技术与资金输出的法规。这些法规总的精神是鼓励技术与产品的出口，限制资金的外流。具体讲，它们包括以下一些内容：

（1）鼓励有印方企业参加的国外合资企业与当地银行合作。

（2）鼓励印方以从印度出口的工厂设施、机器、设备等作为出资方式，或以专利、Know-How、技术服务或其他服务作为出资方式。向合资企业追加投资，一般也采取从印度出口设备或原料的方式。出资或追加资本用的机器必须是印度制造的，不得用复制、仿制或改装的外国机器。

（3）印方一般不得用现汇作为出资方式（但如果从长远看，该合资企业有利于印度的产品及服务出口，则允许以现汇出资）。

（4）授权印度中央银行为支持在国外开办合资企业（及提供技术人员与管理人员）提供必要的外汇。

（5）作为在国外出资而出口产品、设备的印度企业，可享有印度出口厂商同样的优惠待遇。

（6）印度在国外设资的企业除向中央银行申请现汇外，还可以向进出口银行申请出口信贷，并可以向保险公司申请保险。

（7）凡是因提供知识产权、技术服务、Know-How等从国外合资企业获得的使用费或其他收入，以及按股份从国外合资企业分得的利润，均免征所得税。

印度技术人员在国外获得的报酬中的50%在3年内免征所得税。

到1984年底，印度已经同22个国家签订了避免双重税收的双边协定。印度投资者在那些未与印度订立这类协定的国家交纳所得税后，在印度也可享受抵免待遇。

二、一些东南亚国家的有关法律

东南亚地区的国家很多，这里只以泰国、马来西亚与菲律宾三个东盟国家为例，对该地区的技术转让法作一些介绍。

该地区有些已经比较发达的国家如新加坡，至今尚未颁布任何知识产权法，还有些比较发达的地区如中国香港，目前，几乎全部适用英国知识产权法，故在该地区没有典型性，就不介绍了。

（一）泰国的技术转让法

1980年，泰国颁布了现行的《专利法》，该法第39条，对于以专利技术发放许可证作了如下原则性规定：

（1）专利权人不得强加于被许可人任何有损国家工业、手工业、农业或商业发展的条件，限制或使用费条款。具体标准将在行政条例中规定。

（2）专利权人不得要求被许可人在专利期满后支付使用费。

凡违反上述原则的许可证合同条款一律无效。

同年，泰国根据这一条颁布了《行政条例》。它实质上是一部技术转让法，其中规定，在专利许可证中的任何下列条款均属无效：

（1）在不公平的条件下要求受方（即被许可人）反馈有关专利技术；

（2）要求受方对供方专利不提出争议；

（3）要求受方支付的使用费额，与同一供方的其他被许可人相比，明显地不公平；

（4）要求受方搭买与许可证中的技术无关的实物，或虽然为实施有关技术必须从供方处购买某些实物，但价格明显地不公平；

（5）限制受方购买实物时的供货人，或限制受方使用任何原材料的自由（但如果为保证专利产品质量而必须作这种限制，则不在此列）；

（6）要求受方将产品出售给供方指定的人；

（7）限制受方产品产量；

（8）限制受方出口专利产品的自由；

（9）强迫受方雇用供方指定的、与实施有关技术没有关系的人员；

（10）限制受方研究与发展任何技术的自由；

（11）限制受方实施许可证中所不包括的其他发明；

（12）强迫受方接受其并不需要的技术，并为这种技术支付使用费；

（13）为受方的产品固定价格；

（14）不合理地免除供方在许可证的履行中的责任，或缩小其责任；

（15）许可证合同有效期过长。

（二）马来西亚的技术转让法

马来西亚的专利制度与香港地区近似，即该国本国专利局只起个登记处的作用，申请和获得专利的手续要在英国办理。马来西亚专利的保护范围、有效期、利用方式及构成侵权的条件，都完全与英国专利相同。

马来西亚用以管理技术转让的专门法规是《技术转让政策与指导原则》，其中对技术转让合同的应有内容作了如下规定：

（1）定义。在合同的"定义"条款中，必须把供方提供的技术的主要特点、产品达到的主要指标写清楚。如果提供技术协助与服务，也必须写清楚。

（2）最新发展成果。供方必须提供其有关技术的最新发展成果，所提供的材料必须充分、完整。

（3）技术使用费。合同中应将支付方式规定明确，采用一次总付或提成支付方式均可。支付总额应为有关产品净销售额的1%~5%。不提倡（但也不绝对禁止）外方技术供应人以技术作为出资方式在马来西亚投资。

（4）合同期。总原则是参考受方吸收有关技术所需要的时间与专利技术的保护期，来规定合同期。具体讲，合同期不应超过5年，如果不够，届满之前可申请续展。

（5）技术培训。技术培训可在供方企业进行，也可在受方企业进行。如果在供方企业培训，必须将培训范围，受训时间及受训人员应达到的水平作出明确规定。

（6）工业产权。如果供方提供专利技术，必须附带必要的Know-How。如果合同期满后专利仍有效，受方应有权继续实施。

（7）保密。受方的保密义务只能在合同有效期内承担。

（8）担保与保证。供方至少要对所提供的技术的特点、用它生产出的产品的质量与功能作出担保。

（9）税收。国家对供方所得的使用费将抽税15%。

（10）适用法与争端解决地。任何在马来西亚履行的技术转让合同都必须适用马来西亚法律。合同争端也必须在马来西亚、应用马来西亚法律仲裁。

（三）菲律宾的技术转让法

菲律宾的现行专利法是 1964 年颁布、1980 年最后次修订的《鼓励发明者法》。其中大部分规定均与美国的现行专利法相同。

菲律宾的技术转让合同，由工业部下属的技术转让局（Technology Transfer Board）依照政府颁布的《评价政策指导原则》进行管理，主要是对提交登记的合同进行审查。这个指导原则 1977 年颁布，其中主要有下面 5 项内容：

（1）引进有关的技术或工业产权必须具有必要性与可行性。

（2）合同中不准许包含限制性贸易条款。

菲律宾认为下列 10 条属于这种条款：

①合同期满后限制受方使用任何技术的条款；

②合同中的工业产权保护期过后或中途失效后，仍要受方支付使用费的条款；

③限制受方取得供方所改进的有关技术的条款；

④要求受方将自己的改进成果无偿反馈给供方的条款；

⑤禁止受方对供方的专利权提出争议的条款；

⑥禁止非独占许可证的受方使用其他人的有竞争性的技术的条款；

⑦搭卖条款；

⑧直接或间接限制受方产品出口的条款；

⑨限制受方产量、产品销售价格的条款；

⑩限制受方的研究与改进活动的条款。

（3）合同的使用费必须合理。

（4）合同必须适用菲律宾法律。

（5）合同期一般不得超过 5 年。如果需要续展，不能自动续展，必须经申请、批准并登记。

第三节　法语非洲国家的有关法律

1977 年，一些法语非洲国家在中非首都班吉通过了一项建立非洲知识产权组织的协定，简称《班吉协定》。到 1985 年，已有下列 13 个国家参加了这个组织：马里、喀麦隆、中非、加蓬、象牙海岸、毛里塔尼亚、上沃尔特（现改名为布基纳法索—Burkina Faso）、乍得、刚果、贝宁、多哥、尼日尔、塞内加尔。目前只有乍得一个国家尚未完全接受《班吉协定》。

《班吉协定》中有九个附件，形成了一套跨国知识产权法。这套跨国法从三个方面讲，比西欧跨国专利制度更进了一步。第一，它不仅包括跨国专利法，而且包括其他各种跨国知识产权法。第二，它在各成员国中占有优先地位，各国自己相应的国内法须服从它。第三，《班吉协定》规定，其成员国都应当批准下列公约的最新文本：《建立世界知识产权组织公约》《保护工业产权巴黎公约》《工业品外观设计国际备案海牙协定》《专利合作条约》《商标注册条约》《保护产地名称及其国际注册里斯本协定》《保护文学艺术作品伯尔尼公约》（或《世界版权公约》）。

非洲知识产权组织的总部设在喀麦隆的首都雅温得，这个总部相当于各成员国的专利文献服务中心，也是各种跨国工业产权申请案（版权的获得无需申请）的受理部门。非洲知识产权组织成员国的国民申请工业产权，可以通过本国主管部门向总部转呈申请案，也可以直接向总部申请。按《专利合作条约》提交国际申请案，或在非洲知识产权组织成员国内无居所的外国人提交申请案，都必须直接交给雅温得总部。各种知识产权虽有跨国性质，但在作为无形财产权转让或发许可证时，都适用各成员国自己的民法，各国法院就有关知识产权作出的最终判决，在其他成员国均有约束力。此外，雅温得总部具有行使司法审判的职能。

《班吉协定》附件一、附件二、附件四相当于一部各成员国的统一专利法，它保护发明专利、实用新型专利与外观设计专利。这些专利的审查制度都属于形式审查制或不审查制。在批准申请案之前，申请人可以请求将发明专利改变为实用新型专利申请，或作相反的改变。发明专利的保护期自提交申请案起10年，可以续展一次，展期是5年。

按照《班吉协定》附件一、附件二、附件四取得的跨国专利，与按照西欧《共同体专利公约》取得的跨国专利，在转让的规则上是很不一样的。共同体专利只允许作为一个整体、在专利有效的整个地域内全部转让。而法语非洲跨国专利既可以全部、也可以部分转让。

无论专利所有权的转让合同，还是专利使用权的许可证合同，都必须以书面形式表达，否则无效。合同缔结后12个月内，必须提交雅温得总部登记，否则合同对第三方无效（但仍可约束合同双方当事人）。涉外的转让或许可证合同，即合同双方都不是非洲知识产权组织成员国国民，或虽然一方当事人为成员国国民，但该方将向另一方非成员国国民支付使用费，那么合同的生效、修改或续展，都必须经过有关成员国的主管部门批准，然后提交雅温得总部，在特别注册簿上登记。

要求涉外专利转让合同或许可证合同报批和登记，主要目的是审查合同中有没有限制性贸易条款。《班吉协定》列举了四种非法的限制性贸易条款，即：

（1）强迫受方为不能实施的技术支付使用费，或强迫受方在尚未实施专利之前支付使用费；

（2）搭卖条款（但为保证受方产品质量而必须进口的情况除外）；

（3）阻止受让人的产品向其他非洲知识产权组织的成员国出口（或要求受方为取得这种出口权而增付使用费）。

（4）限制受方在其本国的竞争能力。

《班吉协定》对于哪些限制性条款属于合法的，也作了相应规定。例如，在专利实施范围、专利使用期限等方面的限制，为阻止受方从事有损专利效力的活动而作的限制，即为合法限制。

《班吉协定》还规定，专利所有权转让合同的受让方，只有在履行了合同登记手续之后，才有权以专利持有人的资格发放许可证。

《班吉协定》中还规定了与多数国家相同的强制许可证制度，并规定了少数国家采用的当然许可证及国家征用许可证制度。但这些非自愿的许可证制度仅仅适用于发明专利，不适用于实用新型与外观设计两种专利。

《班吉协定》附件五是一部跨国"不公平竞争法"，或叫作跨国反垄断法。这在世界上也是独一无二的。它要求成员国必须把下列行为当作不公平竞争行为予以禁止：

（1）直接或间接使用虚假标志指示商品或服务的来源、指示制造者、加工者或提供者的身份；

（2）企图使自己的商号、商品或服务与竞争者的相混淆的一切行为；

（3）在贸易活动中毁伤竞争者商业声誉的行为；

（4）在贸易活动中欺骗消费者的行为；

（5）其他不符合公平贸易的行为。

至于对不公平竞争行为怎样起诉及作何制裁，均须依照各成员国自己的法律去定。

第四节　英语非洲国家的有关法律

英语非洲国家都没有制定专门的技术转让法。除马拉维之外，也大都没有自己的知识产权法。就专利法而言，过去它们大都同马来西亚一样，即采用英国专利制度，在英国申请专利后，再于本国登记，取得本国专利权。

20世纪70年代以来，英语非洲国家也为组成一个类似法语非洲国家那样的知识产权组织而努力。1976年，加纳、肯尼亚等几个国家在卢萨卡缔结了一项《建立英语非洲国家工业产权组织协议》，建立起非洲工业产权组织。到1985年1月，该组织共有11个成员国，即：加纳、肯尼亚、马拉维、赞比亚、冈比亚、塞拉利昂、索马里、苏丹、乌干达、津巴布韦、坦桑尼亚。1982年，这个组织在津巴布韦的哈拉雷签署了一份《哈拉雷议定书》，目的是在统一各成员国的专利实体法方面迈出第一步，它已于1984年生效。到1985年1月为止，加纳、苏丹、乌干达、马拉维、肯尼亚、津巴布韦六国批准了这个议定书。

这个议定书的效力远不及《班吉协定》。它并没有规定其成员国必须参加哪些知识产权领域的国际公约。成员国中的塞拉利昂即未参加任何一个工业产权或版权的国际公约。同时，该议定书也不是任何意义上的跨国法。它只相当于一个地区性的《专利合作条约》。

该议定书对发明专利与外观设计专利的地区性国际申请和审批作了一些统一规定。

非洲工业产权组织的各成员国自己的工业产权局负责接收在该组织的成员国地区的国际申请案，然后转交该组织的工业产权总局统一审查。议定书中虽然要求发明专利必须具备绝对新颖性、技术先进性和工业实用性，但总局一般仅仅对申请案作形式审查，只有当某个成员国提出专门要求时，才偶尔进行实质审查。

地区国际申请案的申请人，必须在案中写明希望在哪几个成员国获得专利。这些成员国即为申请案的"指定国"。总局经审查认为可以颁发专利证，就把批准专利的通知及审查报告送达各指定国。指定国收到通知与报告后，有权在 6 个月内决定是否拒绝给予保护，并且把决定通知总局。拒绝保护的理由有两种，一种是该国认为有关发明不符合议定书的规定，另一种是认为它不符合本国国内法。如果 6 个月内指定国未发出拒绝通知，有关专利即自动在该国生效。生效之后，各国将按照国内法决定有关该专利的一切事宜（如侵权诉讼、颁发强制许可证，等等）。

参加世界知识产权公约的有关国家详见一览表。①

一览表说明：

《巴黎公约》中表示该国至今只批准了公约 1967 年斯德哥尔摩文本的行政条款（即第 13 条至第 30 条）。

《伯尔尼公约》中表示该国至今未批准公约的 1971 年巴黎文本；表示该国至今只批准了 1971 年巴黎文本的行政条款（即第 22 条至第 38 条）。

《世界版权公约》中表示该国至今未批准 1971 年巴黎文本。

《国际商标注册马德里协定》中表示该国另外还参加了《商标注册条约》。

《外观设计国际备案协定》中表示该国至今未批准协定的 1975 年日内瓦议定书。

《专利合作条约》中的表示该国不受条约第二章的约束。

有关上述公约的缔结、生效日及各种修订文本的详细情况，请参看第十章第一节，以及《工业产权国际公约概论》一书（北京大学出版社 1985 年版，郑成思著）。

---

① 编者注：此处省略一览表。

第十章 有关的国际公约与国际惯例

第一节 《巴黎公约》《专利合作条约》 及其他有关公约

在国际技术转让领域还没有缔结过专门的多边条约或公约。在各种知识产权国际公约里，与国际上的技术转让活动关系较密切的，要算是《保护工业产权巴黎公约》与《专利合作条约》了。

一、《巴黎公约》

《保护工业产权巴黎公约》缔结于 1883 年，它是各种工业产权公约中缔结最早、成员国也最广泛的一个综合性公约。到 1985 年 1 月，它已经有 96 个成员国，其中大多数国家已批准了公约的最新文本（即 1967 年斯德哥尔摩文本）。

在《巴黎公约》中，规定了"国民待遇"等基本原则和一些对成员国国内立法的最低要求。这就保证了一个成员国的国民在申请和取得专利、注册商标等工业产权方面，在其他成员国内享有某些统一的、最低限度的权利，因此有利于专利技术在国际上的转让活动。下面对巴黎公约的主要内容作一些介绍。

（一）国民待遇

国民待遇在《巴黎公约》中有两方面的含义。其一是说：在保护工业产权方面，各成员国必须在法律上给予其他成员国的国民以本国国民能够享受到的同样待遇。这反映在公约第 2 条中。其二是说：即使对于非公约成员国的国民，只要他在某一个成员国内有住所，或有实际从事工、商业活动的营业所，那就也应当享有同该成员国国民一样的待遇。这反映在公约第 3 条中。对公约成员国的国民，则不要求其在成员国内有居住地或营业所。例如，我国参加《巴黎公约》之后，居住在印度（非巴黎公约成员国）的我国国民，在各成员国申请和获得专利方面，均能享有国民待遇。

国民待遇原则在《巴黎公约》以及在其他知识产权的国际公约中，都占头等重要的位置。一般说来，对于外国人，如果是有资格享受国民待遇的，在申请及维护其工业产权方面，《巴黎公约》成员国就不能给他们低于本国国民的待遇。当然，《巴黎公约》并不排斥各成员国在工业产权的保护上，在某些方面给外国人以高于国民的待遇。

所谓"国民"，既包括自然人，也包括法人。作为自然人的国民，指的是根据一国的国籍法享有该国国籍的人。对于具有双重或多重国籍的人来讲，只要其中有一国是《巴黎公约》的成员国，这个人就具有享受国民待遇的资格了。至于法人，它的具体含义在不同国家还有所不同。例如，国家或国家机关在工业产权的保护方面是否有资格作为享受国民待遇的法人存在，至今还是有争论的。不过在一般国家里，凡被法律承认的、具有民事权利及行为能力的社会组织，都可以作为法人而享受国民待遇。

《巴黎公约》并不像《欧洲专利公约》或《班吉协定》，它不产生任何具有跨国效力的工业产权。《巴黎公约》第 2 条中规定：在提供国民待遇时，以各国自己的国内法为依据。各国国内法，既包括成文法，也包括法院判例及工业产权管理部门的行政惯例。

《巴黎公约》第 2 条划出了一个在实行国民待遇时允许保留的范围。这就是：凡涉及保护工业产权的有关司法及行政程序、司法管辖权、文件送达地址、代理人资格等问题的法律，都可以声明保留。

（二）优先权

《巴黎公约》第 4 条规定：如果有资格享有国民待遇的人，以一项发明首先在任何一个成员国中提出了专利申请（或其他工业产权申请），自该申请提出之日起 12 个月内（对发明专利与实用新型专利是 12 个月，对商标注册或外观设计专利是 6 个月），他如果在其他成员国也提出了同样的申请，则这些成员国都必须承认该申请案在第一个国家递交的日期为本国申请日。这就是"国际优先权"，或"按照《巴黎公约》取得的优先权"。优先权的作用主要是使申请人在第一次提出申请后，有充裕的时间考虑自己还有必要在哪些国家再提申请，并有时间选择在其他国家代办手续的代理人。他不必担心在这段时间里有其他人以相同的发明或商标在其他国家抢先申请专利或注册，因为他的第一次申请日是"优先"的。

"优先权"（Priority）这个词，在《巴黎公约》之外的工业产权领域，还有些其他含义。例如美国专利法中的优先权，可能指的是同一项发明的首先发明人比首先申请专利的人，地位要优先。在联邦德国等一些实行"国内优先权"制度的国家，它又可能指的是在本国提交申请后又改进了有关发明，再申请时可享有原先的申请日。所以，巴黎公约中的优先权往往要特别写明是"国际优先权"，以示与其他含义的优先权之区别。

《巴黎公约》的优先权原则并不是对一切工业产权都适用。对于商号、商誉、产地名称等等，均不适用。

《巴黎公约》中规定的 12 个月（或 6 个月）的优先权期，并不妨碍其他条约或成员国国内法加以延长。例如，《专利合作条约》就把优先权期延长到 20 至 25 个月。

优先权作为一种权利，也可以连同专利申请案或商标注册申请案一道转让。所以，有些工业产权申请案的最初申请人与后来享有优先权的人，可能并不是同一个人。应当知道，在《巴黎公约》的大多数成员国内，专利局或商标局都不会自动承认申请人在国外已取得的优先权。所以，申请人在第二次及以后在各成员国申请有关工业产权时,一定要同时提出"优先权请求"(或比申请案稍迟提出,但最迟一般不应迟于申请案提交后 3 个月)。

(三)临时性保护

《巴黎公约》在第 11 条对临时性保护作出了规定,即:公约各成员国必须依本国法律,对于在任何一个成员国内举办的经官方承认的国际展览会上展出的商品中可以申请专利的发明、实用新型或外观设计,可以申请注册的商标,给予临时保护。保护期限与优先权期相同。在临时保护期内,各国均不允许展品所有人之外的人以展出的任何内容申请工业产权。如果展品所有人在临时保护期内申请了专利或商标注册,则申请案的优先权日就不再从第一次提交申请案起算,而从展品公开展出之日起算。

临时保护也不会自动产生。要求得到临时保护的展品所有人,必须取得举办国际展览会的公约成员国有关当局的书面证明。应证明的内容,一是公开展出的日期,二是有关产品是否确属该展览会的展出物。

(四)宽限期

《巴黎公约》第 5 条是关于撤销一项工业产权时给予一定宽限期的规定。例如,未按时交专利年费,或注册商标的续展费,就将被撤销有关专利或有关注册。公约要求各成员国在这类期限届满后,再提供 6 个月宽限;只有过了宽限期仍未交付有关费用,才能宣布撤销有关的专有权。又如,有的国家要求注册商标必须在贸易活动中使用,否则也将撤销其注册。公约要求只有连续不使用一定期限(3年或 5 年)后,才能予以撤销。这也是一种宽限期。

(五)其他关于专利保护的规定

上面几点都是对保护各种工业产权的最低要求。除此之外,《巴黎公约》还分别就专利保护、商标保护及不公平竞争等问题提出了一些最低要求。由于专利保护的最低要求与国际技术转让关系最密切，故下面对这方面作些具体介绍。

1. 专利的独立性

在《巴黎公约》成员国内享有国民待遇的人，就其同一项发明在不同成员国内享有的专利权，彼此是互相独立、互不影响的。这是公约第 4 条之 2 提出的要求。这项要求也适用于在成员国享有国民待遇的人在成员国之外获得的专利。这就是专利的独立性原则。它包括三个方面的含义：第一，一个成员国（即使是专利申请人所在国）批准了一项专利，并不能决定其他成员国是否批准同一发明的专利申请；第二，一个成员国（即使是专利申请人所在国）驳回了一项专利申请，并不妨碍其他成员国批准同一发明的专利申请；第三，一个成员国（即使是专利权人所在国）撤销了一项专利，或宣布它无效，并不影响其他成员国就同一发明已经批准的专利继续有效。

提出专利的独立性这项要求，首先，因为不同国家的专利制度很不相同。例如，有的国家专利保护期只有 10 年（如墨西哥），有的国家则长达 20 年（如欧洲专利公约大部分成员国）。不能因为同一发明的专利在前一类国家保护期届满，就使它在后一类国家的保护期被砍掉一半。其次，如果专利权人在甲国因未交专利年费而专利权被撤销，但他在乙国却交了年费，总不能因为发明是同一项发明，就使其在乙国的专利也跟着被撤销。

2. 发明人的署名权

《巴黎公约》在第 4 条之 3 中规定：发明人有权要求在专利证书上写明自己为发明人。这一条是为保障发明人的"精神权利"。当发明人与专利权人并不是同一个人时，这项权利尤其重要。

3. 对驳回专利申请（或撤销专利）的几点限制

《巴黎公约》第 4 条之 4 规定：如果某个成员国的法律禁止或限制销售某些商品，则不得以此为理由驳回与该商品有关的发明专利申请案，或宣布已批准的这类专利无效。公约第 5 条 A 项规定：专利权人本人（或经其同意）把专利产品从一个成员国输入另一个批准该专利的成员国，不应成为后一国宣布该专利无效的理由。在同一项中还规定：在制裁专利权人滥用其专有权时，只有颁发了强制许可证后仍不足以制止滥用行为，才可以宣布其专利无效。

4. 强制许可证颁发条件

《巴黎公约》第五条 A 项规定：对于专利权人不实施（也不许可他人实施）其专利，或某项专利必须借助其他人的专利才能实施的情况，有权颁发强制许可证。颁发时必须符合下列条件：（1）专利权人在专利被批准后 3 年内或申请专利后 5 年内没有实施，才可颁发强制许可证；（2）强制许可证只能是非独占性的；（3）强制许可证不可转让；（4）被许可人仍须向专利权人支付使用费。

5. 对专利权的限制

各国专利法中，都规定了对专利权人行使权利的一些限制，但各不相同。《巴黎公约》第 5 条之 3 对于各国都必须实行的这种限制作出了规定，即：暂时进入或通过某个成员国的领土（包括领水、领空）的其他成员国的交通工具上，如果使用了某项该国的专利技术或专利产品，该国不能以侵犯专利权论处。所谓交通工具上使用的产品，仅仅指那些构成有关交通工具的不可分的部件，为使交通工具能够运转而必不可少的装置。如果交通工具上装载着其他国家的专利产品，或以其他国家的专利技术制作的产品，而又未获得有关的专利权人的许可，那就必定要按侵权论处了。

二、《专利合作条约》

《专利合作条约》是在《巴黎公约》的原则指导下产生的一个受理与审查"国际申请案"的程序性条约，它的管理机关无权批准或驳回专利申请案，因此它不产生任何跨国专利权，也不影响各成员国的专利实体法。

这个条约于 1970 年缔结、1978 年生效，1984 年作了最后一次重大修订。到 1985 年 1 月，共有 39 个国家参加了它。

《专利合作条约》的特点与作用，表现在下面五个方面：

（1）它大大简化了该条约成员国国民在成员国范围内申请专利的手续，使原先必须在一个个国家分别、重复履行的、在格式上差别较大的程序，由现在提交一份格式相同的申请案一次完成。按照该条约提交国际申请案的具体程序是：①将申请案必备的文件呈交"国际申请案接收局"。该条约的每个成员国的专利局或跨国专利组织的管理机关（如欧洲专利局、法语非洲的雅温得总部），就起这种接收局的作用。②国际接收局收到申请案后，先进行形式审查，看它是否合乎该条约及其实施条例的要求。③对于符合要求的申请案，由接受局复制两份，一份送交"国际申请案登记局"（亦即世界知识产权组织在日内瓦的国际局），以备登记和用作"国际公布"的材料，另一份送交"国际申请案检索局"。根据条约成员国大会的决定，澳大利亚、美国的专利局，日本的特许厅，欧洲专利局，苏联国家发明与发现委员会，担任这种国际检索局。此外，奥地利与瑞典的专利局，对于某些特定国家的申请案，也起这种检索局的作用。为了便于检索，向相应的检索局送交的复制件，应当使用英语、俄语、法语、德语、西班牙语或日语中的任何一种。④国际检索局对照"现有技术"资料，衡量申请案中发明的新颖性。⑤国际检索局将检索结果写成"检索报告"，也复制两份，一份送达申请人，另一份呈送世界知识产权组织国际局。国际局把原已登记的申请案及检索报告一并复制若干份，转交申请人希望其发明受到保护的"指定国"专利局。⑥各指定国专利局分别按照本国专利法的要求，参考检索报告，决定是否对有关申请案授予专利。

（2）该条约减轻了各成员国专利局的工作量。过去，申请人以同一项发明向各个国家的专利局提交申请案后，各国专利局要分别进行检索，这实际上大都是重复其他专利局已做的工作。参加该条约后，一个国际检索局一次检索的结果，复制后送交各指定国，指定国专利局就不必在检索上花费重复劳动了。

（3）该条约为缺乏实质审查能力的国家提供了统一初步实质审查（以下简称初审）的便利。条约第二章规定了国际初审的程序。不要求初审的国家在参加条约时可以宣布不批准这一章。要求初审的国家可依靠"国际初审局"的力量。被条约成员国大会指定为初审局的机构有：澳大利亚、英国、奥地利专利局，欧洲专利局，日本特许厅，苏联国家发明与发现委员会。国际初审局把初审结果写成审查报告，呈送世界知识产权组织国际局，该局复制若干份后转送那些要求初审的指定国。各指定国再参照报告，根据本国专利法决定对有关申请案是否授予专利。

（4）该条约延长了《保护工业产权巴黎公约》提供的优先权期限，从而使专利申请人有更充裕的时间为在更多国家申请专利作准备。这在本节之一中已谈到过。

（5）该条约实行国际申请案"国际公布"制度。这在一方面使有价值的技术情报可以尽快被世界上有关技术领域的人了解到，促进了实用技术的研究工作；另一方面又使从事相同发明的研究与发展活动的人尽早了解有哪些发明已研究成功，避免重复劳动。条约规定，用英文之外的语种写成的申请案，在公布时要加英文摘要，以使新技术信息的传播范围更广。

三、其他有关公约简介

与国际技术转让活动有关的，还有其他知识产权领域的公约、条约、协定等等，在这里作些简要介绍。

（一）《专利国际分类斯特拉斯堡协定》

它于 1971 年缔结，1975 年生效，到 1985 年 1 月，共有 27 个国家参加。但未参加该协定而采用了协定中的国际分类法的国家，还有 60 多个。从 1985 年开始，分类法已修订到第四版，它把一切技术领域的发明分为 8 个部，118 个类，621 个小类，58 545 个组。我国专利局于 1985 年发表的第七号公告声明，我国决定采用第四版专利的国际分类法对发明和实用新型进行分类。

（二）《微生物备案取得国际承认布达佩斯协定》

它于 1977 年缔结，1980 年生效，到 1985 年 1 月，共有 15 个国家参加。它的作用是避免在国外（尤其在两个以上国家）申请微生物发明专利时提交微生物样品遇到的麻烦。该协定指定了一些微生物样品国际备案机构，只要在其中某一个机构提交了样品，在协定的其他成员国再申请专利时就无需提交了。到 1985 年 1 月，被世界知识产权组织承认为"国际微生物备案机构"的单位有：美国的"农业研究培育收集处""美国标本培育收集处""国际试管培育有限公司"；英国的"藻类与原生物培育中心""英联邦微生物研究所培育收集处""国家工业细菌收集处""国家标本培育收集处""国家酵母收集处""国家动物细胞培育收集处"；设在新西兰的"霉菌培育中心局"；联邦德国的"微生物收集处"；日本的"酵母研究所""氨基酸发酵研究所"；荷兰的"霉菌培育中心"；法国的"国家微生物收集处"等。

我国尚未参加这个协定。我国为申请微生物专利而设的微生物备案机构是"中国微生物菌种保藏管理委员会普通微生物中心"及"中国典型培养物保藏中心"。

（三）《保护植物新品种国际公约》

它于 1961 年在巴黎缔结，同年生效，到 1985 年 1 月，共有 17

个国家参加。在这个公约的成员国之间，也实行类似《巴黎公约》的国民待遇原则。它要求成员国以专利法或保护植物发明的专门法，为植物新品种的培育者提供专有权。

（四）《工业品外观设计国际备案海牙协定》

它于 1925 年缔结，到 1985 年 1 月有 19 个国家参加。这个协定的作用是提交一次外观设计的国际备案申请，而使同一项外观设计有可能在两个以上国家受到保护。批准这个协定的国家分为两类，一类批准了 1975 年的一份议定书，另一类则未批准它。两类国家在同一协定中各实行不同的申请程序。这在知识产权公约中是很特别的。

（五）《工业品外观设计国际分类罗迦诺协定》

它于 1968 年缔结，1971 年生效，到 1985 年 1 月共有 15 个国家参加。它的作用与《专利国际分类斯特拉斯堡协定》相同。

（六）《国际商标注册马德里协定》与《商标注册条约》

前者于 1891 年缔结，1892 年生效，到 1985 年 1 月共有 26 个国家参加，协定的最后修订本是 1967 年斯德哥尔摩文本。后者于 1973 年缔结，1980 年生效，到 1985 年 1 月共有 5 个国家参加。这二者在商标领域的作用，与《专利合作条约》在专利领域的作用相似。

（七）《制裁商品来源的虚假或欺骗性标记马德里协定》

它于 1891 年缔结，1892 年生效，到 1985 年 1 月共有 32 个国家参加。它的最后修订本是 1967 年斯德哥尔摩文本。这个协定的主要目的是要求成员国依法制裁和阻止不公平竞争行为。

（八）《保护产地名称及其国际注册里斯本协定》

它于 1958 年缔结，到 1985 年 1 月共有 16 个国家参加。要求受到国际保护的产地名称，不能由私人申请，而要由产地的成员国工业产权主管部门向世界知识产权组织申请。如果批准受保护，则向申请国主管部门颁发产地名称的"国际注册证书"。协定的成员国都必须依法保护取得了证书的产地名称、禁止滥用或冒用。

（九）《为商标注册而设立商品与服务国际分类的尼斯协定》

它于 1957 年缔结，1961 年生效，到 1985 年 1 月共有 33 个国家参加。它在商标领域的作用，相当于《专利国际分类斯特拉斯堡协定》在专利领域的作用。

（十）《保护奥林匹克会徽内罗毕条约》

它于 1981 年缔结，1983 年生效，到 1985 年 1 月共有 23 个国家参加。它的主要目的是在成员国内禁止未经许可而将奥林匹克会徽用在商业活动中。

（十一）各种国际版权公约

《保护文学艺术作品伯尔尼公约》，1886 年缔结，到 1985 年 1 月共有 76 个国家参加，最后修订本是 1971 年巴黎文本（1979 年又作了个别修改）。

《世界版权公约》，1952 年在日内瓦缔结（故又称《日内瓦版权公约》），到 1985 年 1 月共有 78 个国家参加，最后修订本是 1971 年巴黎文本。

《保护邻接权罗马公约》，1961 年缔结，到 1985 年 1 月共有 27 个国家参加。

《保护录制者公约》，1971 年在日内瓦缔结，到 1985 年 1 月共有 38 个国家参加。

《卫星公约》，1974 年在布鲁塞尔缔结，到 1985 年 1 月共有 9 个国家参加。

《避免对版税收入重复课税多边公约》（尚未生效），1979 年在马德里缔结，到 1985 年 1 月共有 4 个国家参加。

《保护字型及其国际注册协定》（尚未生效），1973 年在维也纳缔结，到 1985 年 1 月有两个国家参加。

第二节　世界知识产权组织的有关文件

一、《发展中国家许可证贸易指南》

1977 年，由联合国世界知识产权组织国际局主持并有 47 个国家（既有发达国家、也有发展中国家）专家代表参加，起草并发表了一份《发展中国家许可证贸易指南》（*Licensing Guide for Developing Countries*）。世界知识产权组织总干事认为，起草这样一份文件的作用，在于介绍许可证谈判及拟订技术转让合同中出现的典型法律问题，指明解决这些问题的不同途径，对于哪些因素有可能损害发展中国家的利益提起特别注意。联合国亚太经济委员会（ESCAP）的技术转让顾问施特兰克（Dr. P. R.Strunk）认为，对发展中国家来说，这份文件是联合国各种组织发表的国际技术转让指南中最重要的一份。事实上，这份文件中对许多问题的看法，与联合国贸发会中 77 国集团（将在下一节中讲到）坚持的意见还有一定距离。但它仍不失为一份较全面、较系统的许可证合同谈判的指南。这份文件的第三章，相当于一份完整的技术转让标准合同，第四章则是全部文件（尤其是第三章）的缩写形式，使人能一目了然地看清什么是许可证贸易，以及许可证谈判中应把握住的要点。下面将这部分缩写（从英文本）中的有关内容摘译编排如下，供读者参考（括弧中系本书作者的评论或解释）。

A. 导言

（一）商业性技术转让的方式（即不包括双边科技合作、无偿的技术援助等非商业性的转让）

1. 工业产权的转让

（1）出售

（2）转让（系指所有权的转让）

（3）许可证

（a）专利许可证

（b）工业品外观设计许可证

（c）实用新型许可证

（d）商标许可证

（e）植物新品种许可证

（f）交叉许可证（即相互许可证）

2. 技术转让合同

（1）技术情报或 Know-How 合同（在七十年代中后期之前，将工业产权的转让与 Know-How 的转让区别对待，仅前者使用"许可证"，后者则用"Know-How 合同"。目前已无这种区别）

（2）技术服务与协助合同

（a）培训服务

（b）工程服务

（c）安装服务

（d）投产服务

（e）操作与维修服务

（f）管理服务

（g）研究与发展服务

（h）技术、销售与商业信息服务

（3）初步披露情报、保密与选择协议

3. 设备与其他主要商品的供货合同

4. 原料、中间产品、零部件的供货合同

5. 特许经营或分销权合同

6. 外国直接投资

（1）母－子公司

（2）合资经营

（二）工业产权许可证与技术转让合同（从这里往下，相当于一份标准许可证合同中应具备的全部内容）

1. 拟定、缔结或签署合同的地点与日期

（1）写在合同开头，或写在签字栏，或写在合同结尾

（2）所写明的拟定或缔结合同的日期与实际签字日期的区别

（3）上述日期与在政府主管部门提交（合同）报告、记录或注册日期的关系

（4）与合同生效的关系

2. 当事人

（1）谈判当事人或其他人的认定

（a）（文件中提及但又）非签字当事人的认定

（b）享有利益的第三方——如何指定

（2）当事人状况

（a）惯用的名称

（b）法律要求的名称；依法在有关文件上使用的简称或其他选用名称

（c）法人设定地（如果有的话）

（d）通信地（尤其当事人系个人或系非设定之团体，必须写明通信地）

（e）日后所有权或关键人员有变动时对合同的影响

（3）当事人，持有许可证合同标的物所有权者的合法名称；缔结合同的当事人的行为能力

3. 提交政府主管部门的报告、记录或注册

B. 序言：鉴于条款，叙述条款

（一）鉴于条款与叙述条款的作用

（二）可写入的内容

1. 当事人的经营状况

2. 缔结合同的目的、作用或动机

（1）当事人对缔约理由的简短说明

（2）继续研究与发展的声明

3. 在先的或同时的安排

（1）作为本合同之前提条件的在先安排（如果有的话），或废弃该在先安排

（a）关于使用或披露技术情报的初步书面协议

（b）原已缔结的许可证合同

（2）同时的安排，诸如：

（a）其他许可证

（b）其他技术转让合同

（c）有关产品销售的特许合同或分销权合同

4. 谈判经历

5. 授予权利或提供技术的权力：陈述与意图

（1）在合同中的位置（可放在序言中，也可以放在有关工业产权或 Know-How 的相应条款中）

（2）陈述；类别

（a）关于专利、商标或其他权利的所有状况的陈述

（b）关于是否有权授权他人使用专利、商标或其他权利的陈述

（c）对有关工业产权效力的担保或不担保（本书第三章中讲到过：技术供方可能对产权效力不担保，这样许可证使用费低一些）

（d）对 Know-How 所有权、来源及性质的担保

（3）为取得政府批准而创造条件

6. 当事人缔约的意图

C. 关键词句的定义

（一）定义写在什么位置

1. 以一个单独条款的形式，写在合同之始

2. 写在相应条款之中

3. 分别写在附录、附件或附则之中

（二）应予下定义的词句

1. 所授的权力；许可的范围

2. 产品

（1）项目；许可项目

（2）物品；许可物品

（3）产品；许可产品、新产品、最终产品、折价产品、零散产品

（4）商品；消费品、便用品、工业品、安装品、零售品

（5）器具、设备

3. 部件；备件、维修件、替换件

4. 集装箱与包装材料

5. 制造方法；许可制法

6. 许可证；技术

（1）发明；许可使用的发明

（2）专利；许可专利；专利申请案；工业品外观设计；实用新型、植物新品种专有权

（3）商标

（4）Know-How

（5）技术情报

（6）技术数据；操作与说明书

（7）买卖信息

（8）基本的计算机电路详图

（9）工程、管理、投产、操作与维修服务

（10）改进

（11）发展

7.工厂与设备

8.度量衡（美制、英制或公制）

9.服务或修理；指定服务中心

10.一个或两个以上使用或活动领域

（1）领域

（2）产品最终用途

（3）许可证主题之外的部件写在"产品"定义中，不列入许可证

11.使用费、报酬及有关术语或要点

（1）公平市价；净发票价；净销售值

（2）净销售价；报价；明细价；扣除折扣、津贴、地方税、退回货之后的销售价

（3）销售日期；销售；正在销售；已销售

（4）营业额

（5）毛收入与净收入；利润；节余

（6）货币种类

12.地域

（1）许可地域；独占地域；非独占地域

（2）选择地域；已谈妥地域；未谈妥地域

（3）转让地域；销售地域；制造地域

13. 法律实体

（1）许可人；被许可人；技术供方；技术受方

（2）一方；个人

（3）商号；社团；企业；公开招股公司；不公开招股公司

（4）支；子公司；母公司；附属公司；社团；合伙

（5）本国；外国

D. 许可证或合同的范围

（一）对技术的认定与说明

1. 制造产品或采用制造方法所需要的技术的确定

2. 对技术的说明

（1）以时间来说明

（2）指出特定专利文献或其他文件，或指出特定的技术与专业知识，加以说明

（3）以将要制造的产品来说明

（4）以产品的制造方法来说明

（5）以其他特定目的来说明

（二）取得技术的方式（见有关章节）

（三）利用技术的方式

1. 使用领域或活动领域

2. 独占性或非独占性

3. 制造、使用或销售

4. 地域的划定

（1）非独占制造地域

（a）受方所在国

（b）其他指定国

（2）独占制造地域

（3）独占使用或销售地域

（4）非独占使用或销售地域

（5）选择地域

（6）在未谈妥的地域内的使用或销售

（7）产品出口

（a）向供方受到或未受到专利保护的地域出口

（b）向谈妥的邻国出口

（c）向包括谈妥地域在内的邻国出口

（8）相似产品的出口

（9）独占或非独占地域的扩大、缩小或放弃

（四）受方能否使用竞争性技术

E. 有关专利的专门条款

（即关于专利授予国、授予日、专利号、申请号、产品上是否需要加专利标记、能否对专利有效性争议、当事双方对侵权提起诉讼的权利，等等。）

F. 有关许可证范围内的技术的改进与发展的专门条款

（即关于继续提供与反馈的规定）

G. 有关 Know-How，技术情报的专门条规

（即构成 Know-How 的内容，保密义务等规定。）

H. 有关技术服务与协助的专门条款

I. 有关供方提供有形货物的专门条款

J. 有关投产的专门条款

K. 有关商标的专门条款

L. 有关销售产品的其他条款

（一）产品标签；广告、出版物或其他推销活动（商标除外）

（二）分销渠道

1. 向专门用户销售

2. 使用供方商标销售受方制造的产品

（a）由供方销售

（b）由受方销售

（三）产品售价

1. 批发价与零售价的确定

（1）由供方定价（从本书以上几章的介绍可知，如系供方为受方定价，在多数国家则将判为"限制性贸易条款"）

（2）由受方定价

2. 用供方商标销售时的定价

3. 由受方作为子公司，向母公司或其他社团出口时的定价

（四）进口供方、供方关系企业或第三方制造的产品

（五）出口由受方制造的产品

（六）受方销售相同或相似的产品

M. 管理服务

（在技术引进中一般不需要供方提供管理服务，以减少外汇支出。）

N. 补偿；对价；价格；报酬；使用费；其他费

（一）合同中采用的有关费用的术语

1. 支付的名称

（1）技术情报的补偿（Compensation）、对价（Consideration）、价格（Price）、报酬（Remuneration）、使用费（Royalties），或成本费（Cost）

（2）附带或不附带提成费的入门费（Initial Payment）、定金

（Down Payment）、总付（Lump sum Payment）、摊付（Installments）

（二）各种支付方式

1. 直接支付：货币补偿

（1）于合同生效日或其后短时期内支付额

（a）入门费

（Ⅰ）与提成费无关的主要金额

（Ⅱ）Know-How 披露费

（Ⅲ）包括或不包括提供 Know-How 的成本费

（Ⅳ）包括或不包括因侵权产生的补偿

（Ⅴ）影响提成费金额的入门费

（b）总付一次性总付

（c）分项总付

（Ⅰ）押金或顶金（Key Money）

（Ⅱ）摊付

—在特定时期内

—在许可证或合同一旦延长时

—在不同时间依销售情况或质量而定

—在特定时间依工作阶段而定

—在投产时

—在达到特定生产能力时

（2）提成费

（a）为将来支付提成费的预贷款额

（b）固定提成费摊付额

（c）计算提成费的各种依据

（Ⅰ）产品的销售（以产品净销售值的百分比或以产品销售数量为依据）

（Ⅱ）利润百分比

（Ⅲ）被使用的数量

（Ⅳ）产量

（Ⅴ）制成及被使用的数量

（d）对净销售值的具体规定

（e）最高提成费

（f）最低提成费

（g）如专利或其他权利中途被查明系第三方所有，则调整提成费

（h）如专利、商标或其他权利被中止或届满，则影响提成费

（3）计划与绘图费

（4）咨询费

（5）对各种技术要素分别作价或估值

（6）工业产权或其他技术的最高价或最高成本

2. 间接支付：非货币补偿

（1）成本转移或分摊

例如，在已谈妥的地域内怎样维持和保护专利权

（2）反馈

（3）取得市场与专利数据，亦即取得已谈妥的地域内的专利与产品变化的信息

（4）利用供方之销售渠道

（5）由供方提供零部件

（6）供方从受方所在国购买商品的条款与条件

（7）投入资金的分红与增值；总付费或提成费的再投资

O. 付款的结算

P. 最惠条款与条件

Q. 有关企业的使用权；合同权的转移与转让；从属许可证；从属合同

（"有关企业"一般指供方或受方的子公司、分公司、合伙人或掌握它们企业一定百分比股权的任何企业，究竟掌握了多少股权才够得上"有关企业"的资格，应在许可证中规定明确。在多数西方国家，合同当事人可以转让自己就有关合同应享有的一切权利；如果另一方当事人不同意对方转让其部分或全部权利，则必须事先在合同中作出明文规定。）

R. 对第三方或第三方财产权的侵害或损坏；保险

（亦即产品责任条款，使用供方的技术生产出的受方产品在出售后，如果给第三方造成损害，供、受双方各应负何种责任，均应事先有明确规定。纯软件技术转让的合同一般不需要订立保险条款，但只要技术转让与建厂、进口设备或进口其他商品、原料、零部件相联系，则必须订立保险条款。）

S. 违约；情势变迁；弃权；相应的损失补偿

T. 合同生效；合同期；中止合同；合同期届满；合同的续展

U. 政府主管部门的批准

V. 争议的解决

（一）适用于解释有关许可证或合同的文本

1. 原文本

2. 经过验证的文本或具有相同效力文本

3. 在选择文本及解释文本方面的适用法律

（二）关于解释许可证或合同的其他规则

1. 在经验证的文本之间不一致时适用的文本

2. 许可证或合同中的叙述性条款与其他条款之间的差异

3. 当事人之间完全一致

4. 撤销在先的安排

5. 无效或失效条款的效果

（三）适用法律

1. 解释合同文本的适用法

2. 解决争议的适用法

（四）解决争议的方法

1. 和解

2. 诉诸与当事人无关的专家

3. 调解

4. 仲裁

（1）按双边仲裁协议仲裁

（2）按地方或国际仲裁庭的程序或规则仲裁

（3）选择仲裁人

（4）仲裁地

（5）适用法

5. 诉诸司法机关

（1）地点

（a）任何一方所在国

（b）第三国

（2）适用法

W. 合同的补充或修订

（包括修订程序、修订文本的生效日、政府批准修订文本的程序等）

X. 通知

（包括当事人互相发通知所用的文字、方法、邮送地址、通知书生效日等）

Y. 缔约手续的完成

（一）被授权缔约的官员

（二）缔约地（可能是一个或两个以上）

（三）缔约日（可能是一个或两个以上）

（四）签约见证人

（五）证明书或经法律认可书

（六）合同签署位置

Z. 附录

二、《技术转让合同管理示范法》

早在 1965 年，巴黎联盟国际局（现已由世界知识产权组织国际局代替）发表了一部《发展中国家专利示范法》，其中第 33 条规定：在许可证合同或类似的合同中，如果供方在商业方面强加给受方以专利所赋有的权利之外的任何限制，则该合同条款自始无效。这可以说是最早的为发展中国家技术受方的利益而排斥"限制性贸易条款"的例子。

1980 年，由世界知识产权组织国际局主持，有 21 个国家的专家参加，重新起草了为发展中国家选用的《发明示范法》两卷。其中第一卷叫作《发明专利示范法》，第二卷则包括 4 个示范法。第二卷的 4 个法中，有一个即是《技术转让合同管理示范法》，它在 1981 年又修订过一次。在这部法中，对"限制性贸易条款"所做的规定比 15 年前的那部示范法明确得多、也详细得多了。而且，它也比世界知识产权组织的《发展中国家许可证贸易指南》这份文件进了一步。在该指南中，仅仅列举了一些限制性贸易条款，并对它们是否合理提出疑问，让读者自己去下结论。而在 1980 年的示范法中，则明确指出哪些限制性贸易条款在大多数国家被视为非法，并鼓励发展中国家在制定本国技术转让法时将其收入。这样，该示范法作为国际惯例的可靠性，就比上述文件更强一些。

《技术转让合同管理示范法》第 305 条列出了 17 种限制性贸易条款。如果技术引进合同包含它们中的任何一条，政府主管机关可要求当事人修改，否则对有关合同不批准登记。这 17 种条款是：

（1）要求受方进口在本国即能够以相同或更低代价取得的技术；

（2）要求受方支付过高（即与所引进的技术应有使用费不相当）的使用费；

（3）搭卖条款；

（4）限制受方选择技术或选择原材料的自由（但为保证许可证产品质量而限制原材料来源的情况除外）；

（5）限制受方使用供方无权控制的产品或原料的自由（但为保证许可证产品质量而实行这种限制除外）；

（6）要求受方把按许可证生产的产品大部或全部出售给供方或供方指定的第三方；

（7）条件不对等的反馈条款；

（8）限制受方产量；

（9）限制受方出口自由（但供方享有工业产权地区不在此列）；

（10）要求受方雇用供方指定的、与实施许可证中技术无关的人员；

（11）限制受方研究与发展所引进的技术；

（12）限制受方使用其他人提供的技术；

（13）把许可证合同范围扩大到与许可证目标无关的技术，并要求受方为这类技术支付使用费；

（14）为受方的产品固定价格；

（15）在受方或第三方因供方的技术而造成损害时，免除或减少供方的责任；

（16）合同期届满后限制受方使用有关技术的自由（但未到期的专利除外）；

（17）合同期过长（但只要不超过所提供的专利的有效期，即不能认为是"过长"）。

从本章下面的介绍中，可以看到这 17 点与贸发会中七十七国集团的要求仍旧有一定距离。

这部示范法仅 305 条是实体条文，其他均系合同提交登记、审查及批准的程序，这与前面介绍过的阿根廷、墨西哥等国技术转让法中规定的程序相似，故不再重复。

在 1980 年的示范法第二卷中，还有一部《Know-How 示范法》。它比较简单，只有 4 条：Know-How 的定义；对 Know-How 合同的具体要求；Know-How 合同当事人的权利与义务；有关 Know-How 的诉讼程序。此外，还有一部《发明者证书示范法》及一部《合理化建议（Technovation）示范法》。它们与技术转让问题关系不大。

该示范法的最后一部分，是关于"技术专利"转让活动的规定。"技术专利"用在这里，为的是与一般专利相区别。它指的是在外国获得批准的而在发展中国家确有应用价值的专利。但一般说来，绝大多数发展中国家也并不承认外国批准（而在本国未批准）的"专利"为专利。故这一部分作为"示范"的实际意义也不大。

三、《计算机软件保护条约》草案

计算机软件在国际保护方面的地位，一直难以确定。它属于一种边缘保护对象。曾经有人提议把它归入《保护工业产权巴黎公约》，但基本上没有任何国家响应。把它归入《保护文学艺术作品伯尔尼公约》或《世界版权公约》的设想，也仅仅在讨论之中。而计算机软件在国际技术市场上的重要性又越来越明显，不经许可而复制他人的软件以牟利的侵权活动也越来越多。

为确保计算机软件能够在国际技术交往中受到比较可靠的保护，世界知识产权组织在 1983 年提出了一份《计算机软件保护条约》草案。这是缔结一个保护软件的国际公约的积极步骤。这个草案比较简单，一共只有 6 条实体条文。其中给"软件"下的定义，与第一章第一节之一所介绍的相同。草案的核心是第 4 条，即参加该条约的成员国国内法律必须达到的最低要求，其总原则是防止和制裁一切非法复制、使用或销售软件的行为。具体讲，包括以下内容：

（1）未经软件所有人同意，不得向任何人披露软件的内容，也不允许任何人储存或复制有关软件，不得为披露、储存或复制创造任何条件。

（2）不得用任何工具、以任何形式复印他人的软件。

（3）不得利用一种计算机程序或程序说明书来制作（即设计）相同的（或实质上相同的）另一种计算机程序或程序说明书。

（4）不得把上一点所指的那种仿制的计算机程序储存在计算机中，也不得用它来操纵计算机。

（5）不得为出售、出租、进出口或发放许可证等目的提供或存放非法复制、复印、仿制的软件。

第三节　联合国贸发会的有关文件

20 世纪 60 年代，一些西欧国家在海牙缔结了一项《国际货物买卖统一法公约》和一项《国际货物买卖合同统一法公约》。后来，这两个公约的成员国都突破了西欧地域，并为 80 年代缔结的成员国更广泛的《联合国国际贸易货物买卖合同公约》铺平了道路。

国际货物贸易领域的统一活动，影响和带动了国际技术转让的统一化活动。联合国贸易与发展大会（简称"贸发会"）受联合国大会委托，从 70 年代以来着手做这方面的准备。它除了主持起草一个《国际技术转让行动法》之外，还陆续发表了一些其他文件，总结了国际上技术转让中的一些习惯做法，介绍了发达国家和发展中国家在涉外技术转让中的经验，它们都有一定参考价值。其中主要有：

1970 年的《起草机械工业中 Know-How 国际转让合同指南》（ Guide for Use in Drawing up Contracts Relating to the International Transfer of Know-How in the Engineering Industry ）；

1972 年的《对发展中国家开展技术转让的研究准则》（ Guidelines for the Study of the Transfer of Technology to Developing Countries ）；

1975 年的《对发展中国家开展技术转让的主要问题》（ Major Issues in Transfer of Technology to Developing Countries ）；

1977 年的几个《技术转让案例研究》（ Cases Studies in the Transfer of Technology ）；

1978 年的《发展中国家引进技术手册》（ Handbook on the Acquisition of Technology by Developing Countries ）；

1980 年的几个《发展中国家医药领域技术的政策与规划》（ Technology Policies and Planning for the Pharmaceutical Sector in the Developing Countries ）；

1981 年的《发展中国家技术改造规划》（ Planning the Technological Transformation of Developing Countries ），等等。

其中，1972 年的研究准则涉及全面的技术领域。通过它可以将贸发会开始准备国际技术转让法时的状况与 1981 年的最后一稿《国际技术转让行动法》相比较。所以，本节从简单介绍 1972 年的准则开始，然后全面介绍至今仍在讨论中的 1981 年的行动法草案。

一、《对发展中国家开展技术转让的研究准则》

1972 年，在联合国贸发会秘书处主持下，由伦敦经济学院等英国大学的教授主笔，征询了联合国工业发展组织、世界知识产权组织、经济合作与发展组织、欧洲经济委员会、美洲国家组织等专家的意见后，发表了《对发展中国家开展技术转让的研究准则》。

这份文件共分三个部分。第一部分是"技术转让的形式与问题"，第二部分是"技术转让项目的分析"，第三部分是"技术转让合同谈判及各国主管机关"。

从该文件反映出，当时技术转让主要是与建厂的工程承包、成套设备的进口等一道进行的：纯软件技术的转让，亦即许可证合同，倒不是主要形式。而且，该文件认为：当时还不存在国际性的技术市场（只有国际有形商品市场）。在引进技术时，受方不仅同时要接受供方提供的大量有形货物，而且没有多大余地在不同供方中选择所需要的技术，因此谈判的地位十分不利。不过，在该文件中，已经总结了一些今天的许可证贸易活动仍采用的习惯做法，下面介绍一下这方面的内容。

（1）文件在第 237 段、第 242 段中指出：许可证合同最重要的问题，就是供方所提供的技术与受方所支付的金额问题。如果一个许可证合同中包含多种保护期不相同的工业产权与其他秘密技术，那就必须事先明确规定：在一种工业产权失效（或秘密技术被公开）而合同仍未到期时，是否需要酌减原定的使用费，以及如何酌减。

（2）文件在第 235 段、第 238 段中指出：供方应当对受方作一些起码的保证。例如，保证受方得到的技术是完整的、可靠的，保证供方系有关工业产权的所有人或系有权发放许可证之人，保证所提供的工业产权没有过期，等等。

（3）文件在第 236 段指出：许可证合同能否履行，实际上是以履行地（一般均在发展中国家）的法律为转移的，尤其工业产权的许可证合同是如此。Know-How 合同的履行则没有可靠的法律作保证，主要靠合同当事人订立明确的合同条款。

（4）文件在第 244 段指出：受方必须在谈判中警惕供方塞进限制性贸易条款。但文件中未具体列举任何这类条款，也没有下结论说这类条款是不是非法的。

（5）文件对一些国家（包括发达国家与发展中国家）的政府管理和控制技术进出口的制度作了一般介绍，同时重点介绍了控制外方以投资形式提供技术，控制外汇在技术转让中流失等。

新、旧国际技术转让活动，可以说以 20 世纪 70 年代中后期为分界线。在这一时期，大多数发达国家和一部分发展中国家修订了本国的专利法；世界上首次出现了跨国知识产权组织（《欧洲专利公约》成员国与《班吉协定》成员国）；一部分发展中国家和个别发达国家颁布了专门的涉外技术转让法；国际贸易中的重点从有形货物向无形产权转化，因此，在这一时期之前国际上产生的技术转让方面的文件，一般说已经失去了实际意义。

二、《国际技术转让行动法》概述

1975 年，联合国贸发会召开第七次特别会议时，一些国家的代表提议起草一部《国际技术转让行动法》（*International Code of Conduct on the Transfer of Technology*）（以下简称"行动法"）。贸发会组成了专门工作小组开始进行这项工作。该小组前后三次向大会提出草案，但一直没有在大会代表中取得一致意见。

该行动法的最后一份草案是在 1981 年 4 月贸发会第十七届全体大会第四次会议上提出的。这份草案不仅本身就是几种不同意见的混合物，而且在会后也引起不同国家的不同反映，因此很难说它是国际技术转让惯例的综合性文件。不过，了解汇集于该行动法中的各种意见，有助于我们认识不同类型国家对国际技术转让合同的不同要求。而且，"行动法"中归纳了各种国家之间意见比较一致的一些内容。它们确实可以被视为国际技术转让的惯例，尤其值得我国企业引进外国技术时参考。1983 年 5 月和 1985 年 5 月，贸发会又分别召开了两次全体大会讨论这个"行动法"的草案，但仍未取得任何实质性的进展。因此，1981 年的"行动法"的文本，依旧是一部反映国际技术转让现状及各国分歧的文件。

在 1981 年讨论该"行动法"时（以及其后的几次讨论中），贸发会内基本存在三种意见：由发展中国家组成的七十七国集团持一种意见；由西方发达国家组成的"B 集团"持另一种意见；东欧一些国家及蒙古组成的"D 集团"，在某些问题上倾向于七十七国集团，在另一些问题上倾向于 B 集团。对"行动法"草案的主要分歧，实质上体现在七十七国集团与 B 集团之间。

"行动法"草案由一个序言和十章组成。

在"序言"中，关于怎样称呼将来批准这个草案的国家，出现了分歧。七十七国集团认为应称为"缔约国"或"成员国"（Contracting Parties），即认为这部"行动法"应当与一项国际公约的地位相同，应当对批准了它的国家均有约束力，应当成为批准国政府之间或私人企业之间开展国际技术贸易时统一遵守的准则。而 B 集团只同意称批准它的国家为"参加国"（Participating Countries），即认为这部"行动法"不能成为一种具有约束力的公约，只能是一种指导性的准则，由参加国自行决定是否遵守该准则。

对于该"行动法"应当达到什么目的，各国代表在原则上达成了一致意见，序言中对此作了基本无分歧的陈述，即：促进国际技术转让活动，加强各国（尤其是发展中国家）的科学技术力量，以便建立起国际经济技术新秩序。序言中还特别强调了发达国家在转让先进技术时，当应给发展中国家以较优惠的待遇。对于这一点，B 集团没有表示反对。

"行动法"草案第一章对该法的适用范围作了规定。就国际技术转让的主体来说，该法将适用于一切从事国际技术贸易的自然人与法人。"法人"既包括私人企业，也包括国营企业，还包括从事贸易活动的地区性国际组织；既包括母公司，也包括子公司及合资经营企业。就国际技术转让的客体来说，该法将适用于一切作为"技术"存在的生产方法、服务方法的转让活动，但不适用于货物的买卖或租赁；对于包含货物买卖的"交钥匙合同"，该法也适用于其中的设备功能、工程指标等技术因素。第一章还指出：国际技术转让行为的客体虽然应包括一切工业产权在内，但其中商标、商号等非技术因素，只有在作为有关技术不可分割的一个部分转让时，才是该"行动法"可以适用的对象。该法所说的"技术"包括发明专利、实用新型专利、外观设计专利、一切 Know-How 技术。对于这些，贸发会的各国代表没有表示什么不同意见。

关于什么才算是"国际"技术转让，也是在第一章中规定的。在这个问题上各集团分歧较大。这已在本书第一章中讲过了。

"行动法"草案第二章规定了该法的具体作用及各国在国际技术转让行动中应遵循的原则。这部法的具体作用，是禁止限制性贸易做法，即禁止在转让合同中要求受方接受某些限制性条款以便使当事双方能在公平的基础上达成协议，增强双方及双方政府间的信任，推动国际技术贸易的开展。国际技术转让行动应遵循的原则是：承认各国的主权、政治上的独立与平等；为促进各国经济发展而在技术转让上实行国际合作；（在私人企业的转让中）把技术转让双方的责任与双方所在国政府的责任区分开；技术的供方与受方要互利；
保证发展中国家按照各国一致同意的合理条件不断获得先进技术；
对一切依法产生的工业产权给予保护；转让活动的双方订立合同的
自由，要以尊重受方国家的主权与法律为基础，并服从于以上诸项
原则。对于这些，各国代表也没有什么不同意见。此外，七十七国
集团还认为各国应当采取适当措施，把本国在国际技术转让中应尽
的义务定在国内法律中，B 集团与 D 集团对此没有表示同意。

"行动法"草案第三章规定了各国应采取哪些司法或行政措施
来促进国际技术转让活动。例如，建立外汇管理制度、信贷制度、
税收制度，制定价格政策，组织信息交流网等等，以及指定相应的
主管部门和制定必要的法规。对于这些，各国代表也基本意见一致。

"行动法"草案第四、第五两章是重点，将另外详细介绍。

草案第六章是关于给发展中国家以特殊待遇的规定。"特殊待
遇"包含三方面内容：第一，为发展中国家提供价格合理的技术；
使发展中国家能够最充分、最方便地获得那些不属于私人企业支配
的技术；尽可能使发展中国家得到私人支配的技术；帮助发展中国
家选择和估价国际技术市场的现有技术；与发展中国家协作发展科
学技术；帮助发展中国家提高技术能力；建立相应的国内、地区性
或国际性的机构（包括技术转让中心），以便帮助发展中国家获得
自己需要的技术；促进发展中国家在实用技术方面的研究；采取措
施更充分地发挥发展中国家在专门经济领域中的人才的作用，等等。
第二，发达国家的政府应当根据发展中国家的要求，提供专家；在
发达国家内为发展中国家培训科研、技术和设计人才；协助发展中
国家采用新技术；为技术转让目的向发展中国家提供优于商业贷款
的贷款；协助发展中国家制定和实施避免技术引进的副作用（例如
污染环境、损害健康、不利于安全等）的法规，等等。第三，发达

国家应根据本国的法规与政策，提高发展中国家中某些企业的技术能力；与发展中国家的企业及科研机构开展合作，等等。由于这三方面都规定得比较原则，不涉及具体义务。所以，各国代表对此也没有什么分歧。

"行动法"草案第七章规定了各国间的技术信息交流，解决合同中不合理条款方式的交流，技术转让立法情况的交流，避免对技术转让供方重复课税的国际合作等等。各国代表对此没有什么分歧意见。

草案第八章是关于建立技术转让国际机构的问题，不涉及实体法。

第九章是国际技术转让合同的适用法与争端解决问题。对此，不同国家的分歧比较大，以致在草案中并未形成书面意见。只是在"行动法"附件四中，有一份贸发会执行主席为这一章的内容提出的参考性意见。该附件提出：国际技术转让合同的当事人，可以通过谈判，选择与他们所缔结的合同关系最密切的法律为适用法，但必须服从当事人所在国的国内法律与政策对"自由选择法律"所做的限制。关于合同争端的解决，附件四提倡采用再谈判或调解方式，在这两种方式不能奏效时，才诉诸仲裁。如果仲裁，则提倡选用《联合国贸易法委员会仲裁规则》；各国应当通过法律及双边或多边国际协定，承认仲裁仲决的效力，并协助执行有关裁决。此外，贸发会中的三个集团都分别提出了自己对于怎样起草这一章的意见。这些意见的主要分歧有两点：第一，七十七国集团认为任何国际技术转让合同均只能选择适用受方所在国法律；B 集团的意见与执行主席意见相同；D 集团认为，在某个合同的履行关系到供方所在国主权时，则应适用供方所在国法。第二，七十七国集团认为，如果合同争端是由于合同中关系到受方所在国公共秩序与主权的问题而引起的，则只能在受方国的仲裁机关仲裁；B 集团认为仲裁地点应允许合同当事人自由选择；D 集团则回避了仲裁问题。在贸发会第十七届会议之后，许多西方法学者纷纷表示：适用法与仲裁问题根本不应列入《国际技术转让行动法》。

"行动法"草案第十章至今只有一个标题——"其他条款"，还没有任何具体内容。

三、《国际技术转让行动法》的重点

"行动法"草案第四、第五两章是整个草案的重点部分，也是不同国家的代表在会上分歧最集中的部分。

第四章的标题一直没有定下来。七十七国集团认为这一章应当是一切技术转让活动的通用规则；B 集团认为它应当是仅仅适用于限制性贸易做法的规则；D 集团认为它应当是排除政治歧视以及禁止限制性贸易做法的规则。第五章是使合同能够成立的保证条件，亦即关于合同当事人义务与违约责任的规定。它与第四章是密切联系着的。下面从三方面对这两章作详细介绍。

（一）各国一致同意禁用的限制性贸易条款

"行动法"草案开列了二十种目前存在于国际技术转让合同中的限制性贸易条款及合同条件，各国代表一致同意禁止使用的，只有下面 3 种。

（1）限制受方的以下行为：从事与供方技术相同的，或可能有竞争性的技术的研究或产品的生产；从其他供方那里获得与原供方有竞争可能的技术。

（2）限制受方的销售行为（例如要求受方把销售独占权或代理权交给供方，或供方指定的第三方）。

（3）要求受方在供方的工业产权保护期届满后，仍旧为他们支付使用费。

B 集团对上面第（3）种禁用的条款做了一点补充说明：虽然对一切过期工业产权均不应再付使用费，但在特殊情况下，仍应当为某些过期工业产权提供一定程度的法律保护。例如，在有的注册商标因未办续展手续而失效后，各国商标管理机关在数年之内仍不应允许其他人以相同或相似的商标取得注册，否则会引起消费者对商品来源发生误解。

（二）各国基本同意禁用的限制性贸易条款

"行动法"草案中列了八条限制性贸易条款，它们属于各国基本同意禁用的。稍有分歧的是，七十七国集团认为这些条款在任何情况下都应禁用；B 集团则认为只有当这些条款不公平、不合理或不恰当时，才应予禁用。这些条款是：

（1）供方为受方的产品或服务项目固定价格的条款。

（2）搭卖条款。

（3）限制受方研究与发展技术的条款。

（4）限制受方雇用本地人员的条款。

（5）限制受方因地制宜地使用供方所提供的技术的条款。

（6）限制受方做广告或为推销产品而作其他宣传的条款。

（7）独占性反馈条款。七十七国集团认为一切要求受方以独占许可证形式向供方反馈技术的条款均应禁止；B 集团认为只有要求受方无偿反馈或不等价反馈，才应禁止。七十七国集团认为受方在引进技术基础上发展的新技术成果应当归受方所有；B 集团认为这种成果应由供受双方共有。

（8）限制受方出口产品的条款。

（三）各国对于是否应禁用，意见基本不一致的条款

七十七国集团与 D 集团建议把下列条款也归入限制性贸易条款，加以禁用，但 B 集团没有表示同意；

（1）限制受方的产量及经营范围的条款；

（2）对受方的产品进行受方所不能接受的质量控制的条款；

（3）要求受方必须使用某种商标的条款；

（4）要求受方允许供方参与其企业管理的条款；

（5）将技术转让合同期定得过长的条款；

（6）限制受让人引进技术之后自由使用的条款。

（四）各国对技术转让当事人义务的意见分歧

贸发会中的三个集团对于第五章怎样制定，意见基本不一致。

七十七国集团与 D 集团认为：这一章所规定的义务，是合同当事人"必须"遵守的；B 集团则认为它们仅仅是当事人"应当"遵守的。

七十七国集团与 D 集团认为：供方必须保证受方按照合同的规定实施有关技术就能够达到预期的效果；供方必须负责培训受方人员，使之掌握引进的技术；供方必须在特定时期内按照一般价格为受方提供必要的附件、配件、零件或其他设备；合同中规定的使用费和其他费不能带有歧视性，即不能高于相同技术的其他受方所支付的费用；供方在受方要求下提供商品或服务时，价格不得高于国际市场上同类商品或服务；供方从受方那里购买商品或取得服务时，价格不得低于国际市场上的同类商品或服务；按照合同的规定实施引进的技术而发生损害事故时，应由供方负责赔偿，等等。对于这些，B 集团都表示了不能同意。

三个集团只是在第五章的下列一些问题上取得了原则性的一致意见：

（1）国际技术转让活动当事人都应当遵守"公平贸易"的国际惯例；

（2）合同的条件都应当合理；

（3）供方有义务向受方提供必要的技术服务，必要的技术信息，向受方说明有关技术对环境、安全、人体健康的影响；

（4）供方应保证所提供的技术合乎合同的规定；

（5）供方必须担保：受方采用其技术，不会导致对第三方工业产权的侵犯；

（6）受方有义务向供方说明本国的实施条件以及本国的有关法律；

（7）受方有义务按时支付使用费；

（8）受方有义务为供方的秘密技术资料保密；

（9）受方如果使用供方商标，则有义务保证产品质量不低于供方的同类产品。

第四节　联合国工业发展组织的有关文件

与联合国贸发会及世界知识产权组织一道，但从不同角度，联合国工业发展组织（简称"工发组织"）也拟定了一些文件，指导各国，尤其是发展中国家的技术引进活动。总的说来，世界知识产权组织是从保护转让中的知识产权的角度拟定有关文件的；贸发会则从促进国际贸易的角度拟定有关文件。本节要介绍的，是工发组织从发展各国工业经济的角度拟定的有关文件。20 世纪 70 年代以来，工发组织拟定和发表的与国际技术转让有关的文件主要有：

1971 年的《在发展中国家建立工业合资经营企业合同手册》（ *Manual on the Establishment of Industrial Jointventure Agreements in Developing Countries* ）；

1975 年的《发展中国家以技术许可证合同形式引进外国技术指南》（ *Guidelines for the Acquisition of Foreign Technology in Developing Countries with Special Reference to Technology License Agreement* ）；

1978 年的《引进国对技术引进的看法》（ *National Approaches to the Acquisition of Technology* ）；

1979 年的《技术转让合同评价指南》(*Guidelines for Evaluation of Transfer of Technology Agreements*);

1982 年的《在发展中国家建立工业合资经营企业指南》(*Guidelines for the Establishment of Industrial joint ventures in Developing Countries*);

1983 年的一组关于建立专门合资经营企业的示范合同及示范许可证合同。

在这些文件中，1979 年的合同评价指南集中总结了国际技术转让的一些问题，内容也不算陈旧。下面对它作一些介绍，借此对工发组织在技术转让问题上的观点可以有所了解。这份文件涉及的面很广，从专利许可证，Know-How 许可证，技术服务合同到商标许可证，商标、商号的特许合同，技术的选择，使用费的计算等等，应有尽有。这里只着重介绍其中几项有关的内容，以便同其他联合国机构的文件及前面介绍过的有关国家的立法相比较。

（一）专利许可证谈判中受方可向供方提出的要求

（1）供方在合同中申明自己已经在合同将履行的地域内，就有关技术获得了专利权；

（2）供方开列专利细目，注册各项专利的批准日期；

（3）供方写明他还在哪些国家就相同技术取得了专利权（受方将向这些国家出口专利产品）；

（4）供方写明他准备将哪些专有权授予受方（即制造权、使用权还是销售权）；

（5）供方负责制止受方国内及受方产品出口国侵犯专利权的行为，制止侵权的费用由供方承担，或由双方按谈判中商定的份额分担；

（6）供方担保受方不会因使用他所提供的技术而侵犯第三方的专有权，如发生这类侵权，则由供方承担一切责任；

（7）不论供方的专利因何原因在受方国内失效，受方均可停付使用费；

（8）由供方负责维持有关专利的效力，并支付一切有关费用；

（9）供方应授权受方在整个专利有效期（包括合同期届满之后）使用其专利；

（10）供方应给受方的待遇不低于他的第一个受方；

（11）供方将提供的技术改进之后，应在不提高使用费的前提下继续提供给受方。

（二）Know-How 合同谈判中受方可提出的要求

（1）在合同中对"Know-How"下确切定义；

（2）供方应指明，并非一切技术情报都是秘密的，并指明其中哪一部分是秘密的；

（3）供方应提供为实施 Know-How 的其他必要的辅助情报；

（4）供方为受方达到技术目标提供恰当的、足够的情报；

（5）供方应指出所提供的技术系现有的（非陈旧的）技术；

（6）把 Know-How 与"原料""产品""生产工艺""生产能力"等术语相联系，并为这些术语下明确的定义；

（7）供方应保证他有权向受方提供 Know-How（亦即保证有关 Know-How 不是从第三方窃取的）；

（8）供方应证明 Know-How 可用于生产阶段（即证明其中的技术已渡过实验阶段）；

（9）供方应表明所有 Know-How 及有关技术情报待合同一旦生效即可开始提供。

（三）技术协助合同的主要条款

合同评价指南中所讲的"技术协助"，指的是供方为受方建立某种工厂而提供的技术协助。该文件认为，这样的技术协助合同中，至少要包含下列条款：

（1）产品定义条款，包括产品设计、说明书、产品质量、产品种类及产品效用；

（2）工厂生产能力条款；

（3）供方所提供的服务项目明细：

①供方为建厂、监督、投产、操作而提供的技术人员；

②在受方或在受方国家之外为受方人员在生产、维修、销售、财会方面提供的培训；

③有关（供方所控制的）原材料与零部件的提供；

④工厂中的操作及维修指导书、产品说明书、技术服务指南、销售数据的提供；

⑤质量控制程序及检验质量时掌握的标准；

⑥生产指标及产品成本；

⑦在受方国外为原料及产品提供的检验；

⑧机械或电气产品的总设计图及草图；

（4）使用供方人员的支付条款；

（5）改进产品及工艺成果的交换条款；

（6）如果工厂设计或施工系由第三方承担的，则要明文规定：由提供技术协助的一方负责对设计及施工的监督；

（7）履约担保条款；

（8）供方就工厂的生产所负责任条款；

（9）技术服务费条款；

（10）技术协助费条款；

（11）本合同与其他有关合同的关系条款；

（12）合同适用法条款。

（四）一般许可证合同中带有法律性质的条款

合同评价指南认为：任何许可证中，都有一部分带法律性质的条款，它们与商业性条款（如销售条款、使用费条款等）不同。这部分条款又可分为两大类，第一类是纯法律性的，第二类既有法律性，又有商业性。

第一类条款有；

（1）不可抗力条款；

（2）正式通知条款（即合同双方通知的送达地址，付款送达地址，账单的送达，通知的正式生效日）；

（3）仲裁条款；

（4）合同适用法条款与政府批准程序条款；

（5）撤销合同条款；

（6）合同生效条款；

（7）换汇条款（不是讲换汇技术问题，而是讲受方的外汇管制法对履行合同的影响）；

（8）税收与政府行政手续费条款；

（9）独立性条款（即规定某合同的履行不受其他任何合同影响）；

（10）不弃权条款（即未行使任何一种合同权利，不意味着当事人放弃其他权利）；

（11）合同签字人的授权者条款。

第二类条款有：

（1）鉴于条款；

（2）定义条款；

（3）保密条款；

（4）合同期条款；

（5）供方担保义务条款；

（6）第三方侵权的处理条款；

（7）中止合同条款；

（8）最惠条款。

在这类条款中，该文件着重分析了"合同期条款"。文件认为，合同期实质上包含三种不同的时期：（1）使用费支付期；（2）保密期；（3）义务履行期。后两个期限都可能比第一个期限长。例如，在停止支付后，有关 Know-How 尚未进入公有领域，受方仍要为之保密；在支付期限已满后，供方仍须为修改技术资料中的差错尽义务，如果供方尚未能使受方人员达到应有的技术水平，则仍应为提供技术示范尽义务。

《知识产权法》之技术转让法 *

第一节　我国有关技术转让的单行法规

知识产权的权利人获得有关专有权并不是目的，他们必须设法自己利用或许可他人利用这种权利，然后从中取得收益。除职务发明所取得的专利之外，专利权人又兼企业家，因而可以自己利用有关专利的情况，是较少见的；商标注册专用权取得后，虽然主要是自己用，但也有不少许可他人使用的情况；版权所有人，特别是作为原始所有人的作者，主要是通过许可他人使用出版权、广播权、表演权等等，以取得报酬。这是讲的"许可"，即通常的主要转让形式。技术转让活动中，往往包含专利、商标与版权的使用许可，是一种综合性的知识产权转让活动。因此，有不少国家把技术转让法归入知识产权法中。世界知识产权组织也把国际技术转让法，特别是调节涉外技术许可证贸易的法规，作为本组织收集、研究和交流的一项内容。

---

* 编者注：该部分选自《知识产权法》（四川人民出版社 1988 年版）第五章第 239~286 页。本书去掉了章次，保留了节次。

我国从 1978 年末开始，也陆续颁布了一些与技术转让有关的
法规。

一、《关于技术转让的暂行规定》

1985 年 1 月，国务院颁布了《关于技术转让的暂行规定》，它
主要是调节国内技术转让活动的。其中主要内容如下：

1. 关于技术商品、技术市场与技术转让费

暂行规定指出，在社会主义商品经济条件下，技术也是商品，
单位、个人都可以不受地区、部门、经济形式的限制转让技术。国
家决定开放技术市场。一切有助于开发新型产品、提高产品质量、
降低产品成本、改善经营管理，提高经济效益等技术，供方与受方
都可以按照自愿、互利、协商一致的原则进行转让（但违反国家法
律的技术除外，涉及国家利益而需要保密的技术须经过特别批准）。

技术转让中的使用费（亦即技术商品"价格"）实行市场调节，
由供、受双方协商议定，可采取一次总付形式，也可采取提成形式。
其中作为受方的全民所有制单位与集体所有制单位支付的技术转让
费，一次总算的，在管理费中列支（数额大的可以分期摊付）；按
照新增销售额或利润提成的在实施有关技术后新增的利润中税前列
支。作为供方的单位留用的技术转让收入，由单位自行决定如何使
用，上级领导单位或其他单位不得抽调和限制。

2. 关于技术转让合同

参与技术转让的供、受双方应签订合同，总的原则应遵照《中
华人民共和国经济合同法》。具体讲：合同中至少应明确规定：
（1）是否要求互相告知该项技术在日后改进的详细内容；（2）是否
允许受方许可第三方使用该技术；（3）转让技术的验收标准与验收
方式；（4）是否要求受方预付"入门费"。

3. 关于技术转让的权益

执行国家或上级计划研究和开发的技术，除按照计划应用和推广之外，完成单位可以按照暂行规定进行转让，转让收入归单位所有，对开发技术有重大贡献的人应予奖励。根据本单位计划研究和开发的技术，转让收入归单位，对直接作出贡献的以及为促成研究成功作出贡献的，均应予以奖励。单位应在转让技术的净收入中提取 5%~10% 作为奖励费；奖励费不列入本单位奖金总额。职工在做好本职工作、不侵犯单位技术权益的前提下自行研究和开发出的技术本，转让收入归职工本人（或课题组）；如果使用了本单位器材设备，则应按照事先与本单位达成的协议行事。受其他单位委托研究与开发的技术，有关权益应按委托合同处理。

此外，该暂行规定当时还规定了一些在税收方面的优惠，但已被后来颁布的税收法规修改了。

1985 年 12 月，国家科委根据上述暂行规定和其他法规，又发出了《关于加强对技术市场管理工作的通知》，它也仅仅调节国内的技术转让活动。这项通知指出：技术市场包括技术成果转让、技术承包、技术联营、科研生产联合、技术咨询、技术培训、技术服务等多种形式的技术贸易活动。在技术市场上进行转让的技术，必须是成熟的或阶段性的，技术的供方应如实说明技术成果的成熟程度，不得夸大，不得弄虚作假，不准剽窃他人成果或侵犯他人技术权益。在技术转让合同中，除暂行规定中要求的内容外，还应规定工作进度，经费预算，供、受双方及中间人各自的责任与权利，技术成果的归属与分享，风险的承担，违约责任等等。

二、《中华人民共和国技术引进合同管理条例》

我国的专门调整涉外技术转让的法规，一是 1984 年由全国人大常委会颁布的专利法，二是 1985 年由国务院颁布的技术引进合同管理条例。前者对专利技术的进、出口均有所规定；后者则仅涉及专利或非专利技术的进口。技术引进合同管理条例的主要内容如下。

1. 条例的管辖范围

这个条例规定：中国境内的公司、企业、团体或个人，通过技术贸易或经济技术合作途径，从中国境外的公司、企业、团体或个人获得工业产权的转让或许可、获得 Know-How 或技术服务，都属于条例的管辖范围。对于在中国工商行政管理部门登记的外国资本企业，有外国资本参与的中外合资经营企业、合作经营企业从外国获得技术所签订的技术转让合同，也属于条例管辖的范围。但中外合资企业的外国投资一方以技术作为股本投资的，适用 1979 年颁布的中外合资经营企业法，不适用这个条例。

2. 批准程序

技术的受方与供方必须签订书面的技术引进合同，并由受方在签字之日起 30 天内提出申请，报我国对外经济贸易部或该部授权的其他审批机关审批；经批准的合同自批准之日起生效。如果审批机关收到申请后 60 天未作出是否批准的决定，则合同自动生效。合同的修订或续展，都同样是经过申请和批准。

3. 审查标准

在条例中规定了四个方面的审查标准：第一，引进的技术必须先进、适用并符合下列一项或几项要求：（1）能发展和生产新产品；（2）能提高产品质量和性能、降低成本、节约能源或材料；（3）有利于充分利用本国的资源；（4）能扩大产品出口、增加外汇收入；（5）有利于环境保护；（6）有利于安全生产；（7）有利于改善经营管理；（8）有利于提高科学技术水平。第二，合同必须遵守《中华人民共和国涉外经济合同法》和其他法律的有关规定，并且应当在合同中明确：（1）所引进的技术的内容、范围（及必要说明），涉及商标的，应另附清单；（2）预计达到的技术目标及实现目标的期限与措施；（3）报酬（报酬的构成及支付方式）。第三，供方应当在合同中保证自己是所提供的技术的合法拥有者，并保证所提供的技术完整、无误、有效、能够达到合同规定的目标。第四，除审批机关特别批准的以外，一般合同中不得包含下列限制性条款：（1）要求受方接受同技术引进无关的附带条件，包括购买不需要的技术、技术服务、原材料、设备或产品；（2）限制受方自由选择购买材料设备或零部件的来源；（3）限制受方发展和改进所引进的技术；（4）限制受方从其他来源获得类似的技术或有竞争性的同类技术；（5）双方交换改进技术的条件不对等；（6）限制受方利用引进的技术所生产的产品的数量、品种或销售价格；（7）不合理地限制受方的销售渠道或出口市场；（8）禁止受方在合同期满后继续使用所引进的技术；（9）要求受方为不再使用的或已经失效的专利支付报酬或承担义务。

4. 对专有技术 Know-How[①] 的专门保护

怎样为供方所提供的秘密技术保密，本来应当仅仅由双方订立的合同来规定，而条例中却对此作了明文规定。这说明我国在尚无专门的商业秘密法之前，打算以某些法规中的条款为 Know-How 提供保护，以促进先进技术的引进。这个条例在第 7 条中规定：受方应当按照双方商定的范围和期限，对供方提供的技术中尚未公开的秘密部分，承担保密义务。

---

① Know-How 即技术秘密或技术诀窍，我国现有法规（包括〈技术引进合同管理条例〉）中使用的相应中文词均系"专有技术"。对这个中文词的不同意见，我在《中国法学》1986 年第 3 期《Know-How 论》一文中，以及在《知识产权法若干问题》一书中作了专门论述。我感到"专利"也是一种"专有技术"，为避免把它与 Know-How 混淆，我在本书中绝大多数场合直接使用 Know-How 这个外来语，而不用"专有技术"一词，或在"专有技术"后的括号中注明"即 Know-How"。

在上述技术引进合同管理条例颁布的同一年，我国对外经贸部公布了《技术引进合同审批办法》，其中主要有下列内容。

1. 文件所管辖的合同种类

审批办法中规定下列几种合同，不论技术供方的国别、资金来源、偿付方式，都须按照文件的规定办理审批：工业产权及专有技术（Know-How）的转让或许可合同；技术服务合同，其中包括委托外国企业或同外国企业合作进行可行性研究或工程设计的合同，雇用外国地质勘探队或工程队提供技术服务的合同，委托外国企业就企业改造、生产工艺或产品设计的改进、质量控制、企业管理提供技术服务的合同等，但不包括聘请外国人在中国任职的合同；含有工业产权、专有技术（Know-How）转让或许可等内容的合作生产合同，但不包括单纯的散件装配、来料加工合同；以提供工厂、车间、生产线成套设备为目的、并且含有工业产权、Know-How 转让或许可，以及提供技术服务内容的合同；其他购买机器或设备与货物，又含有工业产权、专有技术（Know-How）转让或许可以及提供技术服务内容的合同，但不包括单纯购买或租赁机器设备或货物、仅仅提供随机操作、维修说明书等技术资料或一般维修服务内容的合同。

2. 两级审批制与审批机关

在颁布审批办法时，原定为三级审批制，即：凡根据现行限额规定由国家计委批准可行性研究报告或相当于可行性研究报告文件的限额以上的项目，其合同由对外经贸部审批；凡根据现行限额规定由国务院主管部、直属局批准可行性研究报告或相当于可行性研究报告文件的限额以内的项目，其合同由对外经贸部或该部委托国务院有关主管部、直属局审批；凡根据现行限额规定由省、自治区、直辖市、经济特区、沿海开放城市、计划单列市批准可行性研究报告或相当可行性研究报告的限额以下的项目，其合同由各该对外贸易厅、局审批。但在实行中，只存在两级审批制，即原定由国务院主管部、直属局审批的，现仍由对外经贸部审批，即只存在中央一级与地方一级两级审批。

3. 报审批的全部文件

需要审批的技术引进合同，应当在合同签字后 30 天内，由合同受方的签字单位向合同审批机关报送下列文件：报批申请书；合同副本和合同译文文本；签合同双方法律地位的证明文件。审批机关认为必要时，还可以要求提交其他文件资料。

4. 审查的主要内容

审批机关收到合同审批申请书后，主要审查以下内容：合同是否符合批准的项目可行性研究报告或相当于可行性研究报告的文件；合同的基本条款是否完备；合同对所转让的技术的产权以及因转让而引起的产权纠纷的责任及其解决办法是否有明确、合理的规定；合同对所转让的技术应达到的水平（包括对使用该技术生产产品的质量保证）是否有合理的规定；合同的价格和支付方式是否合理；合同当事各方的权利、义务、责任的规定是否明确、对等并合理；合同中是否有未经我国税务机关同意的税收优惠承诺；合同中是否有违反我国现行法规的条款；合同中是否有损害我国主权的条款。

5. 审批后的有关事宜

如果有关合同经审查未能获得批准，则审批机关将说明理由，并要求合同受方的签字单位与技术供方进行再谈判，作出修改后再报批。

如果合同经审查被批准，则审批机关颁发对外经贸部统一印制的批准证书。下级审批机关必须把证书复印件连同合同有关数据上报对外经贸部登记。有关的技术引进合同在履行过程中办理有关银行担保、信用证、支付、结汇、报关、纳税或申请减免税收等事务时，必须出示合同批准证书，否则有关单位可拒绝受理。

合同在履行中如果有实质性修改或延长合同有效期，都必须按照规定重新办理审批。

三、《中华人民共和国技术合同法》

1987 年 6 月，全国人大常委会通过了《中华人民共和国技术合同法》（以下简称"技术合同法"）。该法指出，它适用于法人之间、法人和公民之间、公民之间就技术开发、技术转让、技术咨询服务所订立的确立民事权利与义务关系的合同；但不适用于当事人一方是外国企业、其他组织或个人的合同。可见这部法律主要是调整国内民事关系的，它不是一部涉外法。①

这部法律的主要内容包括。

1. 对技术合同的一般规定

技术合同法中所说的"技术"，包括专利技术与非专利技术。对于专利技术，该法沿用或转引了一些我国专利法中的规定，并从实施专利技术的角度补充了许多内容。对于非专利技术，该法并没有下明确的定义。不过，该法第 7 条谈到有关使用单位，对非专利技术成果负有保密责任。第 24 条（3）项也指出：如果作为技术开发合同标的的技术已由他人公开，则开发合同将被解除。在其他一些条款里，也不同程度讲到了对非专利技术的保密问题。从这些规定中可以推定：技术合同法中所说的非专利技术，就是我们平时讲

---

① 在技术合同法颁布的第二天（即 1987 年 6 月 27 日）的《人民日报》上，刊登了全国人大法律工作委员会负责人对此作的进一步解释：在中国境内设立的中外合资企业，中外合作企业及外资企业之间，或这些企业与中国法人或公民订立的技术合同，则适用这部技术合同法。

的 Know-How 或技术秘密。

技术合同法要求订立技术合同，必须遵守已有的法律、法规，有利于科学技术的进步，加速科学技术成果的应用和推广；还应当遵循自愿平等、互利有偿和诚实信用等原则。技术合同的内容涉及国家安全或者重大利益需要保密的，按照国家有关规定办理。

技术合同法对职务技术成果与非职务技术成果作了明确区分。

这部法律补充了专利法中的"国家计划许可制"，即对非专利技术的"国家计划许可"作出了规定。这就是：国务院有关主管部门和省、自治区、直辖市人民政府，根据国家利益或者社会公共利益的需要，对本系统或者管辖范围内的全民所有制单位的具有重大意义的非专利技术成果，有权决定在指定的单位中推广使用。使用单位对该项技术成果负有保密责任。使用单位应当按照双方协议支付使用费；双方不能达成协议的，由作出决定的机关确定合理的使用费。集体所有制单位或者个人的非专利技术成果，对国家利益或者社会公共利益有重大意义，需要推广使用的，由国务院有关主管部门报国务院批准后，也可参照上述原则推广。

技术合同的订立、变更和解除，均须采用书面形式，均要由当事人签字、盖章后方能成立。按规定需要经主管单位批准的，则合同经批准后方能成立。

技术合同法对于技术合同中的价款或报酬及支付方式，均未作强制性规定，留给当事人协商决定。但该法规定了技术合同条款一般应包括下列内容：（1）项目名称；（2）标的的内容、范围和要求；（3）履行的计划、进度、期限、地点和方式；（4）技术情报和资料的保密；（5）风险责任的承担；（6）技术成果的归属和分享；（7）验收标准和方法；（8）价款或者报酬及其支付方式；（9）违约金或者损失赔偿额的计算方法；（10）争议的解决办法；（11）名词和术语的解释。此外，与履行合同有关的技术背景资料、可行性论证和技术评价报告、项目任务书和计划书、技术标准、技术规范、原始设计和工艺文件，以及图纸、表格、数据和照片等，可以根据当事人的协议作为合同的组成部分。

对于违约责任，该法规定：因另一方违约而遭受损失的一方，有权要求赔偿；赔偿方式可采取预先约定违约金，或商定损失赔偿额的其他计算方法。如果当事人一方由于上级机关的原因，不能履行技术合同义务，也应当按照合同约定向另一方赔偿损失或采取其他补救措施，然后再由其上级机关对其因此受到的损失负责处理。

技术合同法规定：凡违反法律、法规或者损害国家利益、社会公共利益的技术合同，非法垄断技术、妨碍技术进步的合同，侵害他人合法权益的，以及采取欺诈或者胁迫手段订立的合同，均属于无效合同。如果合同只是部分条款无效，而这部分条款并不影响其余部分，则可以视为"部分无效合同"。对于订立违法技术合同或利用技术合同进行违法活动者，将依法追究行政责任或刑事责任。

如果一方违反合同，或发生不可抗力，或合作开发的合同标的已被他人公开，当事人中的另一方均可以在发出通知的前提下解除合同。

合同权利或义务的全部或部分向第三方转让，都须经合同当事人协商同意。

2. 对委托开发合同的专门规定

委托开发合同是指当事人一方委托另一方进行研究开发所订立的合同。

其中委托方的主要义务是：（1）按照合同约定，支付研究开发经费和报酬；（2）按照合同约定，提供技术资料、原始数据，并完成协作事项；（3）按期接受研究开发成果。

研究开发方的主要义务是：（1）制定和实施研究开发计划；（2）合理使用研究开发经费；（3）按期完成研究开发工作，交付研究开发成果，提供有关的技术资料和必要的技术指导，帮助委托方掌握有关成果。

委托开发所完成的发明创造，除合同另有规定外，申请专利的权利属于研究开发方。也就是说：双方也可以事先在合同中商定：申请专利的权利不属于开发方，而属于委托方。如果由开发方取得专利，则委托方可以免费实施该项专利。也就是说，在开发方获专利的情况下，该方无权与任何第三方谈判独占许可或独家许可合同，因为这中间有一个享有实施优先权的委托方作为障碍存在。而且，技术合同法还进一步规定：开发方如果想转让其专利申请权，委托方也应优先成为受让者。但如果合同事先规定委托方为专利申请权享有人，开发方能否免费使用有关专利、能否优先成为转让申请权的受让者，等等，该法中则未作规定。

委托开发的成果如果是非专利技术，则有关使用权、转让权及其他权益分配办法，均应由当事人在合同中规定；合同中若无规定，则当事人均有使用和转让的权利（这在实践中可能会产生一些市场上的冲突）。不过在任何情况下，开发方均不得在向委托方交付研究开发成果之前，将研究开发成果转让给第三方。

3. 对合作开发合同的专门规定

合作开发合同是指当事人各方就共同进行研究开发所订立的合同。

合作开发各方的主要义务是：（1）按照合同约定进行投资（包括以技术作为出资方式）；（2）按照合同约定的分工参与研究开发工作；（3）与其他各方协作配合。

合作开发所完成的发明创造，除另有约定外，申请专利的权利属于合作开发各方共有；如果一方转让其共有的专利申请权，其他方可以优先成为受让者。如果合作开发中有一方不同意申请专利，则其他方无权自行申请。如果一方宣布放弃申请权，则其他方可自行申请专利；其他方获得专利后，放弃申请权的一方可以免费实施该专利。

对于合作开发完成的非专利成果的规定，与委托开发相同。

4. 对技术转让及许可合同的专门规定

技术合同法允许在合同中约定转让方与受让方实施有关技术的范围；但不允许以合同条款限制技术竞争和技术发展。受让方如果按照合同的规定实施有关技术而引起了对他人权利的侵犯，则由转让方承担责任。对于后续改进的技术如何分享，转让方与受让方之间应有协议。如果原无协议，则任何一方均无权分享另一方的改进成果。

在对技术转让合同作出专门规定的条款中（亦即第四章，或第34~43 条中），"转让"一词有时指技术所有权的转让，有时又指的是使用权的许可。"转让人"与"受让人"有时是指所有权转移活动中的双方，有时又是指许可证交易中的许可人与被许可人。

在有些发达国家的法律中，不承认 Know-How 技术可以转让，仅仅承认它可以许可给他人使用。技术合同法对待这个问题恰恰相反，它规定专利权、专利申请权既可以转让，也可以允许给他人使用；非专利技术则仅可以转让。不过，从该法下文中关于非专利技术转让合同双方的义务的规定中，可以看出：在非专利技术上使用的"转让"这一词，实际仅相当于一种"许可"。这样，在该法第四章（亦即"技术转让合同"章）中，"转让"一词被赋予两种不同的含义：它有时指专有产权的转让，有时指使用权的许可。

5. 对技术咨询合同的专门规定

技术咨询合同是指当事人一方为另一方就特定技术项目提供可

行性论证、技术预测、专题技术调查、分析评价报告所订立的合同。这种合同的双方被称为"委托方"和"顾问方"。

委托方的主要义务是：（1）阐明咨询的问题，按照合同约定提供技术背景材料及有关技术资料、数据；（2）按期接受顾问方的工作成果并支付报酬。

顾问方的主要义务是：（1）利用自己的技术知识，按照合同约定按期完成咨询报告或者解答委托方的问题；（2）按照合同的要求提出咨询报告。

委托方按照顾问方符合合同约定要求的咨询报告和意见作出决策所造成的损失，应当由委托方自己承担（但合同另有约定者除外）。在履行技术咨询合同过程中，顾问方利用委托方提供的技术资料和工作条件所开发出的新的技术成果，属于顾问方所有；委托方利用顾问方的工作成果而开发的新技术成果，属于委托方所有。但在合同中另有约定者除外。

6. 对技术服务合同的专门规定

技术服务合同是指当事人一方以技术知识为另一方解决特定技术问题所订立的合同，不包括建设工程的勘察、设计、施工、安装合同和加工承揽合同。这种合同的双方称为"委托方"和"服务方"。

委托方的主要义务是：（1）按照合同约定，为服务方提供工作条件，完成配合事项；（2）按期接受服务方的工作成果并支付报酬。

服务方的主要义务是：（1）按期完成合同约定的服务项目，解决技术问题，保证工作质量；（2）传授解决技术问题的知识。

委托方或服务方利用对方提供的技术或条件所开发出的新技术成果的归属问题，与技术咨询合同双方的有关规定相同。

最后，由于1981年的《中华人民共和国经济合同法》中，对技术合同也作了某些规定（见该法第26条等条款），故技术合同法在附则中指出："本法施行以后订立的技术合同，不适用经济合同法"。

《中华人民共和国民法通则》中规定：向人民法院请求保护民事权利的诉讼时效期间为二年，但"法律另有规定的除外"。技术合同法中关于技术合同争议的诉讼时效的规定，就属于一种例外。该法在第 52 条中规定：诉讼时效和申请仲裁的期限均为一年，自当事人得知或者应当得知其合法权益受到侵害之日起计算。

第二节　其他有关法规及其与技术转让的关系

一、专利法与技术的引进及出口

外国人如果除了以专有技术（Know-How）在我国发许可证之外，还打算把专利技术作为转让标的之一，那么前提条件是必须在我国申请专利。

我国专利法在审、批专利申请案方面，并不区分中国人的申请案与外国人的申请案，只是在申请人的资格上，对外国人有一些专门要求。这里要补充的是：我国专利申请人的申请案只要用中文书写，一式两份就可以了。而外国人的申请案中，必然有一些证明文件是外文的。按照《专利法实施细则》第 4 条，专利局可以要求外国申请人在指定的时间内附送中文译本。而这种区别性要求，与有些国家的专利法及有关国际条约比，已经算对外国人方便得多了。例如，《专利合作条约》在 1985 年之前，一直要求那些不使用该条约工作语言的国家的申请人，在提交申请案时，必须有用英文及其本国文字写成的两种申请案。

中国人与外国人在申请专利上的另一点区别是：中国申请人

可以委托国内的任何专利代理机构，也可以自己申请；外国人则只能通过国务院指定的几个涉外专利代理机构申请专利。此外，专利局在必要时有权要求外国申请人提供下列文件：（1）国籍证明；（2）外国企业或者外国其他组织总部所在地证明文件；（3）外国人、外国企业、外国其他组织的所属国，承认中国公民或单位可享有该国国民待遇的证明文件。

外国人在转让其获得的中国专利或许可他人使用这种专利方面，也有些地方有特别规定。外国人如果希望转让其专利，不需要任何单位批准；而中国全民所有制单位转让专利，须经上级单位批准。不过外国人转让专利也必须与受让方签订书面合同，这种合同则必须经专利局批准，并在专利局登记、公告，才能有效。在许可他人使用专利方面，外国人的专利权不受"国家计划许可制"的限制，又要在许可合同生效后3个月内向专利局备案就可以了。

我国《专利法》第20条对于在外国申请专利作了专门规定，此外还对在外访问、留学的人在当地申请专利另作了特别规定。这在第一章中也作过介绍。这些规定，实际上都关系到我国技术的出口。自我国贸促会的专利代理部成立（1984年）以来，已经帮助中国申请人在美国、日本、法国、联邦德国、英国、苏联等21个国家提出了近400件专利申请。

二、我国的合资企业法、外资企业法与技术引进

我国1979年颁布的《中华人民共和国中外合资经营企业法》（简称"合资企业法"）是新中国成立以来第一部由全国人大通过的、把工业产权视为财产权的法律。这部法律在第5条中规定：合资企业的各方可以用工业产权进行投资。与该法的实施条例相联系，我国合资企业法中涉及技术引进的规定主要有：

1. 通过中外合资企业引进技术的范围

在实施条例第 3 条中，规定了国家允许哪些行业设立中外合资企业，这也就表明了可引进的技术的范围，其顺序是：（1）能源开发，建筑材料工业，化学工业，冶金工业；（2）机械制造工业，仪表工业，海上石油开采设备的制造业；（3）电子工业，计算机工业，通讯设备的制造业；（4）轻工业，纺织工业，食品工业，医药和医疗器械工业，包装工业；（5）农业，牧业，养殖业；（6）旅游和服务业。在这个范围中虽然没有提到计算机软件工业，但可以认为它包括在"计算机工业"中。因为合资企业法的实施条例是 1983 年颁布的，我国在 1985 年 1 月才把计算机软件产业与硬件产业区分开。

实施条例还从另一方面规定了哪些技术不能引进，这就是：（1）有损中国主权的；（2）违反中国法律的；（3）不符合中国国民经济发展要求的；（4）造成环境污染的；（5）签订的协议、合同、章程明显不公平、损害某一方权益的。

2. 技术引进应当产生的效果

开办中外合资企业必须注重经济效益，通过中外合资企业引进技术也是如此。引进技术必须能产生下列一项或几项效果：（1）增加产品品种，提高产品质量和产量，节约能源和材料；（2）有利于企业技术改造，做到投资少、见效快、收益大；（3）扩大产品出口，增加外汇收入；（4）培训技术人员和经营管理人员。

3. 中外合资企业合同中有关技术引进的条款

合资企业成立合同中至少应当就下列条款对技术引进作出规定：（1）外方是否以技术作为出资方式。如果是，则占该方出资的多大比例；如果不是，怎样另计许可证使用费。（2）技术的名称与技术的来源。（3）应用所引进的技术生产的产品在中国境内与境外的销售比例；外方对境外销售承担多少义务，等等。

4. 对于以技术作为出资方式的专门规定

《合资企业法实施条例》第四章规定：凡以工业产权或 Know-How 技术作为出资形式，则这些无形财产的估价要由建立合资企业的各方按照公平合理的原则商定，或者聘请各方所一致同意的第三方来评定。以技术作为出资方式的一方，应当提交有关专利的证书（如果包含以商标出资，则要有商标注册证书）的复制件，专有技术（Know-How）的技术资料，这些技术的有效状况及技术特性、实用价值与作价的计算根据，还要有与我国签合同一方共同签订的作价协议等文件，并将这些文件作为合同的附件。最后，外方作为出资的工业产权与专有技术（Know-How），均须经中方合资企业的主管部门同意，并报审批机构批准。

5. 不以技术作为出资方式的引进

不作为出资方式的技术，不仅包含合资企业的外方另行提供的技术，而且包含未参与合资企业的第三方提供的技术。实施条例中对这方面所做的规定，适用于合资企业（在出资之外）引进的一切技术。这些规定主要有：（1）技术使用费要公平合理，一般应以提成方式支付（即不提倡采取"一次总付"方式）；提成率不能高于国际上的通常水平；应以产品的净销售额为基础计算（也可以按双方一致同意的其他合理方式计算）。（2）技术供方不得限制技术受方出口产品的地区、数量或价格。不过这条规定可灵活掌握。如果双方协商同意作某些限制，也可在技术转让合同中写出。（3）技术转让合同期一般不超过 10 年。（4）技术转让合同期满后，受方有权继续使用其中的技术。（5）供方继续提供自己改进的技术，与受方反馈给供方有关改进的技术，条件应当对等。（6）供方不得要求订立"搭售条款"。（7）整个合同中不得含有其他被中国法律禁止的限制性贸易条款。

6. 关于法律适用与争议解决的规定

作为整个成立合资企业的合同，它的订立、效力、解释、执行及争议的解决，都只能适用中国法律。但不作为出资方式的技术，在引进时另签订的技术转让合同适用什么法律，在合资企业法及其实施条例中并无规定。合资企业合同或技术转让合同中如果达成了仲裁协议，则在发生争议时可以在我国国际贸易促进会中的对外经济贸易仲裁委员会（按照该会程序）仲裁，也可以在被诉一方所在国或第三国的仲裁机构（按照该机构的程序）仲裁。如果事先没有达成过仲裁协议，则可以在我国法院起诉。

1986 年，我国颁布了《中华人民共和国外资企业法》，其中与技术引进有关的有两条。在第 3 条中，规定了在中国设立外资企业的先决条件，是采用先进技术与设备，或产品可以全部或大部出口。在这里，"采用先进的技术"不是唯一的条件，而是可供选择的条件之一。另外，在第 17 条中，指出了如果采用先进技术设立了外资企业，则可依照我国有关税法享受减税或免税的优惠待遇。

三、我国的税法与技术转让（及其他知识产权的转让）

1. 个人收入调节税暂行条例

我国 1987 年开始实施的《个人收入调节税暂行条例》是一个只适用于我国国民的法规。其中与技术转让及其他知识产权转让有关的是第 7 条与第 11 条。这两条规定：投稿、翻译、专利权的转让、专利实施许可和非专利技术的提供、转让取得的收入，每次不满 4000 元的，减除费用 800 元；4000 元以上的，减除费用 20%，然后就其余额按比例税率 20% 征税。

2. 个人所得税法

1980 年我国颁布了《中华人民共和国个人所得税法》，其中与技术及其他知识产权的转让有关的规定，在 1987 年以后仅仅适用于外国人和在中国境内无住所的中国人。这些规定主要是：（1）不在中国境内居住的个人就特许权（包括提供、转让专利权、版权、Know-How）的使用权等项所得，应当就收入的金额纳税。（2）不在中国境内居住的个人，从中国境内取得的工作、劳务报酬（即包括为中国一方技术受让人提供技术协助的外方人员的报酬），应当就收入的金额纳税。但在中国境内连续居住不超过 90 天的人从中国境外雇主那里提取的报酬，免予征税。（3）以上两项所得，是指一次性的收入或完成一件事的收入；可以对一个月内连续取得的收入合并为一次。

3. 中外合资企业所得税法

1980 年，我国颁布了《中华人民共和国中外合资经营企业所得税法》并于 1983 年作了修订，其中对技术与其他知识产权的转让所得的纳税规定如下：（1）转让（包括所有权的转移与订立使用许可合同）专利权、专有技术（即 Know-How）、注册商标权、版权等项所得，必须依法纳税 30%。（2）在计算应纳税的所得额时，不得把各项无形资产的开支列为成本、费用和损失。（3）作为出资方式的专利权、专有技术（即 Know-How）、注册商标权、版权和其他无形资产，按协议或合同规定的金额，从开始使用的年份起，分期摊销；属于作价买进的，按实际支付的金额，从开始使用的年份起，分期摊销。这些无形资产如果规定了使用期限，应按规定期限分期摊销；如果未规定使用期限，则按 10 年摊销。（4）合资企业所得如果是外币，应当按填写纳税凭证当天的国家外汇管理局公布的外汇牌价，折合成人民币纳税。（5）合资企业及其分支机构在中国境外的所得，如果已经在外国缴纳了所得税，可以持纳税凭证，依法获得抵免，但抵免额不能超过国外所得按照中国税法规定纳税率计算的应纳税额。

4.外国企业所得税法

我国用以管辖外国企业所得的税收问题的法规比较多。其中较重要的有 3 个。

1981 年我国颁布的《中华人民共和国外国企业所得税法》及其施行细则是这方面最重要的法律。其中与技术及其他知识产权转让有关的规定有:(1)外国企业同中国企业合作生产、合作经营的,除另有规定外,双方应当分别缴纳所得税。(2)外国企业购进各种无形资产的开支,支付给该企业总机构的专利权、专有技术(即 Know-How)、注册商标权、版权等费用,在计算应纳税额时,均不得列为成本、费用或损失。(3)外国企业所接受的专利权、专有技术(即 Know-How)、注册商标、版权等无形资产,按照合同的价格所支付的金额,从开始使用的月份起,分期摊销。外国企业同中国企业在合作生产、合作经营中,如果以上述专有权作为出资方式,则可以按照协议或合同规定的金额,从开始使用的月份起,分期摊销。外国企业接受上述专有权或作为出资方式时,如果有使用期限,可以按照该期限摊销;如果没有规定这种期限,则摊销期不得少于 10 年。(4)凡来源于中国的专利权使用费,除另有规定外,都按照收入金额计算应纳税额(即按 20% 缴纳所得税),税收由支付单位在每次支付的款额中扣缴。

为了鼓励外国公司、企业和其他经济组织向我国提供新技术,我国财政部于 1982 年专门作出了对专有技术(即 Know-How)使用费及某些服务费给予减免所得税优惠的规定,并于 1983 年 1 月正式实行。主要优惠有:(1)对于在 12 个领域向我国提供专有技术(即 Know-How)的使用费,减为按 10% 收所得税,其中技术先进、转让条件优惠的,可进一步免收所得税。这 12 个领域是:发展农、林、渔、牧业生产的专有技术(即 Know-How);为我国高等院校等科研单位开展研究而提供的专有技术（即 Know-How）；为我国开发能源、发展交通运输的重点项目而提供的专有技术（即 Know-How）；重大的先进机电设备生产技术；为节能与防治环境污染而提供的专有技术（即 Know-How）；核能技术；大规模集成线路生产技术；光集成、微波半导体和微波集成线路生产技术及微波电子管制造技术；超高速电子计算机与微处理机制造技术；光导通讯技术；远距离超高压输电技术；煤的液化、气化综合利用技术。（2）对于向我国提供下列四类技术服务所得，只要不涉及转让专有技术（即 Know-How）使用权，则不收所得税（但对设立了机构与场所，从事承包业务、提供劳务的，则按从事营利事业的企业单位征收所得税）：对我国工程建设或企业现有生产技术的改革、经营管理的改进和技术选择、投资项目的可行性分析及设计方案、招标方案的选择，提供咨询服务所收取的服务费；为我国院校、科研单位及企、事业单位开办有关企业管理和生产技术应用等项业务知识和技术知识讲习班所取得的技术指导费、人员培训费和图书、图纸资料费；对我国企业现有设备或产品，根据我方在性能、效率、质量及可靠性、耐久性等方面提出的特定技术目标，提供技术协助，对需要改进的部位或零件重新进行设计、调试或试制，以达到合同所规定的技术目标所取得的技术协助费；对建筑工地和设备的制造、安装、装配所提供的技术指导、土建设计和工艺流程设计以及质量检验、数据分析等所收取的技术服务费、设计费和有关图纸资料费。

1985 年 2 月，我国财政部对承包我国海洋石油工程作业和提供劳务的外国公司的纳税问题，发出过 9 条专门通知，其中规定：外国承包者按核定利润率计算所得额缴纳所得税的，先在作业或劳务地点纳税，年终后最后一个项目结束时，由它的在华管理机构所在地的海洋石油税务分局汇算清缴；没有设立机构的，向最后作业或劳务项目所在地海洋石油税务分局汇算清缴。工商统一税则在各承包项目所在地海洋石油税务分局缴纳。

除上述法规外，我国国务院公布的《开展对外加工装配和中小型补偿贸易办法》《关于经济特区和沿海 14 个港口城市减征、免征企业所得税和工商统一税的暂行规定》《中华人民共和国进出口关税条例》，以及我国海关总署、财政部、对外经贸部公布的《中外合资经营企业进口货物的征免税和管理规定》中，也有一些直接或间接与转让知识产权有关的税收原则，就不再一一列举了。

值得一提的是，近年来我国一些省、市的地方政府为鼓励外商在本省、市投资、也分别公布了一些地方性法规，其中也涉及外资企业的减、免税收问题。如某某自治区人民政府 1985 年 11 月公布的《优惠投资规定》，某市人民政府 1987 年 2 月公布的《鼓励外国投资条例》等，都是实例。这些地方性法规中除了规定对地方税减免外，还规定了在某些情况下只征收低于国家颁布的上述各项税法中的税率。这后一方面，就越出了地方政府的权限。1987 年 4 月，国务院专门作出了关于税收管理的 9 条决定，其中强调：凡地方法规中违背国家税法所作的规定，一律无效。

第三节　我国的地方技术引进法规

一、《深圳经济特区技术引进暂行规定》

1984 年 1 月 11 日，广东省人大常委会批准并公布了《深圳经济特区技术引进暂行规定》(1984 年 2 月 8 日广东省人民政府公布)，其中除了与国务院后来颁布的技术引进合同管理条例相同的内容外，还有如下规定：

1. 引进技术的范围及优惠待遇

暂行规定中要求特区所引进的技术必须是适用的、先进的、具有明显经济效益的，其中包括已取得专利的技术、正在申请专利的技术与专有技术（Know-How技术）。如果所引进的技术具有世界先进水平，或具有重大经济效益，双方当事人可以凭深圳市科学技术发展中心和有关国家科研部门出具的证明，向深圳市税务机关和土地管理机关提出申请，经批准后，在税收和土地使用等方面，按照特区有关规定给予特别优惠待遇。

2. 引进技术的方式

可以采用5种方式引进技术：（1）供方提供技术，或提供专用设备及设备的有关技术，与受方作经营；（2）开展许可证贸易（即缔结纯技术转让的许可合同）；（3）开展补偿贸易；（4）开展技术咨询或技术服务；（5）以技术作为股本投资。

3. 引进技术的批准程序

申请引进的中方当事人，应先向深圳市人民政府提交申请意向书和可行性研究报告，经审核同意后，领取技术转让申请书，然后才能与外方签订合同。合同签订后再报市人民政府审批。政府将在3个月内决定是否批准。经批准的合同，自批准之日起生效。合同的续展同样要报市政府批准，审批期限为1个月。

4. 对技术转让合同内容的专门要求

暂行规定要求：（1）合同中不得定有使任何一方受到不合理限制的条款，或显然不公平的条款。（2）除了以技术作为投资股本方式外，技术引进合同的有效期一般不得超过5年（但经双方同意并报深圳市政府批准，可适当延长）。转让专利技术的合同，终止日期不得超过该项专利权的终止期。（3）如果合同被批准后6个月未实施，深圳市政府可予以撤销。（4）一方当事人未经另一方同意而转让合同的权利与义务，应负违约责任。（5）供方以技术作为投资股本与受方合资经营的，技术股本的比例最高不得超过该合资企业注册资本的 20%，同时应以等值以上的现金或实物作投资股本。一方当事人未经另一方同意，擅自把已作为股本投资的技术转让他人的，也要负违约责任。

二、《厦门经济特区技术引进规定》

1984 年 7 月 14 日，福建省人大常委批准并公布了《厦门经济特区技术引进规定》，其中有些内容与国务院后来颁布技术引进合同管理条例及《深圳特区的技术引进暂行规定》相同，另外带有自己特点的主要有下列规定：

1. 适用范围

厦门特区的规定凡是特区内的企业、事业单位或其他经济组织从外国、从香港、澳门或台湾的企业、其他经济组织或个人有偿引进技术，都适用本规定。在国务院及几个地方的技术引进法规中，只有厦门的规定明确了把香港、澳门及台湾的技术转让人同"外方"同等对待。

2. 禁止引进的技术

厦门的规定中专门指出破坏生态平衡或危害环境的技术，禁止引进。此外，危害社会公共秩序或违反社会公德的技术，也禁止引进。

3. 接受技术一方享受优惠的条件

接受技术的一方如果符合一定条件，就可以享受厦门市人民政府规定的特别优惠，并且可以向特区内的国家银行申请低息贷款或资金援助。这种条件可以是下列中的任何一条：所引进的技术经国家科研部门鉴定证明具有世界先进水平，或所引进的技术能明显提高产品在国际市场的竞争能力，或对改造现有企业具有显著的经济效益，或是厦门政府认为特别需要的。

4. 技术转让合同的内容

引进技术的合同除具备涉外经济合同的一般条款外，还必须具备下列内容：（1）关键词的定义；（2）技术的内容和范围以及技术资料清单和交付日期；（3）实施该技术的进度、技术服务与技术培训；（4）商标的使用；（5）技术的保证和验收；（6）双方使用和改进技术的权利与义务；（7）保密；（8）技术使用费的计算与支付方法；（9）违约责任。此外，如果供方曾向其他人转让过同一技术，受方有权要求供方提交原技术转让合同的副本。在合同有效期间，如果供方所提供的专利失效，或有关技术的专利申请案被驳回，或发现有关专有技术（即 Know-How）并不是供方专有的，则受方有权提出变更或终止合同；因此造成的损失，由供方负赔偿责任。如果第三方对引进合同中涉及的专利提出权利要求诉讼或侵权诉讼，则应由供方去应诉。供方在合同中应保证其技术资料完整、正确与可靠。如果出于供方的原因使所引进的技术没有达到合同规定的要求，则供方应承担违约责任和赔偿损失。

三、《广州经济技术开发区技术引进暂行规定》

广州市市长办公会议于 1985 年 3 月 6 日通过了《广州经济技术开发区技术引进暂行规定》，并由市政府在同年 4 月 9 日公布。由于这个暂行规定产生的时间与国务院的有关条例产生时间相近，其中大部分规定与国务院的条例相同。例如规定合同期一般不超过 10 年，规定了 9 种限制性合同条款属于非法条款，都与国务院的条例完全相同。其中另有自己特点的，主要有下列几方面：

1. 对"先进的、适用的、具有明显经济效益的"作了具体解释

广州的暂行规定指出：所引进的技术必须是先进的、适用的、

具有明显经济效益的。

"先进的"，是指比国内同类技术先进、而且是发达国家正在采用的或尚在开发中的，至少是有利于我国、广东省或广州市的某个行业、某种产品赶上世界先进水平的。

"适用的"，是指在广州经济技术开发区能够应用，可以促进我国、广东省或广州市企业的技术改造，并且适合我国实际情况的。

"具有明显经济效益的"，是指符合下面一项或几项要求：（1）能为我国、广东省或广州市提供重点发展的新技术、新产品或新材料；（2）能提高产品质量和性能，降低生产成本，节约能源和材料；（3）有利于充分利用我国资源；（4）产品能开拓外销市场和代替进口；（5）能提供国内紧缺、需要大量进口的产品；（6）有利于环境保护；（7）有利于改善经营管理；（8）生产工艺和制造技术是国内特别需要的。

暂行规定中还开列了特别鼓励引进的几种技术的领域：（1）以微电子为基础的信息产业和家用电器工业；（2）以生物工程为基础的新兴食品工业及医药工业；（3）以新材料为基础的新兴原材料工业；（4）能源工业；（5）与微电子技术和节能技术相结合的新兴机电工业。

2. 特殊优惠

所引进的技术按先进性、适用性及效益的不同情况，经过广州开发区管理委员会批准，可以享受下列一种或几种优惠待遇：（1）税收优惠（另由《广州经济技术开发区工商税收实施办法〔试行〕》具体规定）；（2）减免土地使用费；（3）在开发区需要进口的商品中，在价格与质量相同的条件下，供方提供的商品可以享受优先权；（4）扩大产品内销比例；（5）延长合同期；（6）缩短固定资产折旧期；（7）安排一定数量的供方国内亲属就业；（8）允许供方国内亲属作为供方代表参加企业管理。

3. 合同内容

广州开发区的暂行规定对技术转让合同作出了（比其他有关法规）更加详细的要求。它要求合同中至少应包括下列 15 项内容：（1）项目名称，双方当事人的法定名称，企业的法人注册国、法定地址及授权代表的姓名与职务；（2）关键词的定义；（3）技术的内容和范围，技术资料的清单和交付日期，其中如涉及专利，则清单中应包括专利说明书、专利证、转让证等副本（如系正在申请中，则应提供请求书、说明书与摘要等文件副本）；（4）商标的使用；（5）应当达到的技术目标及实现技术目标的期限与措施，实施计划、进度，技术服务，技术培训；（6）技术的保证与验收；（7）保密；（8）双方对改进技术的权利和义务；（9）技术使用费的计算与支付方法；（10）违约责任和索赔方式；（11）不可抗力；（12）仲裁协议或有关其他解决纠纷途径的协议；（13）合同履行期限、地点与方式；（14）签约时间与地点；（15）双方认为必要的其他事项。

此外，在合同中还必须注明：合同附件是合同整体不可分割的组成部分，与合同文本有同等法律效力。合同附件中一般应包括：所转让的技术的具体内容、技术参数、指标；提供技术资料的清单、数量、交付时间、交付办法；技术考核验收方式；供方派遣人员的具体规定；供方培训受方人员的具体规定；双方银行的保证函的格式，等等。

第四节　有关的双边条约

一、《中美贸易关系协定》

1979 年，在我国尚未颁布专利法与版权法的情况下，我国政府与美国政府之间签订的《中美贸易关系协定》已定入了一个"知识产权条款"，其中包含的我国保护对方的商标权与专利权的问题，现在已经解决；版权问题，很快也将随着我国版权法的颁布和我国参加版权保护国际公约而解决。

《中美贸易关系协定》中的知识产权条款，与同一年中美双方缔结的《中美高能物理协定》中的知识产权条款基本相同，它包括五方面的内容：

（1）双方承认在其贸易关系中有效保护专利商标和版权的重要性。这是一条总的原则。

（2）双方同意在互惠的基础上，一方法人和自然人可根据对方的法律和规章申请商标注册，并获得这些商标在对方领土上的专用权。这一条实际上等于一个商标注册的双边协定。在我国尚未加入《保护工业产权巴黎公约》之前，这一条曾起着很重要的作用。

（3）双方同意应设法保证，根据各自的法律并适当考虑国际做法，给予对方的法人或自然人的专利和商标保护，应当与对方给予自己的此类保护相适应。

这一条与上一条一样，在我国参加《保护工业产权巴黎公约》之后，已经不仅仅对美国承担这种保护义务，而且对巴黎公约的成员国都承担这种义务；反过来也是一样，现在不仅仅美国应依照这里规定的条件保护我国专利权人或商标权人在美国享有的专有权，其他巴黎公约成员国也应提供同样的保护。

（4）双方应允许和便利两国商号、公司和贸易组织所签订的合同中有关保护工业产权的条款的执行，并应根据各自的法律，对未经授权使用此种权利而进行不公正的竞争活动加以限制。

这一条涉及承认合同中的保护工业产权条款的问题。这个问题比较复杂。在一般情况下，各国都仅仅承认在本国申请或获得了专利的技术，才受工业产权法的保护。但是，也确有一些先进技术的供方要求受方在合同中承认其没有在受方国家取得专利的某些"专利技术"为"专利"。这些技术可能仅仅在其他国家取得了专利。如果受方不答应这个条件，就可能得不到为实施这种技术所必需的专有技术（Know-How）。在这种情况下，有的受方可能在合同中承认对方的"专利"，就是说，它仅仅对受方来讲是一种"专利"。联合国世界知识产权组织在它的《技术转让合同管理示范法》中，也认为有些技术虽然在某些国家没有申请专利，但这些国家又确实需要引进和实施它们，那么引进方就可以通过合同承担保护其"专利"的义务。这是一种特殊"专利"。世界知识产权组织为它专用了一个术语——"技术专利"，以示区别于一般依专利法产生的专利。目前有许多发展中国家并不承认通过合同保护的这种特殊"专利"是合法的。

（5）双方同意应采取适当措施，以保证根据各自的法律和规章并适当考虑国际做法，给予对方的法人或自然人的版权保护，应与对方给予自己的此类保护相适应。

在我国颁布版权法之前，我国承担这项义务的条件受到较大的限制。好在这种状况很快即将改变。

二、我国与一些国家分别签订的保护投资协定

1984年以来，我国分别与法国、芬兰、挪威、瑞典、联邦德国、罗马尼亚、泰国等国以及比利时—卢森堡经济联盟缔结了互相保护投资协定（及议定书）。在所有这些协定中，都明确指出了所谓"投资"，包括版权、工业产权（如发明专利、注册商标等）、专有技术（Know-How）、工艺流程、商号和商誉。

在签订这些双边协定中的大部分时，实际上我国尚未颁布保护版权、商号及商誉的法规。1985年，我国在《工商企业名称登记管

理暂行规定》中，确定了登记后的商号的专有权，但至今尚无保护商誉的专门法规。不过，在 1986 年颁布的《中华人民共和国民法通则》中，规定了公民、法人享有名誉权和荣誉权。所以商誉至少可以依照《民法通则》受到一定程度的保护。只是在《民法通则》中仅仅指出"法人、个体工商户、个人合伙享有名称权"并且"有权使用、依法转让自己的名称"。商誉如果作为一种可以投资的财产，至少应当有法律规定它是"可转让"的。这还有待于今后的立法作出这种规定。

我国与各国之间的保护投资协定中，都规定了所投资产形式的变更，在不违背在自己的领土（及海域）内接受投资的缔约一方的法律规定的前提下，不影响其作为投资的性质。同时，还规定了对于转让版权、工业产权、商号、商誉等无形财产权所取得的使用费，一方国家应允许另一方的投资者自由转移。

三、我国与一些国家分别签订的避免双重税收协定

目前，我国已经分别同日本、英国、法国、美国、奥地利、意大利、联邦德国、新加坡、挪威、丹麦、比利时、马来西亚等国缔结了避免双重税收的双边协定。这些协定中涉及技术与其他知识产权转让的条款，都大同小异，其他内容也大致相同。这里，以我国与日本签订的协定为例作一下总的介绍，然后补充与其他几个国家的协定中的一些特殊规定。

中日双边协定的全称是《中华人民共和国和日本国政府关于对所得避免双重征税和防止偷漏税的协定》，协定用中、日、英三种文字写成，三种文本具有同等效力；如果在解释上发生分歧，则以英文本为准。协定中所说的双方税收主管当局，在中国指的是财政部（或财政部授权的代表），在日本指的是大藏省（或大藏省授权的代表）。协定规定了下述总的原则：

（1）缔约国一方居民从位于缔约国另一方的不动产取得的所得，可以在缔约国另一方征税。

（2）缔约国一方企业的利润，应仅在该缔约国征税（但该企业通过设在缔约国另一方的常设机构，在该缔约国另一方进行营业的除外）。

（3）缔约国一方企业以船舶或飞机经营国际运输取得的利润，应仅在该缔约国征税。

（4）缔约国一方居民公司支付给缔约国另一方居民的股息，可以在该缔约国另一方征税。但这些股息也可以按照支付股息的公司是其居民的缔约国的法律，在该缔约国征税。在后一种情况下，如果收款人是该股息的受益人，则所征税款不应超过该股息总额的10%。

（5）发生于缔约国一方而支付给缔约国另一方居民的利息，可以在该缔约国另一方征税。但这些利息也可以在该利息发生的缔约国，按照该缔约国的法律征税。在后一种情况下，如果收款人是该利息的受益人，则所征税款不应超过利息总额的10%。

（6）发生于缔约国一方而支付给缔约国另一方的居民的特许权使用费（包括版权、专利、商标、专有技术 know-How 等等的使用费），可以在缔约国另一方征税（即在专利技术、版权等项目的供方国家征税）。但这类使用费也可以在其发生的缔约国，按照该缔约国的法律征税（即在受方国家征税）。在后一种情况下，如果收款人是有关国家使用费的受益人，则所征税款不应超过使用费总额的10%。

（7）缔约国一方居民出让位于缔约国另一方的不动产取得的收益，可以在缔约国另一方征税。

（8）缔约国一方居民由于专业性劳务（包括独立的科学、艺术、教育、教学活动，医师、律师、工程师、建筑师、会计师等的活动）

或其他独立性活动的所得，应仅在该缔约国征税。

（9）在一般情况下，缔约国一方居民因受雇取得的薪金及其他类似报酬，除在缔约国另一方受雇的情况外，应仅在该缔约国一方征税。但缔约国一方居民作为缔约国另一方居民公司的董事会成员取得的董事费和其他类似款项，可以在缔约国另一方征税。缔约国一方居民作为文艺工作者在缔约国另一方从事个人活动所得，可以在缔约国另一方征税，或按照文化交流计划而免税。缔约国一方居民，作为个人在缔约国另一方公认的教育机构从事教育或研究工作，时间不超过三年的，所得报酬免于征税。缔约国一方居民作为学生、学徒或实习生在缔约国另一方为接受培训目的而收取的所得，也免于征税。

（10）缔约国一方居民在缔约国另一方取得的其他各项所得（指的是双边协定中没有明确规定的所得），可以在缔约国另一方征税。

除了上述10个方面外，这个协定还规定：缔约国一方国民在缔约国另一方负担的税收或有关条件，不应与缔约国另一方国民在相同情况下不同或更重。这就是国际法中的"无差别待遇"原则。

中日双边协定所规定的避免双重征税的方法是一般税收抵免制和税收饶让抵免制。

作为一般税收抵免制，从中国一方来讲，指的是：凡我国居民从日本取得的所得，按照协定规定的对该项所得缴纳的日本税收数额，应允许在对该居民征收的中国税收中抵免，但抵免额不应超过该项所得按照我国税法计算的相应税收数额。如果从日本取得的所得是日本居民公司支付给我国居民公司的股息，而该我国公司拥有日方支付股息公司的股份在10%以上，则该项抵免应考虑支付该股息的公司就该项所得缴纳的日本税收。就日本一方来讲，指的是：日本居民在我国的所得，可以按协定的规定在我国征税，该税额应当允许在日本税收中抵免。如果从我国取得的所得是我国居民公司支付给日本居民公司的股息，而该日本公司拥有中方支付股息公司的选举权股份或总股票在 25% 以上，则该项抵免应考虑中方支付股息公司所缴纳的中国税收。

饶让抵免制，在国际税法中通常也称为"视同已征税额抵免制"。这种抵免方式，作为对一般抵免的补充，目的在于使纳税人得到真正的实惠。因为，一般的抵免，仅仅是免去纳税人在缔结了双边协定的一方国家已纳的实际税额。如果该人在一方国家虽负有纳税义务但实际上并未纳税，或纳税后又从别的渠道得到补偿，则他在另一方国家就得不到抵免。例如，日本公司 A 向我国公司 B 转让技术，A 从 B 得到的使用费，按日本税法应纳税 30%；如中国税务机关在中国依法收取了 A20% 的税金，A 在日本就可以依据双边协定只另交 10% 就够了。而如果中国从鼓励技术引进出发，宣布对 A 免征技术转让所得税，那么按照一般抵免方法，A 在日本仍需纳税 30%，原因是 A 在中国未曾纳税，无从"抵免"。这样一来，中国对 A 免征所得税的措施，仅仅造成国家之间财政收入的转移，纳税人却未得到任何实惠。如果采取了饶让抵免制，上述例子的后果就不同了。A 虽然没有在中国缴纳应纳的 20%，但日本政府必须视为已纳了 20%，因此仍旧只能再征其 10% 所得税。这样，A 公司就得到了实际好处，日本政府也没有减少原应取得的税收收入，只是我国政府原应得到的一笔收入留给了 A 公司。这种抵免方式，对双方国家和纳税人都有好处。

在中日避免双重税收协定（及中国与其他几个国家的相同协定）中，对饶让抵免制的适用范围作了严格的限制。这个范围仅限于中国的中外合资企业所得税法第 5、6 两条及该法实施细则第 3 条，外国企业所得税法第 4、5 两条所涉及的征税内容。在这个范围之外，我国为促进技术引进或为其他目的而在法律中增加的任何减免税措施，只有在中日（及中国与其他国）双方另外达成协议后，才可能适用饶让抵免制。

此外，在已经缔结的中外双边税收协定中，有三个协定各包含一些比较特殊的规定。

在中美双边税收协定的正文中，没有订入饶让抵免制。只是在该协定的附件（即美国总统写给中国总理的备忘录）中，指出：一旦美国修改了国内税法，或美国与其他国家在双边税收协定中订入了饶让抵免制，则将立即沿用到中美税收双边协定中来。

在中法双边税收协定中，对于一部分收入的征税，采取了"累进豁免制"，这与前面讲过的一般抵免制有所不同。累进豁免制指的是一个国家在行使其税收权时，对其居民的境外所得不予征税，但在决定对居民国内所得征税的税率时，有权对居民的国外所得加以综合考虑。而一般抵免制指的是行使居住管辖权的国家，对其居民在国内、国外取得的所得一律予以汇总征税，但该居住国允许居民将其在国外向外国政府已纳的税额，在应向本国纳税时予以扣除。

在中英双边税收协定中，对于知识产权及专有技术（Know-How）使用费收入征税时，没有采用上述中日协定中提到的 10% 税率，而是作了一个较特殊的规定：只就应征税收入的 70% 部分，征收 10% 的税，这等于只按 7% 税率征税。

第五节　联合国三个组织有关技术转让的文件

在国际技术转让领域，迄今尚未缔结过世界性的多边条约（只是在西欧、东欧、拉丁美洲等地区，分别缔结了一些地区性多边条约）。不过，联合国的世界知识产权组织（WIPO）、联合国贸易与发展大会（UNCTAD）以及联合国工业发展组织（UNIDO）拟定过一些指导国际技术转让活动的文件，其中部分内容已被多数国家所接受，带有国际惯例性质。

一、联合国世界知识产权组织的有关文件

1.《发展中国家许可证贸易指南》

1977 年，联合国世界知识产权组织国际局主持、在 47 个国家（既有发达国家也有发展中国家）专家参加下，起草了一份《发展中国家许可证贸易指南》。世界知识产权组织总干事认为：起草这样一份文件的作用，在于介绍许可证合同谈判及拟订合同条款时出现的具有代表性的法律问题，回答如何解决这些问题，指明哪些因素可能损害发展中国家的利益，等等。一些专家认为：这份文件是联合国各种组织发布的国际技术转让指导性文件中最重要的一份。

这份文件从总的看，系统地指导了如何进行许可证合同的谈判。它的第三章、第四章，相当于一份完整的技术转让标准合同。其中对专有技术（Know-How）、净销售价、提成费、使用费等等国际上有争议的术语，都下了明确的定义，为人们拟订许可证条款提供了参考。

2.《技术转让合同管理示范法》

1980 年，在 21 个国家的专家参加下，世界知识产权组织国际局主持起草了一份《技术转让合同管理示范法》，以后曾作过多次修改。

这部示范法对"限制性贸易条款"，亦即在缔结许可证合同时不允许订入的条款，作了详细的规定。下列 17 种条款中的任何一种，都可以被视为"限制性贸易条款"：（1）要求受方引进其在本国能够以相同或更低的价格取得的技术；（2）要求受方支付过高的使用费，亦即大大高于所引进的技术在国际市场的价格；（3）搭卖条款；

（4）限制受方选择引进其他技术的自由或选择原材料的自由（但为保证许可证产品质量而限制选择原材料的情况除外）；（5）限制受方使用供方本无权力控制的原材料的自由（但为保证许可证产品质量而实行限制的情况除外）；（6）要求受方把按照许可证生产的产品大部或全部出售给供方或供方指定的第三方；（7）条件不对等的反馈条款；（8）限制受方产量；（9）限制受方出口自由（但限制向供方享有工业产权的地区出口除外）；（10）要求受方雇用供方指定的、与许可证中的技术实施无关的人员；（11）限制受方研究与发展所引进的技术；（12）限制受方使用其他人提供的技术；（13）把许可证合同范围扩大到与许可证目标无关的技术，并要求受方为此支付使用费；（14）为受方的产品规定售价；（15）在受方或第三方因供方的技术而造成损害时，免除或减少供方的责任；（16）合同期满后限制受方继续使用有关技术的自由（但未到期的专利除外）；（17）合同期过长（只要不超过专利保护期，即不视为"过长"。）在这部示范法中，还提出了"技术专利"的问题。这种"专利"，指的是在技术引进国并未申请专利、但在技术输出国或其他第三国已申请或取得专利的技术。从法律意义上讲，这类技术本不应称为专利，也不能作为技术转让的标的。但在实际贸易活动中，如果实施这类技术的专有技术（Know-How）掌握在供方手里，供方就有可能迫使受方在许可证合同中承认其在外国取得的专利为"专利"，并为之支付使用费。示范法对这种贸易活动给予认可；但多数发展中国家对此是持有异议的。

二、联合国贸易与发展大会的有关文件

1.《对发展中国家开展技术转让的研究准则》

1972 年，在联合国贸易与发展大会秘书处主持下，由伦敦经济

学院等英国大学的教授主笔，征询了联合国工业发展组织、世界知识产权组织、经经合作与发展组织、欧洲经济委员会、美洲国家组织的意见，发布了一份《对发展中国家开展技术转让的研究准则》。这份文件主要是针对与引进成套设备及建厂（交钥匙合同）有关的技术转让提出了一些指导性意见。目前我国已改变过去以进口成套设备为主的状况，而"交钥匙合同"在我国大多数工业领域（计算机领域除外）从来就未当作主要引进途径，所以这份文件对我国没有什么实际意义。

2.《国际技术转让行动法》

1975 年，在联合国贸易与发展大会上，许多国家的代表提出要起草一份在国际技术转让领域的多边条约性质的文件。1981 年 4 月，一份《国际技术转让行动法》起草出来了，在 1983 年和 1985 年，这份文件的草案又几经修改，但至今未在贸易与发展大会的成员国中取得一致意见。不过，对于什么是"限制性贸易条款"，各国代表已达成部分一致的意见，这可以被认为是国际惯例了。

《国际技术转让行动法》中，被不同集团的代表一致认为应当禁止的"限制性贸易条款"有：（1）供方为受方的产品或服务项目定价的条款；（2）搭卖条款；（3）限制受方研究与发展技术的条款；（4）限制受方雇用本国人员的条款；（5）限制受方因地制宜地使用许可证中技术的条款；（6）限制受方做广告或为推销产品作其他宣传的条款；（7）独占性反馈条款。

三、联合国工业发展组织的有关文件

工业发展组织从 1975 年以来，对于开办合资经营企业、引进外国技术的贸易活动，发布过一系列指导性文件及示范合同。其中主要包括：1982 年的《在发展中国家建立工业合资经营企业指南》，

1983年的《建化肥厂半统包示范合同（即"准交钥匙合同"）》《石油化工业专利与专有技术（Know-How）许可证示范合同》等等。

工业发展组织的有关文件中，把技术转让合同的条款分为两类，一类是纯法律性质条款，另一类是半法律、半商业性质条款。属于第一类的条款有：不可抗力条款；通知条款；仲裁条款；合同适用法条款；政府批准程序条款；撤销合同条款；合同生效条款；换汇条款；税收条款；独立性条款；不弃权条款；合同签字人的授权企业（单位）条款。属于第二类的条款有："鉴于"条款：定义条款；保密条款；合同期条款；供方担保义务条款；对第三方侵权处理条款；中止合同条款；最惠待遇条款。

《知识产权与国际贸易》之技术转让法[*]

第一节　许可证浅论

一、"许可证"的概念

供方通过合同将自己的某项知识产权许可受方使用,从而得到一定使用费或其他报酬(或"对价"),这种合同究竟应称为"许可合同"还是"许可证合同",这种贸易形式究竟应称为"许可贸易"还是"许可证贸易"?从 1979 年至今一直在我国讨论着。虽然已有几部法律肯定了"许可"这一概念,民间则仍广泛地使用着"许可证"。例如,我们的许可证贸易委员会的名称本身,就是个很好的证明。

反对使用"许可证"于知识产权转让活动的主要理由,是担心它会与行政机关颁发的车船执照(车船许可证)、营业执照(营业许可证)乃至持有猎枪许可证等等相混淆。

然而,这几类不同的许可证不仅在英文里都称为 LICENCE 而并未在外国发生混淆,而且它们在来源上也都是相同的。

＊ 编者注:该部分选自《知识产权与国际贸易》(人民出版社 1995 年版)第九章第 381~391 页。本书去掉了章次,保留了节次。

据英国《牛津辞源》介绍，1433 年"许可证"一词首次以"使用许可"的含义见诸书面时，是封建帝王给其臣民某种特许的意见。在此之前，它与 PERMISSION（许可、允许、许诺）的用法几乎没有什么不同。帝王的特许虽然可以通过"金口玉言"下达，但往往是更正式地形诸书面并加盖印鉴。这种书面文件则正式地被称为 LETTER OF LICENCE，它已不折不扣地应被译为"许可证"了。

在与知识产权有关的、帝王特许意义的许可证方面，最早出现的是英王特许某些书商印卖某些图书的许可证。为此在英国的 19 世纪之前还不断地颁布过"许可证法"。

资产阶级革命取消（或大部分取消）封建君主的特权后，由君主颁发的"许可证"分成了两部分，一部分仍旧带有"自上而下"的性质，不过不再是君主对臣民，而是行政管理机关对自然人或法人，如上述经营许可证、车船许可证即是；另一部分则是完全新的一种权利义务对等性质，即由无形财产权的权利人一方，许可其他人使用其权利的合同性质。知识产权（当然，不限于知识产权）的使用许可，正是通过后一种性质的"许可证"转让出去的。

这两种都来源于君主特权而后分道扬镳的"许可证"之所以在各国使用同一词汇而不会混淆，正在于其性质上的根本不同。行政管理机关之对公民，权利义务关系不是对等的；知识产权的转让人与受让之间，权利义务关系则是对等的（注意，我这里用"转让"，是为了解释"许可证"而不得不用一个含义不清的中义词，它在英文中应是 TRANSFER，而不是 ASSIGNMENTL）。

由于从来源上看，技术贸易中的许可证一词已完全不是原来意义上的 PERMISSION，而是 LETTER OF LICENCE，故称之"许可证"，比称之"许可"更便于同日常生活中一般的允许、许诺相区别。当然，并不是"许可"就不宜使用，它在内容上与"许可证"既无区别，交叉使用也是可以的。正像从君主特权时代产生的"专利证书"（LETTER OF PATENT），在目前简称为"专利"，也是常有的。例如获得了专利局颁发的专利证书的申请人，常常讲自己获得了"专利"——这二者在这种含义下并无区别。但我想完全用不着为担心行政机关的"证"与权利人通过合同签发的"证"相混而专门在技术贸易中避开"许可证"这一概念。何况，"许可"在中文中往往给人以动词及名词两种选择。"许可证"则显然只有后一种选择，使人一看即知指的是某种有法律约束力的文件（在平等主体之间的"证"，当然与对当事双方才有约束力）。

二、技术贸易中许可证的种类

从 20 世纪 70 年代开始，计算机软件已作为一支不可忽视的力量进入了技术市场；而从 80 年代开始至今，已有二十多个国家（包括发达国家与发展中国家）把计算机软件明文列为版权法的保护对象。这样一来，传统知识产权三大项——专利、商标、版权的许可证，即已都同技术贸易联系在一起了。是否属于知识产权范围尚有争论的 Know-How 或连其他"非专利技术"一道，至少在我国《技术合同法》中也被列为许可证贸易的标的之一了。

这样，我们至少面临以下各种类型的许可证：(1)专利许可证；(2)商标许可证；(3)版权许可证；(4)Know-How 许可证。

只有单纯的商标许可证已被我国《技术引进合同管理条例施行细则》排除在技术贸易之外。上述 (1)(3)(4) 三种许可证本身，及 (1)(2)(3)(4) 几种许可证两种以上综合在一份合同中，就会产生包含一种至四种知识产权不等的近二十种许可证。况且，上述每一种许可证本身，又都大致可分为独占性的、非独占性的，或部分独占、部分权利独占（如专利许可证中只给被许可人以独占制造权，但不给其独占销售权）。这样再排列组合一下，许可证合同的种类就可能有上百种。

在新的技术贸易环境中，国外还不断出现新型的许可证合同。例如，批量上市的计算机软件包，对它的使用权的许可范围，是很难在权利人与用户之间一个个地去谈判合同。于是出现了"启封许可证" TEAR UP LICENCE 合同。作为"合同"，它也必须是两厢情愿的。买主在启封后读到合同条款而不同意，有权返回商店退货。美国已有一些州的州法承认了这种合同的合法性。

三、在可望的时期内的研究重点

从我国开放国内技术市场以后，特别是从《专利法》与《技术合同法》颁布以后，国内的许可证贸易活动正在发展起来，有许多问题等待我们研究。不过，在已经开展多年的涉外技术贸易活动中，许多问题的研究和解决可能更加重要。况且，国际上许可证贸易活动已有一段历史，许多国家、许多外国公司已有较丰富的经验，对有些问题已有了被多数人接受的答案。在研究中"引进"（或加以改造后"引进"）这些经验和答案，也可以使我们少走弯路，少搞重复研究。而且，这些经验和答案，对于刚刚起步的国内技术贸易肯定会有参考价值的。

所以，在一段时期内的研究重点，似乎可以放在涉外技术贸易的许可证方面。这至少包括：

（1）研究外国有关许可证贸易的法律。这些法律包括一些典型国家的技术转让法、反垄断法及不公平竞争法，还包括一些地区性国际公约（如发达国家间的如西欧经济共同体有关公约、发展中国家间的安第斯组织、非洲知识产权组织有关公约）。

（2）研究外国有关许可证标准合同（或"格式合同"）。这既包括发达国家公司出口技术的合同，也包括发展中国家进口技术的典型合同，还可以包括发达国家公司引进本国或外国技术的合同、发展中国家出口技术的典型合同。此外，还应重视研究联合国世界知识产权组织、工发会、贸易会等组织的专家小组起草的各种"样板合同"。

（3）研究外国公司在技术进出口活动中，许可证合同谈判方面的实践及理论；总结我国在技术进出口谈判中的经验，并上升到理论，形成专著、专论。

（4）根据国际惯例、外国可行的经验和我国实际，研究和回答我国涉外技术贸易中提出的重大的、亟待解决的问题。

我国的版权法在近年就会颁布。根据许多国家的经验，版权的许可证贸易，一大部分要采用"集体合同"（即集体许可证）的形式。如果集体许可证贸易的代理组织不健全，集体许可证合同的格式不规范，版权法是很难完全付诸实施的。目前，我国的多数文化、文学、艺术团体、多数作者、表演者们还没有意识到这个问题；有些人意识到了，还没有着手深入地研究这个问题。多数人只是盼着版权法早日颁布，至于颁布后怎么实行，则想得不多。

如果许可证贸易委员会有可能，是可以把这一部分"超前"研究项目也承担起来。国外已经有人设想，如果多数国家采用了版权法保护计算机软件，21世纪在原专利领域受保护的一大批（甚至大多数）发明创造可能转而求助于版权法的保护。从这个意义上看，许可证研究会把版权许可证的研究作为重点之一，也是值得考虑的。

第二节　技术引进与专利的地域性

实行经济对外开放，引进国外先进技术，是党的十一届三中全会确立的一项重要国策。随着国际上"新产业革命"的到来以及我国专利法的颁布，引进先进技术更会成为我国对外交往中的一项重要内容。近年来，许多业务部门常常把进口专利（或购买专利许可证）与引进技术联系在一起。本文就这个问题谈谈自己的看法。

进口专利是引进技术的一种方式，亦即通过签订专利许可证合同，取得外国先进技术的使用权；但它与引进技术是不能画等号的。首先，专利仅仅是技术中具有新颖性、创造性和实用性的那一部分。获得了专利的技术，在法律上就受到在一定时期内、不同于一般技术的特别保护，即取得了独占权。其次，专利是公开的技术，取得专利的条件之一就是把专利技术的实施方法加以充分、明确的说明，并由专利局把这种说明公诸于世；而在一般技术中，则还包括那些不公开的秘密技术，亦即人们常说的挪号（Know-How）。在这两点上，一般不会出现误解，也不容易被人忽略。但第三点不同，则是经常被人忽略，也因此经常在引进技术中出现问题。这就是：专利具有"地域性"，而一般技术则没有"地域性"。

在封建社会末期产生专利制度时，它是作为君主的恩赐特权而存在的。因此，在其他君主的管辖地内它就无效了。资本主义社会代替了封建社会后，专利依照一定的资产阶级法律而作为一种产权存在，封建性质的特权被取代了。但它仍旧仅在一国法律所适用的地域内有效，"地域性"改变了形式而继续保留了下来。时至今日，这个特点（即地域性特点）一直是专利的基本特点。在除去《欧洲专利公约》成员国与非洲知识产权组织成员国之外的一百多个建立了专利制度的国家中，专利都仅仅在其依法产生的那个国家内有效。在这个意义上讲，不存在什么"国际专利"，而仅仅存在具体的"美国专利""日本专利"，等等。

了解这个问题的意义在于，它告诉我们，在没有建立专利制度的国家，或虽订立了专利法但该法尚未生效的国家，是不可能"进口专利"的。

就我国来讲，外国先进技术的所有人要向我国出口专利技术，或把他的技术作为工业产权在我国投资，第一步就是以他的技术在我国申请并获得专利，第二步才可能以他的"中国专利"同我国的技术进口部门谈判专利许可证合同，或以他的专利作为他与我国企业合办的中外合资企业的资本。如果一个美国企业家拿了他在美国获得了专利的技术到中国来，同时如果这项美国专利没有"挪号"作为辅助保护，那么中国的任何部门都没有必要同这个企业家签订什么许可证合同。由于他的有关技术在美国取得专利时，没有、也不可能在中国取得专利，所以他的专利说明书一经美国专利局公布后，在中国就等于处在不受保护状态中了。用一句知识产权法的术语讲，即"进入了公有领域"，人人可以得而用之。

在我国专利法生效之前，外国专利权人只有在两种情况下有权要求我国的技术进口部门同其签订许可证合同后再使用他的技术。

（1）外国人取得了专利的那项技术中，有各种不同的实施方案。而其中最佳实施方案，亦即能取得最好的经济效果的方案，没有在专利说明书中披露，却作为"挪号"保留起来了。专利虽然是公开的，但"挪号"却是秘密的。为了取得更好的经济效果，我们只从他的国家公布出的专利说明书上取得技术情报就显得不够了。因此有必要同他谈判，以取得他的秘密技术情报。过去我们签订的不少专利许可证合同，实质上是仅仅为取得该专利的辅助保护手段，即"挪号"而签的。这也是过去进口技术的主要内容。但由于有些同志不了解专利的地域性特点，就误认为这是"进口专利"了。

（2）外国人的同一项技术已经在许多国家申请了专利，而我国的企业使用该技术所生产的产品将出口到其中某些国家。在这种情况下，虽然我国的法律目前还不保护该外国人的专利技术，该技术在我国处于"公有领域"之中，但它在我们的产品将进入的那个国家则处于"专有领域"之中。我们的产品一旦进入那个国家，就会被判为"侵权产品"，不是被该国海关扣押，就是在流通中被没收。所以，我们就有必要先取得这位外国专利权人的在某国销售产品的出口许可证或销售许可证。过去我国的业务部门也与外国专利权人签订过不少这样的合同。有时，取得"挪号"情报的合同与出口许可证合同是合并在一份法律文件中的。

总之，到1985年4月之前，我国还不可能进口专利，业务部门也不必为纯粹的外国专利技术而签订什么合同。而且，就是在我国专利法生效之后，如果研究机关打算应用某项已经申请了中国专利的外国技术进行研究，也不必找外国申请人签订什么合同。引进技术有双重含义：一是研究外国的先进技术，以便发展我国的科学技术，二是实施外国的先进技术，以便尽早取得好的经济效益。专利法只限制后一种利用专利技术的方式。我国《专利法》第62条第5款明确规定：专为科学研究和实验而使用有关专利的，不视为侵犯专利权。世界上大多数国家的专利法中，也都有这一条规定。它已经成为一种"国际惯例"了。

当然，在我国专利法生效后，要实施外国人取得的中国专利，就必须同人家签订专利许可证合同了。我国订立专利法的目的之一，也正是为了使外国人有可能来申请中国专利，从而向我们"出口专利"。这是我国鼓励技术引进的一个重大决策。必须注意的是：我国专利法对专利技术（包括一切外国人在中国所享有的专利技术）的保护，不是从颁发专利证之日开始，而是从申请专利之日开始。我国《专利法》第45条规定：发明专利权的期限为20年，自申请日起计算。此外，我国《专利法》第34条还规定：专利局将于收到申请案之后18个月内，公布申请案。专利申请案中大部分篇幅是由发明的说明书构成的。与说明书相互关联的一份"权利要求书"。在权利要求书中，划明了权利人的专有权范围。申请案一旦公布，申请人就可以开始全面行使自己的专有权（虽然其专利尚未最终被批准，因而仍存在被驳回的可能）。这种权利的行使主要表现在两方面，一是他有权向实施他的技术的第三方收取使用费，二是他有权对未经允许而使用他的技术的第三方提出侵权诉讼。因此，专利申请案的公布日，被认为是专利审批程序中的一个"关键日"。引进技术的业务部门要特别注意这个日子的重要性，以免发生侵犯专利权的行为。

专利的地域性还决定了专利许可证合同或一切含有专利内容的技术引进合同中的一种特殊现象。这就是：合同中的法律适用条款可能选择两种以上的法律作为适用法律。技术引进合同的双方当事人，为了保证合同的履行，也为在日后发生合同上的争端时便于解决争端，往往要协商选定有关的合同应受哪个国家的法律支配，合同条款由哪个国家的法律来解释。在国际技术贸易中，合同的甲乙双方一般既可以选择甲国法律，也可以选择乙国法律，还可以选择第三国法律。如果双方协商认为甲国法律最适用于解释合同，但合同中却又包含着乙国专利，则必须规定：整个合同适用甲国法律；合同中的专利适用乙国法律。原因很清楚，依照乙国法律申请、审查并批准的专利权，仅仅在乙国地域内有效，人们不可能用甲国的专利法去衡量它的有效性。举一个简单的例子：如果甲国专利保护期为20年，乙国则为15年，按照甲国法律依旧享有5年保护期的专利，在乙国则肯定失效了。这就告诉我们：将来我国的任何业务部门在与外国人签订以中国专利为基础的专利进口合同时，其中的专利部分只能适用中国法。

专利的地域性特点虽然妨碍了没有专利法（或专利法尚未生效）

的国家进口专利，却毫不妨碍这种国家出口专利。出口专利，就是向已经建立了专利制度的国家申请专利，并以该申请案或批准后的专利为基础，在该国出售专利许可证。这显然与专利权人自己所在的国家有没有专利法（或专利法是否已经生效）是没有多大关系的。

事实上，我国的许多单位和个人，自 1980 年起，已经向美国、英国、联邦德国、欧洲专利局、日本等许多国家申请了专利。例如向美国申请专利的就有杂交水稻种植技术、先导型流量调节装置、变量泵调节装置、双层辉光离子渗金属工艺，等等，其中有的已经被批准，并已经由我国专利权人发了专利许可证。在这些具体场合，我国就成了技术出口国，而那些外国则成了技术引进国。随着我国科学技术的发展，我国能够出口的技术也必然会越来越多。不过，在目前，从总的技术进、出口量来看，我国还只能算一个技术引进国。

专利的地域性特点，曾经使许多国家感到在国际技术交流及国际市场利用上有所不便。因此，在一百年前（1883 年），一些国家缔结了一项《保护工业产权巴黎公约》，它现在已经有 93 个成员国。这个公约虽然并没有突破专利的地域性限制，但为各成员国的国民在其他成员国取得专利，创造了便利条件，也保证了他们在其他成员国受到某种统一的、最低限度的保护。这个公约规定的一条重要原则，就是"优先权"原则——在一个成员国首先申请了专利的任何成员国国民，在 12 个月内于所有成员国中均享有优先权；他可以从容地决定有必要于其他哪些成员国中也申请专利，而不必担心他的有关技术在其他国进入公有领域。我国还没有加入这个公约，这使我国出口的专利技术处于非常不利的境地。例如，我国的某单位在英国申请一项专利时，它必须决定同时应在其他哪些国家也申请专利。否则，由于它的第一份申请案在其他国家均不享有优先权，就有可能仅仅获得一项"英国专利"，而在其他国家这同一项技术就处于公有领域中了。这样，该单位只能同英国企业谈判专利许可证合同并取得收入，在其他国家则只能听任别人自由利用其技术了。

有的同志认为：由于我国目前主要还是引进技术，所以参加巴黎公约是主要为保护别人的专利技术而尽义务。这也是一种误解。巴黎公约规定了优先权原则，却并没有建立一种"跨国专利"制度。享有优先权的那个具体的申请人，必须在 12 个月内、在一个个国家实际呈交了申请案，优先权才会变成现实的权利。否则，12 个月一旦届满，他仍旧只享有在第一个申请国的权利。我国参加了巴黎公约后，没有义务主动保护在外国申请了专利的权利人，只有义务承认他在外国的首次申请日期为法定申请日。如果他后来并没有向中国专利局提出申请，则他在外国的专利对我们来讲仍旧是公有领域中的技术。所以说，参加巴黎公约将有利于我国的技术出口，却并不影响我国引进先进技术时的原有主动权。我国的有关部门早在 1980 年就表示过：一旦专利法颁布，我们将积极考虑加入《保护工业产权巴黎公约》的问题。

最后要指出的一点是：随着国际上技术交流活动的开展，专利的地域性确实已在某些地区被突破了。西欧国家从 20 世纪 60 年代末开始，通过《斯特拉斯堡公约》《慕尼黑公约》与《卢森堡公约》等公约，建立起一套欧洲专利制度。目前已生效的"欧洲专利"颁发公约（即《慕尼黑公约》）已经能够一次颁发而同时在十几个国家有效的专利。非洲知识产权组织中的十几国，也通过协议产生出一次颁发而同时在多国有效并按一部统一实体法维护的专利。不过，了解这种跨国专利制度，仅仅与我国出口专利有关，而与引进技术关系不大，本文就不多作论述了。

技术转让法

论 文

专利许可证与许可合同 *

　　大多数国家的专利法中，对专利许可证都有详细条文加以规定，因为它是专利权人取得实际经济收入的一个重要途径。西方国家的财产法一般总把工业产权与动产权同等对待，这二者都可以通过一定合同形式转移所有权。如《英国专利法》第 37 条中就规定："专利及专利申请案均属于某种动产。"但动产的所有权转移，一般称为货物买卖；工业产权的所有权转移，则称为权利转让或许可。

　　工业产权中的商标连同（或不连同）商业信誉一齐转让的情况是很普遍的；但专利转让却比较少见。在西方国家，真正发生专利转让的情况大致只有三种：一是雇员在雇佣合同中声明：如果在雇佣劳动中搞出发明，其专利权归雇主所有。即发明尚未搞出，权利已经事先转让了；二是垄断集团为防止某种新产品冲击自己控制的市场，就把该产品的有关专利全部买下，目的并不是实施，而是阻止它的实施；三是专利许可证的被许可人将改进后的发明专利"返授"原专利权人。这在下面还要讲到。至于技术秘密（Know-How），从理论上讲它是不能转让的。因为它所附带的权利是靠保密维持

---

　　* 编者注：该部分选自《知识产权法若干问题》（甘肃人民出版社 1985 年版）第 181~186 页。

的，发明人即使把它转让给别人，而那些数据、设计或流程在发明人脑子里也仍旧抹不掉，"转"不走。即使合同双方实际达成了转让Know-How的协议，有些国家的法律也不承认它的效力。

在技术贸易活动中经常发生的，不是专利的"转让"，而是它的"许可"。这是指通过许可证合同，专利权人允许其他人实施有关的专利技术（包括附带的技术秘密）。

专利许可证是多种多样的，有"一般许可证"，还有"独占许可证""独家许可证""分许可证""交叉许可证""强制许可证"，等等。

"一般许可证"的持有人（即被许可人），除有权实施有关的专利技术之外，几乎不再享有其他任何权利，只剩下应对许可人履行的义务了。因此这种许可证所规定的使用费就比较低。

"独占许可证"的被许可人，有权在许可证划定的地域内排斥包括许可人在内的一切其他人实施有关专利；在发现侵权行为时，该被许可人有权直接向法院起诉（而"一般许可证"的被许可人只能在要求许可人起诉遭拒绝后，方可自行起诉）；该被许可人还有权拿了许可他实施的专利向第三方发放"分许可证"（Sublicence）。这样看来，在许可证划定的地域内，独占被许可人与专利转让中的受让人地位几乎相同。"欧洲共同体"法院在1982年6月的一个著名判例里，已经把独占许可证又分为"绝对独占许可证"与"相对独占许可证"两类。前一类许可证的持有人有更进一步的独占权（如阻止许可证所划地域之外的被许可人向本地区进口专利产品）。该法院把前一类许可证与专利转让视为等同。有的西方法学家称这为许可证理论的新发展。

"独家许可证"除了不能排斥许可人本人这一点之外，与独占许可证基本相同。但也正因为缺少这一点，它在任何情况下都不可能与转让等同。

关于"交叉许可证"（Cross-licence），国内有的小册子谈到过，但没讲清它到底是怎么回事。这种许可证一般也分两类。一类指不同专利所有人之间的互相许可。现代技术是错综复杂的，有时出现这种情况：乙项技术中包括甲项技术的某种潜在成分；而甲项技术要得到充分发挥，又必须同时利用乙项技术。但两项技术又被甲、乙两方分别取得了专利。因此，甲方要实施自己的专利，必然侵犯乙方的专利权；反过来乙方也是一样。为了使彼此都能在技术利用上得益，而不是陷入僵局，双方往往达成协议，互相许可对方利用自己的专利技术。这种互相许可的协议，即是交叉许可证合同。

"强制许可证"只能由官方机构颁发，所以不采取合同形式。"强制"者，顾名思义，不会有"合"，也不会有"同"。如果专利权人在某个国家不实施自己的专利技术，又不许可别人实施，该国的主管机关就有权批准需要这种技术的企业，在不经专利权人同意的情况下，使用该项技术。这就是"强制许可证"。《保护工业产权巴黎公约》中，原规定各成员国不得颁发独占性的强制许可证。这样，在主管机关颁发强制许可证之后，专利权人自己仍有权自行与第三方签订其他许可证合同，但1981年10月在内罗毕召开的巴黎公约国大会上，已同意修改巴黎公约，以使发展中国家有权发放独占性强制许可证。强制许可制度的存在，对于滥用专利权的专利所有人来讲，是一种威胁。它有助于促使人们积极实施专利技术而不是垄断起来不用。但是，强制许可证只可能强制使用专利中的公开技术（即在专利说明书中暴露过的技术），却不能迫使专利权人交出技术秘密（Know-How）。因此，强制许可证有时并不能奏效。在巴黎公约中又规定了在强制许可证不能奏效的情况下，成员国有关机关可以宣布该专利不再受到保护。这要算是对专利权人的最高惩罚了。

在通常情况下，提起"专利许可证"，如果没有特别说明，则都是指"一般许可证"与"独占许可证"。

专利许可证合同很少仅仅涉及专利一种内容。获得许可证的目的在于实施专利技术，而任何实施都是与具体的制造或施工相关联的。如果仅为科学研究目的而利用专利中的技术知识及技术情报，则不必要取得任何许可，因为这种知识和情报在专利证颁发的同时已成为公有的了。而要按照某项专利具体制造出成品，以及进一步销售这些成品，就还需要从专利权人那儿得到 Know-How 的使用权；在多数情况下，也还要取得原专利产品的商标使用权。所以，一般的一揽子专利许可证合同，至少包括专利、Know-How 及商标。当然，这种合同有时还会包括工业品外观设计及版权的使用许可。

专利许可证合同除了一般贸易合同中通常应包括的条款，如交货（在这里即交付技术文件、样品及为对方培训技术人员）条款，支付条款，不可抗力条款，仲裁条款，法律适用条款等等，主要还有三项特别的条款。

一是"合同有效期"条款。总的讲，合同有效期是以许可证中的专利有效期为准的。但专利本身的有效期一般都在 15~20 年；Know-How 则在进入公有领域之前一直有效，商标只要按时履行注册续展手续，有效期可以无限长。这就决定了在总的合同有效期之外，还要对每项具体内容规定不同的有效期。否则，合同双方在不同情况下都有吃亏的可能。以 Know-How 为例，一般规定："合同中的 Know-How 有效期以其进入公有领域之前为限"。根据这个规定，被许可人在合同履行期间有义务向许可人交使用费和保密；在合同终止或结束后，仍要为许可人保密并自动停止使用。有时，合同尚未到期，其中的 Know-How 已由于许可人自己泄密或被第三独立研究出来并公布，因而进入了公有领域，这时就不得要求被许可人继续为 Know-How 交付使用费了。但如果事先没有专门明确 Know-How 的有效期，许可人仍会要求被许可人交费。这将是不合理却合法的。当然，近年已有些国家准备在法律中明文规定：对于已进入公有领域的 Know-How，不得继续收使用费。即使有了这种法律，但单独规定出 Know-How 的有效期，对许可人一方仍旧有重要意义。另外，拿专利来讲，它的有效期在不同国家有时并不相同。有时它在许可人的所在国已经失效，而在被许可人的国家仍旧有效。在这种情况下，一般允许被许可人降低原定的使用费。商标的有效期在合同中专门规定之后，该商标即使在其本国被宣布无效，（如果被许可人在另一国）也不应影响它在合同中的效力，被许可人仍必须为使用它而继续交费。这条看起来很奇怪的原则，实际早已反映在《巴黎公约》第 6 条的精神中。

二是"改进专利"条款。新技术一般都有可能继续改进。所以，许可人在发出许可证后，如果又改进了其中的专利技术并取得了另一项专利，是否应将改进后取得的专利继续供应给原被许可一方使用；反过来，如果被许可人在使用原专利时自己改进了该技术并因此取得了改进专利，是否应将它反过来许可给原许可人（即"反馈"feedback）或转让给原许可人（即"返授"grantback）。这些都应在合同中事先有明确规定。一般在订合同时，许可人都要求得到"返授"；即使不行，也起码要求所得到的"反馈"是独占许可证，以便把原专利牢牢掌握在自己手中。当然，反馈与返授都是有偿的；许可人将自己改进的专利技术继续供应原被许可人，也要追加使用费。

三是"牵制"条款。在签订许可证合同时，许可人往往要求被许可人除交付使用费外，还得从他那儿购买一些非专利物品，以此作为发放许可证的条件之一。许可人有时把这种要求归结为技术上的原因，即：只有他生产的材料才能使许可证中的专利技术充分发挥作用。许可人还可能要求被许可人将来生产出的产品必须按许可人的分销渠道供应市场。由于被许可一方在签合同时往往是较弱一方，所以"牵制"条款一般难以避免。但被许可人并不是完全处于束手无策的地位。他可以依据有关国家的法律或某些国际协定，把"牵制"条款限制在尽可能小和尽可能合理的范围。例如《英国专利法》第 44 条就有规定：专利许可合同中，凡是要求被许可人向许可人购买专利产品之外的任何物品的条款，一律无效。欧洲共同体委员会制定的《专利许可证分类免责法案》第 1 条第 5 款也规定：只有从技术角度认为缺之不可时，才允许在合同中要求被许可人从许可人那里购买专利品之外的物品。

当前，一些西方的经济学者和法学者都认为：国际贸易的总趋势，是货物买卖相对减少，权利的转让及许可相对增加。我国几年来从大量进口成套设备转为主要引进单项技术的过程，也说明了这个问题。所以，对有关专利许可证的问题进行一些研究，是很有现实意义的。

技术转让合同的特有条款 *

在国际贸易中，一般把实物的交易称为货物买卖（英语中所谓 Sale of Goods），而把无形财产的交易称为权利转让（Transfer of Rights）。在外贸活动中最重要的权利转让是知识产权（专利、商标、版权等）的转让；而技术转让则一般包含不止一种知识产权。了解技术转让合同的一些特点，是十分必要的。

通常说起技术转让合同，未必仅仅指那种由一方把一项或几项专有权全部卖给另一方的合同（正相反，这种合同在外贸活动中倒是比较少见的），而且指由一方把专有权许可给另一方使用的许可证合同。如果用"转让人"与"受让人"来表示合同双方，就概括不了第二种情况。所以本文在许多地方将使用技术"供方"和"需方"这两个词。

技术转让合同包含许多一般货物买卖合同所具备的条款，只是内容稍有变化而已。例如，货物买卖合同中的"标的物条款"，在技术转让合同中就可能指某项专利、某项商标，或某种有版权的技术资料及计算机程序；"价格条款"则相当于技术转让合同中的"使用

---

* 编者注：该部分选自《知识产权法若干问题》（甘肃人民出版社 1985 年版）第 203~210 页。

费条款";"保险条款"也是一部分技术转让合同（尤其是全套设备加技术转让合同）所必须具有的；至于"法律适用条款""仲裁条款"等等，更是在所有外贸合同中都缺之不可的了。

但知识产权又具有不同于一般财产的特点：第一，它是无形的；第二，它是专有的；第三，它的产生及产生后的有效范围是受到地域限制的。这些特点决定了技术转让合同必然包含一些其他外贸合同所没有的条款，亦即它自己的"特有条款"。

一、专有性条款

这种条款并不是陈述合同将包括哪些专有权项目（这是"标的物条款"的任务），而是规定技术的供方把其专有权在多大程度上转移给需方。货物买卖合同中不可能有这种条款。如果肥皂的货主要求在合同中规定：肥皂卖给对方后，自己仍保留对它们的所有权、使用权或控制权，那简直是荒唐的。但专有权的交易中却可能存在这种现象。技术的供方不一定把某些专有权全部转移给需方，而只作一定程度的转移。因此，需方所获得的权利的专有性就不一样。一般讲，可能有下列几种情况：

（一）转让（Assignment）

在这种情况下，需方在合同有效期内将是实际上的专有权所有人。他将有权使用有关专利、"Know-How"、商标或版权，有权发放许可证，有权对一切侵权行为起诉。不过，许多专有性条款中都规定了即使在转让的情况下，需方也无权将有关技术再转让给第三方。从这点上看，供方对转让出去的权利仍保留着控制权。

（二）独占许可（Exclusive Licence）

如果按照专有性条款，需方获得的是独占许可证，他就有权在指定地域内排斥包括供方在内的任何其他人使用有关的知识产权，有权发放"从属许可证",有权对侵权行为起诉。在贸易实践中,独占许可的专有性程度与转让相差无几;但从理论上讲,有关知识产权在合同期内仍归供方所有。

(三)独家许可(Sole Licence)

"独占"与"独家"在汉语上意思相近,而 Sole 与 Exclusive 在英汉辞典上解释又相同,所以往往使人把两种许可证弄混。从法律意义上讲,这种许可证不能排斥供方本人,除此之外,它与独占许可证的专有程度一样。

(四)非独占许可,即一般许可

这是需方获得的权利中专有程度最差的一种。按照这种许可,需方不能排斥任何其他人。他可能在同一地域内与供方的其他许多被许可人一道使用同一项专利或全册商标;他也无权发放从属许可证;而且,发现了侵权行为,即使直接影响了自己的利益,他也无权自行起诉,而只能通过供方去打官司。

当然,由于各种技术转让合同的专有性程度不同,使用费的高低也不同,以转让为最高,而以一般许可为最低。所以,在订立专有性条款时,需方就要根据自己的实际需要来考虑:是花更多的钱获得较高的专有权呢,还是只花更少的钱取得一般使用权就够了?

二、地域性条款

任何知识产权都只在它们依法产生的那个国度内有效。知识产权的这个地域性特点,本来是用不着在技术转让中重申的。但由于在一个国家内,却可以划分不同地域来发放许可证,所以地域性条款就成为必要的了。它一般指的是规定某个许可证在一国之内的全部还是部分地区有效的条款(如果是部分地区,则规定具体包括哪些地区)。例如,一项美国专利的所有人可以对几十个人发放分别在几十个州内享有独占权的许可证。为了避免不同的被许可人之间的冲突，这种地域性条款有时不仅包括对需方在使用专有权上实行的地域限制，而且包括对需方销售有关产品实行的地域限制。不过，有些西方国家或集团，为了有利于自由竞争而制定了一些法规或公约，禁止技术转让的供方限制需方销售产品的地域。

三、专有权的有效性担保条款

技术的需方在订合同时总是会关心供方的专有权是否有效，故会要求供方作出某种担保。不过，这种担保条款必须把不同的知识产权分开来陈述，因为它们可担保的程度是差别很大的。

对于转让中的专利权来讲，"担保条款"实际应该称为"不担保条款"。在多数工业发达国家大公司的技术转让格式合同中，都有这样一条："供方对所提供的专利的有效性不予担保"。原因是：（1）专利权的确立和保持，要求具有"新颖性"，而且许多国家所要求的是世界范围的新颖性（即"绝对新颖性"）。已经取得的专利证书，也有可能由于日后发现了在它之前已存在的与之相同的"原有技术"，从而在冲突诉讼中被撤销。合同的供方不可能知道日后是否会有这种情况发生，所以不能对其专利担保。（2）专利权的确立还要求"工业实用性"，这个标准在不同国家差异很大；即使在一个国家，对不同发明，标准也不一样。所以它也不是供方所能担保的。不过，需方起码可以要求供方保证：（1）有关专利是属于自己所有的（即不是偷来的或采取其他非法手段弄来的）;（2）专利中的发明在其本国具有新颖性;（3）供应人在申请专利前，自己未曾公开使用过该发明，也未以任何方式公布过该发明。

在技术贸易中，也确实存在少量的、供方担保了专利的有效性的许可证合同。不过这种合同中所定的使用费就要高得多了。因为供方承担了他的专利日后可能被宣布无效的风险。而在一般"不担保"的合同中，这种风险是由需方承担的。

对于商标权，供方则必须说明其是否已经注册。还可以进一步说明如果注册，是"可争议商标"还是"无争议商标"。这就等于对商标有效性的担保。未注册商标在一般国家不具有专有性。但在英美等一些凭使用也可以确立商标专有权的国家，未注册商标可以同经营信誉（如商号）一道转让。这时供方所应担保的是：就其本人所知，他的商标及商号未曾被第三方冒用。

版权与专利不同，它一般不受审查，在作品独立创作出来后就自然产生。所以它的有效性必须由供方担保。这种担保的目的无非是保证自己是有关资料、程序等的真实所有人，而不是抄袭者、复制者，或冒名顶替者。

四、质量控制条款

一企业的专利及 Know-How 提供给另一个企业使用时，后者能否保证产品质量，对于供方的企业信誉往往有很大影响。如果在提供技术时，一道提供了商标权，许可需方在制成产品后使用与供方原产品一样的商标，那么后者能否保证质量，对供方就更重要了。这时不仅是供方的信誉问题。如果需方降低了产品质量，就等于质高与质次的两种产品使用着同一个商标，这在市场上必然产生欺骗性后果。在许多国家，这种后果可能导致商标被取消注册。所以，供方一般会要求在合同中规定一些质量控制措施。如：需方必须严格按供方的技术说明与技术指导操作，某些关键性的原材料、零部件必须从供方进口，定期向供方送交产品标本以备质量检查等等。需方也可以从保证质量的角度要求供方承担某些义务，如提供足以保持产品质量的技术情报与技术指导人员。同时，需方还可以尽量把供方的要求限制在合理范围。例如必须从供方进口的材料只能是那些从技术角度看非进不可的。事实上，许多国家的专利法（以及一些地区性条约）都规定：如果强求技术转让的需方从供方进口与专利产品无关的材料，则该合同条款无效。

五、保密条款

技术转让的各项内容中，除商标之外，都可能涉及保密问题。在包含 Know-How 或包含尚未批准（已申请）专利的发明技术的合同中，保密问题尤其重要。此外，如供方为了解需方按销售产品的百分比而支付的使用费是否合理，因而知道了需方的产、销额，也有个为需方保密的问题。所以，保密条款往往有两种内容：一是对技术本身保密，这仅是需方的责任；二是对经营状况保密，这可能是双方的责任。

在有的合同中，保密条款的效力可以延长到合同本身结束之后若干年，目的是防止在合同中止或履行完毕后，需方把尚处于保密状态的技术予以公开。合同完结，保密条款却仍旧有效，一方仍可根据它对另一方起诉和要求赔偿。这种特殊情况，是许多国家的司法实践所承认的。

六、合同期分割条款

一项技术转让合同包括专利、Know-How、商标、版权等多种内容，就会出现保护期不同问题。专利保护期一般在 15 年到 20 年不等；Know-How 保护期是不确定的，以是否进入公有领域为转移；商标则只要按时办理续展，保护期可以无限长；版权的保护期长于专利而短于商标。这样就有必要事先规定：在一种权利过期而另外一种或几种依然有效的情况下，如何继续履行合同。作出这种规定的条款，等于把整个合同分割为几个时期。在被转让的权利都有效时，需方支付较高的使用费；当某项权利失效后，需方则支付较低的使用费。如果合同中缺少这种分割条款，就可能产生两种后果：（1）在某项权利失效后，需方仍对它支付使用费；（2）一项权利的失效导致整个合同中止。这两种后果都会使合同的一方受到不合理的损失。

七、权利收回条款

知识产权不像一般货物，不是一旦出售就不能收回的。一般技术转让合同都规定期满后供方将收回所转让或许可的权利。这包括收回有关技术资料、图纸、计算机程序等等，以及收回需方行使的使用权。收回权利前，如果需方已将技术资料进行了复制，怎么办呢？这里无非存在三种情况。（1）复制专利说明书。这不成为一个问题，因为专利本身是公开的。（2）复制计算机程序。目前技术发达国家转让的计算机程序中，一般都附有"保密程序"。附上它的结果是：按许可使用的程序运算时，一切正常。但如果试图复制，则复制品只能显示出"0"或空白。所以这也不成为供方的问题。（3）复制 Know-How 技术资料。这是供方唯一难以控制的。即使需方没有复制它，需方的技术人员在合同期内一般也都能完全掌握了有关技术；而在他们脑子中的资料则无法"收回"。所以供方只能依靠前面讲的保密条款在期满后起作用。在实践中，一项 Know-How 能在合同到期后仍未进入公有领域的情况，也是比较少有的。

新技术革命与技术转让的国际合作 [*]

在 20 世纪 60 年代前，国际上已经出现了一些货物买卖合同方面的公约，技术转让方面的国际公约则一直未出现过。到了 70 年代中期，许多国家感到在技术转让方面加强国际合作的必要性，在联合国一些机构的主持下进行了多次尝试。1981 年 4 月，联合国贸易与发展大会拟出了一份《国际技术转让法》（或译为《国际技术转让行动守则》）的讨论稿，它比较集中地反映了这种合作的尝试及存在的分歧。1983 年 5 月及 1985 年 5 月，贸易与发展大会对此又进行了两次讨论，但均未从 1981 年的文件上迈出任何实质性的步伐。所以，人们一般仍以 1981 年的文件作为了解技术转让国际合作的现状的主要资料。

在 1981 年及其后的讨论中，虽然不同国家代表分为发展中国家、西方发达国家及东欧国家三个集团，但在主要问题上，可以说仍旧是发展中国家与发达国家之间的分歧。其中与新技术革命有关的，主要是下面几个问题。

---

　　* 编者注：该部分选自《信息、新型技术与知识产权》（中国人民大学出版社 1986 年版）第 121~126 页。

一、什么是"国际"技术转让

国际货物买卖即跨越一国国境的货物买卖，下这样的定义是较为容易的，但给国际技术转让下个确切的定义，就不那么容易了。可以称为"国际"技术转让的，最少有三种贸易活动：（1）跨越一国国境的技术转让；（2）转让活动的供方与受方不在一国境内；（3）转让活动的供方与受方均在一国之内，但其中一方系外国公司的子公司、分公司或受外国公司实际控制。在第（2）种情况下，如果受方取得技术，仅仅是为了把它交给设在供方同一国家中的某企业使用，那说明技术本身并没有跨越国境。在第（3）种情况下，技术完全没有跨越国境。

在联合国贸易与发展大会上，发达国家认为只有第（1）（2）两种情况可以称为"国际"技术转让；发展中国家则认为三种情况都属于"国际"技术转让。

在大多数国家，属于国际技术转让的合同，要受到某些法律（如外汇管制法、税法等）的专门控制，而且要在一定的主管部门登记、事先得到批准。常常在国际技术转让活动中充当供方的发达国家，当然希望这类专门控制越少越好，所以倾向于把"国际"技术转让的范围划得尽量小一些。发展中国家则在技术转让中经常作为受方出现，自然希望在较宽的范围内控制外国人的转让活动，尤其是控制那些跨国公司的技术转让活动。

但是应当看到，从鼓励外国人把先进技术作为资本投入发展中国家（尤其是投入其设在发展中国家的合资企业、合作企业或独资企业）的角度看，只承认（1）（2）两种情况属于国际技术转让，未必对发展中国家不利。我国在 1985 年 5 月颁布的《技术引进合同管理条例》第 2 条中，也仅仅把上述（1）（2）两种情况作为"国际"技术转让对待。

二、改进技术的继续提供与"反馈"

在现代，由于许多国家新技术的研制工作进展很快，在一项技术转让合同签订后到合同期满前，往往出现技术的供方或受方改进了有关技术的情况。如果供方改进了原技术，是否应当向受方继续提供，以便使受方得到的技术始终保持新水平；如果受方改进了所接受的技术，是否应当反过来转让给供方（亦即"反馈"供方）。这是近年来国际上一直有争论的问题。

过去，由于技术供方在合同谈判中占据优势，所以很少承担继续提供的义务；而"反馈"条款则是转让合同中经常能见到的。在联合国贸易与发展大会上，发展中国家认为一切"反馈"条款都属于不公平的合同条款；发达国家则认为只有既要求受方"反馈"，又不向受方支付使用费（亦即无偿反馈）的条款，才不公平。目前我国及一些发展中国家采取的实际做法是：对改进后的技术的处理应当供、受双方对等，即只有在供方承担继续提供的义务时，受方才与其订立"反馈"条款；如果继续提供（改进了的技术）是无偿的，"反馈"也是无偿的；如果前者是有偿的，则"反馈"也要求有偿。发达国家一般也不否认这种做法是合情合理的。

三、对专利实施的垄断

在国际上，有些掌握某种先进技术的公司，只同一个（或几个）特定的、同样掌握某种先进技术的公司互相签订专利许可证合同，而不把专利使用权许可给外界。这种做法在英文中叫作 Patent Pool，即对专利实施的垄断。以这种目的互发独占性许可证，叫作 Exclusive Cross-Licensing。它对于推广和应用新技术显然是不利的。如果设在某个发展中国家境内的两个发达国家经营的企业采取互相许可、垄断实施的做法，那么从前面讲过的巴黎公约的规定看，它们所有的专利发明符合了"实施"的条件，该发展中国家即无权颁发强制许可证。而实际上，发展中国家自己的企业就会丧失了应用有关专利发明的机会。这显然不合理。所以，在讨论《国际技术转让法》时，发展中国家要求把垄断实施权的做法规定为非法的。而有些发达国家则认为这种做法本身并不算非法，只有当它违背了"公平竞争"原则时，才属于非法。不过，国际上总的趋势是越来越多的国家认为垄断实施权是非法的。例如，全部由发达国家组成的欧洲经济共同体在 1984 年 7 月颁布的《专利许可证条例》中，也规定这种行为属于非法，不允许在合同中出现。

四、受方研究与改良所引进的技术的权利

迄今为止，不少技术转让合同都订立了一些条款限制受方研究或改良其引进的技术。这种限制也不利于技术进步。在联合国贸易与发展大会讨论《国际技术转让法》时，几乎所有国家一致反对这种限制。不过，发达国家认为：如果在合同中对受方的研究活动进行的限制是"公平"的、"合理"的，则仍可允许订立这种合同条款。

事实上，如果技术转让合同所包含的是专利技术，那么，其他任何人对它进行研究，专利权人都无从限制，怎么偏偏有权通过合同限制受方的研究活动呢？这在任何情况下都很难说是"合理"的。

五、技术秘密在何情况下失效

《国际技术转让法》的讨论稿第一章中规定：可以转让的项目包括专利技术与技术秘密，以及与它们有不可分割的联系的商标。专利权有法定的保护期，商标权有法定的续展期，而技术秘密的有效期却是不确定的。于是，在贸易与发展大会讨论该转让法时，技术秘密在什么时候算作失效，也成为发展中国家与发达国家争论的

一个问题。

发展中国家认为：只要技术秘密失去了它的"秘密"，就算失效了。发达国家则认为：只有当技术秘密进入"公有领域"之后，才能算作失效。

这两种意见有什么本质区别呢？实质上是不同国家对几种不同的技术秘密（绝对秘密和非绝对秘密）怎样看的分歧。发达国家近些年的一种理论是：技术秘密并不是一经披露就失去了价值。某种制造方法或操作方法在发达国家的一些地区已成为常识时，却很有可能在发展中国家仍是一种技术秘密，后者为它们支付使用费而从发达国家引进，也是值得的。"公有领域"是一个有地域性的概念。在发达国家进入公有领域的技术知识，在某些发展中国家仍可能处在专有领域之中。发达国家还有一种理论认为：承认上面讲的这种在某地已无秘密可言的"技术秘密"，在另一地依旧有效，有利于鼓励发达国家的企业帮助发展中国家的企业掌握技术知识和少走弯路，因此有利于技术的发展。发展中国家则感到这种"新理论"等于要求它们承认：在发达国家的非秘密的、人人有权利用的技术，在发展中国家则成了"秘密"，要想利用就得付出使用费。这当然是不公平的。

我们如果仔细分析一下对这个问题的争论，就会看到，在实际的技术转让合同谈判中，只有当受方确实了解到供方试图提供的"技术秘密"已无秘密可言时，才可能拒绝为它付使用费。因此，争论这种技术是否有效，只具有理论上的意义。在实践中则要看受方的信息是否灵通。如果信息不通，即使自己坚持"只有未披露过的技术才能作为技术秘密转让"，而供方真的拿了已失密的技术来，受方也无从知道，坚持要提供"未披露过的技术"已无意义。

"协议许可证"及限制性贸易条款[*]

TRIPS 协议第 8 节的标题对有些英文很通的人也是个难题。"Contractual Licences"这个英文词组，有人译成"合同许可证"。这从字面上看并不错，但却没有译出真正的含义。还有人翻译成"许可证合同"，这无论从字面上还是从含义上都很难说是正确的了。

此处翻译成"协议许可证"，是因为这一节中提到的许可证是与知识产权协议的前文中多次出现的"强制许可证"及其他类型的"非协议"许可证（例如法定许可等）相对照、相区别的。它指的是通过平等主体之间的合同谈判而签订的许可证（我国的多数法规中称之为"协议许可合同"或"协议许可"，为的是避免使用"证"这个字）。

对这个标题的翻译，是非常重要的。如果译不出它的实质含义，我们就无法理解为什么要规定出一个第 40 条来。

第 40 条的目的是防止知识产权权利人在缔结合同的谈判中滥用自己的专有权。这个问题，在国际组织中是由联合国贸发会于 1975 年首先提出的，并以这个问题为中心议题之一，开始起草国

---

　　* 编者注：该部分选自《知识产权法》（法律出版社 2003 年版）第 324~326 页。

际技术转让行为法。这个法今天虽然已经基本流产了，但其中有关"限制性贸易条款"的规定（特别是 1981 年、1983 年等草案文本）为许多国家制定技术进出口法规提供了参考意见。例如，我国 2001 年颁布的技术进出口管理条例就曾参考过这个文件。在那个条例第 29 条中，我国规定了如果技术进出口合同包含限制性贸易条款中的任何一种，审批机关都可以不批准该合同。

知识产权协议中采取了未穷尽的列举方法，提到了几种限制竞争的行为（意即原先人们常说的"限制性贸易行为"），这就是：独占性返授条件、禁止对知识产权有效性提出挑战的条件或强迫性的一揽子许可证。详列的缺点不仅仅在于可能"挂一漏万"，还可能把那些随着时间推移被证明不恰当的条款以固定形式安放在法规中，造成执法时的困难。

详列的优点则是使当事人能把"禁区"范围看得较清楚，以免在订立许可证合同时误入禁区，也使执法者感到更有操作性。过去，有些非强制性的国际组织的文件中，也有详列的范例，不妨在这里举出，供读者参考，尤其是不同范例中都同样禁止的，我们不妨把其引为"国际通例"。

一、世界知识产权组织的有关文件

世界知识产权组织在 20 世纪 80 年代初提出的技术转让合同管理示范法在第 305 条列出了 17 种限制性贸易条款。如果技术引进合同包含它们中的任何一条，政府主管机关可要求当事人修改，否则对有关合同不批准登记。这 17 种条款是：

（1）要求受方进口在本国即能够以相同或更低代价取得的技术；

（2）要求受方支付过高（即与所引进的技术应有使用费不相当）的使用费；

（3）搭卖条款；

（4）限制受方选择技术或选择原材料的自由（但为保证许可证产品质量而限制原材料来源的情况除外）；

（5）限制受方使用供方无权控制的产品或原料的自由（但为保证许可证产品质量而实行这种限制除外）；

（6）要求受方把按许可证生产的产品大部或全部出售给供方或供方指定的第三方；

（7）条件不对等的反馈条款；

（8）限制受方产量；

（9）限制受方出口自由（但供方享有工业产权地区不在此列）；

（10）要求受方雇用供方指定的与实施许可证中技术无关的人员；

（11）限制受方研究与发展所引进的技术；

（12）限制受方使用其他人提供的技术；

（13）把许可证合同范围扩大到与许可证目标无关的技术，并要求受方为这类技术支付使用费；

（14）为受方的产品固定价格；

（15）在受方或第三方因供方的技术而造成损害时，免除或减少供方的责任；

（16）合同期届满后限制受方使用有关技术的自由（但未到期的专利除外）；

（17）合同期过长（但只要不超过所提供的专利的有效期，即不能认为是"过长"）。

二、联合国贸发会的有关文件

从 20 世纪 70 年代中后期到 80 年代中期，联合国贸发会曾致力于起草一部国际技术转让行为规范。但由于当时的发展中国家七十七国集团、西方国家 B 集团与当时的东欧国家 D 集团意见不一，始终未能成功，该文件一直处于草案状态。随着 WTO 的出现、TRIPS 协议的产生及其他国际形势的变化，这部"行为规范"已经不可能再出台。不过，在这里我们对其中协议许可证禁用的限制性条款可以作一大致介绍，以便读者参考。

（一）各国一致同意禁用的限制性贸易条款

草案开列了 20 种当时存在于国际技术转让合同中的限制性贸易条款及合同条件，当时发达国家的"B 集团"与发展中国家的"七十七国集团"一致同意禁止使用的，只有下面三种：

（1）限制受方的以下行为：从事与供方技术相同的或可能有竞争性的技术的研究或产品的生产；从其他供方那里获得与原供方有竞争可能的技术；

（2）限制受方的销售行为（例如要求受方把销售独占权或代理权交给供方，或供方指定的第三方）；

（3）要求受方在供方的工业产权保护期届满后，仍旧为他们支付使用费。

B 集团对上面第（3）种禁用的条款做了一点补充说明：虽然对一切过期工业产权均不应再付使用费，但在特殊情况下，仍应当为某些过期工业产权提供一定程度的法律保护。例如，在有的注册商标因未办续展手续而失效后，各国商标管理机关在数年之内仍不应允许其他人以相同或相似的商标取得注册，否则会引起消费者对商品来源发生误解。

（二）各国基本同意禁用的限制性贸易条款

"行为法"草案中开列了八条限制性贸易条款，它们属于各国基本同意禁用的。稍有分歧的是，七十七国集团认为这些条款在任何情况下都应禁用；B 集团则认为只有当这些条款不公平、不合理或不恰当时，才应予禁用。这些条款是：

（1）供方为受方的产品或服务项目固定价格的条款；

（2）搭卖条款；

（3）限制受方研究与发展技术的条款；

（4）限制受方雇用本地人员的条款；

（5）限制受方因地制宜地使用供方所提供的技术的条款；

（6）限制受方做广告或为推销产品而作其他宣传的条款；

（7）独占性反馈条款；七十七国集团认为一切要求受方以独占许可证形式向供方反馈技术的条款均应禁止；B 集团认为只有要求受方无偿反馈或不等价反馈，才应禁止。七十七国集团认为受方在引进技术基础上发展的新技术成果应当归受方所有；B 集团认为这种成果应由供受双方共有；

（8）限制受方出口产品的条款。

（三）各国对于是否应禁用，意见基本不一致的条款

七十七国集团与当时东欧国家的 D 集团建议把下列条款也归入限制性贸易条款，加以禁用，但 B 集团没有表示同意：

（1）限制受方的产量及经营范围的条款；

（2）对受方的产品进行受方所不能接受的质量控制的条款；

（3）要求受方必须使用某种商标的条款；

（4）要求受方允许供方参与其企业管理的条款；

（5）将技术转让合同期定得过长的条款；

（6）限制受让人引进技术之后自由使用的条款。

（四）各国对技术转让当事人义务的意见分歧

3 个集团对于第五章怎样制定，意见基本不一致。

七十七国集团与 D 集团认为：这一章所规定的义务，是合同当

事人"必须"遵守的；B集团则认为它们仅仅是当事人"应当"遵守的。

七十七国集团与D集团认为：供方必须保证受方按照合同的规定实施有关技术就能够达到预期的效果；供方必须负责培训受方人员，使之掌握引进的技术；供方必须在特定时期内按照一般价格为受方提供必要的附件、配件、零件或其他设备；合同中规定的合作使用费和其他费不能带有歧视性，即不能高于相同技术的其他受方所支付的费用；供方在受方要求下提供商品或服务时，价格不得高于国际市场上同类商品或服务；供方从受方那里购买商品或取得服务时，价格不得低于国际市场上的同类商品或服务；按照合同的规定实施引进的技术而发生损害事故时，应由供方负责赔偿，等等。对于这些，B集团都表示了不能同意。

三个集团只是在下列一些问题上取得了原则性的一致意见：

（1）国际技术转让活动当事人都应当遵守"公平贸易"的国际惯例；

（2）合同的条件都应当合理；

（3）供方有义务向受方提供必要的技术服务，必要的技术信息，向受方说明有关技术对环境、安全、人体健康的影响；

（4）供方应保证所提供的技术合乎合同的规定；

（5）供方必须担保：受方采用其技术，不会导致对第三方工业产权的侵犯；

（6）受方有义务向供方说明本国的实施条件以及本国的有关法律；

（7）受方有义务按时支付使用费；

（8）受方有义务为供方的秘密技术资料保密；

（9）受方如果使用供方商标，则有义务保证产品质量不低于供方的同类产品。

三、联合国工业发展组织的有关文件

从 20 世纪 70 年代初到 80 年代初，联合国工业发展组织提出过十多份有关技术转让的文件。

在这些文件中，1979 年的《合同评价指南》集中总结了国际技术转让的一些问题，内容也不算陈旧。下面对它作一些介绍，借此对工业发展组织在技术转让问题上的观点可以有所了解。这份文件涉及的面很广，从专利许可证，Know-How 许可证，技术服务合同到商标许可证，商标、商号的特许合同，技术的选择，使用费的计算，等等，应有尽有。这里只着重介绍其中几项有关的内容，以便同其他联合国机构的文件及前面介绍过的有关国家的立法相比较。

（一）专利许可证谈判中受方可向供方提出的要求

（1）供方在合同中申明自己已经在合同将履行的地域内，就有关技术获得了专利权；

（2）供方开列专利细目，注册各项专利的批准日期；

（3）供方写明他还在哪些国家就相同技术取得了专利权（受方将向这些国家出口专利产品）；

（4）供方写明他准备将哪些专有权授予受方（即制造权、使用权还是销售权）；

（5）供方负责制止受方国内及受方产品出口国侵犯专利权的行为，制止侵权的费用由供方承担，或由双方按谈判中商定的份额分担；

（6）供方担保受方不会因使用他所提供的技术而侵犯第三方的专有权，如发生这类侵权，则由供方承担一切责任；

（7）不论供方的专利因何原因在受方国内失效，受方均可停付使用费；

（8）由供方负责维持有关专利的效力，并支付一切有关费用；

（9）供方应授权受方在整个专利有效期（包括合同期届满之后）使用其专利；

（10）供方应给受方的待遇不低于他的第一个受方；

（11）供方将提供的技术改进之后，应在不提高使用费的前提下继续提供给受方。

（二）Know-How 合同谈判中受方可提出的要求

（1）在合同中对"Know-How"下确切定义；

（2）供方应指明，并非一切技术情报都是秘密的，并指明其中哪一部分是秘密的；

（3）供方应提供为实施 Know-How 的其他必要的辅助情报；

（4）供方应为受方达到技术目标提供恰当的、足够的情报；

（5）供方应指出所提供的技术系现有的（非陈旧的）技术；

（6）把 Know-How 与"原料""产品""生产工艺""生产能力"等术语相联系，并为这些术语下明确的定义；

（7）供方应保证他有权向受方提供 Know-How（亦即保证有关Know-How 不是从第三方窃取的）；

（8）供方应证明 Know-How 可用于生产阶段（即证明其中的技术已度过实验阶段）；

（9）供方应表明所有 Know-How 及有关技术情报待合同一旦生效即可开始提供。

学术索引